퍼스널 MBA
10주년 기념 증보판

THE PERSONAL MBA 10TH ANNIVERSARY EDITION
Josh Kaufman

비즈니스 성공의 불변법칙
경영의 멘탈 모델을 배운다!

퍼스널 MBA
10주년 기념 증보판

조시 카우프만 지음 | 박상진, 이상호 옮김

진성북스

"비즈니스에 꼭 필요한 핵심 내용으로 가득하다. 기업가라면 반복해서 읽어야 한다."

제임스 클리어(James Clear), 《아주 작은 습관의 힘》의 저자

"저자는 MBA 자체보다 비즈니스 전반에 대한 교육활동을 더 많이 해왔다.《퍼스널 MBA》는 실제 사업에서 탁월한 성과를 거두도록 하는 '멘탈 모델'을 알려줌으로써 평생의 비즈니스 지식을 한 권으로 끝낼 수 있는 바로 그 책이다."

셰인 패리시(Shane Parrish),
〈파남 스트리트(Farnam Street)〉 블로그 설립자

"이 책은 걸작이다. 비즈니스를 하려는 모든 이들에게 이 책부터 시작하라고 추천한다. 당신이 알아야 할 모든 것에 대한 놀라운 개요와 기본 사항을 다루고 있다. 지난 몇 년 동안 읽은 책 중 가장 인상 깊은 책이다."

데릭 시버스(Derek Sivers),
《당신이 원하는 모든 것(Anything You Want)》 저자

"《퍼스널 MBA》는 내가 읽은 최고의 비즈니스 책이다. 대부분은 비즈니스의 단편적인 지식에 초점을 맞추지만, 이 책은 다양한 분야의 모든 부분을 설명한 뒤, 각 개념이 어떻게 함께 작동하여 완전한 비즈니스 시스템을 만드는지 이해할 수 있도록 돕는 적절한 도구를 제공한다."

에이미 호이(Amy Hoy),
비즈니스 교육 기업 〈스태킹 더 브릭스(Stacking the Bricks)〉 설립자

"내가 추천하는 유일한 비즈니스 책이다. 저자인 조시는 중요한 지식의 전체 라이브러리를 이해하기 쉬운 짧은 내용으로 압축하여 읽는 시간을 줄이고, 현실의 비즈니스 구축에 더 많은 시간을 할애할 수 있게 한다. 이 책은 옆에 두고 필요할 때마다 핵심 개념을 참조하기 위해 펼쳐보는 데 최고다. 사실, 나는 내 책장에 꽂혀있는 다른 어떤 책보다 이 책을 더 많이 본다."

코트랜드 알렌(Courtland Allen),
창업 커뮤니티 〈인디 해커스(Indie Hackers)〉 공동 창립자

"《퍼스널 MBA》가 출간되자마자 처음부터 끝까지 읽고 나서 비즈니스를 보는 방식을 크게 바꾸었다. 저자가 어떻게 수백 권의 책과 수백 년의 비즈니스 지식을 담은 이 간결하고 우아한 책을 만들 수 있었는지 정말 놀라울 뿐이다."

롭 월링(Rob Walling),
《작게 시작하고, 작게 유지하라(Start Small, Stay Small)》 저자

"10년 전, 이 책 덕분에 MBA 교육을 제대로 받을 수 있었다. 저자의 실용적인 비즈니스 통찰력과 사고법은 그 이후로 실전에서 한 번도 나에게 실망을 주지 않았다. 《퍼스널 MBA》는 지구상에서 가장 정제되고 가속화된 MBA 프로그램이다. 엄청난 통찰력이 넘치는 책이다."

조안나 위비(Joanna Wiebe),
카피라이팅 스쿨 〈카피해커스(Copyhackers)〉 설립자

"내 해질 대로 해진 《퍼스널 MBA》는 지난 10년 동안 책상에서 손이 닿는 곳에 늘 자리를 잡고 있었다. 내가 사업을 시작하고 성장한 이래, 이 책은 학교에서 배운 적이 없었던 통찰력, 명확성, 그리고 지혜를 제공해 주는 행동 지침서였다."

손 블랑(Shawn Blanc), 생산성 커뮤니티 〈스위트 셋업(The Sweet Setup)〉,
〈포커스 코스(The Focus Course)〉의 창립자

"10년이 지난 지금도, 나는 더 나은 결정을 내리기 위해 《퍼스널 MBA》를 읽고 또 읽는다. 《퍼스널 MBA》 이외에, 글쓰기 스튜디오를 시작하기 위한 비즈니스 계획은 물론, 오늘 하루 일정을 계획하거나, 문제를 파악하고 해결하기 위해 체계적인 접근을 취하게 돕고, 전반적인 생산성과 삶의 즐거움에 긍정적인 영향을 미치는 책은 떠오르지 않는다."

다니엘 조슈아 로빈(Daniel Joshua Rubin),
극작가, 《스토리텔링 바이블》 저자

"4주 이내에 수익성 있는 사업을 만들기 위해, 나는 《퍼스널 MBA》의 멘탈 모델을 사용했다. 조시는 기업가 정신에 관한 내 수많은 잘못된 믿음을 불식시켜 주었으며, 그의 가르침으로 나는 더 생산적이고 성공적으로 변화하여 스스로 삶을 만족스럽게 바꿀 수 있었다."

에반 디블(Evan Deaubl),
〈틱 탁 코드(Tic Tac Code)〉 최고 경영자

"누군가가 당신에게 어떤 말을 하더라도, MBA는 필수가 아니다. 만약 당신이 이 책을 읽고, 실제로 책의 내용을 시도해 본다면, 당신은 비즈니스 게임에서 남들보다 훨씬 앞설 것이다."

케빈 켈리(Kevin Kelly),
베스트셀러 《인베이터블 미래의 정체》의 저자, 〈와이어드(Wired)〉의 창립 편집장

"《퍼스널 MBA》는 비즈니스에 종사하는 누구라도 꼭 읽어야 하는 책이다. 이 책은 어디에서도 배운 적 없는 아이디어와 시스템, 그리고 모범 사례를 알려준다. 10년이 지난 지금도 나는 이 책을 읽으며 도움을 받고 있다. 이 책을 사고, 읽은 뒤 늘 곁에 두라. 이 책은 향후 몇 년 동안 당신의 꾸준한 비즈니스 파트너가 되어줄 것이다."

팀 그랄(Tim Grahl), 《꿈을 향해 달려가다(Running Down a Dream)》의 저자,
출간 지원 기업 〈북 랜치(Book Launch)〉의 창립자

"《퍼스널 MBA》를 접하기 전인 2005년에 이미 MBA를 졸업했지만, 당시 난 여전히 비즈니스에 대해 아무것도 모르는 느낌이었다. MBA에 등록하기 전에 이 책을 읽었다면 좋았을 것이다. 그랬다면 학위를 마치는 동안 내게 큰 도움이 되었을 테니까. 누가 알겠는가? 혹시라도 이 책을 읽고 MBA 과정을 완전히 생략했을지도 모른다. 이 책은 쉽게 실무에 적용할 수 있는 기초를 다져주는 최고의 비즈니스 도서이다."

로저 휴이(Roger Hui),
레드햇 주식회사 기술 고객 담당 관리자

"이 책을 내 '변명 불가' 문서함에 보관한다. 이 책을 읽고 나면, 여러분은 사람들에게 '난 충분히 똑똑하지도 않고, 통찰력도 없으며, 중요한 일을 맡을 만큼 충분히 배우지 못했다'는 변명을 더 이상 하지 못하게 될 것이다. 조시는 여러분을 비즈니스의 핵심 아이디어를 얻기 위한 가치 있는 여행으로 안내한다."

세스 고딘(Seth Godin),
베스트셀러 《보랏빛 소가 온다》의 저자

" 이 책은 '경영의 탈무드'와 같다. "

10주년 기념판 서문

이론적으로만 작동하던 내용이 현실에서 실제로 작동하는 순간은 정말 멋지다.

15년 전, 나는 부업으로 《퍼스널 MBA》를 시작했다. 나는 직접적이고 효율적이며 저렴한 방법으로 비즈니스 지식과 기술을 향상하는 일을 원했다. 프로젝트를 시작할 당시, 나는 다국적 대기업(P&G)에서 실무 경력을 쌓는 데 집중하고 있었다. 책을 쓸 생각도 없었고, 내가 하는 연구가 전 세계 수만 명의 사람을 돕고 그 과정에서 내 인생의 방향을 완전히 바꾸게 될 줄은 꿈에도 몰랐다.

《퍼스널 MBA》는 이제 막 직장에 입문한 사회 초년생부터 숙련된 기술자, 임원, 그리고 성공한 기업가까지 모든 계층의 독자들에게 비즈니스가 무엇인지, 그 원리가 어떻게 작동하는지에 대해 안내하고 있다. 나아가 새로운 비즈니스를 창출하는 방법에 대해 보다 정확하고 실용적인 방법을 기꺼이 알려주고 있다. 한편으로 기존 비즈니스 벤처를 개선해 갈 수 있는 대안에 대해서도 관련 지식을 제공한다.

좋든 나쁘든, 대학을 졸업한 뒤 비즈니스 교육을 진지하게 받기로 결심한 성인들은 유명 MBA 프로그램을 알아보기 시작한다. 경영학 석사학위^{MBA}는 종종 투자 가치가 떨어지는 경우가 많지만, 실질적인 비즈니스 기술은 어떻게 습득하든 항상 유용한 것 역시 사실이다.

책을 쓰면서 느꼈던 큰 즐거움 중 하나는 이 책 내용에서 어떤 식으로든 유익함을 얻은 독자들의 이야기를 듣는 것이었다.《퍼스널 MBA》가 처음 출간된 이후, 10년 동안 책 속의 개념을 활용하여 수익성 있는 비즈니스를 시작하고, 주요한 위치로 승진하여, 개인 및 직장 생활을 실제로 개선했다는 수천 명의 독자들의 생생한 이야기를 접할 수 있었다.

독일 베를린에 사는 더크^{Dirk}는 경영대학원에 진학하는 대신 독학으로 비즈니스를 배우기로 결심한 사례를 전하기도 했다.

《퍼스널 MBA》는 경영대학원에 15만 달러를 지불할 뻔한 실수로부터 나를 구해주면서, 동시에 교육에 대한 새로운 관점을 제시해 주었다. 2014년 당시 회사 생활에 더 이상 만족할 수 없었던 나는 유럽 최고 대학 MBA 과정 입학을 진지하게 고려하고 있었다. 하지만 등록 서류를 우편으로 보내고 첫 등록금을 송금하기 이틀 전,《퍼스널 MBA》를 읽은 나는 완전히 마음이 바뀌었다. 그 후 학비로 큰 빚을 지는 대신 내가 원하는 커리어, 즉 스타트업과 함께 일하기 위한 개인 교육 여행을 떠났다. 여행을 다니면서 컨퍼런스에 참석하고, 다양한 프로그램에 함께하며 손에 잡히는 대로 많은 책을 읽었다.

MBA에 비해 훨씬 적은 비용과 시간으로 적절한 인맥을 쌓고 커리어를 시작하는 데 필요한 내용을 배울 수 있었다. 그 뒤로 지난 5년간 나의 회사를 성공적으로 운영해 왔고, 이미 300개가 넘는 스타트업과 함께 일했다.

영국에 거주하는 마이클^{Michael}은 이 책을 통해 자신의 회사 경력을 발전시켰다.

대학을 졸업하면서 취업 준비를 할 수 있을 거라 기대했지만, 현실은 그렇지 않았다. 나는 《퍼스널 MBA》가 지속적인 학습을 위한 최고의 입문서라고 생각한다. 2년 넘게, 한 달에 한 번 이상 이 책을 읽었다. 현재 스물여섯 살이고, 세계적인 대기업 중 한 곳에서 마케팅 및 제품 관리팀을 이끌고 있다. 나는 리더십 테이블에 앉은 역대 최연소자다. 최근 팀에 새로 합류한 대학 졸업생에게 《퍼스널 MBA》를 전달했고, 그는 이 책을 처음부터 끝까지 여러 번 읽었다. 이제 팀원들로부터 "나이를 뛰어넘은 현명함을 지녔다", "올바른 질문을 하는 방법을 안다"는 피드백을 많이 듣는다. 고마워요, 조시.

M. R.은 이 책을 사용하여 수백 명의 직원을 관리하고 스리랑카에 있는 수백만 명에게 필수적인 서비스를 제공하고 있다.

3년 전 말레이시아의 한 서점에서 《퍼스널 MBA》를 구매했다. 비록 MBA를 취득하지는 못했지만, 당신의 책에서 배운 경영 기법을 실천하고 있다. 나는 2천만 달러가 넘는 재고를 관리하고 원활한 자재 흐름을 파악하기 위해 시스템 활용 방안을 생각해냈다. 또한 현재 620만 명의 고객에게 혜택을 주고 있는 고객 지원 시스템을 개발하도록 팀을 이끌었고, 새로운 전사적 자원 관리 시스템^{ERP}에서 구현할 2,000개 이상의 비즈니스 프로세스를 식별했다. 전 세계 수백만 명의 관리자를 위해 애쓰고 계신 《퍼스널 MBA》 팀에 축하와 감사의 말씀을 전한다.

미국 미네소타주 미니애폴리스에 사는 엘리자베스^{Elizabeth}는 이 책에서 배운 아이디어를 개인 생활에 적용하고 있다.

대학 교육 없이도 이렇게 내가 똑똑해질 수 있을 거라고는 감히 생각하지 못했었다. 당신은 내게 지식을 늘리고 그 지식을 실천에 옮기는 방법을 가르쳐 주었고, 내가 진지하게 임한다는 전제하에 거의 모든 일에서 성공하는 법을 가르쳐 주었다. 지금 나는 네 명의 우리 아이들을 멘토링하고 있으며 그들에게 이 책의 유산을 물려주고 있다. 당신이 이룩한 이 책의 업적에 정말 감사드린다.

전 세계 수십만 명의 독자가 《퍼스널 MBA》의 아이디어를 활용하여 커리어를 발전시키고, 삶을 개선하고, 세상을 더 나은 곳으로 만드는 데 활용하고 있다. 이처럼 평생에 걸쳐 도움이 될 필수적인 지식을 소개하게 되어 저자로서 영광이다. 이러한 개념을 익히면 당신이 지금 생계를 위해 무엇을 하고 있더라도(또는 하고 싶더라도) 훌륭한 업무를 수행하고, 올바른 결정을 내리며, 각자가 지닌 기술, 능력 및 모든 이용 가능한 기회를 최대한 활용할 수 있게 된다.

《퍼스널 MBA》의 10주년을 기념해 소개하는 개정판을 선택해주신 여러분께 진심으로 감사드린다. 이 책이 독자의 주요한 목표 달성에 도움 되기를 바라며, 여러분의 모든 성공을 기원한다.

조시 카우프만
미국 콜로라도주 포트 콜린스

66 단순한 것을 복잡하게 말하기 위해서는 교육을 받아야 하지만,
복잡한 것을 단순하게 말하기 위해서는 현명해야 한다. 99

역자 서문

이 책의 서문에 나오는 이야기처럼, 저자가 JFK 공항을 통과하면서 본인의 직업을 설명했을 때 세관 직원이 했던 말이 가슴에 와 닿는다. "이 세상에 널린 것이 경영서적인데, 또 하나 나왔군!" 그 많은 경영서적 중에서 《퍼스널 MBA》를 선택하고 번역해서 한국의 많은 독자들에게 소개하려고 한 것은 이 책만이 가지고 있는 차별화된 매력이 있기 때문이다.

경영은 누구나 할 수는 있지만, 아무나 잘할 수 없는 상당히 복잡한 분야이다. 사실, 경영학을 학교에서 배우지 않고도 성공한 사업가는 많다. 그러나 조직이 커지고 업무가 복잡해지면 기업 안팎에는 각 부서를 제대로 관리할 수 있는 많은 전문가가 필요해진다. 조직의 크기를 막론하고 비즈니스의 근간이 되는 경영원리에 대해서 제대로 아는 구성원이 많으면 많을수록 그 기업은 경쟁력과 성장 잠재력이 커지게 마련이다.

이 책은 바로 그러한 경영의 핵심 개념들을 일상적인 언어와 이해하기 쉬운 이야기, 적절한 비유를 통해서 설명하고 있다. 독자는 사전지식이 없이도 이 책을 통해 비즈니스의 본질을 스스로 습득할 수 있을 것이다.

《퍼스널 MBA》의 장점을
3가지로 설명하면 다음과 같다

첫째, 혼자서도 학습할 수 있도록 경영의 본질을 한 권으로 알기 쉽게 정리했다. 즉, 가치창조, 마케팅과 영업, 유통, 재무와 회계, 인적자원관리 그리고 시스템에 관한 기본 내용을 전반적으로 설명하고 있다. 특히 조직내부의 가치사슬을 효과적으로 관리하기 위한 인간과 시스템에 관한 심도 있는 논의는 많은 시사점을 던지고 있다. 조직이란 사람+시스템이기에 경영에 종사하는 사람이라면 누구나 깊은 인식이 필요한 분야다.

둘째, 책의 내용이 학습효과를 극대화하도록 구성되어 있다. 먼저 경영의 에센스를 271개의 키워드로 간략하게 제시한다. 영감을 떠올릴 수 있는 격언 또는 명언을 통해 독자들로 하여금 키워드에 대한 관심을 불러일으키고, 핵심개념을 알기 쉽게 설명하고 있다. 마지막에는 키워드와 관련된 해결책을 한 문장으로 제언하고, 심화학습을 위한 웹사이트와 권장도서의 목록을 제공하여 독자들이 경영에 대한 시야를 더욱 넓힐 수 있도록 한다.

셋째, 이 책은 실무에 곧바로 적용 가능한 살아있는 경영현장의 매뉴얼이다. 저자가 수천 권의 경영 관련 책을 독학으로 탐독하고, 본인의 회사경력에 비추어서 가장 우선순위에 해당하는 경영지식을 통해 지혜를 공유하고 있다. 따라서 책이 안내하는 대로 경영현장에서 실천하게 된다면 성과를 올리는 데 큰 기여를 할 수 있다. 아울러서 책을 옆에다 두고 필요할 때마다 참고하면 문제해결에 좋은 안내서가 될 것이다.

사실, 이런 방대한 내용을 정리하는 것은 쉬운 일이 아니다. 복잡한 것을 단순화할 줄 아는 능력이 필요하다. "일을 복잡하게 만드는 것은 간단한 일이지만, 간단하게 만드는 것은 복잡한 일이다." 메이어의 법칙으로 알려진 내용처럼, 지식과 정보가 난무하는 오늘날 구조를 복잡하게 꾸미고 현학적으로 설명하는 것은 이미 경쟁력을 잃은 것이다. 경영의 기본과 핵심을 제대로 알고 있다면, 상대에 따라 받아들이기 쉬운 적절한 비유를 활용해서 쉽게 설명하는 것이 중요하다. 저자는 자신의 경험과 시행착오를 통해서 축적한 지식과 지혜를 마치 '경영의 탈무드'와 같은 방식으로 잘 전달하고 있다. 그야말로 '파워 미니멀리즘'에 걸맞은 책이라고 할 수 있다.

이 책은 포브스 잡지의 창시자가 "성공으로 이끄는 열쇠와 같은 지혜들"을 한 편의 시처럼 쓴 글로서 마무리하고 있다. '당신만이 당신의 삶을 움직이고, 선택하고, 결정할 수 있다'는 내용을 담은 이 글을 독자가 먼저 읽어 보기를 권한다. 그 시구와 같은 글의 내용이 바로 이 책《퍼스널 MBA》만이 가져다주는 가장 차별화된 가치이다. 가시적 성과는 지식만으로는 불충분하다. 지식과 더불어서 느끼고, 공감하고 실천할 수 있는 지혜야말로 개인과 조직을 변하게 하고 승리하게 한다.

우리가 살고 있는 시대는 농업 경제, 산업 경제, 서비스 경제를 넘어서 제 4의 경제, 즉 체험 경제 시대로 넘어가고 있다. 농업 시대의 생산물들을 산업 경제 시대의 제조 과정을 거치게 되면 대량 생산 제품이 만들어지게 된다. 이 제품들을 고객 집단에 효과적으로 전달하기 위해서 서비스가 필요하다. 서비스 경제에서는 한 사람, 한 사람의 경험이 중요해지고, 이 필요에 따라 개인화, 맞춤화 서비스로 고도화되게 되면 그 다음 단계인 체험 경제 시대로 넘어가게 된다. 체험경제에서는 고객을 집단이 아닌 개인으로 이해하고, 자신만의 가치와 취향을 중요하게 생각하는 고객에게 스토리와 재미가 녹아 있는 경험을 선사하는 것이 중요하다. 즉, 제품이나 서비스를 넘어서 특별한 경험을 파는 것이다.

체험경제 시대에서는 개인 맞춤형 서비스, 즉 '퍼스널'한 서비스가 더 높은 대가를 지불받는다. 이미 우리는 퍼스널 컴퓨터를 경험했고, 퍼스널 트레이너 서비스를 비싼 대가를 지불하면서 산다. 몸을 움직이는 일을 예로 들면, 노동, 운동이었던 것이 이제는 자기 관리를 위한 특별한 경험이 된다. 몸을 움직이는 일은 누가 대신 해줄 수 없다. 따라서 스스로 해야만 하는 퍼스널 활동이다. 이때, 퍼스널 트레이너의 도움을 받는다면 목표를 수월하게 성취할 수 있다. 왜냐하면, 전문가와 함께 목표와 방향을 정확히 설정하고, 스스로의 한계를 넘는 데 도움을 받기 때문이다.

이런 퍼스널 서비스 관점에서 보면, 독자들은 《퍼스널 MBA》를 통해서 경영과 관련된 퍼스널 트레이너로부터 좋은 멘토링을 받는 효과를 거둘 수 있다. 우리 주변에 위대한 사업성과를 이룬 좋은 롤 모델이 되는 경영자는 많지만 그들은 너무 바빠서 우리를 위한 시간을 내기가 어렵다. 하지만 고맙게도 이 책의 저자는 자신이 경험한 콘텐츠와 지혜들을 잘 정리해 '퍼스널 트레이너'와 같은 훌륭한 경영 멘토링을 선물하고 있다.

정신없이 세기적 코로나 팬데믹을 지나고 보니, 산업과 생활방식이 크게 변한 세상을 마주하게 되었다. 생성형 인공지능, 로봇, 전기차와 자율주행, 위성통신, 유전자 치료, 면역항암제 그리고 스마트 시티와 메타버스까지. 그 어느 때보다 빠르게 발전하고 있는 시대에 개인에게 가장 필요한 덕목 두 가지는 주체성과 연결성일 것이다. 기술이나 사회변화의 거대한 폭풍우에 흔들리지 않으려면 자기경영에 대한 고품질 지식이 필요하다. 우리는 이 책이 그 역할을 할 수 있기를 기대한다. 나아가 사회나 조직과의 연결에도 자신이 먼저 핵심지식을 갖추고 다른 사람들과 함께 실천해 가야하는 가치 있는 방향성과 주제를 제시할 때, 서로에게 의지하며 시너지를 발휘할 수 있을 것이다.

책을 번역하는 동안에 시간적인 제약으로 나름 힘들었지만, 그 과정을 통해서 많은 것을 배우고 느낄 수 있어서 행복한 시간이었다. 이 책이 독자에게 큰 도움이 되기를 기대하며, 앞으로 우리가 배우고 경험하는 것들도 세상과 나누고 공유할 수 있게 되기를 소망해 본다.

옮긴이 박상진, 이상호

서문 왜 이 책을 읽어야 하는가?

1장 가치 창조

6장 인간의 마음

7장 자신과 일하기

8장 다른 사람들과 일하기

9장 시스템의 이해

10장 시스템의 분석

11장 시스템의 개선

독자에게

명확한 언어는 명확한 사고를 낳고, 명확한 사고는 교육의 가장 중요한 이점이다.

리처드 미첼(RICHARD MITCHELL),
《아카데미의 무덤(The Graves of Academe)》 저자

많은 이들이 성공적인 비즈니스를 구축하거나 커리어를 발전시키기 위해 비즈니스 스쿨에 진학해야 한다고 생각한다. 이는 사실이 아니다. 방대한 현대 비즈니스 관행의 대부분은 상식, 간단한 산술, 몇 가지 중요한 아이디어와 원칙에 대한 지식만 있으면 된다.

《퍼스널 MBA》는 비즈니스의 기본, 그러나 가장 핵심적인 내용을 다루고 있다. 이 책의 목적은 명확하고 포괄적인 핵심 개념을 제공하는 것이다. 이를 통해 가장 중요한 비즈니스 원리를 가능한 짧은 시간 내에 파악할 수 있다.

대부분의 MBA 관련 서적은 최고 수준의 비즈니스 스쿨에서 다루는 커리큘럼을 모방하고 있는 것이 현실이지만 《퍼스널 MBA》는 다르다. 이 책의 목표는 현재 교육 수준이나 비즈니스 경험과는 관계없이, 어떤 독자라도 처음부터 전반적인 비즈니스 실무에 대한 탄탄한 이해를 쌓아 현실에서 바로 사용할 수 있도록 돕는

것이다.

시간은 누구에게나 소중하다. 따라서 방대한 비즈니스 관련 내용을 최대한 압축하기 위해 최선을 다했다. 다양한 주제를 몇 시간 안에 읽을 수 있는 쉬운 분량으로 정리해 놓았다. 각자의 필요에 따라 특정 주제에 대한 추가 조사가 필요한 경우에는 무엇을 어디서부터 시작해야 할지 알 수 있도록 제시해 놓았다.

사회 초년생, 기업가, 숙련된 기술자, 수십 년의 경력을 가진 임원 등, 누구나 각자의 상황에 따라 어디서부터 무엇을 시작해야 하는지를 아는 것은 매우 중요하다. 직접 경험하고 관찰한 것에 대해 생각할 수 있는 '공통의 언어'가 있다면 직업 종류가 무엇이든 큰 개선의 기회가 열릴 수 있다고 믿기 때문이다.

이번 개정판에는 기본 개념을 더욱 포괄적으로 다룰 수 있는 새로운 개념들이 다수 추가되었다. 그리고 이전 판에 이미 설명한 개념에 대해 그 명확성을 개선하기 위한 약간의 수정이 이루어졌다. 또한 장기적인 참고 자료로서 책의 가치를 높여주는 색인 기능도 추가되었다.

이 책을 읽고 실제 경험을 쌓는다면 평생에 걸친 보람을 느낄 수 있을 것이다. 《퍼스널 MBA》를 통해 독자들이 저마다의 비즈니스에서 더 많은 돈을 벌고, 더 많은 일을 해낼 수 있으리라 믿어 의심치 않는다. 부디 이 책이 그 과정에서 더 많은 즐거움을 누리는 데 큰 도움이 되기를 희망한다.

세계의 수백만 비즈니스 전문가, 인류의 더 나은 삶을 위해
작은 조직이나 큰 기업에서 열심히 일하는 모든 분에게 이 책을 바친다

왜 이 책을
읽어야 하는가?

" 이 책을 여과지처럼 사용하라. 우리 주변에 산적해 있는 방대한 양의 경영 지식을 모두 흡수하려 할 필요는 없다. 경영에 있어서 가장 중요한 지식을 학습하는 데 이 책을 활용하라. 그러면 경영 현장에서 실제로 중요한 일에 초점을 맞추고 성과를 낼 수 있다. "

이 책을 읽는 이유는 아마도 현재 또는 미래의 삶에서 '중요한 것'을 이루고자 하기 때문이다. 즉, 사업을 시작하거나, 회사에서 승진을 원하거나 또는 이 세상에 새로운 무엇인가를 창조해 내고자 하는 열망 때문일 것이다. 어쩌면 자신의 꿈을 이루는 데 몇 가지 난관을 가지고 있기 때문일 수도 있다. 우리는 누구나 아래와 같은 말도 안 되는 막연한 두려움을 가지고 있다.

- **사업능력에 대한 비관론**: '경영에 대해 별로 아는 것이 없다'고 스스로 느끼고 있기 때문에 창업을 하거나 또는 현재 직위에서 더 많은 책임을 맡을 수가 없다. 미지의 두려움과 직면하기보다는 현재 상태를 유지하는 것이 낫다고 생각할 수 있다.
- **자격증에 관한 공포**: '비즈니스는 정말 복잡하다'고 생각하기 때문에 고도로 숙련된 '전문가'에게 맡기는 게 최상이라

고 여긴다. 'MBA 또는 이와 비슷하게 고비용의 자격증을 가지고 있지 않다면, 업무상 해야 할 일에 대해 잘 안다고 어떻게 얘기할 수 있겠는가?'라고 생각한다.

● 가면 증후군: 이미 '자신의 능력 밖의 일'을 한다는 근심을 갖고 있으며, 완벽한 사기꾼의 가면이 벗겨지는 것은 시간문제라고 생각한다. 아무도 가짜를 좋아하지는 않는다. 그렇지 않은가?

그렇지만 여기 좋은 소식이 있다. 두려움을 순식간에 없앨 수 있는 방법이 있기 때문이다. 그 방법은 단지 '비즈니스 원리에 대한 사고방식을 바꿔주는 몇 가지의 간단한 개념들을 익히는 것'이다. 두려움을 극복한다면, 어떤 일이든지 해낼 수 있다.

바람직한 경영 방법에 대한 근본적인 지식을 얻기 원하는 기업가, 디자이너, 학생, 프로그래머 또는 특정 분야의 전문가라면, 축하한다. 이 책은 바로 당신을 위해 썼다. 이 책을 읽는 누구나 앞으로 어떤 일을 하고자 하던 간에, 경영을 바라보는 새롭고 유용한 방법을 발견할 수 있을 것이다. 그 결과 이유 없는 두려움과 싸우는 시간은 줄이고, 자신의 일을 차별화시켜 가치를 증대시키는 곳에 더 많은 시간을 쓸 수 있게 될 것이다.

모든 것을 알 필요는 없다
You Don't Need to Know It All

"세상엔 수백만 가지의 방법들이 있지만, 원리는 단지 몇 가지일 뿐이다. 원리를 이해하는 사람은 자신만의 방법을 성공적으로 선택할 수 있다. 원리를 무시하고 방법을 먼저 시도하는 사람은 반드시 문제에 봉착한다."

해링턴 에머슨(Harrington Emerson), 경영 컨설턴트 및 효율성 전문가[1]

어떤 분야를 새롭게 배울 때, 한 가지 다행인 점은 모든 것을 다 알 필요가 없다는 사실이다. 단지 해당 분야에 대한 대부분의 가치를 제공해 주는 아주 중요한 몇 가지 개념들만 이해하면 된다. 일을 처리하는 데 필요한 핵심 원리로 탄탄한 기본을 구축하고 나면, 이를 토대로 지식을 보강하고 발전시키는 일은 훨씬 더 수월해진다.

《퍼스널 MBA》는 일의 성과를 내는 데 필요한 경영의 기본적인 개념들을 설명하고 있다. 이 책을 읽음으로써 손에 잡히는 현실적인 결과를 위한 경영지식의 기초를 탄탄하게 할 수 있다. 이 기본 원리들을 통달하고 나면, 아주 어렵고 도전적인 경영목표들도 놀라우리만큼 쉽게 해결할 수 있게 된다.

필자는 지난 5년간 수천 권이 넘는 경영 서적을 읽었다. 수백 명의 경영 전문가를 인터뷰하고, 포춘지 선정 세계 500대 기업에서 일을 했으며, 사업도 시작했다. 1인 사업체에서부터 수십만 명의 직원과 수십억 달러의 매출규모를 가진 다국적 기업에 이르기까지 다양한 기업들을 컨설팅하고 있다. 그 과정에서 배우고 경험한 지식들을 모으고, 정제하고, 잘 다듬어서 몇 가지 개념으로 정리하게 되었다. 이들 경영의 기본 원리를 이해한다면, 현명한 의사결정을 내리는 데 유익하고 신뢰할 수 있는 도구를 얻게 된다. 이러한 개념들의 학습에 시간과 노력을 투자해 마침내 그 지식을 활용할 수 있게 된다면, 당신이 어렵지 않게 전 세계 인구의 상위 1퍼센트 안에 드는 탁월한 사람이 될 것이라고 확신한다. 주요 내용은 다음과 같다.

- 실제로 사업을 운영하는 방법
- 효과적으로 창업하는 방법
- 기존에 하고 있던 사업을 더 잘 되게 하는 방법
- 경영 기술을 활용해 개인적 목표를 달성하는 방법

이 책을 여과지처럼 사용했으면 한다. 우리 주변에 산적해 있는 방대한 양의 경영 지식을 모두 흡수하려고 애쓸 필요는 없다. 경영상의 가장 중요한 지식을 학습하는 데 이 책을 활용하면, 경영 현장에서 실제 중요한 일에 초점을 맞추면서 일의 성과를 낼 수 있다.

경험이 꼭 필요한 것은 아니다
No Experience Necessary

"사람들은 항상 경영을 실제보다 더 복잡한 것으로 과대평가한다. 경영은 우주과학처럼 어려운 일이 아니다. 우리는 세상에서 가장 쉬운 업무 중 하나를 선택한 것이다."

잭 웰치(Jack Welch), 전 GE의 CEO

당신이 경영의 완전 초보자라도 걱정할 필요 없다. 다른 경영 서적들과는 달리 이 책은 사전 경영지식이나 경험을 요구하지 않는다. 독자가 이미 하루 수백만 달러가 달린 의사결정을 해야 하는 대기업의 사장이라고는 추정하지 않는다. 그러나 설령 대기업 CEO라고 해도 이 책을 읽으면 실무에서 큰 도움을 얻을 것이다.

경영 분야의 사전 경험이 있다 하더라도, 이 책에서 MBA 학위 과정에서 배운 어떤 지식보다 더 실용적이고 가치 있는 정보를 얻을 수 있다. 이는 최상위 비즈니스 스쿨에서 MBA를 마친 전 세계의 수많은 독자들이 이미 언급한 내용이다.

이 책을 읽고 나면, 간략하게 설명된 271개의 핵심 개념을 통해 경영에 대한 완전히 새로운 시각을 갖게 된다. 그리고 경영이 실제로 무엇인지, 성공적인 경영은 현실적으로 어떻게 실행되는지에 대해 매우 포괄적이고도 명확히 이해하게 될 것이다.

답보다는 질문을 하라
Questions, Not Answers

"교육은 질문에 대한 답이 아니다. 교육은 모든 질문에 대한 해답을 찾게 하는 수단이다."

빌 앨린(Bill Allin), 사회학자이자 교육운동가

대부분의 경영 서적은 더 많은 답, 즉 이런 기술이나 저런 방법에 대해 가르치려고 한다. 이 책은 다르다. 이 책은 답을 제공하는 대신 더 좋은 질문을 하도록 도와줄 것이다. 어느 비즈니스에서나 경영상의 좋은 의사결정을 위한 첫 번째 단계는 바로 '정말 중요

한 것이 무엇인지를 아는 것'이다. 현재 처한 상황에서 궁금한 본질적인 질문들을 더 많이 알면 알수록, 일을 진전시키는 데 필요한 답을 더 신속하게 찾을 수 있다.

방법보다는 멘탈 모델을 활용하라
Mental Models, Not Methods

"내가 성취하고자 하는 세계의 한계는 바로 내가 구사하는 언어의 한계다."

루트비히 비트겐슈타인(Ludwig Wittgenstein), 철학자이자 논리학자

경영기술을 향상시키고자 할 때, 알아야 할 모든 것에 대해 배울 필요는 없다. 가장 근본적인 핵심 내용을 통달함으로써 놀라우리만치 멀리 나아갈 수 있다. 여기 제시하는 근본적인 경영학 개념들을 '멘탈 모델Mental Model'이라고 부른다. 이 멘탈 모델들을 활용하면 좋은 의사결정에 필요한 탄탄한 '경영의 틀Framework'을 만들 수 있다.

멘탈 모델은 사물의 작동원리에 대한 인식과 이해를 나타내는 개념이다. 차를 운전한다고 생각해보자. 가장 오른쪽 페달을 밟으면 무슨 일이 일어날 것이라고 기대하는가? 만약 차가 감속한다면 꽤나 놀랄 것이다. 일반적으로 그 페달은 가속 페달이기 때문이다. 이것이 바로 멘탈 모델이다. 멘탈 모델은 현실에서 세상이 돌아가는 원리에 대한 아이디어를 말한다.

인간의 두뇌는 매일 경험하는 일상의 패턴을 깨달으면서 자동적으로 자신의 멘탈 모델을 만들어간다. 그러나 혼자서 형성한 멘

탈 모델 중에는 완전하지는 않은 것이 종종 있다. 왜냐하면 개인은 세상의 원리를 다 이해하기에 지식과 경험이 그리 충분하지 못하기 때문이다. 이때 필요한 것이 교육이다. 교육은 다른 사람들의 지식과 경험을 내재화해 각자의 멘탈 모델을 더 정확하게 만드는 역할을 한다. 따라서 최고의 교육은 바로 세상을 새롭고 더 생산적인 방식으로 바라보도록 안목을 높이는 것이다.

예를 들어, 많은 사람들은 '사업을 새로 시작하는 것은 위험한 일이다' 라거나 '자기 사업을 하려면 엄청난 사업 계획서를 작성하고 많은 돈을 차용해야 한다' 혹은 '사업은 누구를 알고 있는지가 중요하지, 무엇을 아는가는 중요하지 않다' 등의 생각을 한다. 이 각각의 문장들 역시 세상이 돌아가는 이치를 설명하는 방법에 대한 멘탈 모델이다. 다만 그렇게 정확하지 않은 것뿐이다. 자신의 멘탈

부정확한 멘탈 모델	정확한 멘탈 모델
사업을 새로 시작하는 것은 위험한 일이다.	불확실성은 어느 사업에나 있으나 통제 가능한 부분이다.
사업을 성공하려면 시작하기 전에 결점 없는 대단한 사업 계획서를 준비해야 한다.	사업 계획서는 사업의 핵심 기능을 파악한 이후에 오는 2차적 단계이다. 사업 계획을 아무리 잘 준비해도, 사업을 진행하다 보면 언제나 놀라운 일이 많이 생긴다.
사업을 시작하기 전에 많은 자본금을 준비해야 한다.	추가 자금은 반드시 필요할 때에만 준비하면 된다(사업 성격상 공장을 지어야 할 때 등).
사업이라는 것은 인맥이지 지식으로 하는 것이 아니다.	인맥은 중요하지만 이를 가장 효과적으로 활용하려면 양질의 지식이 필요하다.

모델을 바로 잡음으로써 자신이 무슨 일을 하고 있는지 더 명확하게 생각할 수 있고, 이로써 더 좋은 의사결정에 도달할 수 있다.

필자의 고객 중 다수는 이 책에서 제시하는 멘탈 모델들을 섭렵하고 나서 기존에 가졌던 경영에 대한 개념과 방법이 틀렸다는 것을 깨달았다. 그들은 벤처기업을 순조롭게 시작하는 것이 예상했던 것보다 매우 쉽다는 것을 알게 됐다. 근심과 스트레스로 시간과 에너지를 낭비하는 대신에 이 책의 핵심 경영개념을 배우면, 근심을 없애고 성과를 만들어 가는 자유를 얻게 될 것이다.

이 책은 독자들이 경영의 기본적인 원리를 빨리 깨닫도록 하는 것을 목적으로 한다. 따라서 실제 유용한 일들, 예를 들면 가치 있는 일들을 창조하고, 사람들의 주목을 이끌어내며, 더 많은 고객에게 서비스를 제공해 상품의 판매량을 늘리고, 조직에서 승진도 하고, 더 많은 돈을 벌며 결과적으로 세상을 바꾸는 일에 시간과 에너지를 집중할 수 있도록 한다.

이 책을 읽는 순간 타인을 위해 더 나은 가치를 창조하고, 자신의 재정 상태를 발전시킬 뿐만 아니라, 그 과정에서 스스로도 더 큰 즐거움을 얻게 될 것이다.

나의《퍼스널 MBA》
My "Personal" MBA

"나는 자기주도적인 교육만이 진정한 교육이라고 굳게 믿는다."

아이작 아시모프(Isaac Asimov),
500권 이상의 책을 집필한 전 보스턴 대학 생물화학과 교수이 장에서는《퍼스널 MBA》가 하나의 특별한 프로젝트로써 쓰인 과정을 설명하고자 한다. 이 과정을 살펴보는 것은 유용하다. 그러나 이 책의 진정한 가치는 나의 개인적 배경이나 경험에 좌우되는 것은 아니므로, 책의 본론으로 빨리 들어가고자 하는 독자는 '이 책으로 무엇을 학습할 수 있나'로 곧바로 건너뛰어도 된다.

사람들은 자주 나에게 MBA 학위가 있냐고 묻는다. 그럴 때면 나는 "아니오, 그렇지만 대학 다닐 때 경영학을 공부했습니다"라고 답한다. 신시내티 대학 재학시절, 운이 좋게도 칼 린더 우등학생 프로그램^{Carl H. Linder Honors-PLUS} 에 참여했다. 이는 사실상 학부에서 배울 수 있는 MBA나 마찬가지였다. 그 프로그램은 장학금으로 운영되어서 다행히 허리가 휘는 고가의 등록금을 지불하지 않고도 경영대학원에서 가르치는 대부분의 경영학 관련 내용을 경험하는 대단한 기회를 가질 수 있었다.

또 회사 재직 중에 빠른 성공가도를 달린 적이 있다. 대학 2학년 때, 신시내티 대학의 산학협동 교육 프로그램을 통해서 포춘지 선정 세계 500대 기업 중 하나인 P&G^{Procter & Gamble} 의 관리직에 들어갔다. 2005년 졸업할 무렵에는 P&G의 홈케어 사업부에서 보조 브랜드 매니저로 일해 달라는 요청을 받았다. 그 자리는 일반적으로 MBA 학위를 가진 사람에게만 주어지는 자리였다.

대학에서 마지막 학기를 시작했을 때, 학교 수업에 관심을 줄이는 대신 미래에 집중하기 시작했다. 내가 회사에서 새롭게 맡을 일은 경영에 대한 깊은 이해를 필요로 했다. 동료나 관리자들은 거의 대부분 최고 수준의 경영대학원에서 MBA 학위를 받은 사람들이었다. MBA 과정에 등록하려고도 잠시 생각했지만, 이미 확정된 일자리를 위해 고가의 자격증을 얻는 것이 무의미하게 여겨졌다. 사실 내가 책임지는 일은 너무 바빠서 파트타임 MBA 프로그램에 등록해 어려운 공부를 할 시간적인 여유가 없었다.

MBA 학위 때문에 고민하는 동안 P&G의 첫 상사였던 앤디 월터^{Andy Walter} 부장이 들려주었던 직업에 대한 조언을 떠올렸다. 그는 "MBA를 마치기까지 들어가는 시간과 에너지만큼을 회사일 잘하고 자신의 기량을 갈고 닦는 데 쏟아 붓는다면 오히려 더 나은 결과를 얻을 수 있다"고 했다. 앤디는 MBA 학위가 없었다. 그는 대학에서 전자공학을 전공했고, 지금은 회사에서 최고 글로벌 IT 매니저 중 한 사람으로 P&G의 많은 대규모 프로젝트를 이끌고 있다.

결국, 심사숙고 끝에 비즈니스 스쿨에 가지 않기로 결정했지만, 경영에 대한 학습을 포기하지는 않았다. MBA 프로그램에 등록해 강의를 듣는 대신에 이 책, 《퍼스널 MBA》의 저술에 기초가 된 방대한 경영 관련 책들과 직접 부딪히기로 한 것이다.

자기주도 학습을 통한 경영학 집중 훈련
A Self-Directed Crash Course in Business

"독학으로 공부한 많은 사람들이 최고 명문대학의 박사, 석사, 학사보다도 훨씬 잘할 수 있다."

루트비히 폰 미제스(Ludwig von Mises),
오스트리아 경제학자이자 《인간 행동론》 저자

나는 언제나 책을 탐독해 왔지만, 경영에 대해서 모든 것을 배우겠다고 작심하기 전까지는 주로 소설을 많이 읽었다. 나는 오하이오 북부에 있는 작은 농경 마을인 뉴런던에서 자랐는데, 그곳의 주요 산업은 농업과 전구 제조였다. 어머니는 아동도서관 사서였으며, 아버지는 6학년 담당 과학교사로 일하시다가 후에 초등학교 교장으로 재직했다. 이런 가족 분위기 덕에 어릴 적부터 책은 내 삶의 중요한 부분이 되었지만, 그때만 해도 경영학에는 조금도 관심을 두지 않았었다.

첫 번째 직장을 얻기 전만 해도 경영이 진짜 무엇인지, 기업이 어떻게 굴러가는지에 대해 거의 모르는 것이나 다름없었다. 회사라는 곳은 월급을 타기 위해 매일 출근해야 되는 곳 정도로 생각했다. 입사 지원서를 내기 전까지는 P&G와 같은 회사가 존재한다는 사실조차 잘 알지 못했다.

P&G에서 일하는 과정이 나에게는 교육 그 자체였다. 기업의 엄청난 크기와 범위 그리고 큰 규모의 사업을 운영하는 데 필요한 관리 능력 등은 나를 압도하기에 충분했다. 입사 후 초기 3년 동안은 경영 전반의 일에 참여했다. 신제품 개발, 생산량 증대를 위한 전략 마련, 수백억 달러의 마케팅 예산 편성 등의 일을 했다. 월마트, 타겟, 크로거 그리고 코스트코와 같은 거대 소매 체인을 통해 판매채널을 확보하는 일도 맡았다.

보조 브랜드 관리자로 일할 때는 P&G 직원뿐만 아니라 계약직과 대리점 직원들을 포함해 대략 30~40명을 이끌었다. 이들은 각자 프로젝트 실행, 계획 입안, 중요한 우선 과제 해결 등을 맡고 있었다. 업무량은 엄청나게 많았고, 극심한 압박이 따랐다. 단 한 개의 간단한 식기 세정제가 지방의 슈퍼마켓 선반에 놓이기까지 수천 시간의 업무와 수백만 달러의 비용 그리고 고도로 복잡한 과정이 필요하다는 것을 생각하면 이 순간에도 놀라지 않을 수 없다. 용기의 모양에서부터 제품의 향에 이르기까지 모든 것이 최적화되어야 한다. 제품을 각 지역에 있는 상점의 창고로 운반할 때 사용하는 골판지 상자와 그 상자에 찍는 인쇄 글자에 이르기까지 어느 하나라도 소홀히 할 수 있는 것은 없다.

이런 상황에서도 나는 맡은 업무 외에 마음속에 또 다른 일을 가지고 있었다. 스스로 하는 학습을 좋아해 경영대학원에 진학하지 않기로 결정한 일은 부수적인 하나의 프로젝트에서, 점차 하지 않으면 안 되는 작은 집착으로 발전하기 시작했다. 매일, 많은 시간을 책을 읽으며 보냈고, 경영의 세계가 어떻게 작동하는지에 대한 지식을 얻기 위해 더 많이 연구하고 자료를 검색하려고 노력했다.

대학 졸업 후 여름 기간에는 휴가를 떠나는 대신 가까운 지역서점에서 경영학 서적들을 탐독하면서 시간을 보냈다. 이때 가능한 한 많은 지식을 흡수하려 노력했다. 2005년 9월, P&G에 정식 직원으로 취업해 일하기 전까지 경영대학원에서 가르치는 모든 분야에 관한 수백 권이 넘는 책을 독파했을 뿐만 아니라, 비즈니스 스쿨에서 가르치지 않는 심리학, 자연과학, 시스템이론에 대한 책들도 모두 읽었다. 마침내 P&G에 정식으로 출근하는 첫날이 다가왔을 때는 경영에 관한 한 만반의 준비가 되어있다는 것을 확실히 느낄 수 있었다.

예상대로, 내가 독학으로 얻은 경영지식은 매우 유용했다. 나는 가치 있는 일을 해냈고, 실제로 성과를 창출했으며, 좋은 평가와 보상을 받았다. 그러나 점차 시간이 지나면서 아주 중요한 다음 세 가지 사항에 직면했음을 깨닫게 됐다.

1. <u>대기업은 천천히 움직인다.</u> 좋은 아이디어는 종종 너무나 많은 사람들의 승인을 거치고는 하며, 안타깝게도 그 과정에서 결실을 맺지 못하고 없어지기도 한다.

2. <u>기업체의 계층적 서열을 차례로 올라가는 것은 훌륭한 업무를 하는 데 장애가 된다.</u> 나는 일의 성과를 내고 더 큰 발전에 집중하고자 했다. 승진을 위해서 끊임없이 버둥대고 싶지 않았다. 직장에서의 정치와 영역다툼은 대기업에서 매일 일어나는 피할 수 없는 일상이다.

3. <u>좌절이 계속되면 결국 에너지가 소진되고 만다.</u> 나는 일을 즐기고 싶었지만, 기업에서의 업무는 매일 치열한 전투를 벌이는 것과 같았다. 이는 나의 건강, 행복, 그리고 주변 사람들과의 관계에 악영향을 미치기 시작했다. 나는 기업 세계에서 오래 있으면 있을수록 거기서 벗어나기를 원한다는 사실을 깨달아갔다. 나는 필사적으로 기업가로서 내가 바라는 환경에서 원하는 방식대로 일하고 싶어졌다.

밀과 겨
The Wheat and the Chaff

"학생이 부랑아처럼 약간은 불경한 자세로 학문을 대하는 것은 중요하다. 그들은 기존 지식을 숭배하려고 학교에 오는 것이 아니라, 알려진 지식에 의문을 제기하려고 와야 한다."

제이콥 브로노우스키(Jacob Bronowski), 《인간 등정의 발자취》 저자이자 동명 TV 다큐멘터리 제작자

내가 잘하는 일 중 하나는 거대한 양의 정보를 가져다가 가장 핵심적인 내용을 걸러내는 것이다. 나는 예전부터 넓게 흩어져 있는 지식들을 합성하는 일을 잘했는데, 경영 서적의 세계를 신속하게 여행하기 위해서는 원석에서 다이아몬드를 분리해내는 노력과 다름없는 많은 시간이 필요했다.

매일 출판되는 경영 관련 정보의 양은 실로 대단하다. 집필하는 이 시간에도 미국의회 도서관은 약 120만 부의 경영 관련 도서를 일반 장서에 보관하고 있다. 만약 책 읽는 속도가 분당 250단어이고, 책 한 권의 평균 분량이 6만 단어라고 가정할 때, 위에 언급한 도서를 모두 읽으려면 매일 24시간 동안 읽어도 528년이 걸릴 것이다. 먹고 자는 시간을 빼면 822년이 걸린다.

출판 산업계에 ISBN번호를 배정하는 바우커社[R.R. Bowker]에 의하면, 1900년대 초부터 출판되어온 수백만 권의 경영 서적 외에도 최근 전 세계적으로 매년 1만 1천 권의 새로운 경영 서적이 출판된다고 한다. 온라인 도서 판매처인 아마존[Amazon]은 63만 권의 경

영과 관련된 책들을 거래하고 있는데, 이는 오디오 북, 전자도서 eBooks 또는 ISBN 없이 출판되는 도서 등을 제외한 숫자다.

물론, 책만이 경영에 대한 지식을 얻을 수 있는 원천은 아니다. 경영을 배울 수 있는 수단으로는 잡지와 신문도 있다. 예를 들면 527개의 주요 경영 관련 정기 간행물들이 윌슨 경영 학술지 색인에 등재되어 있다. 윌슨 경영 학술지 색인은 해마다 160만 건의 데이터베이스 목록에 9만 6천 건의 자료를 추가하고 있다. 거기에 블로그 수는 포함되어 있지 않다. 구글에서 블로그 검색을 해보면, 인터넷에는 현재 1억 천만여 개가 넘는 경영 관련 게재글들이 있고, 이것은 매일 더욱 증가하고 있다. 블로그 세계에서 경영 관련 저자는 확실히 차고도 넘친다. '테크노라티 Technorati'라는 블로그 검색 엔진은 4백만 개가 넘는 경영 관련 주제를 다루는 블로그 운영자의 색인을 만들었다.

확실히 이 방대한 양의 경영 관련 지식에서 꼭 필요한 내용을 꼼꼼하게 추려내는 일은 엄청난 도전이 될 것이다. 나의 초기 경영학 연구 방식은 거의 무계획적이었다. 우선 서점에 가서 재미있어 보이는 책을 구입했다. 단 한 권의 정말 좋은 경영 서적을 찾기 위해 무늬만 경영 서적인 열 권 남짓의 무성의한 책들을 거쳐야 했다. 대부분은 진정으로 유용한 정보를 제공하려고 쓴 책이 아니라, 저자의 300페이지짜리 명함에 더 관심이 있는 자칭 비즈니스 컨설턴트들이 급히 제작해 놓은 종이 묶음에 지나지 않았다.

세상의 수많은 정보 중에서 가장 중요한 것을 어떻게 선택해야 하는지 궁금해지기 시작했다. 쓰레기 같은 내용으로부터 가치 있는 정보를 어떻게 분리해야 하는지 실제로 알 필요가 있었다. 가진 것이라곤 충분한 시간과 에너지뿐이었던 나는 경영지식을 여과하는 방법이 있는지 먼저 검색했다. 유용한 지식을 보여주고, 가치 없는 지식을 멀리할 수 있도록 하는 데 얼마간은 도움이 됐다. 그러나 더 많이 검색하면 할수록 그런 책과 자료는 존재하지 않는다는 것을 깨달았다. 결국 내 스스로 그것을 작성해 보기로 결심하기에 이르렀다.

나는 어떤 정보가 가치 있고 그렇지 않은지 추적해 기록하기 시작했다. 그리고 이렇게 가려낸 정보를 나의 웹사이트에 게재했다. 자료를 보관함과 동시에 관심 있는 사람이라면 누구든지 열람할 수 있도록 하기 위해서였다. 이는 어디까지나 개인적인 프로젝트 그 이상도 이하도 아니었다. 이제 막 대학을 졸업한 사회 초년생으로서 뭔가 유용한 정보를 배우려고 최선을 다하는 중이었다. 그렇지만 연구내용을 다른 사람이 보도록 공개하는 것은 나의 시간과 에너지를 좋은 곳에 사용한다는 선한 느낌을 갖게 했다.

그러나 《퍼스널 MBA》는 기대 이상으로 많은 사람들의 관심을 받기 시작했고, 그로 인해서 나의 인생도 하루아침에 영원히 달라지게 됐다.

《퍼스널 MBA》가 국제적으로 알려지다

The Personal MBA Goes Global

"문제를 가장 잘 설명하는 사람이야말로 그 문제를 가장 효과적으로 해결할 수 있는 사람이다."

댄 로암(Dan Roam), 《마법의 냅킨》의 저자 어떤 경우, 최고의 경영지식은 책으로 출판되기 몇 달 혹은 몇 년 전에 인터넷에 먼저 등장한다. 독서를 하면서도 수백 개의 블로그를 더 구독했다. 경영 관련 자료가 나오는 즉시 읽어보고 싶었기 때문이다.

내가 열심히 구독한 블로그 중 하나가 세스 고딘^{Seth Godin}의 블로그였다. 그는 《퍼미션 마케팅》, 《린치핀》, 《보라색 소가 온다》 등 마케팅 분야에서 세계적인 베스트셀러의 저자이면서 가장 성공적인 온라인 초기 마케터 중 한 사람이다. 세스는 나에게 "더 많은 것을 더 잘하고, 현 상태에 안주하지 말고 세상을 변화시켜라"는 큰 생각에 대한 도전적이고, 대담한 메시지를 특히 잘 언급했다.

어느 특별한 날 아침에 세스는 최근의 뉴스 기사에 대해 말했다. 하버드 대학에서 하버드 경영대학원에 조만간 입학예정이었던 학생 119명의 입학 허가를 취소했다는 것이다.[2] 이 학생들에게는 도덕적 문제가 있었는데, 학교가 공식적인 입학허가 통지서를 보내기도 전에 원서 현황을 보기 위해 하버드 대학의 입학관리 웹사이트를 해킹했던 것이다. 이 이야기는 각종 미디어에 빠르게 대서특필됐다.

세스는 지원자들의 부정행위에 대해 분개하기는커녕, 놀랍게도 좀 다른 견해를 피력했다. 하버드가 이 학생들에게 오히려 입학 거절이라는 '선물'을 주었다는 의견이었다. 하버드는 입학을 거절하면서 이 학생들에게 등록금 15만 달러를 환불해 주었고, 인생의 중요한 2년을 허비하지 않게 해주었다는 것이다. 그는 이렇게 썼다. "현장에서 실제 경험을 쌓고 여기에 더해 30~40권의 핵심 책을 열독하는 것과 비교해 MBA에 시간과 돈을 투자하는 것이 왜 더 좋은지 전혀 이해할 수 없다."

나는 탄성을 질렀다. "우와! 내가 지금 실행하고 있는 바로 그 방법이다!"

그 후 이틀 동안 혼자 학습하면서 찾아낸 제일 가치 있는 책과 자료를 정리해 목록을 만들어서 세스의 포스트와 링크된 나의 블로그에 올렸다.[3] 이를 통해 세스가 설명한 방법을 어떻게 실행하는지 알아내고자 하는 사람이라면 누구라도 쉽게 따라 할 수 있도록 했다. 곧바로 세스에게 짧은 이메일과 함께 나의 목록이 담긴 블로그 글의 링크를 보냈다. 2분 후, 세스의 블로그에 내가 게재한 독서 목록을 소개하는 글이 올라왔다. 그리고 이내 세계 방방곡곡의 독자들이 내 블로그에 쇄도하기 시작했다.

자기발전과 생산성 향상에 관한 유명한 블로그인 라이프해커Lifehacker.com에서 내가 쓴 글을 다시 소개했고, 이는 레딧Reddit, 디그Digg, 딜리셔스Delicious 와 같은 소셜 북마킹 웹사이트, 소셜 미디어 웹사이트 등을 타고 빠르게 퍼져 나갔다. 《퍼스널 MBA》가 만들어진 지 한 주가 다 지나기도 전에, 3만 명의 사람들이 나의 작은 블로그를 방문했으며, 내가 무슨 얘기를 하는지 귀를 기울였다. 더 좋은 것은 이들이 나와 소통하기 시작했다는 점이다.

일부 독자들은 질문을 하기도 했다. 그들은 경영학 공부를 어디서부터 시작해야 하는지 물었다. 다른 독자들은 자신들이 읽은 좋은 책들을 추천하거나 내 연구를 도와주었다. 또 일부 독자들은 이 프로젝트는 유치하기 그지없고, 시간낭비일 뿐이라고 말했다. 이 모든 피드백을 받으면서 나는 짬을 내어 계속해서 책을 읽고 연구하면서 혼자 공부하는 MBA를 발전시켜 나갔다. 그리고 이내 '경영학 스스로 학습하기 운동'은 눈덩이처럼 불어나 대중의 힘을 받기 시작했다.

《퍼스널 MBA》는 한 사람의 작은 프로젝트로 시작해 아주 짧은 기간에 중요한 국제운동으로까지 성장했다. 인터넷 사이트인 https://personalmba.com에는 2005년 초 탄생 이후 160만 명 이상이 방문했으며, 〈뉴욕 타임스〉, 〈월스트리트 저널〉, 〈블룸버그 비즈니스 위크〉, 〈타임지〉, 〈포춘지〉, 〈패스트 컴퍼니〉 그리고 수백 곳의 주요 언론과 웹사이트에 소개됐다. 2008년 말 《퍼스널 MBA》를 완전히 마무리하는 데 모든 시간을 쏟아 붓기 위해 P&G를 떠나게 됐다.

나는 독서 목록 프로젝트에 흥미를 가지고 그 일을 즐겼지만, 블로그에 독서 목록을 제공하는 것만으로는 충분하지 않다는 사실을 곧 깨달았다. 사람들은 특별한 도전과제를 해결하거나 자신을 가시적으로 성장시키고자 경영서를 읽는다. 해결책을 찾는 사람들에게 독서 목록은 유용하긴 하나 궁극적으로 큰 도움을 주지는 못한다.

책 자체가 그 안에 담긴 지식과 아이디어보다 더 중요하지는 않다. 그러나 많은 독자들은 정말로 중요한 핵심 내용을 찾아내고자 몇 시간동안 책장을 넘기는 과정에서 양질의 지식을 놓치고 만다. personalmba.com을 읽는 수많은 사람들은 처음에는 열의를 가지고 추천도서를 읽기 시작했지만 몇 권을 마친 후에는 독서를 지속하지 못했다. 실제적인 보상을 얻어 내기에는 너무나 많은 시간이 필요했고, 직장과 가정생활의 부담이 필연적으로 끼어들었다. 이들을 도와주기 위해 나는 더 많은 일을 실행하게 되었다.

멍거의 멘탈 모델
Munger's Mental Models

"인간의 뇌가 멘탈 모델에 의해 작동하는 것은 명백한 사실이다. 다른 사람의 뇌보다 자신의 뇌가 더 잘 작동되게 하려면 대부분의 일을 처리하는 가장 기본적인 멘탈 모델을 이해하면 된다."

찰리 멍거(Charles T. Munger),
워런 버핏의 비즈니스 파트너이자 (전) 웨스코 파이낸셜(Wesco Financial) CEO 및
버크셔 헤서웨이(Berkshire Hathaway) 부회장

내가 처음으로 《퍼스널 MBA》의 미래를 어렴풋이 짐작할 수 있었던 때는 바로 찰스 멍거의 업적을 알고 나서부터다.

찰리(찰스의 애칭)는 대공황 직전 네브래스카주 오마하에서 태어났다. 고등학교 시절 그는 체육시간에 운동 대신 독서에 열중했다. 책을 통해 세상의 작동원리에 관한 강렬한 호기심을 채우고자 했기 때문이다. 그의 초창기 비즈니스 경험은 고작 가족 소유의 식료품점에서 일한 것이 전부였다.

1941년, 찰리는 고등학교를 졸업했다. 미시간 대학에서 2년 동안 수학과 물리학을 공부한 후 미 공군에 입대해 기상학자로 교육받았다. 1946년, 공군 전역 후 학사학위가 없음에도 하버드 법대로부터 입학허가를 받았다. 다행히 당시 학사학위는 법대 입학의 필수조건이 아니었다. 찰리는 1948년 하버드 법대를 졸업한 후 변호사로 17년간 활동했다. 1965년 그는 몸담고 있던 로펌을 떠나 투자회사를 설립했는데, 이 투자회사는 14년간 지속적으로 연 14

퍼센트의 복합 성장률을 보였다. 경영학에 대한 교육이 전무했던 그로서는 실로 대단한 업적이라고 할 수 있다.[4]

찰리 멍거를 전 국민이 알지는 못했지만, 그의 비즈니스 파트너인 워런 버핏Warren Buffett 은 굉장히 유명해졌다. 이 둘은 1975년 경영난에 허덕이던 직물 제조회사인 '버크셔 헤서웨이Berkshire Hathaway'를 인수해 이를 거대 투자지주기업으로 탈바꿈시켰다. 두 사람은 모두 백만장자가 됐다.

버핏의 말에 의하면, 회사가 성공하고 버핏이 세계에서 가장 부유한 기업가로 이름을 날리게 된 것은 모두 찰리의 멘탈 모델 덕분이었다.

"찰리는 이 세상 누구보다도 빠르고 정확하게 모든 사업적 거래를 분석하고 평가할 수 있는 사람이다. 예상되는 어떤 단점이라도 60초면 정확하게 파악할 수 있다. 그는 나의 완벽한 동업자다."[5]

찰리가 성공할 수 있었던 비결은 기업이 어떻게 돌아가는지 체계적으로 이해하고 있었던 데 있다. 그는 한 번도 경영학을 공부하지 않았지만 여러 분야를 끈질기게 독학함으로써 '멘탈 모델 망latticework of mental models' 즉, 멘탈모델의 조직화를 스스로 구축해 냈다. 그런 다음 이를 경영상의 의사결정에 활용했다.

나는 대부분의 사람들이 이미 사용하고 있는 시스템보다 훨씬 더 좋은 시스템이 있다고 오랫동안 믿어왔다. 이것은 지능을 어느 정도 갖춘 사람이라면 거의 모두 습득할 수 있다. 필요한 것은 단지 머릿속에 '멘탈 모델 망'을 만드는 일이다. 이 멘탈 모델 망 시스템으로 인해 인지체계가 효과적으로 향상되고, 모든 것이 점차 서로 잘 맞아 떨어지며 원활하게 작동하게 된다. 모든 체계가 복합적 요인으로 이루어지듯이, 그 체계를 이해하려면 여러 분야의 멘탈 모델들이 함께 필요하다. 생물학자 줄리안 헉슬리^{Julian Huxley}는 "인생은 그저 관련성의 연속이다"라고 말한 바 있다. 따라서 필요한 모든 핵심 모델을 배워야 하고, 각 모델의 연관성과 그 연관성으로부터 얻을 수 있는 효과에 대해서 알고 있어야만 한다.[6]

지금 이 책을 읽으면서 당신보다 훨씬 더 똑똑한 사람들의 생각을 뛰어넘어 보는 것은 재미있는 일이다. 이 책을 통해 더 객관적이고 더 종합적으로 스스로를 훈련시킬 수 있기 때문이다. 게다가 내가 직접 경험으로부터 증명해 보인 것처럼 거기에는 상당한 금전적 이익도 수반된다.[7]

경영의 원리, 사람이 일하는 방법, 그리고 시스템 작동원리에 대한 폭넓은 지식에 기반해 투자 결정을 내리면서, 워런 버핏과 찰리 멍거는 버크셔 헤서웨이의 가치를 경이롭게도 7천억 달러로 만드는 업적을 이뤄냈다. 오마하 출신의 기상학자를 거쳐 변호사, 전문경영인이 되기까지 일반적인 경영교육이라고는 받아본 적 없는 찰리로서는 대단한 위업이 아닐 수 없다.

찰리 멍거의 경영교육 이념을 깨닫는 것은 내게 크나큰 자기 확신이 되었다. 그는 이미 수십 년 전에 내가 지금 하려고 하는 바를 실천한 사람이다. 그리고 그 방법은 그에게 엄청난 성공을 가져다주었다. 찰리 멍거의 방법, 즉 기본 원리를 발견하고 적용하는 것은 내가 이전에 읽었던 경영 서적의 내용들보다 더 일리가 있었다. 나는 찰리가 결정을 내릴 때 사용한 멘탈 모델에 대해 내가 찾을 수 있는 모든 정보를 습득하겠다고 스스로 다짐했다.

안타깝게도 그의 멘탈 모델에 대한 포괄적인 자료가 담긴 서적이 없다. 다만 수필과 연설문에서 멘탈 모델을 간단하게 언급하고 있기는 하다. 그가 가장 유용하다고 생각하는 정신적 원리를 나열한 목록을 그의 최근 일대기《가난한 찰리의 연감》이라는 책에 발표한 적이 있다. 그러나 '사업에 성공하기 위해 알아야 하는 모든 것'이라는 글귀는 그의 글에서 찾아볼 수 없다.

나는 성공하는 사업의 핵심적인 기본 원리를 알고 싶었기 때문에 그 원리를 혼자 찾을 수밖에 없었다. 그러기 위해서는 경영지식을 아주 기초에서부터 재정비해야 했다.

점을 연결해 선 만들기
Connecting the Dots

"인간 만사에 오랫동안 당연시해오던 것들에 대해 의문을 제기하는 것은 아주 건강한 일이다."

버트런드 러셀(Bertrand Russell), 저명한 철학가이자 《철학의 문제들》, 《수학 원리》의 저자

대부분의 경영 서적(경영대학원도 마찬가지다)은 독자 혹은 학생이 기업체가 무엇인지, 어떤 행위를 하는지, 어떻게 돌아가는지 이미 파악하고 있다는 전제에서 시작한다. 이런 어려운 지식이 마치 세상에서 가장 쉬운 것들인 양 말이다. 그러나 사실은 절대로 그

렇지 않다. 비즈니스라고 하는 것은 인간 행위 중 가장 복잡하며, 여러 분야에 걸쳐 복합적으로 만들어지는 부문 중 하나다. 비록 우리 주변에서 비즈니스가 매일 일어나고 있지만, 비즈니스 작동 원리를 이해하고자 노력하는 것은 너무나도 어려운 일일 수 있다.

언제부턴가 사업은 우리 일상의 너무나 큰 일부가 된 나머지 사람들은 사업체의 존재를 당연시 여긴다. 매일, 주변의 기업들은 우리가 원하는 것을 큰 소란 없이 신속하고 능률적으로 제공한다. 주위를 둘러보라. 지금 이 시간 우리 주변에 산재해 있는 대부분의 물건들은 사업상의 방법을 통해서 제공된 '상품'이다.

사업체는 너무나 많은 제품을 보이지 않고 일반화하기 어려운 다양한 방식으로 만들어 공급한다. 애플 사이다와 항공사들의 공통점은 무엇인가? 공통점이 없을 것 같지만 잘 살펴보면 의외로 많다. 나는 사업체를 다음과 같이 정의한다.

모든 성공적인 사업은 (1) 가치가 있는 것을 생산하거나 제공하고 (2) 이는 다른 사람의 필요와 욕구에 관련이 있어야 하며 (3) 사람들이 기꺼이 지불할 수 있는 가격으로 (4) 소비자의 욕구와 기대치를 만족시키고 (5) 소유주는 충분한 수익 창출을 통해서 지속적으로 사업체를 운영할 수 있어야 한다.

이들 각각의 핵심 요소를 하나씩 분석해보면 보편적인 원리를 찾게 된다. 사람들이 원하는 것을 이해하지 않고서는 올바른 가치를 창출하는 것이 불가능하다(시장분석). 고객의 마음을 끌기 위해서는 우선적으로 흥미를 유발해야 한다(마케팅). 판매하려면 사람들이 먼저 회사가 약속한 것을 공급할 수 있는 능력에 대해서 신뢰해야만 한다(가치공급과 운영). 고객 만족은 고객의 기대를 확실히 넘어서야만 한다(고객 서비스). 적절한 이윤을 추구하며 지출한 비용보다 더 많은 돈을 벌어야 한다(재무).

위의 모든 기능들은 우주과학처럼 어려운 내용이 아니다. 그러나 누구나 어떤 사업체를 운영하든 간에 항상 필요한 핵심 조건들이다. 위의 조건들을 잘 해내면, 사업은 번성할 것이다. 그러나 제대로 못해내면 사업을 장기간 지속하기는 어렵다.

나아가서 모든 사업은 근본적으로 사람과 시스템에 의존한다. 사업은 사람이 만들고, 어떤 방법으로든 다른 사람들에게 혜택을 줌으로써 유지된다. 사업체가 어떻게 운영되는지 이해하려면 먼저 사람들이 생각하고 행동하는 방식에 대한 확고한 이해가 있어야만 한다. 인간이 어떻게 결정을 내리고, 이 결정을 어떻게 실행하는지, 다른 사람들과는 어떻게 교류하는지 알아야 한다. 최근 심리학과 신경과학에서 이룬 연구는 사람들이 특정 행동을 하는 이유와 우리 자신의 행동을 향상시키는 방법 그리고 타인과 더 효과적으로 일하는 법과 관련해 흥미로운 사실을 보여주고 있다.

한편, 시스템이라는 것은 일련의 모든 사업과정을 결합해놓은 눈에 보이지 않는 구조를 뜻한다. 기본적으로 모든 사업은 한결같이 특정 결과를 산출하기 위해 일정하게 반복되는 과정의 집합이다. 복잡한 비즈니스 시스템의 핵심 작동원리를 이해하면 기존 시스템을 발전시키는 방법을 찾아낼 수 있다. 그것은 마케팅 캠페인이건 자동차 조립 라인이건 문제되지 않는다.

이 책을 쓰기에 앞서 고객과 독자들을 통해 이 핵심원리를 검증하는 데 몇 년의 시간이 걸렸다. 그들은 이 책에 있는 비즈니스 멘탈 모델들을 이해하고 적용함으로써 새로운 커리어를 시작했고, 명망 있는 기관(기업과 학술기관)에 취직하거나 승진했다. 또한 성공적으로 창업하거나 단 4주 안에 제품 개발단계 전체(아이디어에서 판매까지)를 완성하기까지 했다.

이 개념은 실질적인 효과가 있기 때문에 중요하다. 다른 사람을 위해 더 많은 가치를 만들고, 자신의 경제적 상황을 나아지게 할 뿐만 아니라, 시작한 일을 아주 쉽게 이루게 된다. 그리고 그 과정에서 더 큰 즐거움을 맛보게 될 것이다.

회의론자들을 위해
For the Skeptics

"우리는 공립 도서관에서 단돈 1달러 50센트의 연체료만 지불하면 얻을 수 있는 그런 교육에 15만 달러를 허비한다."

맷 데이먼(Matt Damon), 영화 〈굿 윌 헌팅〉의 주인공

이 장에서는 전통적인 비즈니스 스쿨을 다니는 것과 학교 밖에서 경영학을 배우는 것, 그 각각의 혜택과 불이익에 대해서 검토한다. 이미 비즈니스 스쿨에 등록했거나 MBA 프로그램을 마친 경우 또는 최근 경영교육에 대해 특별히 관

심이 없다면, 이 내용은 별로 도움이 되지 않을 것이다. 그럴 경우 곧바로 '이 책으로 무엇을 학습할 수 있나'로 뛰어넘어도 된다.

이 책은 비즈니스 스쿨의 교과목이 아닌 경영에 대한 핵심개념을 다루고 있다. 그러나 많은 이들이 아이비리그의 유명 MBA 졸업장을 얻는 데 필요한 큰돈을 지불하지 않고도 종합적인 경영교육의 혜택을 얻을 수 있다고는 잘 믿지 않는다. 이번 장에서는 이런 회의론자들을 위해 전통적인 MBA 과정이 가지는 이점과 단점에 대해 설명하겠다.

경영대학원에 꼭 가야 하는가?
Should You Go to Business School?

"MBA를 통해 자신의 능력을 다른 사람들에게 그럴듯하게 보여주는 것과 MBA를 통해 자신의 능력을 실제로 높이는 것은 다른 이야기다."

스콧 버쿤(Scott Berkun), 《결과를 만들어 내라》와
《이노베이션 신화의 진실과 오해》의 저자

세상에 자신의 이름을 알려 유명해지려고 하는 수백만 명의 사람들은 다음과 같은 생각을 한다. "나는 성공적인 기업가가 되고 싶다. MBA를 어디서 배우면 좋을까?"

이 책을 넘기고 있는 당신도 언젠가 한두 번은 같은 생각을 했

을 것이다.

여기 답이 있다. 수년간의 노력과 수십만 달러의 큰 비용을 절약할 수 있는 단 하나의 문장이다. 이 책《퍼스널 MBA》는 자신의 인생을 저당 잡히지 않고, 사업에서 성공하는 방법을 보여줄 것이다.

비즈니스 스쿨의 세 가지 큰 문제
Three Big Problems with Business Schools

"대학에서는 200명이 같은 책을 읽고 있다. 이는 명백한 실수다. 200명이 200권의 책을 읽을 수도 있다."

존 케이지(John Cage), 독학 작가 겸 작곡가

나는 비즈니스 스쿨에서 일하는 사람들에 대해 나쁜 감정을 지니고 있지는 않다. 대체로 비즈니스 스쿨 교수와 관리자는 모두 노력하는 멋진 사람들이다. 그들은 최선을 다하며 학생들이 성공하기를 진심으로 바란다. 하지만 안타깝게도 MBA 프로그램에는 세 가지 주요한 시스템적 문제가 있다.

1. MBA 프로그램은 등록금을 지불하기 위해 인생을 저당 잡혀야 할 정도로 고비용이 들어간다. 투자 수익률은 항상 지출한 금액에 따라 결정된다. 수십 년 동안 학비가 인상되면서 MBA 프로그램은 학생들이 누리는 혜택보다 더 큰 부담을 가져왔다. 가장 중요한 질문은 'MBA 과정이 긍정적인 경험인지 아닌지'가 아니라, '그 경험이 비용을 지불할 만한

가치가 있는지'에 있다.[8]

2. MBA 프로그램은 성공적인 비즈니스를 구축하고 순자산을 늘리는 것이 목표라고 가정하면서, 실제로는 별로 쓸모없고 시대에 뒤진 개념과 관행을 상당수 가르치고 있다. MBA를 취득한 많은 독자와 고객들이 복잡한 재무 공식과 통계 모델을 배우기 위해 수만 달러(때로는 엄청난 금액)를 투자한 후 나를 찾아왔다. 그들은 이내 MBA 프로그램이 실제 비즈니스를 시작하거나 개선하는 방법을 가르쳐주지 않았다는 사실을 깨닫게 된다. 비즈니스 스쿨을 졸업한다고 해서 성공에 필요한 비즈니스 실무 지식을 잘 갖추었다고 보장할 수 없다는 점이 문제인 것이다.

3. MBA 프로그램은 더 이상 고액 연봉을 보장하지 않으며, 경영진에 도전할 수 있는 유능한 관리자나 리더가 되는 기회도 쉽게 제공하지 않는다. 의사결정, 관리, 리더십과 같은 스킬을 개발하려면 실제 연습과 경험이 필요한데, 이는 아무리 명망 있는 프로그램이라고 해도 비즈니스 스쿨에서 가르칠 수 없는 게 현실이다. 우리는 많은 돈을 들여 쓸모없는 정보를 배우는 대신, 중요한 비즈니스 개념을 배우는 데 시간과 자원을 투자할 수도 있다. 기술과 능력 향상에 투자할 준비가 되어 있고 또 투자할 수 있다면, 특권을 위해 인생을 저당 잡히지 않고도 비즈니스에 대해 알아야 할 것 전부를 혼자서 스스로 배울 수 있다.

부귀영화에 대한 망상

Delusions of Grandeur

"준비 없는 야망의 실체는 꿈의 그림자에 불과하다."

윌리엄 셰익스피어(William Shakespeare), 《햄릿》에서

우리에게 비즈니스 스쿨이 매력적인 이유는 간단하다. 그것이 부유하고 편안한 삶으로 가는 편도 티켓처럼 판매된다는 점이다. 만약 2년간의 사례 연구와 원우 사이의 해피아워 '네트워킹'을 마치고 나면 기업 채용 담당자가 MBA 학위 취득자에게 최고의 회사에서 높은 연봉을 주는 권위 있는 자리를 곧바로 제안할 거로 믿는다면, 이는 '즐거운 백일몽'에 불과하다고 분명히 말해주고 싶다.

이처럼 (비즈니스 스쿨을 통해) 회사에서 '사다리를 타고 올라가는 과정(백일몽)'은 빠르고 확실해 보인다. 이때 당신은 거대한 유리 마천루 꼭대기 층의 구석진 사무실에 있는 인상적인 마호가니 책상 뒤에 앉아, 거액의 보너스를 받고 스톡옵션의 가치를 계산하는 업계의 최고 경영자가 될 것이다. 또한 골프를 치거나 요트에서 휴식을 취할 때까지 다른 직원들에게 무엇을 해야 하는지 지시하는 상사 역할을 맡으리라. 전 세계에서 와인과 식사를 대접받고, 사람들은 당신과 당신의 놀라운 업적을 존경할 수도 있다. 모두가 당신을 부유하고, 똑똑하며, 힘 있는 사람이라고 생각하며, 그 말이 맞을 것이다.

그렇다면 부와 권력, 영광의 약속을 위해 어떤 대가를 치를까? 고작 '신청 수수료 수천 달러와 대출 서류에 간단한 낙서 한 번'이

면 정상에 오를 수 있다! 그뿐만 아니라, 2년 동안의 또 다른 휴가를 얻을 수 있다니, 정말 환상적인 혜택 아닌가!

그러나 이러한 백일몽과 현실은 상당히 다르다. 우리는 깨어 있어야만 한다.

당신의 돈과 삶
Your Money AND Your Life

"공짜 점심 같은 것은 절대 없다."

로버트 A. 하인라인(Robert A. Heinlein), 《달은 무자비한 밤의 여왕》 저자

지금은 경영대학원이 다음과 같은 목표를 달성하기 위한 티켓이라고 생각한다고 가정해 보자. 축하한다! 적어도 한 곳 이상의 비즈니스 스쿨에 합격할 수 있는 행운이 보장된 것이다. 수천 달러의 지원비를 지불하고, 자신감과 겸손이 적절하게 균형을 맞춘 좋은 자기소개서를 작성하고, 면접에서 그 학교 MBA 프로그램의 질을 칭찬한다면 조만간 어떤 경영대학원에서 제2의 빌 게이츠가 될 기회를 줄 것이다.[9]

하지만 바로 여기서부터 문제가 시작된다. 비즈니스 스쿨은 고비용이며 심지어 매년 더 비싸지고 있다. 이미 자신이 충분히 부유하거나 거액의 장학금을 받지 않는 한, 유일한 선택은 미래의 수입을 담보로 대출을 받아 학비를 마련하는 것뿐이다.

대부분의 예비 MBA 학생들은 이미 대학을 졸업했기 때문에 어느 정도의 학부 때의 학자금 대출로 인한 부채를 안고 있는 경우

가 많다. 미국대학진학성공연구소^{The Institutue for College Access and Sccess}에 따르면 2017년 미국에서 학부 학위를 마친 학생의 평균 누적 부채는 28,650달러(한화 약 3,750만 원)다.[10] 학부 졸업 후 MBA 프로그램을 선택한 학생의 경우 평균 학자금 대출 잔액은 66,300달러(한화 약 8,690만 원)다.[11] 게다가 대학원생이 돈을 빌리는 이유는 등록금뿐만이 아니다. 집세, 식료품, 교통비와 같은 일상적인 생활비도 학자금 대출을 통해 조달되는 경우가 많다.

평균적인 학교에 다닌다고 가정하면 66,000달러는 상당한 금액이지만, 평균적인 학교에 다니고 싶은 사람이 어디 있겠는가? '골드만삭스'와 같은 최고 수준의 금융 서비스 회사나 '맥킨지', '베인' 같은 주요 컨설팅 회사(역사적으로 신입 MBA에게 가장 높은 연봉을 지급하는 곳)에게 입사제안을 받으려면 상위 10개 대학원 프로그램 중에 참여해야 하며, 이를 위해서는 66,000달러보다 훨씬 더 큰 비용이 요구된다.

벤자민을 깨우다
Breaking Out the Benjamins

"빌리러 가는 자, 슬퍼하러 가는 자… 어리석은 자로부터 돈은 곧 달아난다."

토마스 터서(Thomas Tusser), 16세기 영국 농부이자 시인

이 보고서가 발행된 시점에 상위권 MBA 프로그램의 학비는 연간 5만 달러에서 8만 달러이다.[12] 이 금액에는 수수료, 학자금 대출

이자, 생활비가 포함되지 않았으며 매년 5~10%씩 인상되고 있다. 상황은 더 심각하다. 비즈니스 스쿨 뉴스 웹사이트인 〈포이츠 앤드 퀀츠〉가 집계한 데이터에 따르면, 9개 비즈니스 스쿨(하버드, 스탠퍼드, 와튼, 뉴욕대, 컬럼비아, 다트머스, 시카고, MIT, 노스웨스턴)의 2년 풀타임 MBA 프로그램 직접 비용이 20만 달러(한화 약 2억 6천만 원)를 초과하는 것으로 나타났다.[13]

대출 개시 수수료 1~3%와 대출 잔액에 대한 연 복리 이자율 6~10%, 주요 대도시 지역의 생활비, 재학 중 벌어들이지 못하는 기회비용의 돈을 더하면 실제 등록 비용을 계산할 수 있다. 모든 비용을 합하면 최고 수준의 경영대학원 학위의 총비용은 40만 달러(한화 약 5억 2천만 원)를 초과한다. 졸업 후 연봉이 여섯 자릿수(억 원대)라고 가정하더라도 총 학위 비용은 향후 직장경력으로 벌어들이는 수입의 상당 부분을 차지한다.

물론 '합격한다는 전제'하에 말이다. 유명 경영대학원 입학은 경쟁이 치열한 선발 과정으로 유명하다. 비즈니스 스쿨의 명성은 졸업생들의 성공에 기반하기 때문에 학교는 MBA 여부와 상관없이 성공에 필요한 자질을 이미 갖춘 학생들을 입학시키려는 의지(인센티브)가 있다.

또한 상위권 학교는 유명 기부자, 부유한 졸업생, 기업 인맥에 의존하여 기금을 마련하여 미래의 학생들을 모집하고, 캠퍼스를 확장한다. 그 결과, 부유하고 인맥이 두터운, 준비된 지원자가 합격 통지서를 받을 확률이 높다.[14] 126개 비즈니스 스쿨의 경영대학원 졸업생을 대상으로 한 〈블룸버그 비즈니스위크〉 설문조사에 따르면,

44%의 학생이 학비 마련을 위해 돈을 빌리지 않았다고 답했다.[15] 이 수치는 기존의 가족 재산, 기부자의 입학 허가, 기업 후원 등 다른 형태의 재정 지원을 고려하지 않는다면 의미가 없는 수치다.

비즈니스 스쿨은 부유하고 인맥이 풍부한 사람을 만들지 않는다. 그들은 그저 그러한 지원자를 입학시킨 뒤 그 공로를 챙길 뿐이다.

물론 입학하면 학교는 졸업 후 몇 달 안에 고임금 일자리를 구할 수 있도록 최선을 다해 도와주지만, 좋은 직장 입사는 어디까지나 당사자의 책임이다. 졸업 후 몇 년 내로 취업에 성공하면 학교는 여러분을 프로그램의 질을 보여주는 빛나는 사례로 간주하고, 더 많은 학생을 모집하기 위해 그 이름을 '후광 효과'로써 들먹일 것이다. 반면 직장을 잃고 파산하는 경우는 공공 기관에서도 별도의 도움을 받을 수 없는 상황 속에서 은행의 대출납입 청구서는 계속해서 날아올 것이다. 이는 정말 불운한 상황이 된다.

2002년 펜실베이니아 대학교 와튼 스쿨을 졸업한 크리스찬 슈라가는 자신의 MBA 학위과정 경험에 대해 다음과 같이 말했다. 그의 웹사이트에 올린 글을 그대로 살펴보자.[16]

> 내가 직접 경험한 바에 따르면 최고의 MBA 프로그램은 몇 가지 혜택을 제공하지만, 그 대가가 전혀 만만치 않았다. 풀타임 프로그램 진학을 고려하고 있다면 그로 인한 위험을 감수할 의향이 있는지 먼저 스스로 되묻기를 바란다. 비즈니스 스쿨 진학에는 금전적으로 큰 위험이 따른다. 일단 등록을 선택

하면 약 $125,000(한화 약 1억 6천만 원)의 비용이 드는 건 확실하다. 월 1,500달러의 월급에서 공제되지 않는 대출 상환금은 10년간 한 푼도 저축할 수 없게 만들었다. 명문이라는 가치, 인맥, 2년의 휴가, 큰돈을 벌 기회를 얻기 위해 이 정도의 비용을 지불할 가치가 있다고 생각한다면, 당신에게 있어 MBA는 적절한 선택일 것이다. 다만, 만약 그렇지 않다면 다른 선택을 하길 바란다.

현명한 말이다. 한낱 '양가죽(졸업증서)'이 필요한 게 아니라면 등록하지 마라.

MBA에서 진정 얻을 수 있는 것
What an MBA Will Actually Get You

"위선은 약속하는 바가 장대하지만, 결코 그 약속을 지킬 의도가 없기에 아무런 비용도 들지 않는다."

에드먼드 버크(Edmund Burke), 정치가 겸 정치 이론가

〈비즈니스 스쿨의 종말? 알려진 것보다 한참 미치지 못함〉이라는 제목으로 경영 학습 및 교육 아카데미에 발표된 연구에 따르면,[17] 스탠퍼드 대학의 제프리 페퍼와 워싱턴 대학의 크리스티나 퐁은 다음과 같은 증거를 찾기 위해 40년간의 데이터를 분석했다. '비즈니스 스쿨은 졸업생들의 성공률을 높인다.' 이 문장이 그들의 간단한 가설이었다.

MBA 교육이 비즈니스에 유용한 교육이라면 다음과 같은 논리가 성립되어야 한다: (1) 다른 모든 조건이 같다면 MBA 학위는 연봉과 같은 다양한 커리어 성공 및 성취의 척도와 관련이 있고, (2) 비즈니스 스쿨에서 배운 내용이 졸업자를 비즈니스 세계에 더 잘 대응케 하고 해당 영역에서 더 유능한 사람이 되는 데 도움이 된다면, 즉 비즈니스 스쿨이 직업적으로 유용한 지식을 전달한다면 MBA 코스의 성적과 같이 얼마나 많이 배우거나 숙달했는지를 측정하는 것이 실제 비즈니스에서의 성공을 나타내는 다양한 성과 지표를 어느 정도 예측할 수 있어야 한다.

페퍼와 퐁이 발견한 놀랍고 충격적인 사실은, '비즈니스 스쿨이 학생들의 주머니에서 돈이 사라지게 만드는 것 외에는 가설 내용을 거의 만족시키지 않는다는 것'이었다.

비즈니스 스쿨은 그다지 효과적이지 않다. 경영대학원의 MBA 학위 소지 여부나 수업에서 취득한 성적은 커리어 성공과 상관관계가 없으며, 이는 학교가 MBA 학생들을 직장에서의 탁월성을 준비시키는 데 있어 경영대학원의 실질적인 효과성에 의문을 제기하는 결과이다. 또한 경영대학원에서의 연구가 경영 실무에 직접적인 영향을 미친다는 증거가 거의 없으므로 경영학 학문 자체의 직업적 성공 관련성에 의문을 제기한다.

페퍼와 퐁의 연구에 따르면, 4.0의 완벽한 평점과 함께 수석으로 졸업하든, 간신히 합격점을 받은 최하위 성적으로 졸업하든, MBA 취득은 장기적인 커리어 성공과 상관관계가 전혀 없다고 한다. 아주 전혀 없다고 말이다.

특히 엘리트 학교가 아닌 곳에서 취득한 MBA 학위나 경영학 과목에서 취득한 성적(학문의 숙련도를 측정하는 척도)이 입사 후 급여나 조직 내 고위 직위 획득과 관련이 있다는 증거도 거의 없다. 이러한 데이터는 최소한 경영학 교육 트레이닝 또는 교육 요소가 회사 조직 관리의 세계와 느슨하게 결합해 있음을 시사한다.

더 성공적인 비즈니스맨이 되기 위한 학위 취득을 위해 이미 수십만 달러가 넘는 돈을 투자한 사람이라면 수용하기 힘든 결론이다. 더 심각한 문제는 MBA를 취득해도 평생 벌어들이는 총수입에 영향을 미치지 않는다는 사실이다. 학위 취득을 위해 진 빚에서 벗어나려면 십 년 가까이의 노력이 필요하다. 와튼 MBA의 크리스찬 슈라가Christian Schraga는 최고 MBA 프로그램의 10년 순현재가치(투자 가치가 있는지를 추정하는 데 사용되는 재무 분석 기법)가 약 마이너스 53,000달러(좋지 않은 수준)라고 추정했다. 이는 MBA 과정 졸업 전의 기본 연봉 85,000달러, MBA 후 연봉 115,000달러(35% 인상), 한계 세율 인상(직장이 대도시로 이전해야 하는 경우 내야 하는 세금), 기회비용(비즈니스 스쿨에 돈을 지불하지 않고,

그 돈을 다른 곳에 투자할 때 포기하는 기회)을 고려한 할인율 7%를 가정한 결과다. 쉽게 설명하자면, 슈라가는 비즈니스 스쿨에서 가르치는 내용으로 최고 수준의 비즈니스 스쿨에서 MBA를 취득하는 것이 재정적으로 좋지 않은 결정임을 증명했다.

슈라가의 가정이 정확하다면, MBA에서의 재정적 손실(투자)을 만회하는 데는 약 12년이 걸린다. 그나마 이 역시 전부 계획대로 진행된다는 가정 아래, 졸업 후에도 꾸준히 노력해야만 12년 후에 손익분기점을 넘길 수 있음을 의미한다. 혹여 취업 시장이 좋지 않은 상황에서 졸업한다면? 끝장이다.

경영대학원의 기원
Where Business Schools Came From

"현대의 교육 방법이 탐구정신을 완전히 말살하지 않은 것은 기적이라고밖에 할 수 없다."

알버트 아인슈타인(Albert Einstein), 노벨상 수상 물리학자

경영대학원 교육과정은 직장에서 유용한 것들을 거의 가르치지 못하므로, 학생들을 성공의 길로 이끌지 못한다. 페퍼와 퐁에 따르면

수많은 증거들이 비즈니스 스쿨에서 가르치는 교육과정이 사업 성공을 위한 핵심과 그리 관계가 크지 않음을 암시한다. 그렇다면, MBA 혹은 교과 과정을 이수하는 일이 졸업생들의 진로에 미치는 영향이란 미미하다고 이해할 수 있다.

경영대학원의 과정을 살펴보면, 졸업 후 무슨 일을 해야할 것인지에 관한 몇 가지 가정을 발견할 수 있다. 대기업 제조업 또는 소매업의 C급 임원이나 컨설턴트, 기업 회계사, 투자 은행, 헤지 펀드 등 금융 분야 말이다. 비즈니스 스쿨의 수업은 대규모 운영을 유지하거나 정교한 정량 분석을 수행하는 데 중점을 두고 있으며, 99%의 직장인이 수행하는 업무는 다루지 않는다. 비즈니스 스쿨을 졸업하면 더 유능한 임원이나 관리자, 사업주가 된다는 주장도 있지만, 대학원 수준의 비즈니스 교육을 통해 유능한 사업가가 된다는 증거는 없으며 상황적 요인이 더 크게 작용한다. 댄 라스무센[Dan Rasmssen]과 하오난 리[Haonan Li]는 〈MBA의 신화와 CEO 숭배[The MBA Myth and the Cult of the CEO]〉라는 이름의 연구에서, 8,500명 이상의 CEO를 대상으로 MBA 학위가 개인 및 회사 성과에 미치는 영향을 발표했다.[18] 다음은 이들의 주요 연구 중 하나를 설명한 내용이다.

CEO의 특성이 주가 성과를 예측하는가? MBA 학위를 가진 CEO가 그렇지 않은 CEO보다 업무를 더 잘 수행하는가? 최고의 컨설팅 회사와 투자 은행에서 근무한 CEO가 다른 CEO보다 업무를 더 잘 수행할까? 더 포괄적으로, '가장 똑똑한 사람'이 회사를 더 잘 운영할까?

라스무센과 리의 연구 결과는 다음과 같다.

합리적인 표본 크기로, 가능한 모든 학교를 테스트했음에도 통계적으로 유의미한 '우위'를 찾아내지 못했다. MBA는 단순히 경영을 더 잘하는 CEO를 배출해내지 않는다. 성과를 주가 수익률로 측정한다면, 실제 CEO의 성과는 우리가 우연히 거둘 것으로 보이는 수준과 매우 밀접하게 일치한다. (...) 투자자와 이사회는 언제까지 이러한 무작위성과 공허한 신용주의에 속아야 할까?

현재의 경영대학원에서 가르치는 개념, 원리와 방법들이 아주 다른 세계를 염두에 두고 디자인되었다는 사실을 깨닫는다면, 비즈니스 현장과의 괴리는 어쩌면 당연한 것으로 받아들여질 것이다. 경영대학원은 산업혁명 후반인 19세기 말에 급속히 생겨나기 시작했다. 초기 MBA 프로그램의 목적은 대기업을 더 효율적으로 만드는 노력의 일환으로 관리자들에 과학적인 경영방법을 교육하는 것이었다.

프레드릭 윈슬로 테일러^{Frederick Winslow Taylor}는 현대 경영교육의 기반이 된 '과학적 경영' 기법의 선구자였다. 그의 경영법은 조립공이 기차 객차에 철 주괴^{iron ingots}를 올리는 작업에 스톱워치를 사용해 단 몇 초를 줄이는 데 이용되기도 했다. 이런 사실은 현재 대부분의 경영대학원에서 가지고 있는 기본적인 사고방식을 이해할 때 좋은 아이디어를 제공한다.

과거 사람들은 '경영'에 대해 지시한 일을 더 빠르고 정확하게 수행하는 것이라 생각했다. 이반 파블로브^{Ivan Pavlov}와 스키너^{B.F. Skinner}

같은 심리학자들은 경영 심리학의 아버지로 추앙을 받았다. 이들은 사람들에게 적절한 자극을 가하면 우리가 원하는 대로 행동할 것이라는 주장을 폈다. 이런 사고방식은 행동을 통제하기 위해 금전적 인센티브(월급, 보너스, 스톡옵션 등)를 폭넓게 사용하는 것으로 이어졌다. 그리고 이는 곧 경영 전문가와 관리자가 회사 주주들의 이익을 우선적으로 키우는 노력을 하도록 만들었다.

즉각적인 인센티브는 실제 업무환경에서 오히려 업무능력 향상과 동기부여 그리고 직업 만족도 측면에서 역효과를 일으킨다는 다수의 연구들이 이미 나와 있고, 이는 앞으로도 계속 늘어날 것이다.[19] 인간의 행동에 관한 기존 이론에 대립되는 더 유용한 이론이 나왔음에도 불구하고 경영대학원 교실에서는 마술 같은 자극으로 인간의 행동을 조정해 보려는 연구가 오늘날까지 계속되고 있다.[20]

배분을 찾아서
In Search of Distribution

"아무리 가치 있고 바람직한 방법이라고 해도 집착하기 시작하면 병이 된다."

브루스 리(Bruce Lee), 세계적으로 유명한 무술가

마케팅은 원래는 제품을 더 많은 상점으로 배달하고 비용이 높은 공장 가동을 유지하는 방법으로 사용되었다. 20세기 초, 라디오와 텔레비전이 널리 확산되자 다수의 소비자에게 한번에 광고하는 것

이 가능해졌고 전국을 아우르는 거대 브랜드와 소매업체들이 생겨나기 시작했다. 광고를 많이 하면 그만큼 더 많은 상점에 상품을 진출시킬 수 있었다. 그리고 이는 더 많은 판매와 수익을 가져와 광고에 그만큼 더 많이 투자할 수 있도록 했다. 이 순환구조는 계속됐다. 수십 년이 흘러, 자체적으로 보강되는 이 순환구조를 통해 각 산업분야에서 거대한 기업들이 생겨났다. 경영대학원은 시장 점유율을 늘리면서 점점 규모가 더 커지는 인수합병을 통해 거대 기업을 만들어내는 방법에 혈안이 됐다. 시간이 지날수록 재무 위험이 점점 더 증가하는 인수합병 방식을 추구하게 된 것이다.

기업인에게 벤처자금은 경영 과정에서 필수 요소가 되었다. 벤처자금이 없다면 어떻게 공장을 짓고 몇 년 안에 국가적인 브랜드를 창출할 수 있겠는가? 생산에서 '규모의 경제'란 비슷한 품질의 상품을 거대 기업이 소규모 경쟁업체보다 낮은 가격으로 제공해 이익을 취한다는 것을 의미한다. 투자자들은 투자금에 대한 거대 이익을 빨리 챙기려 했으며, 그 과정에서 신중함은 온데간데없이, 빠른 기간 안에 고수익을 챙기려는 투기꾼들만 배부르게 했다. 성공이 예상되는 사업체들은 거대 기업에 인수되어 '시너지'를 창조한다는 목적 하에 해부되었고, 이 모두는 경영학계의 전폭적인 지지를 받았다. 거대하고 복잡한 기업 시스템을 하나로 융합하는 것이 지닌 위험은 간과되고 말았다. 그리고 이런 방법은 거대 규모의 인수합병을 추구하는 대부분의 기업을 파산으로 이끌었다.

불장난

Playing with Fire

"공식으로 무장한 범생이들을 조심하라."

워런 버핏(Warren Buffett), 버크셔 헤서웨이(Berkshire Hathaway)의
CEO이자 회장, 세계에서 가장 큰 부자 중 한 사람

한편 '재무'는 점점 더 복잡해져 갔다. 20세기 이전, 회계와 재무는 비교적 간단한 산수와 상식만 있으면 가능한 것이었다. 13세기에 발명된 복식부기가 널리 퍼지면서 많은 이점들이 있었다. 복식부기를 통해 간단한 방법으로 횡령 등과 같은 이상 현상을 더 정확하게 찾아낼 수 있었기 때문이다.

그런데 재무에 통계가 도입되면서 분석적 기능은 향상되었으나 과정이 매우 난해해지는 결과를 낳았다. 그리고 이로써 아무도 모르게 수치들을 조작할 수 있는 기회가 늘어났다. 관리자들과 고위 간부들은 통계수치와 분석법을 사용해 미래를 예측하려 했다. 이들은 고대의 점술가가 찻잎과 염소의 내장 형태에서 미래를 점치는 방법과 유사한 방식으로 데이터베이스와 스프레드시트를 앞에 놓고 미래를 점치려 했다. 현대의 세상은 고대보다 예측하기 더 쉬워지지 않았다. 옛날처럼, 어떤 신호들에 대한 해석은 점쟁이의 개인적 의견과 편견일 뿐이다.

재무 거래와 이런 거래에 기반이 되는 통계적 유형은 점점 더 복잡해져서 이를 완전히 이해하거나 그 한계를 두려워하는 실무자는 점점 더 줄어들게 되었다. 2009년 2월 〈와이어드^{Wired}〉는 '참

사를 부르는 레시피: 월가를 파괴한 공식'이라는 제목의 기사를 보도했다. 이 글은 그동안 신성시했던 문제 가득한 재무 공식들 [블랙 숄스^Black Scholes, 옵션 가격모형, 가우시안 코풀라 함수^Gaussian copula function, 자본자산 평가모델 등]이 2000년 닷컴 버블을 낳는 데에 중대한 역할을 했으며, 2008년 경기침체를 불러온 부동산 그리고 파생상품 대란을 낳았다고 지적했다.

복잡한 재무 공식을 사용하는 법을 배우는 것은 사업을 해나가는 방법을 배우는 것과는 별개다. 사업체가 가치를 창조하고 이를 고객에게 제공하는 방법을 이해하는 것은 근본적인 지식이다. 그러나 많은 MBA 프로그램은 가치 창조와 운영 방법은 등한시하고 재무와 수치 분석을 더 중요하게 여긴다. 노암 샤이버^Noam Scheiber 기자는 '고위 경영자의 실책'이라는 기사에서 미국 산업의 전반적인 몰락의 원인을 탐구했다.

> 1965년부터 컨설팅과 재무 서비스 업종에 진출하는 명문 경영대학원 졸업자의 비율은 두 배로 증가했다(기존의 1/3에서 2/3로). 일부 컨설턴트와 재무전문가들이 제조업계에서 일하긴 하지만 이는 어떤 맥락에서는 문제가 된다. 현재 GM사의 최고 경영진 대부분은 제조보다는 재무 배경을 가진 사람들이다(퇴직한 GM CEO인 프리츠 헨더슨^Fritz Henderson과 그의 실패한 선임자인 릭 왜고너^Rick Wagoner는 둘 다 회계담당 출신이다). 그러나 이런 경영진은 저비용으로 고품질 제품을 만들어내는 데에 필요한 혁신에는 무감각한 사람들이었다.[21]

과정을 개선하는 것은 단기간 수익을 높이려고만 할 때 쉽게 간과하는 부분이지만, 장기적 생존을 생각한다면 필수적인 부분이다.

한편, 엄청난 대출을 받아 레버리지로[22] 사용하는 관행이 널리 퍼지게 되었고, 이로써 거대 기업은 막대한 책임을 져야 하는 상황에 놓였다. 영업이 잘 된 해에는 수익이 배가 되도록 했지만, 경기 후퇴 상황에서는 엄청난 재난을 불러온 것이다. 여러 경영대학원에서 가르치는 기업담보 차입매수leveraged buy-out 전략(회사를 구입하는 거대 비용을 빚을 내어 충당한 후 프리미엄을[23] 얹어 다른 기업에 회사를 되파는 행위)은 초기에 자립이 가능했던 회사들을 이내 빚더미 괴물들로 만들어 버렸다. 그리고 소유권이 계속해서 바뀐 기업은 금융시장에서 '의자에 먼저 앉기 놀이a game of musical chairs'의 희생물로 전락하게 했다.

경영진이 재정적 묘기와 단기 수익을 추구하면서 신중한 경영 관행과 장기적 가치 창조를 무시하면 소비자와 직원들은 불이익을 받게 된다.

변화할 이유는 없다
No Reason to Change

"학교는 배워야 하는 이유를 가르치는 곳이다."

이반 일리치(Ivan Illich), 신부이자 신학자, 교육 비평가

세상은 지속적으로 변화하지만 경영대학원은 전혀 바뀌지 않고 있다. 인터넷의 출현과 새로운 기술의 확산으로 인해 성공적인 기

업은 그 규모가 점점 작아지고 있으며, 설립비용, 운영비용 그리고 직원 수도 더 적어졌다. 미국 중소기업청에 의하면 중소기업 경영인은 미국 모든 고용주의 99.7퍼센트를 차지하고 있고,[24] 민간부문 노동인구의 반을 고용하며,[25] 2000년부터 2018년까지 새로운 직업의 64퍼센트를 만들어 냈으며,[26] 미국 GDP의 약 44%를 산출했다.[27] 그러나 이런 사실은 경영대학원의 교육과정에서는 가르치지 않는 내용이다. 최근의 추세를 보면 대부분의 MBA 프로그램은 거대 기업만이 운영할 가치가 있다고 믿는 것으로 보인다.

대중시장 광고는 더 이상 수익 창출의 보증이 되지 못한다. 재고목록은 (재고목록이 있다면) 점점 규모가 줄고, 사업체들은 주요 기능을 다른 업체에 의존하고 있다. 또 시장은 급속도로 변화하며 진화하고 있다. 속도, 유연성, 그리고 기발함은 오늘날 성공적인 경영자에게 필요한 자질이 되었다. 지난 수십 년간 대기업에서 습득하려고 노력해왔고, 경영대학원에서 가르치려고 애써온 자질들이다.

대중 장세의 요구로 인해 경영진은 단기간 수익만을 추구하며 장기적 안정에 해를 입혔다. 이런 현상은 경기가 안 좋거나 예측하지 못한 사고가 발생했을 때 대대적 해고의 물결을 만들어내고 혹독한 예산 삭감을 불러왔다. 이로 인해 더 많은 사람들이 더 많은 독립성, 융통성 그리고 안정적 생활을 찾게 됐다. 그리고 이들은 기존의 기업 문화 밖에서 이런 이점들을 발견하기 시작했다. 이제 기업은 애초에 회사에 일할 생각이 없는 직원들을 어떻게 관리할 것인가?

경영대학원의 한 가지 이점

The Single Benefit of Business Schools

"경영대학원은 그들이 해결책을 제공하는 사업상의 문제가 지속되도록
노력한다."

클레이 셔키(Clay Shirky), 뉴욕대 교수, 《끌리고 쏠리고 들끓다》의 저자

경영대학원의 한 가지 이점은 포춘지 선정 50대 기업, 컨설팅 회
사, 그리고 투자은행 등에 진출할 기회를 준다는 것이다. 경영대학
원은 캠퍼스 내 채용 박람회와 학연을 통해 취업 시장에서 경쟁우
위를 선사한다. 일류 경영대학원을 졸업한다면 포춘지 선정 50대
기업, 컨설팅 회사, 그리고 투자은행에서 면접의 기회를 얻는 것이
더 쉬워질 것이다. 특히 이 효과는 졸업 직후 가장 높고, 졸업 후
시간이 지날수록 점점 더 줄어드는 경향이 있다. 졸업 후 5년 정도
가 지나도 취직을 못했다면 MBA를 이수한 효과가 전혀 없게 된
다. 인사 담당자는 더 이상 당신의 학위 따위엔 관심을 기울이지
않는다. 그들은 졸업 후 당신이 어떤 업적을 이루었는가에 더 관
심을 가질 것이다.

인사담당자는 면접자들을 선별하기에 앞서 MBA 졸업장을 마치
필터와 같이 사용한다. 인사 담당자들은 업무가 많으며 매우 바쁘
다. 따라서 MBA를 이수한 사람을 고른다면 이미 대학의 까다로운
선별 절차를 거친 사람이므로 엉뚱한 지원자를 골라 시간을 허비
할 확률이 줄어드는 것이다. 또한 MBA를 갓 졸업한 사람을 고용
하는 것은 후에 고용 결정이 잘못된 것으로 드러난다 하더라도 빠

저나갈 구실을 마련해준다. "문제가 뭐였는지 모르겠군요. 그 직원은 하버드 경영대학원 출신이라고요!"

MBA가 가지는 필터링 효과는 실제적이며 한 개인이 극복하기에는 무리가 있다. 경영 컨설턴트, 국제 재정전문가 혹은 포춘 50위 기업에서 승진가도를 밟는 것이 꿈이라면, 15만 달러짜리 면접 기회를 구매해야 할지 모른다. 이 과정을 밟는다면 지원하기 전에 정확히 이것이 당신 인생에서 어떤 의미가 있는지 이해할 필요가 있다. 일단 인생을 저당 잡히고 나면 빚 때문에 나중에 이 결정을 바꿀 수 없을 것이다.

만약, 자신만의 사업을 경영하거나 일을 즐기는 동시에 개인적인 여가도 즐기고 싶다면, MBA에 지원하는 것은 시간과 돈을 낭비하는 것이다. 페퍼 박사가 말했듯이 "합격할 만한 실력이 있다면 학위와 상관없이 당신은 성공할 자질이 충분히 있다는 의미가 되는 것"이기 때문이다.[28]

빚을 졌어, 빚을 졌어- 일하러 가야 해
I Owe, I Owe- It's Off to Work I Go

"만약 일이 잘 풀리지 않는다면 당신은 어디에 있고 싶은가?"

루이 라무르(Louis L'Amour), 작가 겸 역사가

MBA를 취득한다고 가정해 보자. '운이 좋다면' 대형 금융 서비스 또는 컨설팅 회사에 취업하여 하루에 10시간 이상 일하고 연봉 10만 달러 정도의 특권을 누릴 수 있다. 급여 인상은 좋지만, 그만

큼 업무 외적인 생활을 유지하기가 힘들거니와 강렬한 압박이 끊임없이 밀려올 것이다. 심지어 직장이 마음에 들지 않는다면? 학자금 대출을 갚고, 또 '가치 있는' 투자를 시도하기 위해서라도 계속 일을 밀어붙여야 한다.

축하한다. 당신의 지능과 추진력을 사용하여 자신을 스스로 계약직 하인이나 다름없는 삶으로 정죄定罪했다.

일을 잘하면 임원이 되어 더 많은 연봉을 받고, 더 많은 책임을 지게 되며, 더 열심히 일할 수 있게 된다. 심지어 최고 경영진은 이혼 및 가족 관계 문제가 발생할 확률이 높으므로, 노동의 결실을 혼자만 누려서는 안 된다. '대가를 지불할 의지만 있다면 원하는 것은 무엇이든 가질 수 있다'는 속담처럼 말이다.

운이 좋지 않다면 MBA를 취득하지 않았을 때보다 적은 급여를 받는 일자리를 찾게 될지도 모른다. 그보다 더 나쁜 가정은 불투명한 취업 시장 환경으로 경영대학원을 졸업한 후 한 달에 1,000달러의 대출금을 갚아야 하지만 생활비를 제하고 그 비용을 감당할 직업을 찾지 못하는 경우다. 취업 시장이 좋지 않다고 해서 학자금 대출 상환이 사라지지는 않는다. 인생이 어떻게 흘러가든 학자금 대출은 항상 따라다닌다. 상환이 완료될 때까지는 채권 추심자의 전화가 계속 울릴 것이다.

이 문제는 아무리 강조해도 지나치지 않는다. 인생을 망치는 가장 빠르고 쉬운 방법은 '너무 많은 빚을 지는 것'이다. 사람들이 싫어하는 직장에서도 수십 년을 일하는 주된 이유는 채권자에게 빚을 갚기 위해서다. 재정적 스트레스는 인간관계를 파괴하고 건강을 위협하며 정신을 위태롭게 할 수 있다. 과연 그만큼의 대가를 지불하면서까지, 구석진 사무실 책상에 앉아서 일할 가치가 있을까?

확언컨대, 과중한 부채와 의심스러운 수익률로 인해 MBA 프로그램은 좋은 투자가 아니며, 신중하지 못한 사람들에게는 함정이 될 수 있다.

더 좋은 방법
A Better Way

"교육자를 교육하라! 그러나 제일 처음 교육하는 사람은 자신을 교육해야 한다! 나는 이들을 위해 글을 쓴다."

프리드리히 니체(Friedrich Nietzsche),
철학가이자 《권력에의 의지》, 《차라투스트라는 이렇게 말했다》의 저자

다행히도 우리는 자신을 어떻게 교육시킬지에 대한 선택을 할 수 있다. 이 선택을 통해 MBA를 졸업한 사람보다 더 큰 성공을 누리는 동시에 수십만 달러를 낭비하지 않을 수 있다. 현명한 경영 관행의 기본 원리들을 익히고 동료들 그리고 멘토들과 탄탄한 인맥을 쌓음으로써 아주 적은 비용으로 경영대학원이 제공하는 거의 모든 이점을 누릴 수 있다. 고생해서 번 돈과 소중한 시간을 허비하면서 평생 쓸 일 없는 고루한 이론들을 배우는 것보다는 실제로 성공하기 위해 필요한 지식을 쌓는 일에 시간과 노력을 투자하는 것이 훨씬 더 현명한 선택이다.

일류 MBA 과정에 합격할 만한 자질을 갖춘 사람이라면 그리고 졸업 후에도 학벌과 상관없이 노력할 준비가 되어 있다면, 경영대학원을 가지 않고 경영에 대한 근본 원리들을 혼자 습득하는 방법을 이 책을 통해서 얻는 것이야말로 당신 인생을 좌우할 가장 현명한 판단이 될 것이다.

이 책으로 무엇을 학습할 수 있나
What You'll Learn in This Book

"특정 분야의 공부를 시작하면 엄청나게 많은 양의 정보를 외워야 하는 것처럼 보인다. 하지만 그럴 필요 없다. 그저 핵심 원리들만 알면 된다. 일반적으로 한 분야의 전체를 아우르는 원리들은 많아야 12개 정도 될 것이다. 당신이 외워야 한다고 생각했던 수많은 정보들은 단순히 이 원리들이 다양한 방식으로 조합된 것뿐이다."

존 리드(John T. Reed), 《성공하는 것》의 저자이자 부동산 투자전문가

이 책의 목적은 경영상의 현명한 선택에 필요한 기본 개념들을 최대한 빠르고 효과적으로 가르쳐 주는 것이다. 이 책에서 배우게 될 내용을 아래에 간략하게 정리했다.

- **기업이 운영되는 원리**: 성공적인 기업의 간략한 정의는 다음과 같다 (1) 사람들이 원하거나 필요로 하고 (2) 가치 있는 상품이나 서비스를 (3) 그들이 지불하고자 하는 적정 가격에 제공하여 (4) 고객의 필요와 기대에 맞추고 (5) 지속적으

로 운영할 수 있도록 충분한 수익을 창출하는 것이다. 1~5장에서 소개하는 개념은 모든 기업이 운영되는 원리를 설명하고 더 좋은 결과를 얻기 위해 어떻게 해야 하는지 알려줄 것이다.

- 사람들이 행동하는 원리: 모든 사업체는 사람에 의해 만들어지고 다른 사람들에게 이익을 전달함으로써 유지된다. 기업의 작동원리를 이해하려면 사람들이 어떻게 결정을 내리고 결정을 실행하며 타인들과 의사소통하는지 정확하게 이해해야 한다. 6~8장에서는 인간의 정신이 어떻게 세상을 받아들이는지에 대한 몇몇 주요 심리학 개념들을 소개하고, 이와 함께 효율적인 업무처리 방법과 직장에서 인간관계를 향상시키는 방법을 다루고 있다.

- 시스템이 돌아가는 원리: 기업은 동시에 움직이는 여러 가지 부품들로 되어 있는 복잡한 시스템과 같으며 각각의 부분들은 또 문화, 산업, 사회, 정부 등과 같은 다른 복잡한 체계들과 연관되어 있다. 9~11장에서는 복잡한 시스템이 어떻게 돌아가는지 설명하고, 기존 시스템들을 분석하는 능력을 개발하며, 예상치 못한 부정적 결과를 방지하면서 이들을 발전시키는 방안들을 찾도록 도와줄 것이다.

반면 기대하지 말아야 할 사항들은 다음과 같다.

- 관리와 리더십에 대한 과대평가: 경영학에 대한 많은 정보는

(그리고 모든 경영대학원은) 관리와 리더십 능력을 운영 능력과 혼동한다. 이들은 절대 같은 개념이 아니다. 관리와 리더십은 기업을 이끌어나가는 데 있어 매우 중요하긴 하나 경영 교육의 모든 것이 될 수는 없다. 탄탄한 경영의 기본지식이 없이도 사람들을 통솔하고 이끌 수는 있지만, 그런 상태에서 옳은 결과를 가져오는 것은 어렵다고 볼 수 있다. 경영은 대가를 지불하는 고객에게 가치를 전달함으로써 수익을 얻는 것이다. 관리와 리더십은 이 목표를 위해 사용하는 방법일 뿐이다. 우리는 8장에서 효과적인 리더십과 관리에 대해서 논할 것이다. 이 개념들은 순전히 방법론적으로 접근해야 한다.

- 재무분석가/공인회계사 수준의 재무와 회계: 재무와 회계는 기업에서 대단히 중요한 분야이기에 5장에서 그 핵심 개념과 실무를 다룰 것이다. 일반적인 실수와 함정에 대해서도 함께 설명한다. 이는 많은 주제를 다룬다는 의미다. 재무는 이 책의 주된 관심사는 아니다. 재무 분석과 회계표준에 대한 심도 있는 연구와 관련해서는 이 책보다 두꺼운 수천 권의 책이 나와 있다. 만약 재무분석가[CFA]나 공인회계사[CPA]자격을 취득할 계획이 없다면, 재무나 회계의 기초만 배우고, 구체적인 내용은 전문가에게 넘기면 된다. 다행히, 쓸데없이 시간을 낭비할 필요가 없다. 이미 훌륭한 재무와 회계 서적은 무수히 깔려있다. 5장을 읽은 후에 재무와 회계를 좀 더 알고자 하는 독자를 위해 아래 책을 추천한다.

- 《기업가를 위한 재무 지능》, 캐런 버먼과 조 나이트, Financial

Intelligence for Entrepreneurs by Karen Berman and
Joe Knight
- 《간단한 숫자, 직언, 큰 이익!》, 그레그 크라브트리, Simple
  Numbers, Straight Talk, Big Profi ts! by Greg Crabtree
- 《쉽게 배우는 회계》, 마이크 파이퍼, Accounting Made
  Simple by Mike Piper
- 《재무제표 읽는 법》, 존 트레이시, How to Read a
  Financial Report by John A. Tracy

추가로 좀 더 깊이 배우고자 한다면 MBA 수학^{http://mbamath.com} 과
바이오닉 터틀^{http://bionicturtle.com} 같은 온라인 과정도 유용하다. 비즈
니스 스쿨이나 기업 회계 교육 프로그램에 참가하려면 이런 온라
인 코스에 미리 등록해 배우기를 권장한다.

- **수량적 분석**: 마찬가지로 이 책을 읽었다고 해서 스프레드 시
  트를 자유자재로 다루는 능력을 배양할 수는 없을 것이다. 통
  계와 정량 분석은 적절히 사용한다면 매우 유용한 능력이 되지
  만 분석 방법 그 자체만으로는 한계가 있고 또한 이 책의 범위
  를 벗어나는 주제이다. 정량 분석에 관심이 많다면 벌머(M.G.
  Bulmer)의 《통계 원칙; Principles of Statistics》과 조나단
  쿠미(Jonathan Koomey)의 《숫자를 지식으로 바꾸는 법;
  Turning Numbers into Knowledge》을 읽어보기 바란다.

이 책을 효과적으로 사용하는 법

How to Use This Book

"진짜 현명한 사고는 모두 이전에 이미 수천 번 생각했던 것이다. 그러나 온전히 자기 것으로 만들려면, 진솔하게 다시 생각해야만 한다. 그 근원을 개인적인 경험으로 녹여낼 때까지 말이다."

요한 볼프강 폰 괴테(Johann Wolfgang von Goethe), 시인이자 극작가

다음 몇 가지 조언을 따른다면 이 책을 가장 효과적으로 사용할 수 있을 것이다.

- 먼저 훑어보고, 대강 읽고, 그 후 정독하라. 사실이든 아니든, 이 책의 모든 내용을 꼼꼼히 읽어야 혜택을 보는 것은 아니다. 훑어보는 것은 노력을 덜 들이고도 중요한 내용을 파악할 수 있게 해 줄 것이다. 빠른 속도로 훑어가다가 정말 흥미 있는 부분을 발견하면 며칠 동안 개념들을 익히고 업무에 반영하도록 연습해 본다. 업무 능력이 놀랍게 발전하는 것을 체험하게 될 것이다. 나아가 진정한 경영인의 마인드를 갖게 되는 자신을 발견하게 될 것이다.
- 필기도구와 노트를 지니고 다녀라. 이 책의 목적은 현 상황을 개선시킬 아이디어를 제공하는 데 있다. 따라서 좋은 생각이 떠오르면, 바로 기록할 준비가 되어 있어야 한다. 일단 어디에라도 적어 놓는다면, 나중에 검토하고 주요 개념을 파악하기도 쉬울 것이다. 노트를 갖고 다니면서 아이디어를 적

어 놓으면 생각이 움직이는 즉시 이를 더 구체적인 계획으로 발전시키는 것도 쉬울 것이다.[29]

- 주기적으로 이 책을 다시 들여다보라. 일상에서 손쉽게 볼 수 있는 곳에 책을 두고 내용을 자주 참고할 수 있도록 하라. 특히 새로운 프로젝트를 시작하기 전에 더욱 가까이 지녀야 한다. 반복은 반드시 숙달로 이어지며, 여기서 제시하는 개념들을 내면화하면 할수록 더 좋은 결과를 얻게 될 것이다. 달력에 표시하면서 이 책과 책을 읽으며 적어둔 메모들을 몇 개월 주기로 다시 보고 상기할 수 있도록 하라. 그렇게 하면 핵심내용에 대한 이해가 더욱 강화되고, 더 좋고 새로운 아이디어에 대한 영감을 얻을 수 있을 것이다.

- 이 책의 아이디어를 동료와 토론하라. 함께 일하는 누군가와 이 책의 개념을 공유하고, 같은 용어를 사용해 실무에 적용하는 방법을 토론하다 보면 멋진 일이 벌어질 것이다. 모든 핵심 아이디어에는 그 개념에 대해 짧게 요약한 참조용 웹사이트가 있을 것이다. 이메일, 제안, 블로그 포스트, 또는 다른 소통법을 활용할 수도 있다. 수취인이 당신이 알고자 하는 개념에 특별히 익숙하지 않다고 해도 다른 연결된 사람들이 같은 페이지를 보기 때문에 도움을 받을 수 있다.

- 언제나 탐구할 것은 더 있다. 여기서 제시하는 각각의 멘탈 모델은 그 적용 범위가 상당히 넓다. 따라서 이 책 한 권에서 그 모든 가능성을 논하는 것은 불가능하다. 특정 멘탈 모델에 대해 더 깊이 알고 싶을 때 도움을 줄 만한 훌륭한 경영

서적이 산재해 있다. personalmba.com에서 나와 함께 이 아이디어들을 더 깊이 탐구해 보고, 당신의 삶과 일에 이들을 적용하는 법에 대해 같이 고민해 보길 바란다.

자, 이제 시작하자.

1장

가치 창조

" 모든 성공적인 비즈니스는 어떠한 가치를 창출한다. 세상은 다른 사람들을 더 잘 살 수 있도록 하는 기회로 가득하다. 비즈니스맨으로서 우리의 임무는 사람들이 아직 충분히 갖추지 않은 부분을 확인하고 그것을 제공해 주는 것이다. "

> "사람들이 원하는 것을 만들어라. 해결 가능한데 아직
> 충족되지 않은 사람들의 욕구보다 더 가치 있는 사업은
> 없다. 많은 사람들을 위해 해결할 수 있는 문제점을
> 발견한다면, 그것은 금광이나 다름없다."
>
> **폴 그레이엄**(Paul Graham), YCombinator 창시자이자 벤처투자가,
> 수필가인 그가 웹사이트 paulgraham.com에 게재한 글

모든 성공적 기업은 가치 있는 무언가를 만들어낸다. 세상은 다른 사람들의 삶의 질을 향상시킬 수 있는 기회들로 가득하다. 그리고 사업가의 임무는 사람들에게 부족한 것이 무엇인지를 빨리 알아내고, 이를 제공하는 방법을 찾아내는 것이다.

우리가 만들어내는 가치는 여러 가지 형태를 띨 수 있다. 그러나 목적은 항상 같다. 즉, 다른 사람의 삶을 좀 더 좋게 해주는 것이다. 가치 창조 없이 사업을 존속할 수 없다. 무언가 가치 있는 것을 제공하지 않으면서 다른 사람들과 거래할 수는 없다.

세상에서 가장 성공적인 기업은 많은 사람들에게 가장 큰 가치를 제공하는 기업이다. 어떤 기업은 여러 사람들에게 작은 가치를 제공함으로써 번영을 누리고, 어떤 기업은 소수의 사람들에게 큰 가치를 제공하며 그 영향력을 키워간다. 어떻든 간에 다른 사람들

에게 실제적 가치를 더 많이 만들어주는 한, 비즈니스는 더 크게 성공할 것이며 사업가는 더욱 번영하게 된다.

참조 링크: https://personalmba.com/valuecreation/

모든 사업의 5가지 본질
The Five Parts of Every Business

"사업은 바로 돈을 벌기 위한 반복되는 과정이다. 다른 모든 것은 취미
에 불과하다."

폴 프릿(Paul Freet), 기업가이며 영리화 전문가

간략하게 정의하자면, 사업은 다음의 일들을 반복하는 과정이다.

1. 가치 있는 것을 만들어내고 이를 제공한다.
2. 다른 사람들이 원하거나 필요로 하는 것을 제공한다.
3. 이를 사람들이 합당하다고 생각하는 가격에 판매한다.
4. 고객의 필요와 기대를 충족시키는 방식으로 제공한다.
5. 사업이 계속 유지될 수 있도록 충분한 수익을 창출한다.

1인 기업을 운영하든, 수십억 달러 규모의 대기업을 운영하든 기본 원리는 같다. 위의 다섯 가지 요소 중 하나라도 없으면 사업이 아닌 다른 무언가를 얻게 된다는 것이다. 만일 다른 사람들에게 유용한 가치를 만들어내지 않는 벤처라면 그것은 단지 취미에 불과할 것이다. 또 사람들의 관심을 끌지 못하면 그 사업은 실패작

이 될 것이다. 한편 가치는 만들어내지만 이를 판매하지 않는다면 이 사업은 비영리사업이 되어버린다. 가치를 약속하고 이를 실제로 제공하지 않으면 이는 사기가 된다. 그리고 충분한 수익을 창출하지 못하는 사업은 결국 문을 닫아야 한다.

어떤 사업체이건 그 핵심은 기본적으로 다섯 가지 상호 의존적 과정들로 이루어져 있다. 각각의 과정은 다음 단계로 자연스럽게 이어진다.

1. 가치 창조: 사람들이 무엇을 필요로 하는지 혹은 원하는지 찾아내고, 이를 창조해낸다.
2. 마케팅: 사람들의 관심을 끌고, 만든 상품에 대한 수요를 불러일으킨다.
3. 판매: 잠재고객을 실제 구매고객으로 바꾼다.
4. 가치 제공: 약속한 것을 고객에게 전달하고, 고객을 확실하게 만족시킨다.
5. 재무: 사업을 지속할 수 있는 충분한 돈을 마련하고, 노력의 대가를 지불받는다.

위의 다섯 가지 항목이 간단해 보인다면 그 이유는 실제로 간단하기 때문이다. 경영은 절대로 우주과학이 아니다. 경영은 단순히 문제가 무엇인지 파악하고 상호 이익을 가져오는 방식으로 이를 해결하는 과정을 의미한다. 경영이 이보다 더 복잡한 것처럼 말하는 사람은 당신을 현혹시키거나 필요하지 않은 것을 당신에게 팔려고 애쓰는 사람일 뿐이다.

　모든 사업에서 이 다섯 가지 요소들은 모든 합리적인 경영 아이디어와 좋은 사업기획의 근간을 이룬다. 그 어떤 사업이라도 위의 다섯 요소들을 잘 정의할 수 있다면, 그 사업이 어떻게 돌아가며 어떻게 운영해야 하는지를 완전히 이해한 셈이다. 새롭게 창업을 준비하는 중이라면 위의 과정들이 어떻게 실행되어야 하는지에 대해 구체적으로 결정할 경우 큰 도움이 될 것이다. 위에서 정의한 다섯 가지 요소들을 묘사하거나 도표화하지 못한다면 부족한 지식으로 인해 사업을 원활하게 운영하는 데 장애가 될 것이다.[1]

　참조 링크: https://personalmba.com/5-partsof-every-business/

경제적 가치가 있는 기술

Economically Valuable Skills

"세상이 우리에게 좋은 삶을 주어야 한다고 말하지 마라. 세상은 우리에게 빚진 것이 없다. 세상은 우리보다 먼저 여기 있었다."

마크 트웨인(Mark Twain), 위대한 미국 소설가

사업가적 가치를 높이고 싶다면 먼저 위의 다섯 가지 요소와 직접적으로 관련된 능력을 배양하고자 애써라. 모든 지식과 모든 기술이 경제적 가치를 창출하지는 않는다. 물론 그렇다고 해도 괜찮다. 꼭 경제적 가치가 있지 않아도 단지 여가나 즐거움을 위해 추구해야 할 것들이 많이 존재한다. 급류 래프팅에 능하다고 하더라도 누군가가 당신에게 돈을 지불하면서 래프팅을 하라고 하는 경우

는 아마 없을 것이다. 대가를 얻으려면 그만큼 다른 사람에게 이익을 제공해야 한다. 혼자만의 즐거움에서 제품과 서비스로 눈을 돌려보자. 그러면 누군가 돈을 지불할 것이다. 모험을 즐기는 많은 사람들이 기꺼이 비용을 지불하고 래프팅 장비를 구입하거나 가이드를 살 것이다.

마이클 매스터슨[Michael Masterson]이 그의 저서 《준비 발사 조준》에서도 말했듯이, 모든 사업의 다섯 가지 핵심 요소와 관련되지 않은 요소들이 경제적 보상을 가져다 줄 것이라 상상하지 말라. 가진 능력을 이용해 경제적 가치를 만드는 방법을 찾아야 한다. 그러면 금전적 보상을 얻게 될 것이다.

가치를 창조하고, 광고하고, 판매하며, 가치를 전달하고, 재무를 관리하도록 도와주는 그 어떤 스킬이라도 모두 경제적인 가치를 지닌다. 따라서 이 자질들이 바로 이 책에서 다루는 중요한 주제들이다.

참조 링크: https://personalmba.com/economically-valuable-skills/

시장의 철칙
The Iron Law of the Market

"시장이 가장 중요하다. 아무리 뛰어난 조직과 환상적인 상품이 있다 해도 좋지 않은 시장을 만회하기는 어렵다. 당신이 아무리 능력이 있어도 존재하지 않는 시장에는 속수무책이다."

마크 앤드리슨(Marc Andreesen),
벤처 투자가이자 Netscape와 Ning.com의 설립자

만약 파티를 열었는데 아무도 오지 않는다면 어떨까? 비즈니스 세계에서 이는 항상 일어나는 일이다.

딘 카멘^{Dean Kamen}은 유명한 발명가로서 스털링 엔진^{Sterling engine}, 세계 최초 인슐린 펌프 그리고 정수기를 포함한 다수의 새로운 발명품들을 만들어냈다. 그는 1억 달러가 넘는 돈을 투자해 세그웨이^{Segway PT}를 개발했다. 세그웨이는 바퀴가 두 개 달린 자동 균형 기능이 있는 스쿠터로, 가격은 5천 달러다. 그는 이 스쿠터가 전 세계 개인들의 이동수단을 완전히 뒤바꿀 것이며 마치 '말과 경마차를 자동차가 대체한 것'과 같은 대대적인 혁명이 일어날 것으로 생각했다. 그리고 세그웨이가 2002년 마침내 대중에게 판매되기 시작하자 제조사는 매년 5만 대 이상 판매할 수 있을 것이라 기대했다.

사업을 시작한 지 5년 후, 제조사는 총 2만 3천 대의 세그웨이를 팔았다. 이는 애초 목표의 10퍼센트에도 못 미치는 수치였다(이 회사의 재무 지표들은 공개된 바 없으나, 우리는 재무 상태가 별로 좋지 않을 것을 짐작할 수 있다).

문제는 제품의 디자인이 안 좋아서가 아니었다. 세그웨이에 들어간 기술은 매우 선진화된 것이며 이 제품이 주는 혜택은 상당했다. 세그웨이는 자동차를 대체하는 편리하고도 환경 친화적인 도시 내의 이동수단이었다. 문제는 사람들이 걷거나 자전거로 할 수 있는 일을 우스꽝스럽게 생긴 기기로 대체하는 데에 5천 달러나 지불하려고 하지 않았다는 점이다. 카멘이 확신했던 거대한 시장은 존재하지 않았다.

새로운 사업체에 이런 일은 늘 발생한다. 지속적인 운영자금이 충분치 않다면 사업체는 실패하고 만다. 그리고 수익은 회사가 제공하고자 하는 상품을 사람들이 진실로 원하는가 혹은 그렇지 않은가에 100퍼센트 달려있다.

모든 사업은 기본적으로 영업하고자 하는 시장의 규모와 특성에 의해 제한받는다. 이 법칙은 매우 엄격하며 무자비하다. 제공하고자 하는 서비스 혹은 제품에 대한 상당한 수요가 없다면 지속 가능한 사업체를 만들 가능성은 매우 희박해진다.

가장 좋은 접근법은 사람들이 사고 싶어 하는 상품을 만드는 것이다. 아무도 원하지 않는 것을 만드는 것은 시간 낭비이다. 시장 조사는 "돌다리도 두드려 보고 건너라"라는 원리를 실행하는 것이다. 존 뮬린스^{John Mullins}의 《성공하는 사업의 7가지 원칙》과 같은 책은 애초에 유망한 시장이 무엇인지 파악하도록 도와줄 것이다. 시장을 잘 파악함으로써 새로운 벤처사업이 성공할 확률을 높일 수 있다.

다음 몇 장에서는 무엇인가 새로운 것을 만드는 일에 많은 시간과 어렵게 모은 돈을 투자하기 전에 사람들이 필요로 하고 원하는 것을 먼저 알아내는 방법에 대해서 살펴볼 것이다.

참조 링크: https://personalmba.com/ironlaw-of-the-market/

인간의 기본 욕구

Core Human Drives

"인간의 욕구를 이해하면 그를 만나기 전에 이미 절반은 파악하는 것이다."

성공적인 사업을 운영하려면 사람들이 무엇을 원하는지 기본적으로 이해할 필요가 있다.

사람의 욕구에 대한 가장 잘 알려진 일반적인 이론은 심리학자 애이브러햄 매슬로우가 1943년에 발표한 '매슬로우의 욕구 5단계설'이다. 그의 이론에 의하면 인간은 원하는 것을 추구하는 과정에서 다섯 단계를 거치면서 발전해간다. 이는 낮은 단계부터 생리적 욕구, 안전 욕구, 소속과 애정의 욕구, 자기존중의 욕구, 자아실현의 욕구이다. 생리적 욕구가 가장 낮은 단계이고, 자아실현(타고난 잠재력의 탐구)의 욕구가 가장 높은 수준이다.

매슬로우의 욕구 5단계에 의하면 인간은 하위 단계의 욕구가 충족되어야만 다음 단계의 욕구에 집중할 수 있다. 예를 들어 만약 신체적인 위험에 처한다면, 다른 사람이 자신을 얼마나 좋아하는지 또는 개인적인 성장을 얼마나 경험하는지에 대해서는 관심을 두기가 쉽지 않다는 것이다.

이와 관련해 클레이턴 앨더퍼^{Clayton Alderfer}가 쓴 《매슬로우의 욕구 5단계^{Maslow's hierarchy}》를 추천한다. 이 책에서 언급하는 'ERG 이론'은 생존, 관계 그리고 성장의 순서를 나타낸다. 사람들은 생존에 필요한 것을 얻게 되면 그 후에 친구를 만들고 연인을 찾아 나선다. 인간관계가 만족스러우면 그 다음에는 즐길 수 있는 일이나 흥미 있는 분야에 필요한 스킬을 향상시키는 일에 집중한다. 생존이 먼저고 다음으로 관계 그리고 성장의 욕구가 생겨난다는 것이다.

ERG 이론은 인간 욕구의 일반적인 우선순위를 설명하지만, 사람이 자신을 만족시키기 위한 방법은 아니다. 그러므로 우리는 인간 행동에 관한 다른 이론을 알아야한다. 하버드 비즈니스 스쿨 교수이자 《욕구: 어떻게 인간의 본성이 선택을 만드는가 ^{Driven:} How Human Nature Shapes Our Choices》의 저자인 폴 로렌스와 니틴 노리아가 발표한 바에 따르면 모든 인간은 다섯 가지 핵심 욕구를 가지는데, 이들이 우리의 의사결정과 행동에 엄청난 영향력을 가진다고 한다.

1. 습득 욕구: 물질뿐만 아니라 무형의 자질들(지위, 권력, 영향력 등)을 모으고 획득하려는 욕구. 소매업, 투자 중개업, 정치 컨설팅 등과 같은 사업 분야는 사람들의 습득 욕구와 관련되어 있다. 우리에게 부와 명예, 권력 등을 약속하는 대부분의 회사들이 여기에 속한다.

2. 유대 욕구: 타인과 관계를 형성하고 그 안에서 자신의 가치를 확인하고 사랑(로맨틱한 사랑이든 플라토닉이든)을 받고자 하는 욕구이다. 유대 욕구를 기반으로 만들어진 사업 분야는 외식업, 회의, 그리고 데이팅 서비스 등이다. 우리가 더욱 아름답게 느끼고 다른 사람에게 더 많은 호감을 주도록 도와주는 회사들이다.

3. 학습 욕구: 우리의 호기심을 충족시키려는 욕구. 배움에 대한 욕구에 근거해 만들어진 사업 분야는 교육 기관, 출판사, 그리고 교육 워크숍 등이다. 이 분야의 회사들은 우리를 더

욱 지혜롭게 만들어준다고 약속한다.

4. <u>방어 욕구</u>: 자신과 사랑하는 사람 그리고 재산을 위험으로부터 보호하려는 욕구. 이런 욕구에 근거해 만들어진 사업 분야는 주택 보안 시스템, 보험, 무술 훈련, 그리고 법률 서비스 등이 있다. 이 분야의 회사들은 우리에게 안전과 문제 해결 그리고 사고의 예방 등을 약속한다.

5. <u>감각 욕구</u>: 새로운 감각으로 자극받거나 강한 감정적 경험, 오락, 기대 등에 대한 욕구이다. 이 욕구와 관련된 사업 분야는 외식업, 영화, 게임, 콘서트, 그리고 스포츠 등이다. 우리에게 즐거움, 스릴 또는 기대감을 주는 모든 회사들은 이 욕구와 연관되어 있다.

위의 기본 욕구들 중 하나라도 충족이 되지 않는다면 이를 충족시키는 새로운 시장이 형성된다. 따라서 제공하고자 하는 가치가 더 많은 욕구들과 연관되면 될수록 잠재시장에 더 크게 어필할 수 있게 된다.

근본적으로 모든 성공적인 사업은 돈, 지위, 권력, 사랑, 지식, 보호, 즐거움, 그리고 흥분 등을 적절히 조합해서 판매하는 것이다. 회사의 제품이 어떻게 이들 욕구들을 하나 또는 그 이상으로 충족시키는지 더 명확하게 정의하면 할수록 회사의 상품은 더욱 큰 매력을 가지게 된다.

참조 링크: https://personalmba.com/corehuman-drives/

사회적 지위
Social Status

"변변치 않은 행동을 한다는 이유로 배움이 적은 사람들이 가진 탁월함을 무시하고, 고위층의 행동이라는 이유로 좋지 않은 사고방식이 용인되는 사회는 올바른 노동자나 좋은 지식인 모두에게 나쁘다. 이런 사회에서는 노동자나 지식인 모두 제 기능을 할 수 없게 된다."

존 가드너(John Gardner), 카네기사 전 사장

인간의 핵심 욕구에 대한 이해에 더해 '인간은 사회적 동물'임을 아는 것이 중요하다. 다른 많은 포유동물처럼 인간은 힘의 관계적 순위 또는 집단에서의 지위인 '서열'을 이루도록 진화했다. 그런데 지위와 권력을 얻기 위한 타인과의 투쟁에는 많은 혜택도 있다. 음식과 짝 그리고 자원을 가질 수 있고, 다른 집단으로부터 보호도 받을 수 있다.

지위의 추구는 생존하는 데 더 이상 중요하지 않지만, 우리의 두뇌는 사회적 지위에 큰 우선순위를 두도록 개발됐다. 결과적으로 지위를 추구하는 경향은 인간의 의사결정과 행동에 지대한 영향을 미치게 되었다.

사실 '지위의 추구'는 보편적인 현상이다. 정상인이라면 누구나 다른 사람들이 자신을 어떻게 생각하는가에 대해서 크게 신경을 쓴다. 그리고 같은 집단 안에 있는 다른 사람들과 비교하는 자신의 상대적인 위상을 살피는 일에 아주 많은 에너지를 소모한다. 지위를 상승시키는 기회가 보이면, 대부분의 사람들은 그 기회를

확 움켜잡게 된다. 여러 대안들 중에서 하나를 선택해야 한다면, 사람들은 일반적으로 가장 인지도가 높은 대안을 선택한다.

일반적으로 우리는 힘 있고, 중요하고, 독점적인 사람과 한 조직에 연결되고 싶어 한다. 또는 그와 같은 높은 위상이나 행동을 보이고 싶어 한다. 우리는 또 다른 사람들이 자신의 상태에 관심을 갖기를 바란다. 그 증거를 확인하고 싶다면 사람들이 페이스북에 어떤 내용을 올리는지 살펴보기 바란다.

그냥 놔두면, 인간의 이런 본성은 형편없는 의사결정을 하게 할 수도 있다. 큰 집, 호화 자가용, 디자이너가 만든 고가의 옷을 즐기다가 파산하거나 빚더미에 놓이게 된 누군가를 생각해보라. 개인적으로 자신이 지위에 얼마만큼의 가치를 두는가에 대해 주의를 기울이면 구매의사를 결정할 때 적잖이 유용하다. 특히 더 낮은 가격으로 자신의 동일한 필요나 욕구를 채울 수 있는 다른 선택이 가능할 때는 더더욱 유용하다.

비즈니스 전문가로서 지위에 대한 고려가 인간의 핵심 욕구의 어느 단계에서나 나타난다는 것을 이해하는 일은 매우 중요하다. 새로운 잠재고객에게 제안할 때, 그 제안 내용이 그들의 사회적 지위에 어떤 영향을 줄지 자동적이고, 무의식적으로 평가할 수 있기 때문이다. 당신의 제안에 의식적으로 사회적 신호를 포장하는 것은 거의 언제나 목표시장에 크게 어필할 수 있는 효과적인 방법이다.

참조 링크: https://personalmba.com/social-status/

시장을 평가하는 10가지 방법
Ten Ways to Evaluate a Market

"사람들은 너무나 자주 잘못된 것에 쓸데없는 노력을 기울인다. 열심히 하는 것보다 옳은 일을 하는 것이 더 중요하다."

카테리나 페이크(Caterina Fake), 〈플리커Flickr〉와 〈헌치Hunch〉의 창립자

새로운 사업을 시작하거나 기존의 사업을 새로운 시장으로 확장하고 싶다면 결정을 하기 전에 먼저 시장을 면밀히 조사해야 한다.

시장을 평가하는 10가지 방법은 잠재시장의 매력을 빨리 파악할 수 있는 손쉬운 방법을 알려줄 것이다. 다음 10개 요소를 0에서 10의 점수로 평가하라. 0은 전혀 매력이 없음을 뜻하고 10은 아주 매력적임을 뜻한다. 잘 모르겠으면 후한 점수보다는 좀 까다롭게 점수를 매겨보라.

1. 긴급도(Urgency): 사람들은 이것을 얼마나 절박하게 원하는가 혹은 필요로 하는가? - 고전 영화를 빌리는 일은 아마도 그리 절박하지 않은 행동일 것이다. 그러나 개봉일에 신작 영화를 보는 행위에는 나름의 긴박감이 있다. 왜냐하면 자주 오는 기회가 아니기 때문이다.

2. 시장 규모(Market Size): 제공하고자 하는 서비스 또는 제품을 몇 명의 사람들이 현재 구매하고 있는가? - 수중 바구니 만들기 수업은 수요가 매우 적다. 반면 암 치료약의 시장 규모는 거대하다.

3. 가격 잠재력(Pricing Potential): 특정 솔루션을 위해 고객이 기꺼이 지불하고자 하는 평균 최고 가격은 얼마인가? - 막대 사탕은 0.05달러에 팔린다. 그러나 항공모함은 수십억 달러에 팔린다.

4. 고객 획득 비용(Cost of Customer Acquisition): 새로운 고객을 유치하는 비용은 얼마인가? 평균적으로, 판매를 달성하는 데 드는 비용(인력과 자본)은 얼마인가? - 주간 고속도로에 위치한 레스토랑은 신규 고객 유치에 큰 비용을 들이지 않는다. 그러나 조달 거래를 따기 위해 정부를 상대하는 업자는 수백만 달러를 쓸지도 모른다.

5. 가치 전달 비용(Cost of Value-Delivery): 가치를 만들어 내고 고객에게 전달하는 데에 드는 비용(인력과 자본)은 얼마인가? - 인터넷으로 파일 전송을 하는 것은 거의 공짜다. 반면 신제품을 발명하고 공장을 지으려면 수백만 달러가 들 수도 있다.

6. 상품의 독창성(Uniqueness of Offer): 시장 내 다른 경쟁업체들과 비교해 제공하는 제품이나 서비스가 특별한 이유는 무엇인가? 또한 경쟁업체들이 그것을 따라 하기가 얼마나 쉬운가? - 미용실은 많지만 우주 관광을 제공하는 회사는 그 수가 매우 적다.

7. 시장진출 속도(Speed to Market): 제조에서 판매까지 걸리는 기간은 어느 정도인가? - 옆집 마당의 잔디를 몇 분 안에 깎아주고 수고비를 받을 수 있다. 그러나 신설 은행을 설

립하는 것에는 수년이 걸린다.

8. 선불 투자(Up-Front Investment): 판매하기까지 얼마의 자금을 투자해야 하는가? – 가정부가 되려면 저렴한 청소도구 등을 준비하면 되지만 금광을 개발하려면 토지를 구입하고 탄광 장비를 마련하는 등 막대한 투자를 해야 한다.

9. 추가 판매 가능성(Up-Sell Potential): 구입하는 고객에게 제시할 제2의 상품이나 서비스 등이 있는가? – 면도칼을 사는 사람은 쉐이빙 크림이나 여분의 면도날이 필요하다. 프리스비(Frisbee, 던지기를 하고 놀 때 쓰는 플라스틱 원반)를 사는 사람은 추가로 하나 더 살 필요가 없다. 나중에 잃어버리고 하나를 더 구입할 수는 있겠지만, 이는 반영구적이다.

10. 추가 노력의 여부(Evergreen Potential): 최초 제품이 만들어진 후 지속적으로 판매를 유치하기 위해 추가로 어떤 노력을 들여야 하는가? – 기업 컨설팅은 업무 특성상 지속적으로 컨설팅을 제공해야 대가를 지불받을 수 있다. 책은 일단 출판되면 추가 수정이 없이 같은 판본을 여러 사람에게 판매할 수 있다.

평가가 끝났다면 점수를 모두 더해보라. 점수가 50점 이하라면 생각을 바꿔야 한다. 시장성 없는 상품에 귀중한 시간과 노력을 허비할 수 없다. 합산 점수가 75점 이상이라면 당신은 시장성이 매우 높은 아이디어를 가지고 있으니 전속력으로 질주하라. 50에서 75 사이의 점수가 나왔다면 수익을 얻을 수는 있겠지만, 엄청난 노력과 자원을 투자하지 않고는 큰 성공을 기대하기는 어려울 것이다. 그러니 계획을 잘 세우기 바란다.

참조 링크: https://personalmba.com/tenways-to-evaluate-a-market/

경쟁의 숨은 이득
The Hidden Benefits of Competition

"진정 두려워해야 할 경쟁자는 당신을 전혀 신경쓰지 않으면서 계속해
서 더욱 발전해가는 기업이다."

헨리 포드(Henry Ford), 포드 자동차 창립자이자 조립 라인 선구자

창업을 처음 하는 사람이 가장 흔히 겪게 되는 일은 자신의 훌륭
한 아이디어가 생각만큼 독창적이지 않다는 사실을 깨닫는 것이
다. 비슷한 제품이나 서비스를 이미 제공하는 수많은 다른 회사들
이 있다는 것을 발견하게 된다. 그리고 이는 자신감으로 가득했던
초보 기업가에게 커다란 타격이 아닐 수 없다. 내가 하고 싶은 일
을 다른 사람들이 이미 잘 하고 있다면 사업을 시작할 이유가 없
어지기 때문이다.

하지만 풀이 죽을 것까지는 없다. 왜냐하면 경쟁에는 숨겨진 이
득이 많기 때문이다. 동등하게 유망해 보이는 두 가지의 시장에
진입을 고려하고 있다면, 오히려 경쟁이 있는 쪽을 택하는 것이
낫다. 이유인 즉, 경쟁이 치열하다는 것은 이미 많은 사람들이 이
시장이 제공하는 가치를 원하고 있고 이로써 당신의 첫 번째 위험
요소가 없다는 의미가 되기 때문이다.

시장이 존재한다는 것은 '시장의 철칙' 측면에서 볼 때 이미 적절한 위치에 있음을 의미한다. 그러므로 시장 존재 여부를 고민할 필요 없이 소비자에게 제공할 가치를 더욱 발전시키는 일에 노력을 기울이면 된다. 만약 시장을 이끌어가는 몇몇의 커다란 기업들이 있다면 그들 덕분에 아무도 원하지 않는 가치를 제공하느라 쓸데없이 노력을 기울이지 않아도 된다. 사람들이 무엇을 구매하고 있는지 이미 알게 됐기 때문이다.

잠재적인 경쟁업체를 가장 잘 파악하는 길은 그들의 고객이 되어보는 것이다. 그들이 제공하는 것이 무엇이든 많이 경험해 보라. 경쟁자를 내부에서부터 관찰하는 것이야말로 시장에 대해 빨리 그리고 해박하게 파악할 수 있는 길이다. 경쟁업체가 어떤 가치를 제공하는지, 어떻게 고객의 관심을 끄는지 그리고 얼마의 가격을 요구하는지 등을 알게 될 것이다. 또한 판매는 어떻게 이뤄내는지, 고객의 만족을 어떻게 이끌어내는지, 문제에 어떻게 대응하는지 그리고 아직 이들이 충족시키지 못하는 고객의 필요에는 어떤 것들이 있는지도 깨닫게 될 것이다.

구매 고객이 되어 봄으로써 경쟁업체가 이미 실행하고 있는 전략 중 어떤 것이 효과적이고 그렇지 않은지를 파악할 수 있다. 그리고 이를 자신의 전략에도 적용할 수 있다. 배울 수 있는 모든 것을 경쟁업체로부터 배우라. 그리고 그들보다 더 큰 가치를 만들어내라.

참조 링크: https://personalmba.com/hidden-benefit-of-competition/

용병의 규칙
The Mercenary Rule

"돈을 신처럼 숭배하다가는 돈이 악마가 되어 자신을 괴롭힐 것이다."

헨리 필딩(Henry Fielding), 18세기 소설가이자 풍자작가

용병^{Mercenary}이 되는 것은 보람 없는 일이다. 오로지 돈 때문에 사업을 시작하지 않길 바란다. 왜냐하면 사업을 시작해서 자신의 비즈니스를 운영하는 데는 애초에 생각했던 것보다 훨씬 더 많은 노력이 필요하기 때문이다.

아무리 혼자서도 잘 돌아가는 사업을 구상했다고 해도 시스템을 구축하는 것은 반드시 이루어져야 하는 사전 작업이며, 이를 위해서는 끊임없는 노력과 헌신 그리고 집념이 필요하다. 만약 오로지 돈에만 관심이 있다면 쓰레기장 바닥에 깔려있는 황금단지^{the pot of gold}를 찾기도 전에 지쳐 모두 포기하고 말 것이다.

자신이 하는 행동 중에 자꾸 반복되는 것이 있다면, 이를 주의 깊게 살펴보길 권한다. 무언가를 만드는 것 혹은 완성하는 것은 거의 대부분의 경우 반복의 연속에서 이루어진다. 그러므로 사업을 시작하기 전에 자신이 무엇에 끌리는지 잘 인지하고 있어야 한다. 가장 중요한 것은 흥미를 자극하는 재미있는 시장을 찾아서 매일 자신을 발전시킬 수 있도록 스스로 노력하는 일이다. 자신에게 맞는 시장을 찾는 일에는 적극적인 탐구와 인내심이 필요하다.

자, 그러니 재미없어 보인다고 그냥 지나치지 말고 한번 찬찬히 살펴보길 바란다. 겉보기엔 재미없더라도 어느 한 부분이 흥미를

자극하거나 오랫동안 관심을 기울일 수 있는 일이라면 특별하지 않고 지극히 일상적이더라도 얼마든지 좋은 시장이 될 수 있다. 배관작업이나 쓰레기 수거 등의 '더티^{Dirty}' 사업은 당연히 그리 매력적인 분야는 아니지만, 지속적인 수요가 보장되는 반면에 이를 충족시키려는 사람들의 수가 비교적 적은 장점이 있어서 잘만 하면 꽤나 수익성이 높은 분야가 될 수도 있다.

지루하지만 수요가 높은 시장에 당신이 흥미를 느낄 수만 있다면 아직 발굴되지 않은 숨은 금맥을 찾은 걸지도 모른다.

참조 링크: https://personalmba.com/mercenary-rule/

용사의 규칙
The Crusader Rule

"열정이 가득한 자는 그의 신념이 얼마나 강한지 보여주나, 현명한 자는 그의 신념의 근거를 보여준다."

윌리엄 셴스톤(William Shenstone), 18세기 시인이자 조경사

용사^{Crusader}가 된다고 보람이 있는 것은 아니다. 가끔 우리는 한 가지 아이디어에 너무 매료된 나머지 객관적으로 생각하는 능력을 잃곤 한다. 이럴 땐 하늘의 별들이 모두 나를 위해 빛나고, 승리의 나팔이 울려 퍼지는 것만 같으며, 인생의 소명을 드디어 발견했다는 확고한 신념에 사로잡히게 된다.

이렇게 흥분상태에 있게 되면 우리는 실제 현명한 비즈니스 아이디어와 재미있는 환상을 구별하지 못하게 된다. 갑자기 낙천주

의에 사로잡혀 신중함을 잃게 되는 것이다. 우리가 아무리 좋은 생각으로 세상을 변화시키고 싶다 해도 손익관계가 맞지 않는다면 결코 오래 가지 못한다.

어떤 생각들은 실행하기에는 아직 시장이 충분히 형성되지 않은 경우가 있다. 뭐 그렇다고 해도 꼭 나쁜 것은 아니다. 시장이 없다고 아이디어를 반드시 무시할 필요는 없기 때문이다. 아직 시장이 불확실하지만 열정을 가지고 추구할 수 있는 일이 있다면, 이를 부업으로 삼으면 된다. 제2의 목표를 가지는 일은 지식을 넓히고, 능력을 향상시켜, 새로운 기법들과 방법들을 시험해 보는 좋은 배움의 장이 될 것이다. 나는 수입을 목적으로 하지 않는 한, 부업을 갖는 것이 매우 건강한 일이라고 생각한다. 일단 수익모델을 확실히 하고 나서, 그 후에 열정을 진정 불사를 수 있는 프로젝트에 헌신하는 것을 권하는 바다.

창업을 하기 전에 위에 언급한 시장을 평가하는 10가지 방법을 사용해 시장을 면밀히 검토하는 시간을 가져야 한다. 객관적으로 생각하는 것이 힘들다면 믿을 수 있는 동료나 조언자의 도움을 구하라. 그리고 투자에 전념하기 전에 빠르고 저렴한 방식으로 시험을 해 봐야 한다. 평가에 몇 시간만 투자한다면 나중에 몇 달 혹은 몇 년간 허비해 버린 노력 때문에 좌절할 일이 없을 것이다.

참조 링크: https://personalmba.com/crusader-rule/

가치의 12가지 표준 유형
Twelve Standard Forms of Value

"가치는 고유하지 않다. 가치는 사물에 내재해 있지 않다. 가치는 우리 안에 있으며, 우리가 주변 조건들과 상호 작용하는 방식 안에 있다."

루트비히 폰 미제스(Ludwig Von Mises),
오스트리아의 경제학자이자 《인간행동》의 저자

타인에게 성공적으로 가치를 제공하려면, 그들이 이에 대한 대가를 기꺼이 지불하게끔 하는 형식과 방법으로 제공해야 한다. 다행히 우리가 직접 가치의 형식이 무엇인지 찾아 헤맬 필요는 없어졌다. 경제적 가치는 주로 다음의 12가지 유형을 취한다.

1. 상품: 만질 수 있는 한 가지 제품을 만들고, 생산 비용보다 더 높은 가격에 판매하고 전달한다.
2. 서비스: 도움이나 지원을 제공하고, 이를 통해 이익을 얻는 고객에게 특정요금을 받는다.
3. 자원 공유: 여러 사람이 공유할 수 있는 유용한 자산을 만들어서 이를 이용 혹은 접근할 때 요금을 받는다.
4. 정기구독: 지속적인 형태로 혜택을 제공하고, 동일한 요금을 정기적으로 받는다.
5. 재판매: 도매업자로부터 물건을 저렴하게 구입한 후 이보다 높은 가격으로 소매업자에게 판매한다.
6. 임대: 자산을 획득한 후 타인이 이를 미리 정한 기간 동안

사용하고 그에 대한 요금을 지불하도록 한다.

7. 대리인: 자신이 소유하지 않은 물자나 서비스를 그 소유주를 대신해 판매 또는 광고하고, 거래 금액 중 특정 퍼센티지를 수수료로 지불 받는다.

8. 고객층 모집: 특성을 공유하는 여러 사람들의 관심을 모으고, 이러한 인구집단에게 광고하려는 기업체에게 접근성을 판매한다.

9. 대출: 일정액의 돈을 빌려주고, 미리 정한 기간 안에 미리 정한 이자율과 함께 원금을 되돌려 받는다.

10. 선택권: 미리 정한 행동을 미리 정한 기간 내에 취할 권한을 제공하고, 이에 대한 요금을 받는다.

11. 보험: 보험계약자에게 일어날 수 있는 안 좋은 일에 대한 위험을 감수해 주고, 미리 정한 일련의 대금을 받는다. 그리고 안 좋은 일이 실제로 발생한 때에만 보험금을 지불해 준다.

12. 자본: 특정 기업의 소유지분을 구매하고 그에 해당하는 수익을 일괄 지불금으로 혹은 지속적인 배당금으로 지불받는다.

가치의 12가지 유형을 더 구체적으로 알아보자.

참조 링크: https://personalmba.com/12-standard-forms-of-value/

가치 유형 #1: 제품

Product

"경영은 재무과학이 아니다. 좋은 제품이나 서비스를 만들고, 사람들이 이를 너무나 좋아하는 나머지 기꺼이 돈을 지불하고 구매하도록 하는 것이다."

애니타 로딕(Anita Roddick), The Body Shop의 설립자이자 기업가

제품은 만질 수 있는 가치 유형이다. 제품 기반 사업을 운영하려면 다음과 같은 요소들을 갖추어야 한다.

1. 사람들이 원하는 유형의 물품을 만든다.
2. 허용 가능한 수준의 품질을 유지하되, 가장 낮은 비용이 드는 방식으로 그 제품을 생산한다.
3. 시장이 허락하는 한 가장 비싼 가격으로 가장 많은 수의 제품을 판다.
4. 주문이 들어오는 대로 판매가 가능하도록 완제품의 재고를 충분히 유지한다.

지금 손에 쥐고 있는 이 책 또한 제품의 좋은 예이다. 이 책은 먼저 집필되고, 식자되고, 프린트되고, 제본한 뒤 충분한 재고가 서점에 이송되어 지금 당신의 손안에 있게 되었다. 위의 과정 중 하나라도 빠진다면 이 책을 읽을 수 없을 것이다. 수익을 창출하기 위해 책은 '생산 비용' 즉, 쓰이고 출판되고 분배되는 데에 드는

비용보다 더 높은 가격으로 판매됐다.

제품은 자동차, 컴퓨터, 진공청소기처럼 지속성을 지닐 수도 있다. 또한 사과, 도넛, 처방약과 같이 빨리 소비되는 것일 수도 있다. 어떤 경우 제품은 반드시 만질 수 있는 것이 아닐 수도 있다. 소프트웨어, 전자도서, MP3와 같은 제품은 특정 외형이 없지만 판매가 가능한 항목들이다.

제품의 유형으로 가치를 제공하는 것은 매우 의미 있는 일이다 왜냐하면 제품은 복제가 가능하기 때문이다. 이 책은 단 한 번 집필되었으나 수백만 권이 넘는 제본이 전 세계의 독자들에게 동일하게 전달된다. 이처럼 제품은 복제되거나 다양화될 수 있기에 다른 가치 유형보다 측정이 더 용이하고 분량을 더 쉽게 조절할 수 있다.

참조 링크: https://personalmba.com/product/

가치 유형 #2: 서비스
Service

"누구든지 다른 사람을 도울 수 있어서 위대하다."

마틴 루터 킹(Martin Luther King), 인권운동가

서비스는 요금을 받고 타인을 도와주거나 지원을 제공하는 것을 의미한다. 서비스를 통해 가치를 창출하려면 사용자/고객에게 특정 이익을 전달할 수 있어야 한다.

성공적인 서비스 사업을 창업하려면 다음의 요건들을 충족시켜

야 한다.

1. 다른 사람들에게 필요하지만 그들 자신이 못하거나 안
   하거나 또는 하기 싫어하는 기술을 갖춘 직원들을 둔다.
2. 서비스는 지속적으로, 높은 품질로 제공한다.
3. 구매 가능한 고객을 끌어오고 재구매를 유치한다.

서비스의 좋은 예는 이발소이다. 이발 자체가 제품은 아니다. 따라서 이발은 진열대에서 구매할 수 없다. 이 서비스는 고객이 원하는 헤어스타일로 머리 모양을 바꾸어주는 헤어스타일리스트의 행동인 것이다. 이런 맥락에서 의사, 프리랜서 디자이너, 마사지 치료사, 잔디 관리사, 그리고 컨설턴트 등은 모두 '서비스'를 제공한다.

서비스는 높은 수익을 창출할 수 있는 분야다. 특히 제공하는 기술이 매우 진귀하거나 개발하기 어려운 것이라면 더욱 그렇다. 하지만 여기에도 단점은 있다. 서비스는 복제가 쉽지 않다는 것이다. 서비스는 일반적으로 서비스를 제공하는 사람의 시간과 노력에 기초한다. 그리고 시간과 노력은 우리가 원한다고 얼마든지 만들어낼 수 있는 것이 아닌 유한한 자원이다. 심장전문 외과의사가 한번에 4시간이 걸리는 심장 수술을 하루 여러 차례 실행할 수 없는 것이 그 예다.

서비스 사업을 구상 중이라면 매일 투자하는 시간 대비 충분한 이익을 얻을 수 있도록 해야 한다. 그리고 고객이 서비스를 제공

받기 위해 충분한 대가를 지불하도록 해야 한다. 그렇지 않으면 이내 아주 적은 수익을 위해 너무나 힘들게 일하고 있는 자신을 발견할 것이다.

참조 링크: https://personalmba.com/service/

가치 유형 #3: 자원 공유

Shared Resource

"나누지 않는 기쁨은 금세 사라진다."

앤 섹스턴(Anne Sexton), 퓰리처상을 수상한 시인

공유되는 자원이란 여러 사람이 같이 사용하는 지속성이 있는 자산을 의미한다. 자원 공유를 통하면, 자원을 단 한 번 창조하고 이를 사용하려는 고객에게 요금을 지불 받으면 된다.

성공적인 자원 공유 사업을 위해서는 다음의 요건들을 만족시켜야 한다.

1. 사람들이 사용하거나 접근하기 원하는 자산을 창출한다.
2. 사용자 경험의 질을 떨어뜨리지 않는 범위에서 가장 많은 이용자들에게 서비스를 제공한다.
3. 공유되는 자원을 유지하고 향상시킬 수 있도록 충분한 요금을 부과한다.

헬스클럽과 체육관 등은 **자원 공유**의 가장 좋은 예이다. 헬스클럽은 40개의 러닝머신과 30개의 실내 운동용 자전거, 6개의 아령 세트, 케틀벨^{kettlebells} 한 세트 그리고 다른 유용하고도 오래 유지되지만 매우 값비싼 장비들을 구매한다. 클럽의 회원들은 직접 이 운동기구들을 구매하는 부담 없이 기구들을 맘껏 사용하는 혜택을 볼 수 있다. 이들은 개인이 부담하기 훨씬 더 쉬운 일정한 사용요금을 지불한다(대부분의 체육관은 서비스, 구독^{Subscriptions} 유형, 자원공유 유형을 융합한 가치를 제공한다. 이는 번들링^{Bundling, 묶음판매}의 전형적인 예이다. 번들링에 대해서는 나중에 더 자세히 설명한다).

박물관이나 놀이공원 역시 비슷한 방식으로 운영된다. 모네^{Monet}의 그림을 감상하든 롤러코스터를 타고 있든 간에 공유 자원은 혼자서 부담하기에는 너무나 비싼 비용을 많은 사람들이 함께 나눠 훨씬 더 저렴한 비용으로 원하는 경험을 얻을 수 있도록 한다.

여기서 중요한 것은 사용자 수를 잘 관리해야 한다는 사실이다. 사용자의 수가 부족하면 사전 비용과 계속해서 지불해야 하는 유지비용을 충당할 만큼 충분한 수익을 얻을 수 없게 될 것이다. 반대로 사용자가 너무 많아지면 초만원현상 때문에 사용자 개개인의 만족도가 떨어질 것이며 종국에는 서비스 사용을 중단하게 될 것이다. 이들은 더 나아가 타인들에게 이 서비스가 매우 불만족스럽다고 말함으로써 잠재고객층을 좁히고 사업체의 평판에 해를 입히게 된다. 너무 적지도 많지도 않은 적절한 사용자 수를 결정하는 것은 자원 공유 사업의 성공과 실패를 결정하는 매우 핵심적인 사안이다.

참조 링크: https://personalmba.com/shared-resource/

가치 유형 #4: 정기구독

Subscription

"제 탈퇴를 받아 주십시오. 저는 저 같은 사람을 회원으로 받아주는 그 어떤 클럽에도 속하고 싶지 않습니다."

그루초 막스(Groucho Marx), 코미디언

정기구독은 미리 약속한 혜택을 고객에게 지속적으로 제공하고, 이에 대한 요금을 주기적으로 받는 것이다. 실제 제공되는 이익은 유형적일 수도 있고 무형일 수도 있다. 중요한 차이점은 [a]미래에 제공되는 추가적인 가치를 기대하고 [b]요금은 정기구독이 종료되는 시점까지 계속 받을 수 있다는 것이다.

성공적인 정기구독 사업을 하려면, 다음 사항들을 반드시 실행해야 한다.

1. 모든 구독자에게 상당히 중요한 가치를 규칙적으로 제공한다.
2. 구독자 층을 넓히고 구독자 감소에 대비해 끊임없이 새로운 구독자를 유치한다.

3. 정기적으로 고객에게 요금을 청구한다.

4. 각각의 구독자를 최대한 오래 유지한다.

TV 유선방송 혹은 위성방송들은 구독 사업의 아주 좋은 예이다. 등록을 하면 회사는 고객이 요금을 지불하는 한 계속 TV 서비스를 제공할 것이다. 시청자는 매달 회사에 전화를 걸어 다음 달 시청권을 사지 않아도 된다. TV 시청 서비스는 요금이 지불되는 한 계속된다.

정기구독은 매력적인 가치 유형이다. 왜냐하면 발생할 수익을 다른 유형에서 보다 더 쉽게 예측할 수 있기 때문이다. 손님이 상점을 방문할 때에만 판매가 가능한 제품의 경우와는 달리, 정기구독은 시간이 지나면 자연스럽게 반복구매를 하는 구매고객층을 형성할 수 있게 한다. 이 사업모델은 매달 청구 기간이 되면 일정한 소득이 발생하는 구조를 갖는다.

정기구독의 가장 중요한 부분은 구독자의 수가 감소하는 것을 최소화하는 것이다. 고객들이 계속 만족하는 한, 극소수의 고객만이 구독을 멈출 것이다. 그리고 이렇게 수익이 예측가능하게 되면 미래의 재정 계획을 더 명확하게 세울 수 있게 된다. 그리고 구독자의 수가 줄어들면, 그만큼 신규 고객을 유치해 이를 상쇄할 수 있다.

참조 링크: https://personalmba.com/subscription/

가치 유형 #5: 재판매

Resale

"낮은 가격에 사서 높은 가격에 팔아라."

주식 브로커의 금언

재판매란 도매업자로부터 물품을 구입해 소매구매자에게 이를 더 높은 가격으로 되파는 행위를 의미한다. 재판매는 우리에게 익숙한 소매업자들이 하는 사업 분야다. 이들은 다른 기업이 싸게 제공하는 물품들을 구입해 구매 가격보다 비싼 가격에 소비자에게 판매한다.

재판매를 성공적으로 하기 위해서는 다음 사항들을 반드시 지켜야 한다.

1. 가능하면 상품을 대량으로 최대한 낮은 가격에 구매한다.
2. 판매할 때까지 제품들을 양질의 상태로 유지한다. 손상된 제품은 판매할 수 없다.
3. 잠재 구매고객을 신속히 찾아 재고자산 원가를 최소화한다.
4. 가능한 최대의 이익을 남기고 소비자에게 판매한다. 되도록이면 구입가의 몇 배 이상의 가격에 되파는 것이 좋다.

재판매업자들은 도매업자들이 직접 소비자를 찾아나서는 불편함이 없이 제품을 팔도록 도와주기에 가치 있는 일을 하고 있다.

농부가 사과를 수백만 명의 고객에게 직접 팔려고 하는 것은 매우 많은 시간과 노력이 드는 비효율적인 일이 될 것이다. 이보다 훨씬 더 효율적인 판매방법은 식료품점 체인에게 빨리 모두 팔고, 나머지 시간은 더 좋은 수확을 얻는 데에 힘쓰는 게 될 것이다. 식료품점 체인은 사과를 구매해 개개인의 소비자에게 도매가격보다 높은 가격에 판매한다.

월마트, 테스코, 대형 서점인 반스앤노블$^{Barnes \& Noble}$그리고 패션 카탈로그 업체인 랜즈엔드$^{Lands' End}$와 같은 주요 소매업체는 근본적으로 동일한 방법으로 일한다. 제조업체로부터 직접 낮은 가격에 구입하여 가능하면 신속하게 높은 가격을 받고 되판다.

낮은 가격에 좋은 상품을 구입하는 것과 재고관리를 잘하는 것은 재판매 업체에게 매우 중요한 일이다. 판매할 수 있는 저렴한 물품이 지속적으로 확보되지 않으면 충분한 이윤을 남길 수 없고, 마침내는 불충분한 수익으로 사업을 지속하기가 어려울 것이다. 마찬가지로 대부분의 성공적인 재판매업체들은 공급자와 긴밀한 협조를 통해 지속적으로 낮은 가격에 양질의 상품을 공급한다.

참조 링크: https://personalmba.com/resale/

가치 유형 #6: 임대

Lease

"인류에 대해 내가 추론할 수 있는 가장 좋은 이론은, 인류가 두 가지

서로 다른 인종으로 되어 있다는 것이다. 즉, 돈을 빌리는 사람과 돈을 빌려주는 사람이다."

찰스 램(Charles Lamb), 수필가

임대는 자산을 미리 정한 기간 동안 타인이 사용하도록 하고 이에 대한 요금을 지불받는 것이다. 여기서 자산이란 실제로 매우 다양한 형태를 띤다(자동차, 보트, 집, DVD 등). 자산이 타인에게 빌려주는 과정에서 충분히 지속가능하고 재사용이 가능하다는 전제하에 타인에게 임대할 수 있다.

임대를 통해 가치를 제공하려면 다음의 사항들을 반드시 실천해야 한다.

1. 사람들이 이용하기 원하는 자산을 획득한다.
2. 자산을 자신에게 유리한 조건으로 타인/고객에게 임대한다.
3. 임대한 자산의 손상 혹은 분실 등 불리하거나 예상치 못한 상황에 대비해 자산을 보호한다.

임대 서비스는 고가의 구입비용을 지불하지 않고 보다 저렴한 비용으로 원하는 자산을 이용할 수 있다는 이점을 고객에게 제공한다. 수만 달러를 지불해 고급 자동차를 구입하거나 고급 스피드보트를 구입할 수는 있겠지만 한 달에 몇 백 달러만 내면 이를 빌려서 이용할 수도 있다. 이와 같은 원리가 주택 임대에도 적용된다. 직접 구매하거나 건축하는 데 드는 막대한 비용을 지불하지 않으면서 임차를 통해 보다 저렴한 비용으로 거주할 수 있는 것이다. 임대기간이 끝나면 다른 임차인에게 임대할 수 있다.

임대를 통해 성공적으로 비즈니스를 하려면 자산의 구매가격을 충당할 수 있는 정도의 충분한 임대비용을 자산의 가치가 하락하거나 분실되기 전에 임차인으로부터 받아야 한다. 대부분의 자산은 수명이 한정되어 있어 그 가치를 잃기 전에 최대한 많은 수익을 창출해야 한다. 임대할 자산을 구매하기에 앞서 계산 오차와 수리비용 등을 모두 점검해야 한다.

참조 링크: https://personalmba.com/lease/

가치 유형 #7: 대리인
Agency

"제가 죽으면 화장해주세요. 계약서에 따라, 재로 변한 제 시신의 10퍼센트는 저의 에이전트에게 주십시오."

그루초 막스(Groucho Marx), 코미디언

대리인의 개념은 자신이 소유하지 않는 자산의 판매 혹은 광고를 의미한다. 직접 가치를 생산하기보다는 이미 가치를 만들어낸 타인과 손을 잡고 구매고객을 찾아나서는 것이다. 대리인은 고객(자산을 소유한 사람)을 구매인과 연결해주는 일을 해주고 일정한 수수료를 받는다.

대리인으로서 가치를 제공하려면 다음의 사항들을 반드시 실행해야 한다.

1. 가치 있는 자산을 갖춘 판매자를 찾는다.
2. 해당 자산의 잠재 고객과 접촉하고 신뢰를 쌓는다.
3. 판매 조건에 대한 합의가 이루어질 때까지 협상한다.
4. 판매자로부터 합의한 요금 혹은 수수료를 받는다.

판매자는 혼자서는 할 수 없는 판매를 대리점을 통해 이뤄냄으로써 이익을 본다. 문학 에이전트들은 전형적인 대리인의 예이다. 작가를 희망하는 사람은 책을 쓸 좋은 아이디어는 있을지 몰라도 출판업계에 아는 사람이 없을 수 있다. 따라서 작가는 출판업계에 이미 잘 형성된 인맥이 있는 에이전트와 일함으로써 출판 계약을 할 확률을 높일 수 있다. 작가와 출판사를 연결해주고 계약의 조건을 협상해 주는 대가로 에이전트는 선수금과 로열티의 일부를 받게 된다.

구매자 역시 중개인으로부터 도움을 받는다. 좋은 중개인은 좋은 가격에 구매할 수 있는 훌륭한 자산을 알선해 줄 것이다. 중개인은 구매자에게 일종의 필터를 제공함으로써 이들의 신뢰를 얻고, 안 좋은 거래를 피하게 도와주며, 가치 있는 자산을 찾아 준다. 주거용 부동산거래가 전형적인 예이다. 구매에 많은 경험이 있고 지역을 잘 아는 중개인을 고용하면 새로 이사 가는 지역에서 좋은 가격에 마음에 드는 집을 구매할 확률이 높아지는 것이다.

중개인의 가장 중요한 요소는 노력을 충분히 보상하는 수수료를 받는 것이다. 대부분의 중개 거래는 판매를 달성해야 이루어지므로 거래를 완성하는 것에 초점을 맞추어 모든 일을 진행해야 한다. 그리고 여기서 발생하는 수수료가 중개인의 시간과 노력을 충분히 보상하도록 해야 한다.

참조 링크: https://personalmba.com/agency/

가치 유형 #8: 고객층 모집
Audience Aggregation

"머릿속에 CM송이 박혀있는 한 TV는 절대로 공짜가 아니다."

제이슨 러브(Jason Love), 마케팅 간부

고객층 모집은 비슷한 특성을 가진 사람들의 관심을 끌고 이들을 한 데 모으는 행위다. 그리고 이렇게 모여진 사람들에게 접근할 수 있는 권한을 제3인에게 판매하는 것이다. 관심이라는 것은 한정적이고 또 매우 가치가 높으므로 특정 인구집단을 한 데 모으는 것은 이러한 특성의 사람들을 겨냥해 서비스나 제품을 판매하려는 기업에게 매우 귀중한 기회를 제공한다.

고객층 모집을 통해 가치를 제공하려면, 다음 사항들을 반드시 실행해야 한다.

1. 공통된 관심사와 특성을 가진 인구 집단을 파악한다.
2. 이 집단의 관심을 지속적으로 끌고 유지하는 방법을 개발한다.

3. 이 집단의 관심을 구매하기 원하는 제3자/기업을 찾는다.
4. 구성원들이 반감을 느끼고 집단을 떠나지 않는 방식으로
   집단에 접근할 권한을 제3자에게 판매한다.

대상 집합 행위는 고객에게 도움을 준다. 왜냐하면 이들의 관심 분야와 일치하는 서비스 또는 제품을 소개해 주기 때문이다. 광고로 유지되는 웹사이트와 잡지는 아주 좋은 예이다. 독자는 어느 정도의 광고에 노출되는 대가로 그들이 관심 있어 하는 정보를 얻게 된다. 광고가 너무 지나치게 되면 고객은 광고를 피해 떠나게 될 것이다. 그러나 대부분의 사람들은 광고의 내용이 유익하다면 어느 정도의 광고에 노출되는 것을 마다하지 않는다.

고객층 모집은 광고주에게 이익을 준다. 고객의 관심을 끌고 이로 인해 판매를 높일 수 있기 때문이다. 회의나 산업 박람회를 생각해 보라. 제공하는 상품이나 서비스에 관심이 많은 사람들이 가득 모인 곳에 부스를 여는 건 매우 현명한 처신일 것이다. 잘만 한다면 광고를 게재해 관심을 집중시킬 수 있으며, 이는 잠재고객을 모으고 이내 판매로 이어지게 한다. 판매로 광고비용과 제경비를 충당하고도 남을 수익을 창출하는 한, 광고는 새로운 고객을 유치하는 매우 중요한 도구가 된다. 그리고 광고로 광고주가 계속 이익을 보는 한 그는 계속해서 고객층을 모집하는 업체에게 광고비를 제공할 것이다.

참조 링크: https://personalmba.com/audience-aggregation/

가치 유형 #9: 대출

Loan

"돈에 입이 달려 있다고는 하지만 신용에는 메아리가 있다."

밥 테이브스(Bob Thaves), 《프랭크와 어니스트》의 만화가

대출은 대출자가 일정한 기간 동안 특정금액의 자금을 사용한다
는 계약을 기반으로 이루어진다. 이에 대한 대가로 대출자는 미리
정한 기간 동안 대출금액과 이자금액을 상환해야 한다. 대출을 통
해 가치를 제공하려한다면 다음 사항들을 반드시 실행해야 한다.

1. 타인에게 빌려줄 자금을 갖고 있어야 한다.
2. 대출을 받고자 하는 사람들을 찾아야 한다.
3. 이 금액을 빌려주는 대가로 충분한 이자율을 적용해야
   한다.
4. 상환을 못 받을 경우를 대비해 방편을 마련하고 손해를
   감안해야 한다.

현명하게만 사용한다면 대출을 통해 사람들은 전액 지불로 구매
하기에는 너무나 비싼 자산을 즉시 구입할 수 있다. 주택융자는 사
람들이 은행에 많은 현금을 쌓아두지 않고도 주택을 구입해 사용할
수 있도록 도와준다. 자동차 담보대출을 통해 소비자는 전액 선금으
로 지불하지 않고도 매달 일정한 금액을 지불하는 조건으로 새로운
차량을 손쉽게 구입할 수 있다. 또 신용카드로 사람들은 재화와 용

역을 즉시 구입하고, 몇 개월에 걸쳐 나눠서 지불할 수 있다.

대출은 돈을 빌려주는 사람에게도 이익을 준다. 이들은 여분의 자금을 타인에게 빌려주고 이를 통해 적은 노동을 들이고도 수익을 얻을 수 있다. 주택 융자와 같은 장기 대출의 경우, 원금에 복합 이자까지 더해져서 돈을 빌려주는 사람은 원금보다 훨씬 더 많은 돈(종종 원금의 2~3배 이상)을 상환 받게 된다.

대출이 이루어지면 돈을 빌려주는 사람은 원금과 이자를 받는 것 이외에는 추가로 노동을 거의 들일 필요가 없다. 물론 돈을 빌린 사람이 상환을 중단한다면 문제가 생기겠지만 말이다. 따라서 특정 대출에 얼마나 큰 위험이 있는지 평가하는 보증을 받는 것이 돈을 빌려주는 사람에게는 매우 중요한 절차다. 돈을 빌려주는 사람은 일종의 자산을 담보로 설정해 채무 불이행이 발생할 때에 자신을 보호할 수 있다. 상환금이 지불되지 않는다면 담보의 소유권은 돈을 빌려준 사람에게 이전되며, 그는 이를 판매 처분해 잃은 자금을 회수할 수 있다.

참조 링크: https://personalmba.com/loan/

가치 유형 #10: 선택권

Option

"내 돈 내고 내가 원하는 대로 선택한다."

19세기 영국 코미디 잡지인 〈Punch〉 중에서, 1846년

선택권이란 돈을 지불하고 일정 기간 동안 미리 정해놓은 행동을 할 수 있는 권한을 의미한다. 대부분의 사람들은 선택권이 증권과 같은 개념이라고 생각하지만, 선택권이라는 것은 우리 주변에서 흔히 발견할 수 있다. 영화, 콘서트 티켓, 쿠폰, 착수금 그리고 라이선스 권리 등은 모두 선택권의 예이다. 구매자는 요금을 지불함으로써 특정 행동을 취할 권한을 갖게 된다. 쇼를 관람하고, 자산을 구입하거나 또는 기한 전에 특정 요금을 지불하고 재정적 안정을 구입하는 것이다.

선택권을 통해 가치를 제공하고 싶다면, 다음의 사항들을 반드시 실행해야 한다.

1. 사람들이 미래에 취하고자 하는 특정 행동을 파악한다.
2. 잠재 구매고객에게 정해진 기한 내에 이 행동을 할 수 있는 권한을 제공한다.
3. 잠재고객에게 요구하는 가격이 합리적이며 이 권한이 구매할 가치가 높다는 것을 설득한다.
4. 구매자가 행동에 대한 기한을 반드시 지키도록 한다.

선택권은 구매자가 따로 요청을 할 필요 없이 원하는 행동을 할 수 있도록 권한을 허락한다. 예를 들어, 영화표를 사면 특정 상영 시간 동안 영화관 안에 좌석을 차지할 수 있는 권리를 갖게 되지만 반드시 영화관에 갈 의무는 없다. 더 선호하는 상황이 생긴다면 그것을 선택하면 된다. 표를 사면서 정해진 시간에 상영되는 영화를 관람할 권리를 사는 것일 뿐, 이 권리를 이행할 의무는 전혀 없다.

선택권은 특정 기한 내에 특정 행동을 취할 권리를 제공하기 위해 사용된다. 기한이 지나면 다른 거래가 생성되며 기존의 권리는 소멸한다. 예를 들어, 뉴욕에서 콜로라도로 이사를 가면서 나와 아내 켈시는 이사 갈 아파트를 직접 보지는 못했지만, 보증금을 납부한 상태였다. 보증금은 우리가 이사 가기 전에 집주인이 다른 세입자에게 아파트를 임대하지 못하도록 하는 효력이 있었다. 임대차 계약서에 서명을 하면 보증금은 임대 보증금이 되는 것이었다. 만약 입주하지 않겠다고 우리가 결정한다면 집주인은 일정 기간 동안 집을 다른 이들에게 임대하고 있지 않았으므로 이에 대한 보상으로 보증금을 우리에게 반환하지 않고 새로운 세입자를 찾아 나설 것이다. 따라서 선택권이라는 것은 양자에게 도움이 되는 제도라고 할 수 있다.

선택권은 종종 그 중요성이 간과되는 가치 유형이다. 선택권은 융통성(세 가지 보편적 통화 유형 중 하나)을 제공한다는 점에서 가치가 높다. 사람들에게 더 많은 융통성을 제공하는 방법을 찾는다면 유망한 사업을 구상할 수 있을 것이다.

참조 링크: https://personalmba.com/option/

가치 유형 #11: 보험

Insurance

"계산된 위험은 감수하라. 이는 단순히 무모한 것과는 완전히 다른 것이다."

조지 패튼 장군(George S. Patton), 세계 제2차 대전의 미3군 사령관

보험은 구매자가 일정 금액을 지불하고 판매자에게 자신의 위험을 대신 감수하게끔 하는 것이다. 특정 불의의 상황이 발생할 위험을 감수해 주는 대가로 보험가입자는 보험회사에게 미리 정한 일련의 비용을 지불하기로 약속한다. 불의의 상황이 실제로 발생하면 보험회사는 이로 인한 모든 비용을 책임지며, 발생하지 않으면 보험회사는 보험가입자가 지불한 금액을 돌려주지 않아도 된다.

보험을 통해 가치를 전달하고자 한다면, 다음의 사항들을 반드시 실행해야 한다.

1. 특정 불의의 상황(손실)에 대한 책임을 보험가입자에서 보험회사에게 전가하는 법적 효력이 있는 계약서를 작성한다.
2. 이용 가능한 정보를 가지고 실제로 불의의 상황이 발생할 확률을 예측한다.
3. 보험 기간 동안 계약서에 합의한 금액(보험료)을 지불 받는다.
4. 보험 조건에 따라 보험금을 지불한다.

보험은 불리한 상황이 발생했을 때에 그로 인해 발생하는 위험을 대신 부담하는 방식으로 보험가입자에게 이익을 제공한다. 예를 들어, 여러 가지 이유로 집에 화재가 발생할 수 있는데, 화재 발생 시 대부분의 사람들은 쉽게 다른 집을 구매할 만큼 자금이 여유롭지 못하다. 주택 소유주 보험은 이런 위험을 보험회사가 지도록 한다. 만약 화재로 주택이 파괴되었다면 보험 계약에 따라 주택 소유주에게 보상을 하고 새로운 집을 구매할 수 있도록 해준다. 만약 화재가 발생하지 않으면 보험회사는 보험료를 돌려주지 않아도 된다.

보험은 가치가 높다. 보험은 한 개인으로부터 여러 사람들이 모여 있는 집단으로 위험을 전가함에 따라 위험을 줄이기 때문이다. 보험회사가 수천 혹은 수백만 가구의 보험 가입을 유치한다고 할 때, 이들 모두에게 화재가 발생할 확률은 매우 적다. 보험가입자들 중 오직 소수에게만 실제 상황이 발생하며 이때에만 보험금을 지급하게 된다. 보험회사는 지불하는 보험금보다 보험료를 더 많이 받을 수만 있다면 수익을 창출할 수 있다. 자동차보험, 의료보험, 혹은 다수의 소비자들에게 제품을 제공하는 회사들의 품질보증과 같은 제도들은 모두 같은 원리를 따른다.

보험회사가 보험료를 더 많이 받고 보험금을 덜 지불한다면 수익은 그만큼 더 커질 것이다. 보험회사는 심각한 위험을 피하고, 보험료를 높이며, 보험금을 최소로 지불해야 이익을 볼 수 있다. 마찬가지로 보험회사는 지속적으로 보험사기를 피하기 위해 노력해야 한다. 보험회사는 거짓으로 사고를 위장해 보험금을 챙기려는 사람들로부터 회사를 보호해야 하는 동시에, 보험가입자들에게 약속된 보험금을 지급해 이들을 속이지 않도록 해야 한다. 적법한 이유로 보험금을 요구하는 가입자에게 지불을 하지 않는다면 가입자는 그들의 법적 권한을 행사해 보험사를 고소할 것이며, 회사는 결국 법적 문제로 골머리를 앓게 될 것이다.

참조 링크: https://personalmba.com/insurance/

가치 유형 #12: 자본

Capital

"자본은 부의 한 부분으로서 부를 더욱 증가시키는 역할을 한다."

알프레드 마샬(Alfred Marshall), 경제학자이자
《경제학 원리(Principles of Economics)》의 저자

자본은 기업의 주주가 되는 권리를 구매하는 것을 의미한다. 여분의 자금이 있는 사람들은 새로운 사업이나 기존 사업들의 소유주에게 자본을 제공함으로써 사업을 확장하거나 새로운 시장으로 진출하는 것을 돕는다. 엔젤 투자, 벤처 자금, 그리고 상장된 기업의 주식을 구입하는 것은 모두 자본을 통해 가치를 제공하는 좋은 예이다. 이에 대해서는 '펀딩의 구조^{Hierarchy of Funding}'에서 더 자세히 논하겠다.

자본을 통해 가치를 제공하려면, 다음의 사항들을 반드시 실행해야 한다.

1. 투자할 수 있는 자금을 마련한다.
2. 투자하고자 하는 유망한 기업을 찾는다.
3. 이 기업의 현재 가치, 미래 가치 전망 그리고 파산할 위험이 있는지를 평가한다. 기업이 파산하면 투자한 자본

을 모두 잃을 수도 있다.

4. 투자하는 자본에 대해 어느 정도의 소유권을 받을 것인
   지 잘 협상한다.

 자본을 투자받은 기업은 사세를 확장하거나 새로운 시장으로
진출하는 일에 필요한 자금을 확보함으로써 엄청난 이익을 얻는
다. 제조업과 금융서비스업과 같은 일부 산업에서는 창업을 하거
나 규모를 확장하려면 막대한 비용이 든다. 이때 투자자를 영입함
으로써 기업 소유주들은 사업을 빠르게 진행할 충분한 자금을 확
보하게 된다.

 투자자들 역시 투자한 회사의 소유권을 획득함으로써 이익을
본다. 이들은 실제로 업무에 참여하는 수고 없이 회사가 수익을
내면 여기에 대한 이익을 얻는다. 투자자들은 유망한 신생산업에
진출한 기업에 투자함으로써 은행에 여유 자금을 예치해 얻는 이
자보다 훨씬 더 높은 수익을 얻을 수 있다. 투자한 기업의 성과가
좋아서 많은 현금을 보유하게 된다면 투자자들은 정기적인 배당
금을 받을 수 있다. 다른 회사에 인수되거나 공공증권거래소에 상
장된다면 투자자는 회사 매매 금액의 일부를 일시불로 받거나 주
식시장에 소유 주식을 팔아서 이익을 얻을 수 있다.

 참조 링크: https://personalmba.com/capital/

해슬 프리미엄: 불편한 일에 대한 문제해결
Hassle Premium

"모든 사람은 나름대로 애로사항이 있다."

벤저민 프랭클린(Benjamin Franklin), 초기 미국의 정치지도자이자 과학자

사람들은 아주 힘들거나 귀찮아서 스스로 하기 싫은 일에는 기꺼이 돈을 지출하고자 한다. 이처럼 불편함이 있는 곳에 바로 비즈니스의 기회가 있다. 불편함은 다양한 형태로 온다. 불편하거나 문제가 되는 일 혹은 임무는 아래와 같다.

- 종결 시간이 지나치게 많이 소요된다.
- 좋은 결과를 내는 데 지나친 노력이 들어간다.
- 더 중요한 우선순위의 일로 관심을 돌리게 된다.
- 지나친 혼란, 불확실, 복잡성이 있다.
- 고비용이거나 선경험이 염려된다.
- 특별한 자원이나 구하기 어려운 장비가 필요하다.

일반적으로 더 많은 일이나 임무가 필요할수록 더 많은 사람들이 쉬운 해결책이나 그 일을 대신해 주는 사람에게 비용을 기꺼이 지불하고자 한다. 예를 들어 수영장이 있는 집을 소유한 사람은 수영장 청소기구세트를 50달러에 구매해 사용할 수 있지만, 다른 사람에게 한 달에 100달러를 내고 받을 수 있는 청소 서비스에 기꺼이 돈을 지불할 것이다.

결국 두 가지 모두 수영장을 청소하는 방법이지만 청소 서비스를 받으면 불편함을 덜 수 있다. 소유주는 청소에 시간을 들이거나 이를 잘하려고 노력할 필요가 없다. 결국 수영장 청소 서비스는 불편함을 줄이는 혜택을 제공함으로써 연간 1천 200달러를 벌 수 있다. 소유주는 직접 할 때보다 1천 150달러를 더 지출하고, 서비스 제공자는 그만큼을 버는 것이다.

그러나 여기에는 한계가 있다. 수영장 청소에 월 1만 달러를 받는다면 곤란하다는 것이다. 대부분의 집 소유주는 그렇게 큰 금액으로 수영장 청소를 하지 않을 것이다. 불편함을 덜어주는 일에서 혜택을 보려면 그 일을 하는데 잠재고객에게 얼마가 적절한지를 잘 파악해야 한다. 불편함이 크면 클수록 더 많은 해슬 프리미엄(불편해소)이 가능하다.

만약 새로운 비즈니스 아이디어를 찾고 있다면, 먼저 사람들의 불편함을 찾아보도록 하라. 불편함이 있는 바로 그곳에 기회가 있다. 고객의 불편을 더 많이 해결하면 할수록 더 많은 돈을 벌 수 있다.

참조 링크: https://personalmba.com/hassle-premium/

인지 가치

Perceived Value

"사람들이 돈을 물질보다 더 귀하게 여기게 되면 돈과 재화를 교환하지 않게 된다."

로이 윌리엄스(Roy H. Williams), 《광고의 마법사》에서 모든 가치 유형이 동등한 가치를 지닐 수는 없다. '가치'란 보는 사람의 생각에 달려있다.

인지 가치는 고객이 제안 상품에 지불하는 금액을 결정하게 한다. 잠재고객이 제안상품에 대해 더 큰 가치가 있다고 믿는다면 그들의 구매동기는 더 커지고, 당연히 지출 의도 역시 높아지게 된다.

가장 가치가 큰 제안은 아래 항목들 중 한 가지 이상을 만족하는 것이다.

- 한 가지 이상의 인간이 가진 핵심욕구를 만족시킨다.
- 매력적이고 시각화하기 쉬운 결과를 제안한다.
- 불편을 해결해 주는 최고의 해법을 말해준다.
- 잠재고객에게 바람직한 사회적 신호를 보냄으로써 다른 사람의 눈에 좋게 보이도록 해 지위 추구의 성향을 만족시킨다.

인지 가치는 주관적인 문제이며, 고객의 현재 상황, 가치, 신념 그리고 세계관에 달려있다는 것을 잘 알아야만 한다. 잠재고객은 그 제안이 가치 있다고 믿지 않으면 그것을 구매하지 않을 것이다.

가장 중요한 혜택과 최상의 조건을 사용자의 노력과 불만을 최소화하는 방법으로 제공하는 데 집중함으로써 제안 내용에 대한 고객의 인지적 가치를 높일 수 있다.

참조 링크: https://personalmba.com/perceived-value/

단위화
Modularity

"위대한 업적은 갑작스런 충동이 아니라, 여러 개의 작은 일들이 합해
져 이루어진다."

빈센트 반 고흐(Vincent van Gogh), 화가

위에서 언급한 12가지 가치의 유형은 상호 배타적이지 않음을 기
억해야 한다. 즉, 위의 가치들을 여러 가지 조합으로 묶어 소비자
에게 한꺼번에 제공할 수 있고, 이를 통해 잠재고객이 어떤 가치
를 가장 좋아하는지도 알아낼 수도 있다.

가장 성공적인 기업은 가치를 여러 다양한 형태로 제공한다. 잡지
의 예를 들어보자. 잡지사는 우편을 통해 주기적으로 잡지를 구독자
에게 제공하고 월간 혹은 연간으로 구독 요금을 받는다. 동시에 대
상 집합 행위를 활용해 광고주가 구독자들에게 접근할 기회를 제공
한다. 광고는 고객이 보기 원하는 잡지 내용과 함께 제공된다.

오르비츠^{Orbitz}와 같은 여행 웹사이트는 여행취소보험과 함께 비
행기표를 판매한다. 웹사이트 방문자들(집합 대상)에게 광고를 보
여준다. 영화관은 상영하는 영화표와 구내매점에 있는 상품을 결
합한다.

대부분의 회사는 이들 개별 제공품을 분리해서 판매하고, 고객
은 그들의 마음에 드는 것을 선택해서 구입한다. 그러나 제공품을
모듈화하면 낱개로 만들어진 제공품이 활성화되어 고객에게 더
나은 서비스를 위한 필수품으로 다가갈 수 있다. 마치 레고를 가

지고 노는 것과 같다. 함께 할 수 있는 조각 한 세트를 가지고 있다는 건 즉, 원하는 방법대로 여러 가지 모양을 만들 수 있는 것과 같다.

참조 링크: https://personalmba.com/modularity/

상품묶음과 분리
Bundling and Unbundling

"이것 조금과 저것 조금을 섞으면 새로운 것이 세상에 태어난다."

살만 루시디(Salman Rushdie), 소설가

상품 또는 서비스를 단위화하고 작게 만드는 것의 장점은 번들링 (상품묶음)을 가능하게 한다는 점이다. 번들링은 이미 만들어낸 가치의 용도를 변경해 새로운 가치를 창조하는 작업을 의미한다.

번들링(상품묶음)이란 여러 가지 작은 상품 또는 서비스들을 한데 묶어 하나의 커다란 가치로 제공하는 것이다. 이동통신업계는 번들링의 좋은 예를 보여준다. 핸드폰은 물질적 재화지만, 다달이 일정 금액을 지불하고 사용하는 요금정책(구독)이 있다. 이와 비슷하게 우리가 흔히 보는 '하나 가격에 두 개를 구입할 수 있다'는 할인문구 역시 일종의 번들링이다.

일반적으로 묶음에 들어있는 가치들이 많으면 많을수록 그 인지 가치는 높아진다. 그리고 그에 따라 더 높은 가격을 요구할 수 있다. 따라서 핸드폰 통신업체들은 기본 요금제에 '**분 무료 통화', '무제한 문자사용' 그리고 '인터넷 서비스' 등을 추가하는 것

이다. 제공하는 이익이 많으면 많을수록 전체 패키지를 사용하려는 고객은 더 많은 월정액을 지불하게 된다.

상품 분리는 번들링의 반대 개념이다. 즉, 이미 제공하고 있는 한 가지 상품이나 서비스를 여러 개의 작은 가치들로 나누는 것이다. 그 좋은 예는 앨범 전체를 판매하면서도 앨범 안 각각의 곡을 MP3로 따로 판매하는 것이다. 앨범 전체를 사려고 10달러의 돈을 지불하기를 꺼리는 고객은 훨씬 더 저렴하게 좋아하는 곡만 구매할 수 있는 방식에 1~2달러를 기꺼이 지불할 것이다. 상품 분산은 가격 등의 이유로 구매를 꺼리는 고객의 마음을 돌려 구매하도록 만드는 좋은 방법이다.

상품묶음과 상품 분리는 새로운 것을 만들어내는 노력 없이 고객의 취향에 맞추어 가치를 창조할 수 있는 좋은 방법이다. 여러 가지 조합으로 가치와 상품 등을 제공함으로써 고객이 원하는 것을 정확히 제공할 수 있다.

참조 링크: https://personalmba.com/bundling-unbundling/

중개 및 중개 해제
Intermdeidation and Disintermediation

"재산을 모으는 가장 짧고 좋은 방법은 당신의 재화와 용역을 널리 알리는 행위가 다른 사람들(고객)의 이익에도 부합한다는 사실을 명확히 인식시키는 데 있다."

장 드 라브뤼예르(Jean De La Bruyere), 17세기 에세이 작가, 윤리학자

가치 창출에 대한 또 다른 사고방식에는 '잠재 구매자가 얼마나 많은 도움을 받을 수 있을까?'라는 간단한 질문이 유용하다.

집을 구매하는 경우 발생하는 복잡한 구매 결정 과정을 생각해 보자. 매장에 들어가서 모든 옵션(선택사양)을 검토하고 가장 적합한 집을 고른 다음, 곧바로 계산대에 가서 현금이나 신용카드로 구매하는 사람은 없다. 매물을 살펴보고, 요구 사항과 선호 사항을 명확히 한 뒤, 융자금을 확보하고, 구매 가격을 협상하여, 법적 서류를 작성하는 데까지는 적지 않은 시간과 지식, 전문성이 필요하다.

잠재적인 주택 구매자는 종종 어떤 옵션이 있는지 모르고(특히 해당 지역에 익숙하지 않은 경우), 이러한 종류의 거래 경험이 많지 않으며, 부담을 느끼는 경우가 많기에 이 과정을 돕는 주택 부동산 중개업자가 시장을 형성하고 있다. 부동산 중개인은 매물 검색, 구매 결정, 계약 체결 과정을 도와준다. 이때 주택 구매자는 자신이 무엇을 하고 있는지 잘 아는 사람과 함께 일할 수 있어 만족하는 경우가 많다.

이러한 종류의 도움은 '중개'라는 용어로 정의된다. 즉, 중개란 구매자와 판매자 사이에 당사자 중 한 명이 거래를 완료하거나, 구매에서 가치를 창출할 수 있도록 도와주는 역할을 하는 당사자를 추가하는 것이다.

중개는 구매자가 전문가의 안내와 도움을 받을 수 있는 복잡한 상황에서 유용하다. 우리는 어떤 품목을 구매할지 결정하는 소매 업체와 같이 선택할 수 있는 옵션이 많은 분야에서 중개인을 자주 찾을 수 있다. 또한 기업가가 현재 비즈니스 운영에 가격을 책정하고 잠재력을 찾을 수 있도록 도와주는 비즈니스 중개업체와 같이 복잡한 협상과 구매에서도 흔히 볼 수 있다.

비즈니스 가치에 상응하는 대가를 지불할 의향이 있는 기업을 인수하는 경우에도, 대부분 중개자는 양 당사자 사이에서 완충 역할을 하여 불필요한 압력이나 불편한 상황으로부터 상호를 보호한다.

중개와 반대되는 개념으로, 구매자와 판매자 간의 직접 접촉을 위해 거래에서 불필요한 당사자를 제거하는 경우를 '중개 해제'라고 한다. 인터넷이 생기기 전에는 대량 광고와 유통 기회가 비싸고 제한적이었기 때문에, 대부분의 제조업체는 상품을 판매하기 위해 소매상인retailer과 거래해야 했다. 하지만 오늘날은 인터넷 덕분에 제조업체는 소매업체 없이도 잠재 고객의 관심을 끌고, 판매를 완료하며, 소비자에게 직접 상품을 배송할 수 있게 되었다. 그 결과, 더 많은 제품 및 서비스 회사가 수익성 있고 지속 가능한 방식으로 존재할 수 있게 되었으며, 기존에 중개업체가 챙겨갔던 마진을 더 낮은 가격과 타깃 광고, 제품 개발 또는 수익으로 전환하여 투자할 수 있게 되었다.

이를 통해 잠재 고객이 더 많은 도움을 받을 수 있을까, 아니면 더 적은 도움을 받을 수 있을까?

참조 링크: https://personalmba.com/intermediation-disinterme diation/

시제품
Prototype

"아주 간단한 이치죠. 아무것도 시도하지 않으면 아무것도 배우지 못합
니다."

휴 프레이더(Hugh Prather), 《나에게 쓰는 편지》의 저자

MBA에서 일반적으로 강조하는 제품 개발의 유형은 비밀과 신비
로움에 가려져 있다. 제품 개발의 모든 단계는 철저히 비밀에 부
치고 관여하는 모든 이가 기밀 유지 협약서에[2] 서명하도록 한다.
그리고 수백만 달러의 벤처자금을 마련한 후 수년간 투자와 연구
를 바탕으로 완벽을 기한 다음, 세상을 놀라게 할 만한 대단한 신
제품을 출시해 수익을 긁어모으는 것이다. 이 모든 과정은 마치
스파이 영화와 같이 흥미진진하다. 스파이 영화보다 더 좋은 것은
세계 정복을 위해 만전을 기하는 동안 쾌적한 사무실에서 두툼한
월급봉투를 꿈꿀 수 있다는 것이다.

불행하게도 이런 정신 상태로는 직장을 유지하기는커녕 파산하
기 바쁠 것이다. 아이디어가 아무리 좋다 해도 그 자체로는 전혀
쓸모가 없다. 아이디어를 현실에서 얼마나 잘 실현할 수 있는가
하는 것이야 말로 기업가의 진정한 임무인 것이다.

잠재고객에게 제품 제조과정을 공개하는 것을 주저하지 말라.
해당 사업 분야의 경쟁이 치열하거나 자본력이 충분한 경쟁업체
가 많은 분야가 아니라면, 다른 사람들이 아이디어를 훔쳐갈까 두
려워할 필요는 없다. 아이디어는 비싸지 않다. 진정 값진 것은 아

이디어를 현실의 결과로 구현해내는 능력이다. 이는 좋은 아이디어를 가려내는 안목보다 훨씬 더 어려운 일이다.

'잠행 모드'는 초기 단계의 학습 기회를 감소시켜 처음부터 불리한 시작을 하도록 만든다. 실제 제품을 구매할 소비자의 반응을 미리 알아보는 것은 늘 아주 큰 도움이 된다.

시제품이라는 것은 제공하게 될 상품이나 서비스의 초기 모습이다. 원형은 물질적 형태를 취할 수도 있고 컴퓨터 이미지일 수도 있으며, 다이어그램이나 작업 공정도 또는 주요 장점과 기능들을 설명하는 한 장짜리 설명서가 될 수도 있다. 원형이 꼭 화려할 필요는 없다. 가시적인 방식으로 만들려는 것이 무엇인지 고객에게 전달하기만 하면 된다. 원형을 보여줄 때 잠재고객은 당신이 무엇을 제공하려 하는가를 파악하고 사전에 피드백을 제공할 수 있는 것이다.

가장 좋은 결과를 얻으려면 실제 완성된 제품과 가장 동일한 모습으로 시제품을 만드는 것이 좋다. 유형有形의 재화를 만들려고 한다면 가능한 한 만질 수 있는 모델을 만들어라. 웹사이트를 제작하려 한다면 기본 구성요소들을 갖춘 임시 웹페이지를 만들어라. 그리고 서비스를 만들고 있다면 그 과정에 일어나는 모든 구성요소를 설명하는 다이어그램이나 흐름도 등을 만들고 이를 실행해보라. 시제품이 실제와 흡사하면 할수록 사람들은 회사가 무엇을 하려는지 이해하기 더 수월해진다.

시제품은 유용한 상품을 만드는 노력의 첫 번째 단계이지 절대로 마지막 단계가 아니라는 것에 유의해야 한다. 첫 번째 시도는 분명 그 질이나 완성도가 많이 떨어질 수 있다. 하지만 그렇다고 부끄러워할 필요는 없다. 시제품은 실제 잠재고객으로부터 회사에 도움이 되는 피드백을 받게 해준다는 점에서 가치가 있다. 소중한 시간과 엄청난 자본과 노력을 투자하기 전에 아이디어를 검증해볼 수 있기 때문이다. 원형의 목적은 완벽함에 있지 않다. 노력하고 있는 제품개발에 대한 가시적인 결과를 신속하게 확인함으로써 모든 관련된 사람들이 제품을 보고 평가하고 향상시키도록 하는 데 의미가 있다.

잠재고객에게 시제품을 공개하면 새로운 긍정적인 생각과 피드백을 얻어 제품을 더 향상시키는 방법을 터득하게 될 것이다.

참조 링크: https://personalmba.com/prototype/

반복 주기
The Iteration Cycle

"나는 실패하지 않았다. 단지 효과가 없는 1만 가지 방법을 발견했을 뿐이다."

토마스 에디슨(Thomas A. Edison), 위대한 발명가

아무리 재능이 빼어나고 똑똑하다 하더라도, 그 누구도 처음부터 다 잘할 수는 없다.

이 말이 안 믿긴다면 유명한 미술 작품을 아무 것이나 상상해보라. '모나리자'의 완성된 그림을 잘 들여다보면 초안 스케치가 여러 번 되어 있는 것을 볼 수 있다. 선이 잘못 그어져 이를 수정

한 부분도 보일 것이고, 아예 완전히 뜯어 고친 부분도 볼 수 있을 것이다. 시스틴 성당^{Sistine Chapel}의 천장벽화는 수천, 수백만 개의 붓질로 많은 노력을 들여 만든 걸작이다. 미켈란젤로는 수백만 번 망치를 두드려서 투박한 대리석 덩어리를 아름다운 '다비드 상^{the David}'으로 탈바꿈시켰을 것이다.

지속적 개선은 원하는 무엇이든 더 멋지게, 더 훌륭하게 바꿀 수 있는 기술이다. 위에 언급한 걸작들을 만들기 위해 예술가들이 거친 수많은 실수와 시행착오들은 절대로 시간낭비라고 볼 수 없다. 모든 반복 개선은 그 프로젝트를 완성으로 한 발짝 더 가까이 나아가게 한다.

지속적 개선의 주기는 다음 여섯 가지 주요 단계들로 이루어져 있다. 나는 이 과정을 위그웜^{WIGWAM} 방법이라 부른다.

1. 보라(Watch): 무슨 일이 일어나고 있나? 효과가 있는 것은 무엇이고 그렇지 않은 것은 무엇인가?

2. 아이디어를 형성하라(Ideate): 무엇을 개선시킬 것인가? 취할 수 있는 선택은 무엇인가?

3. 추측하라(Guess): 지금까지 배운 내용을 바탕으로 할 때 어떤 아이디어가 가장 큰 효과가 있을 것인가?

4. 대상을 선택하라(Which): 어떤 변화를 실행할 것인지 결정하라.

5. 행동하라(Act): 실제로 변화를 실행하라.

6. 측정하라(Measure): 어떤 결과를 가져왔나? 긍정적인 변화

였는가, 부정적인 변화였는가? 변화를 유지할 것인가 아니면 개선 전 원래의 상태로 되돌아 갈 것인가?

지속적인 개선은 주기이다. 변화의 결과를 평가하고, 어떻든지 간에 변화를 지속하기로 결정한다면 처음으로 다시 돌아가 무엇이 변했는지 관찰하고, 같은 과정을 반복하는 것이다.

가장 좋은 결과를 얻기 위해, 매회 반복하는 과정에서 무엇을 이루고자 하는지를 정확히 정의해야 한다. 상품이나 서비스를 더 멋지게 하거나 매력적으로 바꾸고 싶은가? 사람들이 높이 평가하는 새로운 특성들을 추가할 것인가? 가치를 낮추지 않으면서 가격을 더 저렴하게 하고 싶은가? 얻고 싶은 결과를 더 정확히 정의할수록, 얻게 되는 피드백 또한 더 명확해지고 각각의 반복 주기에서 더 큰 교훈과 이점을 발견하게 될 것이다.

참조 링크: https://personalmba.com/iteration-cycle/

반복 속도
Iteration Velocity

"우리의 목표는 그 누구보다 시간과 비용대비 더 많은 타수(打數)를 달성하는 것입니다."

에릭 슈미트(Eric Schmidt), 구글의 CEO이자 회장

새로운 무언가를 만들 때, 우선적인 목표는 각각 반복되는 주기를 가

장 빠른 시일 안에 완성하는 것이다. 반복 개선은 팔려고 하는 것을 더욱 발전시키도록 도와주는 체계적인 교육 과정이다. 그리고 빨리 배울수록 더 신속히 개선시킬 수 있다.

반복의 주기를 더 빨리 통과하면 할수록 상품은 더욱 더 멋지게 변할 것이다. 실력이 매우 향상된다면 하루에도 몇 번씩 반복 주기를 완성할 수 있을 것이다. 각각의 반복 주기는 작지만 명확하며, 바로 전의 반복 주기에서 터득한 지식을 다음 주기에 적용하면서 매번 사업을 더욱 효과적으로 만들 수 있다.

그런데 반복 주기는 종종 부수적인 업무처럼 느껴진다. 그도 그럴 것이 실제로 추가적 업무이기 때문이다. 또 힘들고 번거로운 작업이므로 반복을 꾸준히 실행하는 사람들은 매우 적다. 많은 사람들이 이 모든 구차한 중간 과정들을 건너뛰고 바로 완성품을 만들려 한다. 하지만 중간 과정을 모두 무시해버리는 것에는 상당한 위험이 따른다. 이는 결국 판매할 수 없는 상품을 위해 소중한 자원과 시간, 노력을 모두 허비하고 마는 결과를 얻을 수도 있다. 만일 아이디어 자체에서 문제가 있었다면, 많은 비용이 들기 전에 빨리 알아내는 것이 좋지 않은 아이디어로 재산을 탕진하거나 적절치 않은 시장에 뛰어들어 고생하는 것보다 훨씬 더 현명한 선택이다.

지속적 개선작업은 처음에는 추가적인 노력을 들여야 하지만, 몇 번의 주기를 거치고 나면 시장에 대한 해박한 지식을 얻게 될 수 있을 것이다. 그에 따라 상품을 누가 얼마나 구입하고자 하는지에 대한 수요 또한 파악할 수 있고, 잠재고객에게 진정 가치 있는 것을 제공할 수 있는지 또는 그렇지 않은지를 명쾌하게 알아낼 수 있다.

사람들이 진정으로 원하는 상품을 만드는 방법을 찾아낸다는 것은 멋진 일이다. 이제 전속력으로 앞으로 나아가면 된다. 하지만 만약 개발하고 있는 상품에 대한 수요가 없다고 판단한다면 다음 유망한 아이디어로 빨리 변환하면 된다.

참조 링크: https://personalmba.com/iteration-velocity/

피드백

Feedback

"오래 살아남아서 첫 번째 고객과 대면하는 사업계획은 존재하지 않는다."

스티브 블랭크(Steve Blank),
《깨달음을 위한 네 가지 단계》의 저자이자 기업가

잠재고객으로부터 유용한 피드백을 얻는 것은 반복적인 개선과정의 핵심이다. 실제 가망 고객의 적절한 피드백을 통해 개발을 완성하기 전에 고객의 필요를 얼마나 잘 충족시키고 있는지 알게 될 뿐 아니라 판매를 시작하기 전에 주요 내용을 변경할 수 있도록 한다.

피드백의 가치를 최대화하는 몇 가지 방법이 여기에 있다.

1. 친구나 가족보다는 실제 잠재고객으로부터 피드백을 받아라. 주변 친분관계에 있는 사람들은 당신이 성공하기 바라고 좋은 관계를 유지하기 위해 무심코 현실보다는 더 긍정적인 피드백을 줄 것이다. 가장 좋은 결과를 얻기 위해 개인적인 친분이 없는 사람들로부터 피드백을 얻도록 하라.

2. 개방형 질문을 하라. 피드백을 얻고자 할 때는 말하려는 것보다는 들으려는 자세가 되어 있어야 한다. 몇 가지 개방형 질문을 미리 준비해 대화의 틀을 잡도록 하라. 그 외의 개입은 최소화하라. 피드백을 제공하는 사람이 가장 많이 얘기할 수 있도록 해야 한다. 간단한 육하원칙의 질문들이 가장 좋은 답들을 이끌어낸다. 사람들이 어떻게 행동하는지 잘 관찰하고 이들의 말과 행동이 일치하는지 살펴보는 것도 중요하다.

3. 차분히 평정을 유지하라. 도움이 되는 유용한 피드백을 얻으려면 얼굴이 두꺼울 필요가 있다. 자식이 못생겼다는 말을 듣기 좋아하는 사람은 없다. 만들어 놓은 상품에 대해 부정적인 피드백을 받았다고 해서 기분 상하거나 방어적인 태도를 취하는 것은 금물이다. 그들은 엄청난 도움을 주고 있는 것이다.

4. 그렇다고 사람들의 말을 모두 곧이곧대로 모두 받아들일 필요는 없다. 다만 가장 부정적인 피드백일지라도 사업을 발전시킬 중요한 정보를 담고 있다는 것을 알아야 한다. 피드백 요청 시 최악의 상황은 강한 비호감이 아니라, 총체적 무관심이다. 만들어 놓은 상품에 대해서 아무도 관심이 없다면 바로 좋은 비즈니스 아이디어가 없다는 것이다.

5. 잠재 고객에게 사전 주문할 기회를 제공하라. 반복 과정을 통해 얻을 수 있는 가장 좋은 피드백은 상품이나 서비스를 실제로 구매하고자 하는 다른 사람들의 의도다. 앞으로 구매할 의향이 있다고 말을 하는 것과 실제로 지갑에서 현금이나 신용카드를 꺼내어 구매를 하는 것은 천지차이다. 상품이 완

성되지 않았다고 해도 주문을 받을 수 있다. 이것을 두고 그림자 테스팅 기법이라 한다.

기회가 될 때마다 피드백을 제공하는 잠재고객 모두에게 사전 주문할 기회를 제공하라. 많은 사람들이 주문하겠다고 의사를 밝힌다면 미래는 밝다. 이를 통해 든든한 제품을 가지고 있고, 곧바로 현금흐름을 높일 수 있다는 것을 알 수 있기 때문이다.

만약 아무도 사전주문을 하지 않는다면, 성공적인 상품이나 서비스를 완성하기 전에 아직도 해야 할 일이 많다는 뜻이 된다. 즉시 구매하려 하지 않는 이유를 알아내고 고객이 구매를 하지 않는 이유인 구매를 막는 장벽을 파악해야 한다.

참조 링크: https://personalmba.com/feedback/

대안
Alternatives

"완전히 헌신할 때까지는 망설임이나 포기의 가능성이 있고, 이는 언제나 유용하지 못하다. 모든 진취적이며 창조적인 행위에는 수많은 아이디어와 훌륭한 계획을 없애 버리는 무지가 존재한다. 일단 자신의 모든 것을 헌신하게 된다면 신 또한 감동할 것이다."

윌리엄 머레이(W. H. Murray), 작가이자 등산가

금요일 밤이다. 배가 고파서 외식을 하려고 생각중이다. 집에서 밥을 먹는 것보다 비싼 비용이 드는 외식이 그만큼 가치가 있다고

생각한다. 어디로 가서 저녁을 먹으면 좋을까?

동네 작은 식당에 간다면 합리적인 가격대의 다양한 양질의 음식을 먹을 수 있다. 화려한 곳은 아니지만 꽤 먹을 만한 음식을 빨리 저렴하게 제공받을 수 있다는 것을 알고 있다. 만약 멋진 고급 레스토랑에 간다면 화려한 내부 인테리어와 세련된 고급 요리를 맛볼 수 있다. 친구들에게 자랑할 거리도 생기고 도심에서 멋진 밤을 보낼 생각에 기분도 들뜨게 될 것이다. 그러나 가격은 훨씬 더 비쌀 것이다.

엄청 배가 고프지 않는 한, 두 식당 모두에서 식사를 하지는 않을 것이다. 이런 경우 내려야 되는 결정은 양자택일이다. 또한 이 경우 어디에서 식사를 하든 '옳은' 결정은 없다. 오늘은 근처 식당에서 밥을 먹고, 내일 화려한 레스토랑에 가도 된다. 결정은 그 순간에 어디에서 밥을 먹는 것이 가장 가치 있을지를 정하는 판단에 달린 것이다.

자, 이제 상황을 뒤바꾸어, 당신이 동네 허름한 식당의 주인이라고 생각해 보자. 식당 주인은 고객들에게 더 큰 만족을 주어 고객층을 넓히고자 노력할 것이다. 그럼 무엇에 초점을 맞추어야 할까? 수익을 늘리는 가장 좋은 방법은 요리의 가짓수를 늘리는 것일까 아니면 주방 직원들의 효율성을 높이는 것일까 혹은 레스토랑 인테리어를 리모델링하는 것일까?

자금이 충분해 위의 모든 방법들을 다 실행할 수 있다면 좋겠지만 최근 경기가 그리 좋지 않아 자금 사정이 넉넉하지 못하다. 당신은 어떻게든 변화를 줘야 한다는 것만은 알고 있지만, 손님을 더 많이 끌기 위해 정확히 무엇을 바꾸어야 하는지 알 수가 없다. 어떻게 하면 좋을까?

서비스나 상품을 개발하는 과정에서는 서로 경쟁하는 대안들을 두고 어떤 것을 선택해야 할지 반드시 고민하게 될 것이다. 특정 기능을 추가할 것인가? 시장A에 최적화 할 것인가 아니면 시장B에 맞출 것인가? 아니면 둘 다 만족시키려고 노력할 것인가? 더 많은 비용을 투자해 상품을 제조하면 가격을 올려야 하는데 고객들이 가격인상을 잘 받아들일 것인가?

실행 가능한 대안들을 잘 검토하는 것과 고객의 관점을 고려하는 것은 좋은 결과를 만들어낸다. 무엇을 포함하고 무엇을 버릴 것인지 결정하는 일에서 가장 중요한 핵심은, 입장을 바꾸어 당신의 사업체와 다른 사업체들을 놓고 선택해야 하는 소비자의 관점에서 생각해 보는 것이다. 소비자의 선택사항들을 파악하고 나면 경쟁업체들이 제공하는 것을 더욱 발전시키거나 이를 혼합해 더 매력적인 상품을 제공할 수 있게 된다.

참조 링크: https://personalmba.com/alternatives/

트레이드오프(절충)
Trade-offs

"나는 당신에게 확실한 성공을 가져다주는 공식을 줄 수는 없지만 확실한 실패를 가져다주는 공식에 대해서는 말해줄 수 있다. 즉, 항상 모든 사람을 만족시키려고 노력하는 것이다."

허버트 베이야드 스워프(Herbert Bayard Swope), 퓰리처상 수상 저널리스트

트레이드오프는 몇몇의 경쟁하는 선택사항들 중에 한 가지에 더 큰 가치를 부여하는 결정을 의미한다. 우리는 시간, 에너지, 자원 등이 한정된 세상에 살고 있다. 하루에는 24시간 밖에 없고, 사용할 수 있는 에너지는 한정되어 있으며, 쓸 수 있는 돈 역시 늘 풍족하지 않은 것이 현실이다. 원하는 모든 것을 할 수 없다면 어떻게 해야 할까?

원하는 모든 것을 항상 가질 수는 없다. 개인소유로 섬 하나를 살 정도로 통장에 잔고가 많이 있다 하더라도 어느 섬을 사야할지를 정해야 한다. 세상에 있는 섬이란 섬을 다 사고 싶을 수도 있겠으나 이는 불가능하다. 그러니 결정을 내려야 하는 순간에 당신에게 가장 큰 이익을 주는 또는 가장 좋아하는 특성을 제공하는 선택을 해야만 하는 것이다.

매일 매순간, 우리는 트레이드오프를 하고 있다. 이 중 일부는 경제적인 것이다. 마음에 드는 여러 개의 바지 중 어떤 것을 사야 할까? 일부는 시간에 관한 것이다. 친구를 보러 가야 하나 아니면 영화를 보러 가야 하나? 일부는 노력에 관한 것이다. 팀 미팅에 갈 것인가 아니면 이미 기한이 지난 TPS 리포트를 작성할 것인가?

사람들이 어떤 선택을 할지 예측하는 것은 매우 어려운 일이다. 가치는 환경과 문맥에 따라 빠르게 변화한다. 가치는 사실상 사적인 선호사항이 될 수도 있다. 우리가 얼마나 특정 물건, 자질, 또는 존재 상태를 다른 것보다 더 원하고, 욕망하고, 중요시하는지에 따라 가치가 결정된다. 오늘 아침에 중요하다고 생각했던 것이 오늘 오후나 저녁에는 전혀 중요하지 않게 되어버릴 수가 있다. 오늘

원하는 것을 내일 전혀 원하지 않게 될 수도 있다.

사업에서 무엇을 제공할지 생각하는 단계에서 패턴을 잘 살펴본다면 도움이 많이 될 것이다. 패턴이란 특정 인구집단이 몇몇 특징들을 한 문맥에서 다른 것들보다 더 중요시하는 것을 뜻한다. 무엇을 택하고 무엇을 버릴 것인지에 대한 결정은 모든 사람을 만족시키지 못할 것이다. 그러나 고객이 무엇을 중요시하는지에 관심을 기울인다면 제공하고자 하는 바를 더욱 발전시켜 잠재고객 대부분에게 더 큰 만족을 제공할 수 있을 것이다.

참조 링크: https://personalmba.com/Tradeoffs/

경제적 가치
Economic Values

"성공적인 사업은 사랑받거나 증오받는다."

테드 레온시스(Ted Leonsis), AOL 전 간부이자 Washington Capitals 사장

고객은 돈을 지불할 당시에 그들이 선택할 수 있는 여러 다른 선택권들 중에서 당신의 제품이나 서비스를 선택한 것이다. 그들의 구매는 당신이 제공하는 가치를 다른 선택 사항들보다 더 높이 평가했다는 의미다. 당신의 제품이나 서비스를 향상시키려면 잠재고객이 지갑 안에 있는 금전의 가치보다 더욱 중요시하는 것이 무엇인가를 가장 먼저 고려해야 할 것이다.

누구든지 시간과 장소에 따라 제품의 가치를 다르게 평가한다. 그러나 사람들이 구매를 할 때에 흔히 나타나는 몇 가지 공통된

패턴이 있다. 제품이나 서비스가 충분히 매력적이라는 점을 가정할 때, 사람들은 일반적으로 구매하기 전에 다음 9가지의 경제적 가치들을 고려해 구매결정을 내린다.

1. 효능 – 얼마나 효과적인가?
2. 신속성 – 얼마나 빨리 효과를 볼 수 있나?
3. 신뢰성 – 내가 원하는 결과를 항상 얻을 것이라 믿을 수 있나?
4. 편리성 – 사용하려면 얼마나 많은 노력이 드는가?
5. 융통성 – 얼마나 다양한 용도로 사용되는가?
6. 지위 – 이를 통해 다른 사람들에게 보이는 나의 이미지는 어떤 영향을 받는가?
7. 미적 매력 – 얼마나 미적으로 만족을 주며 외형이 아름다운가?
8. 감성 – 나의 기분에 어떤 영향을 미치는가?
9. 가격 – 내가 얼마를 소비해야 이를 얻을 수 있나?

《트레이드오프: 초일류기업들의 운명을 바꾼 위대한 선택^{Trade-Off:} ^{Why Some Things Catch On, and Others Don't}》이라는 책에서 케빈 매이니^{Kevin Maney}는 두 가지 주요 특징으로 위의 공통된 가치들을 설명한다. 바로 편리함과 충성심이다. 편리한 상품이란 빠르고 신뢰할 수 있으며 사용이 간편하고 다양한 환경에서 적용이 가능하도록 융통성을 제공한다. 충성스러운 고객을 확보하려면 높은 품질과 지위 향상,

미적 그리고 감성적인 가치를 제공할 수 있어야 한다.

상품 또는 서비스를 향상시킬 때는 편리성 또는 충성도를 높이는 관점에서 접근할 수 있다. 충성도와 편리성 모두를 충족시키기는 매우 어렵기 때문에 대부분의 성공적인 상품들은 충성도와 편리성 모두를 경쟁 상품들보다 더 많이 제공하려고 노력한다. 피자가 먹고 싶을 때 시카고 '피제리아 우노^{Pizzeria Uno}'의 근사한 레스토랑에서 먹는 것은 충성도가 높음을 의미하고, 근처 '도미노'에서 피자를 배달시키는 것은 편리성이 높기 때문이다. 이때 '피제리아 우노'는 멋진 외식 경험을 제공함으로써 더 높은 수익을 창출할 수 있고, '도미노'는 가능한 한 빨리 맛있는 피자를 배달함으로써 수익을 늘릴 수 있다.

새로운 상품이나 서비스의 개발에서 발생하는 트레이드오프는 각각의 옵션에 독특한 성격을 부여한다. 일례로 의류산업을 보자. 올드 네이비, 바나나 리퍼블릭, 갭은 모두 Gap Inc.의 자회사들이다. 위의 세 브랜드들은 모두 바지와 셔츠 등 비슷한 유형의 의류를 만들어 낸다. 그러나 서로 다른 트레이드오프를 제공하고 있다.

모든 이가 좋아할 만한 한 가지 의류 브랜드를 만드는 대신에 – 사실 이는 불가능하다. 사람들은 취향이 너무나 다르기 때문이다. – Gap Inc.는 특정 트레이드오프를 제공하기 위해 제품 라인을 전문화했다. 올드 네이비^{Old Navy}는 기능 효율성과 저렴한 가격을 강조하고, 갭은 중간대 가격으로 멋진 스타일과 패션을 제공하는 데에 목표를 두고 있다. 바나나 리퍼블릭^{Banana Republic}은 미적 아름다움과 지위를 제공하면서 고가의 의류를 판매한다. 각각의 제품 라인은 자신만의 독특한 이미지와 서로 다른 고객 집단에 어필하는 매력을 갖고 있다. 제작되는 의류 상품들은 모두 같은 제조 과정을 거치면서 판매로 벌어들이는 수익 역시 같은 회사가 가져가지만 말이다.

참조 링크: https://personalmba.com/economic-values/

상대적 중요성 검사
Relative Importance Testing

"가장 중요한 것이 가장 중요하지 않은 것 때문에 좌우되면 절대로 안
된다."

요한 볼프강 폰 괴테(Johann Wolfgang von Goethe),
19세기 극작가, 시인 그리고 박식가

사람들이 무엇을 원하는가를 알아내려 한다면, 이내 사람들이 모든 것을 원하고 있다는 사실을 알게 될 것이다. 이를 보여주는 한 예가 있다. 기업은 종종 포커스 그룹^{focus group} (시장 조사나 여론 조사를 위해 각 계층을 대표하도록 뽑은 소수의 사람들로 이뤄진 그룹)으로 잠재고객들을 모아서 브리핑을 연다. 각 참여자에게 해당 기업의 상품이나 서비스의 9개 경제적 가치 중 각 항목의 중요도(0에서 10)를 평가하라고 지시한다. 결과가 어떻게 나올 것 같은가?

그 상품이나 서비스가 무엇이던 간에 결과는 항상 같을 것이다. 모두들 사용할 때 최소한의 노력이 들고, 놀라우리만큼 훌륭한 효과를 즉시 주며, 항상 믿을 수 있는 것을 기대한다. 동시에 상품을

사용해 부자가 되고 아름다워지며 또한 영원히 행복하게 되기를 바란다. 그들은 또 이 상품을 공짜로 얻을 수 있기를 바란다. 위의 특성들 중 어느 한 가지를 포기하겠냐고 질문한다면 소비자들은 모두 너무 중요한 성질들이어서 아무것도 포기할 수 없고 어느 한 가지라도 모자란다면 완전히 만족할 수 없으리라고 답할 것이다.

포커스 집단 밖의 현실은 항상 좀 다르다. 포커스 집단에서 정보를 모은 후, 각각의 참여자는 공짜이지도 않고 완벽하지도 않은 상품들을 구매할 것이다. 그에 대해 불만을 갖기는커녕 기꺼이 그렇게 할 것이다. 왜일까?

일반적으로 사람들은 한 가지를 반드시 선택해야 하는 상황이 아니면 트레이드오프를 받아들이지 않는다. 완벽한 옵션이 있다면 그것을 구매할 것이나 세상에 모든 조건을 충족시키는 완벽한 상품이나 서비스는 존재하지 않기에, 사람들은 차선책을 선택하는 것이다.

사람들이 진정 무엇을 중요시 하는지를 알아내는 가장 좋은 방법은 분명한 트레이드오프를 하도록 요구하는 것이다. 가설 검증을 위해 포커스 그룹을 모집하는 것의 문제점은 참여자가 실제 선택을 할 상황이 제공되지 않는다는 점이다. 가정된 상황에서 사람들은 당연히 가장 이상적인 제품이나 서비스를 기대할 것이다.

1980년대 조단 루비에르Jordan Louviere가 주창한 일련의 분석 기법[3]들인 '상대적 중요성 검사'는 사람들이 실제로 무엇을 원하는지 알아내기 위해 현실 트레이드오프를 연출하는 간단한 질문을 제시한다. 이 기법은 다음과 같이 사용된다.

상대적 중요성 테스트를 위에서 언급한 작은 식당에 적용한다고 가정해 보자. 각각의 이점을 0점에서 10점으로 평가하는 대신에, 참여자는 아래와 같은 질문지를 받게 될 것이다.

A. 주문한 지 5분 이내에 음식이 테이블로 나온다.
B. 대부분의 메인 디시 가격이 20달러 미만이다.
C. 레스토랑의 실내장식이 훌륭하다.
D. 메뉴에는 다양한 음식이 제공된다.

이 질문지를 받은 후 참여자들은 다음의 질문을 받는다.

1. 위의 항목들 중 가장 중요한 것은 무엇인가?
2. 위의 항목들 중 가장 중요하지 않은 것은 무엇인가?

참여자가 질문에 답을 하면 다음의 항목들을 보여준다.

E. 다른 곳에서는 찾아 볼 수 없는 독특한 요리들이 있다.
F. 내가 선호하는 음식을 언제든지 주문할 수 있다.
G. 내가 여기서 식사를 한다고 하면 사람들이 부러워한다.
H. 음식량이 푸짐하다.

4~5개의 범주를 아우르는 무작위의 질문들은 참여자가 주의가 산만해지거나 더 이상 조합할 수 있는 항목들이 없을 때까지 계속된

다. 이는 보통 질문을 한 지 5~10분이 지나면 발생하는 현상이다.

위의 간단한 질문에 답하는 것은 시간이 오래 걸리지 않지만, 이로 인해 얻는 답안은 실로 유용한 정보를 많이 제공한다. 참여자에게 실제적인 선택을 하라고 요구함으로써, 실제 상황에서 비슷한 선택을 해야 할 때 이들이 내리는 결정에 대해 좀 더 정확한 정보를 얻을 수 있다. 결과가 종합되고 통계적으로 분석되면, 각 이익의 상대적 중요도는 매우 명확해진다. 응답자가 답하는 문항이 많을수록 해당 사업이 제공하는 각 이익의 상대적 중요도를 더 명확히 판단할 수 있게 된다.[4]

상대적 중요도 테스트는 서비스나 상품이 제공하는 이익들 중 어떤 것에 더 집중해야 하는지를 빠르게 알려주고 이를 통해 사업을 더욱 발전시킬 수 있도록 도와준다. 상대적 중요도 테스트를 더 효과적으로 사용하고 싶다면 아래 웹사이트를 방문해 보라.

참조 링크: https://personalmba.com/relative-importance-testing/

주요 가정
Critical Assumptions

"확실히 잘못된 것보다는 대략적으로 옳은 것이 더 낫다."

존 메이너드 케인즈(John Maynard Keynes), 경제학자

LA에서 요가원을 개업하려 한다고 가정해 보자. 시장 잠재력도 좋아 보인다. 수요가 확실한 동네를 찾았고, 이곳에는 수요를 충족

시킬 만큼 요가원이 없다는 것도 알아냈다. 동네 주민들은 매달 100달러가 넘는 수강비를 지불할 충분한 경제적 능력이 된다. 당신은 요가원 내부 구조에 대한 초안을 그림과 동시에 어떤 스타일의 요가를 제공할 것인지, 어떤 강사를 고용할 것인지 대충의 계획을 세우고 있다.

또한 월세가 1만 달러 정도인(12개월 임대계약을 하는 조건으로) 위치가 좋은 상점도 찾았다. 여기에 매달 직원 월급, 운영비 등으로 1만 2천 달러 정도를 지출할 것이라 추정하고 있다. 그리고 선불로 5천 달러 정도를 지출해 요가매트, 블록, 컴퓨터 등의 필수 장비를 구입해야 한다.

부동산 중개인은 빨리 임대계약을 맺지 않으면 다른 사람에게 상가를 뺏기게 될 거라며 결정을 내리라고 재촉한다. 현재 저축액은 창업비용과 첫 세 달 동안의 운영비를 충당할 만큼은 된다. 지금 당신은 자신만의 사업을 할 생각에 매우 흥분되지만, 진정 옳은 결정을 내리는 것인가를 생각해 보게 된다. 계약서에 서명을 해야 할 것인가?

위의 얘기는 매우 흔한 상황이다. 초보 사업가는 부푼 꿈을 안고 레스토랑, 바, 서점 등을 개업하려 계획을 세운다. 개업을 하기 위해 전 재산을 투자하고, 많은 경우 상당한 금액을 대출받기도 한다. 어떤 경우 위의 이야기는 성공적인 결말을 가져오기도 하지만, 대부분의 경우 초기 사업가는 몇 달 안에 파산하고 사업을 중단해야 한다. 그리고 빈털터리가 된 사업가는 어디서 무엇이 잘못되었는지 어리둥절할 것이다.

주요 가정은 사업이나 상품이 수익을 거두기 위해 반드시 갖추어야 할 현실성을 가지는 사실 혹은 요소들을 말한다. 모든 새로운 벤처에는 중요한 가정들이 있는데, 이들 중 하나라도 현실에서 거짓으로 밝혀질 경우 사업은 현실성을 잃고 좋은 아이디어는 이내 적용 불가능하게 되고 만다.

위에 설명한 요가원의 예에는 다음 세 가지 주요 가정들이 있다.

1. 이 동네의 주민들은 자신의 집과 가까운 요가원에 등록해 매달 100달러 이상의 수강비를 지불할 용의가 있다.
2. 요가원은 개업 3개월 안에 수강비를 완납하는 220명의 회원을 모을 수 있다.
3. 매달 총 수익은 첫 1년 동안(상가 임대 기간) 2만 2천 달러 이상이어야 한다.

만약 위의 주요 가정들이 거짓으로 드러날 경우 어떤 일이 발생하는지 알아보자.

1. 초기 고객들은 많은 관심을 보이겠지만 대부분의 사람들은 요가원을 한번 둘러보고는 수강료가 100달러라는 사실에 좀 놀란다. 이들은 차라리 차를 타고 조금 더 멀리 나가 한 달 수강료가 75달러인 요가원에 다니는 것이 낫다고 생각한다. 만약 수강료를 75달러로 낮추면 이제 회원수가 300명은 되어야 수지가 맞는다. 가격을 낮춘 후 원래 목표였던 220명

회원을 달성하긴 했으나 오히려 손해를 보고 있다.

2. 새로운 요가원은 더 이상의 회원을 끌지 못한다. 왜냐하면 동네 주민들을 다수가 이미 좀 더 멀리 떨어진 요가원에 12개월 회원권을 구입했기 때문이다. 요가원은 자꾸 손해만 보다가 이내 문을 닫고야 만다.

3. 비슷한 시기에 아주 멋진 시설을 갖춘 요가원이 근처에 새로 오픈했다. 3개월 후, 회원 수는 반으로 줄고 손해가 더욱 커지고 있다. 임대 계약은 아직도 9개월이나 남았으나 손해를 만회할 기회는 점점 더 희박해져만 간다.

모든 사업 또는 상품은 일련의 주요 가정들을 안고 있다. 사업이 번창할 것인가 혹은 파산할 것인가는 모두 이 가정들에 달려 있는 셈이다. 사업에 뛰어들기 전에 더 정확하게 이 가정들을 파악하고 이들이 얼마나 현실적인지 판단해야 한다. 그럼으로써 위험을 줄이고 현명한 결정을 했다는 것에 대해 자신감을 얻을 것이다.

참조 링크: https://personalmba.com/critical-assumptions/

그림자 검사
Shadow Testing

"경계가 곧 방어다(유비무환)."

로마 속담

주요 가정들을 검증하는 가장 좋은 방법은 직접적으로 테스트해 보는 것이다. 그러나 가정을 증명하기 위해 창업의 전 과정을 모두 실행해 보는 것은 위험이 너무 높을 뿐만 아니라 비용도 많이 든다. 실제 제품을 출시하기 전에 구매의도가 있는 실제 소비자들을 대상으로 제품이나 서비스를 미리 선보임으로써 위험을 최소화하는 방법이 현명할 것이다.

그림자 검사는 제품이 공식 출시되기 전에 샘플을 판매하는 전략이다. 제품이 아직 개발 중이라는 것을 확실히 밝힌다면, 그림자 테스팅은 사업상의 주요 가정들을 실제 소비자를 대상으로 검증해 보는 저렴하면서도 좋은 기회가 된다.

실제로 구매하는 소비자는 실험에서 만나는 소비자와는 다르다. 그림자 검사는 매우 유용한 고객의 피드백을 얻는 유일한 방법이다. 현재 개발 중인 상품을 소비자가 실제로 구매할지 여부는 중요치 않다. 어떤 프로젝트를 실행하기 전에 위험을 최소화하려면 가능한 한 빨리 실제 구매고객으로부터 정보를 수집해야 할 것이다.

핏비트^{FitBit}는 그림자 검사를 매우 잘 활용한 회사다. 2008년 9월 에릭 프리드만^{Eric Friedman}과 제임스 박^{James Park}이 공동 창립한 이 회사는 클립으로 고정할 수 있는 작은 운동 및 수면 데이터 측정 기기를 만드는 회사이다. 핏비트 기기는 낮과 밤의 활동 수치들을 측정해 이를 자동으로 웹사이트에 업로드하고, 웹상에서 소비자의 건강, 운동량, 수면 패턴 등을 분석한다.

이 방식은 매우 흥미롭고 기발한 개념이지만 새로운 하드웨어를 개발하는 일에는 많은 시간과 자원이 들며 위험부담도 크다. 그래서 프리드만과 박은 이렇게 했다. 이들은 핏비트를 설립하려는 아이디어를 공표한 날, 동시에 소비자가 웹사이트에서 핏비트 기기를 미리 주문할 수 있도록 했다. 당시 이들이 제공할 수 있는 정보라고는 기기의 기능에 대한 설명과 외관을 묘사하는 임시 스케치 등이 다였다. 두 창업자는 사이트상에서 고객의 이름, 주소, 신용카드 정보 등을 수집했다. 그러나 실제 결제는 상품이 배송 준비가 되었을 때까지 이루어지지 않았다. 결제를 하지 않음으로써 프로젝트에 차질이 생겨 제품을 개발할 수 없는 상황이 된 경우에 회사가 배상의 책임을 질 위험을 낮추었다.

주문이 쏟아지기 시작했고 한 달 후, 투자자들은 2백만 달러를 기꺼이 투자해 사업을 현실화했다. 1년 후, 핏비트실제 제품은 고객들에게 발송되었다. 이것이 바로 그림자 검사의 힘이다.

참조 링크: https://personalmba.com/shadow-testing/

최소 경제성 상품

Minimum Viable Offer

"당신 제품의 초안이 부끄럽지 않다면 당신은 상품 출시를 너무 늦게 해버린 것이다."

레이드 호프만(Reid Hoffman), 링크드인 창립자

그림자 검사를 실행하기 위해서는 먼저 판매할 무언가가 있어야 한다. 다행히 완제품을 다 만들 필요는 없다.

최소 경제성 상품은 실제 판매를 위해 제공하고 약속해야 하는 최소한의 이익을 뜻한다. 최소 경제성 상품은 본질적으로 소비자가 지갑을 열어 구매하도록 하는 발전된 형태의 원형이다. 이는 복잡할 필요가 없다. 핏비트의 최소 경제성 상품은 원형, 간단한 설명, 그리고 컴퓨터 도안이 다였다. 이처럼 실제 구매 고객의 구미가 당기게 할 상품에 대한 정보 또는 원형을 제공하면 되는 것이다.

최소 경제성 상품을 만들어내는 것은 도움이 많이 된다. 왜냐하면 전에도 말했듯이 미래에 무엇이 효력이 있고 없을지를 100퍼센트 아는 것은 불가능하기 때문이다. 우리가 가진 시간과 자원은 한정적이기에 이를 실패작이 될 상품에 투자할 수는 없다. 따라서 아이디어가 현실적으로 시장성이 있는지 없는지를 빨리 알고 싶다면 최소 경제성 상품에서 그만큼 도움을 얻을 수 있다.

잠재고객이 주는 피드백과 미리 전액을 선불로 구매하는 것은 사실 완전히 다르다. 최소 경제성 상품을 통해 실제 구매고객으로부터 최대한 빨리 유용한 정보를 얻을 수 있을 뿐 아니라 사업 아이디어의 주요 가정들이 얼마나 현실성 있는지도 매우 빠르게 알 수 있다. 따라서 이 과정을 통해 실패를 부르는 결정을 최소화할 수 있다.

앞서 언급한 요가원으로 다시 돌아가 보자. 주요 가정들을 평가하기 위해 다음과 같이 최소 경제성 상품과 그림자 검사를 사용할 수 있다.

- 1단계: 요가원을 자세하게 설명하는 간단한 웹사이트를 만들고 위치, 잠정적 수업 시간표, 강사진, 요가원의 사진이나 이미지 그리고 수강료 등을 알려준다. 사이트에는 선구매 페이지가 있고, 고객은 여기서 신용카드 정보를 제공하고 미리 회원권을 주문할 수 있다. 선구매 페이지에 등록함으로써 고객은 요가원이 오픈하는 동시에 12개월 회원권을 사용할 수 있으나 실제 오픈 후 마음에 들지 않으면 얼마든지 주문을 취소할 수 있다. 요가원이 오픈하지 않으면 모든 선구매 주문은 아무런 추가비용 없이 취소할 수 있다. 이 웹사이트를 만드는 비용은 몇 백 달러 정도일 것이다.
- 2단계: 웹사이트로 고객들이 방문하도록 만든다. 이는 비싼 광고비를 들이지 않고도 얼마든지 할 수 있다. 전단지 배부, 가택 홍보, 우편물 발송 그리고 지역 검색엔진에 광고하기 등으로 실행한다. 여기에 드는 총 비용 역시 몇 백 달러를 넘지 않을 것이다.
- 3단계: 웹사이트에서 전액 선구매 주문을 몇 명이나 하는지 또는 몇 명이나 구매 전에 추가 문의를 하는지 잘 기록해 둔다. 단 몇 시간의 분석 업무면 가능하다.

이 간단한 과정은 빠르게 그리고 저렴하게 실행할 수 있다. 여기서 기존의 주요 가정들이 실제 현실에서는 얼마나 정확한지 많이 배울 수 있을 것이다. 주요 가정을 검증하기 위해 초기에 몇 백 달러를 지출하는 것은 매우 가치 있는 지출이다. 특히 애초부터 실패할 운명인 좋지 않은 비즈니스 아이디어를 구상 중이었다면 뒤에 더 많은 돈을 허비하는 일을 방지하게 된다.

　최소 경제성 상품으로 사업을 시작하는 것은 위험을 최소화한다. 처음에는 투자 규모를 최소화하고, 시간이 지남에 따라 정보가 쌓이고 아이디어가 더 구체화되고 조율되면서 투자 규모를 조금씩 늘려나가면, 무엇이 도움이 되고 그렇지 않은지 빨리 파악할수 있게 된다. 아이디어가 성공할 가능성이 크다면 그 성공을 이룰 수 있는 방법들을 얻게 될 것이고, 주요 가정들이 현실성이 없다면 재산을 탕진하지 않고 품위도 지키면서 새로운 아이디어를 찾아 나서면 되는 것이다.

　참조 링크: https://personalmba.com/minimum-viable-offer/

점진적 증가
Incremental Augmentation

"딱 세 가지 주요 특성들만 골라서 아주 잘 연마하라. 그리고 나머지는
모두 잊어라. 상품의 초기 버전에서 몇 가지 핵심 특성들에만 초점을
맞출 때 당신은 제품의 진정한 가치와 본질을 찾아낼 수 있을 것이다."

폴 부케이트(Paul Buchheit),
지메일과 구글 애드센스(Gmail and Google AdSense)의 개발자

최소 경제성 상품이 잘 팔리고 있다면 주요 가정들이 진실임을 증명한 것이다. 당신은 지금까지는 매우 잘 해오고 있다. 그러나 아직 끝난 것이 아니다. 이 사업을 최상의 상태로 가다듬으려면 계

속해서 작은 변화들을 만들어 상품을 발전시키고 소비자를 끌어들이며 경쟁업체를 물리칠 수 있어야 할 것이다.

점진적 증가는 반복 주기를 사용해 기존의 상품이나 서비스에 새로운 이점들을 추가하는 방법이다. 이 과정은 간단하다. 핵심 상품에 추가적인 이점들을 계속 적용하고 이를 테스팅해 보라. 효과가 있는 변화는 반복하고, 효과가 없는 변화는 멈추면 된다.

자동차를 주문 제작하는 것은 점진적 증가의 좋은 예다. 튜닝 전문가는 경주용 자동차의 부품을 지속적으로 바꾸고 업그레이드 한다. 더 좋은 엔진, 스포일러, 앞 유리 썬팅, 크롬 휠캡 등을 추가한다. 각 변화의 목적은 자동차를 계속 조금씩 발전시켜 최고의 상태까지 끌어올리는 것이다. 튜닝작업이 끝난 후 자동차는 완전히 새로 태어난 것이나 다름없다.

점진적 증가는 한 번의 대대적 변화가 실패할 경우 감수해야 하는 위험을 최소화하면서 점진적으로 상품이나 서비스를 발전시키는 방법이다. 만일 부주의하다면 제품 출시 후 극단적 변화를 도입해 애초에 상품의 가치를 이뤘던 핵심 특성들을 모두 없애버리거나 고객에게 가치를 전달하기 위해 이룩했던 초기 시스템 자체를 망가뜨릴 수 있다. 그러나 점진적으로 작은 변화를 만들어내고 시험해 봄으로써 지속적으로 상품을 향상시키고 모든 것을 잃을 위험을 감소할 수 있다. 그리고 시간이 지남에 따라 고객에게 더 높은 가치를 제공할 수 있을 것이다.

우리가 알아야 할 것은 점진적 증가는 한계가 있다는 사실이다. 새로운 시장에 진입하거나 사업을 전반적으로 개조하고 싶다면 완전히 다른 무언가를 만들어야 할 수도 있다. 만약 그런 경우라면, 새로운 원형을 개발하고 아예 처음부터 가치 창조 과정을 밟아가야 할 것이다. 준비가 되면 피드백을 수집하고 검증(나중에 더 자세히 논함)하라. 이를 통해 새로운 버전을 기존의 버전과 비교하고, 출시하기 전에 기존의 것보다 확실히 더 향상되었음을 검증해야 한다.

참조 링크: https://personalmba.com/incremental-augmentation/

현장 검사
Field Testing

"하루에 최소한 세 번 이상 손을 씻지 않은 엔지니어는 실패한 것이나 다름없다."

쇼이치로 도요타(Shoichiro Toyoda), 도요타 자동차 전 회장

패트릭 스미스[Patrick Smith]는 일 년 중 150일을 콜로라도의 숲에서 보낸다. 지난 50년간 쭉 그래왔다. 스미스는 '콜로라도 야외 생활 교육원'과 두 개의 매우 성공적인 사냥 및 배낭여행 회사인 마운틴 스미스와 키파루 인터내셔날의 창립자다.

키파루의 고객이 되는 것은 신용카드 지출을 빠르게 증가시키는 길이다. 키파루는 전 세계에서 가장 품질 좋은 등산 및 사냥 가방과 침낭·텐트 등을 만드는 회사다. 키파루 제품들은 모두 매우 내구성이 좋으며 가볍고 세련된 디자인을 자랑한다. 키파루 가방은 200파운드를 가뿐하게 지탱할 수 있고 수십 년간 사용가능하

지만 가격이 수백 달러 대다.

스포츠 애호가와 군인이 주문 제작된 키파루 장비를 사기 위해 수천 달러를 탕진하는 것은 매우 흔히 볼 수 있는 일이다. 이들은 미리 주문을 하고 회사가 제품을 만드는 동안 기꺼이 6~8주의 긴 시간을 기다린다. 키파루 고객 중 제품의 질에 불만족을 표하는 고객을 찾기는 매우 어려울 것이다. 일단 한 번 고객이 되면 평생 키파루 브랜드만 고집하게 된다.

키파루 품질의 비밀은 바로 현장 검증이다. 스미스는 제품을 고객에게 선보이기 전에 수년 동안 모든 키파루 제품을 직접 만들고 사용하고 조율하는 것을 반복했다. 완성된 제품이 시장에 출시될 시점이면 지독한 테스팅을 통과한 고품질의 제품에 매우 까다로운 고객이라도 만족하지 않을 수 없다.

여기 현장 검증에 대한 스미스만의 접근방식이 있다.

"나는 오지(奧地)에서 영감을 받고 실험할 장소를 얻는다. 제품이 실제로 사용되는 현장에서 디자인과 성능에 대한 구체적인 아이디어들을 발견한다. 나는 이 방법을 매우 신뢰한다. 특히 디자인에 대해서는 즉각적인 피드백을 얻는다. 그것은 내가 실제 현장에서 고안된 용도로 같은 제품을 사용해 보기 때문이다. 그리고 현실에서 즉시 제품을 검증해 본다. 나는 도심 속 사무실에서 컴퓨터 앞에 앉아 디자인을 고안하는 것보다 이 방법이 훨씬 더 우수하다고 자신한다. 등산도 하면서 제품 아이디어도 얻는 이 방법이 윈윈(win-win)이라고 생각한다."[5]

현장 검증은 오랫동안 성공적인 제품의 탄생에 이바지해왔다. 1923년, 뉴욕의 프로텍티브 가멘트 기업 Protective Garment Corporation 의 윌리엄 머피 W.H. Murphy 는 제품의 효과를 입증하기 위해 길 한복판에서 많은 사람들이 보는 가운데 3미터 거리에서 동료가 자신에게 총을 쏘게 했다. 이 마케팅 쇼는 엄청나게 많은 현장 검증을 통해 방탄 효과가 입증된 조끼의 효력을 보여주기 위함이었다.

미구엘 카바예로 Miguel Caballero 는 콜롬비아 출신의 신사 정장 제조업자였는데 그는 버락 오바마, 휴고 샤베즈와 같은 국가 원수들을 위해 방탄 정장을 제조했다. 그는 이 정장을 입고 있는 사람은 정면에서 저격을 당해도 총상을 입지 않는 것을 보여주는 비디오를 유튜브에 지속적으로 업로드하고 있다.[6]

한편 대부분의 자동차 제조사들은 일반 도로와 오프로드에서 장애물 코스 주행 테스트를 실시해 자동차 성능과 핸들링을 검증한다. 마이크로소프트나 구글과 같은 소프트웨어 회사들은 새로운 제품들을 출시하기 전에 회사 내부 직원들을 대상으로 광범위하게 현장 테스팅하여 완성도에 만전을 기한다. 이처럼 내부적으로 검증하는 것은 고객이 프로그램 상의 버그를 발견하는 불상사를 막기 위함이다.

당신이 만드는 제품을 스스로 매일 사용해 보는 것은 품질을 높이는 가장 좋은 방법이다. 가장 열렬하면서도 가장 혹독한 소비자가 되어보는 것이야말로 제품을 가장 많이 발전시키는 유일한 방법이다.

참조 링크: https://personalmba.com/field-testing/

2장

마케팅

" 가치를 제공하는 것만으로 충분하지 않다. 제공하는 것을 아무도 모른다면 얼마나 많은 가치를 창출했는지는 중요하지 않다. 마케팅이 없다면 비즈니스는 생존할 수 없다. 상품이 있다는 것을 모르면 사람들은 구매할 수 없고, 그 상품에 흥미가 없는 사람도 실제 고객이 될 수는 없다. "

"지루한 것이야 말로 마케팅에서 절대하면 안 되는 범죄이다."

댄 케네디(Dan Kennedy), 마케팅 전문가

가치를 제공하는 것으로는 충분치 않다. 누구도 모르거나 관심이 없는 제품은 아무리 가치가 높다 하더라도 실패작이다. 마케팅이 없이는 그 어떤 사업도 생존할 수 없다. 사람들이 당신의 제품이 존재하는 사실조차 모른다면 그 제품을 사지 않을 것이며 또한 당신의 제품에 관심이 없다면 지갑을 열어 구매하지도 않을 것이다.

모든 성공적인 사업은 적정 고객층의 관심을 끄는 방법을 모색한다. 고객의 흥미를 자극하는 방법으로 제품에 관심을 갖게 하는 것이다. 고객이 관심을 갖지 않는다면 아무것도 판매하지 못한다. 그리고 판매를 못해서 수익을 창출하지 못하면 사업을 그만두어야 한다.

마케팅은 잠재고객을 찾는 과학이며 기술이다. 잠재고객은 기업이 제공하는 제품이나 서비스에 많은 관심을 가지고 있는 사람들이다. 세상에서 가장 성공적인 기업들은 구매력이 있는 잠재고객층을 빨리 그리고 저렴한 비용을 들여서 끌어들이는 방법을 알고 있는 기업들이다. 더 많은 잠재고객의 관심을 얻으면 얻을수록 당

신의 사업은 성공할 가능성이 커지는 것이다.

마케팅은 판매와는 전혀 다른 작업이다. 직접 마케팅 전략은 관심을 끌어들이는 것과 구매를 유도하는 과정에 드는 시간을 최소화하는 전략이다. 그러나 마케팅과 판매는 두 가지의 완전히 다른 과정들이다.

마케팅은 이목을 집중시키는 것이다. 그리고 판매는 거래를 성사시키는 것이다.

참조 링크: https://personalmba.com/marketing/

관심
Attention

"관심으로 점철되는 경제구도 속에서 마케터들은 관심을 얻기 위해 노력을 기울인다. 관심을 못 얻으면 지는 것이다."

세스 고딘(Seth Godin),
《허락 마케팅》, 《보랏빛 소가 온다》, 《우리가 이끄는 부족》 등의 베스트셀러 저자

현대의 삶은 고객의 관심을 필요로 하는 다양한 기업들의 전쟁이라 해도 과언이 아니다. 지금 이 순간에도 당신의 관심을 얻기 위해 경쟁하는 여러 가지 일들이 있을 것이다. 끝내야 하는 일과 통화해야 할 사람들, 확인해야 하는 이메일과 시청해야 하는 TV쇼 그리고 들어야 하는 음악과 방문해야 하는 수많은 웹사이트들이 있을 것이다. 모두들 해야 할 일이 너무나 많고 다 하기엔 시간은 턱없이 부족하다.

마케팅의 첫 번째 규칙은 '잠재고객의 관심은 한정되어 있다'는 것이다. 관심을 기울일 만한 일들을 모두 살펴보는 것은 현실적으로 불가능하다. 따라서 취할 수 있는 가장 좋은 방법은 필터링하는 것이다. 우리는 주의를 나누어 더 좋아하거나 더 중요한 일에 관심을 쏟고 그렇지 않은 일들에는 관심을 할애하지 않는다. 세상의 모든 사람들이 이렇게 살아가고 있으며 이는 잠재고객이라고 예외가 아니다. 누군가의 관심을 얻으려면 그들의 필터를 넘어설 방법을 찾아야 한다.

양질의 관심은 열심히 노력해야 얻을 수 있다. 누군가의 관심을 얻으려고 할 때 그들의 세상에 있는 모든 것과 경쟁하고 있다는 사실을 알아야 한다. 눈에 띄기 위해 그리고 관심을 얻기 위해 당신은 경쟁하는 다른 것들보다 더 흥미롭고 더 도움이 될 만한 무엇을 갖추어야 한다.

우리가 하는 일에 대해 사람들이 크게 관여하지 않는다면, 사실 관심을 얻는 것만큼 쉬운 일도 없다. 관심 자체를 얻기 원한다면 지금 당장이라도 거대한 분홍색 토끼 복장을 입고 큰 소리를 치면서 거리를 활보해 보라. 아마 사람들의 엄청난 관심을 끌게 될 것이다. 그러나 사업을 할 때 우리는 아무 관심이나 끌려고 하지 않는다. 우리의 상품이나 서비스를 구매할 잠재고객만의 관심을 얻고자 하는 것이다.

관심을 한 몸에 받는 것은 기분 좋은 일이다. 허나 사업의 목표는 인기도 투표에서 1위를 하는 게 아니라 수익창조를 위해 판매를 하는 것이다. 공영 방송에 나오거나 거대 웹사이트에 소개되는 것은 매우 좋은 일이다. 하지만 꽤 많은 경우 이렇게 대중 매체에 상품을 노출시키는 것이 반드시 실제 구매로 이어지지는 않는다. 사교계의 명사처럼 행동하느라 시간과 비용을 들이는 것은 고객을 위해 실제적 가치를 제공하는 데 들여야 할 자원과 시간을 빼앗고, 이는 성공으로부터 더욱 멀어지게 할 것이다.

제품을 구매할 확률이 높은 사람들의 관심을 얻어라. 그렇게만 된다면 당신은 사업체를 키우고 발전할 수 있을 것이다. 이번 장에서 다룰 멘탈 모델은 이를 실행하는 구체적인 방법을 알려줄 것이다.

참조 링크: https://personalmba.com/attention/

수용
Receptivity

"한 사람에게 맞는 신발은 다른 사람을 꼬집습니다. 모든 경우에 맞는 삶의 비결은 없습니다."

칼 융(Carl Jung),
선구적인 정신과 의사이자 심리학자

사람들은 자신에게 중요하지 않은 것들은 모두 무시해 버린다. 인간 두뇌의 주요 기능 중 하나는 인지 필터링이다. 즉, 무엇에 주의를 기울이고, 기울이지 않을지를 결정하는 기능이다. 사람들에게 무시당하는 가장 빠른 방법은 이들이 전혀 관심 없는 주제에 대해 말하는 것이다.

수용은 전달하려는 메시지에 고객이 얼마나 열려 있는가를 나타내는 개념이다. 스테파니 메이어^{Stephenie Meyer}의 베스트셀러《트와일라잇^{Twilight}》의 열광적인 팬들은 수용성을 아주 잘 보여주고 있다. 이들은 소설에 너무 집중한 나머지 다음 작품이 나오자마자 구입하고, 소설에 대한 모든 정보를 빠짐없이 수집한다. 이런 상품을 마케팅하는 사람들에게 이것은 아주 이상적인 상황이다. 열광적인 팬층이 확보되어 있는 한 그 어떤 상품을 내놓아도 즉시 구매로 이어질 확률이 높기 때문이다.

수용성이라는 것은 두 가지 주요 요소들로 이루어져 있다. 바로 '무엇'과 '언제'이다. 사람들은 항상 주어진 시간에 특정 주제만 받아들이는 경향이 있다. 필자는 주로 좋은 경영 서적에 대해 얘기하는 것을 좋아하지만 이 얘기를 홍보담당자가 새벽 세 시에 전화를 걸어 하려 한다면 그리 달갑지 않을 것이다.

특정 메시지를 다른 사람들이 들어주기 바란다면 어떻게 전달하는가도 매우 중요하다. 메시지의 형태는 그 안에 담긴 정보를 사람들이 얼마나 잘 받아들이는지에 지대한 영향을 미친다. 메시지의 형태가 그것을 듣는 사람들만을 위해 만들어진 듯한 인상을 준다면, 잠재고객의 관심을 얻을 가능성은 더 높아질 것이다.

여기 한 예가 있다. 우리는 대부분 우편으로 오는 광고 메일을 무시한다. 겉으로 보기에 대량 생산한 것으로 보이거나 상업적인 냄새가 나면 받는 사람은 99퍼센트 별 생각 없이 즉시 휴지통에 버릴 것이다. 그러나 형태를 바꾸면 받아들이는 정도도 변화한다.

대부분의 사람들은 봉투에 손으로 직접 쓴 주소가 적혀 있다면 최소한 열어보기는 할 것이다. 컴퓨터로 프린트한 주소가 아니라

친필로 적힌 주소를 본다면 누군가가 자신에게 편지를 보내기 위해 많은 시간과 노력을 기울였다는 것을 알 수 있기 때문이다. 좀 더 나아가 커다란 페덱스^{Fedex} 등기 봉투에 친필로 주소를 쓴 봉투를 받은 사람은 누구나 – 아무리 바쁜 기업 고위간부라 해도 – 그 안에 무엇이 들어있는지 열어볼 것이다. 봉투는 커다랗고 비용도 비싸며, 주소를 손으로 적는 것은 그만큼 세심한 배려를 기울였다는 의미이기 때문이다. 물론 봉투를 열었을 때 안에 담긴 내용이 성의 없어 보인다면 흥미는 금세 사라질 것이다.

참조 링크: https://personalmba.com/receptivity/

비범함
Remarkability

"광고는 당신이 놀라운 무언가를 선보이지 못할 때 내야 하는 세금과
    같다."

로버트 스티븐스(Robert Stephens), '긱 스쿼드(Geek Squad)'의 창립자

조깅을 하러갈 때마다 항상 사람들은 내 신발에 대해 질문하곤 한다. 그들은 내 신발이 멋져서가 아니라 이상하기 때문에 관심을 보이는 것이다.

비브람^{Vibram}의 파이브핑거스 운동화^{FiveFingers}는 양말과 장갑이 결합된 모습을 하고 있다. 이 운동화를 신으면 약간 개구리 같은 모습을 하게 된다. 각 발가락을 감싸는 부분이 마치 양서류의 발가락을 연상시키기 때문이다. 이목을 끄는 괴상한 모습이 분명하다.

내가 파이브핑거스 운동화를 산 이유는 맨발 조깅이라는 개념을 경험해 보고 싶어서였다. 이 특별한 운동화는 발의 제 기능을 모두 수행할 수 있도록 자연스러운 걸음걸이와 달리기를 가능하게 한다. 얇은 고무창은 거친 자갈과 유리 파편 등으로부터 발을 보호하면서 자유로운 움직임을 허락한다. 파이브핑거스를 신고 뛰거나 걷는 것은 매우 재미있는 경험이라서 나는 이 운동화를 애용하고 있다.

파이브핑거스는 기존의 신발 모양을 완전히 탈피한 반면 꽤 이상한 모양을 하고 있기 때문에 보는 사람으로 하여금 많은 흥미를 유발시킨다. 그래서 사람들은 내내 나에게 내 신발에 대해 말을 건다. 뉴욕처럼 모두 바쁘고 남의 일에 관심 없는 사람들의 도시에서도 나는 늘 많은 질문을 받았다. 결국 나는 내가 왜 이 운동화를 신고 조깅을 하는지 그리고 가격은 얼마인지, 어디서 살 수 있는지에 대한 정보를 주게 된다.

파이브핑거스는 모든 신제품이 마주하는 가장 큰 장애물인 '무관심'의 문제를 디자인 자체로 해소하고 있다. 구매를 이끌어내려면 소비자들이 반드시 제품의 존재를 알아야 한다. 이 운동화를 신는 모든 고객은 궁극적으로 제조사인 비브람에게 꽤나 효과적인 광고를 해주고 있는 것이나 마찬가지이다. 그것도 공짜로 말이다.

기업의 입장에서, 파이브핑거스 운동화의 괴상한 디자인은 너무나도 훌륭한 마케팅 전략이다. 실제 영업처의 직원들은 파이브핑거스 운동화가 날개 돋힌 듯 팔린다고 말하고 있다. 〈뉴욕 타임스〉

지[1]는 2009년 8월 30일자 '발가락을 꼼지락거리는 거대 신발제조 업체'라는 제목의 기사에서 파이브핑거스 라인의 판매량이 2006년 최초 출시 후 매년 세 배 이상 늘어났으며 북미에서만 2009년에 수익이 천만 달러를 넘어서는 쾌거를 이뤘다고 보도했다. 이는 모두 대중 광고 캠페인을 전혀 하지 않고도 이루어낸 실적이다. 괴상한 모양 치고는 나쁘지 않은 결과다.

비범함이야말로 관심을 받는 가장 좋은 방법이다. 마케팅 도서의 고전으로 자리매김한 《보랏빛 소가 온다 Puple Cow》에서 저자인 세스 고딘 Seth Godin 은 이 원리를 설명하기 위해 기발한 비유를 사용한다. 갈색 소들이 많이 있는 초원은 지루하다. 그러나 보랏빛 소는 너무나 예상하지 못한 광경이어서 흥미롭다. 들판에 보랏빛 소가 있다면 많은 이의 관심을 끌고 사람들의 입에 오르내릴 것이다.

당신의 상품이나 서비스를 비범하고 독특하게 만들어서 사람들의 호기심을 자극한다면 관심을 끄는 것이 훨씬 더 쉬워질 것이다.

참조 링크: https://personalmba.com/remarkability/

예상 구매고객
Probable Purchaser

"지구에는 60억이 넘는 인구가 살고 있다. 이 중 99.999%의 사람들은 당신에게 돈을 거저 주려는 의도가 전혀 없다."

휴 매클라우드(Hugh Macleod), 《이그노어!》의 저자이자 만화가

무슨 제품을 출시하는지만 눈이 빠져라 기다리고 있는 고객은

없다. 신제품이 너무나 멋져서 다들 여기에 관심을 보일 거라 생각한다면 큰 착각이다. 당신이 선보일 상품이 식빵의 발명 이후 가장 멋진 사건이라고 아무리 굳게 믿는다고 해도 말이다(반드시 당신의 제품에 이런 굳건한 믿음이 있기를 바란다). 아무리 멋진 제품도 세상 모든 사람을 만족시킬 수는 없다. 당신이 무슨 일을 하고, 무엇을 제공하던 간에 이 세상 대부분의 사람들은 사실 전혀 관심이 없다. 현실은 냉혹하다.

성공하기 위해 모든 이들을 매료시킬 필요는 없다. 다만 사업을 지속하기 위한 충분한 매출을 올릴 만큼만 관심을 받으면 되는 것이다. 그러기 위해서는 어떤 제품과 서비스를 선보일지에 실제로 관심을 가지는 사람들의 흥미를 유발시키는 것이 중요하다.

노련한 마케팅 전문가는 모든 이의 관심을 얻으려 노력하지 않는다. 그들은 적절한 시기에 오직 가장 적절한 인구집단만을 공략한다. 할리데이비슨 오토바이^{Harley-Davidson}를 홍보한다고 가정하자. 올해 신 모델들을 오프라 윈프리 쇼에서 선보이겠다고 계획을 세우는 것은 별로 좋은 생각이 아니다. 오프라 윈프리 쇼^{the Oprah Winfrey Show}의 주 시청자들은 콧수염을 기르고 몸에 문신을 하고 가죽재킷을 즐겨 입는 덩치 좋은 남자들이 아닐 것이기 때문이다. 그러니 오프라가 오토바이 산업박람회에 등장할 거라는 기대는 하지 않는 편이 좋다.

예상 구매고객은 제공하고자 하는 제품이나 서비스에 가장 잘 맞는 사람들이다. 할리 브랜드의 최우수 고객들은 주말에는 '전사'로 변신하기를 즐기는 청년 혹은 중년 나이의 남자들이며, 이들은 여가 시간에 멋진 오토바이를 운전하며 스릴과 파워를 즐기는 여분의 소득이 많은 사람들이다. 오프라의 예상고객은 중년의 여성들로서 자기개발과 감수성을 자극하는 개인적 이야기 혹은 고백을 듣는 것을 좋아한다. 때문에 할리 브랜드는 오프라의 예상고객에게 어필하려고 노력하지 않으며, 오프라 역시 할리 고객에게 어필하려 하지 않는다. 이들은 최상의 효과를 위해 각각 자신만의 주요 고객층에 초점을 맞추고 홍보활동을 펼친다.

모두에게 어필하려하는 것은 시간과 돈을 낭비하는 일이다. 상품을 예상고객에게 효과적으로 홍보해야 한다. 당신이 제공하려는 서비스나 제품에 이미 관심을 갖고 있는 사람에게 홍보하는 것은 제한된 자원과 노력을 가장 효과적으로 사용하는 길이다.

참조 링크: https://personalmba.com/probable-purchaser/

고객의 심취
Preoccupation

"다른 사람들이 당신에게 거의 관심이 없다는 것을 진작 깨달았다면, 당신을 보는 그들의 시선에 그렇게나 많이 개의치 않아도 됐을 것이다."

엘리너 루즈벨트(Anna Eleanor Roosevelt), 미국의 전 영부인

가망고객의 관심을 얻기 위해서는 그들이 이미 하고 있는 일로부터 관심을 돌릴 수 있어야 하지만 그렇게 하기란 그리 쉽지 않다.

'고객 관심 끌기'는 현대의 마케터에게 피할 수 없는 현실이다. 마케팅 프로세스의 시작점에서 보면 가망고객은 당신뿐만 아니라

또 다른 것에도 관심이 있다. 자사 상품이 관심을 끌도록 하기 위해서는 가망고객이 현재 어떤 상품에 대해 갖고 있는 관심보다 더 큰 흥미를 유발시킬 수 있는 촉진활동을 펼쳐야만 한다.

가망고객이 이미 가지고 있는 다른 제품에 대한 심취를 깰 수 있는 가장 좋은 방법은 그들의 호기심, 놀라움 또는 관심을 유발하는 것이다. 고대 시절부터 인간의 뇌는 기회와 위협 그리고 도움이 되거나 해를 끼칠 수 있는 새로운 자극에 세심한 관심을 기울였다. 더 크고, 감정적으로 강렬한 자극은 관심을 끌기에 더 수월하다. 따라서 마케터는 가망고객의 좋은 추억을 떠올리는 심상이나 언어 그리고 음악을 사용할 필요가 있다. 그러한 자극에 의해 우리의 두뇌는 기존에 하던 일을 멈추고 새로운 것을 평가하기 시작한다.

그렇다고 마케팅이 야하고 시끄러워야 한다는 것은 아니다. 그것 못지않게 관심을 끌 수 있는 절묘한 방법은 수없이 많다. 가망고객의 환경이나 감정 상태에 따라서 제공해야 하는 흥미 한계치threshold는 낮아질 수 있다. 만일 가망고객이 지루해서 가만히 못 있거나 또는 오락이나 여흥거리를 찾고 있다면, 그들의 관심 끌기가 그리 어려운 일은 아니다.

가망고객이 기존에 심취하고 있는 상태를 추측하는 것에 늘 주의를 기울여야 한다. 고객의 현재 심취상황을 깨뜨리고, 자사 상품에 관심을 유도하는 방법으로 마케팅 촉진활동을 시작하라.

참조 링크: https://personalmba.com/preoccupation/

인식 수준

Levels of Awareness

"약속, 정말 큰 약속은 광고의 영혼이나 다름없다."

새뮤얼 존슨(Samuel Johnson), 18세기 수필가이자 사전학자

최고의 마케팅은 '잠재 고객이 원하는 곳이 아니라 잠재 고객이 있는 곳에서 만나는 것'이다. 성과를 창출하는 방식으로 관심을 끌고 싶다면 잠재 구매자들이 자사가 제공하는 제품에 대해 얼마나 알고 있으며 또 관심을 보이는지 세심하게 살펴야 한다.

획기적인 광고에서 유진 슈워츠$^{Eugene\ Schwartz}$는 잠재 고객이 마케팅 및 영업 과정에서 5가지 수준의 인지도를 경험한다고 강조한다.

1. **인식하지 못함** 잠재 고객이 귀사가 제공하는 제품에 대한 필요성이나 욕구를 인식하지 못한다.
2. **문제 인식** 잠재 고객은 니즈나 욕구가 있다는 것을 알고 있지만 적절한 해결책을 알지 못한다.
3. **솔루션 인지도** 잠재 고객이 잠재적인 솔루션이 존재한다는 것은 알고 있지만 구체적인 제안에 대해서는 알지 못한다.
4. **오퍼**^{Offer} **인지도** 잠재 고객이 제품이 제공됨을 알고 있지만 자신에게 적합한가를 확신하지 못하는 경우다.
5. **완전한 인지도** 잠재 고객은 귀사의 제안이 자신의 필요나 욕구에 대한 좋은 솔루션이라고 확신하며, 가격과 조건만 알면 구매 여부를 결정할 수 있다.

관심을 끌기 위한 접근 방식은 잠재 고객의 현재 인지도 수준에 따라 달라진다. 따라서 각 마케팅 대상의 목표는 시간이 지남에 따라 잠재 고객을 더 높은 인지도 수준으로 끌어올리는 것이다.

잠재 고객이 판매자의 제안에 대한 필요성이나 욕구를 인식하지 못한다면, 잠재 고객은 혜택이나 가격에 대한 정보를 받아들이지 않을 것이며, 이 경우 마케팅은 관련 없는 소음에 불과하다. 마찬가지로, 솔루션의 문제나 혜택에 지나치게 집중하는 마케팅은 결정을 내릴 준비가 된, 즉 제안에 대해 완전히 인지하는 단계에 있는 잠재 고객에게 짜증을 유발한다. 따라서 이 경우는 곧바로 본론으로 들어가는 것이 최적의 전략이다. 특정 인지도 단계에 있는 잠재 고객을 겨냥하면 설득력 있는 메시지를 더 쉽게 만들 수 있다.

이 접근 방식은 판매 프로세스로 확장된다. 교육을 활용하는 판매는 잠재 고객이 구매가 자신에게 가장 이익이 되는 이유와 거래에서 혜택을 얻는 방법을 이해하는 데 도움이 된다.

인지도 수준은 많은 마케터가 '깔때기(퍼넬^{funnel})'라고 부르는 개념이다. 1단계는 넓지만, 5단계로 갈수록 좁아진다. 따라서 가망고객에서 구매고객으로 이동하는 이치는 깔때기에 비유된다. 초기 마케팅 활동으로 상품에 대한 인지도를 높일 수 있지만, 대부분의 초기 잠재 고객은 여러 가지 이유로 인해 제품을 구매하지 않는다. 잠재 고객은 다양한 인지도 수준을 거치면서 마케팅에서 판매 프로세스로 점차 이동하며 그 결과 최종 구매로 이어지게 된다.

참조 링크: https://personalmba.com/levels-of-awareness/

최종 결과
End Result

"사람들은 1/4인치 크기의 드릴을 사지 않는다. 그들은 그 크기의 구멍
을 사고자 한다."

L. E. 홉스(L. E. 'DOC' Hobbs), 1946년 맨해튼 상호 생명보험 회사의 광고

창업 기회를 찾는 대부분의 사람들은 사업을 운영할 때 실제로 매
일 수행해야 하는 세세한 업무와 임무에는 그리 관심이 없다. 이
들은 더 풍족한 내일과 더 높은 연봉을 희망하면서 경영 서적을
구입하고 수업을 신청한다.

오프로드 차량을 구입하는 대부분의 운전자들은 실제로 오프로
드 운전을 많이 해서가 아니다. 오프로드 차량을 운전하는 것 자체
가 그들에게 모험심과 대담함이라는 감정을 가져다주고 그 어떤 험
난한 도전도 받아들일 수 있을 것 같은 느낌이 들게 하기 때문이다.

한편 대부분의 여성은 단지 색깔 때문에 2달러짜리 립스틱을 구
매하지 않는다. 이들은 립스틱을 사용함으로써 이들이 더욱 아름답
고 타인들에게 더욱 매력적으로 보일 것이라는 생각에 구입한다.

또 대부분의 대학생들은 단지 수업을 듣기 위해 수십만 달러의
학비를 지불하면서 명문대에 진학하지 않는다. 이들이 명문대에
진학하면서(혹은 부모님이 명문대에 보내주어서) 기대하는 것은
졸업한 후 세련되고 능력 있는 지식인으로 인정받는 일이다.

마케팅은 바람직한 결과에 그 초점을 맞출 때에 가장 큰 효과를
가져다준다. 이 결과는 대부분의 경우 인간의 기본 욕구와 관련된

경험과 감정에 호소해야 한다. 구매 자체도 중요하지만 그 결과가 잠재고객의 관심을 가장 많이 끌어낼 수 있는 것이라야 한다. 종종 제품의 특성만을 강조하는 것은 안전한 전략으로 생각된다. 우리는 판매하려는 제품의 기능과 특성을 잘 알고 있다. 그렇지만 그 제품이 다른 것들과 어떻게 다른지, 고객이 얻는 독특한 이점은 무엇인지에 초점을 맞추는 편이 더 큰 효과를 가져다 줄 것이다.

최종 결과가 가장 중요하다. 최종 결과에 혼신을 기울임으로써 예상고객이 종국에 '그래 바로 이 제품이야'라고 결정하게 만든다.

참조 링크: https://personalmba.com/end-result/

데모(시연)

Demonstration

> "진실은 대체로 눈에는 보이지만, 귀로 듣는 경우는 거의 없다."

발타사르 그라시안(Baltasar Gracián), 17세기 스페인 철학자

마케터는 종종 오퍼의 이점을 설명하려고 노력하지만, 때로는 제품을 실제로 보여줄 경우에 효과가 더 커진다. 데모는 오퍼(제안)가 얼마나 잘 작동하는지 보여줌으로써 잠재 고객이 오퍼의 이점에 대한 믿음을 높일 수 있다.

데모는 매우 오래되고 효과적인 마케팅 기법의 하나로, 수 세기 동안 인식과 판단을 바꾸는 데 활용되었다. 1883년에 개통된 뉴욕의 브루클린 브리지Brooklyn Bridge는 당시 세계에서 가장 긴 현수교이자 이스트강을 가로지르는 최초의 다리였다. 하지만 초기 보행

자들은 이 다리의 구조를 신뢰하지 않았기에 불안에 떨었다.

브루클린 브리지가 일반인들에게 개방된 지 6일째 날 한 여성이 다리로 올라가는 계단에서 미끄러졌는데, 이 소동으로 인해 마치 '극장을 찾은 관객들이 화재를 피하려고 출구로 한꺼번에 달려가는 모습'과 같은 대규모 공황 상태가 발생했다. 결국 12명이 사망하고 7명이 중상을 입었으며 28명이 다쳤다.[2]

위기감을 느낀 뉴욕시는 이후 다리의 안전성 홍보를 위해 유명한 서커스 쇼맨인 P. T. 바넘이 코끼리 21마리와 낙타 17마리를 이끈 채 다리를 건너는 행진하는 모습을 실제로 보여주었다. 물론 브루클린 브리지는 전혀 흔들리지 않았고 자연스레 대중의 신뢰가 회복되었다. 브루클린 브리지가 5톤짜리 코끼리 21마리를 수용할 수 있다면 보행자들의 교통량(무게) 역시 감당할 수 있을 것이기 때문이었다.[3]

20세기에 가장 수익성 높은 비즈니스 중 상당수는 '데모'를 주요 마케팅 전략으로 사용하여 구축되었다. 인포머셜(해설식 광고)의 황금기를 생각해 보라. 미국의 쇼호스트 빌리 메이스는 직접 반응형 텔레비전 광고를 통해 10억 달러가 넘는 '옥시크린(세제)', '마이티 퍼티(강력 접착제)', '오렌지 글로(우드 클리너)', '카붐(시리얼)' 등의 가정용 제품을 판매했다.[4] 빌리의 지나친 열정은 시청자의 선입견과 채널을 바꾸고 싶은 본능적 충동을 극복하는 데 몹시도 효과적이었다. 게다가 더러워진 바닥이나 얼룩진 셔츠를 원래대로 복원하는 빌리의 모습을 본 시청자들은 수화기를 들고 곧바로 결제하는 행위를 주저하지 않았다. 시청자들은 그의 말을 믿을 필요

없이 직접 결과를 두 눈으로 확인할 수 있었기에 가능한 일이다.

데모는 잠재 고객을 도와 제안(오퍼)의 수준에 대한 신뢰를 구축하는 데 큰 도움이 될 수 있다. 가능하면 잠재 고객에게 무엇을 도와줄 수 있는지 묻지 말고 직접 보여주라.

참조 링크: https:/personalmba.com/demonstration/

고객 자격
Qualification

"광고 없이 안 팔리는 제품은 광고를 해도 큰 수익을 내지 못한다."

앨버트 라스커(Albert Lasker), Lord & Thomas 전 CEO이자 현대 광고의 선구자

믿기 힘들겠지만, 때로는 구매하겠다는 고객을 돌려보내는 것도 좋은 전략이다. 모든 고객이 다 좋은 고객은 아니다. 매출에 도움을 주기보다 더 많은 시간, 에너지, 관심 또는 위험부담 등을 요구하는 고객은 애초에 끌어들일 가치가 없는 고객의 유형이다.

고객 자격이란 고객이 상품을 구입을 하기 전에, 그가 좋은 고객인지 그렇지 않은 고객인지 판단하는 과정을 뜻한다. 잠재고객을 구매 전에 평가함으로써 사업에 맞지 않고 도움이 안 되는 고객층을 미리 선별해서 시간 낭비를 최소화할 수 있다.

프로그레시브 보험사Progressive Insurance는 고객 자격을 수익성 좋은 경영 전략으로 만들었다. 회사의 웹사이트www.progressive.com에 가보면 고객 자격이 실로 얼마나 중요한지 알 수 있다. 웹사이트에서[5] 자동차 보험의 견적을 문의해 보라.

견적을 문의할 때 보험사는 다음과 같은 기본 질문들을 할 것이다.

1. 현재 사용 중인 자동차의 종류는 무엇입니까?
2. 자차입니까? 아니면 임대차입니까? 소유주라면 할부금을 아직도 내고 계신가요?
3. 우편번호는 무엇입니까?
4. 혼인 여부는?
5. 대학을 졸업했나요?
6. 지난 5년 안에 본인 과실로 자동차 사고가 난 적이 있습니까?

프로그레시브 보험사는 위의 질문에 대한 답을 기준으로 여러 데이터베이스에서 정보를 수집한 후 다음 두 질문에 대한 답을 도출하려 한다.

(A) 당신이 프로그레시브가 원하는 유형의 보험 대상자인가?
(B) 그렇다면 , 당신에게 얼마의 보험료를 요구해야 하는가?

프로그레시브에서 당신을 고객으로 선택했다면 즉시 견적금액을 알려주고 보험에 가입하라고 부추길 것이다. 하지만 당신이 적절한 고객이 아니라고 판단한다면, 프로그레시브는 다른 보험회사에서 더 저렴한 보험을 이용하라고 하면서 이들의 경쟁사에서 보험을 들도록 부추길 것이다.

구매를 할 용의가 충분히 있는 고객에게 도대체 왜 경쟁업체를 추천하는 것일까? 보험에 대해 우리가 앞에서 논한 것과 같이 보험회사의 수익은 최대한 많은 보험료를 받고, 사고 발생 시 가능한 한 최소한의 보험금을 지불하는 것에 달려있다.

프로그레시브는 총 고객의 수를 늘리려는 목표를 세우지 않았다. 오직 안전운전을 할 가능성이 높으며 사고율이 낮은 고객만을 유치하는 것이 목표다. 즉, 오랜 기간 동안 사고 없이 보험금을 많이 지불할 고객을 찾고 있는 것이다. 고객 자격을 통해 프로그레시브는 수익이 높은 고객 수를 최대화하면서 불량고객들은 경쟁사로 보내고자 한다. 이는 사실 고객 입장에서도 도움이 되는 일이다. 좋은 고객으로 평가를 받는다면 저렴한 자동차 보험료를 적용받을 수 있기 때문이다.

잠재고객을 심사함으로써 불량고객들을 미리 가려내고 이들로 인한 낭비와 손해를 최소화하는 것은 좋은 방법이다. 이상적인 고객을 정의하는 것이 빠를수록, 그 정의에 맞지 않는 불량고객들을 빨리 파악할 수 있게 된다. 그리고 한정적인 자원과 시간을 정말 수익을 창출해 주는 고객을 위해 사용함으로써 더 높은 고객 만족을 이끌어낼 수 있다.

참조 링크: https://personalmba.com/qualification/

시장 진입시점

Point of Market Entry

"친절한 무관심보다 더 가혹한 것은 없다."

후안 몬탈보(Juan Montalvo), 수필가

어린 자녀가 없고 곧 아기를 가질 생각이 없다는 가정 하에 당신은 아마 기저귀, 유모차, 아기 침대, 아기 장난감, 보육원, 아기 아인슈타인 DVD 등에 관심이 없다고 말할 수 있다. 이러한 상품들에 대한 정보를 접하면 두뇌는 즉시 이를 필터로 걸러 당신의 관심 밖으로 내보낼 것이다. 현재 당신의 인생에 전혀 상관이 없으므로 이는 당연한 현상이다.

하지만 출산 예정인 신혼부부라면 위에 언급한 아기용품에 엄청난 관심을 보일 것이다. 그리고 이런 상품들에 대한 정보를 열심히 찾아보게 된다. 임신 소식을 모를 때에는 별로 관심 없던 일이었으나, 임신 소식을 접한 후로는 아마 관심이 가장 집중되는 분야가 될 것이다.

특정 업계에서 고객의 시장 진입과 퇴출 시점은 꽤 명확하게 결정된다. 방금 설명한 예에서 임신 소식을 접하는 시점이 시장 진입시점이 되는 것이다. 사람들은 임신했다는 것을 알고 난 후부터는 갑자기 육아와 관련된 모든 제품에 이전보다 훨씬 큰 관심을 기울이기 시작한다. 제품이나 서비스에 관심이 없는 사람들에게 판매를 하려 하는 행위는 시간과 노력을 낭비하는 것에 불과하다. 따라서 잠재고객에 다가가기 전에 먼저 사람들이 언제 당신의 얘기에 귀를 기울일지 파악하는 것은 매우 중요한 일이다.

시장 진입시점을 막 지난 잠재고객의 관심을 끄는 일은 매우 중요하다. P&G, 킴벌리 클라크Kimberley Clark, 존슨 앤 존슨Johnson & Johnson, 피셔 프라이스Fisher Price 와 같은 회사들은 시장 진입시점을 알아내기 위해 엄청난 노력을 투자한다. 왜냐하면 시장 진입시점은 모든 아기용품 관련 홍보와 효과에 지대한 영향을 미치기 때문이다. 임신 사실을 막 접한 신참 엄마 아빠는 병원에서 한 곳 이상의 아기용품 전문 기업으로부터 무료 '아기용품 패키지'를 받는 경우가 종종 있다. 여기에는 기저귀, 기저귀 발진 약, 분유 등과 같은 신생아 육아용품들이 담겨있다.

고객이 판매 제품에 관심을 갖는 즉시 고객의 흥미를 유발시키는 무엇을 제공할 수 있다면 경쟁 제품들을 평가하는 잣대가 마련될 것이다. 이는 매우 유력한 위치이며, 잠재고객이 타사 제품보다 당신의 제품을 선택할 확률이 높아진다.

예상고객이 시장 진입시점을 막 넘어서서 어디서 정보를 얻는지를 알아내는 것은 매우 중요하다. 인터넷의 등장 전에 출산 준비 중인 부모 대부분은 서적을 읽고 육아 경험이 있는 주변 지인들에게 자문을 구했다. 그러나 오늘날 출산 준비를 하는 부모는 가장 먼저 인터넷을 사용한다. 따라서 이런 상품류에 대한 유료 또는 유기적 검색엔진 마케팅은 매우 중요한 광고수단이 된다. 잠재고객이 사용할 가능성이 높은 키워드를 최적화함으로써 고객이 당신의 회사를 가장 먼저 접하도록 할 수 있다.

참조 링크: https://personalmba.com/point-of-market-entry/

접근성

Addressability

"때로는 남이 가지 않는 길은 가지 않는 이유가 있다."

제리 사인펠트(Jerry Seinfeld), 코미디언

나는 여러 아미시^{Amish} 공동체(현대문명과 단절한 채 자신들만의 전통을 유지하며 생활하고 있는 기독교의 일파)와 가까운 오하이오 시골에서 자랐다. 일반적인 생각과는 달리 아미시는 모든 현대 기술을 거부하지 않는다. 그들은 기술이 지역 사회를 강화하는지 혹은 약화하는지 여부에 따라 기술의 허용 여부를 결정한다.[6] 공압 및 증기 시스템이 일반적이며 많은 아미시 제조업체에서 정교한 전동 공구를 사용한다. 그럼에도 불구하고 그것이 영업 사원의 주요 목표는 아니다. 판매를 하려면 지역 사회의 각 잠재 고객을 방문하고, 직접 판매하고, 시골 환경에서 고객을 기꺼이 제공하고 지원해야 한다. 그것은 단일 판매를 위한 많은 작업이므로 대부분의 마케터와 영업 사원은 귀찮게 하지 않는다.

접근성은 제공하려는 상품이나 서비스에 관심 있는 사람들에게 얼마나 쉽게 접근할 수 있는지를 나타내는 개념이다. 접근성이 높은 고객층에게는 빠르고 쉽게 다가갈 수 있다. 접근성이 낮은 고객층에게는 다가가기가 매우 까다로우며, 실제로 다가간다고 해도 관심을 얻기가 어렵거나 아예 접근을 거부당한다.

요가는 접근성이 높은 시장의 좋은 예이다. 요가와 관련된 정보에 귀를 기울이는 사람들을 찾기는 비교적 쉽다. 요가원, 〈요가저널^{Yoga Journal}〉과 같은 유명 잡지, 학술대회, 웹사이트 등 요가 관련 시장의 규모는 전 세계적으로 80억 달러에 이른다. 그리고 여기에 언급한 경로 외에도 다양한 방법을 통해 요가 애호가들에게 사업을 홍보할 수 있다.

반대로 민감하거나 창피한 감정과 연관된 분야들은 수요가 높다고 해도 접근성이 낮은 편이다. 만성 질병은 좋은 예이다. '건선'이나 '궤양성 대장염'과 같은 매우 불편하고 수치스러운 질병을 앓고 있는 사람들에게 다가가는 것은 매우 어려운 일이다. 이런 질병을 앓고 있는 사람들은 대체적으로 모두 한 곳에 모이거나 같은 잡지 등을 읽는 경우가 없고, 자신이 이 질병의 환자라고 공개적으로 밝히는 것을 꺼리기 때문에 어떤 클럽이나 기관 등에 가입하지 않는다. 따라서 이들을 찾아 직접적으로 의사소통하는 것은 매우 어렵다.

반면, 의사들은 매우 접근성이 높은 고객집단이다. 이들은 이름과 주소 등을 검색하기 쉬우며, 새로운 제품에 대해 제약회사 직원과 기꺼이 만나려 한다. 의사들은 모두 많은 수의 환자와 만나며 처방 약품을 제공하는 유일한 통로가 되므로 의사들에게 마케팅하느라 제약회사들이 엄청난 시간과 비용을 투자하는 것은 당연한 일이다.

인터넷은 많은 시장의 접근성을 높이는 역할을 하고 있다. 예민한 질병을 앓고 있는 사람들은 인터넷에서 익명의 편안함 속에서 치료방법을 검색해 볼 수 있다. 그리고 인터넷은 광고를 통해 얼마든지 접근가능하다. 블로그, 토론 게시판, WebMD.com과 같은 데이터베이스는 서로 모르는 사람들끼리 신분을 밝히지 않고도 서로 정보를 공유할 수 있는 장을 마련하고 있다. 덕분에 기존에 접근이 제한적이던 시장의 접근성이 더욱 높아지고 있다.

새로운 제품을 개발함에 있어서 접근성은 매우 중요한 사안이다. 선택을 할 수 있다면 접근성이 보장되어 있는 고객층을 대상으로 하는 상품이나 서비스를 제공하는 것이 훨씬 더 좋은 전략이다. 접근성이 매우 제한되어 있는 고객층을 찾기 위해 발품을 팔고 갖은 노력을 하는 것은 매우 고된 일이기 때문이다.

상품을 개발하기 전에 접근성이 좋은 시장에 진입하기로 결정을 한다면 커다란 마케팅 자금을 투자하지 않고도 쉽게 고객에게 다가갈 수 있을 것이다.

참조 링크: https://personalmba.com/addressability/

욕구
Desire

"하지만 난 이걸 정말 갖고 싶다고요!"

3세 아동의 투정

마케팅이 효과적이면 고객은 상품이나 서비스를 원하게 된다. 소비자가 돈을 지불하고 제품이나 서비스를 구매하기에 앞서 먼저 그 제품이나 서비스를 원해야 한다. 소비자의 본능적인 감정을 자극해 욕구를 불러일으키지 못한다면 시간과 돈을 낭비하고 있는 것이다.

욕구를 자극하는 것은 사람들을 종종 불편하게 만드는 마케팅 요소이다. 이는 충분히 이해할 수 있다. 대중문화는 마케팅 전문가를 배후의 어두운 그림자 속에서 지능적으로 사람들을 조정하는 악당 등으로 그려왔다. 사람들은 마케팅 전문가가 대중을 현혹시켜 실제로는 전혀 원하지 않는 물건을 구입하도록 이끈다고 흔히 생각한다. 그러나 현실은 전혀 그렇지 않다.

현실은 이렇다. 사실, 전혀 원하지 않는 것을 원하도록 만드는 건 매우 어려운 일이다. 실제 효과를 과대 포장해 사람들을 현혹시키고 구매를 조장하는 방법은 분명 마케팅에서 종종 이루어지기는 한다. 그러나 이는 절대 세뇌라고 볼 수 없다. 수백만 달러의 광고비용을 탕진해버리는 가장 좋은 방법은 사람들에게 하기 싫어하는 일을 강요하는 것이다. 인간의 두뇌는 절대 그렇게 작동하지 않는다. 우리는 최소한 어느 정도는 원하고 필요로 하는 물건을 구입한다.

효과적인 마케팅의 본질은 사람들이 무엇을 원하고 있는지 알아내는 것이다. 그리고 상품을 이 기존 욕구에 부합시켜 선보이는 것이다. 가장 좋은 마케팅은 교육기반 판매와 비슷하다. 마케팅 전문가가 해야 할 일은 제품을 통해 잠재고객이 원하는 것을 얻을 수 있다고 알려주고 설득하는 게 아니다. 단지 잠재고객 스스로 제품이나 서비스가 자신에게 도움을 주고 진정 원하는 무언가를 얻게 해줄 거라 생각하도록 만드는 것이다.

자, 그렇다면 사람들은 무엇을 원하는가? 우리는 앞서 핵심 인간 욕구에 대해 논한 바 있다. 핵심 인간 욕구는 가장 기본적인 수준에서 잠재 고객이 무엇을 원하는지 종합적으로 알려준다. 상품이나 서비스에서 많은 욕구를 다루면 다룰수록 마케팅 전략도 그만큼 효과를 발휘할 것이다.

참조 링크: https://personalmba.com/desire/

시각화
Visualization

"당신의 일이 스스로를 설명하고 있다면 괜히 끼어들지 말라(더 이상의 설명을 덧붙이지 말라)."

헨리 카이저(Henry J. Kaiser), Kaiser Permanente의 창립자이자 현대 조선기술의 선구자

고객이 자동차 대리점에 들어서자마자 판매사원은 단 하나의 명확한 목표를 설정할 것이다. 고객이 운전석에 앉아 테스트 드라이브를 가게 만드는 것이다.

테스트 드라이브는 전 세계적으로 자동차 판매에 사용되는 아주 효과적인 전략이다. 테스트 드라이브야말로 고객이 차를 당일 구매하도록 설득하는 가장 영향력 있는 판매 도구다.

자동차를 쇼핑 중인 고객은 실제로 운전석에 앉아서 직접 차를 몰아보지 않고는 자동차로부터 물리적으로나 정신적으로 멀리 떨어져 있다. 고객은 아주 객관적으로 여러 차종을 비교하고 가격, 성능 등을 비교한다. 이때 고객은 스스로에게 단지 구경만 하고 있다고 단단히 당부하고 있다. 아직 실제로 구매를 할 의도는 없다고 말이다.

그러나 운전석에 앉아 직접 운전을 하면 감정이 우세를 차지해버린다. 이 차를 소유하게 되면 인생이 어떨지에 대해 그림을 그리기 시작한다. 이성적으로 마력과 가속성능 등을 비교하기보다는 엔진의 파워와 핸들의 부드러운 작동을 직접 느껴보고, 아름다운 새

자가용을 끌고 다니며 주변의 관심과 부러움을 받을 자신의 모습을 상상한다. 이제 비교를 멈추고 원하기 시작한 것이다. 일단 원하기 시작하면, 십중팔구 구매로 이어진다. 결제는 시간문제다.

B&H 포토 비디오 B&H Photo Video 는 위와 비슷한 전략을 조금은 다른 시장에 적용했다. 맨해튼에 있는 거대 매장의 진열대 사이를 돌아다니는 것은 매우 자극적인 경험이다. 카메라를 손에 쥐어 무게를 느껴보고, 포커스가 얼마나 빨리 잡히는지 직접 체험해보고, '찰칵'하는 셔터 소리도 들어본다. 게다가 수백 대가 넘는 카메라들을 한눈에 비교하거나 직접 만져볼 수도 있다. B&H가 세계에서 가장 성공적인 카메라 소매상인 것은 어쩌면 당연한 일이다. 몇 개의 카메라를 '테스팅 드라이브'하고 나서, 가장 맘에 드는 하나를 집에 가져오지 않기는 너무나도 어려운 일이기 때문이다.

당신이 제공하는 상품이나 서비스에 대한 욕구를 창출하는 가장 좋은 방법은 고객이 이를 구매했을 때 자신의 삶이 어떻게 나아지는지 시각화해보도록 유도하는 것이다. 정신적 자극에서 나중에 논하겠지만, 인간의 정신은 우리 행동의 결과를 상상해 보도록 만들어져 있다. 이 자연스러운 경향을 이용해서 잠재고객이 구매를 했을 때 어떤 즐거움을 느끼게 될지 상상하도록 도와줌으로써 좋은 마케팅 효과를 볼 수 있다.

잠재고객이 상품을 갖게 되었을 때 그들의 삶이 어떻게 발전하는지 상상해 보도록 유도하는 것은 구매의 확률을 높이는 일이다. 그리고 시각화를 가장 효과적으로 돕는 방법은 최대한 많은 감각적 경험에 노출시키는 것이다. 즉 적절한 정보를 제공해 '난 이것을 원해'라고 결론짓도록 유도한다.

참조 링크: https://personalmba.com/visualization/

꾸미기
Framing

"우리가 듣는 모든 것은 사실이 아니라 의견이다. 우리가 보는 모든 것
도 관점이지 진실이 아니다."

마르쿠스 아우렐리우스(Marcus Aurelius), 철학가이자 로마 황제

심리학자 아모스 트버스키^{Amos Tversky} 와 대니얼 카너먼^{Daniel Kahneman} 이
실시한 유명한 실험에서 참가자는 질병을 앓고 있는 600명의 사
람들에게 치료약을 제공하는 것에 대한 결정을 내리라고 지시받
았다. 실험에 참가한 사람들에게는 두 가지 선택권이 주어졌다. A
약물은 200명의 생명을 구할 것이다. B약물은 600명 모두를 살릴
확률이 33%이고. 아무도 살리지 못할 확률은 66%이다.

A와 B약물은 수학적으로 동등한 확률을 갖고 있다. 통계적으로
기대 결과에는 아무런 차이가 없다. 그러나 실험 결과, 명백한 선
호도가 입증되었다. 72% 참여자들은 A약물을 선택했다. B약물을
선택한 참여자는 28%에 불과했다.

실험은 반복됐고 다른 두 가지 치료법들이 소개되었다. C약물
은 400명의 죽음을 초래할 것이다. D약물은 아무도 죽지 않을 확
률이 33%지만 600명 모두 죽을 확률이 66%이다. 물론 여기서도
마찬가지로 대다수의 참여자들은 D약물을 선호했다^{78퍼센트대 22퍼센트}.

여기서 재미있는 것은 A와 C 또한 통계적으로 동일하다는 것이다. 그러나 A는 다수의 참여자들이 선호한 반면 C는 선택받지 못했다. 기대 결과는 정확히 동일하지만 치사율과 생명을 살릴 확률을 함께 고려하는 것은 분명히 결정을 내리는 사람들의 선호도에 변화를 가져왔다. 우리는 이 선호에 대한 이유들 중 하나를 손실 거부에서 더 깊이 알아볼 것이다. 하지만 우선 메시지가 무엇을 강조하는지에 따라 결과가 어떻게 변화하는지부터 살펴보자.

꾸미기Framing(프레이밍)는 중요한 것만 강조하고 중요하지 않은 것은 부각하지 않는 방법이다. 특정 사실을 최소화하거나 아예 밝히지 않는다. 꾸미기를 적절히 사용하면 상품을 더 설득력 있게 선보이고 고객의 시간과 관심을 낭비하지 않는 이점이 있다.

꾸미기는 자연스러운 의사소통 방법이다. 어느 메시지에서나 정보의 축약은 일어나고 있다. 다른 사람들과 얘기를 할 때 모든 사실과 문맥을 다 전달하는 것은 별로 실용적이지 않다. 우리는 시간을 절약하기 위해 특정 사실은 강조하고 나머지는 얘기에 포함시키지 않는다. 우리가 꾸미는 것은 그래야 하기 때문이다. 아주 간단한 정보라도 모든 것을 다 전달하려면 엄청나게 많은 시간이 걸린다. 피자를 주문한다고 했을 때 피자의 사이즈, 토핑에서부터 피자 배달업체의 전화번호를 어떻게 알아냈는지 그리고 왜 오늘 치킨보다는 피자가 먹고 싶었는지 등을 구구절절이 설명하려면 두 시간이 걸릴 것이다.

꾸미기는 모든 상황에서 의사소통의 핵심적인 부분이다. 따라서 이를 잘 인지하는 것은 매우 중요하다. 무엇을 강조하고 무엇을 최소화할 것인지를 잘 파악함으로써 상품을 잠재고객에게 간단명료하게 전달할 수 있으며, 그로써 설득력을 더 얻을 수 있다.

꾸미기는 거짓말을 하거나 기만하는 것과는 차원이 다른 얘기다. 도덕적인 관점에서뿐만 아니라, 경영에서도 정직은 항상 가장 좋은 전략이다. 제품에 대한 허위광고를 하게 되면 단기적으로는 판매량을 잠깐 올릴 수는 있겠으나 고객의 기대에 못 미치는 결과를 초래하고 만족이 줄어드는 만큼 기업에 대한 평판(기대 효과 부분 참조)을 영구적으로 손상시킬 것이다.

꾸미기를 적절히 사용하는 것은 판매하려는 상품의 이점을 예상고객에게 효과적으로 전달하는 이점이 있다. 주의해야 할 점은 소비자가 알아야 할 권리가 있는 정보를 숨기면 안 된다는 것이다.

참조 링크: https://personalmba.com/framing/

공짜
Free

"고객에게 요금을 전혀 받지 않으면 당연히 수익도 없다. 관심을 얻는 것과 돈을 받는 것은 별개의 문제다."

조셉 페레라(Joseph Ferrara), 지적재산권 전문 변호사

사람들의 관심을 빨리 받고 싶다면 가치 있는 무언가를 공짜로 제공해 보라.

사람들은 어떤 것이 무료로 제공된다는 약속에 흥분한다. 슈퍼마켓에서 음식 샘플이 무료로 제공되는 것을 보았을 것이다. 또는

특정 상품이나 서비스를 일정기간 동안 무료로 이용해 보라는 권유도 받았을 것이다. 많은 경우, 이런 공짜 유혹은 당신이 결국 더 많이 구매하도록 만들었을 것이다. 무료로 상품이나 서비스를 제공하는 것이 계속 되는 이유는 이 전략이 매우 큰 효과가 있기 때문이다. 무료로 제공하는 상품에 대한 비용은 무료 체험이 끌어들이는 더 많은 구매로 충당된다.

나는 웹사이트에서 무료로 정보를 제공하고 글을 게재한 덕분에 강의와 컨설팅 사업을 시작하게 됐다. 결과적으로 수십만 명의 사람들이 《퍼스널 MBA》를 접하게 되었고, 여기에서 얻은 정보로 혜택을 받았으며, 내가 제공하는 정보를 더욱 신뢰하기 시작했다. 이들은 이메일을 통해 더 많은 정보를 나로부터 제공받는 데에 동의한다.

나는 컨설팅 서비스를 구매할 잠재고객과 주기적으로 통화하거나 또는 직접 만나서 무료 상담을 해주겠다고 한다. 그들은 아무런 비용을 부담할 필요가 없고, 나 또한 무료 상담이라고 해서 소홀히 하지 않는다. 무료 서비스를 제안할 때마다 나는 수백 건의 신청을 받고 다수의 새로운 그리고 재미있는 사람들을 만난다. 무료 상담을 받아본 사람들의 상당수는 요금을 지불하는 신규고객이 되고, 그들은 내가 지속적으로 무료 강의를 하고 컨설팅을 제공할 수 있도록 해준다.

진정한 가치를 무료로 제공하는 것은 관심을 끌어들이는 매우 효과적이면서도 빠른 방법이다. 선불로 지불해야 하는 비용을 전혀 요구하지 않고 잠재고객에게 가치를 전달하는 것은 그들에게 상품이나 서비스를 실제로 경험하고 가치를 깨닫는 기회를 준다. 잘 실행한다면 이 전략은 다른 방법으로는 얻을 수 없는 순매출을 올리도록 도와줄 것이다.

무료로 좋은 가치를 제공하면 사람들의 관심을 받게 되지만, 기억해야 할 사실은 관심을 받는다고 반드시 판매로 이어지는 것은 아니라는 점이다. 요새 유행하는 '바이럴 효과(입소문)'를 좇느라 많은 사업가들이 너무 많은 시간과 노력을 할애하고, 그로 인해 사업의 수익창조 모델을 더 가다듬거나 발전시키지 못하고 있다. 관심은 구매고객을 끌어들이는 데에 필수 조건이나 수익을 창출해 내는 충분조건이 되지는 못한다. 따라서 실제 구매를 하려는 고객에게만 끌어들일 만한 가치를 무료로 제공하는 것이 가장 좋은 방법이다.

참고 링크: https://personalmba.com/free/

허락

Permission

"당신의 얘기에 귀를 기울이는 사람들에게 판매를 하는 것이 무관심한 전혀 낯선 사람에게 갑자기 판촉활동을 하는 것보다 훨씬 효과적이다."

세스 고딘(Seth Godin), 《허락 마케팅》, 《보라빛 소가 온다》, 《우리가 이끄는 부족들》 등의 베스트셀러 저자

나는 방금 상상도 할 수 없었던 일을 겪고야 말았다. 이메일 계정에서 스팸 편지함을 열어보았을 때, 편지함에 1천 555개의 읽지 않은 메일이 있었던 것이다. 대부분 아래와 같은 제목의 메일이었다.

"지금 섹시한 러시아 여성들과 채팅하세요!"

"비아그라를 온라인으로 구매할 수 있습니다!"

"탈모를 즉시 치료하세요!"

나는 이런 메일을 보내달라고 요청한 적이 없다. 스팸 발송자가 나의 의도와는 조금도 상관없이 그냥 보낸 것이다. 나는 섹시한 러시아 여자들과 채팅할 의도가 없으며, 암시장에서 거래되는 비아그라를 구매하지도 않을 것이고, 대머리로 지내는 것이 매우 흡족하다.

내가 이런 스팸 메일을 읽을 확률은 매우 낮으며 여기에 응답할 확률은 더 낮다. 오히려 어떻게든 이런 메시지들을 피하려고 노력을 할 것이다. 해가 서쪽에서 뜬다고 해도 이들이 판매하는 것을 구매하지는 않을 것이다.

불행히도 많은 사업가들은 스팸이야말로 관심을 얻는 가장 좋은 방법이라고 생각한다. 요청하지 않은 전화를 걸거나, 언론과 대중매체의 광고용 거주 주소로 우편을 보내는 등의 광고방식은 합법적인 방식으로 스팸을 전달하는 것이다. 아무런 구분도 두지 않고 다수의 인구에게 획일적인 메시지를 보내고 이들 중 소수라도 관심을 가지길 바라는 것이다.

TV와 라디오를 통한 광고가 처음 등장했을 때 이런 무차별적인 광고는 사실 효과가 있었다. 채널이 단 세 개뿐이던 시절, 사람들은 광고 시간대에도 주의를 기울였다. 세 개의 주요 방송사의 황금시간대 중 30초 광고시간을 사는 것은 단 하루 안에 90퍼센트 TV 시청자의 관심을 받는다는 의미였다.

그러나 오늘날 사람들은 자신이 관심 없는 주제에 대해서는 가차 없이 관심을 꺼버린다. 관심이 없는 광고에는 불쾌해하며 다른 것으로 관심을 돌린다. 잠재고객을 잃는 가장 빠른 방법은 이들이 흥미없어 하는 얘기를 시작하는 것이다.

무료 체험을 제공한 후에 허락을 요청하는 것은 일방적인 광고 메시지를 내보내는 것보다 효과적이다. 진정한 가치를 제공함으로써 일단 소비자의 관심을 얻었다면 이들에게 허락을 요청해야 한다. 이는 전달하려는 광고 메시지에 관심이 있는 사람들을 미리 가려내는 중요한 기능을 하기 때문이다.

고객의 허락은 매우 중요한 자산이다. 새로운 사람들에게 다가가는 것은 아주 어렵고도 높은 비용이 드는 일이다. 그보다는 이미 파악한 사람들에게 다가가는 것이 훨씬 더 쉽다. 허락받은 고객에게는 쉽고도 저렴한 방식인 이메일이나 편지, 전화를 통해 광고 메시지를 전달할 수 있다. 광고 메시지를 전달해도 되느냐는 질문에 허락을 받았다면, 잠재고객 확보 노력에 더 박차를 가하는 것과 같다.

허락을 얻는 가장 좋은 방법은 고객에게 질문하는 것이다. 가치를 전달하고 나서, 사람들에게 앞으로 더 많은 정보나 가치를 제공해도 되느냐고 직접 질문하라. 시간이 지날수록 잠재 고객의 명단은 점점 증가하게 되고 그럴수록 구매를 창출할 가능성도 높아지는 것이다.

일단 허락을 얻으면 이를 잘 활용해야 하지만 절대로 이 특권을 남용해서는 안 된다. 추가로 광고 메시지를 받겠다는 동의를 얻었다고 해서, 고객에게 아무 내용이나 보내서는 안 된다. 허락을 요청하는 동시에 무엇을 전달할 것인지 그리고 이를 통해 고객이 어떤 이익을 경험할 것인지 명확히 설명해야 한다.

지속적으로 가치를 제공하고 쓸데없는 정보가 담긴 불쾌한 스팸을 보내지 않음으로써 고객의 신뢰를 얻을 뿐 아니라 제품이나 서비스에 이미 관심이 있는 고객층과 더 깊은 유대를 형성할 수 있을 것이다.

참조 링크: https://personalmba.com/permission/

관심거리

Hook

> "실제로 할 수 있다면, 큰소리치지 않는다."
>
> **디지 딘**(Dizzy Dean), 명예의 전당에 오른 야구선수

복잡한 메시지는 종종 잊히거나 무시되기 쉽다. 예상구매자는 바쁘다. 이들은 매일 쏟아지는 엄청난 정보에 일일이 귀를 기울일 시간이 없다. 당신이 누구이며 상품이 무엇인지를 기억하게 하고 싶다면 단 몇 초안에 이들의 주의를 얻고 이를 유지할 수 있어야 한다.

관심 끌기는 상품이나 서비스의 주요 이점들을 짧은 한 문장으로 명쾌하게 표현한 것이다. 관심거리는 때때로 제목이 될 수도 있고 꼬리표가 될 수도 있다. 어느 경우든, 관심거리는 당신이 판매하려는 것에 사람들의 주의를 끌어오는 결정적 기능을 한다.

출판업계에서 관심 끌기의 좋은 예는 팀 페리스[Tim Ferriss]의 저작인 《나는 네 시간만 일한다》이다. 이 제목은 아주 재미있는 이익을

전달한다.

(1) 네 시간은 대부분의 사람들 일주일 근무시간보다 훨씬 적은 시간이다. (2) 일주일에 네 시간만 일하면서 40시간 일한 것과 같은 수익을 얻을 수 있다. (3) 일하는 시간을 급격히 줄이면 다른 여가 활동에 더 많은 시간을 할애할 수 있다.

이 책의 아주 짧은 제목 안에는 이런 훌륭한 메시지들이 담겨있다. 책의 표지에 그려진 열대 해변의 그물 침대에서 쉬고 있는 한 남자의 모습과 제목이 더해져서 사람들로 하여금 이 책을 더욱 읽어보고 싶게 만든다.

애플사는 iPod를 출시하면서 관심 끌기 전략을 사용했다. '1,000개의 음악을 주머니에!'라는 카피가 바로 그것이다. 당시 휴대용 음악재생기기라고는 덩치가 큰 CD 또는 카세트 플레이어가 다였고, 초기 MP3 플레이어들은 대부분 기능적인 면만 강조한 지루한 광고 문구(00메가바이트 용량)를 사용했었다. 애플의 전략은 소비자에게 가장 중요한 이점을 강조했다. 수백 개의 카세트나 CD를 들고 다닐 필요 없이 하나의 세련되고 작은 기기에 좋아하는 음악 전체를 저장해 휴대할 수 있다는 점이었다.

애플의 이 짧은 문구는 엄청난 광고효과를 불러일으켰다. 1년도 되기 전에 1세대 iPod는 23만 6천 대나 팔렸다. 이는 휴대용 음악 기기 시장에 이제 막 진입한 최초의 시도로서는 엄청난 실적이었다. 애플의 전략은 사람들의 관심을 얻기에 충분했고, 제품의 높은 품질 또한 매출을 올리는 데에 큰 몫을 했다.

관심거리를 만들어 낼 때는 제품이나 서비스의 가장 큰 이점을 부각시켜야 한다. 해당 제품에만 있는 독특한 이점을 강조하고, 왜 잠재고객이 여기에 주의를 기울여야 하는지 알려야 한다. 주요 이점을 설명하는 문구나 단어들을 브레인스토밍해 보고 여러 개의 짧은 문장으로 이들을 조합해 보도록 한다. 관심거리를 만들어내는 일은 창조적인 작업이다. 많은 초안들을 만들어 낼수록 더 좋은 관심거리를 찾을 확률이 높아진다.

일단 관심거리를 고안해 냈다면 이제 사용하라. 웹사이트와 광고, 명함에 이를 사용하고 잠재고객이 가장 먼저 볼 수 있도록 해야 한다. 일단 사람들의 관심을 끌고 난 후에는 추가적인 마케팅과 판매 활동을 통해 거래를 성사시켜야 한다.

관심거리가 좋으면 좋을수록 더 많은 이들의 관심을 얻게 되며, 만족한 고객들이 주변 사람들에게 당신의 상품에 대해 말하는 것이 더욱 쉬워지게 된다.

참조 링크: https://personalmba.com/hook/

행동 촉구
Call-To-Action(CTA)

"세상 모든 아름다운 정서는 단 하나의 사랑스러운 행동보다 가볍다."

제임스 러셀 로웰(James Russell Lowell), 19세기 시인

잠재고객의 관심을 끈 결과가 이내 사라져 버리면 아무 소용이 없다. 판매하고 싶다면, 고객의 관심으로부터 구매행동을 이끌어내야 한다.

잠재고객은 당신의 뜻대로 행동하지 않는다. 이들이 특정 행동

을 하기 바란다면 가만히 있으면 절대 안 된다. 잠재고객에게 다음엔 무엇을 할 것인지 정확히 말해야 한다. 가장 효과적인 마케팅 메시지는 듣는 사람에게 다음에는 무엇을 해야 하는지 매우 간단하고도 명확하게 얘기해 주는 것이다.

'토니의 햄버거는 최고예요'라고 적힌 광고판이 있다고 생각해 보자. 이를 보는 사람은 어떻게 할까? 아마 아무런 행동도 하지 않을 것이다. 이 경우 광고판을 통한 홍보는 돈과 시간의 낭비이다.

행동을 촉구하는 메시지를 전달하라. '25번 도로에서 고속도로를 빠져나와 우회전을 하면 여기서 가장 맛있는 버거를 맛볼 수 있습니다'로 문구를 바꾸면 아마 토니햄버거 가게는 더 많은 손님을 맞이하게 될 것이다.

행동 촉구는 잠재고객에게 한 가지 간단하고 매우 분명한 행동을 하도록 제시한다. 웹사이트에 방문하세요. 이메일 주소를 입력하세요. 아래 번호로 전화를 주세요. 자신의 주소를 적고 우표를 붙인 봉투를 보내세요. 버튼을 클릭하세요. 상품을 구매하세요. 친구에게 말하세요.

효과적인 행동촉구 문구는 최대한 명확하고 간단하다. 메시지를 명확하게 제시할수록 당신이 지시하는 내용을 고객이 따를 확률이 높아진다.

뉴스레터를 신청하기 위해 이메일 주소를 입력하게 만들려면 몇 차례에 걸쳐 같은 문구를 반복하고 어디에 주소를 입력하며, 왜 입력해야 하는지, 일단 입력했다면 무엇을 클릭해야 하는지 그리고 다음엔 어떤 일이 일어날지에 대한 기대를 간단명료하게 설명해야 한다. 그 메시지들이 실행하기에 너무나 쉽다고 느낀다면 제대로 하고 있는 것이다.

가장 효과적인 행동 촉구는 직접적으로 구매를 촉구하거나 추가 광고 메시지를 수신하겠느냐는 허가를 요청하는 것이다. 직접 판매는 가장 이상적이다. 왜냐하면 마케팅 전략들의 비용대비 효과를 바로 확인할 수 있기 때문이다. 허락을 요청하는 것은 그 다음으로 이상적이다. 광고 메시지 수신 동의를 얻으면 광고비용을 급격히 절약하면서 고객에게 지속적으로 다가갈 수 있고 종국에는 판매로 이어질 확률이 높아지기 때문이다.

고객에게 전달하는 모든 메시지는 명확한 행동 촉구 의미를 담고 있어야 한다는 사실을 잊지 말아야 한다. 이 방법을 실행하면 마케팅 활동의 효과를 극대화할 수 있을 것이다.

참조 링크: https://personalmba.com/call-to-action/

이야기
Narrative

"이야기는 모든 것이다."

윌리엄 워즈워스(William Wordsworth), 시인

역사가 생긴 이래, 사람들은 언제나 이야기를 해 왔다. 이야기를 하는 것은 보편적인 인간 경험이다. 상거래에서도 이야기는 항상 사용되어 왔다. 좋은 스토리는 가장 좋은 상품을 더 좋게 만드는 기능을 한다.

전 세계 어디에서든지, 대부분의 설득력 있는 이야기는 공통된 형식을 따른다. 세계적 명성의 신화학자 조셉 캠벨Joseph Campbell은 이 공통 줄거리의 원형을 '영웅의 모험The Hero's Journey' 또는 '단일신화monomyth'라고 명명했다. 전 세계의 많은 사람들은 이러한 문학적 모티프에 아주 강하게 반응한다. 때문에 이 이야기 기술을 사업에 관한 이야기를 전달하는 데도 사용할 수 있다. 이야기는 다음과 같다.

영웅이 이 초대를 받아들이면 그는 평범한 생활을 떠나 위험과 모험이 가득한 새로운 세계로 나아가게 된다. 놀라운 경험들을 통해 새로운 세상에 발을 들이면 영웅은 더 많은 고난과 시험을 겪은 뒤 궁극의 성공을 위해 추구해야 하는 비밀을 깨닫게 된다.

난관과 마주해도 굴하지 않고 적을 무찌르면서 영웅은 아주 강력한 힘을 얻게 된다. 그리고 그 지혜와 힘을 다른 사람들과 공유하기 위해 그는 다시 평범한 세계로 돌아온다. 그 대가로 영웅은 모두의 존경과 사랑을 얻게 된다.

고객 역시 영웅이 되고 싶어한다. 그들은 주변의 모든 이들로부터 존경과 선망의 대상이 되고 싶어 한다. 힘과 성공을 얻고 역경 속에서도 꿋꿋하게 나아갈 수 있기를 희망한다. 그들은 타인의 고통과 난관을 딛고 일어나 적을 쓰러뜨린 이야기에서 영감을 얻는다. 고객이 고려 중인 경험을 이미 성공적으로 수행한 사람들의 이야기를 전달하는 것은 매우 강력한 광고 메시지이며, 고객의 관심을 끌어내는 가장 좋은 전략이다.

사용 후기, 사례연구 그리고 그 밖의 여러 이야기들은 도전 정신을 자극하는 효과적인 메시지다. 자신보다 먼저 제품이나 서비스를 이용해 본 다른 소비자의 개인적 이야기를 전달하는 것은 잠재고객의 주의를 끌고, 원하는 효과를 얻는 방법을 제시하는 강력한 메시지가 될 수 있다. 이야기가 명확하고, 생생하며, 정서적인 호소력이 짙을수록 더 많은 잠재고객을 유치할 수 있다.

잠재고객에게 듣고 싶어 하는 이야기를 전달하면 그들은 당신의 말에 귀를 기울일 것이다.

참조 링크: https://personalmba.com/narratives/

논란
Controversy

"구경꾼들을 끌어들이고 싶다면 싸움을 시작하라."

아일랜드 속담

논란은 대부분의 사람들이 동의하거나 허용하거나 지지하지 않는 입장을 취하는 것이다. 건설적으로만 사용한다면 논란은 관심을 끌수 있는 좋은 방법이다. 사람들은 토론을 시작할 것이며, 당신의 입장과 의견에 주의를 집중할 것이다. 이는 아주 좋은 현상이다.

《퍼스널 MBA》는 긍정적 논란의 효과를 보여주는 좋은 예이다. 《퍼스널 MBA》는 기업가로 성공하려면 반드시 알아야 할 기본적 경영원리들을 다룬다. 나는 누구든지 혼자서도 충분히 경영에 대해 공부할 수 있으며, 양질의 경영교육을 받기 위해 재산을 탕진하거나 미래의 급여를 저당 잡힐 이유가 전혀 없다고 생각한다.

그러나 어떤 사람들은 이 견해에 격렬히 반대한다. 특히 아이비리그 경영대학원을 졸업한 사람들이 그렇다. MBA 졸업자들과 지원자들은 경영대학원의 불필요성에 대한 그들의 반대 의견을 매우 명확하게 표현한다. 이들은 종종 경영교육에 대한 《퍼스널 MBA》의 접근법을 그들의 웹사이트에 게재하거나 나의 웹사이트에 반대글을 올리는 공개적인 방식으로 반대 의견을 표명한다.

이것은 절대 나쁜 일이 아니다. 이렇게 지속적이나 심하지 않은 논란을 등에 업고 《퍼스널 MBA》는 매년 광고비를 전혀 지출하지 않고도 그 규모를 확대할 수 있었다. 《퍼스널 MBA》를 비난하는 사람들은 그들의 의견을 표출하고 타인들과 공유함으로써 경영대학원 외에 경영교육을 얻는 수단이 있다는 것조차 모르던 사람들에게 나의 웹사이트의 존재를 알린 것이 되었다.

이 논란은 많은 사람들이 《퍼스널 MBA》를 찾고 살펴보도록 했으며, 이 웹사이트의 유용성에 대해 스스로 판단하도록 이끌었다. 이들 중 몇몇은 지속적인 방문자가 되어 나의 글을 읽고, 내 책을 사고, 강의를 신청하거나 또는 나를 그들의 자문으로 고용한다. 나의 비판자들이 예의를 지키는 한, 나는 비판을 기꺼이 받아들인다.

자신만의 의견을 강력하게 피력하는 것은 좋은 일이다. 누구든지 세상 사람들이 자신을 다 좋아하길 바라므로, 사실 반대 의견과 마주하는 것이 그리 편한 일은 아니다. 반대 의견을 애초에 방지하고 싶다면 아무의 기분도 상하게 하지 않는 안전한 범위에서 메시지를 흐릿하게 만들면 되는 것이다. 의견이 모두를 만족시키는 종류의 것이라면 너무나 지루한 나머지 아무도 당신에게 관심을 주지 않을 것이다.

어떤 사람들의 반대를 산다고 꼭 나쁜 것은 아니다. 타인과 반대되는 입장을 피력하거나 타인의 의견을 비판하는 것은 긍정적인 일이 될 수 있다. 왜냐하면 광범위한 토론은 바로 논란으로 이어지기 때문이다. 그리고 토론은 곧 관심을 뜻한다. 관심은 당신의 상품에 사람들을 끌어 모으는 과정에서 필수적이다.

그러나 모든 논란이 반드시 긍정적인 결과를 가져오는 것은 아니다. 건설적인 비판과 과도한 비난의 경계는 매우 미세하다. 뚜렷한 목적이 있는 논란은 가치가 있다. 그러나 단지 헐뜯기 위한 논란은 가치가 없다. 논란은 분명한 목적의식이 흐려지는 순간 도움이 되지 못할 것이다.

어떻게 도움이 될지 큰 그림을 그릴 수 있는 한, 어느 정도의 논란은 사람들이 당신에 대해 더 관심을 가지고 더 알아보도록 하는 매우 유용한 수단이 될 것이다.

참조 링크: https://personalmba.com/controversy/

평판
Reputation

"좋든 싫든, 당신의 현실은 시장의 관점에 의해 좌우된다."

하워드 만(Howard Mann), 배우이자 코미디언

'브랜딩'만큼 경영 분야에서 과대 포장되며 남발된 개념은 거의 없다고 본다. 브랜드를 만드는 것에는 그리 신비롭거나 복잡한 부분이 없다. 경영 전문가들이 그들의 "브랜드를 향상시키려 한다" 또

는 "브랜드 자산을 구축하려 한다"는 말을 한다면, 그것은 항상 그들의 '평판을 드높인다'는 의미를 갖고 있다는 점을 기억해야 한다.

평판이라는 것은 특정 상품이나 회사에 대해 사람들이 일반적으로 어떻게 생각하는지를 의미한다. 평판은 사람들이 서로 이야기하는 중에 자연스럽게 만들어진다. "일부 상품과 서비스는 가격 대비 효과가 좋거나 또는 그렇지 않다", "어떤 경험은 좋고 어떤 경험은 안 좋다", "어떤 사람들은 같이 일하기 좋고 어떤 사람들은 같이 일하기 힘들다" 등이 모두 여기에 해당한다. 돈과 시간을 낭비하고 싶은 사람은 없기에 우리는 우리가 경험해 보지 못한 제품이나 서비스에 대해 다른 사람들이 하는 얘기에 자연히 귀를 기울이게 된다.

좋은 평판을 형성하는 것은 매우 중요하다. 사람들은 좋은 평판을 위해 많은 비용을 들인다. 타이드^{Tide}나 크레스트^{Crest}와 같은 유명 소비재 브랜드들이 다른 제품들보다 더 높은 가격을 요구할 수 있는 것은 그들의 좋은 평판 덕분이다. 잠재고객은 그들이 구매하는 상품이 반드시 만족을 줄 것이라는 확증을 얻고 싶어 한다. 제품을 구매함으로써 주변 사람들의 인정을 받고 자신의 돈을 허비하지 않기를 바란다. 속담에도 있듯이 'IBM을 사서 해고된 사람은 없었다'.

평판을 직접적으로 통제하는 것은 불가능하다는 사실을 알아야 한다. 당신이 하는 모든 행동에 대해 타인들이 어떻게 생각하는지를 총체적으로 반영한 것이 평판이기 때문이다. 출시하는 제품, 광고 활동, 고객 서비스 등이 그것이다. 얼마나 열심히 노력하던 간에 직접적으로 평판을 관리할 수 없다. 다만 오랜 시간을 들여 사람들에게 지속적인 만족을 주는 방법으로 평판을 향상시킬 수는 있을 것이다.

시장은 평판을 결정짓는 권력자임을 알아야 한다. 그리고 시장은 항상 당신이 무엇을 하는지 보고 있다. 좋은 평판을 형성할 때 고객은 지속적으로 당신에게서 구매할 것이며 타인들에게 자신 있게 그 상품을 권할 것이다(지인들에게 좋은 상품을 권함으로써 고객도 자신의 평판을 관리하게 된다). 평판을 형성하는 것은 시간과 노력이 드는 작업이다. 하지만 가장 효과적인 마케팅 전략이기도 하다.

참조 링크: https://personalmba.com/reputation/

3장

영업

66 모든 성공적인 비즈니스는 궁극적으로 상품을 잘 파는 것이다. 아무도 지갑을 열고, "하나 구입 하겠습니다"라고 말하지 않는다면 수백만 명의 가망고객이 있어도 소용이 없다. 세일즈 프로세스는 가망고객에서 시작하여 구매 고객으로 마무리된다. 영업이 없다면, 비즈니스도 없다. 99

> "사람들은 설득당하기는 싫어해도 구매는 좋아한다."
>
> **제프리 지토머**(Jeffrey Gitomer),
> 《세일즈 바이블》과 《레드 세일즈 북》의 저자

모든 성공적인 기업의 공통점은 종국에는 판매를 잘하는 것이다. 아무리 잠재고객층이 넓다고 해도 마침내 지갑을 열어 제품을 구매하지 않으면 아무 소용이 없다. 판매 과정은 잠재고객 유치에서 시작해 구매로 완성된다. 판매가 없이는 사업도 없다.

세계에서 가장 성공적인 기업은 잠재고객의 신뢰를 얻고 그들의 상품이 왜 돈을 지불할 가치가 있는지를 효과적으로 설득한 기업이다. 누구든지 이용당하거나 현명하지 못한 결정을 내리고 싶은 사람은 없다. 따라서 판매란 잠재고객이 무엇이 중요한지 이해하고 상품이 약속하는 효과를 제공하리라는 확신을 얻도록 하는 것이다.

판매 과정의 궁극적 결과는 만족한 고객과 늘어난 은행잔고다.

참조 링크: https://personalmba.com/sales/

거래
Transaction

"우리에게는 오직 한 명의 상사만이 있다. 바로 고객이다. 고객만이 회
  장에서부터 말단 직원까지 회사의 모두를 해임할 권한이 있다. 자신의
  돈을 다른 상품 구입에 쓰기만 하면 된다."

샘 월튼(Sam Walton), 월마트의 창립자

거래는 두 명 이상의 당사자가 가치를 교환하는 행위다. 내가 당
신이 원하는 무언가를 갖고 있고, 당신이 내가 원하는 무언가를
갖고 있다면 우리는 교환을 통해 더 큰 이익을 볼 수 있다.

거래는 사업을 결정짓는 핵심이다. 기업 운영구조에서 수익은
판매를 통해 발생하므로 거래를 성사시키는 일은 매우 중요하다.
기업들은 지출보다 더 많은 수익을 창출함으로써 생존할 수 있다.
그러나 거래를 성사시키지 못하면서 생존하는 방법은 없다.

경제적 가치가 있는 것은 거래할 수 있다. 잠재고객이 원하는
무언가를 제공하지 못한다면, 아무도 당신이 제공하는 것을 사지
않을 것이다. 이는 너무나 뻔한 이야기같지만, 많은 창업가들이
시장이 원하는 것을 제공하려 하지 않은 채 사업을 시작한다. 따
라서 최소 경제 가치 상품을 통해 테스트를 거치는 것이 매우 중
요하다. 전 재산을 투자하기 전에 미리 대대적인 검증을 거침으로
써 팔려고 하는 제품이나 서비스가 시장성이 있는지 알아보는 것
이다.

새로운 사업을 시작함에 있어서 가능한 한 빨리 최초 판매를 성

사시키는 것이 주요 목표가 되어야 한다. 비즈니스는 판매 달성시점을 지나며 프로젝트에서 사업으로 바뀐다. 이번 장에서 다룰 예시들과 개념들은 고객과 당신이 모두 만족할 수 있는 수익성 높은 거래를 만들기 위한 조언이다.

참조 링크: https://personalmba.com/transaction/

신뢰
Trust

"좋은 삶의 비결은 정직과 공정한 거래다. 이를 진짜처럼 잘 위장할 수 있다면 그것도 성공한 것이라 하겠다."

그루초 막스(Groucho Marx), 코미디언

여기 한 가지 제안이 있다. 지금 당장 나에게 십만 달러를 송금해주면 10년 뒤에 이탈리아의 유명 관광지인 아말피 해안에 1만 평방피트의 대지에 신축한 멋진 빌라를 주겠다. 빌라를 얻기 전에 샘플을 볼 수는 없고, 빌라가 완성될 때까지 연락하지 않을 것이며, 절대로 환불해주지도 않을 예정이다. 거래하겠는가?

돈이 남아나고 지나치게 남을 잘 믿는 사람이 아니라면 아마 위의 제안을 거절할 것이다. 어떻게 저렇게 적은 돈을 가지고 해변에 근사한 빌라를 지어줄 것이라고 기대할 수 있겠는가? 내가 돈을 받아들고 그냥 도망가 버리지 않을 확신이 어디에 있는가?

물론 확신이 생기지 않는다. 따라서 존재하지도 않는 빌라를 팔겠다고 하는 사람에게 돈을 줄 일이 없을 것이다.

자, 이제 입장을 뒤바꾸어보자. 나는 이 빌라를 건축할 충분한 능력이 있고, 당신은 해안가에 위치한 근사한 빌라를 구매하려는 의도가 있다. 당신이 구매를 할 충분한 자금이 있다는 것을 확실히 하기 전에 내가 대지를 구입하고 공사에 착수하는 것이 현명한 처신일까? 절대 아닐 것이다. 만약 거래가 성사되지 않으면 나는 다른 고객을 찾아 나서거나 비용을 모두 감수해야 한다.

양방 간에 어느 정도의 신뢰가 없이 거래는 이루어지지 않는다. 제아무리 구미가 당기는 약속을 하고 거래가 주는 이익이 크게 보일지라도 약속하는 모든 이익을 제공한다는 보장이 없는 한, 소비자는 그들이 힘들여 번 돈을 쉽게 내어 주지 않을 것이다. 마찬가지로 잘 모르는 고객으로부터 외상이나 신용구매를 허락하는 것은 별로 현명한 경영이 아닐 것이다.

오랜 시간에 걸쳐 지속적으로 공정하게 그리고 정직하게 거래해 신망과 평판을 쌓는 것은 신뢰를 얻는 가장 좋은 방법이다. 신뢰를 전달하는 적극적 방법을 사용할 수도 있다. 좋은 비즈니스 위원회^{Better Business Bureau}와 같은 기구, 신용과 신원조사 서비스 그리고 조건부 날인증서^{Escrow} 계정과 같은 금융 상품은 거래 당사자들 간에 부족한 신뢰를 만회하는 방법이 된다. 이런 상품들은 판매과정에 놓여있는 서로의 장애물들을 허무는 역할을 한다. 조건부 날인 증서와 신용 조사 서비스 등이 없이는 많은 거래들이 절대로 성사되지 않을 것이다.

참조 링크: https://personalmba.com/trust/

공통분모

Common Ground

> "타협이란 모두가 자신의 케이크 조각이 가장 크다고 생각하도록 케이
> 크를 자르는 방법이다."

루트비히 에르하르트(Ludwig Erhard), 서독의 전 총재이자 정치가

신뢰성을 더 수월하게 나타내면 낼수록 그리고 다른 사람의 신용을
수월하게 확인하면 할수록 더 많은 성공적인 거래의 기회가 있다.

공통분모는 둘 또는 그 이상의 당사자들 간에 서로의 이익이 겹
치는 부분을 발견하는 것을 의미한다. 선택권을 당신 주변을 에
워싸는 원으로 상상해 보라. 잠재고객들도 각자 이러한 원들을
가지고 있다. 당신이 해야 하는 일은 정확히 어디에서 이런 원들
이 서로 겹치는지를 파악하는 것이다. 그리고 이는 예상 구매고객
이 무엇을 원하고 필요로 하는지 안다면 훨씬 더 쉽게 파악할 수
있다.

당신의 현재 직업 혹은 마지막 직장을 생각해 보라. 직업을 받아
들인 이유는 이 직업에 수반되는 임무에 대해 관심이 있었고 고용
주는 당신의 노동에 관심이 있었기 때문이다. 당신은 일정한 임금
을 받는 것을 바랐고 고용주는 그만큼을 지불할 용의가 있었을 것
이다. 서로의 이익이 포개지는 부분이 있었기에 그 결과로 일자리
제의와 취업이 이루어진 것이다. 이것이 바로 공통분모다.

소매상점에서 물건이 팔릴 때에도 공통분모는 유사하게 작용한
다. 상점 주인은 고객이 원하는 물건들을 진열하고, 고객은 요구하

는 가격을 지불할 돈이 있다. 그러나 고객이 제품에 관심이 없고, 상점 주인이 고객이 지불하려는 가격보다 높은 가격을 요구한다면 거래는 이루어지지 않는다.

공통분모는 모든 거래의 전제조건이다. 공통된 관심사가 없다면 잠재고객이 당신과 거래할 이유가 전혀 없다. 당신이 적절하다고 생각하는 가격보다 높은 가격을 지불할 이유가 없는 것이다. 소비자들이 가장 이상적이라고 생각하지 않는 거래를 굳이 받아들일 이유가 없기 때문이다.

공통된 이익을 찾는 것은 공통분모를 찾는 길이다. 판매는 그들에게 도움이 되지 않는 거래를 하라고 떠미는 것이 아니다. 가장 이상적인 경우는 고객이 원하는 것을 정확하게 파악하는 것이다. 욕구의 해소 혹은 문제의 해결이라고 할 수 있다. 당신의 관심사가 잠재고객의 그것과 일치할 때 더 많은 신뢰를 얻고 고객을 만족시킬 수 있을 것이다.

성공적인 거래에는 많은 방법들이 있고 이는 협상의 핵심을 이룬다. 협상이란 공통분모를 찾기 위해 여러 가지 선택사항들을 살펴보는 과정을 뜻한다. 더 많은 가능성들을 탐구할수록 서로 이해가 겹치는 공통부분들을 발견하기 쉬워진다. 더 많은 방법들을 탐색할 의지가 있을수록 모든 관련 당사자들을 만족시키는 좋은 공통분모를 찾을 확률도 늘어난다.

참조 링크: https://personalmba.com/common-ground/

가격책정 불확실성 원칙

The Pricing Uncertainty Principle

"인생에서 얻고자 하는 모든 것에는 가격표가 붙어있는 것이나 같다. 지금보다 더 나은 삶을 얻으려면 대가를 지불해야 한다. 현 상태에서 아무런 변화를 주지 않는 것에도 대가가 있으며 결국 모든 것에는 대가를 지불해야 한다."

해리 브라운(Harry Browne), 《실패 없는 투자》의 저자

판매에서 가장 흥미로운 부분은 가격 불확실성의 원리이다. 모든 가격은 임의적이고 변경 가능하다. 가격 결정은 전적으로 경영진에게 달려있다. 만약 작은 돌 조각에 3억 5천 달러라는 가격표를 붙이고 싶다면 그럴 수 있다. 한 시간 후에 가격을 두 배로 올리거나 10센트로 내리려 한다면 역시 얼마든지 그럴 수 있다. 언제라도 가격은 변화할 수 있고 여기에 제한은 없다.

그런데 가격 불확실성의 원리는 중요한 전제가 있다. 경영진이 요구하는 가격을 소비자가 수용하려면 가격의 정당성을 입증할 수 있어야 한다는 것이다. 일반적으로 사람들은 그들이 원하는 물품을 최소한의 대가를 지불하고 얻기 원한다. 소비자가 상품을 사기 위해 지갑을 열어 돈을 지불하도록 만들려면 제시 가격에 정당한 이유가 있어야 한다.

작은 돌멩이에 몇백 억 달러의 가격을 붙이는 행위는 그 돌덩이가 호프 다이아몬드가 아니고서야 의미 없는 일이다. 고귀한 역사를 지니고 45.5캐럿에 육박하는 영롱한 청색을 띤 호프 다이아몬

드^{Hope Diamond}는 현재 스미소니언 자연사 박물관에 소장되어 있고 판매 대상이 아니다. 그러나 박물관이 팔기로 결정을 한다면 가격이 십억 달러는 된다. 그러지 못할 이유도 없다.

경매는 가격 불확실성의 원리를 매우 잘 보여주는 분야다. 사람들의 관심 수준에 따라 그리고 이들이 지불하고자 하는 금액에 따라 가격은 지속적으로 변한다.

경매는 초기 가격을 낮게 설정하고 잠재고객이 서로 입찰가격을 놓고 경쟁하도록 해 진귀한 상품에 대한 적정 시장가격을 설정하는 효과적인 체계이다. 호프 다이아몬드와 같은 매우 희귀한 품목은 만약 판매된다면 일반적으로 경매에서 판매될 것이다. 경매에서 가장 높은 가격으로 거래된 다이아몬드는 507.5캐럿의 다이아몬드 원석 컬리난 헤리티지 다이아몬드^{Cullinan Heritage diamond}로 거래 가격이 3천 530만 달러였다.[1] 돌덩이 치고는 나쁘지 않은 가격인 셈이다.

참조 링크: https://personalmba.com/pricing-uncertainty-principle/

4가지 가격 설정법
Four Pricing Methods

"가격은 비즈니스의 모든 유형 및 무형 측면에 적용되는 환율입니다. '현금에 대한 가치'."

패트릭 캠벨(Patrick Campbell), 프로핏웰(ProfitWell) 공동 설립자 겸 CEO

잠시 당신이 매매를 생각 중인 주택 소유주라고 생각해 보자. 가격 불확실성의 원리에 따라 가격은 무엇이든 될 수 있다. 보통 주택에는 가격표가 붙어있는 경우가 없으므로 가격은 당신이 직접 결정해야 한다. 이때 가장 높은 가격으로 집을 팔기 원한다는 것도 가정해 보자. 어떻게 하면 당신이 원하는 가장 높은 가격을 소비자가 받아들이도록 할 수 있을까?

가치가 있는 상품의 가격을 정당화하는 네 가지 방법이 있다. (1) 대체 비용 (2) 시장 비교 (3) 현금흐름 할인법 / 순현재가치 (4) 가치 비교

이 네 가지 가격 측정방법들을 통해 소비자가 어떻게 특정 상품에 대한 가치를 평가하는지 알 수 있다.

먼저 대체 비용Replacement Cost 방법은 '이 제품을 다른 제품으로 대체시킬 경우 발생하는 비용은?'이라는 질문에 답을 도출해 내는 방식으로 가격을 합리화한다. 위에서 언급한 주택의 경우 질문은 '이 집과 똑같은 집을 디자인하고 짓는 데 드는 비용은?'이 된다.

운석이 떨어져 집이 완전히 파괴되었다고 가정해 보자. 완전히 처음부터 집을 지어야 한다. 비슷한 대지를 구입해 건축가를 고용하여 도면을 작성하고, 똑같은 자재로 완전히 동일한 집을 지으려면 얼마의 비용이 드는가? 이 모든 비용을 다 계산한 후에는 당신의 시간과 노력에 대한 비용도 추가해야 한다. 이렇게 하면 주택의 적정 가격을 산출할 수 있을 것이다.

대체 비용을 대부분의 상품에 적용시킨다면 비용과 마진의 구조로 측정이 된다. 상품을 만들어내는 데에 드는 비용에 당신의 수익을 더하면 적정 가격이 산출된다.

한편 시장 비교^{Market Comparison} 방법은 '이와 비슷한 다른 상품들은 얼마에 팔리고 있는가?'라는 질문에 답을 찾음으로써 가격을 정당화시키는 방법이다. 주택의 경우, 이 질문은 최근에 이와 비슷한 이 지역의 주택들은 얼마에 거래되었는가?"로 바뀐다.

주변 지역을 살펴본다면 지난 1년간 당신의 주택과 비슷한 조건의 집들이 어떤 가격에 팔렸는지 알 수 있을 것이다. 다른 집들이 완전히 동일하지는 않지만(침실 또는 화장실이 하나 더 있거나 평수가 더 적거나 등의 차이가 있을 수는 있다) 대강 비슷하면 된다. 차이를 감안하고 주변 지역 주택들의 가격을 이용해서 당신의 주택의 적정 가격을 산출할 수 있다.

시장 비교는 가격을 결정하기 위해 사용되는 가장 흔한 방법 중 하나이다. 비슷한 상품을 찾고 그 가격대와 비슷한 가격을 제시하는 것이다.

현금흐름 할인법^{DCF}과 순현재가치^{NPV} 방식은 '시간이 지난 후에 가치가 더 높아진다면 지금 얼마의 가격을 얻을 수 있나?'라는 질문에 답을 제공하여 적정가를 산출하는 방식이다. 주택의 경우, 이 질문은 '집을 파는 대신에 세를 놓아 매달 월세를 받을 수 있다면 그 월세라는 수익을 감안했을 때 내가 오늘 일시불로 요구할 수 있는 가격은 얼마인가?'가 된다.

월세는 매달 당신에게 지급되는 돈이다. 이는 사실 매우 유용한 자산이 될 것이다. DCF/ NPV 공식을[2] 사용해 매달 받게 될 월세를 한꺼번에 받는다면 얼마의 가치가 될지 산정하면 된다. 95퍼센트의 사용률을 가정하여 10년 동안 매달 2천 달러의 월세를 받고 집을 세놓는다면, 그리고 다른 차선책으로써 그 돈으로 7퍼센트의 이자를 받을 수 있다면, 이를 계산해보고 현재 집의 적정가를 산출할 수 있다.

DCF/ NPV는 반드시 지속적인 현금흐름이 있는 경우의 가격 설정에만 사용된다. 이는 팔리거나 인수되는 비즈니스에 가격을 측정하는 아주 일반적인 방법이다. 즉, 매달 더 많은 수익을 생성하는 비즈니스일수록 구입하기에 더 가치가 있는 비즈니스가 된다는 것이다.

가치 비교^{Value Comparison} 방식은 '이 상품이 특히 누구에게 더 가치가 있는가?'라는 질문에 대한 답을 찾음으로써 가격을 산출하게 되는 방식이다. 주택의 경우 질문은 '특정 고객층이 가장 중요시하는 이 집의 특성은 무엇인가?'이다.

팔려고 하는 집이 경관이 좋고 안전한 동네에 있으며 가까운 거리에 명문 고등학교가 있다고 가정해 보자. 이런 특성은 취학기 아동이 있는 가정에는 특히 선호되며 이 명문 고등학교에 자녀를 보내고 싶은 부모에게 더욱 그럴 것이다. 그러므로 잠재 주택구입자에게는 이 특별한 집이 학군이 좋지 않은 다른 동네에 있는 같은 집에 비해 훨씬 더 가치 있을 것이다.

여기 다른 예가 있다. 이 집이 예전에 엘비스 프레슬리가 살았던 집이라고 가정해 보자. 엘비스 프레슬리의 팬이었던 부유한 사람들에게 이 집은 매우 큰 가치가 있을 것이다. 단지 엘비스 프레슬리가 거주했었다는 사실 하나만으로 대체 비용, 시장 비교 그리고 DCF/ NPV 방식으로 산출할 가격보다 두세 배나 높은 가격을 요구할 수 있게 된다. 팔려는 해당 상품만이 가지는 독특한 장점과, 이 장점이 특정 고객층에 가지는 특별한 가치는 일반적인 가격보다 훨씬 더 높은 가격을 책정할 수 있게 한다.

가치 비교는 매우 이상적인 가격 측정방식이다. 특정 고객층을 대상으로 가격을 책정할 때에는 가격이 대부분의 경우 매우 높게 측정되기 때문이다. 다른 방법들을 기본으로 고려하되 팔고자 하는 상품이 특정 고객층에게 얼마만큼의 가치를 가지는지 파악한 후 여기에 맞추어 가격을 결정하면 된다.

참조 링크: https://personalmba.com/4-pricing-methods/

가격전환 충격
Price Transition Shock

"훌륭한 조종사처럼 경력을 쌓으려면, 우선 엔진출력 레버를 밀 때와 당길 때를 알아야만 한다."

척 예거(Charles Elwood Chuck Yeager), 최초로 음속을 돌파한 비행기 조종사

제안가격을 변경할 때, 그 효과는 현재의 목표시장에 한정되지 않는다. 가격의 변화는 전형적인 가망고객을 밤새 바꿀 수도 있다.

처음 비즈니스에 입문한 사람들은 가격을 내리는 것을 판매량을 높이는 가장 좋은 방법으로 추정한다. 하지만 이는 진실이 아니다. 가격인상은 더 많은 고객의 마음을 끄는 데 종종 더 효과적인 방법으로 사용된다. 일상용품일 경우는 가격을 내리면 고객들이 좋아한다. 서로 다른 주유소 두 곳의 휘발유 가격이 동일한 경

우, 어느 한 곳이 가격을 인하한다면 더 많은 고객을 가져올 수 있을 것이다. 대부분의 휴게소는 휘발유 판매보다는 편의점에서 더 많은 수익을 올리기 때문에 휘발유 가격 할인 전략은 더 큰 수익 창출로 이어질 수 있다.

경제학개론 수업에서 이를 '가격 탄력성'이라 부른다. 높은 가격 탄력성을 가진 재화는 가격의 상승과 하락에 따라서 수요의 큰 변화를 경험하게 된다. 낮은 가격 탄력성을 가진 재화는 가격변화에 따른 수요변동 폭이 작다. 경제학자들은 가격하락 시 수요의 증가를 보여주는 하향가격 기울기^{Slope}를 그리기 좋아한다.

이러한 전통적인 가격곡선의 문제는 재화가 일상용품이 아닌 경우에는 오해의 소지가 있다. 실제로 가격인상은 이를 더 선호하는 고객들로 인해 수요가 증가할 수 있다. 자동차는 이러한 가격 민감도의 좋은 전통적 사례이다. 어떤 종류의 자동차는 비싸다는 이유로 소비자의 소유 욕구를 상승시킨다. 벤틀리 컨티넨탈 GT를 구매하는 특별한 고객은 도요타 캠리를 구매하는 고객과는 아주 다르다.

논의한 가격전략을 검증할 때는 특정한 고객유형보다는 아주 다른 유형의 고객들에게 호소할 필요가 있다. 이들은 매력적인 가격을 결정하는 특정한 한계치를 주시할 것이다. 이 가격변경의 효과는 비즈니스 운영의 경험을 완전히 바꾸어 놓을 수 있는데, 이러한 사실을 올바르게 인식하지 못할 수도 있다.

마음속으로 가격변경의 효과를 생각하고 가격을 정할 때는 다음 두 가지를 심사숙고해야 한다. (1) 수익 잠재력 (2) 이상적인 고객 특성이다. 최고의 전략은 가장 높은 수익을 창출하는 방법으로 가장 원하는 고객과 함께 일할 수 있도록 하는 가망고객들에게 매력적인 가격을 결정하는 것이다.

이상적인 가격결정의 균형은 목표시장에 따라 다르다. 어떤 시장에서는 고객들이 추가할인을 요구하거나 실망할 수도 있다. 마찬가지로 높은 가격에 눈도 깜빡이지 않고 기분 좋고 다정하게 받아들이는 고객이 있는 반면, 부담스럽게 느끼고 무례하게 반응하는 고객이 있을 수도 있다.

내가 수년간 관여한 비즈니스 중 하나는 저가격 정책을 지양하면서 평균 주문가치를 두 배나 올리는 성공을 거두었다. 나중에 논의할 '두 번째 주문효과'처럼 그 기업의 일반적 고객은 최악의 상태로 바뀐다. 가망고객은 더 자주 비이성적인 수요를 만들고 그러한 수요가 맞지 않을 때, 비신사적 방법으로 행동한다. 이러한 단기성 재무성과는 긍정적이지만, 그런 변화는 직원들에게 극도의 스트레스를 준다.

또 다른 예를 보면, 내가 컨설팅하는 서비스 사업체는 가격을 4배 올리기로 결정했고, 그러한 새로운 포지셔닝이 그들의 이상적인 고객들의 관심을 끌었다. 해당 제품에 가장 적절한 고객이 아닌 경우는 가격 인상으로 인하여 이탈했다. 하지만 결국 그 기업은 우수한 고객을 충분하게 유치해 500퍼센트 이상의 수익증가를 얻었다. 직원들은 그 변화에 감동했다. 그들은 우량고객을 위해 더 많은 일을 했고, 전문가들에게도 더 많은 수수료를 지불했다.

가격을 변경할 때, 재화에 매력을 느끼는 잠재고객 또한 바뀌게 된다. 충분성^{Sufficiency}을 유지하는 한 선호하는 어떤 유형의 고객에

호감을 줄지 선택할 수 있다.

참조 링크: https://personalmba.com/price-transition-shock/

가치기반 판매
Value-Based Selling

"가격은 지불하는 것이고 가치는 얻는 것이다."

워런 버핏(Warren Buffett), 세계에서 가장 부유한 사람 중 하나이며
버크셔 헤서웨이의 CEO

당신의 회사가 포춘지 선정 세계 50대 기업에게 지속적인 서비스를 제공하고 있으며, 이 기업은 매년 매출이 1억 달러씩 증가한다고 가정해 보자. 당신의 연간 서비스가 천만 달러의 가치가 있다고 생각하는가? 물론이다. 어떤 회사라도 9천만 달러의 매출을 포기하지 않을 것이다.

만약 이 귀중한 서비스를 제공하는 데에 큰 비용이 들지 않는다고 해도, 설령 매년 단 몇 백 달러를 지출해 서비스를 제공한다고 해도 전혀 중요하지 않다. 당신은 거대 기업에게 엄청난 가치를 제공하고 있으며 그 사실 자체만으로 높은 가격을 요구할 충분한 이유가 있다.

대부분의 기업 간 서비스의 가격이 1만 달러 또는 그 이하라면 문제가 될까? 절대 그렇지 않다. 시장에 있는 다른 서비스보다 훨씬 더 가치 있는 서비스를 제공하고 있다면 높은 가격은 정당화된다.

가치기반 판매는 구매자에게 왜 상품이 가치가 있는지 그 이유를 피력하고 이를 강화시키는 과정이다. 앞에서 가치 비교는 상품에 높은 가격을 책정하는 가장 좋은 방법이라는 것을 이야기했다. 가치기반 판매는 그 가격을 정당화시키는 방법이다. 가격의 이유를 이해하도록 하고 강화시킴으로써 고객은 거래를 더 가치 있게 여기게 된다. 동시에 기업은 거래를 더 쉽게 성사시키고 더 높은 가격을 요구할 수 있는 것이다.

가치기반 판매는 말하기보다는 듣는 것이다. 사람들은 판매라는 개념을 생각할 때 화려한 언변과 강요를 통해 거래를 성사시키는 데에만 혈안이 되어있는 사기꾼을 떠올린다. 부정직한 중고차 외판원을 따라서 행동하다가는 신뢰를 바닥으로 떨어뜨리고 고객만족보다는 이익만 챙기려는 악덕 기업주로 낙인찍히기 쉽다. 실제로 가장 유능한 판매사원들은 고객이 진실로 무엇을 원하는지에 열심히 귀를 기울이는 사람들이다.

잠재고객에게서 상품의 가치에 대해 알아내는 가장 빠른 방법은 적절한 질문을 하는 것이다. 닐 라컴Neil Rackham의 판매에 관한 고전인《당신의 세일즈에 SPIN을 걸어라SPIN Selling》는 성공적인 판매의 네 가지 단계를 설명하고 있다. (1) 상황이해 (2) 문제의 정의 (3) 문제의 장·단기적 영향 파악 (4) 문제가 해결된 후 고객이 경험하는 금전적·심리적 혜택의 수치화가 그것이다. 성공적인 판매원은 미숙한 틀에 박힌 강매방식으로 접근하기보다 잠재고객이 무엇을 진정 원하는지 알아내는 효과적인 질문들에 초점을 맞춘다.

잠재고객이 진정 필요로 하는 것을 말하도록 하면, 두 가지 큰 이점이 있다. 먼저 고객은 자신의 상황이 잘 이해받고 있다는 확신을 갖는다. 이는 문제를 해결할 수 있다는 믿음을 주고 신뢰를 높인다. 둘째, 상품이 해당 고객에게 어떤 가치가 있는지 강조하기 위해 필요한 고객의 정보를 알게 되며 이를 통해 전달하는 가치 대비 가격을 꾸미기^Framing 할 수 있게 도와준다.

고객에게 왜, 어떻게 그리고 얼마만큼 혜택을 줄지 파악한다면 고객이 이해하고 좋아하는 언어로 이를 설명해줄 수 있다. 성공적인 판매를 위해서는 해당 고객에게 제공하는 상품이 어떤 가치와 이익을 줄 수 있는지 정확히 파악하는 것이 필수이다.

참조 링크: https://personalmba.com/value-based-selling/

교육기반 판매
Education-Based Selling

"상품보다 사용자를 업그레이드하라. 가치는 상품 자체가 아니라 상품으로 인해 사용자가 어떤 혜택을 얻게 되는가에서 드러난다. 더 나은 카메라를 만들기보다 더 나은 사진가들을 만들어라."

케이시 시에라(Kathy Sierra), 《헤드 퍼스트》 도서 시리즈의 저자이자 공동 창립자

콜로라도로 이사 오기 전에 나의 아내 켈시는 뉴욕의 유명한 신부 예복 전문점인 마크 잉그램 아틀리에^Mark Ingram Bridal Atelier의 판매 관리자였다. 그녀의 임무는 전 세계에서 온 신부들이 그들의 꿈에 그리는 웨딩을 완성할 가장 아름다운 웨딩드레스를 찾도록 도와주

는 것이었다.

마크 잉그램은 신부예복 업계의 마사 스튜어트^{Martha Stewart}라고도 할 수 있다. 그의 스타일 감각은 전설적이다. 오스카 드라렌타, 모니크 륄리에, 릴라 로즈, 베라 왕 등 탑 디자이너의 명품 웨딩 가운들이 그의 매장에 진열되어 있다. 마크의 웨딩 컨설턴트는 모두 뛰어난 실력을 갖추고 있어 웨딩드레스를 고르는 어느 손님에게나 처음 세 벌만 선보이는 것으로 마음의 결정을 내리게 한다. 또한 고객에게 제공하는 쇼핑 경험과 대고객 서비스는 어떤 업체보다도 뛰어나다(마크는 할인판매를 하지 않지만 고객은 더 저렴한 가격을 제시하는 경쟁사들보다는 그와 거래하길 선호한다).

마크의 아틀리에와 같은 대부분의 신부 예복 전문점은 매우 고가의 웨딩 가운을 판매한다. 마크의 아틀리에에 있는 가운들의 평균 가격은 6천 달러다. 이는 전국 평균값의 네 배나 된다. 이를 판매하려면 마크의 컨설턴트들은 신부와 돈을 지불하게 될 그녀의 부모에게 가운이 비싼 이유를 이해시켜야 한다.

다른 예복 전문점에 가서 더 저렴한 웨딩드레스를 구입할 수 있지만, 저렴한 드레스에는 그만한 이유가 있다. 즉 낮은 품질의 천을 사용하고 바느질의 완성도가 떨어지며 직접 수작업하지 않고 기계로 레이스나 구슬장식을 한다. 또한 대부분의 경우 신부의 몸에 꼭 맞도록 하기 위해서는 드레스를 수선해야 하는데, 마크의 재봉사들은 세계 최고의 실력을 자랑한다. 그러니 이들의 솜씨를 경험하고 싶다면 마크의 아틀리에에서 드레스를 구입해야 하는 것이다.

이런 사항들이 중요하고(사실 패션에 관심 있는 신부들은 누구라도 중요시한다), 형편이 된다면 마크에게서 웨딩드레스를 구입하는 것이 가치가 있다는 점을 알 수 있다.

교육기반 판매는 잠재고객에게 정보를 제공해 더 현명한 고객이 되도록 돕는 방법이다. 판매 컨설턴트로서 켈시에게는 두 가지 목표가 있었다. (1) 신부가 편안하고 안정된 상태에서 쇼핑하도록 하는 것 (2) 웨딩드레스가 만들어지는 과정에 대해서 고객에게 알려줌으로써 더욱 현명한 구매를 하도록 돕는 것이다.

켈시는 구매를 하라고 강요하기보다는 옷감, 레이스, 비즈 장식, 재봉, 수선에 대한 자세한 정보를 신부와 신부의 가족에게 차근차근 설명해 준다. 그녀는 시간과 노력을 들여 신부가 웨딩드레스에 대해 더 많은 지식을 얻도록 도와주고 이를 통해 더 비싼 드레스를 구매하도록 이끄는 것이다. 이는 신부가 드레스의 높은 품질과 완성도를 이해하도록 돕는 동시에 세심한 배려로 신부의 신뢰를 얻기 위해서다.

교육기반 판매는 가망고객에게 많은 노력과 시간을 투자해야 하나, 그만한 가치가 있다. 노력을 투자함으로써 가망고객을 더욱 현명하게 만들고, 동시에 그들은 전문성을 신뢰하게 된다. 그러나 명심해야 할 사실은 경쟁사보다 훨씬 더 월등한 상품을 제공해야 한다는 것이다. 그렇지 않으면 고객을 잃게 될 것이다. 따라서 가치 있는 상품을 판매하는 일은 무엇보다 중요하다.

참조 링크: https://personalmba.com/education-based-selling/

차선책

Next Best Alternative

"내가 자리를 뜨려고 하는 것을 상대방이 눈치채게 되면 나의 입지가 더 강해진다. 가끔은 찬성하지 않는 것이 오히려 유리하게 작용하기도 한다."

로버트 루빈(Robert Rubin), 전 미 재무장관

협상 중에 합의점을 찾지 못하는 경우 상대방이 어떻게 반응할지를 아는 것은 큰 도움이 된다. 때로는 합의점을 찾는 것이 불가능한 경우가 있다. 공통분모를 찾지 못하는 경우 당사자들은 각자의 길을 가는 것이 낫다고 생각한다. 이럴 땐 어떻게 해야 할까?

차선책은 협상 중인 상대방과 공통분모를 찾지 못하는 상황이 발생했을 때 택할 수 있는 방안이다. 당신이 지금 구직 중이며, 고용하려는 기업이 세 군데 있다고 가정해 보자. 당신은 A사에서 일하고 싶다. 그러나 근무나 급여 조건 등에 대해 합의를 이루지 못할 경우 B와 C사 또한 당신을 고용하고 싶어 한다는 사실을 아는 것 자체로 훨씬 더 자신감 있는 협상가가 될 수 있다. 그러나 A사만이 당신을 고용하려 한다면, 그리고 딱히 다른 수가 없다면 별로 유리한 방식으로 협상을 성사시키지는 못할 것이다.

상대방 역시 항상 차선책을 가지고 있다. 이때 당신이 그보다 더 좋은 조건을 제시하는 것이 협상의 핵심이다. 100달러짜리 상품을 팔려 한다면 고객이 이 100달러를 갖고 할 수 있는 다른 많은 일들과 경쟁하고 있는 셈이다. 저금, 투자 또는 다른 상품 구매

등이 경쟁대상이다. 직원을 고용하려고 할 때는 다른 회사가 제시하는 차선책들에 맞서 경쟁해야 한다. 상대방이 더 많은 선택권을 가질수록 당신의 입장은 약해지기 마련이다.

판매에 있어서 상대방의 차선책을 이해하는 것은 유리하게 작용한다. 상대방의 차선책보다 더 매력적인 제안을 내놓으면 된다. 상대방의 선택권에 대해 더 자세히 알면 알수록 다양한 옵션들로 묶음판매^{Bundling}와 개별 가격정책^{Unbundling}을 통해 상품을 꾸미기 할 수 있다.

강력한 차선책이 있으면 협상을 순조롭게 진행시킬 수 있다. 많은 프로 운동선수들은 계약이 종료되는 시기가 가까워지면 현재 팀에서 더 유리한 조건으로 재계약을 하게 된다. 특히 다른 팀들에서 스카우트 제의가 들어온다면 더욱 유리한 조건으로 협상할 수 있을 것이다. 기존의 팀이 이 선수를 잃고 싶지 않다면 신속히 재계약을 맺어야 한다.

모든 협상에서는 좋지 않은 거래에서 얼마든지 물러설 용의 또는 능력이 있는 쪽이 더 큰 힘을 가지게 된다. 거의 모든 경우, 좋은 선택권이 많을수록 유리한 입장이 된다. 차선책들이 매력적일수록 불리한 거래는 얼마든지 쉽게 포기하고, 더 유리한 거래를 찾아갈 수 있게 된다.

참조 링크: https://personalmba.com/next-best-alternative/

독점
Exclusivity

"최고의 전략이란 언제나 가장 강해지는 것이다."

카를 폰 클라우제비츠(Carl von Clausewitz), 군사 전략가

대부분의 영업에서 독점적 위치를 확보하는 것은 최대의 관심사다. 독점적 위치 확보는 독특한 상품이나 다른 기업이 따라올 수 없는 품질을 만들어내는 것으로 가능하다. 가망고객이 원하는 것을 제공할 수 있는 개인이나 기업이 될 수 있다면 좋은 조건으로 협상할 수 있는 아주 강력한 위치를 확보할 수 있다.

아이폰을 구매하고자 한다면 애플에서 구매해야만 한다. 이는 단독 입찰로 구매하는 것이다. 그 제품을 직접 또는 소매상을 통해서 구매할 수 있다. 어떤 경우든 애플에게 지불해야 한다. 아이폰 구매를 원하는 한 대체 제품을 찾고자 하는 의도는 불가능하고, 이는 애플의 승리로 끝난다.

독점이 많은 이유는 혜택 때문이다. 독점적인 제공품은 직접적인 경쟁자가 없으므로 높이 지각된 가치^{perceived value}를 유지하기에 훨씬 수월하다. 대체재나 대안품이 있을 수 있지만, 가망고객이 당신의 특정한 제품을 원한다면, 결국은 당신에게서 구할 수밖에 없다. 이러한 경우 고가를 매길 수 있고, 상당한 이윤폭을 유지할 수 있다.

독점은 무엇인가 새로운 것을 만들어낼 때 유지하기 수월하다. 이러한 독점적 전략은 제품과 서비스에 대한 최고의 느낌을 만들어내는 것이라 할 수 있다. 재판매업자는 해당 제품의 제조를 하

지 않는 한 독점성을 구축하기가 어렵다. 이런 이유로 재판매업자는 많은 경우 자가상표를 만든다. 코스트코의 유명한 커클랜드 시그니처^{Kirkland Signature} 상표는 독점성을 만드는 하나의 방법이다. 특유한 제품을 만드는 제조회사들과 협상하기 위한 트레이더 조^{Trader's Joe}의 전략도 마찬가지이다.

만약 가망고객이 원하는 것을 독점적으로 공급한다면, 당신이 승리자다.

참조 링크: https://personalmba.com/exclusivity/

세 가지 보편적 통화
Three Universal Currencies

"시간은 당신의 돈을 빼앗아 가지만 돈으로는 시간을 살 수 없다."

제임스 테일러(James Taylor), 음악가

모든 협상에서 사용되는 세 가지 통화가 있다. 자원, 시간 그리고 융통성이다. 이 세 가지 통화들은 서로 교환되기도 한다.

자원^{Resources}은 돈, 금, 석유 등과 같은 유형 자산을 의미한다. 자원은 물질적인 것이어서 손에 쥘 수 있다. 가구를 사고 싶다면 대가로 돈을 지불하면 된다. 자동차를 팔고 싶다면 서로의 동의하에 구매자는 금괴를 제공하거나 완벽한 상태인 액션코믹 1번 판(슈퍼맨 시리즈의 첫 번째 판)을 줄 수도 있다. 이는 한 가지 자원을 다른 자원으로 대체하는 것뿐이다.

시간^{Time}은 두 번째로 중요한 통화다. 시간제 직원으로 일하고 있

다면 특정 임금을 얻기 위해 시간을 제공하는 것이다. 또한 시간과 자원을 바꿀 수도 있다. 다른 사람을 고용해 일하게 하고 대가로 임금을 지불한다. 이는 고용, 하청, 그리고 프리랜싱의 기본 개념이다.

융통성^{Flexibility}은 세 번째 보편적으로 사용되는 통화이다. 융통성의 가치는 자주 과소평가되곤 한다. 월급을 받는 직원이 되는 것은 자원과 노력을 공정하게 교환하는 게 아니다. 여기서 융통성 또한 어느 정도 손해를 본다. 즉, 회사에서 일을 하고 있는 동안은 다른 일을 하지 않는다는 묵인된 합의가 있고 이는 실제적 기회비용을 의미한다. 일을 하는 동안 다른 일을 하지 못하게 되므로 시간과 노력 그리고 융통성 역시 희생되고 있는 셈이다.

더 높은 혹은 더 낮은 정도의 융통성을 노력이나 자원을 교환하여 얻을 수 있다. 예를 들어, 파트 타임으로 일함으로써 노력을 줄이고 융통성을 늘릴 수 있다. 물론 대가는 줄어들어서 월급과 추가적 혜택들이 적어질 것이다. 주택을 구매할 때, 일시불로 지불하지 않고 30년 장기 모기지를 선택한다면 더 빨리 집을 장만할 수는 있으나 추가 비용(이자)이 들고 융통성이 줄어든다.

위에서 설명한 통화 중 어느 것이라도 더 얻기를 원한다면 나머지 두 개의 통화와 교환하면 된다. 더 높은 급여 또는 더 고가의 계약을 체결하고 싶다면 시간이나 융통성을 희생하면 된다(다른 목적을 위해 돈을 더 많이 벌려고 하지만, 실제로 돈을 더 많이 벌려면 그 목적을 포기해야 하는 것이다). 직장에서 좀 더 많은 융통성과 시간을 얻고 싶다면 더 낮은 월급을 받으면 된다. 고용주나 의뢰인이 더 많은 업무를 요구하거나 더 많은 서비스를 요구하면 그 대가로 더 높은 보수를 요구할 수 있다.

협상을 할 때는 위의 세 가지 보편적 통화들을 잘 기억하라. 상대방에게 제안할 대안들이 훨씬 더 많아진다는 사실을 알게 될 것이다. 그리고 대안들이 많으면 많을수록 양쪽 당사자가 모두 만족할 만한 합의점을 찾는 것이 더 쉬워진다.

참조 링크: https://personalmba.com/3-universal-currencies/

협상의 세 가지 단계
Three Dimensions of Negotiation

"어떤 협상이라도 시작하기에 앞서 결정해야 하는 것은 상대방이 거절할 시에 어떻게 대처해야 하는가이다."

어니스트 베빈(Ernest Bevin), 전 영국 외무부장관

협상을 떠올릴 때 대부분의 사람들은 상대를 마주하고 테이블에 앉아 제안과 반대 제안을 내놓는 것을 생각한다. 이는 협상의 가장 마지막 단계다. 다른 두 가지 단계는 협상 테이블에 앉기 훨씬 전부터 시작된다.

협상의 세 가지 단계는 준비, 구조 그리고 토론이다. 데이비드 랙스와 제임스 세베니우스 David Lax and James Sebenius 가 《당신은 협상을 아는가》에서 논하듯이 각각의 단계는 매우 중요하다. 협상을 조성하기에 알맞은 환경을 만들고 전략을 미리 준비함으로써 상호 유익한 해결책을 찾을 확률을 극적으로 높일 수 있다.

모든 협상의 첫 번째 단계는 준비단계이다. 만족할 만한 결과를

위한 배경을 조성하는 것이다. 협상에 들어가기에 앞서 자신에게 유리한 조건을 미리 선점하는 것이야말로 성공적인 협상 결과를 도출하는 방법이다.

- 협상을 진행하는 사람들은 누구이며, 이들은 당신과 거래하 길 원하는가?
- 협상 상대방은 누구이며, 이들이 당신이 누군지 알고 어떻게 당신이 이들을 도와줄 수 있는지 아는가?
- 당신이 제안하는 바는 무엇인가? 그리고 상대방에게 어떤 이익을 제공하는가?
- 협상이 이루어지는 배경은 무엇인가? 당신은 어떤 방법으로(전화 상으로, 직접 혹은 다른 방법으로) 제안을 선보일 것인가?
- 협상을 둘러싼 환경적 요인들은 무엇인가? 최근의 사건들은 상대방에게 이 협상이 더욱 중요하거나 덜 중요하게 만들었는가?

협상에서 준비단계는 비즈니스의 안내구조물^{Guiding Structure}과 같다. 거래를 둘러싼 환경은 결과에 엄청난 영향을 미친다. 따라서 협상이 시작되기 전에 미리 좋은 협상결과를 조성하는 환경을 만드는 일은 매우 중요하다. 준비과정에 대해서 생각하면서 상대방이 협상 대상으로 적절한지 판단할 수 있다. 즉, 당신이 원하는 것을 줄수 있는 힘이 있는 사람인지 판단해야 한다. 협상의 준비 단계에서 힘을 실어줄 가장 중요한 작업은 바로 연구이다. 이 단계에서 협상 상대방에 대해 더 많이 알면 알수록 협상 전체에 걸쳐 더 많은 힘이 실리게 된다. 따라서 제안을 하기 전에 먼저 상대방에 대해 공부해야 한다.

협상의 두 번째 단계는 구조이다. 구조란 제안되는 조건을 뜻한다. 이 단계에서는 상대방이 받아들이고 좋아할 만한 초기 제안을 구성하는 것이다.

- 정확히 무엇을 제안할 것인가? 그리고 상대방에게 당신의 제안을 어떻게 꾸미기 할 것인가?
- 그 제안으로 상대방은 어떤 이익을 볼 수 있는가?
- 상대방의 차선책은 무엇인가? 그리고 당신의 제안이 어떤 면에서 더 나은가?
- 상대방의 이의와 구매를 막는 장벽을 어떻게 극복할 것인가?
- 합의를 얻기 위해 희생하거나 양보할 용의가 있는 트레이드 오프$^{trade\ off}$는 무엇인가?

제안을 기획함에 있어서 가장 중요하게 생각해야 할 것은 공통분모를 찾는 것이라는 사실을 명심해야 한다. 즉, 양쪽 모두가 만족할 만한 합의점을 찾는 것이다. 미리 제안의 구성을 잘 살펴봄으로써 수용 가능한 범위 내에서 상대방이 원한다고 생각하는 몇 가지 다른 제안들을 준비할 수 있다.

예를 들어, 제시하는 가격에 대해 상대방이 너무 높다고 생각할 것을 대비해서 당신은 가격에 대한 거부감을 낮추는 논리를 준비하고, 좀 더 저가의 제안들(그만큼 더 낮은 가치를 제공하는)을 내놓을 수 있어야 한다. 이런 사전 준비를 거친 후 협상 상대자를 만나다면 유리한 협상을 이끌어낼 만반의 준비가 된 것이다.

협상의 세 번째 단계는 토론이다. 상대방에게 제안을 직접 선보이는 것이다. 토론 단계에서 제안 조건들에 대해 상대방과 더 자세하게 논할 수 있다. 때로 토론은 영화에서 보는 것과 같이 진행되기도 한다. 마호가니로 장식된 중역 회의실에서 CEO와 마주앉아 협상을 진행할 수도 있다. 때로는 전화 상 또는 이메일로 진행되기도 한다. 협상 장소가 어떻든 간에 이 시점에서 자신의 제안을 구체적으로 설명하고 토론할 수 있어야 한다. 그리고 이 단계에서 상대방이 이해하지 못하는 부분이 있다면 모두 명확히 이해시켜야 하며, 상대방이 제기하는 이의에 답할 수 있어야 한다. 아울러 구매를 막는 장벽을 모두 제거할 수 있어야 한다. 그런 후에 가장 중요한 판매를 시도해야 한다.

토론 단계에서 어떤 일이 발생하든 간에 마지막 결과는 다음과 같이 나타난다. (1) 좋습니다. 이 조건을 받아들이겠습니다. (2) 아직 협상을 타결하지 못했습니다. 여기 반대 제안 또는 고려해볼 만한 다른 선택사항들이 있어요. (3) 아니오, 거래를 하지 않겠습니다. 합의점을 찾을 수 없고 여기서 협상을 그만두고 다른 상대방을 찾겠습니다. 토론은 마지막 합의점을 찾을 때까지 또는 협상 당사자들이 협상을 중단하겠다고 결정할 때까지 계속된다.

협상의 세 가지 단계(준비단계, 구조, 그리고 토론)를 미리 잘 준비한다면 양쪽 모두에게 이익이 되는 긍정적인 협상 결과를 도출해 낼 가능성이 높아진다.

참조 링크: https://personalmba.com/3-dimensions-of-negotiation/

버퍼
Buffer

"지혜가 없는 열의는 어리석음과 같다."

존 데이비스 경(Sir John Davies), 전 아일랜드 법무장관

거의 모든 상황에서 공통분모를 적극적으로 찾는다면 협상에 연관된 모든 사람들이 가장 큰 이익을 볼 수 있는 방법을 발견하게 된다. 그러나 일부 경우에는 합의를 도출하긴 했으나 필연적으로 한 쪽의 손해가 있어야 다른 쪽의 이익이 발생할 때가 있다. 면접에서 더 높은 급여를 놓고 협상을 할 때는 구직자가 연봉을 더 많이 받게 되는 것만큼 회사가 금전적인 손해를 보게 된다.

상황에 따라, 협상의 이런 부분은 매우 난해할 수 있다. 모든 사람은 가능한 한 가장 유리한 방향으로 협상을 이끌려고 할 것이다. 하지만 너무 자신의 이익만 강조하다가는 거래를 망치고 상대방과의 관계를 영구적으로 손상시키는 결과를 얻게 될 수 있다. 이런 경우, 전문가의 도움을 얻어 관계를 위험에 빠뜨리지 않으면서 좋은 결과를 얻을 수 있는 방법을 모색해야 한다.

버퍼는 대신 협상할 권한을 부여받은 제3자를 의미한다. 에이전트, 변호사, 중개자, 브로커, 회계사 등의 전문가들은 모두 버퍼의 예이다. 특정 분야와 유형의 협상에 전문 기술이 있는 버퍼는 협상에서 가장 유리한 결과를 얻을 수 있도록 도와주는 매우 중요

한 역할을 한다. 불법행위법 또는 세금 정책 등과 같은 난해한 주제에 대해 모든 것을 다 알 필요는 없다. 이런 경우 정직하고 능력 있는 버퍼의 도움을 얻으면 된다.

프로 운동선수들은 프로 스포츠 팀에 입단하기에 앞서 계약을 협상한다. 일반적으로 이들은 에이전트와 변호사 모두의 도움을 얻는다. 에이전트는 운동선수를 위해 최상의 급여조건을 얻어내는 일을 하고 팀의 소유주와 매니저는 이를 잘 알고 있다. 팀의 운영자들은 매니저가 고압적인 자세로 협상에 나오더라도 선수를 영입하려는 의도는 바꾸지 않는다. 종국에 선수는 에이전트 수수료를 제외하고서도 더 높은 급여를 얻게 된다.

선수의 변호사가 팀 측에서 제안한 계약서의 특정 조항에 대한 이의를 제기할 때에도 비슷한 과정을 거친다. 변호사는 그들의 전문지식과 경험을 바탕으로 계약 협상에서 더 강한 입장을 고수할 수 있다. 에이전트와 변호사는 팀의 소유주와 매니저를 상대로 선수의 선의나 평판, 팀과의 관계를 해하지 않는 방법을 사용해 팀이 응하는 범위 안에서 선수에게 가장 좋은 협상 결과를 가져다준다.

버퍼는 긴장감 높은^{high-intensity} 협상에 시간과 공간을 더해주는 역할을 한다. 가끔은 마지막 결정을 하지 않아도 되는 당사자가 되는 편이 더 나을 수도 있다. "이 사안은 저의 에이전트/회계사/변호사와 상의해 봐야 할 것 같습니다"라고 말함으로써 즉시 최종 답안을 제공하는 부담을 피할 수 있다. 이렇게 확인 절차를 거치면서 성급하거나 현명하지 못한 판단을 예방할 수 있는 것이다.

버퍼와 일을 할 때에는 인센티브로 인한 편견^{Incentive-Caused Bias}에 주의해야 한다. 관계가 어떻게 정의되었는지에 따라 버퍼는 당신과는 아주 다른 우선 사항들을 가지고 있다. 예를 들어, 부동산 중개인은 자산을 팔려는 사람과 구매자 사이의 버퍼 역할을 한다. 부동산을 구매하려는 목적이라면 구매 담당 중개인과 같이 일하는 것이 더 이로울 것이다. 물론 수수료에 대해서는 미리 협의를 마쳐야 할 것이다.

일반적으로 에이전트^{Agents}는 그들의 노력에 대한 대가로 수수료를 받기에 구매 쪽 거래를 위해 이들과 함께 일을 할 경우 특히 주의해야 한다. 에이전트는 거래가 성사되는 경우에만 수수료를 받는다. 따라서 그들의 첫 번째 목표는 일단 거래를 성사시키는 것이다. 그러므로 어떤 거래든 성사시키려 할 것이며 구매자에게 실제로 도움이 되는지 여부는 크게 고려하지 않을 수도 있다.

가능하다면 거래가 성사되는 것과 상관없이 고정수수료$^{flat\ fee}$를 받기로 한 버퍼와 일하는 것이 가장 좋다. 일의 결과가 어떻든지 노력에 대한 대가를 받는 버퍼라면 그들은 당신이 가장 좋은 조건으로 거래를 성사시키도록 도와줄 것이다. 그럼으로써 그들은 자신의 평판을 더 좋게 할 수 있을 것이다.

전문적인 버퍼의 도움을 받는 것은 중요하지만, 버퍼가 현명한 판단을 완전히 대체할 수는 없다. 당신이 절대로 하지 말아야 할 것은 최종 결정의 권한을 버퍼에게 부여하는 것이다. 특히 서로의 목표가 일치하지 않는다면 더욱 그렇다. 많은 현명하지 못한 투자자들은 그들의 컨설턴트에게 모든 투자 권한을 줌으로써 재산을 탕진하는 경우가 있다. 이 금융 전문가들은 실제로 자산을 늘리는 것과는 상관없이 주식이 거래될 때마다 수수료를 받는다. 이런 브로커들은 단지 계좌를 '움직이면서' 불필요한 수수료를 발생시켜 수천 달러를 합법적으로 챙길 수 있다. 그러므로 재정에 직접적인 영향을 미치는 그 어떤 결정도 절대로 남에게 주어서는 안 된다.

버퍼는 보상방법에 대한 명확한 합의를 이루고, 이들이 무엇을 해야 하며, 어떻게 함께 일할 것인지를 정한 이후라면 당신에게 엄청난 이익을 가져다줄 수도 있다.

참조 링크: https://personalmba.com/buffer/

설득 저항
Persuasion Resistance

> "영업은 영업사원의 태도에 좌우되지, 가망고객의 태도에 좌우되지는 않는다."
>
> **클레멘트 스톤**(W. CLEMENT STONE), 보험영업인이자 자선가

영업사원이 가망고객을 불편하게 만드는 것 중의 하나는 바로 강매하려 하거나 관심이 없는 것에 대해 동의를 받으려고 속인다는 느낌이다. 이러한 경험을 '저항신념'이라 부르는데 이는 영업의 주요한 장애물이다.

확신이 없는 것을 설득하고 강제로 하게 만들면 가망고객들은 자동적으로 저항하고 대화에서 벗어나려 할 것이다. 이는 영업사원이 가망고객의 선택을 어떤 방법으로 결정하거나 제한하려고 힘을 가하는 상황에서 일어날 수 있는 일이다.

심리학자는 이를 유도저항^{reactance} 이라 부르는데 주로 유아기에 나타난다. 모든 사람은 어린 시절 부모로부터 "안 돼!" 또는 "해야만 해!"라는 말을 들었던 좋지 않은 언어 경험이 있다. 가망고객은 영업사원이 구매를 설득할 때 이와 거의 유사한 방법으로 반응한다. 자신의 자주성을 보호하기 위한 본능적인 저항인 셈이다. 영업사원의 압박이 강하면 강할수록 가망고객은 더 저항하게 된다. 이러한 이유로 강매방법은 일반적으로 지속가능한 성과를 내는 데 실패하게 된다.

더 효과적인 전략은 따로 있다. 세계적인 영업 전문가인 지그 지글러^{Zig Ziglar} 의 말을 빌리자면, 가망고객에게 영업사원이 '구매자의 조력자'로 보이는 것이다. 영업사원은 가망고객을 속이는 것이 아니라, 그들이 최적의 상품을 선택하는 데 현명한 결정을 하도록 돕는 사람이어야 한다. 가망고객에게 돈을 내놓으라고 몰아치지 말고, 그들의 자원을 현명하게 투자하도록 도와야 한다. 이처럼 기본적인 영업과정에서의 역할에 대한 재해석^{reinterpretation} 이 필요하다. 이는 영업사원이 가망고객의 선호를 고려하기보다 자신의 관점을 설득하는 데서 오는 고객의 압박감을 해소한다.

영업사원은 설득 저항을 초래할 수 있는 두 가지 추가적 신호인 '필사적 접근'과 '재촉'에 대해 주의할 필요가 있다. 영업과정의 어느 순간에 두 가지 중 어떤 하나의 신호를 보내면 영업이 가능한 거래의 수나 크기가 크게 감소할 것이다.

만약 가망고객 입장에서 영업사원이 필사적으로 영업하려 한다고 느낀다면, 그들은 단 몇 초 안에 구매의욕을 상실하게 될 것이다. 필사적 판매는 다른 사람이 영업사원의 제공물에 대해 구매의 도가 없다는 미묘한 신호이고, 그에 대한 사회적 검증^{Social Proof}은 영업인에게 불리하게 시작된다. 일반적인 인간관계에서 사람들이 자신에게 필사적으로 접근하는 사람과 데이트하고 싶지 않은 것도 동일한 이치이다. 가망고객은 필사적으로 그들의 돈을 원하거나 필요로 하는 사람과 거래하기를 원하지 않는다.

필사적 판매 전략보다는 확신에 찬 자신을 보이는 것이 훨씬 좋다. 제공품이 가치가 있다는 신호를 보내는 것은 가망고객에게 적합한 방법으로 현명한 투자를 유도하도록 이끈다. 이를 진정으로 믿지 않는다면 영업에 대해서 무엇인가 조금 더 알 필요가 있다.

가망고객은 영업사원이 재촉한다고 느끼게 되면, 그들은 맨 먼저 영업사원으로부터 떠나고 싶은 충동을 받을 것이다. '재촉'과 '재촉 받음'은 우리의 원시적 마음이 아주 신속하게 인식하는 진화의 양식이다. 수 세기 동안 인류는 욕망하는 것을 재촉해 왔고, 위협에 의해 재촉 받았다. 우리가 의식적으로 어떤 상황을 '재촉'이나 '재촉 받음'으로 표시하지는 않았지만, 우리의 마음은 자동적으로 알아차리고 반응하게 된다. 가망고객에게 구매를 재촉하는 것은 역효과는 물론 시간과 에너지의 낭비를 초래한다.

그러므로 반대로 가망고객이 당신을 재촉하는 느낌을 가지도록 하는 상황을 고안할 필요가 있다. 가망고객이 당신과 거래해야 하는 충분한 이유를 보여주어야 한다는 사실을 안다면, 당신은 좋은 조건의 판매를 할 수 있는 위치에 있다.

우리의 원초적 마음이 동굴주거인 증후군^{Caveman Syndrome}에 입각하여 현대에 직면한 환경을 처리하는 다른 방법에 대해 6장에서 논의할 것이다. 우선은 이러한 사회적 신호가 바보 같거나 심하게는 부정직하게 보일 수도 있지만, 그 신호가 조금이라도 덜 진실하거나 중요하지 않게 만들지는 않는다. 가망고객이 제공품을 평가하는 방법을 이해함으로써 설득저항을 최소화하는 방법으로 권유 방법을 구상할 수 있고, 가망고객이 제품을 선호하도록 용기를 줄 수 있다.

만약 이런 사회적 신호에 대해 좀 더 세밀하게 탐구하고자 한다면, 오렌 클라프^{Oren Klaff} 의 《Pitch Anything》를 읽어보기 추천한다.

참조 링크: https://personalmba.com/persuasion-resistance/

보답
Reciprocation

"세상에 공짜 선물이란 없다. 선물을 주는 사람과 받는 사람은 선물로 인해 호혜(reciprocity)의 고리로 묶이는 것이다."

마르셀 모스(Marcel Mauss), 사회학자이자 인류학자

보답은 사람들이 서로 부탁을 들어주거나 선물 또는 이익을 제공함에 있어서 이를 되돌려주려 하는 욕구를 말한다. 누군가로부터 명절에 선물을 받았는데 그에게 아무것도 선물하지 않았다면 분명 불편한 기분이 들 것이다. 누군가가 우리에게 이익을 제공하면 우리는 이에 대한 답례를 하고 싶어 한다.

사회적 작용으로서 보답은 인간의 협동을 이루는 기본적인 심리학적 경향이다. '내 등을 긁어주면 나도 네 등을 긁어 줄게'가 뜻하

는 인간의 본능은 매우 강력해서 우정과 연대의 근간을 이룬다. 역사적으로 선물을 주고받는 행위는 권력자가 권력을 오래 유지시키는 방법으로 사용되어 왔다. 융숭한 파티와 직위, 토지 등을 제공함으로써 리더는 불리한 시기에 부하들로부터 많은 도움을 받고 그로써 자신의 영향력을 유지하는 것이다.

그런데 여기 흥미로운 사실이 있다. 보답하려는 욕구는 처음에 받은 선물의 가치와 반드시 비례하지 않는다는 것이다. 《영향력: 설득의 심리학Influence: the Psychology of Persuasion》이라는 책에서 로버트 치알디니Robert Cialdini는 보답을 자동차 판매에 관한 예로 설명한다. 일반적으로, 자동차 판매원은 잠재고객에게 다음과 같은 작은 선물들을 제공한다. "커피 드릴까요? 소다 한 잔 드릴까요? 물은요? 쿠키 드시겠어요? 제가 어떻게 하면 더 편안하시겠습니까?"

이는 흔한 접대 예절로 보이지만 사실 그렇지 않다. 이 작은 선물들을 받아들임으로써 고객은 보답해야 하는 심리적 부담을 느끼게 되고 그럼으로써 미묘하게 판매 사원에게 유리한 쪽으로 관계가 진행되기 시작한다. 초기에 제공되는 이 선물들을 받은 잠재고객은 종국에는 자동차를 구매할 확률이 더 높아지고, 나아가 자동차 액세서리까지 구입한다. 또한 별로 유리하지 못한 지불조건에 동의하게 되어버린다. 결과적으로 이 고객들은 협상 중에 처음에 아무런 선물도 받지 못한 사람들보다 수천 달러를 더 지불하게 된다.

커피나 쿠키는 수천 달러보다 훨씬 더 적은 가치를 지니므로 상식적으로 이해하기 힘들다. 그러나 보답의 원리에 따르면 작은 선의를 경험한 구매자는 나중에 더 큰 답례를 하려는 욕구를 느끼게 된다. 더 큰 가치를 먼저 타인으로부터 제공받았다면, 상대의 마케팅 메시지를 더 잘 받아들일 것이다. 무료로 가치를 제공하는 것은 사회적 자본을 늘리고, 이익을 제공받는 사람들이 답례(즉, 구매)를 하도록 유도할 것이다.

영업업무를 가장 효과적으로 발전시키는 방법 중 하나는 고객에게 먼저 후하게 베푸는 것이다. 가치를 전달하고 할 수 있는 범위 안에서 최대한의 도움을 주는 것은 그들로 하여금 당신을 존중하게 한다. 그리고 이로 인해 좋은 평판을 확립할 수 있다. 또한 때가 되어 당신이 그들에게 행동을 촉구할 때 그들은 당신의 얘기에 더욱 귀를 기울이게 된다.

참조 링크: https://personalmba.com/reciprocation/

불리한 시인
Damaging Admission

"우리는 작은 결함을 고백함으로써 큰 결함을 감추려 한다."

프랑수아 드 라 로슈푸코(Francois de La Rochefoucauld),
17세기 프랑스 격언가이자 정부관리

켈시와 내가 뉴욕시에서 콜로라도 북부의 산간지역으로 이사했을 때, 우리의 집주인인 벤과 베티Ben & Betty는 새집에 대해서 다음 두 가지 주의 사항을 일러주었다.

(1) 암석이 미끄러지는 현상이 실제로 발생하기도 한다.

(2) 흑곰과 퓨마가 주변을 어슬렁거리기도 한다.

위의 사실에도 불구하고 우리는 아파트를 임대하기로 결정했다. 미리 우리에게 주의사항을 알려준 점이 마음에 들었고, 그 결과 그들을 더욱 신뢰하게 됐기 때문이다. 위험을 계산해 임차인 보험료를 조금 더 높이고, 곰 퇴치 스프레이를 구입한 후 임대계약을 맺었다.

상식과는 반대로, 이렇게 손해를 무릅쓰고 결함을 인정함으로써 더 큰 신뢰를 얻을 수 있는 경우가 종종 있다.

켈시와 나는 맨해튼에서 거주할 때 자동차가 있었고, 콜로라도에서도 역시 자동차를 필요로 했다. 우리는 이베이 모터스^{eBay Motors}에서 마음에 드는 차를 찾아 냈으나 값비싼 자동차를 실제 확인 없이 인터넷상에서 구입하는 것은 좀 꺼려졌다.

우리의 걱정을 해소해 주기 위해 덴버에 있는 자동차 대리점 ^{Masters Auto Collection}은 친절하게도 자동차의 모든 부분을 세세하게 사진으로 담아 우리에게 보내주었다. 차체 왼쪽 옆면에 있는 작은 흠집까지도 말이다. 구입하기 전에 물품의 작은 결함들까지도 공개하는 그들의 솔직함에 자동차를 구입하기로 결정했다. 나중에 받은 실제 차는 대리점에서 묘사한 상태 그대로였다. 그들이 손해를 무릅쓰고 결함을 인정하지 않았다면 우리는 아마도 그 매장에서 차를 구입하지 않았을 것이다.

고객은 당신이 완벽하지 않다는 것을 잘 알고 있다. 그러니 절대로 완벽한 척하면 안 된다. 사람들은 무엇이든 지나치게 훌륭한 경우 의심을 품게 된다. 상품이 가격에 비해 너무나도 완벽해 보인다면 "어디엔가 하자가 있는 거죠?"라고 물어보게 된다.

이렇게 의문을 품도록 하지 말고 결함이 있다면 솔직하게 말하라. 결함이나 트레이드오프 trade-off 에 대해 솔직하게 공개함으로써 더 큰 신뢰를 얻고 그만큼 더 많은 판매를 달성할 수 있다.

참조 링크: https://personalmba.com/damaging-admission/

옵션 피로도
Option Fatigue

"나를 생각하게 만들지 마세요."

스티브 크룩(Steve Krug), 컴퓨터 사용성 컨설턴트

새 컴퓨터를 구매하려고 한다고 가정해 보자. 가장 빠른 프로세서를 선택해야 할까, 아니면 절반 가격의 가장 성능이 낮은 옵션을 선택해야 할까, 아니면 중간 정도의 옵션을 선택해야 할까? 얼마나 많은 저장용량이 필요한가? 속도 저하 없이 소프트웨어를 실행하기 충분한 내장 메모리는 어느 정도일까? 어떤 디스플레이 크기를 선택해야 하나? 노트북, 데스크톱, 태블릿 중 어떤 종류를 구매해야 할까?

대부분의 컴퓨터 구매자는 이러한 결정 매트릭스에 압도될 수밖에 없다. 5개의 개별 변수가 있고 각 변수에 대해 3개의 옵션이 있다면, 고려해야 할 조합으로 경우의 수는 무려 243개에 달한다. 이 정도면 누구라도 머릿속이 복잡해지기에 충분하다.

옵션 피로도는 종종 구매 결정의 주요 장애물로 작용한다. 결정

에 압도된 잠재 고객은 구매를 완료하기보다는 포기함으로써 불편을 해소하는 경향이 있다. 이처럼 잠재 고객이 고려해야 하는 선택이 많을수록 거래 성사 확률을 낮아진다.

일반적으로는 구매자가 다음 중에서 선택하도록 안내하는 방법이 가장 좋다. 특정 유형의 고객에게 적합한 시작점을 나타내는 두세 가지 사전 정의(준비)된 옵션을 제공한 다음 필요한 경우 해당 옵션을 추가로 사용자가 지정할 수 있다. 그렇기에 애플Apple이나 델Dell과 같은 컴퓨터 제조업체는 특정 유형의 고객에게 어필할 수 있도록 설계된 몇 가지 사전 구성된 컴퓨터를 제시한 후, 나중에 구매 과정에서 개별 구성 요소를 업그레이드하거나 다운그레이드할 수 있도록 한다. 이러한 방식은 같은 수의 옵션이 존재하지만 잠재 고객이 인지해야 하는 부하가 훨씬 적어진다.

처음부터 가능한 모든 옵션을 제시할 필요는 없다. 우선 몇 가지 전략적인 추천을 통해 잠재 고객의 참여를 유도하면 더 많은 매출을 창출할 수 있다.

참조 링크: https://personalmba.com/option-fatigue/

구매 장애물
Barriers to Purchase

"판매는 고객이 거절하는 순간부터 시작된다."

판매에 관한 격언

최선을 다해 어떤 상품을 판매하려 하는데 고객은 "아니오, 이 물건은 저에겐 도움이 안 되겠네요"라고 말한다면 당신은 당장 포기할 것인가?

사람들이 "아니오"라고 말할 때는 그럴 만한 이유가 있다. 사실 그런 말을 하고 있다는 사실만으로도 이들은 상품에 어느 정도는 관심이 있다고 볼 수 있다. 관심이 없다면 말도 붙이지 않았을 것이다. 이때 알맞은 질문을 한다면 판매 가능성을 유지할 수 있다.

무언가를 판매한다는 것은 고객을 파악하고 구매를 막는 장애물을 없애는 과정이다. 위험, 미지의 사실, 걱정 등은 고객이 상품을 사지 못하도록 막는다. 이때 판매를 위해 해야 할 일은 판매를 가로막는 장벽을 파악하고 이를 허물어 버리는 것이다. 그로써 거래를 성사시킬 수 있다. 잠재고객의 이의와 장벽을 제거하는 방법으로 구매를 이끌어 낼 수 있다는 것이다.

모든 종류의 판매활동에서 고객은 다음 다섯 가지 일반적인 이의를 제기한다.

1. 너무 비싸다. 손실 거부는 고객이 지출을 하는 것을 손해를 보는 것으로 느껴 거부감을 갖는다는 의미다. 구매를 함으로써 고객은 무언가를 지불해야 하고 이는 자연적으로 망설임을 갖게 한다(일부 소비자는 구입을 하고 난 이후에도 이런 불안감을 느끼는데 이를 '구매자의 후회'라고 한다).

2. 효과가 없을 것이다. 고객이 상품이 주장하는 효과가 없을 것이라 생각한다면 당연히 구매하지 않을 것이다.

3. 자신에게 도움이 되지 않는다. 상품의 효과에 대해서는 어

느 정도 신뢰를 한다고 해도 자신에게 해당되지 않는다고 생각하면 구매하지 않는다. 이는 특별한 경우이다.

4. **나중에 사도 된다.** 판매자의 입장에서 보았을 때에는 문제의 해결이 시급하다 해도, 고객은 지금 당장 해결해야 하는 문제가 아니라고 생각해 구매를 미룬다.

5. **너무 어렵다.** 상품을 사용하기 위해 너무 많은 노력을 들여야 한다고 판단한다면 구매하지 않는다.

구매를 막는 장애물들을 최대한 빨리 제거하려면 구매 초기단계에서 위의 우려들을 해소시키는 것이 지혜로운 방법이다. 소비자의 우려는 매우 흔히 있는 일이며 이를 해소하거나 최소화하기 위해 미리 손을 쓸 수 있다면 무엇이든지 해야 한다. 이로써 더 많은 구매를 유도할 수 있기 때문이다. 그렇다면 구매를 막는 장애물을 어떻게 제거할 것인가?

#1. '너무 비싸다'는 반대의견은 꾸미기와 가치기반 판매를 통해 해결할 수 있다. 기업을 상대로 소프트웨어 영업을 하고 있다고 가정하자. 이 소프트웨어를 사용함으로써 상대 기업은 연간 천만 달러를 절약할 수 있다. 이때 소프트웨어 가격으로 백만 달러를 요구한다면 그것은 전혀 비싸다고 볼 수 없다. 사실 거의 무상으로 판매하는 것과 같다. 상품이 제공하는 가치가 가격보다 훨씬 더 높을 때 이런 반대의견은 사라질 것이다.

#2~3. '효과가 없을 것이다' 또는 '나한테는 효과가 없다'는 반대 의견은 사회적 검증을 통해 해결할 수 있다. 즉, 고객에게 다른 고객들이 해당 상품을 사용해 좋은 효과를 보고 있음을 알리는 것이다. 고객후기나 사용후기들이 서로 비슷하면 할수록 더 설득력 있다. 이 때문에 추천이야말로 매우 강력한 판매도구가 된다. 소비자들은 비슷한 상황에 처한 사람들에게 해결방안을 추천하는 경향이 있다. 추천으로 이런 반대의견은 충분히 해소된다.

#4~5. '나중에 사도 된다' 또는 '너무 어렵다'는 반대의견은 교육기반 판매로 해결할 수 있다. 소비자는 자신이 어떤 문제를 갖고 있는지 종종 인지하지 못하는 경우가 있다. 특히 결여 맹목성의 경우 더욱 그렇다. 애초에 천만 달러를 손해보고 있다고 기업이 깨닫지 못한다면, 소프트웨어가 큰 도움이 된다고 이해시키기가 어려울 수 있다. 이를 해소하기 위한 가장 좋은 방법은 고객을 교육시키는 것이다. 해당 상품이 어떤 이익을 전달할 것인지, 특히 고객의 특정 상황에서 어떤 도움을 받을 것인지 설명함으로써 고객은 상품을 사용하는 자신의 모습을 시각화할 수 있게 된다.

일단 고객의 관심과 허락을 얻었으나 아직도 반대의견이 남아있는 경우 다음 두 가지 방법을 사용할 수 있다. (1)반대의견이 오해임을 이해시킨다 (2)반대의견이 고객의 경우와 무관함을 설득시킨다.

어떤 반대의견인지에 따라 접근방식이 달라야 하지만 많은 경우, 꾸미기, 가치기반 판매, 교육기반 판매, 사회적 검증, 그리고 시각화를 적절히 조화시킴으로써 성공적으로 반대의견을 제거할 수 있을 것이다.

이렇게 했는데도 고객이 아직도 구매를 하지 않는다면 안내구조^{Guiding Structure}에 문제가 있다는 의미이다. 즉, 이 경우 상대방은 예산이 부족하거나 결정을 내릴 권한이 없다는 뜻일 수 있다. 항상 결정 권한이 있는 사람과 협상하도록 하라. 적절한 상대방이 당신의 제안을 거절한 경우라야 문제가 무엇인지 파악하고 당신은 최대한 빨리 보완된 해결책을 제시할 수 있게 된다.

참조 링크: https://personalmba.com/objections-barriers-to-purchase/

위험 전환
Risk Reversal

"보증을 원한다면 토스터기를 사라."

클린트 이스트우드(Clint Eastwood), 아카데미상 수상 배우

지는 것을 좋아하는 사람은 없다. 멍청하게 보이고 싶은 사람 또한 없다. 우리는 누구나 좋지 않은 결정을 내리거나 돈을 낭비하는 것을 싫어한다. 또한 위험을 감수하는 것도 싫어한다.

그런데 판매를 성사시키는 데 있어서는 판매자가 바로 그 위험이 된다. 모든 거래에서 구매자는 어느 정도 위험을 부담하게 된

다. '약속한 대로 효과가 없으면 어쩌지? 나의 필요를 충족시키지 못하면 어쩌지? 이 상품을 사는 것이 돈을 낭비하는 결과가 되면 어쩌지?' 고객은 구매에 앞서 이런 우려들을 가지고 있다. 이 우려들을 효과적으로 제거하지 않으면 구매로 이어지지 않을 가능성이 높아진다.

위험 전환은 거래에서 오는 위험의 일부분 혹은 전체를 구매자로부터 판매자로 옮기는 방법이다. 구매자가 안 좋은 거래의 위험을 모두 짊어지지 않도록 판매자가 미리 해결책을 제시하는 것이다. 그 어떤 이유에서라도 구매자의 기대에 못 미치는 일이 발생한다면 이에 대한 보상을 한다는 약속을 통해서 가능하다.

침구류 산업의 예를 살펴보자. 침구류 상점을 둘러보면 과장된 광고 문구들이 가득하다. '12개월 안에 불만족 시 무조건 100퍼센트 환불해 드립니다!' 이것이 사실이라면 소비자는 침구류를 구입해서 일 년간 사용해 본 뒤 갑자기 마음에 들지 않는다는 이유로 반품을 하고 전액 환불을 받을 수 있다. 놀랍지 않은가?

전혀 놀라운 일이 아니다. 이 전략은 구매자의 위험부담을 완전히 제거한다. 위험부담에 대해 구매자가 인식하는 한 절대로 구매로 이어지지 않을 것이다. 고객이 구매를 한 후 상품이 마음에 들지 않는다 해도 돈을 낭비했다는 생각에 불쾌하거나 회사나 자신에게 분노를 느낄 필요가 없다. 품질보증제도를 이용해 제품을 반납하고 환불을 받으면 되는 것이다. 아주 간단하다. 따라서 위험부담이 없는 상태에서 고객은 선뜻 구매를 할 수 있다. 그러나 여기에 물론 단점도 있다.

좀 더 쉽게 말하자면, 이 방법은 '강아지를 집으로 데려가기' 전략으로 불린다. 애완동물 가게에서 구매를 망설이고 있다면 주인은 강아지를 잠깐 데리고 가서 키워보라고 제안할 것이다. "당신이 생각한대로 되지 않는다면 언제든지 강아지를 다시 가게로 데리고 오면 됩니다."

물론 일단 데려간 강아지는 거의 반납되는 경우가 없다. 그러나 먼저 이 제안을 하지 않는다면 고객이 강아지를 집으로 데려가는 일조차 없을 것이고 당연히 구매가 이루어지지 않을 것이다.

판매자의 입장에서 위험 전환을 사용하는 것은 초기에는 그리 마음 편한 일이 아니다. 당연히 판매자 또한 손해를 보고 싶지 않다. 환불 제안을 내걸고 나서 제품의 이점을 다 누리고도 환불을 요구하는 손님을 대할 때 손해 보거나 이용당하는 기분이 들 것이기 때문이다.

여기서 한 가지 유의할 점은 구매자는 한 명의 판매자와 거래하지만, 판매자는 여러 명의 구매자와 거래한다는 사실이다. 구매자는 어떤 제품을 사든지 항상 한 명의 판매자와 거래하기에 위험 부담이 크다. 그러나 판매자는 동시에 여러 고객들을 상대하기 때문에 위험을 분배할 수가 있는 것이다. 즉, 실제로 환불을 요구하는 고객이 있다고 해도 환불을 요구하지 않는 고객의 수가 더 크다.

물론, 판매자의 호의를 이용하는 소비자로 인해 손해를 보는 일도 있을 것이다. 이는 결코 기분 좋은 일이 아니다. 그러나 반대로 소비자의 위험부담을 최소화함으로써 더 많은 구매를 이끌어낼 수 있다. 그리고 총 매출과 수익을 따져본다면 분명 남는 장사가 될 것이다.

판매량을 최대로 늘리고 싶다면 소비자의 위험부담을 최소화하는 매우 강력한 판매 조건을 제시하는 것이 도움이 된다. 품질보증 기간을 최대로 확대하는 것은 그 중 하나다. 아직 위험 전환 전략을 사용하고 있지 않다면 즉시 이를 적용해 매출이 늘어나는 것을 확인하라.

참조 링크: https://personalmba.com/risk-reversal/

재활성화
Reactivation

"모든 기업의 가장 큰 자산은 고객이다. 왜냐하면 고객이 없이는 기업도 없기 때문이다."

마이클 르뵈프(Michael LeBoeuf),
《절대 실패하지 않는 비즈니스의 비밀》의 저자이자 경영학 교수

우리는 잠재고객을 구매고객으로 만드는 과정이 판매라고 생각한다. 그런데 신규고객을 유치하는 것은 많은 비용과 시간을 투자해야 하는 일이다. 만약 아주 적은 비용으로 매출을 증대시킬 좋은 방법이 있다면 어떻게 할 것인가?

재활성화는 거래가 최근 뜸해진 기존 고객들을 다시 거래로 끌어들이는 방법이다. 신규 창업자가 아니라면 어쩔 수 없이 몇몇 '잃어버린' 고객들이 있을 것이다. 이들은 기존에 구매했던 적이 있으나, 이후 일정 기간 동안은 구매를 하지 않은 고객들이다. 이

경우 판매자는 이들이 상품에 관심이 있다는 것을 이미 잘 알고 있고, 이들의 연락처도 알고 있다. 이들에게 새로운 제품을 소개해 다시 구매고객으로 만들지 않을 이유가 없는 것이다.

넷플릭스^{Netflix}는 재활성화의 전략을 아주 훌륭하게 사용한 회사다. 넷플릭스 구독을 취소하면 3~6개월 이후 더 저렴한 요금으로 재구독하라는 메시지가 담긴 엽서나 이메일을 받게 된다. 여기에 답을 안 하면 몇 달 후 조금 다른 상품을 제안하는 메시지를 보내고 이를 지속해 결국 재구독하거나 그들의 주소록에서 빼달라는 요청을 하게 만든다. 넷플릭스는 구독 사업을 하고 있으므로, 모든 재활성화된 고객은 매달 지속적인 수익을 보장하는 것이다. 이는 각 고객의 고객 평생가치를 증가시킨다.

기존 고객 재활성화는 신규고객 유치보다 더욱 빠르고 간단하며 또한 수익을 증대시키는 효과적인 방법이다. 기존의 고객은 판매자에 대해 이미 잘 알고 있으며 어떤 가치를 제공하는지도 잘 알고 있다. 또 판매자는 고객의 정보를 이미 갖고 있어서 새로 찾아야 할 필요가 없다. 이 경우 고객 유치비용(취득가액의 일부인)은 거의 들지 않는다. 단지 이들에게 연락을 하고 좀 더 매력적인 상품을 제안하면 된다.

재활성화는 고객으로부터 추후 광고를 받아보겠다는 동의를 얻었을 때 훨씬 더 쉽게 이루어질 수 있다. 구매고객 리스트는 매우 귀중한 자산이며, 기존 고객 리스트 역시 매우 중요한 자산이다. 추후 연락을 해도 된다는 허락을 받았다면, 이들이 거래를 중지하는 경우에 재활성화의 가능성을 높일 수 있다.

대부분의 판매시점 정보관리시스템^{POS System}은 고객의 정보를 기록한다. 누가 구매했으며, 언제 구매가 이루어졌는지 등을 세부적으로 기록하고 있다. 그러므로 일정 기간 동안 상품을 구매하지 않은 고객을 찾아내는 것은 매우 간단하다. 찾았다면 이메일이나 전화, 우편 등으로 더 매력적인 상품을 제시하면 된다. 기존 고객 재활성화는 가장 수익성 높고 가장 쉬운 마케팅 활동 중 하나다.

3개월 혹은 6개월마다 '잃어버린' 고객들에게 다시 연락을 취해 새로운 상품을 선보이고 이들의 구매를 유도하라. 놀라운 결과를 보게 될 것이다.

참조 링크: https://personalmba.com/reactivation/

4장

가치 전달

66 모든 성공적인 기업은 상품과 서비스에 관련된 모든 약속을 지킨다. 대가만 받고 약속한 가치를 전달하지 않는 사람을 우리는 '사기꾼' 이라고 부른다. 99

모든 성공적인 기업은 상품과 서비스에 관련된 모든 약속을 지킨다. 대가만 받고 약속한 가치를 전달하지 않는 사람을 우리는 '사기꾼'이라고 부른다.

가치 전달은 모든 구매고객을 만족하게 만드는 모든 방법을 의미한다. 재고 관리, 배송/주문 처리, 고장 수리, 고객 지원 등이 그것이다. 가치 전달이 없이는 사업을 한다고 볼 수 없다.

세계에서 가장 성공적인 기업들은 고객에게 약속한 가치를 전달할 뿐만 아니라 고객의 기대 이상을 제공하는 기업들이다. 구매자는 자신이 구매한 상품에 대한 효과를 빨리, 신뢰할 수 있는 방식으로 그리고 일관적으로 얻기 원한다.

구매자에게 더 큰 만족을 제공할수록 재구매할 확률을 높이는 것이다. 만족한 구매자는 또한 타인들에게 해당 상품에 대해 이야기할 것이며, 이로써 평판이 향상되고 더 많은 잠재고객을 끌어들일 수 있게 된다.

성공적인 기업은 환경이 변화하는 중에도 꾸준히 고객에게 만족을 제공한다. 실패하는 기업은 고객에게 만족을 주지 못했기 때문에 고객을 잃고, 결국 실패하게 된다.

참조 링크: https://personalmba.com/value-delivery/

가치의 흐름
Value Stream

"최고의 디자인은 모든 불필요한 부분을 제거하는 것이다."

민 트랑(MINH D. TRAN), 기술자 겸 디자이너

P&G 재직 당시 나의 일에서 가장 흥미로운 부분은 제품이 어떻게 만들어지고 고객에게 전달되는지를 알아가는 과정이었다. 다운^{Dawn} 식기 세척제 한 병이 어떻게 만들어지는지 간단하게 설명하겠다.

1. 원재료가 공장으로 배송된다.
2. 재료들을 혼합해 식기 세척제를 만들고 이를 대형 용기에 보관한다.
3. 틀을 이용해 플라스틱 용기를 동일한 모양으로 제조한다. 그리고 세척제를 담아 밀봉한다.
4. 접착 라벨을 각 병에 붙인다.
5. 각 병은 검사를 거친 후 박스에 담겨 화물 운반대에 놓인다.

이는 가치 창조 과정의 교과서적인 예이다. 대부분의 가치 창조 과정은 원료로 시작해 배송준비가 끝난 완제품으로 끝난다. 자, 이

후 발생하는 과정은 다음과 같다.

6. 화물 운반대는 포장되어 쌓이고 창고에 배송을 위해 보관된다.
7. 고객으로부터 주문이 접수되면 운반대는 트럭에 옮겨질 준비를 한다.
8. 트럭은 화물을 실어 고객과 가장 가까운 유통센터에 배달한다.
9. 고객은 화물을 배송트럭에 싣는다.
10. 트럭은 재고가 부족한 상점으로 화물을 운송한다.
11. 상점은 화물의 포장을 뜯고 각 제품을 진열대로 옮긴다. 제품은 소비자가 구매할 때까지 진열대에 머물게 된다.

작은 식기 세척제 하나를 시장에 내놓기 위해 엄청나게 많은 과정들이 들어간다. 이 과정들은 좀 더 깊이 공부해 볼 가치가 있다.

가치의 흐름은 가치 창조 과정의 가장 첫 번째 단계에서부터 고객에게 완제품을 전달하는 시점까지를 아우르는 개념이다. 상품이 어떤 가치의 흐름을 통해 움직이는지를 이해하는 것은 매우 중요하다. 이를 통해 상품을 고객에게 신속하면서도 신뢰할 수 있는 방식으로 그리고 일관적으로 제공할 수 있기 때문이다.

가치의 흐름이란 가치 창조와 가치 전달의 두 가지 개념이 조합된 것이라 볼 수 있다. 대부분의 경우 상품은 전자에서 후자로 이동한다. 이 두 개의 핵심 과정의 목적은 매우 다르나 하나의 커다란 과정으로 통합함으로써 만들어낸 가치가 더욱 능률적으로 전달될 수 있다.

도요타 생산 시스템Toyota Production System; TPS은 규칙적인 가치의 흐름 체계를 도입한 최초의 대규모 제조 시스템이다. 그들은 생산 과정의 아주 세밀한 부분까지 분석해 작은 추가적인 발전들을 지속적으로 더해 갔다. 도요타의 엔지니어들은 매년 TPS에 백만 가지가 넘는 수정·보완 작업을 한다. 그 결과 이 기업은 신속, 일관성, 신뢰도에서 매우 큰 발전을 계속해 이뤄내고 있다. 그리고 이를 통해 고품질의 도요타 제품들은 소비자로부터 무한한 신뢰를 얻고 우수한 평판을 자랑해왔다. 자동화의 모순이 평판을 망쳐놓기 전까지는 말이다.

가치의 흐름을 이해하는 가장 좋은 방법은 그림을 그려보는 것이다. 처음부터 끝까지 상품이 탄생하는 과정을 도표 등으로 작성해본다면 가치 전달 체계가 얼마나 능률적인지 정확하게 파악할 수 있을 것이다. 대부분의 경우 가치 전달 과정에는 불필요하거나 능률을 저하시키는 부분들이 상당수 포함되어 있다. 전체적인 가치의 전달 과정을 면밀히 파악하는 것은 오랜 시간과 노력이 드는 작업이다. 하지만 생산과정을 더욱 능률적으로 만들어주며 생산성을 높여주는 작업이 될 것이다.[1]

일반적으로 가치의 흐름 체계를 최대한 간단하고 효율적으로 만드는 것이 가장 좋은 방법이다. 이 책의 뒷부분에서 시스템에 대해서 더 자세히 논하겠지만, 가치 생성 과정이 길면 길수록 오류가 일어날 확률도 늘어난다. 가치의 흐름이 더 짧고 능률적일수록 관리도 더 쉽고 더 효과적으로 가치를 전달할 수 있다.

참조 링크: https://personalmba.com/value-stream/

유통 경로

Distribution Channel

"조개를 따서 파는 사람이나 덫을 사용하는 사냥꾼 혹은 괭이와 삽을
사용하는 광부가 아니라면 오늘날 혼자만의 힘으로 성공하는 것은 불
가능하다."

벤저민 페어리스(Benjamin F. Fairless), 전 미국 철강기업 사장

일단 판매가 이루어지면 약속한 가치를 고객에게 제공해야 한다.
유통 경로는 이때 가치유형을 어떤 방식으로 고객에게 전달하는
지를 나타내는 개념이다.

유통 경로에는 두 가지가 있다. 소비사용자에게 직접 제공하는
방식과 중개인을 거치는 방법이다.

사용자에게 직접 유통하는 방식은 한 가지 경로만 사용한다. 즉
기업으로부터 소비자에게로 상품이 직접 전달된다. 주로 서비스 분
야가 이런 방식을 사용하는데, 이발을 한다고 가정할 때 고객이 얻
게 되는 가치는 사업체가 직접 전달한다. 여기에는 중개인이 없다.

사용자에게 직접적으로 가치를 전달하는 것은 효과적이나 여기
에는 한계가 있다. 전달 과정의 모든 부분을 판매자가 통제할 수
있지만 시간과 노력이 허락하는 범위 안에서 고객을 응대할 수 있
기에 다수의 고객에게 동시에 가치를 전달하는 것이 어려워진다.
수요가 증가해서 응대해야 하는 고객이 많아지고 기업의 역량을
초과하는 경우, 다른 고객들에게 전달하는 품질에 차질이 생길 수
있고 이로 인해 평판에 해를 입을 수 있다.

중개인을 거쳐 유통하는 방식은 여러 경로를 통해 이루어진다. 상점에서 물건을 구입하면 그 상점은 사실 재판매를 하고 있는 것이다. 즉, 상점은 대부분의 경우 판매하는 상품을 직접 생산하지 않는다. 이들 역시 다른 사업체로부터 상품을 구매해 소비자에게 이를 되파는 작업을 하고 있는 것이다.

제품을 생산하는 업체는 '유통망 확보'를 통해 여러 개의 상점에 제품을 동시에 공급할 수 있다. 상품이 더 많이 유통될수록 생산자는 더 많은 수익을 창출할 수 있게 된다. 더 많은 상점이 상품을 진열대에 놓음으로써 판매할 기회가 그만큼 많아지는 것이다.

중개인 유통은 판매를 증가시킬 수는 있으나 가치 전달 과정에서 어느 정도 통제권한을 잃게 된다. 타 업체에게 상품의 유통을 맡기는 것은 시간과 노력을 다른 곳에 할애하도록 도와주지만 거래상대방 위험Counterparty Risk을 증가시킨다. 즉, 유통을 담당한 계약자가 약속한 업무를 수행하지 못하는 경우 기업의 평판에도 해를 끼칠 수 있다는 것이다.

쿠키 판매 사업을 하고 있다고 가정해 보자. 우리는 이 쿠키를 지역 슈퍼마켓에 납품하고 있다. 슈퍼마켓은 쿠키를 구입해 진열대에 올려놓고 구매가격보다 높은 가격으로 소비자에게 판매할 것이다. 소비자는 제조 기업으로부터 직접 쿠키를 구매하지 않고, 슈퍼마켓을 통해 쿠키를 구매한다. 중개자 유통의 전형적인 예이다.

이 방식의 이익은 명확하다. 배송 과정에서 쿠키가 손상되었다고 가정해 보자. 포장 박스가 부서져서 내부의 쿠키들이 모두 부스러기가 되었다. 슈퍼마켓 측에서는 정확히 무슨 일이 일어났는지 알 수 없으나 이런 일이 자주 발생한다면 제조 기업에서 낮은 품질의 쿠키를 만든다고 생각할 것이다. 이는 평판을 낮추는 결과가 된다.

유통 경로를 확보하는 것은 가치가 있지만, 중개업자들을 주시해야 한다. 유통이라는 것은 상품을 판매업자에게 보냈다고 끝나는 것이 아니기 때문이다. 여러 가지 유통 경로를 이용하고 있다면 이들이 모두 제품을 잘 대변하고 있는지 항상 확인해야 할 것이다.

참조 링크: https://personalmba.com/distribution-channel/

기대 효과
The Expectation Effect

"당신이 할 수 있는 것 이상을 결코 약속하지 말라."

푸블릴리우스 사이러스(Publilius Syrus), 1세기 시리아 격언가

자포스는^{Zappos} 온라인 신발 판매 선구자가 되었다.

인터넷에서 신발을 파는 것은 어려운 일이다. 소비자는 신발을 미리 신어볼 수 없으며, 아무도 맞지 않는 신발을 사고 후회하는 일을 원하지 않는다. 이를 보완하기 위해 자포스는 전형적인 위험 전환을 모든 판매에 적용했다. 모든 구매고객에게 무료 배송과 함께, 주문한 상품이 맘에 들지 않는다면 무조건 환불해 준다는 약속을 한 것이다. 이 두 가지 정책은 잘못된 구매를 할 위험을 제거했고, 그만큼 소비자의 구매 시도 가능성을 높였다.

그러나 자포스가 이 분야에서 그토록 훌륭한 명성을 쌓은 이유는 이 뿐만이 아니다. 자포스는 먼저 광고를 하지 않아서 고객이

기대하지 못했던 혜택을 제공할 수 있다. 자포스에서 주문을 하면 원래 배송 예정일보다 며칠 앞선 날 배송된다는 것이다.

자포스는 이런 이점을 얼마든지 광고할 수도 있었다. '무료로 빠른 배송을 약속합니다' 등의 문구를 걸고 말이다. 그러나 고객에게 이를 알리지 않음으로써 빠른 배송을 기대하지 않았던 고객은 더 큰 만족을 느끼게 된다.

고객이 품질을 평가하는 방법은 주로 두 가지 기준에 달려 있다. 기대와 효과다. 이는 내가 기대 효과라고 부르는 일종의 방정식과 같은 구도에서 작용한다. 즉, 품질=효과-기대이다.

상품을 구입하려면 고객의 기대는 가급적 높아야 한다. 일단 구매가 이루어지면 상품이 전달하는 이익이나 효과가 기대를 능가하는 것이라야 한다. 그렇지 않으면 고객은 만족하지 않을 것이다. 효과가 고객의 기대를 능가한다면 고객은 매우 만족하고 품질에 높은 점수를 줄 것이다. 반대로 효과가 기대에 못 미친다면 고객은 상품의 질이 낮다고 평가할 것이다. 절대적 기준에서 아무리 상품이 뛰어나다고 하더라도 이는 전혀 상관이 없다.

애플의 1세대 아이폰은 전 세계적으로 대대적인 성공을 거두었다. 사람들은 높은 기대에도 불구하고, 그들의 기대를 훨씬 능가하는 제품의 성능을 경험하고 가치를 매우 높게 평가했다. 그러나 애플의 2세대 아이폰인 3G모델은 평가가 그리 좋지 못했다. 출시 전 소비자의 기대가 하늘을 찔렀을 뿐만 아니라(이 경우 만족을 이끌어내는 것은 거의 불가능하다고 볼 수 있다) 출시 후 사용자들은 작은 결함들을 발견하게 되었고, 이내 애플은 쏟아지는 비난을 감수해야 했다.

아이폰 3G는 절대적인 잣대로 보았을 때 훌륭한 휴대전화기가 분명했다. 타사의 제품들보다 더 높은 속도의 인터넷을 제공하고, 새로운 몇 가지의 기능들도 추가했다. 거기에 가격도 더 낮았다. 그러나 많은 소비자들은 이 제품이 더 좋지 않다고 생각했다. 애플은 이들의 기대를 충족시키지 못했고 회사의 평판은 손상되었다.

지속적으로 기대를 능가하는 가장 좋은 방법은 소비자가 기대하는 가치에 추가적인 이익을 제공하는 것이다. 가치 전달 과정의 목적은 고객에게 만족과 기쁨을 전달하는 것이고, 이는 최소한 고객이 기대하는 바를 제공함으로써 달성할 수 있다. 그리고 만약 가능하다면 기대하지 못하는 이익을 추가로 제공함으로써 더 큰 만족을 주려고 노력해야 한다.

고객이 기대하지 못한 무언가를 선사하려고 노력해야 한다. 자포스는 무료로 빠른 배송을 제공하지만 이를 미리 광고하지 않음으로써 그에 대한 만족을 더 증가시켰다. 만약 애초부터 이를 거래에 포함시켰더라면 소비자가 평가하는 감성적인 가치는 그리 높지 않았을 것이다.

고객에게 기대 이상의 가치를 제공할 때 그들은 당신의 상품에 만족할 것이다.

참조 링크: https://personalmba.com/expectation-effect/

예측가능성
Predictability

"그 어떤 상품이나 서비스가 성공하려면 좋은 품질을 제공해야 한다고 생각한다. 좋은 상품이나 서비스는 그 자체로 가장 좋은 영업 전략이다."

빅터 카이엠(Victor Kiam), 전 레밍턴사와 뉴잉글랜드 패트리엇 축구 팀 소유주

애론 시라^{Aaron Shira}는 어릴 적부터 알아온 나의 좋은 친구다. 그는 그의 동생 패트릭과 오하이오 주의 콜럼버스 시에서 페인팅 회사를 운영하고 있다. 쉬라 손스 페인팅^{Shira Sons Painting}은 거대 규모 페인팅 프로젝트를 전문으로 하는 회사다. 이들은 대학, 군사기지, 대형 교회, 수백만 달러의 호화주택 등에 페인팅 서비스를 제공한다. 이 회사는 초기에 아주 소량의 자본금으로 시작했으나 지금은 콜럼버스 지역에서는 기업과 기관들이 가장 선호하는 페인팅 서비스 회사가 되었다.

어떻게 두 젊은이가 이미 확고히 자리를 잡은 오래된 사업체들들을 제치고 치열한 페인팅 하청업 시장에서 성공하게 되었는가? 답은 간단하다. 이들에게 일을 맡기면 일을 제대로 시간 안에 완성한다는 보장이 있었기 때문이다.

하청업자들은 믿음직스럽지 못하다는 것으로 유명하다. 이들은 작업장에 주로 늦게 나타나며 완성도가 떨어지는 작업을 하고는 그리 친절하지도 않다. 애론과 팻의 성공은 예측 가능했다. 이들은 항상 높은 품질을 제공하고 약속한 기한 안에 일을 끝내며, 매우 친절하기까지 했다. 그 덕분에 이들에게는 늘 작업 요청이 넘쳐났다. 이는 건설업계가 불경기임을 감안할 때 엄청난 성과라고 할 수 있다.

가치 있는 무언가를 구매할 때 고객은 그들이 어떤 효과를 기대할 수 있는지 정확히 알고 싶어 한다. 그들은 제품이나 서비스를 사용해 얻는 경험이 완전히 예측 가능하기를 바란다. 가끔 기대하

지 못한 이익을 경험하는 것은 만족도를 높이기는 하나 예측 가능한 방식으로 약속된 가치를 전부 제공하지 못한다면 후에 아무리 많은 보너스를 제공한다 해도 소용이 없다. 사람들은 기분 좋게 놀라길 원하지 예측했던 결과에 못 미치는 상황을 원하지 않는다.

상품의 예측가능성을 결정짓는 세 가지 주요 요소들이 있다. 바로 균일성, 일관성 그리고 신뢰도다.

균일성이란 항상 같은 기능과 성질들을 전달하는 것이다. 코카콜라는 거의 세계 최초로 제품의 균일성과 강력한 마케팅 활동을 접목시킨 기업이다. 아무도 그들이 가장 좋아하는 소다음료가 마실 때마다 맛이 변하는 것을 원하지 않는다.

음료수 시장에서 제품의 균일성은 놀라운 업적이다. 음료수를 생산, 포장 그리고 분배하는 과정은 매우 복잡하기 때문이다. 설탕이 조금만 더 많이 들어가거나, 향료가 조금이라도 덜 첨가되거나, 공기의 양이 변하거나, 실수로 박테리아가 발생한다든가 하는 미세한 변화는 소비자가 인지하는 제품의 성질을 완전히 바꿀 수도 있다.

사람들은 코카콜라 캔을 열었을 때 자신이 어디에 있는지와 상관없이 마지막 마셨던 것과 동일한 음료수를 기대한다. 만약 코카콜라 전체 판매량 중 단 1퍼센트에서만 기포가 덜 생성된다고 해도 사람들은 이를 알아차리고 이내 코카콜라 자체를 구매하지 않을 것이다.

일관성이란 시간이 지나도 계속해서 같은 가치를 제공하는 것이다. 1980년대에 새로운 콜라 제품이 실패한 이유 중 하나는 소비자가 기대하는 콜라의 맛이 있었으나 제조사는 같은 이름을 내걸고 완전히 다른 맛의 콜라를 출시했기 때문이었다. 일관성을 무시하는 것은 판매의 급격한 감소를 야기했고, 코카콜라가 재빨리 원래의 콜라 맛을 회복했을 때 다시 판매는 증가했다.

단골 고객의 기대에 부합하지 못하는 것은 성공하는 방법이 아니다. 기존의 상품과 전혀 다른 새로운 상품을 선보이고 싶다면 새 이름을 사용해야 한다.

신뢰도는 실수나 지연이 없이 같은 가치를 꾸준히 제공하는 것을 의미한다. 마이크로소프트 윈도우 사용자들에게 제품에 대해 가장 큰 불만을 얘기하라고 한다면 대부분 관리체제의 오작동이라고 말할 것이다. 신뢰할 수 없는 상품은 사용자에게 큰 좌절감을 주고 특히 신뢰성을 위해 더 큰 비용을 지불한 경우 더욱 그렇다. 새 집을 지으려고 건설업자를 고용했는데 그가 작업장에 늦게 출근한다면 어떤 기분이 들겠는가?

신뢰도를 기르는 일은 평판과 가치 평가에 상당한 이익을 줄 것이다. 당신의 상품이 믿을 수 있는 방식으로 효과를 꾸준히 제공한다면 고객은 당신의 상품과 서비스에 더 높은 가치를 부여하게 될 것이다.

참조 링크: https://personalmba.com/predictability/

품질
Quality

"모든 일에 완벽을 추구하라. 현존하는 최고를 지향하고 더 좋게 만들어라. 아직 존재하지 않는다면 창조해 내라. 거의 완벽하다거나 충분히 좋지 않음을 받아들이지 마라."

무엇이 '좋은' 것을 만들까?

가장 넓은 의미에서 품질은 '목적에의 적합성'이다. 오퍼(제안품)가 의도한 소비자 혜택을 제공하고 의도한 환경에서 사용하기에 적합한가?

품질은 제조공차^{公差, tolerance}와 같은 일부 측면은 측정할 수 있지만 '최종 사용자가 상품의 사용을 좋아하는지'와 같은 모호한 요소는 정량화하기가 더 어렵다.

1987년 하버드 비즈니스 스쿨의 교수인 데이비드 가빈^{David A. Garvin}은 관리자와 경영진이 품질을 정의, 측정, 개선하는 데 사용할 수 있는 실용적인 프레임워크를 제안했다.[2] 가빈의 8가지 질문을 통해 품질에 대해 판단해 보자.

1. 성능 의도한 목적에 얼마나 잘 부합하는가?

2. 기능 얼마나 많은 유용성과 가치가 있는 이점을 제공하는가?

3. 신뢰성 사용 시 파손, 오작동 또는 고장이 발생할 확률은 어느 정도인가?

4. 적합성 정해진 표준을 얼마나 잘 충족하는가? 결함이 흔한가? 필요한 경우 대체품을 사용할 수 있는가?

5. 내구성 얼마나 오래 작동하는가?

6. 서비스 가능성 문제가 발생하면 쉽게 고칠 수 있는가?

7. 심미성 주관적인 사용 경험이 즐겁거나 매력적으로 보이고

안심이 되는가?

8. 인식 기대 효과를 피하고자 평판이 좋고 예상보다 더 나은 결과를 제공하는가?

이 세분화 방법의 좋은 점은 시간이 지남에 따라 오퍼(제공품)를 개선하는 방법에 대한 체크리스트 역할을 할 수 있다는 점이다. 완벽한 것은 없다. 오퍼의 품질을 개선하기 위해 할 수 있는 일은 언제나 존재한다.

참조 링크: https://personalmba.com/quality/

품질 신호
Quality Signals

"신발을 신은 사람에게는 온 땅이 가죽으로 덮인 것이나 마찬가지다."

랄프 왈도 에머슨(Ralph Waldo Emerson), 미국의 사상가 겸 시인

자동차 애호가들은 한계까지 밀어붙이는 강력한 모터의 굉음을 좋아한다. 그런데 한 가지 문제가 있다. 제조 기술의 발전으로 인해 엔진룸과 운전석 사이의 차단방법을 개선하여 엔진 소음이 줄어들고 있다는 점이다. 물론 소리는 여전히 나지만 운전자가 엔진 소리를 듣기 어려워졌다.

가속 페달을 밟았을 때 모터 소리가 들리지 않는다면, 오늘날 소리에 익숙한 우리들은 어떤 느낌이겠는가?

BMW, 포드, 포르쉐, 폭스바겐 등 많은 주요 자동차 제조업체는

운전자가 가속 페달을 밟아 엔진이 특정 RPM 임곗값에 도달하면 차량의 오디오 시스템을 통해 엔진 소음(경우에 따라 인공 엔진음)을 발생시키는 해결 방법을 채택하고 있다.[3] 엔진 소음이 고객의 만족도를 높이는 품질에 대한 중요한 청각적 신호라는 점에는 동의하지 않는 사람도 있겠지만, 인간의 청각적 미묘함에 대한 좋은 논거가 있다. 사람들은 엔진 소음이 아무리 공학적으로 설계되었다고 하더라도 그 소리를 선호한다는 점이다.

'품질 신호'는 사용자가 직접적이고 가시적인 방식으로 품질에 대한 인식을 높여주는 오퍼(제안품)의 요소인 것이다. 성능을 보거나, 듣거나, 느끼거나, 다른 방식으로 알아차리기 어려운 경우, 품질 신호는 소비자에게 오퍼가 의도한 대로 작동하고 있다는 확신을 가지게 한다. 이러한 품질 신호는 단순히 고객 만족도를 높이는 것에 머물지 않고, 제안이 약속한 결과를 가져올 수 있다고 고객을 '믿을 수 있게' 만들어 마케팅 및 영업 활동을 더 쉽고 효과적으로 수행할 수 있게 해준다.

식기 세척기가 올바로 작동하는데, 식기를 씻는 물에 방울방울 흰색 거품을 생성할 필요는 없다. 하지만 거품은 언제나 세제가 제대로 작용하고 있다는 가장 확실한 지표가 된다. P&G와 같은 비누 제조업체가 굳이 비누에 '거품 생성제'를 추가하는 데에는 그만한 이유가 있다는 의미다. 원료를 추가하면 생산비와 제품의 복잡성이 증가하지만 고객 만족도가 높아짐으로 투자효과를 높일 수 있는 가치가 있다.

품질 신호는 오퍼(상품) 안에 내포된 데모의 한 형태로, 눈에 쉽게 보이는 성능 지표를 제공하여 사용자가 부재맹[Absence Blindness](잘 진행되고 있는 것에 주의를 기울이지 않음)으로 인해 오퍼의 혜택을 과소평가할 가능성을 줄여준다.

참조 링크: https://personalmba.com/quality-signals/

처리량
Throughput

"제아무리 완벽한 전략을 세웠어도, 때때로 결과를 확인해야 한다."

윈스턴 처칠(Winston Churchill), 제2차 세계대전 당시 대영제국 수상

처리량이란 한 시스템이 바라는 목표를 달성하는 속도다. 고객에게 약속한 가치를 생성하고 전달하는 데 실제로 이용되는 절차를 이해하고 개선하면 품질과 고객 만족도를 높일 수 있다.

처리량은 가치 흐름의 효율성을 재는 척도다. 처리량은 [속도/시간]의 형태로 측정된다. 속도가 높고 시간이 낮을수록 처리량은 높아진다. 처리량을 측정하려면 명확하게 정의된 목표가 필요하다.

달러 처리량은 사업 시스템 전체가 이윤 1달러를 얼마나 빨리 만드는가를 재는 척도다. 한 시간/하루/일주일 등 표준 시간 단위를 가정하자. 사업 시스템은 그 시간에 평균 몇 달러를 산출할 수 있는가? 사업이 달러 이윤을 더 빨리 내놓을수록 더 좋다.

단위 처리량은 판매 단위 하나를 추가로 만드는 데 시간이 얼마나 걸리느냐를 재는 척도다. 원료가 완제품이 되어 생산 라인에서 나오는 데 얼마나 오랜 시간이 걸리는가? 단위 처리량이 더 빠를

수록 판매할 수 있는 단위는 더 많아지고, 그 제품에 대한 새로운 요구에 더 빨리 응대할 수 있다.

만족 처리량은 고객이 행복하고 만족하게 하는 데 얼마나 많은 시간이 걸리느냐를 재는 척도다. 칩토틀^{Chiptotle} 멕시칸 그릴 같은 식당들은 고객이 식당에 들어오는 시점에서 주문한 음식을 받는 시점까지 대략 3분이 걸린다. 행복한 고객을 창조하는 데 드는 시간이 더 적을수록, 판매자는 한 시간에 더 많은 고객을 응대할 수 있고, 그만큼의 행복한 고객을 만들 수 있다. 반면, 고객이 기다려야 하는 시간이 길수록 한 시간에 응대할 수 있는 고객은 더 적고, 고객의 만족도는 더 떨어질 것이다.[4]

처리량을 증가시키고자 할 때 가장 좋은 방법은 처리량을 측정하는 것이다. 사업 시스템 1달러의 이윤을 창출하는 데 얼마나 오랜 시간이 걸리는가? 판매 단위 하나를 추가로 생산하는 데, 또는 행복한 고객 한 사람을 새로 창조하는 데 얼마나 걸리는가?

자신의 처리량을 알지 못한다면, 그것을 찾아내는 것을 최우선 과제로 삼아라. 처리량을 측정하는 것은 처리량을 높이는 맨 첫걸음이다.

참조 링크: https://personalmba.com/throughput

복제
Duplication

"이 세상의 문제를 제대로 해결하는 방법은 오로지 두 가지다. 멸종 아니면 복제."

복제는 가치를 가진 무언가를 안정적으로 재생산하는 능력이다. 공장식 제조는 복제의 전형이다. 한 번의 설계로 다수의 복제품을 몇 번이고 거듭해서 만들 수 있다. 복제는 '바퀴를 재발명하는' 대신, 바퀴를 한 번만 발명하되 원하는 수만큼 바퀴를 만들 수 있게 해준다.

주문량을 복제하는 능력이 더 높을수록 더 많은 가치를 제공할 수 있다. 무언가를 만드는 데 드는 시간과 노력이 더 클수록, 그 물건은 더 구하기 힘들어진다. 복제는 제품이나 서비스를 더 빠르고 싸게 생산할 수 있게 해주므로 비용효율 면에서 유용하다.

책을 생각해 보자. 오래된 고서들은 직접 손으로 필사하고 제본해서 만들어졌다. 책 한 권을 복제하려면 필사가 한 사람이 수개월간(때로는 수년간)[5] 그 일에만 매달려야 했다. 그 결과 책들은 극도로 비싸고 구하기 힘들었다.

시대가 얼마나 바뀌었는가? 책은 한 번만 쓰지만, 대규모 인쇄 장비라는 기적 덕분에 책은 재빨리, 믿음직하게 그리고 비싸지 않게 재생산될 수 있다. 그 결과로 수천만 부가 만들어져 전 세계에 배포될 수 있으며, 몇 달러면 구매할 수 있다. 그게 복제의 마법이다.

인터넷 덕분에 일부 가치 형태는 복제하기가 더욱 쉬워졌다. 케빈 켈리가 수필 '공짜보다 나은'[6]에서 언급했듯이 인터넷은 기본적으로 거대한, 돈이 들지 않는 복사기다. 내가 내 웹사이트에 글 한 편을 올리면, 그 글은 내 웹서버에서 그냥 저절로 복제되어 지구 반대편에 있는 독자에게 거의 순식간에 전달될 수 있다. 정보 (텍스트, 이미지, 음악, 영상)의 복제는 기본적으로 공짜다. 그렇지만 이 정보의 가치는 무척 클 수 있다.

직접 개입하지 않으면서 판매할 수 있는 무언가를 만들고 싶다면, 제품을 복제하는 능력이 필수다. 개인적으로 모든 고객을 응대해야 한다면, 주어진 시간 동안 응대할 수 있는 고객의 수에는 상한선이 있다. 하지만 복제를 자동화와 결합하면 더 많은 사람들에게 가치를 전달할 수 있다. 그리고 그 결과로 더 많은 판매를 할 수 있다.

참조 링크: https://personalmba.com/duplication/

증식
Multiplication

"모든 성장은 활동에 의존한다. 노력 없는 신체적·지적 발달은 있을 수 없고, 노력은 곧 노동을 뜻한다."

캘빈 쿨리지(Calvin Coolidge), 미국 30대 대통령

맥도날드는 빅맥을 복제하는 법을 안다. 스타벅스는 트리플 소이 바닐라 라떼triple soy vanilla lattes를 복제하는 법을 안다. 맥도날드와 스타벅스의 공통점은 이렇다. 두 기업 모두 한 지점을 통째로 복제할 수 있다. 그들이 전 세계에 수천 곳이나 존재할 수 있는 이유다.

전체 과정이나 시스템을 복제하는 것이 증식이다. 맥도날드는 캘리포니아의 식당 한 곳에서 출발했고, 스타벅스는 시애틀의 커피점 한 곳에서 출발했다. 맥도날드와 스타벅스 두 기업은 모두

점포 한 곳에서 출발해 전체 기업 시스템을 복제하는 법을 습득함으로써 새로운 성장 가능성을 열어젖혔다.

월마트도 같은 일을 했다. 아칸사스주의 페이예트빌에 있는 점포 한 곳에서 시작한 월마트는 놀라운 속도로 복제를 거듭해 중서부 전역에 퍼졌으며, 나중에는 전국적으로 그리고 전 세계적으로 퍼졌다.

월마트의 성공은 두 가지 상호 연결된 시스템, 즉 점포와 유통센터를 복제하는 데 달려 있었다. 유통센터는 공급자로부터 재고를 받아다 점포에 유통하는 능력을 복제한다. 점포들은 그 재고를 받아 전시하고 고객들에게 판매하는 입증된 시스템을 복제한다.

증식은 소기업과 대기업을 가르는 요인이다. 한 기업 체제가 생산할 수 있는 것에는 상한선이 있다. 증식은 입증된 모델에 기초한 동일한 기업 체제를 더 많이 만들어냄으로써 더 많은 고객에게 가치를 전달하도록 한 기업의 능력을 확장할 수 있다. 그것이 프랜차이즈 사업의 주된 이점이다. 이처럼 한 기업 모델을 재발명하는 대신에 프랜차이즈를 열면, 이미 작동하고 있는 모델을 복제하는 데 도움이 된다.

기업 시스템을 복제하는 것이 더 쉬울수록 궁극적으로 전달할 수 있는 가치는 더욱 커진다.

참조 링크: https://personalmba.com/multiplication/

확장
Scale

"뿌린 대로 거두리라."

마르쿠스 툴리우스 키케로(Marcus Tullius Cicero), 고대 로마의 정치가 겸 웅변가

수공예로 퀼트^{quilter}를 만드는 일을 전문으로 하는 숙련된 퀼트(누비이불) 장인을 생각해 보라. 퀼트 하나를 만드는 데 일주일이 걸린다고 치면, 일주일에 단골 하나가 찾아오는 게 알맞을 것이다. 고객 한 명에게 퀼트 하나를 만들어 판다면 아무 문제될 것이 없다.

하지만 한 번에 두 명의 고객이 몰린다면 어려워질 수 있다. 2번 고객은 1번 고객이 물건을 받을 때까지 기다려야 한다. 심지어 퀼트 장인이 하루에 1천 건의 주문을 받는다면, 엄청난 문제가 된다. 고객들을 기다리게 만들지 않으면서 수요를 충당할 방법은 전혀 없는데, 그러면 희소성^{Scarcity}이 바람직한 한도를 벗어나게 된다.

확장은 부피가 늘어날 때 한 과정을 안정적으로 복제하거나 증식하는 능력이다. 확장성은 최대 잠재 생산량을 결정한다. 제공된 가치를 복제하거나 증식하기가 쉬울수록, 기업은 더욱 확장성이 높아진다.

수제 퀼트 사업을 스타벅스처럼 확장성이 높은 기업과 비교해 보라. 대략 스타벅스가 한 시간에 100잔의 음료를 접대할 능력이 있다고 치자. 수요가 그보다 높으면 그 점포는 손님이 미어터지기 시작할 것이다. 해결책은? 스타벅스를 하나 더 세우면 된다. 바로 길 건너라고 해도, 뉴욕 같은 도시에서는 그리 드문 광경도 아

니다.

확장성은 전형적으로 한 과정에 필요한 인간의 개입량에 의해 제약을 받는다. 스타벅스는 자동화를 통해 라떼를 복제하는 능력을 높일 수 있다. 스타벅스 고용인들은 음료를 만드는 데 개입하지만 그 과정은 반자동적이다. 실제로 에스프레소를 만드는 것은 기계이고, 대부분의 재료는 미리 준비되어 있다. 전반적으로 맛있는 음료 한 잔을 만들기 위해 인간이 신경을 쓰거나 개입을 해야 하는 정도는 실제로 무척 낮다. 스타벅스가 매시간 그토록 많은 음료를 신속히 만들어낼 수 있는 이유다.

매일 직접 개입할 필요가 없는 기업을 만드는 것이 목표라면 확장성이 주안점이 되어야 한다. 전형적으로 복제하기가 가장 쉬운 것은 제품이고, 증식하기가 가장 쉬운 것은 공유 시설(체육관 같은)이다.

그러나 인간은 확장하지 않는다. 개인들은 매일 정해진 만큼의 시간과 에너지를 가지고 있을 뿐이고, 거기에는 해야 하는 노동량에 따라 증가할 수 없는 한계가 있다. 나중에 성능하중^{Performance Load}에서 이야기하겠지만, 반대로 효율은 보통 수요가 늘수록 떨어진다. 서비스는 전형적으로 확장이 어려운데 그 이유는 가치를 전달하는 사람의 직접적 개입에 크게 의존하는 경향이 있기 때문이다. 일반적인 법칙상 가치를 만들고 전달하는 일에 인간이 개입할 필요가 더 적을수록 기업은 더 확장성이 높다.

참조 링크: https://personalmba.com/scale/

축적
Accumulation

"가끔 조그만 것들에서 얼마나 막대한 결과가 나오는지를 생각해 볼 때면 이런 생각을 하지 않을 수 없다. 작은 것이란 없다."

브루스 바튼(Bruce Barton), '베티 크로커' 브랜드 창조자로 유명한 광고사 중역

지금 이 순간 세계에서 가장 효율적인 제조 시스템으로 손꼽히는 도요타 제조 시스템에 있는 한 도요타 기술자가 아주 조그만 변화를 일으키고 있다.

그 변화 하나만으로는 대수롭지 않아 보이지 않을지도 모른다. 아주 작은 변경, 미미한 구조조정, 약간의 원료나 노력 절감. 그러나 그것들이 합쳐지면 결과는 막대하다. 도요타 직원들은 도요타 제조 시스템에 100만 가지도 넘는 개선을 매년 실천한다. 도요타가 세계에서 가장 크고 가장 가치 있는 자동차 제조업체가 된 것은 그다지 놀라운 일도 아니다.[7]

사소한 그리고 유용하거나 해로운 행동과 투입은 시간이 흐르면서 축적되어 막대한 결과를 낳기 쉽다. 제임스 워맥James P. Womack과 다니엘 존스Daniel T. Jones 의《린 싱킹 Lean Thinking 》에 따르면 도요타의 접근법은 수많은 작은 변화들을 통해 무다無駄,낭비를 제거함으로써 시스템의 지속적인 개선을 강조하는 카이젠kaizen 이라는 일본식 개념에 바탕을 두고 있다. 수많은 작은 개선들이 끊임없이 이루어지면, 그것은 필연적으로 막대한 결과를 낳는다.

그런데 축적이라고 늘 긍정적인 것은 아니다. 10년간 오로지 패

스트푸드와 초콜릿바 그리고 소다만 먹는다면 몸이 어떻게 될지 생각해 보라. 초콜릿 바 하나를 먹는 것은 큰 문제가 아니지만, 수백 개를 먹으면 문제가 된다. 하지만 다행히도 그 반대 역시 진실이다. 식단을 조금씩 개선하고, 운동을 조금 더 하며, 잠을 조금 더 자면 시간이 지나면서 건강은 크게 좋아질 수 있다.

지속적인 증가는 축적의 힘을 잘 보여주는 예다. 제품이나 서비스가 매 반복 사이클마다 개선된다면, 그 가치가 이전에 비해 몇 배 더 높아지기까지 그리 오래 걸리지 않을 것이다. 가치 전달 과정의 작은 변화가 장기적으로 엄청난 시간과 노력을 절감해 줄 수 있다.

오랜 시간을 두고 작은 향상들을 더 많이 이룰수록 결과는 더 좋아진다.

참조 링크: https://personalmba.com/accumulation/

확충
Amplification

"자연에는 보상도 처벌도 없다. 결과가 있을 뿐이다."

로버트 G. 잉거솔(Robert G. Ingersoll), 정치가이자 웅변가

흔한 소다 캔 하나를 떠올려 보자. 음료수 판매에 처음 사용된 캔은 원통형이었고 위가 납작했으며 재질은 강철이었다. 시간이 지나면서 강철 대신 알루미늄이 쓰이고, 꼭지를 당겨 쉽게 여는 방식이 도입되었으며, 캔의 꼭대기는 약간 가늘어졌다.

캔의 꼭대기가 가늘어지면서 생긴 두 가지 중요한 효과가 있다. 우선 음료수를 마시기가 쉬워서 사용자들이 좋아한다. 둘째로, 구조적으로 안전한 캔을 만드는 데 드는 금속의 양을 절감할 수 있다. 일반적인 음료수 캔의 측면 두께는 현재 대략 90마이크로미터(2밀리미터 대신)로, 막대한 양의 캔 원료 절약에 도움이 된다.

캔 제조업자 협회에 따르면 매년 미국에서만 대략 1천 310억 개의 캔이 제조된다.[8] 수십억 개의 캔에 수십 년이라는 기간을 곱해서 현대적인 캔 디자인의 비용 절감을 계산해 보면, 아주 조그만 변화가 음료수 산업에 수천억 달러를 절감해 주었다는 사실을 알 수 있다.

그게 확충이다. 시스템에 점점 증가하는 작은 변화를 만드는 것은 막대한 결과를 낳는다. 모든 개선이나 시스템 최적화의 결과는 시스템의 크기에 따라 확충된다. 시스템이 클수록 최종 결과도 커진다.

맥도날드에서는 새로운 샌드위치를 내놓을 때 그 샌드위치를 그냥 점포 한 군데에서 파는 것으로 국한하지 않았다. 전 세계에 있는 매점 전부에서 팔 수 있도록 했다. 스타벅스에서 새로운 음료를 내놓으면, 스타벅스가 존재하는 모든 지역에 있는 고객은 그 음료를 아주 빨리 맛볼 수 있다.

확충의 가능성을 포착하는 가장 좋은 방법은 끊임없이 복제되거나 증식되는 요소를 찾는 것이다. 스타벅스가 커피콩을 더 적게 써서 에스프레소 한 잔을 만들 수 있는 방법을 찾으면, 매입해야하는 커피 양에서 막대한 차이를 만들 수 있다. 그 에스프레소 한 잔을 더 빨리 만들 수 있는 방법을 발견하면, 매장에서는 고객 한

명을 응대하는 시간을 줄여줄 수 있고, 그 결과 점포 한 곳이 한 시간에 응대할 수 있는 고객의 수를 늘릴 수 있다.

확장할 수 있는 시스템들은 작은 변화의 결과들을 확충시킨다. 확장할 수 있는 시스템의 작은 변화들은 막대한 결과를 낳는다.

참조 링크: https://personalmba.com/amplification/

경쟁 장벽

Barrier to Competition

"경쟁자와 경쟁하지 말고 그를 무의미하게 만들어라."

김위찬, 《블루오션 전략》 저자

경쟁자들이 무엇을 하고 있는가에 얼마나 신경을 쓰고 있는가? 경쟁자를 따라잡으려고 쓰는 시간과 에너지가 더 많을수록, 실제로 자기사업을 탄탄하게 만드는 데 쓰는 시간과 에너지는 줄어든다.

애플 같은 회사를 생각해보라. 애플은 기술업계에서 다른 회사들이 무엇을 제공하는가를 따라잡는 데에 초점을 맞추지 않는다. 그 대신, 애플은 뭔가 완전히 새롭고 주목할 만한 것을 만드는 일에 집중하고, 그 다음에는 그것을 가능한 한 완벽하게 만드는 법에 초점을 맞춘다.

한편 애플의 경쟁자들은 따라잡으려고 서로 끝도 없이 밀치락달치락하고 있는 것처럼 보인다. 애플이 2007년에 아이폰을 출시하고 나서 블랙베리는 아이폰과 동일한 기능을 다수 복제한 스톰을 서둘러 만들었다. 스톰이 출시되었을 즈음 아이폰은 이미 몇 번의 반복 사이클Iteration Cycles을 거쳤고, 이에 따라 블랙베리는 아이폰의 경쟁상대가 되기 어려워졌다.[9] 오늘날까지 애플은 전 세계에 10억 대도 넘는 아이폰을 판매했다.

동일한 맥락에서 애플은 넷북(휴대성을 위해 도안된 소형 저출력 컴퓨터) 시장에서 아수스Asus, HP, 델Dell 같은 노트북 제조업체들과 직접 경쟁하려고 하는 대신 수년간 눈에 띄게 그쪽 시장을 회피했다. 그리고 아이패드가 2010년에 출시되면서 상황은 달라졌다. 아이패드는 기존 넷북과 사양을 놓고 경쟁하는 대신 시장을 재정의한 제품이었다. 출시 후 첫 두 달간, 회사는 200만 대도 넘는 아이패드를 판매했다. 경쟁하는 대신 혁신을 택함으로써, 애플은 경쟁이 매우 치열한 시장에서 성공적으로 주도적인 지분을 손에 넣었다.

가치 흐름상에서 개선 사항을 만들 때마다, 잠재적 경쟁자들은 따라잡기 힘들어진다. 효율적이고 효과적으로 가치를 창조하고 전달하는 능력을 높이면, 경쟁자들이 똑같은 제품을 만들어 경쟁하는 것을 어렵게 만들 수 있다.

제공하는 혜택과 고객 응대방식 하나하나는 경쟁자들이 복제하기 더 어렵게 만들어야 한다. 경쟁 자체에 초점을 맞추지 마라. 더욱 더 많은 가치를 제공하는 데 초점을 맞춰라. 그러면 경쟁은 저절로 처리될 것이다.

참조 링크: https://personalmba.com/barrier-to-competition/

능력 배가기
Force Multiplier

"인간은 도구를 사용하는 동물이다. 도구가 없이는 아무것도 못하고,
도구가 있으면 못할 게 없다."

토머스 칼라일(Thomas Carlyle), 수필가 겸 역사가

인간을 독특하게 만드는 요소 중에 도구를 만들고 사용하는 능력
이 있다. 도구가 중요한 것은 그것들이 물리적 힘, 생각 또는 주의
집중 등의 능력을 몇 곱절로 키워주기 때문이다. 노력을 더 많이
확충시키거나 집중시켜 줄수록 그 도구는 더욱 효과를 발휘한다.

맨손으로 못을 박으려고 한다면, 아마도 어느 정도는 힘을 쓸 수
있겠지만 단단한 곳에 못을 박아 넣기에는 충분치 않을 뿐 아니
라, 아마도 손을 다치게 될 것이다.

망치를 사용하면 발휘하는 힘의 강도를 곱절로 만들 수 있고, 그
힘을 작은 영역에 집중시켜 한 번에 쉽게 못을 박을 수 있다. 톱,
드라이버를 비롯한 도구들도 같은 방식으로 작동한다. 다시 말해
작은 크기의 입력을 확충시키고 집중시켜 더 큰 출력을 내놓는다.

가장 효과적인 도구들은 가장 큰 강도로 힘을 확충시킨다. 전기
톱은 가는 톱보다 훨씬 더 효과적으로 나무를 자를 수 있다. 덤프
트럭은 손수레보다 훨씬 더 많은 짐을 운반할 수 있다. 로켓은 새
총보다 훨씬 더 무거운 것을 쏘아 올릴 수 있다.

능력 배가기에 투자하는 것이 의미가 있는 이유는 동일한 양의
노력으로 더 많은 일을 해낼 수 있기 때문이다. 새집을 짓기 위해

기반을 굴착해야 한다고 할 때, 동네 철물점에서 산 10달러짜리 삽도 확실히 어느 정도는 제 몫을 하겠지만, 굴착기가 있으면 그 일을 더 빠르고 더 쉽게 할 수 있다. 집을 짓는 것이 직업이라면, 굴착기를 빌리거나 임대하는 게 이로울 것이다.

능력 배가기는 비쌀 수 있다. 게다가 더 효과적일수록 더 비싼 경향이 있다. 공장 생산과 유통 시스템은 큰 확장 능력 배가기의 표본이다. 그것들은 수천(또는 수백만) 명의 돈을 내는 고객들에게 매우 짧은 시간에 가치를 제공하는 것을 가능케 한다. 그리고 그것들은 수천(혹은 수백만) 달러가 들지 몰라도, 없었다면 불가능했을 능력을 우리에게 줄 수 있다.

보편적으로 시스템을 구축할 때 빚이나 외부 자본을 제대로 사용하는 유일한 방식은 다른 방식으로는 접근할 수 없는 능력 배가기에 접근하는 것이다. 사업상 공장에 장비 설치가 필요한데, 어쩌면 은행 계좌에 1천만 달러가 없을지도 모른다. 하지만 그 자금을 자신의 월급이나 화려한 사무실 임대료를 유지하는 것이 아닌, 능력 배가기를 구매하고 유지하는 데 사용할 것이라면 은행에서 융자를 받거나 외부 자본가로부터 자본을 받아들이는 것이 최선의 선택일 수도 있다.

늘 구할 수 있고 살 수 있는 최고의 도구들을 택하라. 품질 좋은 도구들은 최소한의 입력으로 최대한의 출력을 제공한다. 능력 배가기에 투자하면 거기에 드는 시간과 에너지와 주의력을 단순히 비즈니스를 운영하는 것을 넘어 비즈니스를 구축하는 데 초점을 맞출 수 있다.

참조 링크: https://personalmba.com/force-multiplier/

시스템화
Systemization

"현재하고 있는 일의 과정을 설명할 수 없다면 자신이 뭘 하고 있는지 모르는 것이다."

W. 에드워즈 데밍(W. Edwards Deming),
생산관리 전문가이자 통계적 공정관리의 선구자

모든 것을 새로 만들어 나간다 해도, 지점 A에서 지점 B로 가는 데는 여러 단계들이 필요하다는 것을 고려했을 때, 어떠한 과정은 여전히 남게 된다. 따라서 끊임없이 '날갯짓'하는 대신 그 과정을 명확히 하면 중요한 이득 몇 가지를 얻을 수 있다.

하나의 시스템은 반복할 수 있게 만든 명시적인 과정이다. 그것은 어떤 방식으로든 정형화된 일련의 단계들이다. 시스템은 글로 쓰거나 도표로 그릴 수도 있지만 늘 어떤 방식으로든 외면화 Externalized 된다.

시스템을 창안하는 것의 주된 이득은 그 과정을 검사하고 개선할 수 있다는 것이다. 과정에 존재하는 각 단계를 분명하게 만듦으로써 핵심 과정이 어떻게 작동하는지, 어떤 구조로 만들어지는지, 어떻게 다른 과정과 시스템에 영향을 미치는지 그리고 어떻게 그 시스템을 개선할 수 있는지를 이해할 수 있다.

구글은 시스템의 힘을 보여주는 훌륭한 예다. 구글 검색엔진을 이용할 때마다 수천 대의 컴퓨터가 검색 결과를 내놓으려고 자동으로 작동을 시작한다. 구글의 검색 알고리즘(프로그래밍에서 시스템을 가리키는 말)은 이런 컴퓨터들이 협동 작업하는 방식을 정의하고, 구글 직원들은 끊임없이 시스템이 작동하는 세부사항을 가다듬고 있다. 매년 구글 기술자들은 기본 검색엔진 알고리즘에[10] 550개의 개선사항들을 보태어 검색자가 찾는 것을 더 정확하게 내놓을 수 있게 한다.

그 결과 구글 알고리즘은 너무나 최적화되어 검색 결과들을 인간의 개입 없이 대략 0.2초 만에 보여준다. 놀라운 업적이다. 구글이 초기의 시간과 에너지의 대부분을 검색 과정을 정의하고 시스템화하는 데 들이지 않았더라면 회사는 존재조차 하지 않았을 것이다.

시스템들은 또한 사람들의 무리가 같은 페이지에 머물도록 돕는다. 8장에서 앞으로 논의하겠지만, 사람들이 협력 작업을 잘 하려면 커뮤니케이션이 필요하고, 함께 일하는 사람 수가 많을수록 그 요구도가 더더욱 높아진다. 특정한 행사와 업무에 관련된 시스템과 명확한 과정을 개발하는 것은 모든 이에게 오해와 혼란을 최소한으로 줄이면서 해야 할 일을 하는 데 도움을 줄 수 있다.

과정을 시스템화할 수 없다면 자동화도 불가능하다. 구글이 검색 결과를 생성하는 데 인간 사서들의 팀에 의존했다면 어땠을까 생각해 보라. 악몽이었을 것이다. 우리는 몇 날 며칠(또는 몇 주나 몇 달) 동안 검색 결과를 기다려야 했을 것이다.

구글의 품질과 속도의 열쇠는 자동화다. 시스템이 작동하는 법칙을 명시적으로 규정함으로써, 검색 엔진 프로그래머들은 시스템의 일상적인 운용을 자동화할 수 있다. 그 결과로 구글 개발자들은 자기들의 노력을 시스템을 운영하는 데보다 지속적으로 시스템을 개선하는 데 집중할 수 있다.

대다수 사람들은 비즈니스 시스템을 만드는 것을 거부하는데, 그 이유는 업무가 추가되는 것처럼 느껴지기 때문이다. 우리는 모두 바쁘고 이미 할 일이 너무 많기 때문에 시스템을 창조하고 개선할 시간이 없다고 느끼기 쉽다. 하지만 실상 유용한 시스템은 업무를 더 쉽게 만들어준다. 과부하가 걸렸다고 느껴질 때, 그 문제를 풀기 위해 할 수 있는 최선의 행동은 좋은 시스템을 만들기 위해 시간을 사용하는 것이다.

시스템화와 자동화에는 몇 가지 큰 문제점이 있는데 그것은 10장에서 상세히 살펴볼 것이다. 지금은 효율적인 시스템이 곧 비즈니스의 혈액임을 인식하자. 그것은 당신이 제공하려는 제품과 서비스를 창조하고, 마케팅하고, 판매하며 결국에는 가치를 제공하게 해준다.

시스템이 좋을수록 비즈니스도 좋은 결과를 얻게 될 것이다.

참조 링크: https://personalmba.com/systemization/

트리아지
Triage

"현명함의 기술은 간과해도 되는 것을 아는 기술이다."

윌리엄 제임스(William James), 19세기 의사, 선구적인 심리학자 몇 년 전, 새벽 2시에 극심한 복통에 시달린 나는 뉴욕의 마운트 시나이 병원 응급실을 찾았다. 응급실에 도착하자마자 간호사는 내 증상을 자세히 메모한 다음 대기 장소로 안내했다.

당직 의사를 만나기까지 3시간을 기다려야 했지만, 이는 탁월한 결정이었다. 트리아지는 중증도에 따라 가장 중요한 문제를 먼저 파악하고 처리하는 과정으로, 덜 긴급한 문제들이 대기하도록 허용하는 것이다. 병원 응급실은 사소한 것부터 생명을 위협하는 것까지 다양한 질병들을 처리할 수 있는 장비를 갖추고 있다. 진료를 제공할 수 있는 의사와 간호사의 수는 제한되어 있고, 상태가 심각한 환자의 경우에는 분초를 다툴 만큼 중요하다. 트리아지 간호사의 첫 번째 업무는 즉시 진료가 필요한 사람과 기다릴 여유가 있는 사람을 확인하는 것이다.

내 경우, 처음에는 알 수 없는 복통이 심했지만, 병원에 도착했을 때는 이미 상태가 호전되고 있었고, 중환자실이 필요한 경우의 기미도 전혀 보이지 않았다. 당직 의사가 나를 진찰할 여유가 생겼을 때는 이미 증상이 호전되었고, 몇 번의 빠른 검사를 통해 긴급하거나 위독한 것은 없는 것으로 확인되었다. 반면에 내가 진료를 기다리는 동안 의사와 간호사는 즉각적인 치료가 필요한 수십 명의 중증 환자를 돌보았다.

전략으로서 트리아지는 의료보다 훨씬 더 많은 상황에 적용된다. 당신의 할 일 목록에 있는 모든 일이 같은 영향을 미치는 것은 아니다. 어떤 일은 다른 일보다 더 중요하고 가치가 있으며, 어떤 일은 시간에 민감한 데 비해, 어떤 일은 그렇지 않다. 트리아지는 당신이 가장 중요한 일에 집중할 수 있도록 도와줄 수 있으며, 상대적으로 덜 중요한 일을 놓치는 걸 기분 나쁘지 않게 할 수 있다.

대부분의 비즈니스 시스템에서도 위와 같은 발상이 적용될 수 있다. 비즈니스 대부분은 고객 지원 대기열을 가지고 있으며, 일부 요청은 다른 요청보다 더 긴급하거나 중요하다. 문제를 겪고 있는 핵심 장기 고객을 보유하고 있다면, 무료 평가판 계정을 보유한 고객에게 응답하기에 앞서, 해당 고객의 문제를 먼저 해결하는 것이 합리적일 뿐만 아니라 현명하다.

상황에 맞는 정보를 수집하는 능력은 당신의 능력에 달려 있다. 각 상황에 맞는 우선순위의 계층을 정의한 다음, 질문을 맞춤화하여 각 사례를 분류하는 데 필요한 관련 정보가 있는지 확인하는 것이 도움이 될 수 있다.

비즈니스 상황에서 이 기법을 흔히 '리드 스코어링lead scoring'이라고 한다. 각 잠재 고객의 강점, 예상 고객의 평생 가치 또는 들어오는 각 요청의 시급성과 중요도와 같은 측정 기준을 정의하면, 가장 중요한 경우를 먼저 처리할 수 있도록 지원 프로세스를 체계화하는 데 도움이 된다.

참조 링크: https://book.personalmba.com/triage/

5장

재무와 회계

" 재무와 회계는 비즈니스의 안과 밖에 따라 다니는 돈을 감시하는 기술이고 과학이다. 따라서 돈을 할당하는 방법을 결정하고, 어떻게 해서든 일이 원하는 결과를 가져오도록 돈의 쓰임을 판단하는 분야 이다. "

경험상 사람들은 가치 창조, 마케팅, 영업 그리고 가치 제공에 대해 배우기 좋아한다. 그런 내용들은 이해하고 시각화하기 쉽다. 하지만 재무를 배울 차례가 되면 따분함을 느낀다. 재무라고 하면 '콩 세기 같은 것', 수학 공식, 그리고 숫자가 넘쳐나는 스프레드시트와 관련된 내용을 떠올리게 된다. 하지만 꼭 그럴 필요는 없다. 재무는 가장 중요한 것에 초점을 맞춘다면 아주 이해하기 쉽다.

재무는 기업의 안과 밖에서 발생하는 돈의 흐름을 관찰한다. 나아가 재무는 돈을 배치하는 방법을 결정하고, 지금 하고 있는 일이 원하는 열매를 맺을 수 있는지 없는지에 대해서 알아보는 기술이자 과학이다. 회계는 사용하는 데이터가 완벽하고 정확하게 재무적 의사결정을 내릴 수 있도록 하는지 확인하는 과정이다. 실제로 그보다 복잡한 무언가가 더 있는 것은 아니다. 그렇다. 비록 그럴싸한 모델들과 전문용어가 있긴 하지만, 궁극적으로 비즈니스가 의도대로 운영되는지 아닌지 그리고 그 성과가 충분한지에 대한 판단을 위한 숫자 사용에 불과하다.

모든 성공적인 비즈니스가 지속되려면 일정 금액의 돈이 유입되어야 한다. 가치를 창조하고, 마케팅, 영업 그리고 가치 전달 활동을 행한다면 매일 비즈니스에는 입금과 출금이라는 돈의 흐름이 발생한다. 계속해서 존재하기 위해서는 어떤 비즈니스라도 사업 활동을 운영하는 데 들어간 모든 시간과 노력을 정당화시킬 수 있는 충분한 매출을 달성해야 한다.

누구에게나 지불해야 하는 청구서와 구입해야 하는 생필품이 있으므로, 그 비즈니스에 관여하는 사람들은 투자하는 시간과 에너지를 정당화하기에 충분한 돈을 끊임없이 벌어야 할 필요가 있다. 그렇지 못하면 해당 비즈니스를 그만두고 다른 일을 해야 한다. 따라서 모든 기업은 반드시 매출과 같은 어느 정도의 가치 창조를 만들어 내야만 한다. 그렇게 만들어진 가치는 비즈니스 운영 시 발생된 비용을 지불하고 관련된 사람들에게 보상하는 데 쓰인다.

아주 좋은 비즈니스는 선순환 구조를 만든다. 즉, 비용을 일관적으로 낮게 유지하면서 막대한 양의 가치를 창조하는 것이다. 따라서 기업은 지나친 가치를 획득하지 않고도, 비즈니스를 계속 유지하기에 충분한 돈 이상의 수익을 낸다. 그 결과 자신들의 주머니를 채우는 동시에 고객들의 삶도 향상시킬 수 있다. 비즈니스가 계속 존재하는 이유는 관련된 모든 이해관계자들을 더 이롭게 하기 때문이다.

이렇게 적절한 방법으로 돈을 관리할 수 있도록 도와주는 수단이 바로 재무라고 보면 된다.

참조 링크: https://personalmba.com/finance/

이윤
Profit

> "사람들에게 이윤은 매출에서 비용을 뺀 것임을 일깨워 줘라. 그러면
> 당신은 똑똑해 보일 것이다."
>
> **스콧 애덤스**(Scott Adams), 만화 《딜버트》의 작가

비즈니스를 통해 연간 1억 달러 매출을 올린다 해도, 1억 1달러를
비용으로 지출한다면 의미가 없다. 비즈니스에서는 얼마를 벌어들
이는가보다는 보다는 수중에 얼마를 유지하느냐가 더 중요하다.

이윤은 매우 단순한 개념이다. 지출한 것보다 더 많은 돈을 가져
오는 것이다. 어떤 비즈니스가 계속 존재하려면 총 매출액이 예측
가능한 미래의 어느 시점에서 지출을 초과해야 한다. 그렇지 못하
면 그 비즈니스는 중단되어야 한다. 가용자원이 바닥나서 문을 닫
거나 아니면 다른 사업의 이윤으로 보조를 받는 하나의 프로젝트
가 될 것이다. 영원히 손해를 보면서 운영될 수 있는 비즈니스는
없다.

이윤은 비즈니스가 운영되도록 하는 데 중요하다. 이윤의 창출
없이, 해당 비즈니스는 소유주에게 보상할 수 없다. 그는 막대한
시간과 돈 그리고 에너지를 기업 활동에 투자했다. 기업의 소유주
는 그의 투자가 가치 없다고 판단하면, 해당 비즈니스를 간단히

포기할 것이다.

이윤은 비즈니스가 예상할 수 없는 문제를 헤쳐 나가도록 하는 '대비책'이기도 하다. 비용을 가까스로 충당할 수 있을 정도의 매출을 올리고 있는데, 비용이 갑자기 상승하게 되면 해당 비즈니스는 많은 어려움에 봉착하게 된다. 더 많은 이윤을 내는 비즈니스일수록 불확실성과 변화를 더 효과적으로 관리할 수 있고, 예측불허의 상황에 대응 가능한 더 많은 대안을 가지게 된다.

이윤은 아주 중요한 고려사항이지만, 그것이 모든 비즈니스의 전부이자 끝은 아니다. 일부 사람들은 비즈니스의 목적이 이윤의 극대화라고 믿는다. 하지만 그것이 비즈니스를 창조해야 하는 유일한 이유는 아니다. 나를 포함한 어떤 사람들에게 비즈니스는 창조적인 노력 이상이다. 가능성을 탐구하고, 다른 이들을 돕는 동시에 자신을 돕는 방법이다. 이러한 관점에서 보면, 충분한 이윤을 창출하는 한 비즈니스는 지속적으로 성공할 것이다.

이 장에서 잊지 말아야 할 개념은 비즈니스가 지속되기 위해서라도 충분한 이윤을 창출해야 한다는 것이다.

참조 링크: https://personalmba.com/profit/

이윤율
Profit Margin

"이윤을 내는 한 결코 돈을 잃지 않았다."

버나드 바루크 (Bernard Baruch), 재무전문가이자 자선가 이윤율이란 획득한 매출과 그것을 확보하기 위해 쓴 비용의 차이로, '퍼센트'로 나타낸다. 이윤율을 계산하는 공식은 다음과 같다.

{(매출-비용)/매출} X 100 = % 이윤율(마진)

2달러를 얻기 위해 1달러를 썼다면 그 이윤율은 50퍼센트다. 만약 당신이 한 제품을 100달러에 만들고 150달러에 팔 수 있다면, 이윤은 50달러이고, 이윤율은 33%다. 같은 제품을 300달러에 팔 수 있다면 이윤율은 66%다. 가격이 높고 비용이 낮을수록 이윤은 높아진다. 어떤 경우라도 이윤율이 100%를 넘을 수는 없다. 비용이 0인 경우를 제외한다면 그런 경우는 일어나지 않는다.

이윤율은 이윤폭과는 다르다. 이는 전체 비용과 비교했을 때 제공한 재화의 가격이 어떠한가를 나타낸다. 이윤폭의 공식은 다음과 같다.

{(가격-비용)/비용} X 100 = % 이윤폭

제공한 재화의 비용이 1달러고, 2달러에 판다면 이윤폭은 100%지만, 이윤율은 50%다. 마진은 100% 이상이 불가능하지만, 이윤폭은 제공품의 가격과 전체비용에 달려있어서 200%, 500% 또는 10,000%가 될 수 있다. 가격이 높을수록, 비용이 낮을수록, 이윤폭은 더 높아진다.

대부분의 비즈니스는 가능하면 이윤율을 높게 가져가려고 한다.

이는 의미가 있다. 마진이 높으면 높을수록 각 영업에서 벌어들이는 돈은 많아진다. 그러나 시간이 지남에 따라 마진을 하락시키는 다양한 시장압력이 나타난다. 즉, 경쟁자의 저돌적인 가격정책, 기존상품의 수요를 감소시키는 신제품의 등장, 투입비용의 상승 등이다.

기업체는 상품을 비교하는 방법으로 이윤율을 자주 사용한다. 동일한 시장에 한 상품 이상의 종류를 보유하고 있다면, 더 높은 마진의 상품을 선호하는 경향이 있다. 해당 사업에서 비용을 절감해야 할 필요성이 있을 때는 마진이 더 낮은 상품부터 철수하게 된다.

사업성을 검토할 때는 이윤율에 관심을 두어야 한다. 마진이 높으면 높을수록 더 강력한 비즈니스가 된다.

참조 링크: https://personalmba.com/profit-margin/

가치 확보
Value Capture

"대다수 사람들이 원하는 바를 얻도록 도울 수 있다면, 당신이 원하는 어떤 것도 가질 수 있다."

지그 지글러(Zig Ziglar), 세일즈의 구루

모든 비즈니스는 매출의 형태로 창조하는 가치의 일부를 이윤profit으로 획득해야 한다. 그렇지 않고는 시간이 지나면서 지속적인 운영에 필요한 충분한 자원을 만들어내는 데 어려움을 겪게 된다.

가치 확보란 모든 거래에서 주어지는 가치의 일정 비율을 확보

하는 과정을 말한다. 다른 비즈니스에 100만 달러 매출을 추가로 얻을 수 있게 하는 무언가를 제공하고 그 대가로 10만 달러를 청구한다면 , 이 거래를 통한 가치 확보는 10퍼센트가 된다.

가치 확보는 묘한 측면이 있다. 성공하려면 시간과 에너지의 투자를 가치 있게 만들어주는 충분한 가치 확보가 필요하지만, 고객이 당신과 거래할 이유가 없을 정도로 과잉되어서는 곤란하다. 사람들이 구매를 하는 이유는 어떤 거래에서 자신이 지불하는 이상의 가치를 얻는다고 믿기 때문이다.

기업이 더 많은 가치를 확보할수록 재화(용역)의 매력은 감소하게 된다. 가치 확보의 과잉은 가망고객의 구매의도를 떨어뜨린다. 제아무리 훌륭한 영화라 해도 단 두 시간의 오락에 5천 달러를 지불할 관객이 몇이나 있겠는가?

가치 확보의 개념 이면에는 두 가지 지배적인 철학이 있다. 바로 최대화와 최소화이다.

대다수 경영대학원에서 배우는 '극대화'는 기업이 가능한 한 많은 가치의 확보를 위해 노력해야 함을 의미한다. 따라서 기업은 매 거래에서 가능한 많은 매출을 획득하도록 노력해야만 한다. 얻을 수 있는 최대치보다 적은 양은 수용되지 않는다.

단기적으로 보면 극대화의 매력은 단순해 보인다. 즉, 더 많은 이윤이 기업의 소유주에게 좋다는 것이다. 그러나 극대화 접근법은 고객들이 애초에 해당 기업의 상품을 구매하려는 이유를 약화(침식)시키는 경향이 있다.

당신이라면 100만 달러를 얻기 위해 99만 9천 999달러를 쓰겠는가? 그건 합리적일지 모르지만(결국 1달러는 이득을 봤으니까) 대다수 사람들은 굳이 그렇게 하지 않을 것이다. 고객들이 구매하는 이유는 구매에서 포기하는 가치(비용) 이상을 얻고자 하기 때문이다. 고객이 가치를 더 적게 얻으면 얻을수록 구매 의도는 감소하게 된다.

최소화 접근법은 기업이 충분성^{Sufficient}을 유지하는 조건에서 가능하면 적은 가치를 해당 거래에서 획득해야 함을 의미한다. 이 접근법은 단기적인 매출의 극대화를 가져오지는 않지만, 고객들이 기업과의 거래에서 예상하고 있는 가치를 보존해 준다. 이는 기업의 장기적 성공에 필수적이다.

'좋은 거래'인 경우 고객은 단골이 되고, 다른 잠재고객들에게 입소문을 내는 경향이 있다. 고객들에게서 '푼돈까지 긁어모아' 매출 최대화를 시도하거나 과잉의 가치를 확보하고자 한다면, 그들은 점차 빠져나간다.

기존에 하고 있는 일을 지속적으로 유지하는 데 충분한 가치 확보가 됐다면 마지막 한 푼까지 놓고 싸워야 할 필요는 없다. 할 수 있는 한 많은 가치를 창조하고, 지속적으로 기업을 운영하는 데 필요한 충분한 가치를 확보하라.

참조 링크: https://personalmba.com/value-capture/

충분량

Sufficiency

"만족할 줄 알면 모욕당할 일이 없고, 멈출 때를 알면 위험해질 일이 없다. 그렇게 하면, 오래 갈 수 있다."

노자, 고대 중국 철학자

언젠가 힘 있는 한 중역이 15년 만에 처음으로 휴가를 갔다. 조그만 해안가의 어촌에서 부두를 둘러보고 있는데 참치 잡이 어부가 배를 댔다. 어부가 배를 부두에 묶고 있을 때 중역은 그의 물고기가 크고 좋다고 칭찬의 말을 건넸다. "이렇게 좋은 물고기를 잡는 데 얼마나 걸렸습니까?" 중역이 물었다.

"잠깐밖에 안 걸렸는데요." 어부가 대답했다.

"왜 더 오래 거기 머물면서 더 많이 잡지 않습니까?" 중역이 물었다.

"식구들에게 필요한 만큼은 충분히 잡았으니까요." 어부가 말했다.

중역이 물었다. "그렇지만 나머지 시간에는 뭘 하십니까?"

어부가 대답했다. "늦잠을 자고, 낚시도 좀 하고, 애들하고 놀고, 마누라와 낮잠도 자고, 매일 저녁이 되면 마을로 어슬렁어슬렁 가서 와인도 홀짝 마시고, 친구들과 어울려 기타도 칩니다. 나는 충만한 삶을 살고 있지요."

중역은 어리둥절해졌다. "나는 하버드 MBA 출신인데 당신께 도움을 줄 수 있습니다. 당신은 고기잡이에 더 많은 시간을 써야 해요. 그 수익금으로 더 큰 배를 사는 겁니다. 배가 크면 물고기를 더 많이 잡을 수 있고 그러면 그걸 팔아서 배를 여러 척 살 수 있지요. 결국은 완벽한 선단^{Fleet}을 손에 넣을 수 있어요." 그리고 연이어 말했다.

"잡은 걸 중간 상인한테 파는 대신 곧장 소비자들한테 팔 수 있고, 그러면 이윤이 높아질 겁니다. 결국 자신 소유의 공장을 설립하고, 생산제품과 업무처리 그리고 유통을 통제할 수 있지요. 물론, 이 마을을 떠나 도시로 이사를 해야 할 겁니다. 그래서 확장된 사업체를 운영하는 겁니다."

어부는 잠시 동안 말이 없다가 물었다. "그렇게 하려면 얼마나 걸릴까요?"

"15, 20년, 아마 최대 25년이요."

"그 다음에는요?"

중역은 웃었다. "이제 최고의 시간이 다가오죠. 적절한 시간에 회사를 상장해서 주식을 모두 팔아요. 그리고 수백만 달러를 버는 겁니다."

"수백만 달러요? 그때 가면 뭘 하죠?"

중역은 잠시 머뭇했다. "은퇴해서 늦잠을 자고, 낚시를 좀 하고, 아이들과 놀고, 마누라와 낮잠을 자고, 매일 저녁 마을로 어슬렁어슬렁 가서 와인을 홀짝 마시고, 친구들과 함께 기타를 치겠지요."

"……"

말을 마친 중역은 고개를 저으며 어부에게 작별을 고했다. 휴가에서 돌아온 직후 중역은 사직했다.

이 우화가 어디서 나왔는지 확실치 않지만, 메시지는 유용하다. 즉, 비즈니스란 꼭 이윤을 최대화하는 게 전부가 아닐 수 있다. 이윤은 중요하지만 그것은 목적으로 가기 위한 수단에 불과하다. 가치를 창조하고, 비용을 지불하고, 비즈니스를 운영하는 사람들에게 보상하며, 자신이 애착을 가지는 곳에 지원하는 것. 돈은 그 자체로 목적이 아니다. 돈은 도구이고, 그 도구의 유용성은 그것으로 당신이 무엇을 할 생각인가에 달렸다.

비즈니스가 꼭 수백만 달러나 수십억 달러를 벌어야만 성공적인 것은 아니다. 기업이 계속 굴러가게 하는 데 필요한 것들을 할 수 있고, 자신이 투자한 시간을 가치 있게 할 정도로 충분할 만큼 벌고 있기만 하다면, 당신은 성공한 것이다. 그 비즈니스가 얼마만큼의 매출을 가져오는가는 중요하지 않다.

충분성은 비즈니스를 운영하는 사람들이 계속할 가치가 있다고 느끼는, 충분한 이윤을 벌어들이는 지점이다. 벤처 자본가이자 초기 단계의 벤처 캐피탈 회사인 Y-컴비네이터의 창립자 폴 그레이엄Paul Graham은 충분성의 지점을 '라면 수익성ramen profitable'이라고 부른다. 즉, 임대료를 내고 시설비를 낸 후, 라면 같은 저렴한 음식을 사기에 충분한 정도를 말하는 것이다. 이는 수백만 달러를 벌어들이지는 못해도, 폐업하지 않고 좀 더 나은 상태로 가기에 충분할 만큼의 수익을 의미한다.

필요한 요금을 지불하지 못하면 가치를 창조할 수 없다. 운영비용을 충당하기에 충분한 매출을 올리지 못하면 문제가 심각해진다. 사업을 유지하려면 직원들과 소유주가 그 사업에 들인 시간, 노력 그리고 신경 쓴 것에 대한 보상을 받을 수 있어야 한다. 투자한 결과에 대해 충분한 가치를 느끼지 않는다면 그들은 지금 하는 일을 멈추고 다른 일을 시작할 것이다.

재무적 충분성 financial sufficiency 은 '월간 매출목표 TMR: Target Monthly Revenue' 라는 수치로 추적할 수 있다. 고용인, 계약자 그리고 판매상에게는 일반적으로 월 단위로 지불하기 때문에 매달 지불금에 대한 계산은 비교적 간단하다. 월간 매출목표는 충분성의 지점에 도달했는지 아닌지를 판단하게 해 준다. 월 매출목표 TMR 이상의 유입이 있는 한 충분하다. 그렇지 않다면 상황을 전반적으로 검토해 보아야 한다.

충분성은 주관적이다. 즉, 하는 일을 계속하기에 충분한 액수가 얼마인가는 개인적 결정에 따른다. 재정적 필요가 그렇게 크지 않다면 비즈니스를 지속하는 데 많은 매출이 필요치 않다. 반면에 수백만 달러를 급여, 사무실 공간, 그리고 고가의 시스템을 사용하고 있다면 충분성을 유지하기 위해 훨씬 많은 매출이 필요할 것이다.

충분성의 지점에 더 빨리 도달할수록 비즈니스가 살아남고 번창할 가능성은 더 커진다. 더 많은 매출을 올리고, 더 적은 비용을 사용하면 충분성의 지점에 더 빨리 도달할 것이다.

일단 충분량의 지점에 도달했다면 당신은 성공한 것이다. 즉, 돈을 얼마나 많이 혹은 적게 버는가는 문제가 되지 않는다.

참조 링크: https://personalmba.com/sufficiency/

가치평가
Valuation

"돈의 전체 가치는 그 돈으로 무엇을 하는가에 달려있다."

랄프 왈도 에머슨(Ralph Waldo Emerson), 미국의 철학자이자 시인

제공품의 가치를 추정하는 방법에 대해서 이미 언급하였다. 그렇다면 기업의 가치는 어떻게 계산할 것인가?

가치평가는 기업의 전체 가치에 대한 추정이다. 사업상 매출이 크면 클수록, 기업의 이윤폭이 강하면 강할수록, 은행잔고가 많으면 많을수록 그리고 기업의 미래가 유망하면 할수록 기업의 가치는 더 커지게 된다.

많은 기업들은 재무적 의사결정의 기본을 사업의 가치평가에 두고 있다. 더 큰 가치추정은 많은 이유에서 혜택이 있다. 개인기업이라면 높은 가치평가는 돈을 빌리는 것을 더 용이하게 한다. 상장기업이라면, 높은 가치평가는 주주를 위한 높은 주가와 수익 창출 기회로 이어진다. 만약 A기업이 B기업을 합병하고자 한다면, B기업의 높은 가치평가가 A에게 더 큰 인수금을 지불하게 한다.

가치평가는 투자자를 찾고자 할 때도 중요하다. 투자자에게 투자 대가로 주는 전체 지분의 양뿐만 아니라 조달하는 자본의 양도 기업의 현재 가치에 달려있다. 해당 기업의 가치가 크면 클수록 주당 더 많은 금액을 투자자에게 요구할 수 있다.[1] 이러한 주제에 관심이 있다면, 브래드 펠드와 제이슨 멘델슨 저서 《벤처거래Venture Deals》를 추천하는 바다.

인지된 가치가 개별 제공품에서 했던 것과 유사하게, 꼭 그 만큼 사업에서도 적용된다는 사실을 주의 깊게 지켜봐야 한다. 사람들이 기업의 미래전망이 밝다고 믿을 때, 그 기업의 가치평가는 상승하게 된다. 반면에 사람들이 그 기업에 문제가 있다고 믿는다면, 가치평가는 감소한다. 이러한 역학이 아마존과 같은 몇몇 기업이 최근의 주당이익의 100배가 넘는 주가를 유지하는 이유를 잘 설명하고 있다. 반면 문제가 있는 기업은 현재 자산의 청산가치^{淸算價値,} _{liquidation value} 이하로 팔린다.

가치평가는 해당 기업의 주식을 투자자에게 팔고자 하거나 미래의 인수에 대비하고자 할 때 신중히 고려되어야 한다. 자신의 기업을 소유하고 있고, 앞으로 팔 생각이 전혀 없다면 가치평가에 대한 중요성은 낮아진다. 그러나 만약 당신이 상장기업의 고위 임원이라면, 언젠가 팔고자 하는 사업을 운영하거나 자산을 다른 기업에 투자하고자 할 때는, 가치평가를 매일매일 생각의 우선순위에 놓게 될 것이다.

참조 링크: https://personalmba.com/valuation/

현금흐름표
Cash Flow Statement

"가난은 모든 악의 근원이다."

마크 트웨인(Mark Twain), 위대한 미국 소설가

기업이 얼마나 성과를 잘 내고 있는가를 이해하기 위해서는 사업

성과를 추적하는 회계보고서를 보는 것이 유용하다. 그런데 어디서부터 시작해야 할까?

우리는 이후부터 서로 다른 기본적인 회계표들을 검토할 것이다. 그러나 여러 표 중에서도 현금흐름표는 가장 먼저 읽기에 좋다.

현금흐름표는 복잡하지 않다. 이는 특정기간 동안의 기업 은행 계좌를 검토하는 것이다. 회계장부를 확인하는 것처럼 생각하라. 즉, 현금을 입금하는 예치와 현금을 빼는 인출이다. 이상적으로는 빠져나가는 금액보다 들어오는 돈이 많아야 한다. 그리고 전체는 0원 이하여서는 안 된다.

모든 현금흐름표는 특정한 기간을 아우른다. 하루, 한 주, 한 달, 일 년. 보고서의 시간 간격은 목적에 따라 다르다. 하루 또는 한 주와 같은 짧은 기간은 현금 없이 운영되지 않도록 하고, 월간 또는 연간과 같은 장기간은 그 기간의 성과를 추적하는 데 유용하다.

현금이 유입되는 주요 이유는 세 가지다. 영업활동(판매제안과 구매유입), 투자(배당금의 수령, 자본비용의 지불), 자금조달(대출과 상환)이 그것이다. 현금흐름표는 어디서부터 현금흐름이 발생했는지를 쉽게 알아보기 위해서 이러한 출처를 구분해서 추적한다.

현금의 좋은 점은 거짓말을 하지 않는다는 것이다. 완전한 엉터리를 제외하고, 현금은 은행의 계좌에 있거나 혹은 없거나 둘 중 하나이다. 만약 기업이 많은 현금을 썼다면, 현금 유입이 적어져서 사업의 현금 포지션이 시간이 갈수록 감소할 것이다. 창의적인 설명을 위한 작은 여지는 있다.

많은 투자자들은 기업을 평가할 때, '자유현금흐름'이라는 매트릭스를 사용한다. 이 매트릭스는 현금흐름표에서 나왔다. (기업이 사업을 통해 번 현금의 양) - (자본 설비와 자산에 사용한 현금)이다. 이는 기업의 운영을 유지하기 위해 필수적인 것이다. 기업의 자유 현금흐름은 클수록 더 좋다. 즉, 기업은 지속적인 현금 유입을 위해 대규모 자산 투자를 지속해서는 안 된다는 의미이다.

모든 사업에서 현금은 선택안들을 대변한다. 새로운 제품을 만들고, 마케팅과 영업에 투자하고, 설비를 구입하며, 다른 기업을 인수하는 선택안 등이다. 대개의 기업은 마음대로 사용할 수 있는 현금이 많으면 많을수록 그리고 선택안이 많을수록 더 많은 회복력Resilient을 갖추게 된다.

참조 링크: https://personalmba.com/cash-flow-statement/

손익계산서
Income Statement

"어린 시절 나는 돈이 인생에서 가장 중요한 것이라고 생각했다. 나이가 든 지금에서야 그 생각이 옳다는 것을 깨달았다."

오스카 와일드(Oscar Wilde), 아일랜드의 시인이자 소설가, 극작가

현금이 중요한 것은 사실이지만, 전부는 아니다. 현금은 이윤이 아니고, 우리가 추구하는 것은 이윤이다. 잠시 동안 즐거움과 안락감을 주는 현금을 가질 수 있지만 판매에서 돈을 잃을 수도 있다.

제조업체에서 신용으로 상품을 구입한 소매상을 상상해 보라. 그 상품을 재고로 받았지만 90일간은 제조업체에 구매대금의 지

급이 필요 없다. 석 달 동안 판매가 되고, 소매상의 현금은 계속 늘어난다. 훈련 받지 않은 눈에는 이 모든 일들이 좋아 보인다.

90일 후, 제조업체의 송장 기일은 만기가 된다. 상품비와 소매상 운영비를 합해 보면 이제야 진실이 드러난다. 비록 현금잔고가 석 달 동안 넉넉해 보였음에도 불구하고, 소매상은 적자가 났다. 만약 소매상이 어떤 조치를 취하지 않는다면, 결국 현금이 바닥나고 문을 닫아야 한다. 사업이란 장기간의 이윤 없이는 존재할 수 없다.

그 소매상의 문제는 한계점을 이해하지 못한 현금 회계에 있다. 많은 종류의 사업에서는 현금 회계가 이상적이다. 이는 이해하기 쉽고 간단하다. 지출보다 수입이 많은 한 현금이 마르지 않고, 인생은 즐겁다. 나는 수년간 현금 회계로 사업을 해오고 있다. 나의 경우 상품이나 서비스를 제공하면 곧바로 대금을 지급받으며, 관리해야 하는 재고도 없다. 복잡하지 않은 사업이므로 회계와 재무 관리 역시 복잡할 필요가 없다.

다른 사업의 경우는 현금흐름표만으로는 충분하지 않다. 그 사업이 재고가 있고, 고객에게 긴 신용기간을 주어야 한다면, 간단한 현금흐름 분석은 상황을 오판할 수 있다. 자신의 판매가 수익이 있는지 없는지 판단하기 위해서는 판매와 비용이 연결된 상황을 추적할 필요가 있다. 이때 각 판매를, 그 판매의 과정에서 발생하는 비용과 연결함으로써 원치 않던 예상 밖의 놀라움 없이 이익을 내는지 여부를 즉시에 알 수 있다.

첫째, 기업은 비용을 확인하는 방법을 변경할 필요가 있다. 현금이 유입될 때 매출로 기록하고, 현금이 나갈 때 비용으로 기록하는 대신, 기업은 발생주의^{Accrual basis} 라 불리는 방법으로 매출과 비용의 추적을 시작해야 한다.

발생주의 회계에서는 판매가 발생하면 즉시에 매출로 인식(상품은 구매, 서비스는 제공 시점)하고, 그 판매와 관련된 비용도 같은 시간에 발생시킨다.

회계에서는 이를 대응원칙^{matching principle}이라 부르는데, 회계사의 주요한 업무 중 하나가 가능하면 정확하게 매출과 비용을 대응시키는 일이다. 이는 보기보다 어렵다. 엄청난 양의 판단이 필요하고, 애매모호한 부분이 일반적이다(회계사가 하루 종일 하는 일이 무엇인지 궁금했다면 이것을 일과의 큰 부분으로 이해하면 된다).

이러한 노력의 마지막 결과가 바로 손익계산서다. 이는 여러가지로 불려진다(Profit and Loss Statement, Operating Statement, Earning Statement). 어떻게 불리든 손익계산서는 어떤 기간에 발생한 사업수익에 대한 추정이 담겨있다. 물론 매출을 관련 있는 비용과 짝을 맞춘다.

손익계산서의 일반적인 형식은 다음과 같다.

매출 - 매출원가 - 비용 - 세금 = 순이익

손익계산서는 아주 유용하다. 이를 통해 비즈니스가 잘못되어가는 이유를 확인할 수 있다. 비용을 매출과 연계해 기업의 수익성을 보고, 다가오는 주간, 월간의 기업계좌를 개선시키는 의사결정을 용이하게 한다.

본질적으로 '손익계산서는 많은 추정과 가정을 포함한다'는 점을 인식하는 것이 중요하다고 말한다. 설비구매와 같은 일에는 엄청난 양의 현금이 나가야 한다. 그러나 손익계산서는 비용의 작은 부분은 각 판매시점의 비용과 무형자산의 상각^{Amortization}이라 부르는 관행에서 나온다고 한다. 이러한 관행은 비용을 관련된 매출과 연계하도록 돕는다. 그 기간의 아주 큰 현금흐름표의 적자는 잘못 판단된 경우가 있다.

많은 효익에도 불구하고, 대응원칙은 손익계산서의 잠재적 편향의 큰 이유가 된다. 매출이 인식되고, 비용이 해당 매출과 연계되면, 회계사나 재무 전문가는 몇 가지 가정이나 공식을 변경해 이윤선을 급등하게 만들거나 그 선을 붕괴시킬 수 있다.

손익계산서에서 볼 수 있는 잠재적 편향의 모든 이유를 탐구하는 것은 이 책의 범위를 벗어난다. 이 주제에 대해 더 상세한 내용에 흥미가 있다면, 캐런 버먼과 조 나이트, 존 케이스가 저술한 《기업가를 위한 회계지능$^{Financial\ Intelligence\ for\ Entrepreneurs}$》을 추천한다.

사업의 정확한 손익계산서를 만들기 위해 발생주의 회계가 필요하다고 생각한다면 스스로 할 생각을 버리는 것이 좋다. 대신에 가능하면 빨리 공인회계사^{CPA}나 공인재무분석가^{CFA}와 상담하라. 더욱 정확하고 믿을 만한 손익계산서는 사업을 더 잘 관리할 수 있도록 한다. 그리고 돈이 잘 쓰이게 한다.

참조 링크: https://personalmba.com/income-statement/

대차대조표
Balance Sheet

"돈의 가치를 알고자 하거든 가서 돈을 조금 빌려보라. 그것은 슬픔을 빌리는 거나 다름없다."

벤저민 프랭클린(Benjamin Franklin), 미국의 정치가이자 과학자 겸 저술가

대차대조표는 특정한 시점에 기업이 소유한 것과 지불해야 할 것에 대한 순간적 포착이다. 대차대조표는 대차대조표가 만들어진 시점에서 기업이 가진 순가치를 추정치로 생각해 볼 수 있다.

대차대조표는 언제나 특정한 날을 기준으로 하고, 아래의 공식을 사용한다.

자산－부채＝소유주 자본

자산이란 기업이 소유한 가치 있는 것이다. 즉, 제품, 설비, 주식, 등이 그것이다. 부채는 기업이 아직 지불하지 않은 채무다. 대출금, 조달자금 등등이다. 기업이 모든 부채를 갚을 때, 남는 것은 소유주 지분이다. 이것이 바로 기업의 순자산이다.

작은 기업은 대차대조표가 매우 간단하다. 즉, 가지고 있는 현금을 계산하고, 소유한 자산의 추정 시장가치를 더하고, 모든 부채와 채무를 뺀다. 자 어떤가, 그렇게 하면 대차대조표를 만든 셈이다.

대기업에서의 대차대조표는 더 복잡하다. 그리고 기록해야 하는

내용이 더 많다. 일반적인 자산에는 현금, 외상매출계정, 재고, 설비 그리고 재산이 포함된다. 일반적인 부채에는 장단기 채무, 외상매입계정과 다른 채무들이 포함된다. 소유주 지분은 기업주식의 가치, 투자자 자본 그리고 주주에게 지급되지 않은 이윤인 유보이익retained earnings 등이 포함된다. 대차대조표의 '균형'을 만드는 것은 계산의 두 번째 형식이다. 이는 첫 번째 공식을 재배열한 것이다.

자산 = 부채 + 소유주 자본

이 계산은 얼핏 보면 처음 공식과 동일하게 보인다. 부채와 소유주 지분을 더한 이유가 무엇인가?

이유는 이렇다. 사업상 돈을 빌리면, 빌린 현금이 유입된다. 이는 현금흐름표에 반영되는데, 이때 돈의 유입이 대출에 의한 것이라는 사실을 모르면 그 달에 사업이 아주 잘된 것으로 보인다. 그러나 기업의 재무그림은 실질적으로 변하지 않았다. 그 기업은 현재 더 많은 현금자산을 가졌지만, 또한 새로운 부채를 가지게 됐다. 그 기업의 순자산은 아무것도 변하지 않았다.

두 번째 공식은 이런 관계를 반영해 주기 때문에 유용하다. 사업을 새로 시작한다고 가정해 보자. 당신은 1만 달러를 빌렸다. 빌리기 전의 대차대조표는 다음과 같다.

$0 = $0 + $0 (자산, 부채, 자본이 하나도 없는 상태다)

돈을 빌린 후 당신의 대차대조표는 이렇게 변한다.

$10,000=$10,000+$0(즉, 자산 $10,000, 부채 $10,000, 자기자본 0$)

대차대조표의 양쪽 면은 같다. 대차대조표는 언제나 균형을 이룬다. 균형이 안 맞는다면 어딘가 문제가 있는 것이다.

대차대조표는 시간의 한 순간에 찍은 스냅사진이므로 한 번에 여러 가지를 확인하는 것이 일반적이다. 예를 들면, 기업은 지난 2, 3년간의 회계연도 마지막 날을 기준으로 계산한 대차대조표를 준비한다. 이러한 대차대조표를 비교해 보면, 자산, 부채 그리고 자기자본이 시간이 지나면서 어떻게 변하는지 알 수 있다.

대차대조표는 비즈니스의 재무적 건전성에 대한 중요한 질문에 답하기 때문에 가치가 있다. 이를 검토하면 해당 기업이 지불능력이 있는지 여부를 판단할 수 있다(자산이 부채보다 크다든지). 기업이 청구서를 지불하는 데 문제가 있거나 또는 시간이 지나면서 기업의 가치가 어떻게 변했는지 등도 판단할 수 있다.

대차대조표는 손익계산서와 마찬가지로 수치에 편향을 줄 수 있는 가정과 추정으로 가득하다. 기업의 외상매출금계정의 몇 %나 받을 수 있을까? 기업의 최근 재고의 가치는 얼마인가? 대차대조표의 주석註釋을 꼭 읽기 바란다. 이는 대차대조표에 기입된 수치 이면을 추정하고, 사업의 강점에 대한 더 정확한 그림을 그려볼 수 있다는 점에서 유용하다.

참조 링크: https://personalmba.com/balance-sheet/

재무비율
Financial Ratios

"현실에서의 시험은 모두 오픈-북이다. 당신의 성공은 자유시장에서
얻은 학습으로 냉혹하게 평가된다."

조나단 로젠버그(Jonathan Rosenberg), 구글의 전 제품관리 담당 수석 부사장

기업의 기본 회계보고서를 만들 때는 다양한 방법을 검토할 수 있
다. 가장 효과적인 전략 중 하나는 재무비율을 계산해 보는 것이
다. 이는 사업의 서로 다른 두 가지 중요한 부분을 비교해 보는 것
을 의미한다.

재무비율은 비교를 아주 신속하게 할 수 있기에 유용하다. 재무
보고서에서 데이터를 수작업으로 가져오는 대신에 재무비율을 보
면 즉시 특정 부분의 비즈니스가 건강한지 아닌지를 판가름할 수
있다. 시간의 경과에 따른 재무비율의 변화는 시간의 경과에 따
른 사업의 변화를 알아보는데 도움이 된다. 재무비율을 산업 평균
과 비교해 보면, 해당 기업이 같은 산업의 일반적인 기업처럼 성
과를 내는지 여부를 쉽게 알아볼 수 있으며 또 어떤 것이 특이한
지를 판단할 수 있다.

수익성비율은 이윤을 창출하는 기업의 능력을 나타낸다. 매출이
더 높을수록 그리고 비용이 더 낮을수록 수익성비율은 높아진다.
이미 이윤율에 대해서 논의했는데, 이는 아주 기본적인 수익성비

율이다. '자산수익률'은 순이익을 총자산으로 나누어서 계산하고, 사업에 투자된 모든 돈의 몇 퍼센트가 이윤으로 돌아오는지를 말해주는 지표이다.

타인자본비율^{Leverage ratios}은 기업이 빚을 얼마나 쓰고 있는지를 나타낸다. 부채 대 자본비율^{debt to equity ratio}은 총 부채를 주주자본으로 나누어서 계산하고, 주주의 자본 1달러당 기업이 얼마나 많은 금액을 빌렸는지를 나타낸다. 만일 이 비율이 높다면, 기업이 높은 채무를 가지고 있다는 신호이므로 나쁜 징후가 될 수 있다. 이자보상비율^{Interest Coverage}과 같은 재무비율은 채무의 이자를 갚는 데 얼마만큼의 기업이윤이 지불되는지를 계산한다.

유동성비율^{Liquidity ratios}은 청구서를 지급할 수 있는 기업의 능력을 나타낸다. 현금의 고갈은 심각한 사안이므로 유동비율^{current Ratio}(현 자산/현 부채), 당좌비율^{Quick ration}(현 자산-재고/현 부채)과 같은 비율은 기업이 부도상황에 얼마나 가까운지를 쉽게 판단할 수 있도록 하거나, 기업이 성장과 개선에 돈을 투자하지 않고 현금을 깔고 앉아 있는지를 알아볼 수 있다.

효율성비율^{Efficiency ratios}은 기업이 얼마나 효과적으로 자산과 부채를 관리하는지를 나타낸다. 가장 일반적인 사용은 재고관리다. 적정재고 이하는 나쁘지만, 과잉재고 또한 좋지 않다. 제품이 재고로 있는 평균 날짜를 계산해 현재 재고를 소진하는 데 얼마나 걸리는지 알아볼 필요가 있다. 그리고 매출채권회전일수^{Day Sales Outstanding}는 판매 이후에 현금을 받는 기간이 얼마인지를 측정하는 것인데, 이들은 생산, 재고관리 그리고 미래의 자본투자에 있어서 변화가 필요할 때 유용하다.

재무비율에는 수천 가지의 유형이 있으며, 모든 내용을 논하는 것은 이 책의 범위를 벗어난다. 재무분석가는 산업에 따른 중요한 재무비율을 간단히 정리해 사용한다. 이발소의 재고회전율을 계산하는 것은 상식 밖의 일이다. 모든 사업은 각자가 고려할 필요가 있는 몇 가지 중요한 재무비율이 있다. 전문가가 자기가 속해있는 산업에 사용하는 재무비율을 찾아서 조금 연구해보는 것은 가치가 있다.

제10장에서 다른 재무비율에 대해서 논의할 예정이다. 그러한 테크닉은 재무를 벗어난 다른 분야에서도 유용하다. 지금은 재무비율이 이윤, 부채, 현금 그리고 효율성에 대해서 많은 시간을 들이지 않고 실질적으로 유용한 확인을 위해 필요하다는 것만 기억하라.

참조 링크: https://personalmba.com/financial-ratios/

비용편익 분석
Cost–Benefit Analysis

"나는 그 일에 대해 있는 그대로의 물리적 요인을 공부하여, 가능한 사실을 알아내고, 무엇이 현명하고 정의로움을 나타내는지 배워야만 한다. 그 일은 어렵고, 사람들은 동의하지 않는다."

에이브러햄 링컨(Abraham Lincoln), 미국 16대 대통령

재무분석의 목적은 보기 좋은 스프레드시트를 만드는 것이 아니라, 더 나은 의사결정에 있다. 현재 검토하고 있는 데이터가 사업을 개

선하는 변화를 가져오지 않는다면, 시간을 낭비하는 셈이다. 재무의 핵심은 잠재적 행동을 검토하고, 원하는 대로 쓸 수 있는 데이터에 대해 하며, 무엇을 해야 하는지(어떤 것이나) 결정하는 것이다.

비용편익 분석은 편익이 비용보다 큰지 어떤지 알고, 사업상의 잠재적 변화를 검토하는 과정이다. 당신이 생각하는 그 순간에 변화를 위해 행동하는 것이 아니라, 뒤로 한 걸음 물러나서 그 행동의 진정한 비용을 평가하는 것이다. 즉, 한정된 시간, 에너지, 자원으로 할 수 있는 최선의 선택이라 확신할 수 있는지 아닌지를 평가하는 것이다.

비용편익 분석을 실행할 때는 순전히 재무적인 부분이 아닌 비용과 편익도 포함하는 것이 중요하다. 즐거움과 같은 비경제적 비용은 그 프로젝트가 추진할 가치가 있는지 없는지를 판단하는 데 큰 역할을 할 수 있다. 구글^{Google}의 유명한 카페테리아의 편익은 좋은 예이다. 구글은 24시간 내내 직원들에게 고품질의 음식을 무료로 제공한다. 이 정책은 편익을 고려하기 전에는 엄청난 비용으로 보인다. 그러나 아침, 점심, 저녁 그리고 간식을 제공함으로써 구글^{Google}은 직원들이 가진 역량을 최대한 발휘하도록 용기를 북돋우고 있다. 그리고 기업에서 대단히 중요한 생산성과 팀 응집력 향상을 통해서 거기에 드는 비용을 상쇄시킨다.

만성적인 좌절과 작은 비효율성을 제거하는 것도 효용이 있다. 나는 최근에 기존 컴퓨터의 하드디스크를 6배 빠른 반도체 드라이브로 기능을 향상시키는 데 수백 달러를 지출했다. 나의 애플리케이션과 프로그램은 이제 더 이상 5~10초를 기다리지 않고 즉각적으로 시작된다. 이것이 대단한 차이는 아니지만, 작은 개선은 계속해서 누적된다. 나는 대부분의 일을 컴퓨터로 처리하는데, 지금의 상태는 이전과는 큰 차이가 있다. 더 행복하고, 더 많은 일을 해치운다. 돈을 잘 사용한 것이다. 의사결정을 내리기 전에 총비용과 편익을 평가하라. 작은 평가가 당신의 돈을 반드시 가장 효과적인 방법으로 사용되도록 한다.

참조 링크: https://personalmba.com/cost-benefit-analysis/

수입증가의 4가지 방법
Four Methods to Increase Revenue

"돈은 버는 방법을 지배하는 단순한 법칙을 이해하는 사람들에게는 넘쳐나는 게 돈이다"

조지 클레이슨(George Clayson), 《바빌론 부자들의 돈 버는 지혜》의 저자

믿든 말든, 당신의 수입을 증가시킬 방법은 다음 네 가지뿐이다.

1. 고객 수를 늘린다.
2. 평균 거래 규모를 늘린다.
3. 고객 당 거래 횟수를 늘린다.
4. 가격을 높인다.

식당을 운영하고 있고, 수입을 늘리고 싶다고 치자. 이 전략들을 적용하는 방법을 소개한다.

고객의 수를 늘린다는 것은 더 많은 사람들이 식당에 발을 들여

놓게 하려고 노력한다는 뜻이다. 이 전략은 비교적 단도직입적이다. 식당을 찾는 손님이 더 많다는 것은 곧 계산서가 더 많다는 뜻이고, 이는(평균 거래 규모가 동일하다고 가정했을 때) 돈을 더 많이 벌 수 있다는 것이다.

평균 거래 규모를 늘린다는 말은 각각의 고객이 더 많이 구매하도록 만들려고 애쓰고 있다는 뜻이다. 이것은 전형적으로, 업셀링(고객에게 더 비싼 제품을 구매하도록 설득하는 것-옮긴이)이라는 과정을 통해 행해진다. 고객이 주요리를 구매하면 추가적으로 전채, 음료 그리고 후식을 권한다. 이런 아이템들을 고객이 더 많이 선택할수록 구매자는 더 많이 소비하고, 식당은 더 많은 수입을 올린다.

고객 당 거래의 횟수를 늘린다는 것은 사람들이 더 자주 구매하게 만든다는 뜻이다. 평균적인 고객이 한 달에 한 번 찾는다면, 일주일에 한 번씩 찾도록 고객을 설득할 경우 수입이 늘 것이다. 평균 거래 규모가 동일하다고 했을 때, 그들이 업장을 더 자주 찾을수록 식당은 더 많은 수입을 올릴 것이다.

가격을 올린다는 것은 고객이 구매할 때마다 기업이 수입을 더 많이 올린다는 뜻이다. 거래량, 평균 거래 규모 그리고 빈도가 동일하다고 치면, 가격을 올리는 것은 동일한 양의 노력에 더 많은 수입을 가져다준다.

고객자격Qualification 에서 배운 교훈을 기억하자. 모든 고객이 좋은 고객은 아니다. 일부 고객은 기대하는 결과를 제공하지 않고 시간과 정력과 자원을 약화시킬 것이다. 자주 오지 않고, 평균 거래 규모가 낮고, 입소문을 퍼뜨리지 않으며, 가격에 대해 불평하는 고객에게 많은 에너지를 들이고 있다면 그런 고객들을 더 많이 유치해도 의미가 없다.

기업이 하고 있는 노력의 큰 부분을 이상적인 고객을 응대하는 데 집중하라. 이상적인 고객이란 곧 일찍 사고, 자주 사고, 가장 많은 돈을 쓰고, 입소문을 퍼뜨리며 기업이 제공하는 프리미엄의 가치에 기꺼이 돈을 지불하려 하는 고객이다. 이상적인 고객을 더 많이 끌수록 기업은 더 좋아지게 된다.

참조 링크: https://personalmba.com/4-methods-to-increase-revenue/

가격 결정력
Pricing Power

> "우리는 기업이 가격 인상으로 인해 겪는 고통의 양을 통해, 장기간에 걸쳐 그 기업의 역량을 판단할 수 있다."
>
> **워런 버핏**(Warren Buffett), 버크셔 헤서웨이(Berkshire Hathaway)의 CEO이자 회장, 세계에서 가장 큰 부자 중 한 사람

현재 가격을 두 배로 올린다고 생각해 보자. 고객을 현재의 절반 이하로 잃는다면 그건 아마도 좋은 행보일 것이다.

가격 결정력은 우리가 부담하는 시간 등에 따라 가격을 올리는 능력이다. 기업이 더 적은 가치를 투입할수록 가격 결정력은 더 커진다. 고객들을 접대하는 것은 시간과 정력과 자원이 든다. 그러므로 한 고객 당 더 많이 벌어들일수록 비즈니스는 더 좋아진다.

가격에 변화를 주면 노력과 투자를 최소화하면서 결과를 최대화하는 데 도움이 된다.

가격 결정력은 경제학자들이 '가격 탄력성price elasticity'이라고 부르는 개념과 관련이 있다. 고객들이 제품 가격에 무척 민감하다면 기업이 가격을 아주 조금만 올려도 많은 고객을 잃게 될 것이다. 그것은 수요가 '탄력적'이라는 뜻이다. 치약처럼 확고하게 자리 잡은 생필품 시장이 좋은 예다. 고객들이 간절히 원하는 무언가 독특하고 새로운 것을 창조할 수 없다면, 극적으로 가격을 높이는 것은 고객에게 해당 제품 대신 경쟁자의 제품을 사게 만드는 확실한 방법이다.

고객이 가격에 민감하지 않다면 가격을 네 배로 올리고도 판매에 거의 변화를 겪지 않을 수 있다. 예를 들어 사치품을 생각해 보자. 이 상품을 사는 이유는 비싸기 때문에 또는 배타적이거나 값비싼 사회적 기호들Social Signals 때문이다. 명품 핸드백, 옷 그리고 시계의 가격을 올리면 그 제품들을 오히려 전보다 더 갖고 싶어 하는 소비자들도 있다.

경제학자들은 가격 탄력성을 도표화하고 계산하는 데 시간을 들이기를 좋아하지만 우리가 꼭 그럴 필요는 없다. 아직 적절한 규범Norms을 갖고 있지 않다면, 실제로 가격을 올리고 무슨 일이 일어나는지를 확인하기 전까지는 가격 결정력을 얼마나 갖고 있는지를 실제로 알 수가 없다. 운 좋게도, 크고 활발한 시장에서 이미 자리매김을 하지 않았다면(그랬을 경우에는 작업할 표준규범이 있을 것이다), 가격을 바꾸는 것은 해당 가격이 널리 공개되고 검토되지 않는 한 영구적인 영향을 미칠 가능성이 매우 적다. 이때 기업은 어느 것이 효과를 발휘하는지를 알아내기 위해 실험 검정을 할 수 있다.

가격 결정력이 중요한 이유는, 가격을 올림으로써 인플레이션과 가격 상승의 역효과를 극복하게 해주기 때문이다. 역사적으로 어떤 정부를 막론하고 정부가 발행한 통화는 가치가 하락하는 경향이 있다. 관료들이 통화의 공급을 늘리게 만드는 강력한 인센티브가 많은데, 그러면 시간이 지나면서 그 통화의 가치는 하락한다.

그 결과, 기업을 유지하기 위해 필요한 동일한 제품과 서비스를 구매하는 데 더 많은 돈이 들어, 기업의 충분량^{Sufficiency} 요구가 증가하게 된다. 적절한 가격 결정력이 없다면 기업은 지출이 더 상승했을 때 충분량을 유지할 수 없을지도 모른다.

더 높은 가격을 매길 수 있을수록 이윤 충분량을 더 안정적으로 유지할 수 있다. 기업이 선택을 할 수 있다면 가격 결정력을 가질 수 있는 시장을 선택하라. 그 편이 시간이 지나도 충분량을 유지하기가 훨씬 쉬울 것이다.

참조 링크: https://personalmba.com/4-methods-to-increase-revenue/

평생가치
Lifetime Value

"고객의 목표는 판매가 아니지만, 판매의 목표는 고객을 얻는 것이다."

빌 글레이저(Bill Glazer), 광고 전문가

유명한 관광지의 길거리에서 가판대를 차리고 레모네이드(음료수)를 판다고 생각해 보자. 레모네이드 한 잔 가격은 1달러다. 밀려드는 손님들로 바쁠지도 모르지만, 응대하는 각 고객은 한번 지나가면 그뿐이다. 아마도 다시는 그 손님들을 못 볼지도 모른다.

이것을 보험 사업과 비교해 보자. 평균 고객이 자동차 보험에 매달 200달러의 프리미엄을 지불한다고 가정하자. 그렇다는 것은 연간 프리미엄이 2천 400달러라는 뜻이다. 만약 평균 고객이 동일한 차 보험사를 10년간 유지한다면, 각 고객은 평생 지속되는 그 회사와의 관계에서 2만 4천 달러 프리미엄의 가치가 있다. 엄청난 차이다.

평생가치는 한 고객이 회사와 평생 관련을 맺는 동안 측정되는 그 고객의 총 가치이다. 한 고객이 해당 기업에서 더 많이 구매하고, 더 오래 관계를 유지할수록 그 고객은 사업에 더 소중하다.

정기구매Subscriptions가 그토록 수익성이 높은 이유 중 하나는, 그들이 자연적으로 평생가치를 극대화하기 때문이다. 한 고객에게 소규모의 판매를 한 번 하는 대신, 정기구매 비즈니스는 가능한 한 오래 가치를 제공하는 데(그리고 수입을 모으는 데) 초점을 맞춘다. 한 고객이 더 오래 정기구매를 유지할수록, 그리고 그들이 지불하는 가격이 더 높을수록, 각 고객의 평생가치는 더 높다.

평균고객의 평생가치가 높을수록, 비즈니스는 더 좋아진다. 평균고객이 얼마나 많이 구매하는지, 그리고 얼마나 오랫동안 구매하는 경향이 있는지를 이해함으로써 각 새로운 고객에게 감지 가능한 가치를 매길 수 있는데, 그러면 좋은 결정을 내리는 데 도움이 된다. 레모네이드 가판대에서 고객 한 명을 놓치는 것은 대단한 문제가 아니다. 그러나 보험 고객 한 명을 놓치는 것은 문제가 된다.

이 모든 것을 고려했을 때, 고객이 더 높은 평생가치를 갖는 시장에서 비즈니스를 하는 편이 훨씬 낫다. 고객의 평생가치가 더 높을수록 기업은 그들을 행복하게 만들기 위해 더 많은 일을 할 수 있고, 고객들을 잘 응대하는 데 더 초점을 맞출 수 있다. 수익성 높은 고객들과 장기적 관계를 유지하면 기업은 승리할 것이다.

참조 링크: https://personalmba.com/lifetime-value/

허용 취득가액

Allowable Acquisition Cost: AAC

"어떤 기업이든 적자를 보면서 판매를 증가시킬 수는 있겠지만, 길모퉁이에 서서 도산할 때까지 사람들에게 20달러 지폐를 나눠주는 편이 더 간단할 것이다."

모리스 로젠탈(Morris Rosenthal),
《프린트 온 디맨드 도서출판》 저자이자 fonerbooks.com 운영자

레모네이드 가판대를 다시 생각해 보자. 구매고객 한 사람을 끌기 위해 얼마나 지출을 할 수 있는가? 그리 많지는 않을 것이다. 레모네이드 1잔당 겨우 1달러를 벌고 있으니, 개인 대상으로 마케팅을 하는 데 많은 비용을 지출하는 것은 수지가 맞지 않는다.

그것을 보험사와 비교해 보자. 만약 한 고객의 평생가치가 2만

4천 달러라면 새 고객 하나를 끌기 위해서 얼마나 지출을 할 수 있겠는가? 훨씬 많을 것이다.

사람들의 주의를 끌고 새로운 잠재고객을 획득하는 일에는 보통 시간과 자원이 든다. 일단 한 잠재고객의 평생가치를 이해하면, 새로운 잠재고객 한 사람을 얻기 위해 기꺼이 지불하고자 하는 시간과 자원의 최대치를 계산할 수 있을 것이다.

허용 취득원가는 평생가치의 마케팅 요소이다. 평균고객의 평생가치가 더 높을수록, 새로운 고객을 끌기 위해 더 많은 지출을 할 수 있고, 그들을 통해 제품에 관해 새로운 방식으로 입소문을 퍼뜨릴 수 있다.

높은 평생가치를 확보하면 심지어 최초의 판매에서 돈을 손해 봐도 괜찮을 수 있다. 거티 렝커 Guthy-Renker 는 '프로액티브'라는 국부 여드름 치료제를 판매하는데, 그것은 매우 고가다. 그들은 제시카 심슨 같은 유명 연예인 모델들을 기용해 광고를 제작하고, 그것을 방송하기 위해 수백만 달러를 지출한다. 얼핏 보면 말이 안 되는 것 같다. 첫 판매가는 20달러라는 '싼 가격'이다. 도대체 그들은 어떻게 순식간에 수익을 날리지 않는 것일까?

답은 정기구매다. 고객 한 사람이 프로액티브를 구매할 때, 그들은 그저 얼굴에 바르는 로션 한 병을 사는 것이 아니다. 그들은 매달 한 병을 구매하고 그 대가로 반복 지불을 하는 데 서명하는 것이다. 각각의 새로운 프로액티브 고객의 평생가치는 너무나 높아서 거티 렝커가 최초 판매에 '적자를 본' 것은 문제가 되지 않는다. 회사는 비싼 광고를 사용해서 엄청난 돈을 벌어들이고 있다.

퍼스널 MBA 10주년 기념 증보판

그 사용 프로그램을 지속하지 않는 몇몇 고객에 대해서는 돈을 잃는 것이지만 말이다.

최초 판매는 가끔 '미끼상품[loss leader]'이라고 불린다. 말하자면 새로운 고객과의 관계를 수립할 의도의 유도 제안[enticing offer]이다. 수많은 정기구매 기업들이 미끼상품을 이용해 자기들의 정기구매자 기반을 구축한다. 〈스포츠 일러스트레이티드[Sports Illustrated]〉 같은 잡지들은 축구공 모양 전화기 같은 관심거리들을 제공하고, 새 구독자들을 끌어들이기 위해서 연례 수영복 특집호[Swimsuit Edition] 같은 걸 펴내는 데 큰돈을 들인다.

이런 유혹거리들은 정기구독 비용의 1년 치 가치를 흡수할 수도 있지만, 각 고객의 평생가치를 생각해 보면, 최후에 이득을 보는 쪽은 회사다. 새 정기구독자 각 한 사람은 〈스포츠 일러스트레이티드〉가 회사 수입의 큰 몫을 담당하는 광고주들에게 더 높은 가격을 매길 수 있도록 해준다.

시장의 허용 취득원가를 계산하려면 우선 평균 고객의 평생가치를 가지고, 거기서 가치 흐름 비용(고객들과 맺는 전체 관계에서 그 고객에게 약속된 가치를 창조하고 전달하는 데 드는 비용)을 뺀다. 그 다음에, 총 고객수로 나눈 간접비[Overhead]를 빼는데, 이는 그 시간 동안 기업을 유지하기 위해 지불해야 하는 고정비용[Fixed Cost]을 뜻한다. 그 결과에다 1에서 바람직한 이윤폭을 뺀 것을 곱하라(만약 60퍼센트 이윤을 바라고 있다면 1.00-0.60=0.40). 그렇게 나온 금액이 바로 허용 취득가액이다.

여기 예를 들어 보겠다. 평균적인 평생가치가 5년 단위로 2천 달러라면, 그리고 가치 창조와 전달의 비용이 500달러라면, 응대 받는 고객 한 사람 당 1천 500달러가 남는다. 간접비가 동일한 5년 기간에 50만 달러고, 고객이 500명이라고 치면 고정 비용은 고객 당 1천 달러가 되고, 그러면 마케팅 비용을 제하기 전에 500달러가 남는다. 현재 당신은 최대 60퍼센트의 이윤폭을 바라고 있다고 가정하자. 그러면 그 500달러 중 40퍼센트를 마케팅에 쓸 수 있는데, 고객당 최대 허용 취득가액^{AAC}은 200달러가 된다. 이제 그것을 알았으니, 효과가 있는지를 확인하기 위해 다양한 형태의 마케팅들을 시험해볼 수 있다. 이 가정이 옳다면, 200달러나 그 이하의 비용으로 끌어올 수 있는 모든 고객은 투자할 가치가 있을 것이다.

고객의 평생가치가 더 높을수록 허용 취득가액은 더 높아진다. 새 고객 한 사람이 해당 사업에 더 가치가 높을수록, 새로운 고객을 더 많이 끌어올 수 있고 고객들의 만족도를 더 높게 유지할 수 있다.

참조 링크: https://personalmba.com/allowable-acquisition-cost/

간접비
Overhead

"사소한 지출들을 경계하라. 조그만 누수 때문에 큰 배가 가라앉는 법이다."

벤저민 프랭클린(Benjamin Franklin), 미국의 정치가이자 과학자 겸 저술가 임대료나 융자금이 더 클수록 매달 비용을 지불하기 위해 벌어야 하는 돈은 더 많다. 동일한 일반 원칙이 비즈니스에도 적용된다.

간접비란 하나의 비즈니스가 계속 운영되기 위해 지속적으로 필요한 최소한의 자원을 나타낸다. 여기에는 비즈니스를 매달 운영하는 데 필요한 모든 것이 들어간다. 비즈니스의 종류와 관계없이 들어가는 월급, 임대료, 설비, 장비 수리, 기타 등등이 포함된다.

간접비가 더 낮을수록 비즈니스가 계속 운영되기 위해 필요한 수입은 더 적고, 자신의 재정적 충분량 지점에 더 빨리 도달할 수 있을 것이다. 만약 지출이 크지 않다면 비용을 충당하기 위해 많은 돈을 벌지 않아도 된다.

만약 고정된 액수의 자본으로 회사를 창립하려 한다면 간접비는 핵심적으로 중요하다. 벤처 캐피탈을 비롯한 다양한 종류의 투자는 '종자 자본Seed capital' 사업을 시작하기 위해 사용할 수 있는 고정된 액수의 돈을 제공할 수 있다. 자본을 더 많이 모을수록 그리고 그 돈을 더 천천히 소비할수록 그 비즈니스가 돌아가게 만드는 데 쓸 수 있는 시간은 더 늘어난다.

모은 자본을 더 빨리 '불태울'수록, 더 많은 돈을 모아야 할 필요가 있고, 수익을 가져오기 시작하는 지점을 더 앞당겨야 할 것이다. 기업이 만약 초기 자본을 모두 사용해 버렸고 더 이상 돈을 모을 수 없다면 게임은 끝난 셈이다. 바로 투자자들이 '신생기업의 경비 지출 속도Burn rate'를 무척 면밀하게 감시하는 이유다. 자본이 더 느리게 탈수록 성공적인 사업을 창조할 가능성이 더 높은 것이다.

간접비가 더 낮을수록 유연성이 더 크고, 기업 운영을 무한정 유지하기가 더 쉬워질 것이다.

참조 링크: https://personalmba.com/overhead/

비용: 고정비용과 변동비용
Costs: Fixed and Variable

"비용을 주의 깊게 돌보면, 이윤은 스스로를 돌본다."

앤드류 카네기(Andrew Carnegie), 19세기 미국의 산업자본가

오래된 비즈니스 격언이 있다. '돈을 벌려면 돈을 써야 한다.' 이 말은 대체로 진실이다. 하지만 모든 비용이 동일하게 만들어지는 것은 아니다.

고정비용은 얼마나 많은 가치를 창조하느냐와는 관계없이 일어난다. 간접비는 고정 비용이다. 주어진 한 달 동안 무엇을 하든 관계없이, 여전히 월급제인 직원들에게 월급을 주어야 하고 사무실 공간의 임대료를 내야 한다.

기업이 얼마나 많은 가치를 창조하느냐와 직접적으로 관련된 비용들은 다양하다. 만약 면 티셔츠를 만드는 분야에 종사하고 있다면 더 많은 티셔츠를 만들수록 더 많은 면직물이 필요하다. 원료, 사용 기반 설비들 그리고 시급제 직원들의 급료가 모두 변동비용들이다.

고정 비용의 감소는 누적된다. 변동비용의 감소는 양에 따라 증폭된다. 만약 매달 전화요금에서 50달러를 절약할 수 있다면, 그

절약된 액수는 누적되어 연간 600달러에 이른다. 만약 만드는 티셔츠 한 장마다 0.5달러를 절약할 수 있다면 1천 장의 티셔츠를 만들 때마다 500달러를 절약하게 될 것이다.

비용을 더 잘 파악할수록, 만드는 모든 것을 소비하지 않고 가능한 한 많은 가치를 생산하는 방식을 찾게 될 가능성이 더 높다.

참조 링크: https://personalmba.com/costs-fixed-variable/

점진적 품질하락
Incremental Degradation

"품질, 품질, 품질. 절대 이 부분에서 타협하지 말라. 아무리 높은 품질을 지속적으로 유지할 방법을 찾기 힘들 때라도. 타협하면 일상용품이 되고, 그러면 남은 것은 죽음뿐이다."

개리 허쉬버그(Gary Hirshberg), 스토리필드 팜(Stonyfield Farm) 창립자

믿거나 말거나, 잡화점의 캔디 통로에서 볼 수 있는 초콜릿 다수는 더 이상 '밀크 초콜릿'이 아니다. 그것들은 '초콜릿 향이 나는 캔디'다. 어떻게 된 걸까?

고품질의 초콜릿을 만들려면 고품질 카카오 원두를 구매하고, 구매한 원두를 갈아서 코코아버터를 만들어야 한다. 코코아버터는 그 다음에 설탕, 물 그리고 유화제와 혼합되는데, 유화제는 코코아버터의 기름이 물에 녹인 설탕에 '들러붙게' 하는 역할을 한다. 그리고 나서 액체 초콜릿에 열을 가하고 주형틀에 부은 후 식히면 고체 초콜릿이 만들어진다.

시간이 지나면서 대형 대중시장용 초콜릿 제조업자들은 낮은 가격을 유지하면서 수익성을 증가시키기 위해 더 싼 재료를 이용하기로 결정했다. 고품질 카카오 원두를 사는 대신에, 썩 좋지 않은 곳에서 나온 덜 비싼 원두들을 샀다. '누가 알아차리기나 하겠어?' 그리고 나서 그들은 코코아버터 대신 식물성 기름을 쓰기 시작했다. 정도가 너무 심하다 보니 식품규제 단체들에서는 그런 것을 더 이상 '밀크 초콜릿'이라고 부르지 못하게 했다. 그들은 더 이상 초콜릿이 아닌 초콜릿을 만들고 나서 그것이 선반 위에서 영원히 보존되도록 하기 위해 유화제, 보존제, 그리고 다른 화학적 첨가물들을 더 넣었다.

어떤가, 입맛 당기는 이야기인가?

비용을 절감하기 위해 제품이나 서비스의 품질을 떨어뜨리는 행위는 결과적으로 도움이 되지 않는다. 이런 '비용 절감' 수단들은 초콜릿의 품질에 막대한 영향을 미치는 것처럼은 보이지 않는다. 그 정도면 할 만한 거래처럼 보인다. 그러나 시간이 지나면서 축적된 효과들이 제품의 맛과 품질을 갉아먹기 시작했다. 사람들은 눈치를 챘고, 제조업자들 역시 눈치를 챘다. 지금도 원래의 고품질 원료들을 함유한 '프리미엄' 초콜릿을 사먹을 수 있다.

재무와 회계 담당자들은 비용을 절감하는 데 주로 초점을 맞추기 위해, '콩 세기'를 하는 것으로 정평이 나 있다. 한 제품이나 기업을 좀 더 수익성 높게 만들기 위해서 비용을 절감하는 것이다. 비용 절감은 이윤폭을 높이는 데 도움을 줄 수 있지만, 가끔은 크나큰 대가를 요구하기도 한다.

퍼스널 MBA 10주년 기념 증보판

수익성을 높이는 게 목표라면 비용을 절감하는 것은 기업을 단지 그곳까지만 데려다줄 수 있을 뿐이다. 가치를 창조하고 전달하는 것에는 늘 적어도 동일한 액수의 돈이 든다. 때문에 비용을 절감하는 범위에는 그 삭감량이 기업이 제공하는 가치를 깎아먹기 시작하기 전인 최저 한계선이 있다. 쓸모없거나 불필요한 비용을 절감하는 것은 분명히 좋은 생각이지만 수확체감 Diminishing Returns 은 여지없이 효과를 드러내기 할 것이다. 목욕물과 함께 아기까지 내다버리지 않도록 조심하라.

더 많은 가치를 창조하고 전달하는 것은 기준선을 향상시키는 훨씬 좋은 방법이다. 아예 안 쓰는 것보다 더 적게 쓸 방법은 없지만, 기업이 제공할 수 있는 가치의 양이나 모아들일 수 있는 수입의 양에는 상한선이 없다.

비용을 통제하라. 그렇지만 고객들이 애초에 구매하는 이유를 약화시키지는 마라.

참조 링크: https://personalmba.com/incremental-degradation/

손익분기
Breakeven

"사업을 시작 후 처음 몇 년간, 돈을 버는 데 신경을 쓰는 일은 비일상적이고 게다가 비정상적이기도 하다. 초기 제품과 조직은 결코 옳은 법이 없다."

하비 S. 파이어스톤(Harvey S. Firestone), 파이어스톤 타이어와 고무 회사 창립자 사업이 매달 1만 달러를 벌어다 준다고 가정하자. 이때 매달 운영 경비로 5만 달러를 쓰고 있다면 돈을 벌고 있는 것일까?

그건 상황에 따라 다르다.

새로운 비즈니스를 창업할 때, 지출보다 더 많은 돈을 벌기 시작하기까지는 일반적으로 시간이 좀 걸린다. 시스템들을 만들어야 하고, 종업원을 고용하고 훈련시켜야 하며, 수입이 들어오기 전에 마케팅을 시작해야 한다. 노력을 증가시키는 기간에 이 지출들은 점점 쌓여간다.

비즈니스를 시작하기 위해 매달 5만 달러씩 1년 치의 비용이 들었다고 가정하자. 그러면 그 지출은 60만 달러다. 이제 그 사업이 운영비를 충당하기 위해 필요한 것보다 매달 5만 달러 이상을 벌어다주고 있으니, 초기 투자가 회복되기 시작한 셈이다.

손익분기점은 기업의 총 수입이 그 총 지출을 초과하기 시작하는 지점이다. 이는 사업이 부를 소모하는 대신에 창조하기 시작하는 지점이다. 그 비즈니스가 매달 10만 달러를 계속 벌어다주고 지출은 예전 그대로라고 치자. 그러면 초기 투자를 갚는 데 12개월이 걸릴 것이다. 그 비즈니스가 정말로 돈을 버는 것은 그 이후이다. 그 전에는 그저 그 사업이 수익성이 있는 것처럼 보일 뿐이다.

기업의 손익분기점은 끊임없이 변한다. 수입은 자연적으로 등락을 거듭하고, 지출도 마찬가지다. 실제로 돈을 벌고 있는지 아닌지를 알아내는 유일한 방법은 사업 운영을 시작할 때부터 얼마나 많이 지출하는가, 그리고 얼마의 수입을 모으는가에 대한 누계를 기록하는 것뿐이다.

퍼스널 MBA 10주년 기념 증보판

지속적으로 더 많은 수입을 가져오고, 더 적은 비용을 지출할수록 손익분기점에 더 일찍 도달하게 되어 사업 자체가 지속 가능한 상태가 될 것이다.

참조 링크: https://personalmba.com/breakeven/

상각
Amortization

"모든 행동을 취하기 전에 자신에게 물어라. 이렇게 하면 내 등에 더 많은 원숭이가 올라타게 될 것인가? 내 행동의 결과가 축복일 것인가 아니면 무거운 짐이 될 것인가?"

알프레드 A. 몬테퍼트(Alfred A. Montapert), 《인류 최고의 철학: 삶의 법칙들
(Philosophy of Man: The Laws of Life)》의 저자

어떤 기업이 세기의 장난감을 만들어냈다. 진짜 강아지처럼 생겼으며, 그들의 행동을 똑같이 따라하는 봉제인형이다. 그렇지만 밥을 먹거나 물을 주지 않아도 되며, 한밤중에 밖에 내보내줄 필요도 없다. 아이들은 이 시제품에 홀딱 반했고, 부모들은 이미 자신의 신용카드를 내던졌다. 그들은 그 제품이 시장에 나오는 바로 그 순간에 분명히 살 것이다. 수백만 개의 강아지 인형이 팔리는 것은 이미 기정사실과 다름 없다.

그런데 단 한 가지 문제가 있다. 이 가짜 강아지를 만들기 위해서는 대형 공장에 설비를 갖춰야 하는데, 그러려면 적어도 1억 달러는 들어야 한다. 이 기업의 은행 잔고에 든 액수는 1억 달러와는

거리가 멀어도 한참 멀다. 1억 달러는 정말이지 엄청나게 큰돈이다. 한 기업이 어떻게 공장 설립같이 돈이 많이 드는 지출을 하고도 돈을 벌 수 있을까?

상각은 그 투자의 유용한 추정 수명에 걸쳐 자원 투자의 비용을 분산시키는 과정이다. 장난감 강아지 공장의 경우, 그 공장이 그 유용 수명 동안에 장난감 1천만 개를 생산할 수 있다고 가정하자. 그러면 공장의 한 제품 당 제조비용은 10달러로 떨어진다. 만드는 모든 제품을 100달러에 판다면 이는 무척 괜찮은 이윤폭이다.

상각은 어떤 큰 지출이 좋은 생각인지 아닌지를 결정짓는 데 도움이 되어 준다. 그 비용이 얼마나 들며, 얼마나 많이 생산할 수 있는가에 대한 믿을 만한 추정치를 가지고 있기만 하다면, 무형자산 상각은 큰 액수의 자본을 투자하는 것이 말이 되는지 안 되는지를 알아내는 데 도움이 된다.

예를 들어, 책 디자이너는 어도비 인디자인^{Adobe InDesign} 프로그램을 사겠다는 결정을 내릴 수 있다. 이 프로그램은 책을 조판하기 위해 전문가들이 흔히 사용하는 소프트웨어다. 대다수 소프트웨어 패키지에 비했을 때 인디자인은 값이 비싸다. 단독사용 라이센스는 700달러다. 그럴 만한 가치가 있을까?

답은 디자이너가 얼마나 많은 책에 식자를 하기 위해 그 소프트웨어를 사용하느냐에 달려 있다. 한 프로젝트를 끝까지 완료하지 못한다면 그들은 돈을 낭비한 것이다. 그들이 각 1천 달러를 받고 10권의 책에 식자를 하는 데 그것을 사용했다면, 그들은 700달러 투자를 함으로써 1만 달러를 번 것이다. 전혀 나쁘지 않다. 10개의 프로젝트로 자산상각된 그 소프트웨어의 가격은 프로젝트 당 겨우 70달러다. 이는 그 프로젝트가 벌어다주는 수익의 1퍼센트 이하이다. 디자이너의 신용카드는 구매를 한 시점에서는 손실을 입었을지 몰라도, 그 장비는 그것 없이 벌 수 있었을 돈보다 더 많은 수입 창출 능력을 제공한다.

상각은 유용 수명의 정확한 추정에 달려 있는데, 그것이 바로 예측이다. 상각은 기업이 만든 것을 팔지 못하거나, 장비가 기대했던 것보다 더 빨리 마모된다면 제대로 효과를 발휘하지 못한다. 예측은 까다로운 비즈니스다. 추정에서 실수를 저질렀다면, 투자는 원래 가정했던 것보다 단위 당 기준으로 훨씬 더 많은 돈을 가져갈 것이다.

크록스^{Crocs}는 희한하게 생긴 고무 신발을 만든다. 제품이 예상외로 히트를 치자, 회사는 상품 생산을 엄청나게 늘렸다. 그들은 중국에 공장을 한 곳 세우고, 자기들이 생산하는 제품들을 모두 계속해서 판매할 수 있을 거라고 기대하면서 수백만 켤레의 신발들을 생산하기 시작했다. 그러나 알고 보니 크록스는 반짝 유행이었다. 판매는 추락했고, 회사는 수많은 값비싼 제조설비와 팔리지 않는 막대한 양의 재고에 봉착했다. 상각은 도산을 향해 침몰하는 그 회사를 구해줄 수 없었다.

커다란 투자가 가치가 있느냐 없느냐를 알아내기 위해 상각을 이용하는 것은 현명한 일이다. 예측할 수 있다는 것을 잊지 말고, 그에 따라 진행하라.

참조 링크: https://personalmba.com/amortization/

구매력
Purchasing Power

"벤처사업가가 하는 일은 회사가 현금이 떨어지지 않도록 확인하는 것
이다."

윌리엄 샐먼(William Sahlman), 하버드 경영대학원 교수

여기 해묵은 비즈니스 격언이 있는데 아마도 들어보았을 것이다.
'현금은 왕이다.'

그것은 진실이다. 수표책에 아무리 몇 백만 달러가 있다 해도,
은행에 현금이 없으면 그건 중요하지 않다. 차용증서는 청구서들
을 갚아주지 않는다. 기업이 직원들에게 봉급을 줄 수 없거나 전
등을 계속 켜둘 수 없다면 사업은 끝장난 것이다.

구매력은 한 기업이 원하는 대로 쓸 수 있는 전체 유동자산의
총액이다. 여기에는 현금, 신용 그리고 이용할 수 있는 그 모든 외
부 조달 자금이 포함된다. 구매력이 더 크다는 사실은 언제나 더
좋은 것이다. 그 구매력을 현명하게 쓰기만 한다면 말이다.

구매력은 간접비와 공급자들에게 필요한 돈을 지불하는 데 사용
된다. 계속해서 이러한 지불을 하는 한, 비즈니스를 지속할 수 있다.
구매력이 바닥이 되는 순간, 기업은 끝장나고 모든 것은 사라진다.

비즈니스를 운영할 때는 늘 얼마나 많은 구매력이 남아 있는지
를 확인하라. 은행에 얼마나 많은 현금이 있는가? 얼마나 많은 신
용을 이용할 수 있는가? 구매력을 더 많이 가지고 있을수록, 더 부
유한 것이다.

손에 넣을 수 있는 구매력을 확인하는 것은 비즈니스를 운영하는 일을 훨씬 더 쉽게 해준다. 구매력은 끊임없이 청구서를 어떻게 지불할까를 걱정하지 않고 숨 쉴 여유를 제공한다. 갑자기 돈이 떨어질 일이 없다는 걸 알고 있으면 안심할 수 있다. 구매력은 우리의 멘탈과 정신적 에너지를 상상 이상으로 자유롭게 해주어 그들을 더 잘 활용할 수 있게 돕는다. 바로 비즈니스를 어떻게 향상시킬 것인가를 고민하는 데에 말이다.

늘 기업에 얼마나 많은 구매력이 남아 있는가에 관심을 기울여라. 그것이 잘 돌아가고 있는 비즈니스와 실패하는 비즈니스의 차이다.

참조 링크: https://personalmba.com/purchasing-power/

현금흐름 사이클
Cash Flow Cycle

"모든 진실은 현금계정에서 발견된다."

찰리 바(Charlie Bahr), 경영 컨설턴트

한 비즈니스에서 돈은 예측할 수 있는 방향으로 흐른다. 수입과 지출과 외상과 신용의 작용을 이해한다면, 비즈니스를 운영하고 사용할 수 있는 옵션들을 최대화하기에 충분한 구매력이 수중에 있는지를 확신할 수 있다.

현금흐름 사이클은 한 비즈니스 내에서 현금의 흐름을 설명한다. 기업의 은행 계좌를 욕조처럼 생각해 보자. 욕조에 물을 채우

고 싶다면, 물을 더 넣고 물이 하수구로 흘러나가지 않게 해야 할 것이다. 흘러들어오는 물이 나가는 물보다 많을수록 욕조 안 물의 수위는 더 높아진다. 수입과 지출도 이와 동일한 방식으로 작용한다.

외상은 다른 이들로부터 받은 지불 약속을 말한다. 외상이 매력적인 이유는 그것이 마치 판매처럼 느껴지기 때문이다. 누군가가 돈을 주겠다고 약속했고, 그건 매우 좋은 일이다. 그러나 거기에는 함정이 숨어있다. 외상은 약속이 실현되기 전까지는 현금으로 전환되지 않는다. 차용증은 현금이 아니다. 그 약속이 더 빨리 지불로 전환될수록 현금흐름은 더 좋아진다. 장부책에 수백만 달러의 '판매'가 적힌 채 문을 닫은 기업들이 수두룩하다.

빚은 누군가에게 나중에 일시에 갚겠다고 한 약속이다. 빚이 매력적인 이유는 현금을 더 오래 쥐고 있을 수 있으면서 구매의 혜택을 얻을 수 있기 때문이다. 더 늦게 지불할수록 마음대로 쓸 수 있는 현금이 더 많다. 빚은 유용할 수 있지만 함정도 있다. 빚은 일반적으로 이자의 형태로 추가적인 돈을 가져간다. 또한 시간이 지나면서 빚의 일부를 갚아야 할 때가 아주 많은데, 그것을 '채무 원리금 상환'이라고 한다. 그것은 또 다른 유형의 지출로 생각할 수 있다. 채무 원리금 상환을 맞출 수 없다면 곤란에 처한다.

현금을 최대화하는 것은 그 문제에 직접 맞서는 방법이다. 수입을 더 많이 늘리고 비용을 절감하는 것이다. 제품의 이윤을 늘리고, 판매를 더 늘리며, 벌어들이는 것에서 지출을 덜 하는 것은 늘

퍼스널 MBA 10주년 기념 증보판

현금흐름을 개선시킨다.

채권자들을 상대로 상환을 연기하거나 협상하는 것 또한 현금 부족을 완화하는 데 도움이 된다. 현재 원료나 생산능력에 대해 해야 할 지불을 기꺼이 나중으로 미뤄주려는 공급자(벤더), 혹은 동업자가 있다면, 은행 계좌에 더 많은 현금을 유지할 수 있다. 이 것을 주의해서 지켜봐야만 한다. 얼마나 빚을 졌는지 그리고 언제가 만기인지를 기록하지 않으면 쉽사리 통제하기 어려울 수 있다. 그러나 제대로 사용하면, 채권자들에게 나중에 지불하는 행위는 매우 유용할 수 있다. 특히 마케팅 지출에 대해서는 더욱 그렇다. 10달러를 벌기 위해 1달러를 빌리는 것은 좋은 거래다. 만약 첫 마케팅 청구서의 만기일이 오기 몇 달 전에 그렇게 할 수 있다면 더욱 더 좋은 거래이다.

더 많은 현금을 더 빨리 가져오려면, 수금 속도를 높이고 신용의 기한 연장을 줄이는 것이 가장 좋은 방법이다. 더 빨리 돈을 받을수록 기업의 현금흐름 상황은 더 좋아진다. 이상적으로 말해서, 다른 곳에서 즉각 지불받으려고 노력하라. 심지어 원료를 사고 가치를 전달하기 이전이라면 더 좋다.

많은 비즈니스에서는 고객들에게 신용의 기한을 연장하는 경우가 흔히 발생한다. 그렇지만 그렇다고 당신도 꼭 그렇게 해야 한다는 것은 아니다. 언제나 기업은 비즈니스를 하는 곳이지 은행이 아님을 기억하라(사업이 대출과 관련된 것이 아니라면). 어떤 미지불의 빚이든 가능한 한 빨리 수금하라.

만약 필요하다면 추가적인 빚을 내거나 한도액을 늘림으로써 기업의 구매력을 늘릴 수 있다. 절대적으로 필요한 때가 아니라면 빚이나 한도액을 사용하는 일은 피하는 것이 최선이다. 그러나 사용 가능한 신용을 늘리는 것은 확실히 구매력을 높여준다. 이런 신용거래는 백업용 재정원^{funding sources}으로 생각하라. 그들은 응급 상황을 위해서만 존재한다.

당신이 더 많은 구매력을 가질수록 당신의 기업은 회복력이 더 높아지고, 예측 불가상황을 처리하는 능력이 더 좋아진다.

참조 링크: https://personalmba.com/cash-flow-cycle/

업무분장

Segregation of Duties

> "자본주의의 문제 중 하나는 신뢰 환경을 확장하려다 사기의 기회도 키
>   운다는 점이다."

제임스 수로비에키(James Surowiecki), 미국 비즈니스 저널리스트

비즈니스 규모가 커지고 복잡해질수록 직원, 계약자, 공급업체가 자금을 횡령하거나 상품을 훔치거나 기타 방식으로 사기를 치기가 더 쉬워진다.

회계사 및 재무 전문가는 모든 종류의 수상한 활동을 방지하기 위해 '업무분장'이라는 시스템 도입을 권장한다. 이 시스템은 다음과 같다. 사기 및 도난 사례를 줄이기 위해 한 사람에게 다음 비즈니스 프로세스를 완료할 수 있는 기회를 제한한다.

1. 승인 거래를 검토, 승인 또는 감독한다.
2. 관리 해당 거래와 관련된 자산을 수령, 접근 또는 통제한다.
3. 기록 보관 각 거래와 관련된 회계 기록을 생성하고 저장한다.
4. 조정 회사 내부 거래 기록과 외부 은행 명세서 등 두 세트의 기록이 시기와 금액 면에서 일치하는지 확인한다.

업무분장의 핵심 원칙은 '다자간 검증'이다. 조직의 어떤 개인도 단일 거래와 관련하여 이 네 가지 프로세스를 혼자 모두 완료하게 해서는 안된다. 보통, 특정 개인이 이러한 활동 중 한두 가지는 스스로 완료할 수 있지만 나머지는 업무는 다른 개인이 수행하거나 확인하도록 해야 한다.

다자간 검증의 전형적인 예는 일반적인 기업의 은행 업무 관행으로, 특정 임곗값을 초과하는 수표, 은행 송금 또는 기타 결제 수단에는 회사의 승인된 임원 2명의 서명이 필요하다. 두 사람의 서명이 없으면 해당 결제는 유효하지 않으며 조사 대상으로 분류된다.

이 간단한 규칙은 모든 종류의 재정금전적 사기 행위를 방지한다. CEO가 소유주나 이사회의 승인 없이 자기 급여의 두 배 인상 결정을 할 수 없는 이유는 무엇일까? 간단하다. 급여 관리자의 인상 승인이 필요하고 급여 시스템에 저장된 기록이 CEO의 잘못을 식별하고 증명하는 데 사용될 수 있기 때문이다.

급여 시스템에 직접 접근할 수 있는 급여 관리자가 자신의 급여를 두 배로 늘리지 못하는 이유는 무엇일까? 회사 경영진의 현금 흐름표와 내부 통제로 인해 급여 관리자가 스스로 숨길 수 없는 예상보다 높은 비용이 노출될 수 있기 때문이다.

CEO와 급여 관리자가 승인 없이 서로의 급여를 인상하기로 공모하는 것을 막는 방법은 무엇인가? 은행 명세서 및 거래 기록은 최고 재무 책임자^{CFO}나 다른 임원에게 뭔가 수상한 일이 일어나고 있다는 신호를 보낼 수 있다. 모든 부분 시스템은 한 명 이상의 개인이 감독하므로 위법 행위를 저지르기가 더 어렵고 발견하기는 더 쉽다.

업무분장은 물리적 자산과 현금을 다룰 때도 유용하다. 한 명 이상의 사람이 주문, 수령, 모든 주문 및 배송 기록을 나누어서 담당하면 부정한 행동을 위해 여러 사람의 협력이 필요하기에 부적절한 방법으로 돈이나 자산을 유용하기가 더 어려워진다. 오더가 없는데 주문을 받은 것처럼 꾸미거나, 정확한지 확인 가능한 재고 기록을 감시하는 사람이 없는 경우에 주문 및 재고 사기는 벗어나기가 더 어렵다.

대부분의 사기 행위는 권한이나 책임이 있는 자리에 있는 사람이 부정행위를 할 수 있는 잠재적 상황을 인지해도 적발될 가능성이 적다고 생각할 때 발생한다.[2] 업무분장은 부정행위를 원천적으로 차단하여 횡령 사기를 줄이는 간단하고 직접적인 방법으로, 부정행위의 잠재적 기회를 줄이고, 누군가가 부정행위를 발견할 가능성을 높이며, 누군가 사기를 칠 경우에는 조력자의 수를 늘리게 하므로 적발되기 쉽게 한다.

참조 링크: https://personalmba.com/segregation-of-duties/

제한적 승인
Limited Authorization

"어리석음은 종종 악의적인 의도보다 더 잔인한 결과를 초래할 수 있다."

조지 새빌(George Savile), 핼리팩스 초대 후작이자 영국 정치가

잠재적인 위법 행위를 방지할 수 있는 간단하고 효과적인 방법이 하나 더 있다. 승인에 제한을 두는 것이 간단한 원칙이다. 따라서 각 직원이 자신의 책임 범위를 벗어난 영역에서 행동할 수 있는 권한을 제한하는 것이 가장 좋다.

자산에 대한 접근 또는 승인이 꼭 필요하지 않거나 불필요한 경우에는 기본적으로 접근 허락을 보류해야 한다. 특별한 경우에 접근 또는 승인이 필요한 경우, 한시적으로 한 사람 이상이 해당 작업을 승인하도록 하여 업무 분장을 유지할 수 있어야 한다. 기업의 은행 계좌에서 출금은 물론 악의적인 행동이나 사기 또는 보안 위반을 더 쉽게 식별할 수 있게 된다.

이 원칙은 재무 관리 외에서도 유용하다. 소프트웨어 회사가 모든 직원과 계약자에게 소프트웨어 시스템에 대한 완전하고 제한 없는 무감독 접근 권한을 부여한다고 상상해 보자. 이렇게 하면 회사의 모든 직원이 언제든지 시스템의 모든 측면을 수정하거나 개선할 수 있다는 이점이 있을 수 있다. 그러나 이 접근 방식에는 심각한 위험이 숨어 있다. 회사 내 모든 사람이 언제든지 시스템의 모든 부분을 중단시킬 수 있다는 점이다. 최악의 경우 불만을 품은 직원이나 계약업체가 시스템을 중단시키거나, 민감한 정보

에 접근하거나, 중요한 데이터를 변경하거나, 복구가 어려운 방식으로 백업 및 안전장치를 삭제할 수 있다. 또한 직원이나 계약업체가 실수로 같은 일을 저지르는 것을 막는 방법은 없다. 이러한 일이 발생하면 회사가 파산하거나 문을 닫을 수도 있는 심각한 피해가 발생할 수 있다.

권한 부여는 너무 많은 액세스 권한을 부여하거나 너무 적은 액세스 권한을 부여하는 것 사이의 중간 지점에서 위험성에 대항하는 마찰(브레이크)과 인지 전환^{Cognitive Switching} 페널티의 균형을 맞추는 작업이다. 권한 부여는 신뢰, 인정, 현재의 책임에 따라 시간이 경과함에 따라 상황에 적합하게 변경되어야 한다.

참조 링크: https://personalmba.com/limited-authorization/

기회비용
Opportunity Cost

> "비즈니스는 다른 직업과 달리 미래와의 끊임없는 거래다. 이는 계속 계산하고, 본능적으로 예지력을 발휘하는 것이다."
>
> 헨리 R. 루스(Henry R. Luce), 출판업자이자 타임사(Time Inc.) 창립자

당신이 연봉 5만 달러의 일자리를 그만두고 사업을 시작하기로 마음먹었다고 하자. 그 사업을 시작하려면 확실히 창업비용이 들 것이며, 그것은 그것은 아마도 직장에 남아 있었더라면 벌었을 5만 달러의 비용을 치르게 할 것이다.

기회비용은 어떤 선택을 내림으로써 포기해야 하는 가치다. 인

간은 모든 것을 동시에 할 수 없다. 한 때에 한 장소에밖에 있을 수 없고, 1달러를 동시에 두 가지 것에 지출할 수 없다.

시간, 에너지 혹은 자원을 투자할 때마다 우리는 암묵적으로 그 시간, 에너지 그리고 자원을 다른 방식으로는 투자하지 않겠다는 결정을 내리고 있다. 차선의 대안으로 만들어질 수 있는 가치는 바로 현재 결정의 기회비용이 된다.

기회비용이 중요한 이유는 다른 선택안이 늘 존재하기 때문이다. 만약 1년에 3만 달러를 지불하는 회사를 위해 일하고 있는데, 같은 업무임에도 1년에 20만 달러를 지불하는 회사로 옮길 수 있는 선택권이 있다면, 왜 이직을 안 하겠는가? 고용인이나 계약자들에게 그들이 같은 일을 했을 때, 다른 데서 벌 수 있는 것보다 더 적은 돈을 지불하고 있다면 그들이 현재의 기업에서 일하겠는가? 고객의 입장에서 한 기업이 200달러에 판매하는 제품을 다른 데서 20달러에 살 수 있다면, 왜 그들이 그 기업에서 구매를 하겠는가?

기회비용이 중요한 이유는 그것이 숨겨져 있기 때문이다. 나중에 결여 맹목성Absence Blindness에서 이야기하겠지만 인간은 지금 존재하지 않는 것에 주의를 기울이는 일을 잘 하지 못한다. 지금 한쪽을 선택함으로써 내가 무엇을 포기하는가에 주의를 기울이는 일은, 어떤 결정을 내리기 전에 모든 선택안을 비교 분석하는 데 도움이 된다.

그러나 기회비용에 너무 많이 몰두하다 보면 과도하게 거기에 얽매일 수 있다. 만약 천부적으로 모든 걸 극대화하는 성격이 있다면(나처럼), 당신이 얻을 수 있는 가장 최고의 선택안을 택했는 지를 확신하기 위해 모든 선택지들을 과하게 분석하려는 유혹을 받기 쉽다. 그것은 쉽사리 수확체감 Diminishing Returns 의 지점을 한참 넘 어가버릴 수 있다. 가능한 모든 옵션들 때문에 발목 잡히지 않도 록 하라. 결정을 내릴 당시에 가장 최고의 대안들로 보이는 것들 만 고려하도록 하라.

만약 결정의 기회비용에 주의를 기울인다면 원하는 대로 쓸 수 있는 자원을 훨씬 더 잘 투자할 수 있을 것이다.

참조 링크: https://personalmba.com/opportunity-cost/

돈의 시간가치
Time Value of Money

"사람들은 늘 시간이 세상을 바꾼다고 하지만, 사실은 여러분이 스스로 세상을 바꿔야 한다."

앤디 워홀(Andy Warhol), 미술인이자 영화제작자

당신은 지금 100만 달러를 갖겠는가 아니면 5년 후에 100만 달러 를 갖겠는가?

답은 뻔하다. 뭐하러 기다리지? 돈을 지금 갖는다는 것은 돈을 지금 쓸 수 있다는 것 또는 지금 투자할 수 있다는 것이다. 100만 달러라는 돈은 5퍼센트의 복리로 투자하면 지금으로부터 5년 후 에는 127만 6천 281달러 56센트가 될 것이다. 꼭 그래야 하는 이 유가 없다면 왜 100만 달러의 추가 25퍼센트를 포기하겠는가?

오늘의 1달러는 내일의 1달러보다 가치가 있다. 얼마나 더 많은 가치냐는 그 1달러로 무엇을 하려고 계획하느냐에 달려 있다. 그 1달러를 투자하는 데 갖고 있는 선택안의 수익성이 더 높을수록 그 돈은 더 가치가 있다.

돈의 시간가치를 계산하는 것은 기회비용에 직면해서 선택을 내리는 방식의 하나다. 다양한 수익이 있는 투자 펀드의 다양한 옵션을 가지고 있다고 생각해 보면, 돈의 시간가치는 대안들을 고려했을 때 어떤 옵션을 선택할지와 얼마나 많이 지출할지를 결정하도록 도와준다.

앞서 말한 100만 달러 이야기로 돌아가 보자. 누군가가 당신에게 1년 만에 100만 달러를 내놓는 투자를 제안했다고 치자. 당신이 그것을 위해 기꺼이 지불하고자 하는 최대 액수는 얼마인가?

차선책Next Best Alternative이 5퍼센트 이자율로 투자하는 것이라고 쳤을 때, 95만 2천 380달러 이상 지불해서는 안 된다. 어째서? 왜냐하면 그 액수의 돈을 당신의 차선책에 투자하면 100만 달러를 얻을 것이기 때문이다. 1,000,000 나누기 1.05(5퍼센트 이자 / 대출금리)는 952,380이다. 당신이 이 투자를 그보다 더 적은 액수로 살 수 있다면 이득을 볼 것이다.

돈의 시간가치는 무척 오래된 생각이다. 그것은 처음에 스페인 신학자인 마르틴 데 아스필쿠에타Martín de Azpilcueta에 의해 16세기 초에 설명되었다. 오늘의 1달러가 내일의 1달러보다 더 가치가 높다는 핵심적인 통찰은 다양하고 흔한 재정 상태로 확장될 수 있다.

예를 들어 돈의 시간가치는 1년에 20만 달러의 수익을 벌어다 주는 사업에 얼마를 기꺼이 투자해야 하는가 하는 최대치를 계산하는 데 도움을 준다. 이자율이 5퍼센트고, 더 높아지지 않으며, 10년간의 미래를 예측할 수 있다고 하면, 그 일련의 미래 현금흐름들의 '현재 가치'는 154만 4천 347달러다. 만약 그 액수보다 덜 지불한다면 당신의 가정이 옳은 한 이득을 보게 될 것이다(이것은 네 가지 가격 설정 방법에서 논했던 '현금흐름 할인법' 방식이다).

돈의 시간가치는 극도로 다양하게 쓰일 수 있는 개념이라, 그것을 속속들이 탐구하는 것은 이 책의 범위를 넘어선다. 좀 더 깊이 있는 설명을 위해서는 로버트 A. 쿡의《맥그로힐 36시간 파이낸스 강좌The McGraw-Hill 36-Hour Course in Finance》를 구해 볼 것을 권한다.

참조 링크: https://personalmba.com/time-value-of-money/

복리

Compounding

"매일 1퍼센트씩만 개선하면, 단 70일 만에 두 배로 좋아질 수 있다"

앨런 웨이스(Allen Weiss), 경영 컨설턴트이자《컨설팅 시작하기(Getting Started in Consulting)》와《밀리언 달러 컨설팅(Million Dollar Consulting)》의 저자

여기 백만장자가 되는 확실한 방법이 있다. 40년간, 8퍼센트 이자를 받는 방식으로 하루에 10달러씩 저금하는 것이다. 하루에 10달러를 저금하는 것은 어렵지 않다. 불필요한 지출을 제거함으로써 한 달에 300달러를 저축할 수 있고, 그 돈을 단순하게 그리고

안전하게 투자함으로써 8퍼센트를 벌 수 있다. - 구체적인, 저위험 투자전략에 대해 관심이 있다면 해리 브라운^{Harry Browne}이 쓴《위험 없는 투자^{Fail-Safe Investing}》와 라밋 세티^{Ramit Sethi}가 쓴《부자 되는 법을 가르쳐드립니다^{I Will Teach You To Be Rich}》를 추천한다.

사실 그보다도 더욱 놀라운 이야기가 있다. 백만장자가 된 사람들이 보통 그 40년의 기간에 겨우 14만 6천 110달러밖에 저축하지 않는다는 사실이다. 그렇다면 도대체 어떻게 100만 달러를 손에 넣게 될 수 있을까?

복리는 시간에 따른 이득의 축적^{Accumulation}이다. 이득을 재투자할 수 있을 때는 언제나, 투자는 기하급수적으로 그 자신 위에 축적된다. 이것이 바로 긍정적인 피드백 루프^{Feedback Loop}다.

복리의 단순한 예는 보통예금이다. 은행 계좌가 5퍼센트 이자를 벌어다 준다고 치자. 1년이 지나면 은행 계좌의 1달러는 1.05달러의 가치가 될 것이다. 2년째에는 1달러로 시작하지 않는다. 1.05달러로 시작한다. 3년째에 여러분은 1.10달러가 있다. 4년째에는 1.15달러가 된다. 최초의 예금을 한 14년 후에 여러분은 2달러를 쥐게 된다.

앞선 예시는 이 관계가 확장한다는 것을 생각하기 전까지는 그리 대수롭게 들리지 않을 것이다. 100만 달러로 시작했다면, 14년 후에는 200만 달러가 될 것이다. 전혀 나쁠 것 없는 이야기다.

복리가 중요한 이유는 그것이 놀랍도록 짧은 기간 내에 막대한 이득의 가능성을 만들어 주기 때문이다. 사업에서 나오는 수입을 재투자할 수 있고, 그 사업이 급속히 성장하는 경우에는 애초의 투자액을 여러 갑절로 만들 수 있다. 복리는 어떻게 조그만 회사들이 몇 년이라는 단시간에 큰 회사가 될 수 있는지를 설명해 주는 비밀이다.

이득을 축적하는 행위는 필연적으로 시간이 지나면서 막대한 결과를 내놓는다. 핵심은 보상을 위해 기다릴 만큼 충분히 인내심이 있어야 한다는 것이다.

참조 링크: https://personalmba.com/compounding/

레버리지

Leverage

> "우리는 레버리지라는 말이 무슨 뜻인지 이해하지 못한다는 이유로 비판을 받아 왔다. 사실 레버리지라는 말이 무슨 뜻인지 알고, 심각한 레버리지보다는 몇 백만 달러를 등에 지고 있는 편이 훨씬 낫다는 것도 안다."
>
> **케네스 H. 올슨**(Kenneth H. Olsen),
> 1998년에 컴팩에 인수된 디지털 장비사의 창립자

'다른 사람들의 돈'을 사용한다는 것은 재산을 늘리는 아주 좋은 방법처럼 들린다. 돈을 좀 빌려서 일정한 재산을 번 후 빌려준 사람에게 갚고, 나머지는 자신이 갖는다. 그보다 더 좋은 게 또 있을까?

다른 사람들로부터 돈을 빌려서 재산을 증식하는 것은 요령 좋은 방법일 수 있다. 그 위험을 제대로 인지하기만 한다면 말이다.

레버리지는 빌린 돈을 사용해 잠재 이득을 최대화하는 방법이다. 여기 예를 들어 보겠다. 당신이 2만 달러를 갖고 있고 그 돈을 부동산에 투자하고 싶다고 치자. 8만 달러를 빌려서 그 돈을 10만 달러짜리 자산에 대한 20퍼센트 계약금으로 사용할 수 있다. 그렇지만 그것은 돈을 모조리 묶어놓는다(이는 기회비용의 한 표본이다).

그 2만 달러를 한 건의 계약금에 사용하는 대신 동일한 액수의 돈을 가지고 4건의 10만 달러짜리 부동산에 투자할 수 있다. 각각의 계약금이 5천 달러라고 했을 때 그 전략에 따르면 9만 5천 달러를 4번 빌려야 한다. 총합 38만 달러의 융자를 얻는 것이다.

여기가 마법이 일어나는 지점이다. 그 부동산의 가치가 두 배로 뛰고, 그것을 판다고 생각해 보자. 처음 시나리오에서는 2만 달러 투자로 10만 달러를 벌 것이다. 5배의 투자 수익이다. 둘째 시나리오에서는 동일한 2만 달러 투자에서 40만 달러를 벌 것이다. 20배 투자 수익이다. 누워서 떡 먹기 아닌가?

하지만 이것이 말처럼 그렇게 쉽지가 않다. 만약 각 부동산의 가치가 극적으로 떨어진다면 무슨 일이 일어날까? 그러면 할 수 있는 한 많은 돈을 얻기 위해 그것을 팔아야 할 것이다. 재산 가치가 50퍼센트 떨어진다고 쳤을 때, 첫째 시나리오에서는 5만 달러의 손실을 볼 것이다. 둘째 시나리오에서는 레버리지를 사용했기에 손실은 20만 달러로 확대된다. 4배나 되는 것이다.

레버리지는 재정 확충의 한 형태다. 그것은 이득과 손실 양쪽을 확대한다. 투자가 보상이 있을 경우 레버리지는 그것이 더 많은 보상을 내놓는 데 도움을 줄 것이다. 투자가 완전히 실패하면 레버리지는 레버리지를 사용하지 않았을 때보다 더 많은 돈을 손해 보게 한다.

2008~2009년의 불황에 기여한 중요한 요인들 중 하나가 투자은행들이 막대한 양의 레버리지를 사용한 것이었다. 은행들이 30~40배로 자신들의 투자를 레버리지하는 것은 드문 일도 아니다. 특정한 주식 가치가 1퍼센트 포인트로 상승하거나 하락하면 그것은 수백만 달러의 손실이나 이득을 낳는다. 시장이 무너졌을 때 은행의 손실은 그들이 취한 레버리지의 액수에 의해 확대됐다. 그 규모는 금융기관의 존재를 위협하기에 충분한 수준을 넘어섰다.

레버리지를 이용하는 일은 불을 가지고 노는 것과 같다. 제대로 사용하면 유용한 도구가 될 수 있지만, 사용자에게 심각한 화상을 입힐 수 있다. 결과를 완전히 인식했고, 그것을 받아들일 준비가 되어 있지 않다면 절대로 레버리지를 사용하지 말라. 그렇지 않으면 당신의 사업과 개인적 재무 상태를 위험에 몰아넣게 된다.

참조 링크: https://personalmba.com/leverage/

펀딩의 구조
Hierarchy of Funding

"돈은 가끔 비용이 너무 많이 든다."

랄프 왈도 에머슨(Ralph Waldo Emerson), 미국의 철학자이자 시인

당신이 큰 동력을 요하지 않고 물체를 공중 부양시킬 수 있는 반중력 장치에 투자했다고 생각해 보자. 발명품은 이송과 제조산업에 혁신을 일으킬 것이고, 수많은 새로운 것들을 가능케 할 것이다. 수요의 문제는 전혀 없다. 필요한 모든 것은 그저 수요를 충족

시킬 도구를 충분히 많이 만드는 것뿐이다.

그렇지만 문제가 하나 있다. 추산에 따르면 이런 도구들을 만드려면 필요한 장비들로 생산 라인을 갖추기 위해 10억 달러가 든다. 안타깝게도 당신에게는 여분의 10억 달러가 수중에 없다. 이는 확실히 탄탄한 사업이지만, 다음 단계로 이행하기 위한 특별한 방법이 없다. 당신은 무엇을 어떻게 해야 할까?

펀딩은 기업이 현재의 예산으로는 불가능한 것들을 하도록 도와줄 수 있다. 만약 해당 사업이 가치를 창조하고 전달하기 위해 값비싼 장비나 수많은 노동자들을 요한다면 아마도 외부의 펀딩이 필요할 것이다. 일반인들 중에서 쓰이기만을 기다리고 있는 막대한 액수의 은행 계좌를 갖고 있는 사람은 거의 없을 테지만, 필요한 자본을 보유하고 있는 어떤 이들에게 손을 내미는 것은 놀라울 정도로 쉽다.

펀딩은 사업에 로켓연료를 공급하는 것에 비유할 수 있다. 만약 당신의 사업이 부가적인 능력을 필요로 하고 이미 옳은 방향을 가리키고 있다면, 펀딩을 신중하게 이용하는 것은 그 사업의 성장을 가속화하는 데 도움이 된다. 만약 사업이 구조적 문제를 가지고 있다면 사업은 폭발할 것이다. 긍정적인 의미의 폭발은 아니지만 말이다.

펀딩을 받기 위해 사업 운영에 대한 통제권의 일정량을 포기하는 것이 필요할 때가 자주 있다. 사업가들은 공짜로 돈을 주려 하지 않을 것이다. 그들은 늘 뭔가를 보상으로 요구한다.

기억해 둘 것. 자본을 제공하는 행위는 다양한 비즈니스를 위한 가치의 한 형태이다. 자원의 교환으로, 대출자나 투자자들은 그것을 보답할 가치를 찾고 있다. 이자, 임대료 혹은 회사 이득의 지분 등. 그들은 또한 사업이 잘못될 경우 모든 것을 잃을 위험을 줄일 수 있는 방법을 찾고 있다. 이 위험을 완화하기 위해서는 통제력이 요구된다. 이는 사업의 운영에 영향을 미칠 수 있는 능력이다. 당신이 더 많은 돈을 요구할수록 그들은 더 많은 통제권을 원하게 된다.

펀딩의 구조를 상상해 보면 도움이 될 거라고 생각한다. 펀딩의 구조란 선택 가능한 옵션들의 사다리를 말하는 것이다. 누구나 바닥에서 시작하고 필요한 한 가장 멀리까지 오른다. 더 높이 오를수록 더 많은 펀딩을 얻고, 더 많은 통제력을 그 대가로 포기하게 된다. 밑바닥부터 시작해서 그 서열을 검토해 보자.

개인 현금은 현재까지 가장 좋은 형태의 펀딩이다. 이미 보유하고 있는 현금을 투자하는 것은 빠르고 쉬우며, 아무런 승인이나 서류작업을 요하지 않는다. 대다수 벤처사업가는 가능한 한 많이 현금의 형태로 재정을 스스로 마련하는 식으로 사업을 시작한다.

개인 신용은 또 다른 저비용 재정 마련 방법이다. 필요한 금액이 수천 달러를 초과하지 않는 한, 개인 신용을 통해 비용을 마련하는 것이 손쉬운 방법이다. 당신의 신용도가 좋다면 승인은 전반적으로 어렵지 않고, 시간을 두고 갚아나가는 것은 현금흐름을 향상시킨다. 지불을 하지 못한다면 개인의 신용도(평판의 한 형태)를 떨어뜨릴 위험을 갖고 있지만, 많은 경우에 그것은 감수할 만한 가치가 있는 위험이다.

나의 경우 전체 사업자금을 현금과 개인 신용으로 충당했다. 필요

퍼스널 MBA 10주년 기념 증보판

한 액수가 보통 정도라면 시작 비용자금을 대기 위해 개인 신용을 이용하는 것이 예산에 대한 감시를 늦추지 않는 한 좋은 옵션이다.

개인 대출은 대개 친구들과 가족들에게서 나온다. 만약 당신의 현금과 개인 신용으로 충당할 수 있는 것보다 더 많은 돈이 필요하다면, 친구들과 가족으로부터 대출을 내는 것은 드물지 않다. 단 조심해야 한다. 상환 불가의 위험은 그들에게 매우 현실적인 것이고, 중요한 인간관계에 파괴적인 영향을 미칠 수 있다. 이런 이유로 부모나 조부모들의 노후대비 저축을 사업 아이디어에 충당하는 도박은 피하라고 충고하겠다. 그보다 더 좋은 방법들이 얼마든지 있다.

무담보 대출은 전형적으로 은행과 신용 조합에서 이루어진다. 신청서를 작성하고, 일정한 액수의 돈을 요구하면 은행은 일정한 기간에 걸쳐 이자와 함께 융자를 상환하는 능력을 평가할 것이다. 융자는 일시불일 수도 있고 어떤 때이든 사용할 수 있는 한도액일 수도 있다. 은행은 상대적으로 적은 액수들(수천 달러)에 대해 담보를 요구하지 않으므로, 이자율은 아마도 신용카드나 담보 대출에 비해 더 높을 것이다.

담보 대출은 담보를 요구한다. 모기지와 자동차 융자는 담보 대출의 좋은 표본이다. 지불하지 않으면 대출자는 담보로 약속된 재산을 법적으로 취득할 수 있다. 그리고 나면 대출자는 그 재산을 자기들의 재정회복을 위해 매각할 수 있으므로 담보 대출은 무담보 대출보다 훨씬 액수가 크다. 수만 달러나 수십만 달러다.

채권은 개인 대출자들에게 매각되는 빚이다. 은행에 직접 대출을 요청하는 대신 기업은 개인이나 다른 회사들에게 돈을 직접 빌려달라고 요구한다. 채권 구매자들은 그 기업에 돈을 직접 제공하는데, 그것은 서로 합의한 이자로 일정 기간 동안 상환된다. 기한이 만료되면(즉 '채권이 만기가 되면'), 회사는 이미 한 지불에 더해 애초의 융자금을 갚아야만 한다. 채권 시장을 둘러싼 법적인 규제 과정은 극도로 복잡할 수 있으므로, 채권 문제는 전형적으로 투자 은행을 통해 행해진다.

미수금 담보 대출^{receivable Financing}은 기업의 특수한 형태의 담보 대출이다. 미수금 담보 대출은 신용으로 수백만 달러를 사용 가능하게 만들 수 있지만 대가가 따른다. 여기서 융자금의 담보는 기업의 미수금에 대한 통제권이다. 은행이 외상을 통제하기 때문에, 그들은 직원 봉급과 벤더에 대한 지불을 포함해서 그 무엇보다도 자기들의 융자금을 먼저 지급받을 권리를 확보할 수 있다. 이 경우 대량의 펀딩을 얻을 수 있긴 하지만 대출자에게 통제권을 크게 내주어야 한다.

융자에서 캐피탈로 넘어가면 엔젤 캐피탈^{Angel Capital}이 있다. '엔젤'이란 개인적인, 사적인 투자자를 말한다. 이들은 사기업에 투자하고 싶어 하는 잉여 자본을 가지고 있는 사람들이다. 이들의 투자액은 일반적으로 1만에서 100만 달러다. 그 대가로 그들은 기업의 1~10퍼센트를 소유한다.

엔젤 투자자를 구하는 일은 말 없는 동업자를 구하는 경우와 약간 비슷하다, 그들은 자본을 제공하고, 그 대가로 기업은 일부 법적인 소유권을 준다. 일부 엔젤들은 조언을 제공하고 그들에게서 자문을 구할 수도 있지만, 그들은 전반적으로는 사업 결정을 내릴 힘을 갖고 있지는 않다.

엔젤 캐피탈의 다음 단계는 벤처 캐피탈^{Venture Capital}이다. 벤처 캐피탈은 극도로 부유한 투자자(또는 자기들의 펀드를 한데 합친 투자자들의 그룹들)들로, 매우 큰 액수의 자본을 사용할 수 있다. 한 번의 투자액이 수천만(혹은 수억) 달러에 이른다. 벤처 캐피탈 펀딩은 소소하게 시작해서, 자본이 더 많이 필요할수록 성장하는 '라운드' 방식이다. 라운드는 현재 주주들의 소유권 퍼센티지를 후에 약화시킬 수 있으므로, 전형적으로 막대한 양의 협상이 개입된다. 벤처 캐피탈은 또한 커다란 양의 자본에 대한 교환으로 막대한 양의 통제력을 요구하는데, 그것은 회사의 이사회에 자리를 차지하게 된다는 의미다.

주식 공모^{Public Stock Offering}는 회사의 일부 소유권을 공개 시장에서 투자자들에게 파는 방식이다. 이것은 보통 투자 은행들을 통해 행해진다. 공개 주식시장에서 팔 그 회사의 주식에 대한 교환으로 막대한 양의 자본을 제공할 회사들이다. 투자은행들은 자기들이 프리미엄으로 구매한 주식들을 공개 시장에서 개인 투자자들에게 파는 방식으로 돈을 번다. 신규 상장^{Initial Public Offering, IPO}은 단순히 공개 시장에서 한 회사가 제공하는 최초의 공공증권^{Public Stock} 상장이다.

주식을 구매하는 모든 투자자는 법적으로 회사의 일부 소유주인데, 거기에는 이사회 이사들을 선임함으로써 경영상의 결정들에 참여할 권리가 주어진다. 누구든 회사에서 가장 많은 주식을 소유한 이가 그것을 통제하므로, '상장하는 것'은 적대적 인수의 위험을 낳는다. 그 회사를 통제하려고 주식을 대량으로 매입하는 경우가 있을 수 있기 때문이다.

주식 공모는 전형적으로 엔젤과 벤처 캐피탈 투자자들에 의해 돈과 소유권을 맞바꾸기 위한 방법으로 이용된다. 투자자들은 두 가지 방식 중 하나로 자기들의 소득을 수금할 수 있다. 하나는 그 회사의 이윤으로 분배 받는 배당금이고, 다른 하나는 다른 투자자들에게 자기 주식을 파는 것이다. 주식 공개는 투자자들로 하여금 자기들의 주식을 돈과 맞바꾸어 판매할 수 있게 해주므로, 엔젤들과 벤처 캐피탈 투자자들이 자기들의 투자가 '현금으로 전환될 수' 있도록, 성공적인 회사들이 '상장을 하도록' 그리고 다른 회사들에 의해 가능한 한 빨리 인수되도록 밀어붙이는 것이 흔한 일이다.

획득한 펀딩의 1달러 당 더 많은 통제력을 포기해야 할수록 그 펀딩 방식의 매력은 더 떨어진다. 결정을 내리기 전에 더 많은 사람들에게 상담을 해야 할수록, 회사는 더 느리게 운영된다. 투자자들은 커뮤니케이션 오버헤드(간접비)Communication Overhead를 증가시키는데, 그것은 일을 빨리 해내는 능력에 역효과를 미칠 수 있다.

또한 투자자들이 잘 돌아가지 않는 회사의 중역들을 자리에서 밀어내는 것도 드문 일이 아니다. 그 중역들이 회사의 창립자들이라 하더라도 말이다. 심지어 크게 성공한 중역들이라 하더라도 예외는 없다. 애플이 1990년대에 상황이 좋지 못했을 때, 이사회는 스티브 잡스를 그가 공동창립한 회사로부터 해고했다. 현명한 이를 위한 조언 한 마디는 이렇다.

"당신이 막대한 양의 자본을 얻어오기 전에, 그 기업의 이사회가 그 회사의 운영에 발휘할 힘Power을 인지하고 있으라."

펀딩은 유용할 수 있지만, 기업의 운영에 대한 통제권을 포기하는 것에 대해서는 조심해야 한다. 가벼운 마음으로, 또는 눈이 멀어서 그런 일을 하지는 말라.

참조 링크: https://personalmba.com/hierarchy-of-funding/

무차입경영(자수성가)
Bootstrapping

"빚이 없는 자는 행복하다."

로마 속담

외부 자금 조달을 어느 정도나 필요로 하는지는 대체로 무엇을 하고자 하는가에 달려 있다. 만약 큰 돈벌이 기회(거대한 공개기업을 창립해서 터무니없이 부자가 되는)를 붙잡았다면, 아마도 외부 자금 조달을 필요로 할 것이다. 만약 그 의도가 자족적이고 자신의 결정을 자유롭게 내릴 수 있는 상황이라면, 통제를 유지하고 외부 자금 조달을 피하는 것이 훨씬 나을 것이다.

무차입경영은 기업을 펀딩 없이 설립하고 운영하는 기술이다. 성공적인 기업을 창립하는 유일한 방법이 벤처 캐피탈로부터 수백만 달러를 모으는 것이라고 단정하지 말라. 그건 그저 진실이 아니다. 개인 현금, 개인 신용, 회사의 수익 그리고 약간의 독창성만으로 자금원을 국한함으로써, 외부 자금 조달을 위해 전혀 노력하지 않고도 극도로 성공적인 사업을 구축할 수 있다. 내가 창업한 기업은 당좌예금구좌와 저축예금구좌, 기업 신용카드를 통해 운영되는데, 나는 그 방식을 좋아한다.

무차입경영은 사업 운영의 통제권을 100퍼센트 그대로 유지하면서 사업을 키울 수 있도록 해준다. 스스로 최고라고 생각하는 결정을 내리기 위해 다른 누구의 승인을 얻을 필요가 없다. 단점은 사업을 성장시키는 것이 훨씬 더 오래 걸린다는 점이다. 펀딩은 신중하게 사용되면, 펀딩을 이용하지 않았을 경우보다 훨씬 빨리 일이 돌아가게 만드는 데 도움이 될 수 있다.

만약 펀딩을 수락한다면, 반드시 다른 방식으로는 하지 못했을 것들을 하는 데 그것을 사용하도록 하라. 위력 배가기는 유용하지만 값이 비싸다. 핵심적인 능력을 손에 넣기 위해 펀딩을 취하는 것은 영리한 행보일 수 있다. 그렇지 않을 경우, 가능한 한도까지 현금으로 운영하고 수입을 관리하도록 노력하라.

가장 좋은 결과를 얻으려면, 갈 수 있는 한도까지 무차입경영을 하라. 그리고 나서 필요한 만큼 펀딩의 구조를 밟아 올라가라. 100퍼센트의 소유권과 수익의 통제권을 갖고 있는 자족적인 기업, 그것은 아름다운 것이다.

참조 링크: https://personalmba.com/bootstrapping

투자수익률

Return on Investment: ROI

"현명한 사람은 기준선이 늘 최우선점이 아니라는 사실을 안다."

윌리엄 A. 워드(William A. Ward), 격언 작가

사람들은 어떤 곳에 투자를 할 때, 거기에서 지불한 것 이상의 가치를 제공받기를 기대한다. 투자한 것 대비 얼마를 얻을 것인가를 추산하는 법은 매우 유용하다.

투자수익률은 시간이나 자원의 투자에서 생기는 가치다. 대다수 사람들은 ROI를 통화 관점으로 생각한다. 1천 달러를 투자하고 100달러를 번다. 그러면 투자에 대한 수익은 10퍼센트가 된다.

$$(1000\$ + 100\$) / 1{,}000\$ = 1.10$$

이때 만약 ROI가 100퍼센트라면 초기 투자의 두 배를 버는 것이다.

투자수익률은 서로 경쟁적인 대안들 사이에서 결정을 내리는 데 도움을 줄 수 있다. 예금 구좌에 돈을 저축한다면, 투자에 대한 수익률은 그 은행이 주는 이자율과 동일할 것이다. 2퍼센트를 주는 계좌에 그 돈을 저축할 수 있다면, 왜 그 돈을 1퍼센트의 이자를 주는 계좌에 저축하겠는가? 다른 점에는 아무런 차이가 없다면 말이다.

투자수익률의 유용성은 돈 자체를 훨씬 넘어선다. 그것을 다른 보편통화Universal Currencies를 위해서도 이용할 수 있다. '투자시간수익률Return on Invested Time'은 노력의 이득을 분석하는 아주 유용한 한 가지 방법이다. 만약 당신이 100만 달러와 교환하는 대가로 1년간 하루 24시간 쉬지 않고 일하도록 강요된다면, 그 일을 하겠는가? 시간과 정신건강의 비용 대 수익을 본다면, 그 일은 그만한 가치가 없다.

모든 투자에 대한 수익률은 늘 그 투자비용이 얼마인가와 직접 관련되어 있다. 더 많이 지출할수록(돈과 시간의 양쪽 측면에서), 수익률은 더 낮아진다. 심지어 집을 사거나 대학 학위를 얻는 '확실한 베팅들'조차 만약 거기에 너무 많은 지출을 해야 한다면 현명하지 못하다. 수익률에 대한 모든 추정은 추측이다. 실제로 어떤 결과가 나올지는 절대로 알 수가 없는 법이다. 수익률을 계산하는 것은 미래를 예측하는 방법이고, 근본적으로 불가능한 일이다.

모든 미래 투자수익률^{ROI}의 추정은 절반은 교육을 통한 추측이다. 투자수익률을 확실히 알 수 있는 것은 투자가 이루어지고 수익이 수금된 다음일 뿐이다. 이 세상 그 어디에도 확실한 베팅은 없다. 투자를 하기 전에 늘 무언가가 잘못될 위험을 계산에 넣어야 한다. 투자수익률이 얼마나 높아 보이든 상관없이 말이다.

참조 링크: https://personalmba.com/return-on-investment/

매몰비용
Sunk Cost

"처음 시도에 성공하지 못했다면 다시 또다시 도전하라. 그 다음에는 그만둬라. 멍청하게 매달려 봐야 아무런 의미도 없다."

W. C. 필즈(W. C. Fields), 코미디 영화배우

제2차 세계 대전에서 돌아온 나의 할아버지는 카우프먼 건설회사를 설립하고 오하이오 주의 애크런^{Akron}에 점포 앞 공간과 가정집, 회관과 아파트 건물을 지었다. 그 사업에 25년간 종사하신 후, 1965년에 할아버지는 가장 야심 찬 프로젝트를 시작하셨다. 5층짜

리 26단위의 아파트 건물을 포티지 패스^{Portage Path}에 짓는 일이었다.

그 '배러넬^{Baranel}'은 두 개의 더 오래된 집들의 부지에 지어질 터였는데, 그 두 집은 사업을 위해 매입되고 철거되었다. 콘크리트 보강용 강철봉과 벽돌들이 주문되었고, 계획된 대로 굴착도 진행 중이었다. 그 프로젝트의 예상 비용은 30만 달러로, 2010년의 달러가치로 보면 대략 240만 달러였다.

굴착기사들이 숨겨진 막대한 저장량의 파란 진흙을 찾아내기 전까지 그 프로젝트는 원활하게 진행되었지만 이내 위기에 봉착했다. 파란 진흙은 건축토대를 극도로 불안정하게 만들 수 있었기 때문이다. 프로젝트를 지속하기 위해서는 기반암에 도달할 때까지 수천 입방피트의 진흙과 먼지를 착굴해야 했고, 추가적인 콘크리트와 강철봉이 그 막대한 구멍을 메우기 위해 필요했다. 건물을 완성하는 것은 애초에 기대했던 것보다 훨씬 많은 비용이 들 터였지만, 정확히 얼마일지를 결론짓는 것은 어려운 일이었다.

그냥 등을 돌려 떠나버리는 대신 할아버지는 공사를 끝내기로 마음먹으셨다. 이미 땅과 굴착에 너무 많은 돈을 지출한 터라, 뭔가 그 노력과 투자에 상응하는 것을 손에 넣지 않고 '그것을 낭비하는' 것은 옳지 않게 느껴졌다. 할아버지는 투자자 몇 사람을 찾아서 또 다른 아파트 건물과 가족 집을 담보로 걸고, 공사를 계속했다.

건축이 완료되었을 즈음, 공사에는 원래 계획했던 것보다 세 배나 더 많은 돈이 들었다. 대략 100만 달러로, 2010년의 달러가치로 보면 대략 800만 달러였다. 그것은 건물 값보다 더 나갔다. 할아버지는 화난 투자자들과 법률가들을 상대하느라 남은 세월을 보내셨다. 그것은 슬픈 이야기지만 교훈이 많은 이야기이기도 하다.

매몰비용은 일단 투자된 후 회복될 수 없는 시간과 에너지와 돈을 말한다. 무얼 하든, 그 자원들을 돌려받을 수 없다. 손실된 자원을 회복하기 위해 한 프로젝트에 계속해서 투자하는 것은 의미가 없다. 중요한 것은 오로지 기대되는 보상 대비 얼마나 더 많은 투자가 필요한가 하는 것이다.

매몰비용은 개념적으로는 이해하기 쉽지만 실천하기에는 훨씬 어렵다. 수년간의 노동을 어떤 경력에 매몰시켰는데 그것을 원하지 않음을 깨닫게 되었다면, 혹은 수백만 달러를 한 프로젝트에 들였는데 그것에 예상 외로 수백만 달러가 더 필요하다는 것을 알게 되었다면 포기하기란 쉽지 않다. 너무나 많이 투자를 했기 때문에 '아무것도 얻지 못한 채 그것을 포기하는' 것은 옳지 않게 느껴진다. 현실에서, 과거의 투자에 관해 할 수 있는 일은 아무것도 없다. 할 수 있는 것은 오로지 지금 갖고 있는 정보에 기반해 행동하는 것뿐이다.

실수를 저지르는 것은 불가피하다. 완벽한 인간은 아무도 없다. 당신 역시 돌이켜 보면 그러지 않았으면 좋았다고 생각할 몇 가지 결정들을 내리게 될 것이다. 믿어도 좋다. 만약 시간을 돌릴 수 있다면 일들을 다른 방식으로 했을 것이다. 안타깝게도 당신은 그렇게 할 수 없다. 손실을 회복하기 위해 위험한 프로젝트를 갑절로 하지 않는다면, 늘 다른 프로젝트들이 존재한다. '멀쩡한 돈을 나쁜 일에' 던져버리는 것은 이기는 전략이 아니다.

바닥없는 구멍에 콘크리트를 계속 쏟아 붓지 말라. 그것이 그럴 만한 가치가 없는 일이라면 돌아서서 나와라. 당신은 절대로 잃어버린 것과 동일한 방식으로 다시 돈을 벌어들일 수는 없을 것이다. 만약 보상을 얻는 데 필요한 투자가 값어치가 없다면, 투자하지 말라.

참조 링크: https://personalmba.com/sunk-cost/

내부통제
Internal Controls

"영원히 지속될 수 없다면, 멈추기 마련이다."

허버트 스테인(Herbert Stein), 경제학자

긴 시간동안 기업의 재무나 운영에 관련된 데이터를 추적함으로써 기업이 얻는 중요한 혜택 중의 하나는 매출, 비용 그리고 가치사슬상의 패턴을 인지하는 능력이다. 시간이 지나면 이러한 패턴은 예산작업, 운영의 감독, 법과 규정준수 그리고 절도와 사기를 예방하는 등 여러 용도로 유용하게 사용된다.

내부통제는 일련의 특별한 표준운영절차들로 구성된다. 이는 기업이 정확한 데이터를 수집하고, 사업을 원활하게 운영되게 하며, 가능하면 신속하게 문제를 알아채는 데 사용한다. 기업의 내부통제가 더 잘되고, 회계보고서가 신뢰가 높을수록 기업운영의 높은 수준에 대한 신뢰가 커지게 된다. 내부통제는 네 가지 측면에서 가장 유용하다.

예산책정은 미래의 비용을 예측하고, 이러한 예측이 적절한 이유 없이 초과하지 않도록 조치를 취하는 행동이다. 예산은 이윤

폭, 현금흐름 사이클 그리고 레버리지를 관리하는 데 있어서 아주 중요하다. 주어진 기간 내에서 사업의 한 분야가 예산을 깨뜨리게 되면, 그 상황을 바로잡는 행동을 취할 수 있다. 감독은 사업상의 중요한 부분이 종업원이나 외부 기업에 의해서 결정되는 사업에서는 중요하다. 공급시간, 품질, 비용 그리고 시스템 장애에 관련된 통제 시스템을 구축하면 평가실시와 운영상의 변경이 가능하게 된다. 기존의 표준이 빗나가거나 성과 목표의 달성이 불가한 경우는 필수적이다.

규정준수는 사업이 정부 규제에 영향을 받는 산업 내에서 운영될 때 꼭 필요하다. 기업이 운영과정에서 특정한 데이터를 모으고 보고하는 것은 의무가 되기도 한다. 내부통제에 의해서 이러한 데이터가 완전하고, 정확하게 된다. 그리고 위험, 큰 손실 그리고 잠재적인 법률적 문제의 예방을 확실하게 한다.

절도와 사기의 예방은 부도덕한 사람들에 의한 재무손실 위험을 방지하는 데 중요하다. 강력한 내부통제는 무엇인가 잘못된 것을 알고, 책임 있는 사람들을 인지하며, 그러한 상황을 최소한의 야단법석으로 해결할 수 있도록 한다.

이러한 모든 분야에서 기업의 데이터와 일의 프로세스를 감사하는 공정한 외부기관을 두는 것은 유용하다. 감사는 문제를 찾고 바로잡는 데 필요하며, 특히 많은 타조직과 관계가 있는 대형사업체에서는 필수적이다. 감사로 인해서 기업 데이터의 품질이 보증되고, 대출기관, 투자자, 주주 그리고 사업운영과 관련된 허가 기관의 신뢰를 높일 수 있다. 모든 경우에 감사기관은 기업의 성과에 관심을 가지지 말아야 한다. 이러한 '관심의 분리'가 특히 성과가 좋지 않은 경우에도 감사결과를 정확하게 데 도움을 준다.

재무적 통제는 시장에서 다른 기업을 벤치마킹하는 데도 도움이 된다. 매년, 위험관리협회^{RMA}에서 모든 산업의 사업체로부터 어마어마한 데이터를 자료로 편찬한다. RMA 데이터는 주어진 기간에 마케팅, 영업, 운영 그리고 자본 상에서 여러 크기의 상환능력이 있는 사업체를 쉽게 탐구할 수 있도록 한다.

RMA 데이터에 의존하는 은행과 투자자들은 그들이 검사하는 사업체가 일반적인지 아닌지를 판단하게 된다. 만약 기업의 비용이 매출에 따라 비슷하다면, 외부기관은 해당 사업의 위험도가 낮다고 예상한다. 만약 해당 기업이 마케팅이나 영업에 세 배의 비용을 지출하게 되면, 문제와 비효율 또는 수상한 회계의 신호로 받아들인다.

산업군 또한 데이터의 유용한 원천이다. 많은 시장은 성공적인 사업에 대한 정보를 모으고 공유하는 무역협회를 가지고 있다. 해당 시장에서 한 비즈니스의 데이터를 다른 기업의 데이터와 비교함으로써 그 비즈니스의 성과가 어떤지 그리고 어디에 개선이 필요한지에 대한 더 나은 그림을 얻을 수 있다.

참조 링크: https://personalmba.com/internal-controls/

6장

인간의 마음

66 기업은 사람들을 위해, 사람들에 의해 세워졌다. 가치 창조와 가치 전달에 대해서 논의했듯이, 사람들의 필요와 욕구가 없다면 사업은 존재하지 않을 것이다. 마찬가지로 그 필요와 욕구들을 충족시킬 의지나 능력이 있는 사람들이 없다면 사업은 운영될 수 없다.

성공적으로 벤처 기업을 창업하고 유지하려면, 우리가 어떻게 정보를 얻고 어떻게 결정을 내리며 무엇을 할지 말지를 결정하는 것이 대단히 중요하다. 99

> "경기의 절반은 심리전이다."
>
> **요기 베라**(Yogi Berra),
> 전 메이저리그 선수, 언어유희 재담가

지금까지 비즈니스가 어떻게 운영되는지에 관한 정수를 살펴보았으니, 이제 사람들이 어떻게 일하는지를 이해하는 방향으로 화제를 바꾸고자 한다.

기업은 사람들을 위해, 사람들에 의해 세워졌다. 가치 창조와 가치 전달에 대해서 논의했듯이, 사람들의 필요와 욕구가 없다면 사업은 존재하지 않을 것이다. 마찬가지로 그 필요와 욕구들을 충족시킬 의지나 능력이 있는 사람들이 없다면 사업은 운영될 수 없다.

성공적으로 벤처 기업을 창업하고 유지하려면, 우리가 어떻게 정보를 얻고 어떻게 결정을 내리며 무엇을 할지 말지를 결정하는 것이 대단히 중요하다. 인간의 마음이 어떻게 움직이는지에 대한 명확한 이해가 있으면, 일을 되게 만들뿐 아니라 사람들과 더 효과적으로 일하는 더 좋은 방법을 쉽게 찾게 될 것이다.

참조 링크: https://personalmba.com/human-mind/

동굴주거인 증후군
Caveman Syndrome

"개인은 그의 모든 조상들로부터 물려받은 것들의 인용문이다."

랄프 왈도 에머슨(Ralph Waldo Emerson), 미국의 철학자이자 시인

10만 년 전에 살았을 법한 순간을 상상해 보라. 강둑을 걷는 동안, 당신의 오감은 물속의 헤엄치는 물고기와 먹을 만한 풀이나 사냥할 만한 짐승들 같은 먹거리를 찾는 데 온통 집중하고 있을 것이다.

몇 시간 후, 물을 마시고 그늘을 찾기 위해 멈춰 설 것이다. 나중에 논의하겠지만, 오후의 태양이 작열하는 동안, 휴식은 에너지를 보존하게 도울 것이다.

걷는 동안 눈은 수 미터 떨어진 검불 숲을 응시한다. 심장이 박동하면서, 잎사귀의 종류를 인식하고, 그 잎사귀와 뿌리가 먹을 만한 것임을 알게 된다. 등에 걸머진 단순하게 짜인 바구니에 그 식물을 몽땅 집어넣겠다는 생각으로 식물의 뿌리가 드러나게 땅을 파기 시작한다.

갑자기 시야에 어떤 움직임이 포착된다. 지척에 대형 코브라가 특유의 날카로운 이빨과 목 갈기를 드러내면서 공격 자세를 취하고 있다. 생각할 겨를도 없이 아드레날린이 분비되고, 심장 박동수가 요동을 치면서 먹거리를 내팽개치고는 '걸음아 나 살려라' 최대한 빨리 달아난다.

위협이 사라진 것이 확실해질 때까지 내달린 후, 아드레날린이 사라지면서 발생하는 소진과 스트레스 때문에 전율하면서 잠시

동안 회복하기 위해 시간을 보낸다. 먹거리를 잃은 것은 실망스럽지만, 목숨을 걸만큼 가치가 있는 것은 아니었다.

일단 회복이 되면, 먹거리 탐색을 재개하고 정오의 태양을 피할 곳을 찾게 된다. 밤이 되면 당신이 찾은 먹거리를 공유하기 위해 부족에게로 돌아갈 것이다.

부족은 40명 정도 밖에 안 되고 유대가 긴밀하기 때문에 모든 사람을 잘 안다. 부족이 함께 무리를 이루는 주된 이유는 부족이 보유한 자원을 노략하기 위해 주기적으로 찾아오는 야생 동물들과 다른 부족들로부터 보호하기 위함이다.

부족들과 함께 물고기 잡는 작살과 그물을 만들고, 부싯돌을 쪼개서 사냥과 방어를 위한 칼과 도끼로 다듬고, 음식을 저장하기 위한 바구니와 토기를 만든다. 불 위에는 부족의 사냥 그룹이 문자 그대로 '죽을 때까지 추적하는' 사냥법으로 잡은 영양 한 마리가 구워지고 있다.

저녁이 되면 음식을 굽고 맹수들을 쫓기 위해 지펴 놓은 불 주위에 모여 앉아서, 잠에 곯아떨어질 때까지 그 날 하루 동안 있었던 일들을 논의하고 이야기를 나눌 것이다. 내일도 오늘의 일과를 또 다시 반복하게 된다.

사람의 생리는 현재 우리가 실제 살아가는 세상이 아닌, 10만 년 전의 환경 조건에 최적화되어 있다. 당신은 더 이상 부단하게 움직일 필요가 없다. 대신 아마도 컴퓨터 책상 앞에 앉아서 일하는 것처럼, 대부분의 시간을 주로 앉아서 일하는 활동을 위해 사용하고 있을 것이다. 그 결과 우리는 비만, 심장병, 당뇨, 알츠하이머, 만성 무기력증 등과 같은 심리적, 신체적 위협들을 직면하고 있다.

다시 말하면 당신의 뇌와 몸은 현대 세계에 최적화되어 있지 않다. 현대 세계 속에서 노동자들이 마주한 문제는 우리의 뇌와 몸이 하루 16시간 노동이 아니라, 신체적, 사회적 생존을 위해서 조율되어 있다는 사실이다. 그럼에도 기업은 우리가 스스로에게 부과한 새로운 요구들에 적응할 수 있게 할 만큼 충분한 생리적 환경을 제공하지 않는다.

자신을 너무 학대하지 말라. 쉽게 말해서 당신은 현재 책임지고 있는 업무에 적합하게 만들어지지 않았다. 그 어떤 이도 그렇게 만들어지지 않았다. 우리 모두는 아주 오래된 고대 하드웨어에 새로운 소프트웨어를 요구하면서 달리고 있다.

참조 링크: https://personalmba.com/caveman-syndrome/

성과를 위한 요구사항
Performance Requirements

"이제 즐거움은 사라졌고 돈도 없다 / 고통으로도 대항할 수 없다 / 권태와 허물뿐이다."

로버트 프로스트(Robert Frost), 미국의 시인

에너지 각성 음료로 몸을 혹사시키면서 밤새워 일하는 행위는 길게 가지 못한다. 일을 잘 하기 위해서는 자신을 돌보는 것이 필수다. 몸이 활동하기 위해 필요한 부분들을 채우지 않으면, 목표에 다다르기 전에 탈진하게 될 것이다.

마음은 신체 시스템의 처음이자 가장 중요한 부분이다. 종종 우리가 경험하는 심리적 피로와 감정적인 스트레스는 우리 몸이 보내는 신호이다. 그것은 우리가 신체적으로 필요로 하는 것들, 즉 영양 섭취, 운동, 휴식 등이 충분하게 채워지지 않고 있다는 신호이다.

인간의 신체는 성과를 내기 위한 요구사항을 가지고 있기 때문에, 고갈된 상태로는 일을 제대로 수행할 수가 없다. 마치 자동차가 연료 없이 또는 고장 난 점화플러그를 가지고는 달릴 수 없는 것처럼, 몸도 필수 요구 조건이 채워지지 않고는 장시간 일할 수 없다.

업무가 산더미처럼 쌓여 있을 때, 대개 스스로를 돌보는 것은 2차적인 관심사가 된다. 옳지 않은 일이다. 탈진하지 않고 중요한 일들을 처리하기를 원한다면, 자신의 몸을 돌보는 것이 최우선으로 고려되어야 한다.

영양 섭취, 운동, 휴식은 몸을 생산적인 에너지로 전환하게 하는 투입 요소다. 입력이 부실하면 만들어내는 출력의 양과 질이 낮아지는 것을 피할 수 없다. 여기 매일 최상의 출력을 이끌어 내도록 도울 수 있는 가이드라인이 있다.

양질의 음식을 먹어라. 쓰레기가 들어오면, 쓰레기가 나오는 법이다. 몸속에 투입하는 것들에 대해서 주의를 기울여라. 고기나 계란 또는 유제품을 먹을 때, 항생제나 호르몬이 포함된 원재료를 피하라. 또한 정제당이나 가공된 음식은 가급적 피하고, 조상들이 즉시 음식이라고 알아채지 못할 것들은 먹지 말라.

매 두 시간 반마다 소량의 스낵이나 음식물을 먹으면, 혈당을 안정시켜 하루가 편안할 것이다. 나는 가끔씩 식사를 거르곤 하는 사람이라서 단순한 방법을 지속하려고 노력한다. 자주 한 움큼의 아몬드나 과일을 챙겨 먹으면서 혈당을 유지한다. 허브 차 같은 저카페인 음료는 탄산음료를 대체하기에 좋으며, 생수 한 병을 갖고 다니면 탈수증을 막을 수 있다.

정기적으로 운동하라. 존 메디나의 《브레인 룰스Brain Rules》에 따르면, 가벼운 운동만으로도 에너지를 증가시키며, 뇌의 활동과 집중력을 향상시킬 수 있다. 걷기와 뛰기, 줄넘기 또는 요가는 복잡한 생각을 풀어내고 남은 일과를 위한 에너지를 공급해 준다. 나는 가끔씩 심장 박동을 올리기 위해 14파운드(약 6.3kg) 해머를 이용해서 캐틀벨 스윙과 같은 운동을 하곤 하는데, 좁은 공간에서도 할 수 있는 저렴하고 효과적인 근력 운동 도구이다(다만 다른 것들을 때리지 않게 조심해야 한다).[1]

매일 밤 적어도 7~8시간씩 수면을 취하라. 수면은 패턴 매칭과 정신적 시뮬레이션의 결과들을 정리하게 해 주고, 의지력 고갈로 인한 좋지 않은 효과들을 반전시켜 준다. 그러므로 휴식에 인색하지 말라. 침대로 들어가도록 상기시켜주는 알람시계를 맞춰 놓는 것이 유용하다. 그러면 밤을 맞이하는 여유를 가질 수 있다. 일찍 자면 일찍 일어날 수 있고, 생산적인 일을 해야 할 때 큰 도움이 된다. 나는 새벽이 글을 쓰거나 창조적인 업무를 수행할 수 있는 최상의 시간이라는 것을 깨달았다. 그때는 집중이 쉬우므로 시간을 알차게 사용할 수 있다.

태양광선을 충분히 취하되, 과하게는 말라. 비타민 D는 신체에서 일어나는 수많은 화학반응의 중요한 부분이며, 피부가 직접 태양에 노출될 때에만 생성된다(유리창을 통해 투과된 광선은 포함되지 않는다). 다만, 너무 과하면 화상이나 피부암이 유발될 수 있다.

빛은 수면 패턴에 영향을 주고 24시간 생체적 리듬을 형성하게 한다. 나는 특히 겨울 동안 충분한 빛을 쐬기 위해 광선 치료기기[2]를 정기적으로 사용한다. 아침에 10분 정도 태양광선을 쐬면 손쉽게 수면과 기분을 향상시킬 수 있다.

뇌 활동을 위해 필요한 영양소들을 섭취하라. 만약 이유 없이 화나거나, 슬프거나, 무정해지거나, 무기력해진다면, 기분을 좋게 만들어 주는 신경전달 물질들을 구성하는 데 필요한 영양소가 부족하기 때문이다. 줄리아 로스는 저서 《기분 치료 The Mood Cure》에서 우리의 뇌는 도파민이나 세로토닌과 같이 결정적으로 기분을 전환시켜주는 신경전달 물질을 생산하는 데 필수적인 어떤 합성물을 필요로 한다고 설명한다. 기분을 전환시켜 주는 화학물질을 만드는 영양소가 없다면, 심지어 세상의 모든 일들이 잘 돌아간다 할지라도 컨디션이 무너지게 된다.

현대 식습관의 변화로 인해서 그런 필수 영양소들을 보조식품의 형태로 섭취할 필요가 있다. 좋은 복합비타민 보조식품, 오메가3, 마그네슘, 필수 아미노산 등은 뇌가 효과적인 기능을 하는 데 필요한 조건들을 만족시킬 수 있다. 다만 몸에 흡수가 빠른 식품을 구매할 필요가 있는데, 보조식품들은 소화되지 않고 그대로 몸 밖으로 배출될 수 있기 때문이다.

나는 계속해서 나의 에너지, 생산성, 기분을 향상시키는 새로운 방법들을 실험하고 있다. 당신도 그렇게 하기를 추천한다. 길잡이 구조를 바꾸는 것이 생활 방식의 변화를 더 쉽게 해 준다. 나는 주변 환경의 구조를 바꾸는 것을 통해 큰 노력 없이 3년 동안의 채식을 포함해 여러 변화들을 이루어낼 수 있었다. 만일 개선의 여지가 보인다면, 뭔가 새로운 시도를 해보는 것을 두려워하지 말라. 다만 부작용 없이 안전하게 변화를 진행해야 한다.

의심이 들면, 우리의 조상들이 어떻게 살았는지 떠올려보고 그에 따라서 행동해 보라.

참조 링크: https://personalmba.com/performance-requirements/

양파 구조의 뇌
The Onion Brain

"여기 표현된 관점이 반드시 내 생각의 모든 부분과 일치하는 것은 아니다."

말콤 맥마흔(Malcolm McMahon), 영국 노팅엄의 주교

대다수의 사람들은 자신을 둘러싼 세상에 대해서 끊임없이 언급하는 머릿속 음성을 확인하고, 그 음성을 자신의 것으로 여기기도 한다. 그 음성은 때때로 흥분으로 긴장된 소리이기도 하지만, 대부분은 모호하거나, 염려하거나 또는 두려움에 찬 소리다.

다행스럽게도, '당신'은 그 음성 자체는 아니다.

'당신'은 단지 당신의 뇌의 작은 일부분일 뿐이다. 머릿속의 목소리는 당신의 뇌가 자동적으로 수행하고 있는 것을 알려주는 라

디오 아나운서이지, 당신이 아니다. 뇌가 문제를 해결하기 위해서 실제로 사용하는 것은 의식이다. 그것은 자동 조종장치처럼 다루어지지는 않는다.

인간의 행동은 뇌에 기반하기 때문에, 뇌가 실제로 어떻게 구성되어 있는지 이해하는 것은 유익하다. 여기서 우리의 뇌가 어떻게 작동하는지 간단하게(너무 축약되기는 했지만) 설명하겠다.

뇌를 층층이 겹쳐 있는 다층적 구조의 양파라고 생각해 보라. 그 중심에는 후뇌 Hindbrain 라고 불리는 구조가 있는데, 생명을 유지하는 결정적인 책임을 맡고 있다. 후뇌는 심박 수, 수면, 기상, 반사 행동, 근육 운동, 생물학적 요구 등 생명을 유지하기 위한 기본적인 생리적 기능을 담당하고 있다.

뇌의 기저에 위치하고 있는 후뇌는 가끔 '파충류 뇌'라고 불리기도 한다. 그것은 기본적인 후뇌의 신경학적 구조가 생물학적으로 앞서 살았던 도마뱀이나 양서류와 같은 파충류에서 나타나기 때문이다. 후뇌는 기본적으로 척수와 신경을 통해 신체의 각 부분으로 전달되는 신호들을 만들어내는 역할을 담당한다. 이러한 신호들이 신체적인 활동을 불러일으킨다.

후뇌 위에 중뇌 Midbrain 가 위치하고 있는데, 감각 중추 데이터, 감정, 기억, 패턴 매칭 들을 처리하는 기능을 담당한다. 중뇌는 끊임없이 자동적으로 다음 상황을 예측하고, 그 정보를 후뇌에 전달해 우리의 몸이 즉각적인 행동을 취할 수 있게 준비시킨다. 중뇌가 라디오 아나운서라면, 후뇌는 라디오인 셈이다.

중뇌 바로 위에 위치하는 얇게 접혀 있는 뇌 조직이 전뇌 Forebrain 이다. 이 작은 신경물질 판은 인간을 뚜렷하게 구별되게 하는 인지 능력을 담당하는데, 자각, 논리, 숙고, 억제, 의사 결정 등을 관장한다.

발달학적으로 말하면 전뇌는 매우 새로운 것이며, 인간이 모호함을 다룰 수 있도록 진화된 것으로 보인다. 대부분의 시간 동안 중뇌와 후뇌가 본능적이고 자동 조종장치와 같은 활동들을 수행하게 된다. 그러나 예상치 못한 낯선 문제에 봉착하면, 다음에 무엇이 발생할지 예측하는 중뇌의 능력을 벗어나면서 상황이 변하게 된다. 그 때가 바로 전뇌가 작동을 시작하면서 데이터를 수집하고 대안들을 모색하게 되는 순간이다.

얼마 동안의 숙고와 해석 후에, 전뇌는 현재 상황에 최선으로 여겨지는 결정을 내리게 된다. 일단 결정이 내려지면, 중뇌와 후뇌는 평상적인 활동을 가정하면서 그 결정을 수행하게 된다.

신경 과학자들은 아마도 여기서 반론을 제기할 수도 있겠지만, 이런 기본적인 뇌 모델은 상당히 정확하고 유용하다.[3] 나의 '마음을 사로잡은' 친구이자 멘토인 이비 P.J. Eby 는 마음의 서로 다른 부분들 간의 관계를 설명하는 뛰어난 비유를 사용한다.

"당신의 뇌는 달리는 말이고, '당신'은 그 말을 타는 기수이다. 당신의 '말'은 지능적이어서 스스로 움직이며 도전들을 식별할 수 있다. 그래서 위험하거나 두려운 대상이 나타나면 멈추려고 할 것이다. 그 순간에 기수인 '당신'은 방향을 설정하고 '말'로 하여금 계속 달려도 안전하다는 것을 확신시켜 주는 것이다."

보다 많은 성과를 올리는 최선의 방법 중 하나는 뇌에서 속삭이는 음성으로부터 자신을 분리시키는 것이다. 진한 에스프레소 커

퍼스널 MBA 10주년 기념 증보판

피를 마시고 나면 라디오 아나운서인 중뇌는 주의력이 급격히 높아지게 된다. 중뇌의 역할은 주변에 주의를 기울일 만한 것들이 있는지 상기시켜주는 것인데, 인간의 기본 욕구를 채워 줄 만하거나 위험스러운 것을 말한다. 그것은 뇌 속 음성이 항상 옳은 것이 아니며, 그 모든 음성을 복음의 진리처럼 받아들여야 하는 것은 아니라는 사실을 의미한다.

명상은 뇌 속의 음성으로부터 '당신'을 분리시켜 주도록 도와주는 간단한 활동이다. 명상을 신비하거나 마술과 같이 여길 필요는 없다. 그저 단순하게 숨 쉬면서 당신 안의 '원숭이 마음'이 자신과 합쳐지지 않도록 지켜보면 된다. 얼마 후 그 음성이 조용해지면서, 자신이 선택한 작업에 집중할 수 있는 능력을 향상시켜 줄 것이다.

매일 짧은 순간의 조용한 명상은 두렵고 당황스러운 감정과 통제력 있는 감정의 차이를 깨닫게 해줄 것이다.

명상을 더 배우고 싶다면, 바하네트 헤네폴라 구나라타나[Bhante Henepola Gunaratana]의 《가장 손쉬운 깨달음의 길[Mindfulness in Plain English]》과 존 카밧진[Jon Kabat-Zinn]의 《나는 지금 어디에 있는가》라는 책을 읽어 볼 것을 권한다.

참조 링크: https://personalmba.com/onion-brain/

인지 제어
Perceptual Control

"유기체의 행위는 통제 시스템의 결과물이며, 요구되는 기준 값에서 인식을 제어하려는 목적을 가지고 실행된다. 행위는 인지의 통제 아래 있다."

윌리엄 T. 파워스(William T. Powers), 통제 시스템 이론가이자
《Making Sense of Behavior : The Meaning of Control》의 저자

전 세계 기업과 비즈니스 스쿨의 명예의 전당에서 B. F. 스키너[B. F. Skinner]는 알려지지 않은 제왕이다. 스키너는 심리학 분야에서 행동주의자들의 활동을 뒷받침하는 주요 지성인 중 한 명으로, 생물학적 시스템은 특정 자극에 대해 특정 방식으로 언제나 반응한다는 이론을 주창했다. 그 내용은 이렇다. '자극을 통제하라. 그러면 행위를 통제할 수 있다. 그리고 보상과 처벌로 유기체를 '조건화'하면, 유기체는 어떻게 행동해야 될지 정확하게 배우게 될 것이다.'

지난 수십 년간, 행동주의는 심리학의 유행에서 비주류가 되었고, 당근과 채찍보다 행동주의에 영향을 미치는 더 많은 요인들이 있다는 연구가 이루어졌다. 불행하게도 그러한 사실이 기업 정책에 반영되지는 않았다. 전 세계 기업과 비즈니스 스쿨 강의실에서는 직원들로 하여금 기업이 원하는 것을 정확하게 실행하게 만들어 줄 매력적인 인센티브를 찾는 연구가 계속되고 있다.

실제로 인간의 행위는 온도 조절장치처럼 작동한다. 온도 조절장치는 매우 단순한 시스템이다. 센서와 눈금과 스위치로 구성되어 있는 게 전부다. 센서는 주변 환경의 온도를 측정한다. 온도가 설정한 범위 내에 있으면, 온도 조절 장치는 작동하지 않는다. 온도가 설정값 이하로 떨어지면, 난방기를 작동시키고 온도가 설정값 이상으로 올라가면, 난방기를 중지시킨다.

이러한 관계를 인지 제어라고 부른다. 온도 조절 장치는 인지된 온도를 설정값과 비교해서 방안의 온도를 통제한다. 인지가 '통제를 벗어난' 경우에만 조치를 취하게 된다.

일단 조치를 통해서 인지가 통제 아래 있게 되면, 설정값을 벗어나지 않는 한 시스템은 동작을 멈추게 된다.

인간을 비롯한 살아있는 유기체들은 필수적으로 매우 복잡한 인지 통제 시스템이다. 우리는 세상에 대한 인지가 받아들일 수 있는 한계 내에 있도록 행동한다. 추운 날씨가 강요하기 때문에 외투를 입는 것이 아니라, 추위를 느끼고 그 추위를 원하지 않기 때문에 외투를 입는다. 눈에 비치는 빛이 너무 밝으면 우리는 그늘을 찾거나, 창문 블라인드를 내리거나, 선글라스를 끼게 되는데, 그 행동이 인식을 통제한다. 결국 인간이 하는 행동은 그 순간에 우리가 노출된 환경에 달려있다.

윌리엄 T. 파워스William T. Powers는 그의 저서 《행동양식 만들기: 통제의 의미Making Sense of Behavior: The Meaning of Control》에서 통제 시스템이 어떻게 그토록 다양한 인간의 행위들을 관리하는지를 다음의 예로 설명한다. 거친 풍랑 속에서 바다 한가운데 떠 있는 배를 떠올려 보자. 배는 파도를 맞으며 불규칙하게 오르락내리락하며 앞뒤로 떠밀리고 있다.

배의 갑판 위에 있는 바윗돌은 통제 시스템이 아니다. 바윗돌은 원하는 것이 없고, 통제하려는 대상도 없으며, 그저 물리적 힘이 가해지는 대로 이리저리 굴러다닐 뿐이다. 그러나 갑판 위의 인간은 똑바로 서 있기를 원하며, 계속해서 서 있기 위해 균형을 잡아

보기도 하고, 이동하고, 난간을 잡는 등의 수없이 다양한 행동을 시도할 것이다. 만일 넘어지거나 주저앉게 되면 다시금 일어서기 위해 어떠한 행동이라도 취할 것이다.

환경은 어떤 행동들이 인식을 통제 아래 있게 하는 것이 가능한 지 알려준다. 통제는 계획된 작업이 아니며, 현실에서 발생하는 환경의 변화에 대응하는 것이다. 폭풍 가운데 있는 인간은 어떻게 갑판 위에서 발붙이고 서 있을지를 미리 결정하는 능력이 없다. 그 순간에 활용할 수 있는 자원과 대안에 따라 환경이 변화하면 이에 반응하는 행동도 변화하게 될 것이다.

인지 제어는 왜 동일한 자극이 가끔 다른 반응들을 가져오는지 에 대해서 설명해 준다. 왜 자극과 반응 모델이 전체 그림을 총체적으로 표현하지 못하는가에 관한 좋은 사례는 초과 근무수당과 같이 많은 고용주들이 사용하는 고전적인 인센티브에서 찾을 수 있다. 시간제 직원이 일을 더 많이 하기를 원하면, 정말로 초과 근무수당을 더 많이 주어야 할까?

반드시 그렇지는 않다. 수입을 위해서 통제하고 있는, 즉 급여가 충분치 않거나 더 많이 원하는 직원은 아마도 초과 근무를 더 하게 될 것이다. 하지만 이미 급여가 충분하다고 느끼거나 일보다 더 우선하는 영역을 가지고 있는 직원들의 경우는 어떨까? 그러한 직원들 중 일부는 정규 시간만큼만 일할 것이며, 일부는 실제로 일을 덜 하게 될 것이다. 그들은 얼마간의 수입에 만족하면서 자신들이 중요하게 여기는 가족과 함께 보낸다든가 아니면 개인적인 프로젝트와 같은 영역에 시간을 투자할 것이다. 초과 근무수당의 인상은 그

퍼스널 MBA 10주년 기념 증보판

들이 더 빠르게 그들 자신의 목표에 도달할 수 있게 허용해 줄 것이다. 그러면 그들은 업무를 위해 더 적은 시간을 보낼 것이다.

초과 근무수당은 세 가지의 서로 다른 결과를 야기할 것이며, 그 중 두 가지는 완전히 상반되는 결과이다. 일을 더 많이 하는 것과 더 적게 하는 것 말이다. 행동주의 이론이 그렇다.

인지 통제는 인간의 행동 방식에 대한 이해를 근본적으로 재조명한다. 인간이 그들의 인식을 통제하기 위해 행동한다는 것을 이해하면, 행동에 어떻게 더 큰 영향을 줄 수 있을지 알게 된다.

참조 링크: https://personalmba.com/perceptual-control/

기준 레벨
Reference Level

"우리가 경험하고 있는 것과 경험하기를 원했던 것 사이에 불일치가 발견될 경우에만 행동하게 된다."

필립 J. 런캔(Philip J. Runken), 오리건 주립 대학교 심리교육학 교수

모든 인지 제어 시스템의 중심에는 기준 레벨이 있다. 그것은 시스템이 '통제 아래에' 있다는 것을 알려주는 인지의 범위이다. 인지가 시스템의 기준 레벨 안에 있을 때는 아무 행동도 일어나지 않는다. 인지가 기준 레벨보다 너무 높거나 너무 낮아질 때, 시스템은 인지를 통제 아래로 다시 돌리기 위해 행동한다.

기준 레벨에는 설정값, 범위, 오류의 세 가지 종류가 있다.

설정값은 최소 또는 최대값이다. 온도 조절 장치는 설정값의 좋

은 예다. 온도가 어떤 값 이하로 내려갈 때마다 난방기를 가동시킨다. 인간의 신체에서 발생되는 멜라토닌도 설정값의 한 종류다. 어떤 한계수치에 이르게 되면 잠에 빠지기 시작한다.

비즈니스 재무 통제는 설정값을 이용해서 관리된다. 매출이 어떤 설정값 이상으로 지속되고, 경비가 어떤 설정값 이하로 유지되면 기업은 별다른 조치를 취하지 않는다. 그런데 갑자기 평소보다 세 배의 경비를 지출하거나 매출이 충분한 설정값 이하로 떨어지게 되면, 조치가 시작된다. 경비가 초과된 원인을 찾고 다시 통제 아래로 돌릴 방안을 찾게 될 것이다.

범위는 허용되는 값들의 폭이다. 범위와 설정값의 차이는 통제되고 있는 인지의 상한선과 하한선의 유무에 달려있다. 설정값은 인지가 통제 아래에 있기 위해 기준이 되는 레벨을 가리키며, 범위는 인지가 통제 아래에 있기 위해 두 설정값의 사이에 있어야 한다는 것이다.

예를 들면, 인간의 신체는 에너지원으로 사용되는 혈액 중의 포도당 레벨을 조절하는 시스템을 가지고 있다. 혈당이 과하거나 부족하면 생명이 위협받게 된다. 신체는 인슐린을 방출해 여분의 포도당이 신체 내부의 세포들 안으로 공급되거나 또는 세포 밖으로 회수되게 함으로써 혈당이 허용된 범위 내로 유지되도록 한다. 혈당이 허용 범위 내에 있는 한, 아무런 조치도 일어나지 않는다. 기준 범위가 침해될 때, 신체는 상황을 통제 아래로 되돌리기 위해 조치를 취하기 시작한다.

오류는 영점으로 정의된 설정값이며, 영점이 아닌 인지는 통제를 벗어난 것이다. 피부에 있는 통증 감각 기관을 생각해 보라. 대부분의 시간 중에는 통증 감각 기관이 하는 일이 없다. 그것은 모든 일이 통제 아래에 있다는 것을 의미한다. 그러나 몸에 상처가 나거나 화상을 입게 되면, 통증 감각 기관은 뭔가 잘못되었다는 신호를 보내게 되고, 당신은 그 상황을 고치기 위해 조치를 취하게 될 것이다. 고객 서비스 불만은 비즈니스에서 오류의 예이다. 아무런 불만이 접수되지 않으면 모든 일이 통제 아래에 있다는 것이다. 만일 미해결 서류함에 불만 접수가 가득 차 있다면, 뭔가 수정 조치가 필요하다는 것을 알게 될 것이다.

행동을 변화시키기를 원한다면, 시스템의 기준 레벨을 변경하거나 시스템이 운영되는 환경을 변경해야 한다. 온도 조절 장치로 돌아가 보면, 난방기를 멈추고 싶다면 설정값을 더 낮은 온도로 변경하면 된다. 만일 평소보다 세 배의 경비가 지출된 원인이 지난 달 시작된 대규모 마케팅 캠페인 때문인 것을 알게 되면, 기업 재무는 더 이상 통제 밖이 아니게 된다. 만일 문신을 새기는 중이라면, 통증 감각 기관에서 느껴지는 고통은 허용할 만한 상황인 것이다.

인지 자체가 변한 것이 아니라, 인지가 이미 통제 아래에 있기 때문에 인지를 통제하기 위한 별도의 조치가 필요 없다는 것이다. 기준 레벨을 바꾸는 행위는 곧 시스템의 행동을 바꾸는 것이다.

의식적으로 기준 레벨을 정의하거나 재정의하는 것은 당신의 행동을 바꾸는 것을 도와준다. 경비 지출이 통제가 안 되는 것이 염려가 된다면, 예산 계획을 세우는 것을 통해서 월 매출액이 충분한 수준으로 유지되는지에 대한 정보를 얻을 수 있다. 만일 체중이 너무 과하거나 미달되는 것이 걱정된다면, 의사를 방문해 기대치와 의료 데이터에 대한 자기 자각을 수정하는 편이 좋다. 만일 지속적으로 하루 열두 시간씩 근무를 하고 있는데, 여덟 시간 이상은 허용할 수 없다고 결정을 내리고 나면, 당신의 업무습관이 변하게 될 것이다.

기준 레벨을 변경하라. 그러면 당신의 행동은 자동적으로 바뀔 것이다.

참조 링크: https://personalmba.com/reference-level/

에너지 보존
Conservation of Energy

"인간 행동의 기본 원리는 최소의 노력으로 그들의 기대를 충족시킬 방법을 찾는다는 것이다."

헨리 조지(Henry George),
《정치경제의 과학(The Science of Political Economy)》 저자

인간 본성에 관한 보편적 진실은 인간은 일반적으로 게으르다는 것이다. 비판적인 통찰을 하자면 게으름은 특성이지 결함이 아니다.

만일 당신의 선사시대 조상이 하루 종일 헛수고하며 돌아다니다가 탈진되어 쓰러지면 어떤 상황이 일어날지 생각해 보라. 맹수나 적이 나타난다고 해도, 위협에 대응할 에너지가 고갈된 심각한 상황에 처해질 것이다. 그러한 결과 중의 하나로 인간은 극단적으로 필요한 상황이 아니라면 에너지 사용을 피하는 방식으로 진화

했는데, 그것이 바로 에너지 보존이다.

지난 수십 년 동안 연구진들은 마라톤 선수들과 울트라 마라톤 선수들을(한번에 100킬로미터가 넘는 거리를 뛰는) 대상으로 그들의 몸이 어떻게 고통에 반응하는가에 대해 많은 연구를 했다. 여기 그들이 발견한 내용이 있다. 그것은 바로 당신이 지금 당장 뻗어버릴 만큼 지쳐 있을지라도, 생리학적으로는 죽음의 문턱으로부터 한참이나 떨어져 있다는 사실이다. 당신의 뇌가 몸으로 보내는 신호는 경고의 도구로 작용하여, 만약의 경우를 대비해서 앞으로 필요한 에너지를 보존하게 한다.

기준 레벨이 침해되지 않는 한, 인간은 일반적으로 활동을 멈춤으로써 에너지를 보존할 것이다. 집안 청결에 대해 서로 다른 기준을 가지고 있는 두 명의 룸메이트를 떠올려 보자. 한 명에게는 싱크대에 쌓여있는 더러운 접시들이 문제가 되며, 그의 마음속에서 그 접시들은 모두 '통제가 안 되는' 상황이 되어 그것을 고치려고 행동할 것이다. 반면에 다른 룸메이트는 싱크대가 흘러 넘쳐 통제 밖의 상황이 될 때까지는, 접시 닦는데 소요될 에너지를 사용하지 않을 것이다. 상이한 기준 레벨에 따라 상이한 조치가 취해진다.

만일 자신의 체중과 건강 그리고 몸매가 괜찮은 상태라고 생각되면, 아마도 식단을 변경한다든가 아니면 당장 운동을 시작하는 등의 변화를 가하지 않을 것이다. 만일 사회적 관계와 확신이 만족할 만하다면, 아마도 사회적 기술을 향상시킨다든지 아니면 인맥을 확장시키려고 하지는 않을 것이다. 만일 당신이 충분한 돈을 번다고 생각되면, 아마도 돈을 더 벌려고 하지 않을 것이다.

에너지 보존은 사람들이 별 볼일 없는 직책이라는 사실을 알면서도 막다른 직업에 장기간 머무는 이유를 설명해준다. 업무가 견딜 만하고, 급여가 주어지며, 그 업무가 기대수준을 침해할 정도로 스트레스를 주거나 실망시키지 않는다고 하면, 대개 사람들은 승진을 위해 그들의 업무방식을 바꾸거나 다른 업무를 찾지 않으며, 신규 사업을 시작하지 않을 것이다. 사람들은 그들의 기준 레벨이 어떤 방식으로 침해를 받을 경우에만 추가적인 노력을 시작한다. 그래서 그들의 기대수준이 침해되지 않는 한, 아무런 행동도 하지 않는다.

기준 레벨을 변화시킬 수 있는 정보의 출처는 행동을 유발하는 데 유용하다. 나로 하여금 학위 과정을 개설하고 컨설팅을 제안하도록 동기 유발시킨 것 중의 하나는, 비즈니스 관련 저자들이나 코치들은 배우고 남을 돕는 데 하루 종일 시간을 쓰는데도, 그들의 전문성으로 인해서 충분한 보수를 받는다는 것을 알게 된 덕분이었다. 당시 그것은 업무에 대한 나의 기준 레벨을 깨뜨리기에 충분했는데, 그들이 내가 사랑하는 일을 하면서도 보수를 받을 수 있다면, 내가 왜 그럭저럭 견디어 내는 일과에 하루 종일을 보내야만 하는지 의문이 생겼던 것이다. 사람들이 이런 일을 가능하게 하는 것을 배우면 배울수록, 나는 그 일을 나 자신을 위한 현실로 만들고 싶은 욕구가 더 강해지게 되었다.

로저 베니스터Roger Bannister 가 1954년에 신기록을 세우기 전까지, 1마일을 4분 안에 주파하는 것은 인간의 신체적 한계를 넘어서는 일로 여겨졌다. 베니스터가 그 한계를 깨뜨린 후, 심리적인 장벽이 깨졌고, 1957년까지 16명의 육상선수들이 그 위업을 달성했다.

변화된 것은 기준 레벨뿐이었는데, 선수들은 그 가능성을 알게 되었고, 그것을 원했으며, 그래서 달성하게 된 것이다.

가능성에 대한 기준 레벨을 깨뜨리게 해 주는 좋은 책들, 잡지, 블로그, 다큐멘터리 심지어 경쟁자들까지도 모두 가치가 있다. 예전에 비현실적이고 불가능하다고 여겼던 일들을 다른 사람들이 실제로 해내는 것을 발견하게 되면, 기준 레벨은 매우 유용한 방식으로 변경될 것이다. 원하는 바가 가능성이 있다는 것을 알게 되면 그것을 얻을 방법을 찾게 된다는 것이다.

참조 링크: https://personalmba.com/conservation-of-energy/

안내 구조
Guiding Structure

"장기적으로 볼 때, 그리고 종종 단기적으로 볼 때, 당신의 의지력은 결코 당신의 환경을 이길 수 없을 것이다."

제임스 클리어(James Clear), 《아주 작은 습관의 힘》 저자

정제된 설탕을 식단에서 제거하기로 결정했다고 가정해 보자. 정제된 설탕이 건강에 좋지 않다는 압도적인 증거가 있으며, 습관을 끊을 수 있다면 삶의 질이 향상될 것이라고 확신한다. 한 가지 문제가 있다. 설탕은 맛이 좋고, 그로 인해 우리는 저항하기 어려운 갈망을 경험한다는 것이다. 어떻게 식습관을 쉽게 바꿀 수 있을까?

가장 효과적인 전략 중 하나는 간단하다. 식료품점에서 정제 설탕이 포함된 제품을 구입하지 말고, 집에서 설탕이 첨가된 음식

을 없애고, 새로운 기준에 맞는 몇 가지 건강에 좋은 간식을 구입하는 것이다. 배고픔을 느끼는 시간과 장소에서 설탕을 사용할 수 없고 일반적인 선택에 대한 쉬운 대안이 있다면 유혹에 저항할 필요가 없다. 즉각적인 환경의 구조가 새로운 행동을 자동으로 만든다. 주변 세상을 바꾸는 데 몇 분의 의지력을 가하면 행동하기로 결정한 방식으로 훨씬 쉽게 행동할 수 있다.

안내 구조는 당신이 속한 환경 구조가 당신의 행동을 결정하는 가장 큰 요인이라는 것을 의미한다. 성공적으로 행동을 바꾸고 싶다면, 그 행동을 직접적으로 바꾸려고 하지 말라. 행동에 영향을 주거나 지지하고 있는 구조를 바꾸어 주면, 그 행동은 자동적으로 바뀐다. 아이스크림을 원하지 않는다면, 우선 그것을 구매하지 말라.

호메로스의 《오디세이아》에서 오디세우스와 그의 선원들은 사이렌 섬을 경유하는 항해를 준비하게 되는데, 그 섬에는 너무 아름다운 노래를 불러 선원들을 미치게 하고 그들의 혼을 빼앗아 파선시키는 새의 날개를 가진 요정 세이렌들이 살고 있었다. 오디세우스는 세이렌의 유혹에 저항할 만한 의지력에 의존하는 대신에, 선원들의 귀를 밀랍으로 봉하고 자신을 돛대에 붙들어 맴으로써 환경의 구조를 바꿨다. 그래서 그 배는 유혹을 피하고 안전한 항해 길에 오를 수 있었다.

환경 구조를 바꾸면, 행동은 자동적으로 바뀔 것이다. 나중에 논의하겠지만 조금의 마찰을 가하거나 특정 옵션들을 완전히 없애버리면, 성취하려는 목표에 더 쉽게 집중할 수 있다.

퍼스널 MBA 10주년 기념 증보판

안내 구조의 훌륭한 예로, 미국 연방 항공국^{FAA}이 1981년에 제정한 '단조로운 조종실 규칙'이 있다. 대부분의 항공기 사고는 고도 3천 미터 이하에서 일어나는데, 그곳에서의 부주의는 치명적이다. 3천 미터 이상의 고도에서는 조종사들 간에 어떠한 내용의 대화도 가능하지만, 그 고도 이하에서는 비행기의 진로에 직접적으로 연관되는 정보만 교류할 수 있다. 부주의를 제거함으로써 '단조로운 조종실 규칙'은 오류와 사고를 줄여주고 있다.

환경 구조를 바꾸는 순간, 급격히 변화하는 당신의 행동에 놀라게 될 것이다.

참조 링크: https://personalmba.com/guiding-structure/

재조직
Reorganization

"방황하는 사람들이 모두 길을 잃는 것은 아니다."

J. R. R. 톨킨(J. R. R. Tolkien), 《반지의 제왕(The Lord of The Rings)》 저자

인지된 것이 시스템의 기준 레벨을 위반할 때마다, 인지를 통제 아래에 있게 되돌리려는 조치가 일어날 것이다. 그 반응은 대체로 체계적이다. 앞에서 논의한 대로, 몸은 혈당을 조절하는 데 필요한 조치를 정확히 알고 있다. 그러나 가끔은 무엇이 잘못인지 정확히 알지 못하거나 그것을 어떻게 고쳐야 할지 모를 때가 있다.

업무 만족이라는 추상적인 인식을 생각해 보자. 당신의 마음에는 '내가 업무에서 얼마나 행복해야 하는가'를 대표해 주는 설정

값이 있고, 당신의 업무 만족에 대한 인식은 업무에서 실제 경험하는 것의 평균치가 될 것이다. 유쾌한 경험들은 평균값보다 상회할 것이고, 불쾌한 경험들은 평균값보다 낮을 것이다.

업무 만족에 대한 인식이 기준이 되어야 한다고 여기는 레벨보다 낮을 경우, 뇌가 조치를 취하기 시작한다. '나는 마땅히 누려야할 만큼 행복하지 않다. 뭔가 변화가 필요해.'

여기에 문제가 있는데, 그 '뭔가'가 무엇인지 제대로 알지 못한다는 점이다. 담당 업무를 바꾸거나, 새로운 상사를 만나거나, 이직하거나, 아니면 자신만의 사업을 시작하게 되면 더 행복해질 수있을까? 바로 그 시점에서 재조직이 필요하다.

재조직은 기준 레벨이 위반되고 있지만 인식을 통제 아래로 되돌릴 방법을 모를 때 발생하게 되는 비주기적 조치이다. 청년 위기 또는 중년의 위기는 많은 사람들이 경험하는 재조직의 좋은 사례다. 사람들은 분노의 감정을 어떻게 떨쳐 버릴지 정말 모를 때유럽 배낭여행을 떠나기 위해 퇴직을 한다든가, 문신을 새긴다든가 아니면 오토바이를 구입하는 등 일상적이지 않은 일들을 시작하게 된다.

재조직은 아무래도 실패감, 좌절감, 또는 미친 듯한 감정을 갖게하는 것 같지만, 그것은 지극히 정상이다. 인간의 뇌는 현재의 상황을 바로 잡을 만한 뭔가를 찾기 위해 온갖 종류의 방안들을 끌어내는 노력을 시작하게 된다. 나는 종종 스트레스로 지쳐버릴 때, 마음의 문지기를 동원해서 업무가 어렵지 않다는 것과, 너무 많은생각을 할 필요가 없다는 것 그리고 여전히 보수를 받을 것이라는 생각을 상기시킨다. 이런 시도가 반드시 좋은 생각이라고 말하려는 것은 아니다. 다만 그런 사고 과정은 지극히 정상적인 것으로, 뇌로 하여금 어떤 시스템들을 통제 아래로 되돌려주는 무작위의 아이디어를 찾게끔 한다.

재조직은 학습을 위한 신경학적인 기반이다. 패턴 매칭에서 다루겠지만, 우리의 마음은 특정한 원인과 특정한 효과를 연관시키는 학습 기계이다. 마음이 아직 특정한 상황에서 무엇을 해야 할지 학습하지 못했을 경우, 문제를 푸는 최선의 방법은 데이터를 수집하는 노력을 통해 새로운 방법을 시도해 보는 것이다. 그것이 재조직의 역할이다. 그것은 문제를 풀어줄 만한 새로운 방법을 구상하거나 시도해 보도록 충동질한다.

재조직을 이해하기 위한 최선의 방법은 그것을 거부하지 말라는 것이다. 가끔 학습을 지연시키는 뭔가 다른 일을 시도하고자 하는 충동에 저항하거나 억제하면서, 모든 일이 잘 될 것이라고 스스로를 납득시키고 싶어질 때가 있다. 이런 '영혼의 어두운 밤'은 전혀 이상하거나 비정상적인 일이 아니다. 그것은 당신의 삶에 관련된 어떤 인식이 통제 밖에 있다는 신호다. 문제를 해결하고 더 많은 데이터를 수집하기 위해서 재조직 조치가 필요하다. 당신의 인지를 통제 아래로 되돌려주는 방법을 학습하게 되면, 재조직은 자연적으로 멈춘다.

길을 잃은 느낌을 받을 때는 용기를 내라. 그것은 단지 당신의 뇌가 좋은 선택을 하기 위해 정보를 수집하는 과정에 불과하다. 뭔가 새로운 것을 시도하려는 충동을 받아들이는 일은 그러한 재조직의 과정을 보다 빨리 벗어나도록 도울 것이다.

참조 링크: https://personalmba.com/reorganization/

갈등
Conflict

"우리가 직면하는 심각한 문제들은 그것들을 창조했을 때 생각하던 수
준으로는 해결되지 않는다."

알버트 아인슈타인(Albert Einstein), 세기의 물리학자

모든 사람이 좋아하는 성격 결함인 '미루는 버릇'에 대해서 잠깐
생각해 보자.

우리 모두는 어느 정도까지는 꾸물거린다. 과제가 너무 많을 때
그것들이 다급해질 때까지 미루는 것은 자연스러운 반응이다. 지
금 당장 해야 될 것들이 있는데, 아직 마감이 다가오지 않은 미래
일들에 어떻게 집중할 수 있겠는가?

특히 당혹스러운 사실은 과제들을 처리할 시간이 있음에도 불
구하고, 지금 당장 그것을 하고 싶지는 않다는 것이다. 우리 중 일
부는 일하기 원하고, 일부는 일을 하지 않기를 원한다. 자신을 업
무로 강제로 몰아붙이면, 쉽게 주의가 분산이 되고 업무 성과도
그리 높지 않다는 사실을 발견할 것이다. 휴식을 취하고 싶은데
일하지 않고 있다는 것에 대해 나쁜 감정이 들면, 그것은 당신이
온전히 쉬고 있지 않음을 의미한다.

실제로 일을 하지도 않고, 온전히 휴식하지도 못하면서 날짜만

지나가게 될 경우, 당신은 아무것도 이루지 못하는 수고로 인해서 탈진을 느끼게 된다.

갈등은 두 개의 통제 시스템이 동일한 인식을 바꾸려고 시도할 때 발생한다. 당신이 꾸물대는 동안, 뇌의 하부 시스템 중의 한 부분은 '업무 수행'을 하게끔 제어하려는 반면에, 다른 부분은 '충분한 휴식'을 갖도록 제어하려고 시도한다. 두 개의 시스템이 신체적 행동을 통해 동일한 인식을 통제하고자 하기 때문에, 두 시스템 사이에서는 각각이 원하는 방향으로 인식을 움직이기 위한 주도권 싸움이 벌어진다.

이것은 동일한 방에서 온도를 통제하기 위해 싸우고 있는 난방기와 에어컨의 상황과 비슷하다. 두 시스템의 기준 레벨이 상호 배타적이라면 그 어느 시스템도 통제 아래에 놓일 수 없으며, 각각은 원하는 방향으로 시스템을 움직이고자 하는 노력을 멈추지 않을 것이다. 일시적으로 한 시스템이 인지되는 상황을 통제 아래에 놓을 수 있겠지만, 다른 시스템이 통제 밖에 놓여 있다는 것을 알기까지 오래 걸리지 않을 것이고, 상황은 다시 통제 밖으로 벗어나게 된다.

꾸물거리고 미루는 것은 내부적 심리 갈등의 좋은 예이다. 그런데 갈등은 사람 사이에도 발생하게 된다. 사람들이 동일한 입력을 요구하는 서로 다른 결과물을 통제하려고 할 때 갈등이 발생한다. 동일한 장난감을 차지하려고 싸우는 두 아이를 생각해 보자. 앞서 일을 미루는 것과 온도 조절 경우처럼 경쟁 상황이 다시 벌어지게 될 것이다. 이 경우 유일한 통제 시스템은 사람이다. 한 아이가 장난감을 차지하고 있는 한, 다른 아이는 화가 나게 될 것이다. 그 결과, 장난감은 둘 사이에서 계속적으로 왔다 갔다할 것이고 두 아이 모두 화가 나게 될 것이다.

한정된 예산을 배정받기 위해 다투고 있는 대기업의 임원들을 생각해 보자. 갈등이 어디서부터 야기되었는지는 쉽게 짐작할 것이다. 만약 백만 달러의 예산이 한 임원에게 배정되면, 다른 모든 임원들은 예산을 사용할 수 없게 된다. 그들은 기업 내부의 정략적 상황에서 최대의 결과를 얻기 위해서 이의를 제기한다.

대인 관계에서 갈등을 일으키는 요인 중의 하나는 우리가 결코 타인의 행동을 온전히 통제할 수 없다는 사실이다. 우리는 영향을 주고, 설득하고, 고무시키고, 협상할 수는 있지만, 결코 타인의 인식에 직접적으로 조치를 취하거나 그들의 기준 레벨을 직접 바꿀 능력은 없다.

갈등은 개입된 집단들이 성공을 어떻게 정의하느냐에 따른 기준 레벨을 바꿀 때에만 해결될 수 있다. 수용할 수 없는 행동에 대해 단순하게 주의를 끄는 것으로 갈등을 해결하려는 시도는 효과적이지 않다. 그것은 의지력이 행동을 직접적으로 바꿀 수 없는 것과 같다. 그러한 시도는 갈등의 근본 요인을 다루는 것이 아니다.

갈등에 연루된 각각의 집단은 상이한 기준 레벨을 가지고 있다. 이 기준 레벨은 처해진 상황이나 환경에 의해 주로 영향을 받는다. 갈등을 푸는 유일한 길은 각 집단의 기준 레벨을 바꾸는 것이며, 이는 상황의 구조를 바꿀 때 효과가 가장 크다.

일을 미루는 경우, 갈등은 업무와 휴식을 위해 확고한 시간 계획을 세움으로써 끝낼 수 있다. 이때 각각을 위한 시간이 충분해야 한다. 닐 피오레^{Neil Fiore}는 저서《미루는 습관^{The Now Habit}》에서 업무보다 휴식을 우선하는 '역 스케줄' 작업을 추천한다. 자신에게 필요한 충분한 휴식과 여가가 주어지게 될 것이고, 지금은 업무 수행을 위한 얼마간의 시간 밖에 남지 않았음을 뇌가 확신하게 되면, 생산적인 업무 수행에 집중하는 것이 보다 쉬워진다는 것이다.

난방기와 에어컨이 다투게 되는 상황은 온도 조절장치의 값이 갈등을 일으키는 설정 온도에 머무르고 있는 한 지속된다. 기준 레벨을 바꾸면, 갈등을 해결할 수 있다.

다투고 있는 아이들(또는 임원들)의 경우, 각자 같은 장난감을 받게 될 것이라거나, 다투다가는 아무도 장난감을 얻지 못할 것이라고 확신시켜서 상황을 바꿀 수 있다. 아니면 그들의 성공 기준을 '내 것으로 만들기'에서 '함께 놀기/일하기'로 바꾸어 볼 수도 있다.

각각의 집단이 성공의 평가로 활용하는 기준 레벨을 만드는 상황을 바꾸면, 갈등을 없앨 수 있다.

참조 링크: https://personalmba.com/conflict/

패턴 매칭
Pattern Matching

"기억은 괴물과 같아서, 당신이 잊더라도 사라지지 않는다. 단순히 다른 곳에 보관되어 있을 뿐이다. 기억은 기억해야 할 것을 보관하기도 하고, 숨기기도 한다. 그 자신의 의지로 기억은 당신의 회상 속으로 기억해야 할 것을 끄집어내기도 한다. 당신이 기억을 소유하고 있다고 생각하겠지만, 기억이 당신을 소유하고 있다."

존 어빙(John Irving), 소설가이자 아카데미상 수상 극작가

우리는 중력이 무엇인지 알기 훨씬 전에, 공을 놓으면 공이 지면을 향해 움직인다는 것을 알았다. 처음 몇 번 공을 놓는 동안, 공은 항상 지면으로 떨어졌을 것이다. 어떤 사물이든 손을 벗어나면 지면으로 떨어진다는 것을 학습하는 데 그다지 많은 경험이 소요되지 않았다. 중력은 우리 뇌가 스스로 학습한 무엇인가에 붙여진 이름이다.

뇌에 대해 가장 흥미로운 요소 중의 하나는 자동적으로 학습하고 패턴을 인식하는 뇌의 기능이다. 파블로프의 유명한 개를 떠올려 보자. 종을 울리면 개들은 침을 흘리기 시작한다. 파블로프는 개들에게 패턴을 가르쳤는데, 종이 울릴 때마다 먹이가 주어진다는 것이었다. 개들은 그 패턴을 학습하는 데 그리 긴 시간이 걸리지 않았고, 심지어 먹이가 등장하기도 전에 침을 흘렸다.

인간의 뇌는 자연적인 패턴 매칭 기계다. 뇌는 우리가 인지하는 것에 대한 패턴을 끊임없이 바쁘게 찾아내서, 기억 속에 저장된 기존의 패턴에 새로운 패턴을 연합시키는 활동을 한다. 패턴 매칭의 과정은 의식적인 노력 없이 자동적으로 이뤄진다. 단순히 주변의 세상에 주의를 기울임으로써, 뇌는 새로운 패턴을 수집해서 기억에 추가한다.

인간은 기본적으로 실험을 통해 패턴을 학습한다. 꼬마 아이가 엄마에게 안기기를 원할 경우, 여러 다양한 시도를 통해 단시간에

어떠한 반응이 원하는 결과를 가져오는지 학습하게 된다. '내가 울면, 엄마가 나를 끌어 올려 안아 줄 것이다'가 그 전형적인 예이다. 그때부터 아이는 동일한 결과를 바랄 때마다 그 패턴에 의존할 것이다.

기억은 과거의 경험으로부터 학습한 패턴의 데이터베이스로 생각할 수 있다. 패턴은 장기간의 기억으로 저장되며, 새롭거나 평범하지 않은 상황에 대한 반응을 결정하기 위해서 활용된다. 회상은 속도에 최적화되어 있으며 정확도는 떨어진다. 이는 인간의 뇌가 정보를 맥락적으로 저장하기 때문에, 패턴이 필요할 때 신속하게 연관된 패턴들을 회상할 수 있도록 돕기 때문이다. 잃어버린 열쇠를 찾는 최상의 방법으로 최근에 방문했던 장소들을 기억으로 더 듬어가는 것은 그 좋은 예다. 맥락은 정보를 더 쉽게 회상할 수 있게 돕는다.

정확한 패턴들을 더 많이 학습할수록 새로운 문제를 해결하는 데 더 많은 대안들을 확보하게 된다. 패턴 매칭은 경험자들이 미경험자들보다 더 나은 결정을 내리는 경향을 보이는 근본적인 이유 중 하나다. 경험자들은 그들의 경험을 통해 보다 정확한 패턴을 학습했다. 활용할 수 있는 정신적 데이터베이스가 더 클수록 전문가들은 그들의 전문성을 보다 높일 수 있다.

패턴 매칭은 인간의 마음의 기반이 되는 능력이자 마음이 작동하는 원리다. 정확한 패턴들이 기억 속에 더 많이 저장될수록 인생에서 부딪히는 문제들에 더 빠르고 정확하게 반응할 수 있다.

참조 링크: https://personalmba.com/pattern-matching/

정신적 시뮬레이션
Mental Simulation

"나는 대리석 속에서 천사를 보았고, 그를 자유롭게 해줄 때까지 조각했다."

미켈란젤로 부오나로티(Michelangelo Buonarroti), 이탈리아의 조각가이자 건축가

퀴즈: 활화산의 중앙으로 뛰어드는 것을 상상해 보라. 좋은 아이디어인가?

비록 개인적으로 화산에 뛰어들어 본 적이 없다거나, 그렇게 한 누군가를 본 적이 없을지라도 이 질문에 대답하는 것에는 단 1초도 걸리지 않는다. 당신이 답을 내리는 과정은 매우 비범하다. 어떻게 이전에 결코 숙고해보지도 않았던 무엇인가에 대한 대답을 순식간에 알 수 있었는가?

정신적 시뮬레이션은 상황을 구체화한 다음, 행동하기 전에 가능한 결과를 예측하기 위해서 상상하는 마음의 능력이다. 인간의 마음은 주변에서 일어나는 상황과 어떤 행동을 고려하고 있는지에 기초해 미래에 어떤 일들이 일어날 것인지를 끊임없이 예측해 나간다. 그것은 낯선 문제들을 해결하기 위한 인간의 능력을 급격히 향상시켜준다.

정신적 시뮬레이션은 우리가 인지와 경험을 통해 학습해 온 패턴들의 데이터베이스인 기억에 의존한다. 화산에 뛰어드는 상상을 했을 때, 우리의 뇌는 어떠한 개인적 경험도 찾을 수는 없었지만, 용암은 뜨겁고, 뜨거움은 물질을 불사르고, 불은 고통스럽고 위험

스러우며, 고통스럽고 위험스러운 것은 나쁘다는 일련의 연합관계를 찾아냈다. 이러한 연합의 과정은 순식간에 가능한 결과를 시뮬레이션하고 '매우 나쁜 아이디어'라는 순간적 판단을 도출해낸다.

정신적 시뮬레이션은 매우 강력하고 재주가 많아서 심지어 돌출적인 행동을 위험 부담 없이 시험해 볼 수도 있다. 어떠한 목적이나 시나리오가 주어지더라도, 우리 뇌는 정신적 시뮬레이션을 사용해 현재 우리가 있는 지점 A와 우리가 상상하고 있는 지점 B를 연결한다. 시뮬레이션에서 유일한 한계는 우리의 상상력이다.

예를 들어 어떻게 하면 남극에 도착할 수 있을까? 흔치 않은 질문이겠지만, 잠시 동안 마음속에 최종 결과를 떠올리면서 우리 뇌는 이미 학습한 패턴들을 기반으로 각 지점들을 자동적으로 연결하기 시작한다. '여행사에 전화해서… 남극까지 한꺼번에 크루즈로 가거나… 아르헨티나행 비행기를 타야만 할지도… 정말 따뜻한 외투를 사야 될 거야…' 등의 생각을 하면서 말이다. 이러한 생각들은 그다지 큰 노력 없이 단순하게 떠오르게 되는데, 우리 뇌는 바로 그것을 위해 디자인되었다.

정신적 시뮬레이션은 '지점 B'가 주어질 때에만 작동을 하는데, 그러한 조치나 목적이 완전히 돌발적이더라도 상상할 수 있는 가장 비현실적이고 황당한 목적지로 가는 경로를 시뮬레이션 할 수 있다. 구글 맵이나 자동차용 GPS 시스템과 같은 서비스를 이용한다고 생각해 보자. 그 시스템은 정확한 방향을 알려줄 수는 있겠지만, 목적지를 입력하지 않는 한 작동하지 않을 것이다. 목적지가 가장 친한 친구의 집일 수도 있고 뉴멕시코의 앨버커키^{Albuquerque} 같은 생소한 곳일 수도 있다. 나중에 논의하겠지만, 어떠한 경우든 목적을 제공하지 않는 한 시스템은 작동할 수 없다. 동일한 규칙이 정신적 시뮬레이션에도 적용된다. 목적이 없이는 시뮬레이션이 불가능하다.

정신적 시뮬레이션은 의식적으로 그것을 강화시키는 법을 배울 때 특히 강력해진다. 나중에 조건법적 시뮬레이션에서 좀 더 자세히 살펴볼 것이다.

참조 링크: https://personalmba.com/mental-simulation/

해석과 재해석
Interpretation and Reinterpretation

"인간은 사물을 있는 그대로 보지 않는다. 자기의 의지대로 보는 것이다."

아나이스 닌(Anais Nin), 작가

누군가로부터 받은 전자메일이 당신을 매우 화나게 만들었는데, 나중에 보니 어투나 메시지의 의도를 오해했음을 깨달은 적이 있는가? 당신은 자신이 인지했던 생각에 의존하는 것은 진실이 아니며, 오히려 다른 식으로 메시지를 해석하는 것이 합리적이라는 결론에 이르렀을 것이다.

우리의 마음은 항상 서로 다른 행동의 과정을 시뮬레이션하지만, 때로는 어느 한 패턴이 완전히 정확하다고 확신하기 위한 충분한 정보가 없을 경우가 있다. 우리는 모든 것을 알지 못하고 완전한 데이터를 결코 가질 수 없기 때문에, 감지한 것들을 기억 속에 저장한 패턴들을 통해 해석함으로써 부족한 정보를 보완하려고 한다. 반대되는 어떠한 정보도 없을 경우에는 마음이 창조한 해석에 의존해 '결론으로 뛰어들' 것이다.

공백들을 채우기 위한 능력은 생리학적 수준에서도 일어난다. 시각적으로 우리는 두 개의 완전한 사각지점을 가지고 있는데, 그곳은 시각을 담당하는 신경과 안구 사이의 연결통로다. 실제로 우리는 그 사각지점을 볼 수 없지만, 우리의 뇌는 자동적으로 주변의 정보를 통합해 끊김 없이 그 사각지점을 보완한다. 그 결과 우리는 하나의 완전한 시야를 확보한 것으로 여기지만, 실은 정보를 해석하는 뇌기능에 의해 창조된 환영일 뿐이다.

인간의 뇌는 부족한 정보를 해석하기 위해 과거의 패턴들과 정보에 끊임없이 의존한다. 전자메일 계정의 스팸 폴더를 생각해 보자. 그 폴더는 기존 스팸 메시지들의 통계적 분석을 이용해 새로 들어오는 메시지가 스팸일 가능성을 평가하는데, 그 과정을 베이스의 추정Bayesian estimation이라고 부른다. 메시지들은 스스로를 스팸이라고 밝히지 않지만, 컴퓨터 베이스의 스팸 필터가 그것들을 분별해낸다.

당신의 뇌도 당신이 매번 누군가를 만나고 난 직후에 그를 좋아할지를 결정하는 순간에 비슷한 작업을 하며, 과거에 다른 사람들과의 관계에서 순간적 판단을 내렸던 경험들을 통해 학습한 패턴들에 의존한다.

그런데 이런 순간적 해석은 변경될 수도 있다. 그것이 재해석이라고 부르는 과정이다. 당신의 주변에 있을 때마다 늘 조용하고 냉담해지는 어느 매력적인 사람과의 만남을 생각해 보자. 단번에 그 행동을 그들이 부끄러워하거나 당신을 그다지 좋아하지 않는다는 신호라고 해석할 수 있다. 그러나 만일 당신의 친구로부터 그들이 당신에게 로맨틱한 관심이 있다는 것을 듣게 되면, 그 사람의 과거 행동에 대한 당신의 해석은 그 즉시 바뀔 수 있다.

재해석은 기억이 근본적으로 비영속적이기 때문에 가능하다. 우리의 기억은 컴퓨터 디스크와 달라서, 우리가 매번 기억을 떠올릴 때마다 단순히 그것들을 동일한 상태로 동일한 장소에 재저장하지 않는다. 우리가 뭔가를 회상할 때마다, 그 기억은 꼬여진 상태로 다른 장소에 저장된다. 새로운 기억은 추가된 변경사항을 포함하게 된다.

의식적으로 과거의 사건들을 떠올려 능동적으로 재해석하면 당신의 신념과 정신적 시뮬레이션에 변화를 가할 수 있다. 정신적 시뮬레이션과 해석은 기억 속에 저장된 패턴들에 의존하기 때문에, 뇌의 시뮬레이션 결과를 바꾸기 위한 최선의 방법은 시뮬레이션이 기반을 두는 정신의 정보 데이터베이스를 바꾸는 것이다. 데이터베이스를 바꾸는 방법이 바로 재해석이다.

모티 레프코^{Morty Lefkoe} 는 저서 《당신의 인생을 재창조하는 법^{Re-Create Your Life}》에서 단순하면서 유용한 방식으로 과거의 사건들을 재해석하는데 사용할 수 있는 일련의 과정을 가르친다.

1. 원하지 않는 패턴을 식별하라.
2. 저변에 깔린 신념을 규정하라.

3. 가능한 많은 오감적 데이터를 이용해 기억 속에 있는 신념의 근원을 식별하라.
4. 기억에 대해 가능할 만한 대체 해석들을 기술하라.
5. 당신의 원래의 신념은 실제가 아니라 해석임을 깨달으라.
6. 원래의 신념이 '거짓'이라서 거부할 것임을 의식적으로 선택하라.
7. 당신의 재해석을 '진실'로 수용할 것임을 의식적으로 선택하라.

개인적으로 레프코의 프로세스를 사용했던 예로는, P&G에서 브랜드 관리자로서의 나의 경력을 처참한 실패로 해석했던 방식을 들 수 있다. 당시 나는 고속 승진하는 관리자에 속해 있었고, 그렇기에 '그만둘 수 없어서' 나는 '다른 생각을 지워버렸다'. 한동안 그것이 진실이라고 믿었지만, 그 신념은 나를 만족시켜주지 못했다. 내가 대안을 찾고 있을 때, 내 마음은 자연스럽게 그 '실패'가 새로운 프로젝트에까지 미칠 것이라고 시뮬레이션하고 있었다. 나의 마음이 그러한 방식으로 미래를 시뮬레이션하려는 해석에 의존하는 동안, 나는 자괴적인 악순환에 빠져버렸다.

다행히도 나는 P&G에서의 과거 경력을 다른 방법으로 해석하기도 했다. 나의 경험이 대기업에서 일하는 요령을 스스로에게 너무 많이 가르쳐 주었고, 내가 어떤 일을 잘하고, 어떤 일이 특별히 즐겁지 않으며, 나의 시간을 어떻게 투자하기를 원하는지를 배웠다는 것이다. 실제로 P&G에서의 업무는 나에게 맞지 않는 길이 무엇인지를 발견하게 도와주었고, 덕분에 그 길을 멈추고 나의 장점과 기대에 부합하는 일을 찾을 때까지 다양한 시도를 할 수 있었다. 그것은 커다란 승리이자 막대한 인생 발전이었다.

어떤 해석이 '진실'인가? 둘 다 유효한 해석이다. 내 마음이 첫 번째 해석을 내렸을 때도 잘못된 것은 아니었지만, 나를 만족시키지는 못했다. 그 상황을 재해석하고 두 번째 해석을 '진실'로 받아들인 것이 더 유용했다. 두 번째 해석이 아니었다면, 아마도 이 책이 나오지 못했을 것이다.

당신의 과거를 재해석하라. 그러면 현재에서 거대한 일들을 성취할 수 있는 능력을 향상시키게 된다.

참조 링크: https://personalmba.com/interpretation/

동기
Motivation

"하지만 싫어!!!"

어디에나 있는 두 살짜리 아이들

동기란 '나는 정말로 이 일을 성취하려는 동기를 느끼고 있어'라든가 '지금 당장 이 일을 하고 싶은 동기가 느껴지지 않아'라는 문장을 사용하는 것처럼, 아마도 당신이 항상 생각하는 그 무엇이다.

우리들 대부분은 일상적인 경험을 설명하는 언어에 의존해 사고하기 때문에, 우리가 실제로 무엇을 말하려고 하는지를 먼저 이해하는 행위는 유익하다.

동기는 행동을 일으키기 위해 협력해야 하는 뇌의 각 부분들을 연결시켜 주는 감정적 상태다. 양파 구조의 뇌를 기본 모델로 사용하자면, 동기는 세상을 인지하는 중뇌와 신체가 행동하도록 신호를 전송하는 후뇌 사이의 연결이다. 대부분의 경우 동기는 자동적이라서, 우리의 마음이 현실의 상태와 원하는 상태 간의 차이를 인지하면, 신체는 자동적으로 그 차이를 제거하려는 행동을 취한다.

동기의 경험은 두 개의 기본적인 욕구로 나눠질 수 있는데, 원하는 대로 진행하는 것과 원하지 않는 것으로부터 벗어나는 것이 그것이다. 인간의 기본 욕구를 채워주는 대상이 바랄 만하게 나타나면, 그것을 향해 나가고자 하는 충동을 경험하게 된다. 드러난 대상이 위험스럽거나, 두렵거나, 위협적이면 바람직하지 못하기 때문에, 자연스럽게 그것으로부터 벗어나기 위한 충동을 경험하게 된다.

일반적으로 '회피하는 것'이 '직면하는 것'보다 우선한다. 그 이유는 석기시대 동굴주거인 증후군을 돌이켜보면, 사자로부터 도망치는 것이 점심 식사를 준비하는 것보다 우선하기 때문이다.

새로운 사업을 시작하는 흥분된 기회가 찾아 왔다고 가정해 보자. 흥분의 감정은 그 기회를 향해 나가는 원동력이 될 것이다. 동시에, 그 기회가 고임금의 직장을 떠나는 것을 요구한다면, 위험 부담을 느낄 것이다. 그래서 그 기회를 회피하려는 압박을 느끼게 되어 갈등이 발생한다. 위험 부담이 흥분 감정을 압도하면, 기회를 선택했을 때 위험의 확률이 미미하더라도 선택을 주저하게 될 것이다. 안전을 원하는 우리 마음속의 심리 과정은 매우 좋은 이유로 발달되었지만, 오늘날 우리가 내리게 될 대부분의 결정들은 죽음을 불러일으킬 만큼 위험하지 않다.

동기는 감정이다. 따라서 논리적이고 합리적인 활동은 아니다. 당신의 전뇌가 당신이 어떤 일에 동기부여 되어야만 한다고 생각하는 것과 당신이 자동적으로 그 일에 동기를 느끼게 되는 것은 다른 의미다. 어떤 일이 매우 쉬울 때에만 자동적으로 동기를 느낄 것이다. 정신적 시뮬레이션과 패턴들과 갈등과 해석은 중뇌에 숨어서 우리가 성취하기 원하는 바로 진행해 나가는 길에 자주 끼어들 수 있다. '회피하라'는 신호가 계속적으로 전송되는 한, 원하는 바를 향해 나아가는 데 동기부여 되는 것은 매우 힘들다.

동일한 관점에서, 업무 속도를 높이기 위해 직원들에게 고함을 치면서 '동기 유발' 할 수는 없다. 훈련 교관 방식으로 접근하면 훈련병은 가능한 교관으로부터 멀어지려고 할 뿐이다. 그들은 어쩔 수 없는 상황에서 임시적으로 우호적인 태도를 보일 수도 있지만, 기회를 잡는 순간 훈련 교관으로부터 거리를 두게 될 것이다.

잠재적인 위협으로부터 회피하도록 강요하는 내면의 갈등을 제거하면, 당신이 원하는 바로 나갈 수 있는 동기 유발의 감정을 경험하게 될 것이다.

참조 링크: https://personalmba.com/motivation/

억제
Inhibition

"억제는 멈출 수 있는 능력이다. 우리가 달성하기 위해서 적절히 준비
될 때까지 우리의 반응을 미루는 것이다."

마이클 갤브(Michael Gelb), 《레오나르도 다빈치처럼 생각하기》 저자

믿거나 말거나, 당신의 일상적 행동 대부분은 매우 적은 의식적
판단을 요구한다.

대부분의 경우 우리의 몸과 마음은 자동 조종장치처럼 움직인
다. 우리의 마음은 주변 세상을 감지한다. 그런 다음 내면의 기준
레벨에 맞추어 환경과 행동을 비교한 뒤, 그에 따라 행동한다. 자
동차 운전을 생각해 보자. 연습을 통해 우리의 몸은 자동차가 도
로를 주행하는 데 필요한 모든 것들을 수행하게 된다. 매번 깊은
의식적 성찰을 요구하는 것은 아니다.

그러나 어쩌다 한 번씩은 자동 조종장치 모드를 무시하고 무엇
인가 다른 행동을 해볼 만하다. 만일 숲을 지나가다가 곰과 마주
치게 되면 순간 본능적으로 떠오르는 생각은 도망치는 것이다. 만
일 당신이 도망치게 되면, 곰은 당신을 식사거리로 여기고 당신을
뒤쫓을 것이다.

실제는 도망치는 대신에 그 자리에 버티고 서서 최대한 자신을
크고 우렁차고 위협적으로 보이도록 하는 것이 더 효과적이다. 위
협적으로 보이게 하려면 자연스러운 반응을 의식적으로 억제해야
한다. 그러면 곰이 당신을 위협적인 존재로 보고 그대로 놓아주는

효과를 얻게 된다.

억제는 우리의 자연스러운 성향을 일시적으로 극복할 수 있는 능력이다. 만일 형제자매나 동료가 미숙하고 불쾌하고 귀찮게 하는 행동들을 참아냈던 적이 있었다면, 억제가 당신으로 하여금 나중에 후회하게 될 행동을 막아준 것이라 볼 수 있다.

의지력은 억제의 연료다. 양파 구조의 뇌에서 다루었듯이, 전뇌의 역할은 모호성을 해결하고 결정을 내리며 억제하는 것이다. 환경에 대한 우리의 자연스러운 반응을 억제할 때마다 의지력이 작동한다. 중뇌와 후뇌는 자동 조종장치와 같지만, 전뇌는 그것을 뛰어넘는다. 그런 관점으로 보면, '자유 의지'는 오해의 소지가 있다. 오히려 '자유롭게 하지 않을 의지'가 보다 정확한 기술이 될 것이다.

어떤 결정이나 반응을 억제하는 것은 유익할 수 있지만, 우리의 억제 능력은 한계가 있다. 그것은 다음 지면에서 논의할 것이다.

참조 링크: https://personalmba.com/inhibition/

지위 신호
Status Signals

"인민 극장이라니, 말도 안 돼요! 귀족 극장이라고 불러야 사람들이 올 거예요."

쥘 르나르(Jules Renard), 19세기 프랑스 작가

매일 매 순간, 뇌 기능의 중요한 기능은 다른 사람들과 비교하여 자신이 어떻게 평가되는지 추적하는 데 전념하고 있다. 누구나 큰

노력 없이도 다음과 같은 목록을 쉽게 만들 수 있다.

- 나보다 더 매력적인 사람은?
- 누가 나보다 강한가?
- 누가 나보다 더 부유한가?
- 나보다 더 영향력 있는 사람은?
- 나보다 더 강력한 사람은?
- 나보다 더 유명한 사람은?
- 특정 기술 분야에서 누가 나보다 더 뛰어난가(해당 분야에 대한 숙련 여부는 중요하지 않은가)?

인간은 사회적 동물로, 집단에서 생존하고 번성하도록 만들어졌다. 집단행동은 종종 적대적인 환경에서 생존을 보장하는 데 있어 많은 이점을 제공하지만, 희소한 자원을 차지하기 위한 그룹 내 경쟁을 유발하기도 한다.

집단 내에서 번영하는 개인은 미모, 부, 힘, 연대 구축, 집단 영향력 등 명백한 생식과 생존 차원에서 가장 성공적으로 경쟁하고 새로운 차원을 발명하여 혁신하는 능력을 가진 사람인 경향이 있다. 그렇기에 인간은 수백만 가지의 다양한 분야에서 기술을 탐구하고, 창조하고, 구축하려는 특성이 있으며, 어떤 분야에서 '최고'가 되는 것은 사회적 지위를 높이는 직접적인 방법이 된다.

상대적 지위는 정확하게 계산하기 까다로운 경우가 많기에 SNS에서는 개인의 사회적 지위나 그룹 소속감을 높여주는 무형의 가시적 지표인 지위 신호Status Signals에 의존한다. 희귀하거나 값비싼 물건, 상, 명예, 공신력 있는 경쟁에서 승리하기, 검증할 수 있는 대중의 찬사 등은 모두 지위 신호의 대표적인 예다.

지위 문제는 인간의 욕망과 행동에 깊숙이 스며들어 있다. 영화배우가 되는 꿈을 꾸어본 적이 있는가? 연기자나 음악가는? 프로 운동선수는 어떤가? 우주 비행사나 CEO는? 정치인이나 세계 지도자가 된다면? 그 외 유명인은 어떤가?

이러한 직업은 모두 사회적 지위가 높은 직업이며, 이들 지위는 해당 분야에 진입하고, 경쟁하고, 지위를 유지하는 데 필요한 극단적인 요구와 희생에 대한 보상의 큰 부분을 차지한다.

벤틀리, 람보르기니, 페라리, 테슬라 모델 S를 사고 싶었던 적이 있는가? 개인 제트기나 나만의 요트는? 개인 소유 섬은 어떤가? 이러한 것들은 실용성을 떠나서 모두 부를 상징하는 지위 지향적인 '인지상태'와 관련 있다.

노벨상, 타임지 올해의 인물, 오스카상 수상 또는 권위 있는 명예 훈장을 받고 싶었던 적이 있는가? 이러한 종류의 상은 중요성, 기술 또는 영향력을 나타낸다.

누군가가 인상적인 일을 성취하거나, 멋진 것을 추구하거나, 얻기 어려운 관심을 받을 때 부러움을 느낀 적이 있는가? 그런 경우의 혜택이 당신에게 어떤 식으로든 해를 끼치거나 깎아내리지는 않지만, 타인의 행운은 당신에게 실제적인 영향이 미약함에도 불구하고 당신의 상대적 지위를 변화시킨다.

이러한 종류의 사고와 행동 패턴은 모든 수준에서 작동한다. 인간의 인지 자원 중 상당 부분은 자신의 현재 상태와 다른 사람을 비교한 상태의 변화를 추적하는 데 사용된다. 마찬가지로 우리의 감정과 행동에 영향을 미치는 많은 요소는 하나의 질문으로 귀결된다. '이것이 내 사회적 지위를 의미 있는 방식으로 개선할 수 있을까?'

롤렉스가 타이맥스보다 시간을 더 잘 알려주지는 않지만, 부를 나타내는 확실한 신호라는 점이 무엇보다도 중요하다. 마찬가지로 올림픽 금메달은 수년간의 강도 높은 훈련에 대한 시간당 보상으로서는 형편없는 수준이다. 그뿐만 아니라, 큰 틀에서 보면 누가 2위 선수보다 조금 더 빨리 달리거나 게임을 조금 더 잘했는지가 정말 중요할까? 다시 말하지만, 그게 중요한 게 아니다. 올림픽 금메달은 전 세계적으로 인정 받는 승리의 상징이다. 단지 메달의 재료가치나 기술의 가치가 중요하지 않다. 금메달은 우승자에게 부여되는 지위의 가치에 관한 것이다.

지위의 추구는 인간 본성의 일부이며 좋은 쪽으로든 나쁜 쪽으로든 활용될 수 있다. 지위 동기에 의한 행동을 인식하는 법을 배우면 자신과 타인들이 왜 예측할 수 있는 방식으로 행동하는 경향이 있는지 이해하고, 일반적인 함정을 피할 수 있으며, 현명한 결정을 내리는 능력을 향상하는 데 도움이 된다.

참조 링크: https://personalmba.com/status-signals/

지위 오작동
Status Malfunction

"인간은 타인의 경험을 통해 배울 수 있는 능력을 지닌 거의 유일한 존재이자, 동시에 그러한 경험에서 배우기를 싫어하는 놀라운 존재다."

더글러스 애덤스(Douglas Adams), 유머 작가이자 《히치하이커 안내서》 시리즈 저자

지위에 대한 경쟁은 종종 극단적으로 치닫는다. 지위 상승에 따른 잠재적 이익이 클수록 심각한 오류나 잘못된 투자의 위험도 커진다. 이러한 경향을 '지위 오작동'이라고 부른다. 어떤 옵션이 지위 측면에서 매력적으로 보일수록 그 옵션에는 심각한 단점이나 함정이 있을 가능성이 높으며(해당 지위에 대한 경쟁이 극심한 경우), 이러한 단점을 무시하거나 과소평가하고 그 옵션을 추구할 가능성이 커진다.

어쨌든, 올림픽 메달의 예로 돌아가 보자. 사람들은 금메달리스트에게만 관심을 기울인 채 대부분의 올림픽 유망주가 일상적인 생활비조차 마련하기 어렵다는 사실을 간과한다. 강도 높은 훈련 일정을 유지하는 일은 사업을 운영하거나 정규직 유지와는 양립할 수 없는 경우가 많으며, 후원 기회도 제한적이다.[4]

승자에게는 지위(인정)와 후원과 같이 재정적 기회라는 전리품이 주어지지만, 나머지 사람들에게는 경쟁에 대비하는 대가로 금전적 어려움과 불확실한 미래가 주어진다.

나는 브로드웨이 무대를 빛내는 공연자 몇 명을 알고 있다. 주연으로 캐스팅되면 말 그대로 자신의 이름에 조명이 비추어지고, 수만 명의 관객 앞에서 공연하며, 열광적인 팬을 확보할 기회를 얻을 수 있다. 하지만 그 덕분에, 오디션에 지원했던 대부분이 탈락으로 이어지며, 모든 프로젝트는 한 번의 기회만을 노리는 '투기

적'이라는 단점이 있다. 이는 초보자에게 종종 과소평가 받는다. 이 때문에 다른 좋은 기회를 놓치게 되고 업무에 대한 부담으로 인해 가족을 부양하는 것이 어려워질 수도 있다.

배역을 따내더라도 내 자리를 대신할 다른 배우가 있기에 프로듀서가 대부분의 권한을 갖게 되고, 그들의 차선책이 항상 나의 힘보다 강하기 때문에 협상력이 떨어지게 된다. 아무리 좋은 작품과 최고 수준의 작품이라도 공연 횟수가 제한되어 있으므로, 비록 연기를 잘 해내더라도 몇 달 뒤에는 실직자가 되어 새로운 작품을 찾아야만 한다. 화려한 삶이지만 동시에 어려운 삶이기도 하다.

모든 종류의 공연자에게는 동일한 역학관계가 존재한다. 바로 일을 하려는 사람이 채울 자리보다 많다는 사실이다. 승자 독식 시장이기 때문에, 일시적인 승자는 항상 소수에 불과하다. 그렇다고 지위가 높은 역할을 차지하기 위해 경쟁하지 말라는 것은 아니다. 승자에게는 상당한 혜택이 주어질 수 있다. 지위 오작동을 이해하면 지위의 신비에서 정신적, 감정적으로 한 발짝 물러나 맑은 마음으로 선택지와 잠재적 기회를 검토하고, 무조건 헌신적으로 지원하기 전에 자신이 처한 일상적인 현실을 이해하는 데 도움이 된다.

지위 오작동은 다른 사람들이 간과하는 기회를 파악하는 방법이기도 하다. 용병 규칙에서 언급했듯이 쓰레기 처리, 배관, 석유 추출과 같은 사업은 지위가 높지는 않지만, 그 대신 수익성이 높을 수 있다. 지위가 낮은 시장에서 양질의 일을 하고자 하는 기업가와 사업주들은 많은 부를 쌓았다. 매력적인 방해 요소를 기꺼이 무시하고 효과가 있는 일에 집중한다면 삶의 중요한 영역에서 더 나은 결과를 얻을 방법은 무수히 많다.

참조 링크: https://personalmba.com/status-malfunction/

손실 혐오
Loss Aversion

"의심은 배신자로서, 시도하는 것을 두렵게 만들어서 우리가 종종 얻었을 수 있는 성공을 놓치게 만든다."

윌리엄 셰익스피어(William Shakespeare),
《자에는 자로(Measure for Measure)》 중에서

최근에 나의 아내인 켈시는 투자 신탁에서 얼마간의 펀드 예금을 인출하기로 결정했다. 중개인이 그녀의 계좌로 돈을 이체했을 때, 그들은 실수로 만 달러를 추가로 이체했다.

이성적으로는 당연히 그것은 대수로운 일이 아니어서, 쉽게 정정할 수 있는 간단한 실수였다. 하지만 그 돈이 전혀 자신의 것이 아니었는데도, 켈시는 추가 이체된 돈을 반납하는 행위를 마치 자신이 원래 보유했던 돈을 '잃어버리는' 것처럼 느꼈다.

손실 혐오(또는 손실 회피)는 사람들이 동일한 것이라도 얻는 것보다 잃는 것을 더 싫어함을 나타내는 용어다. 심리학적으로 측정 가능한 관계들이 많지는 않지만, 앞의 경우가 이에 해당된다. 사람들은 동일한 양의 획득 기회보다는 잠재적인 손실에 대해 두 배나 더 강하게 반응한다. 당신의 투자 포트폴리오를 살펴보았더니, 100퍼센트가 증가된 것을 알게 되면, 기분이 매우 좋아질 것

이다. 그러나 만일 포트폴리오가 100퍼센트가 감소된 것을 알게 되면, 당신은 끔찍함을 느끼게 될 것이다.

손실 혐오는 동기 부여와 관련해서 왜 기회보다 위협을 먼저 느끼는지를 설명해 준다. 손실은 매우 비싼 대가를 요구하고, 심지어는 생명의 위협도 포함하므로 손실에 대한 위협은 즉각적인 주의를 끈다. 사랑하는 사람을 범죄나 질병, 사고 또는 기아 문제로 인해 잃는 것은 인류 보편적으로 끔찍한 경험이다. 그래서 인간은 그러한 사건들의 발생을 예방하려고 온갖 노력을 기울이게 된다. 오늘날 우리가 일반적으로 마주하는 잠재적 손실은 그렇게까지 심각하지 않지만, 그럼에도 불구하고 우리의 마음은 손실에 대해서 자동으로 우선순위를 부여한다.

손실 혐오는 또한 왜 불확실성이 위험하게 다가오는지도 설명해 준다. 지금 우리가 참조하는 연구에 따르면, 어느 곳에서나 성인의 80~90퍼센트는 본인 사업을 소유하고 자신만의 일을 하는 것을 좋은 것으로 생각한다. 그것이 사실이라면, 왜 더 많은 사람들이 사업을 시작하지 않는 것인가? 손실 혐오가 사람들을 행동하지 못하도록 하기 때문이다.

안정적이거나 예측할 수 있는 현재 직업을 잃는 위협은, 새롭게 꾸려갈 사업 기회보다 더 많은 주의를 요구한다. 사업을 시작한다는 행위가 잠재적 손실에 대한 불안을 일으킴으로써, 사람들이 첫걸음을 내디디지 못하게 한다.

손실 혐오는 불경기나 공황에서 특별히 두드러진다.

실직하거나, 집 또는 퇴직 연금의 상당 부분을 잃는 감각은 생명을 위협할 정도는 아니지만, 생명의 위협을 느낄 정도로 끔찍한 경험이다. 그 결과, 사람들은 상황을 더 악화시킬 수 있는 위험을 피하려 하고 더욱 보수적이 된다. 불행하게도, 신규 사업을 시작하는 것과 같은 종류의 위험들은 실제로는 상황을 더 좋게 만드는 주요 기회를 가져다 줄 수도 있다.

손실 혐오를 극복하는 최선의 방법은 손실의 위험을 '대수롭지 않은 일'로 재해석하는 것이다. 카지노는 날마다 손실 혐오를 극복해 나가는 사업이다. 사실 라스베이거스 거리의 화려한 건물들은 인간의 어리석음에 대한 거대한 기념비들과 같다. 손실 혐오를 극복하는 것이 어렵다면, 카지노들이 어떻게 사람들을 수학적으로 분명히 돈을 잃게 되는 게임으로 끌어 들일 수 있겠는가?

카지노들은 손실을 추상화시켜서 돈을 번다. 사람들이 가치 있게 인식하는 현금으로 게임을 하게 하는 대신에, 가치가 잘 느껴지지 않는 칩이나 체크카드로 현금을 환전해준다. 사람들이 '가짜' 돈을 계속해서 잃고 있을 때, 카지노는 계속해서 무료 음료, 티셔츠, 객실 업그레이드나 혜택을 제공해서 손실에 대해 남아 있는 감각들을 무디게 한다. 결과적으로 손실은 '대수롭지 않은 일'이 되고, 사람들은 계속 게임을 하면서 밤마다 돈을 잃게 된다.

손실 혐오는 잠재고객에게 거래요청을 제안할 때 왜 리스크 전환이 매우 중요한지를 설명해 준다. 사람들은 자신이 어리석었고 이용당했다고 느끼게 하는 손해를 미워한다. 그 결과, 사람들은 손실을 보지 않으려고 많은 궁리를 하게 되고, 어리석은 결정을 피하기 위한 가장 확실한 방법으로 처음부터 오퍼를 구매하지 않으려고 한다. 당신이 오퍼를 판매해야 한다면, 이것은 큰 문제다. 원금 반환 보장이나 이와 유사한 리스크 전환 오퍼를 제공해서 리스크에 대한 부정적 인식을 제거하면, 사람들은 구매 결정이 덜 위험하다고 느낄 것이며, 자연스레 더 많은 거래로 이어질 것이다.

참조 링크: https://personalmba.com/loss-aversion/

위험 제재
Threat Lockdown

"두려운 정신으로 할 수 있는 것이 얼마나 적은가!"

플로렌스 나이팅게일(Florence Nightingale), 전문 간호사의 선구자

당신이 밤중에 깊이 잠들었을 때 무엇인가 부딪히는 소리가 들린다. 거의 즉시 잠이 깨고 정신이 들면서, 심장박동이 빨라지고, 어둠 속에서 상황을 파악하기 위해 동공이 넓어지며, 아드레날린과 코르티솔 같은 스트레스 호르몬들이 혈관으로 방출된다. 당신의 마음은 자동적으로 그 소리의 근원지와 탈출구, 호신용품이 될만한 것들을 식별한다. 순식간에, 나타난 그것이 무엇이든 위험에 대해 자신을 방어할 준비가 되었다.

실제든 상상이든 어떤 잠재적인 위험을 인지했을 때, 몸은 즉각적으로 반응할 준비를 한다. 이러한 자동적인 생물학적 반응은 위험을 제거하는 세 가지 방안, 즉, 싸우거나, 도망치거나, 얼어붙거나 중에 한 가지를 실행하도록 설계되었다. '방어 모드'에 있는 한, 그 위험에 고착되는 것밖에는 달리 행동하는 것이 어렵다. 집안을 조사할

때까지는 다시 잠을 청하기가 불가능할 것이며, 당신의 몸은 직면할 위험이 없음을 확신하고 나서야 방어 모드로부터 벗어날 것이다.

싸우거나 도망치거나 얼어붙거나 하는 무의식적인 선택은 상황에 대한 뇌의 자동적인 정신적 시뮬레이션에 크게 의존한다. 우리의 뇌가 싸워서 이길 수 있다고 예측하면, 우리는 싸울 것이다. 자리를 피하는 것이 '이기는' 방법이라고 예측하면, 도망칠 것이다. 만일 뇌가 도망가는 것이 불가하다고 예측하면, 우리는 위험이 지나가기만을 바라며 얼어붙게 될 것이다. 얼어붙게 되면 뇌는 방어 모드인 위험 제재 상태에 돌입하게 되어, 위험에 고착되는 것 이외에 다른 반응을 하는 것은 어려워진다.

위험 제재는 인간이 스스로를 방어할 수 있도록 돕기 위해서 설계된 건설적인 반응이지만, 수많은 선사시대의 본능들처럼 현대적 환경에서는 자주 역기능을 일으킨다. 오늘날 인간이 당면한 위험은 급성이라기보다는 만성일 경우가 더 많기 때문이다.

위험의 주체가 맹수나 화난 부족장이었던 선사시대에는 제재 반응이 건설적이어서, 생존을 유지하거나 부족의 일원으로 합류하는 데 에너지를 집중하게 도와주었다. 매일 우리의 머리를 스쳐가는 생각들은 선사시대의 조상들과는 공통점이 거의 없음에도 불구하고, 그 생각들이 돌아가고 있는 하드웨어인 인간의 뇌는 여전히 선사시대와 거의 동일하기 때문에, 지금의 새로운 환경에서도 계속적으로 선사시대적인 위협을 찾아 헤맨다. 그 결과로 인간은 너무 많이 먹고 운동은 너무 적게 한다. 생지옥처럼 싸우고 얼어붙거나 회피하는 본능적인 행동은 화난 관리자나 연체된 주택 저당 대금을 다룰 때는 전혀 건설적이지 못하다.

최근의 주식시장 소동은 위험 제재가 작동한 대표적인 예다. 2008년 말의 주식 시장 붕괴는 심지어 자신들의 집이나 직업을 잃을 위험이 전혀 없는 사람들까지도 공황과 초조함의 혼란으로 빠뜨렸다. 나쁜 일이 일어날 수도 있다는 한낱 가능성이 당장 생산성을 높여야 하는 시점에 놓인 양호한 기업마저도 운영을 멈추게 했다. 직원들은 좋은 일을 수행하는 데 집중하는 대신, 그들의 시간과 노력의 대부분을 미래에 대해 걱정하고 다음엔 누가 구조조정의 도마에 오를지 예측하는 일에 사용했다. 그러면서 지난 세월 창조했던 총체적 가치를 감소시키고 회사의 미래가 나빠질 것 같다는 조짐을 확산시켰다.

위험 제재는 쉽게 악순환이 될 수 있다. 만일 당신이 불행하게도 직원들을 해고시켜야 하는 상황에 처한다면, 신속하고 깨끗하게 그리고 단번에 처리하는 것이 최선의 길이다. 해고를 단시간에 처리하고 더 이상의 구조조정이 없다는 것을 남아 있는 직원들에게 다시 확신시켜 주어야 한다. 해고에 관한 루머가 돌고, 계속해서 직원들이 '내가 다음 차례라면'을 걱정하는 상황은 위험 제재 상태로 돌입하게 되는 징조다.

위험 제재를 경험하게 될 때, 그 위험의 신호를 억제하려고 하지 말라. 많은 연구들이 적극적인 억제가 인식을 바꿔주지 못하며, 오히려 점차적으로 신호를 더 강하게 만든다고 보고하고 있다. 주의를 끌기 원하는 꼬마 아이의 행동을 생각해 보라. 당신이 아이들을 무시하면 그들은 당신의 주의를 끌었다고 확신이 들 때까지 계속적으로 소란을 피우게 될 것이다. 당신의 뇌도 동일한 방식을 취하기 때문에 감정을 억압하는 것은 위험의 신호를 더 강하게 만들뿐이다. 의식적으로 '메시지가 접수되었고 안전하게 진행할 수 있다'는 정신적 신호를 뇌에 보내면, 문제에 고착되는 것을 멈추고 상황에 적합한 반응을 고려하도록 돕는 단순하면서도 놀라운 효과를 얻게 된다.

위험 제재를 다루는 열쇠는 위험이 더 이상 존재하지 않는다고 확신하는 것이다. 당신은 (1) 애초부터 실제 위험은 없었다라고 당신의 마음을 확신시켜주거나, (2) 위험이 지나갔다고 확신시켜주는 두 가지 중에 한 방법을 택할 수 있다. 애초부터 위험은 없었다라고 당신의 마음을 확신시켜주는 행위는 한밤중의 어둠 속에서 집을 수색한 후 아무런 위협이 존재하지 않음을 증명하고 방어모드를 내려놓아도 안전하다고 선언하는 것과 동일하다. 위험이 지나갔다고 확신시켜주는 것은 위험이 지나갔기 때문에 더 이상 해로움이 없을 것이며 다시 잠에 들어도 안전하다는 보증과 같다.

가끔 위험 제재를 진정시키는 것이 어려울 때가 있다. 특히 장시간 동안 그것을 경험하고 있을 때 그렇다. 방어 모드는 생물학적이라서, 가끔 생물학적 방법으로 자신을 진정시키는 것이 최선일 때가 있다. 운동, 수면, 명상은 몸에 흐르는 스트레스 호르몬들을 분해하고 무력화시켜서 마음을 진정시켜 줄 수 있다. 주눅 든 감정이 들 때, 단거리 달리기나 근력운동을 통해 마음의 상태를 개선시킬 수 있다.

위험 신호를 알아차리고 위험이 더 이상 존재하지 않음을 마음에 증명하면, 위험 제재로부터 자신을 꺼내올 수 있다.

참조 링크: https://personalmba.com/threat-lockdown/

인지 범위 제한
Cognitive Scope Limitation

"한 명의 죽음은 비극이다. 백만 명의 죽음은 통계다."

쿠르트 투홀스키(Kurt Tucholsky), 독일 풍자 작가

관광 시즌에 뉴욕 타임스퀘어의 한복판을 지나갈 기회가 생기면, 수많은 군중들이 당신을 향해 다가올 때, 당신이 스스로 더 이상 '사람'이 아님을 금방 깨닫게 될 것이다. 그 순간 그들에게 당신은 '인간'이 아니라 '장애물'이 된다. 군중들이 현재 있는 곳과 그들이 가고자 하는 목적지 사이에 서 있는 장애물 말이다. 그래서 그들은 가책을 받지 않고 당신을 넘어갈 것이다.

아무리 지능적인 사람이라도, 마음이 처리하고, 저장하며, 반응할 수 있는 정보량에는 상한선이 있다. 그 한계를 넘어가면, 그 정보는 추상적인 용어로 저장되고 개별적인 개인의 경험이나 문제에 관련된 정보와는 다르게 처리된다.

'던바Dunbar의 숫자'는 인간이 한 번에 관리할 수 있는 안정적인 관계에서의 이론적인 인식의 한계다. 영국의 인류학자인 로빈 던바Robin Dunbar에 의하면, 인간은 150명 정도의 대인관계를 관리할 수 있는 인식적인 능력을 가진다. 그 한계를 넘어서면 우리는 사람들을 개인이라기보다는 대상물로 다루기 시작하며, 한계를 넘어서

는 사람들의 그룹을 계속해서 하위그룹으로 분류해 넣으려는 경향을 보인다.

초등학교 동창생들에게 편지를 쓰지 않게 되는 이유가 궁금할 때 던바의 숫자는 훌륭한 분석을 제공한다. 우리가 현재 사회적 관계를 맺고 있는 사람들을 관리하기만도 너무 바쁘다는 사실을 시사하기 때문이다.

인식 범위의 한계가 적용되는 실제적인 관계의 숫자에 대해서 다소 논란은 있지만, 상당히 설득력 있는 버나드 킬워스^{Bernard-Killworth} 중앙값 평균은 231명이다. 아무튼 어느 한계점이 존재한다는 것에는 의심의 여지가 그다지 없어 보인다. 자연 재해가 지구의 어디선가 일어나서 수백만 명의 이재민을 낼 때 우리는 어두운 감정에 빠진다. 하지만 그때 우리가 가장 친한 친구나 가족의 일원에게 닥친 재해에서 느끼게 될 감정의 수백만 배를 느끼지는 않을 것이다. 관계가 더 멀수록 그러한 충격이 우리에게 개인적으로 미치는 영향은 더 줄어든다.

타임스퀘어에 있는 관광객들은 사악하지 않으며, 단지 흥분하고 있을 뿐이다. 매일 36만 4천 명의 관광객들이 타임스퀘어를 거쳐 가기에[5] 우리의 마음은 한 번에 그 많은 정보를 다루는 것이 불가능하다. 다시 말하면 그들은 여전히 당신을 인간의 존재로 인식하겠지만, 광장에 너무 많은 인간들이 지나가기 때문에 당신을 인간의 존재로 다루기가 어려운 것이다. 마음이 흥분되어서 그것에 맞추기 위해 현실을 단순화시키는 것이다.

동일한 일이 대기업의 임원들에게도 일어난다. 이성적으로는 그들이 수십만 명의 직원들과 수백만 명의 주주들을 책임지고 있다는 현실을 인식하고 있겠지만, 그들이 얼마나 똑똑하든 간에 그들의 뇌는 단순하게도 그러한 거대한 현실을 처리하기에는 한계가 있다. 그 결과 임원들은 그 상황을 깨닫지도 못한 채 많은 사람들에게 상처를 줄 수 있다. 결국 대기업의 CEO는 수천 명의 말단 직원들이 해고되더라도 특별한 관심이 없을 수 있으며, 임원들은 개인적으로 아는 말단 직원이 한 명도 없을 수 있다.

수백만 명이 마시는 강물에 독극물을 방류하거나, 수백만 달러의 보너스를 나눠주면서도 수천 명의 일자리를 구조 조정하는 멍청한 결정을 내리는 임원들이 존재하는 이유는, 단순히 그가 부패한 인물이라서만은 아니다. 무섭게 들릴 수도 있지만, 아마도 그것은 임원들이 단순하게도 그 일에 대해 많은 생각을 할애하지 않았기 때문이다. 그들이 관리해야 하는 범위와 규모가 너무 크고 다루기에 복잡해서, 그들의 마음이 상황을 숙고하는 대신 추상적으로 결정을 처리하는 것이다.

이슈를 개인화하는 것은 이러한 보편적 한계를 깨뜨릴 수 있는 방법의 하나다. 뇌를 업그레이드할 방법이 없는 이상, 우리의 뇌가 처리할 수 있는 정보량을 직접적으로 확장시키는 것은 불가능하다. 이 한계를 우회하는 방법으로, 그러한 결정과 문제들이 우리와 가까운 누군가에게 영향을 미칠 것이라고 개인화하는 방법은 효과가 있다.

완고한 임원의 경우라도 그의 어머니가 마시는 물이 오염되게 한다든지, 자녀의 일자리가 줄어들게 만든다면 자신의 결정에 대해서 매우 다른 느낌을 받을 것이다. 문제를 추상적으로 생각하는 대신, 그것을 개인화하여 자신의 결정이 미칠 효과에 대해 깊이 느끼게 되면, 더 나은 결정을 내리기가 쉬워질 것이다.

대니얼 에스티[Daniel Esty]와 앤드류 윈스턴[Andrew Winston]은 저서 《녹색에서 금색으로[Green to Gold]》에서 중대한 결정들의 결과를 쉽게 내면화할 수 있는 여러 방법을 설명한다. 그 중 '신문 규칙'과 '손자 규칙'은 결정의 결과를 개인화하는 데 효과적이다. '신문 규칙'은 다음과 같은 시뮬레이션이다. 당신의 결정이 내일 아침 〈뉴욕 타임스〉 신문 전면에 실리고 당신의 부모와 지인들이 그것을 읽게 된다고 가정해 보자. 그들이 어떻게 생각할 것인가? 이러한 방법으로 당신의 결정에 대한 개인적 결과를 상상해 보는 것은 단기간 결정을 가지고 그 충격을 평가할 때 매우 정확한 방식이다.

한편 '손자 규칙'은 장기간의 결과를 가지고 그 결정을 평가하는 방식이다. 지금으로부터 삼십 년 또는 사십 년 후에 당신의 손자가 당신의 결정에 대한 결과를 평가한다고 상상해 보자. 그들이 당신의 지혜에 대해 환호를 보낼 것인가, 아니면 당신의 어리석음을 비난할 것인가?

결정과 행동의 결과를 개인화하면, 인식범위 한계에 얽매이지 않게 될 것이다.

참조 링크: https://personalmba.com/cognitive-scope-limitation/

연관 관계
Association

"일반적으로 우리는 마음이 최선을 다해 수행하는 것의 아주 최소한의 것만 인식한다."

마빈 민스키(Marvin Minsky), 인지 과학자이자 MIT 인공지능연구원

타이거 우즈가 사용하는 골프 클럽이 무엇인지 누가 관심 있겠는가? 마이클 조던이 신는 신발에 누가 관심을 가지겠는가? 패리스 힐튼이 가지고 다니는 지갑이 어느 것인지 누가 관심 있겠는가?

당신의 마음은 관심이 있다. 명심할 것은, 당신의 뇌는 매 순간 정보를 수집하고 그것을 가지고 세상이 어떻게 돌아가는지 설명하는 패턴들을 만들어낸다는 사실이다. 이성적으로, 그것은 중요하지 않을 수 있다. 당신은 아마도 타이거 우즈가 사용하는 골프 클럽을 사용하더라도 당신의 지독한 슬라이스를 마법적으로 교정해주지 못할 것임을 알고 있을 것이다. 그러나 골프 클럽을 구입할 때가 되면, 당신의 마음은 더 호감을 느끼는 클럽으로 쏠릴 것이다. 타이거 우즈가 사용하는 클럽도 꽤나 매력적으로 보이게 될 것이다.

인간의 마음은 환경이나 상관관계와 같은 단서들을 포함하는 정보들을 맥락적으로 저장한다. 뇌는 패턴 매칭 기계이므로, 무엇이 무엇과 연관 관계를 맺는지 규명하기 위해 지속적으로 시도한다. 그 결과, 우리의 마음은 논리적으로 연결되지 않은 정보들 사이에서까지도 적은 노력으로 연관 관계를 구성한다.

수십 년간 코카콜라 회사는 콜라와 행복이라는 단일한 감정을 연관시켜 왔다. 유튜브에서 콜라 광고를 잠시 동안이라도 찾아보면, 해고나 장례식과 관련한 어떠한 이미지도 찾지 못할 것이다. 당신이 찾게 될 것은 수많은 행복의 순간들로서, 차로 여행 중인 애드리언

브로디^{Adrien Brody}, 자판기에서 튀어 나온 콜라 병 모양으로 축하하는 별난 캐릭터들 그리고 메이시스 백화점의 추수감사절 행진에서 달아나는 콜라 병 모양의 풍선을 잡으려는 찰리 브라운이다. 축제일과 상관이 없음에도 불구하고, 코카콜라 회사는 그저 콜라 병을 쥐고 있는 현대적인 산타클로스의 이미지를 획기적으로 고안해냈다.

연관 관계가 논리적 분별력을 가지고 있지 못하더라도, 연관적인 단서들을 이용해서 행동에 영향을 주는 것은 가능하다. 코카콜라의 광고들은 탄산음료 소비자들에게 '이제 37퍼센트나 많은 설탕이 첨가된!'처럼 기능적인 측면에서 우수하다는 확신을 심어주기보다는, 콜라를 떠올릴 때마다 좋은 느낌이 들도록 만든다. 어느 고객이 슈퍼마켓에서 어떤 음료를 구매할지 결정할 때, 그러한 느낌은 각각의 고객의 최종 선택에 큰 차이를 만든다.

보통 매력적인 여자들과 확신에 찬 남자들을 기용하는 맥주 광고를 살펴보자. 우리의 이성적인 마음은 어떤 종류의 맥주도 우리를 더 매력적이고 확신에 찬 모습으로 만들지 못할 것임을 안다. 하지만 상관관계는 강력해서 우리 뇌는 어찌됐든 연관 관계를 만들 것이다. 그 결과 어떠한 사람도 그 광고 이미지처럼 자신이 바뀌지 않는다는 것을 알지만, 그럼에도 불구하고 이미지가 맥주를 구매하는 행동에 영향을 미치는 것이다.

미래 전망을 긍정적인 연관 관계와 함께 설명해 주면 의도한 어떤 제안에 고객들이 관심을 갖도록 영향을 줄 수 있다. 유명인의 보증은 효과가 있다. 그것은 유명인이 보증한 제품 및 서비스와 관련된 연관 관계가, 사람들이 유명인과 이미 맺고 있는 연관 관계와 연결되기 때문이다. 제임스 본드가 허구적 인물이라는 것은 누구나 알고 있지만, 영화에서 그 역할을 맡았던 다니엘 크레이그가 턱시도를 입고 시계광고에 등장하면, '세련된 국제적 스파이'라는 연관 관계가 자동적으로 시계에 전이된다.

적절한 연관 관계들을 개발하면, 잠재적 고객들은 당신이 제안하는 것 그 이상을 요청할 것이다.

참조 링크: https://personalmba.com/association/

결여 맹목성
Absence Blindness

"간과된다는 이유로 사실들이 없어지지는 않는다."

올더스 헉슬리(Aldous Huxley),
수필가이자 《멋진 신세계(Brave New World)》의 저자

인간 존재에 관한 궁금한 사실은, 뭔가가 거기 없다는 것을 깨닫는 것이 정말 어렵다는 점이다.

P&G의 홈케어 사업부에서 근무할 때, 초창기에 맡았던 프로젝트 중 하나는 때가 타지 않게 해주는 제품의 실용성을 테스트하는 것이었다. 여전히 청소는 필요하지만, 때가 타는 데 더 오랜 시간이 걸리게 해주는 이 제품은 사용자의 상당한 시간과 노력을 덜어주었다.

하지만 제품이 테스트 단계로 들어갔을 때, 그 아이디어는 기능적으로 드러나지 않았다. 제품은 의도한 대로 작동했지만 사용자들

은 그 기능을 인식하지 못했다. 즉시 어떤 효과가 일어나는지 확인이 불가능했기 때문에 제품이 제 기능을 하고 있다고 믿는 데까지는 오랜 시간이 걸렸다. 테스트 단계가 완료된 후, 그 프로젝트는 취소됐다.

결여 맹목성 현상은 우리가 관찰할 수 없는 것을 식별하지 못하게 방해하는 인식적 편견이다. 우리의 인지적 기능은 환경에서 드러나는 대상물을 구별하도록 진화되었다. 무엇이 누락되었는지 깨닫거나 식별하는 일은 사실 인간에게는 매우 어렵다.

결여 맹목성의 예는 사방에 깔려있다. 공통적인 예로, 관리 업무는 지루하고 가끔 보상에서 제외되곤 한다. 유능한 관리자는 문제가 될 만한 것들을 예측하고, 문제가 되기 전에 미리 해결한다. 이 세상에서 가장 유능한 관리자들 중 일부는 별로 일을 많이 하지 않는 것 같은데, 매사가 정한 시간과 예산 내에서 완료되기 때문이다.

문제는 어느 누구도 그 훌륭한 관리자가 예방하는 모든 나쁜 상황들을 볼 수가 없다는 것이다. 실력이 덜한 관리자들이 실제로는 더 보상받는 듯한데, 이는 어쩌면 그들 자신의 허술한 관리가 야기했을지도 모르는 문제들을 모든 사람들이 볼 수 있게 일을 '드러내 놓고', '하늘과 땅을 오가며' 처리하기 때문이다.

극적이지 않고, 조용하고 효과적으로 일을 완수해 나가는 관리자들에게 산뜻한 보상을 하기 위해서 당신을 상기시켜 줄 메모를 만들어라. 그들의 업무가 특별히 어렵게 보이지 않을 수 있으나, 그들이 떠나게 되면 아쉬움을 느끼게 될 것이다.

결여 맹목성은 예방 조치를 심하게 저평가시킨다. 내가 작업했던 제품의 경우, 사람들이 눈으로 확인할 방도가 없었기에, 실제로 효과가 있는 제품이라는 것을 믿기까지는 오랜 시간이 걸렸다. 무형의 기능이나 사고 예방책을 팔아야 할 때, 우리는 그 제품이 아무리 훌륭해도 어려운 싸움을 해야 한다. 항상 긍정적이고, 즉각적이며, 튼튼하고, 이용자들이 직접 경험할 수 있는 기능을 강조하는 특별한 용어들을 가지고 혜택을 열거하라.

또한 결여 맹목성은 사람들이 뭔가 나쁜 일이 일어났을 때 '아무런 조치를 취하지 않는 것'에 대해 불편하게 만든다. 가령 아무것도 하지 않는 것이 최선의 길인 경우에도 말이다. 종종 최선의 조치는 아무런 조치를 취하지 않는 것인데, 그것을 감정적으로 받아들이는 건 매우 어려운 일이다.

대부분의 시장에서 경험되는 경제적 '활황과 불황' 주기는, 특히 부재하는 것에 대한 무자각 때문에 야기된 것이다. 루트비히 폰 미제스Ludwig von Mises는 저서 《인간행동》에서 경제적 '버블'은 정부가 인위적으로 이자율을 낮추고 자금 대출을 쉽게 만들어서 경제를 성장시키고자 시도할 때 발생한다고 했다. 자본에 비정상적으로 쉽게 접근할 수 있게 만드는 정책은 투자가들로 하여금 그러한 정책이 없었다면 피했을, 예를 들면 튤립이라든지,[6] 매출이 없는 닷컴 기업,[7] 위험한 주택 저당으로 보증되는 주식[8] 등과 같은 비정상적으로 비싼 고가의 자산에 투기하도록 이끈다. 결국 투자자들이 자신들의 투기 자산이 가치가 없다는 것을 깨달을 때 '버블'은 터져버리고, 과도하게 평가된 자산 가격은 갑작스런 붕괴로 이어진다.

손실 혐오 때문에 사람들은 이상한 행동을 시작하고 붕괴된 시장에 대한 즉각적인 솔루션을 찾으려고 대소동을 일으킨다. 대개 즉각적인 '솔루션'은 경제 성장을 다시 장려하기 위해서 이자율을 더욱 낮추는 것이다. 그러면 심지어 더 심각한 버블이 형성될 수 있는 조건을 만들어서 궁극적으로 아무 효과 없이 이슈만 더 악화시킨다. 이것은 뒤에서 논의할 셀프-재강화 피드백 루프라고 불린다.

문제를 해결하기 위한 최선의 조치는 초기단계에서 문제를 불러일으킨 이자율의 인위적 조작을 멈추는 것이다. 불행하게도 결여 맹목성은 아무런 조치도 취하지 못하는 상황을 심리적으로 매우 불편하게 만든다. '세상이 불타버리는 동안 여기에 앉아 손 놓고 있을 수만은 없다!' 그 결과 정부의 조치가 궁극적으로는 상황을 더 나쁘게 만들 수 있는데도 불구하고, 사람들은 대부분의 경우 그것을 바란다.

경험은 부재하는 것에 대한 무자각을 더 쉽게 피할 수 있도록 해준다. 경험은 주요한 가치가 있다. 전문가들은 연관된 패턴들에 대한 더 큰 정신적 데이터베이스를 가지고 있어 결핍을 발견할 기회가 더 많다. 경험이 많은 사람들은 예상되는 패턴들이 빗나가는 것을 알아채서 상황이 '정말로 정상이 아니다'라는 '이상한 느낌'을 더 민감하게 받을 수 있다. 우리는 그 감각을 문제가 심각해지기 전에 이슈를 찾아내라는 경고로 삼을 수 있다.

《인튜이션》의 연구자인 게리 클라인 Gary Klein 은 주택의 1층에서 일어난 불을 진화하려던 소방 팀의 이야기를 들려준다. 불의 기저에 물을 뿌렸음에도 불구하고 기대대로 진화되지 않고, 오히려 불은 더욱 번져나갔다. 소방 대장이 뭔가 정상이 아니라는 느낌을 알아차렸고 전원 탈출하도록 지시했다. 몇 분 후에 주택은 붕괴되어 버렸다. 불이 지하에서 발화되어 건물의 기반을 파괴했던 것이다. 소방 팀이 내부에 머물러 있었다면, 그들은 죽었을 것이다. 그것이 바로 경험의 힘이자 혜택이다.

결여 맹목성을 극복하기 위해서 내가 활용하는 유일한 방법은 나중에 논의할 체크리스트 활동이다. 당신이 뭔가 바라는 것을 미리 생각하고 눈에 띌 만한 메모로 기록해 놓으면, 결정을 내리는 동안 참조할 수 있다. 그리고 그 메모는 그 시점에서 어떤 품질 결핍이 있는지 찾아보도록 상기시켜 줄 것이다.

참조 링크: https://personalmba.com/absence-blindness/

대조
Contrast

"이 세상은 아무에게도 관찰되지 않은 확실한 증거들로 가득 차 있다."

아서 코난 도일(Arthur Conan Doyle), 《셜록 홈즈》 시리즈의 저자

양복을 사러 백화점에 들어가면 몇몇 제품들은 비정상적으로 비싸다는 사실을 알아차리게 될 것이다. 백화점은 그런 양복들을 거의 팔지 않을 것이며, 그들이 원하는 바도 아니다. 3천 달러짜리 양복에 비해서 400달러 가격의 양복이 그리 비싸게 보이지 않도록 하는 게 그들의 목표다. 비록 동일한 양복을 다른 백화점에서는 200달러에 살 수 있더라도 말이다.

동일한 원리가 판매원이 제시하는 제품들의 순서에 적용된다. 양

복을 고른 후에 당신은 셔츠, 신발 그리고 액세서리를 소개받게 될 것이다. 400달러짜리 양복과 비교했을 때, 신발에 100달러를 추가로 지출하는 것은 어떤가? 80달러짜리 벨트는? 60달러짜리 셔츠 세트는? 50달러 넥타이 세트는? 그리고 40달러 커프 링크스 세트는? 양복에 비해 액세서리는 저렴하게 보이는데, 왜 사지 않겠는가?

여기 나의 고객 중 한 사람인 조던 스마트^{Jordan Smart}가 보고한 것이 있다.

> 나는 작년 블랙 프라이데이 세일 기간에 다소 점잖은 옷을 살펴보려고 쇼핑하러 갔다. 나의 의도는 몇 벌의 셔츠와 두 개의 콤비 상의를 사는 것이었다. 잠시 동안 옷에 어울리는 넥타이를 살까 생각했지만, 이미 옷장에 가지고 있는 한두 개로써 충분하다고 결정했다.
>
> 나는 두 가게에 쇼핑을 하러 갔다. 첫 번째 가게에서 몇 벌의 셔츠를 구매하고 발길을 돌리는 순간, 판매원이 옷과 어울리는 넥타이가 필요한지 물었다. 나는 정중하게 아니라고 말하고는, 결심을 고수한 자신을 남몰래 축하해 주었다.
>
> 두 번째 가게에서 몇 벌의 콤비 상의를 살펴보고 구매하기로 결정했다. 또다시 판매원이 콤비 상의에 어울리는 넥타이가 필요한지 물었다. 그 순간, 콤비 상의 가격을 생각하면서 자신에게 '글쎄, 어쨌든 나는 이 만큼의 돈을 쓰고 있지'라고 생각했고, 몇 개의 넥타이를 구매했던 것을 아주 명확히 기억한다.

대조에 대해 배울 때까지 나는 그것에 대해 아무런 생각이 없었다. 영수증을 다시 보면서, 내가 콤비 상의에 쓴 돈보다 넥타이에 더 많은 돈을 썼다는 것을 깨달았다.

우리의 인식은 주변의 환경으로부터 수집된 정보에 영향을 받는다. 1만 달러가 많은 돈인가? 그것은 우리 각자의 상황에 달려 있다. 만일 은행 계좌에 10달러의 잔고가 있다면, 1만 달러는 큰 돈이다. 그러나 만일 10만 달러를 가지고 있다면, 1만 달러는 반올림할 때 떨어버리는 액수인 것이다.

우리의 인지적 기능은 대조를 알아차리도록 최적화되어 있기 때문에 존재하지 않는 것들을 인지해 비교하는 데는 취약하다. 그것이 바로 결여 맹목성의 원인이다. 우리가 알아차리는 모든 것들과 내리는 모든 결정들은 주변 환경으로부터 수집된 정보에 기초한다. 그것이 위장 속임수가 통하는 이유이며, 어떤 대상과 그를 둘러싼 환경 간에 대조를 희석함으로써 알아차리는 것을 더욱 어렵게 만든다.

대조는 가끔 구매 결정에 영향을 주기 위해 이용된다. 비즈니스 세계에서 대조는 가끔 가격 위장으로 이용된다. 60달러짜리 셔츠의 경우, 다른 가게에서 똑같은 셔츠를 40달러에 구매하는 것이 가능할지도 모른다. 그러나 비교 행위가 일어나고 있는 가게에는 더 저렴한 셔츠가 진열되어 있지 않다. 현재 400달러짜리 양복이 진열되어 있다면, 60달러짜리 셔츠는 바겐세일로 보일 것이다.

2천 달러의 컴퓨터에 비해 300달러짜리 보증기간 연장 옵션은 저렴하게 보인다. 총 구매 가격을 15퍼센트나 증가시키는데도 말이다. 3만 달러의 자동차에 비해 1천 달러짜리 가죽시트는 바겐세일로 느껴진다. 40만 달러나 하는 집을 구매하는 것에 비해 주방 리모델링을 위해서 2만 달러를 지출하는 것은 그리 큰 지출로 느껴지지 않는다.

꾸미기(프레이밍)는 대조의 인식을 통제하는 방법이다. 예를 들면, 나는 가끔 "상위권의 비즈니스 프로그램보다 14만 9천 달러 더 싸다"라는 구호를 사용해 나의 비즈니스 과정을 홍보하곤 한다. 한 권의 책을 구매하는 것에 비해 내 과정은 비싸게 보이지만, MBA 프로그램의 비용에 비하면 바겐세일이다.

오퍼를 제시할 때 대조의 장점을 취하면, 당신의 잠재고객이 그 오퍼를 우호적으로 볼 가능성을 높이게 될 것이다.

참조 링크: https://personalmba.com/contrast/

희소성
Scarcity

"무엇인가를 사랑하는 법은 그것을 잃게 될 수도 있다는 것을 깨닫는 것이다."

G. K. 체스터튼(G. K. Chesterton), 영문학 작가이자 기독교 신앙주의자

사람들은 에너지 보존 때문에 즉시 행동해야 할 강력한 이유가 없다면 '일을 나중에 하자'라고 결정하는 자연스러운 경향을 가지고

있다. 사업가에게 '나중에 하는 것'은 큰 문제다. 고객이 당신을 잊어버리게 되면 '나중에 하는 것'이 '영영 하지 않는 것'으로 전환되기 때문이다. 어떻게 하면 당신의 고객들이 즉각적으로 행동하도록 격려할 수 있을까?

희소성은 사람들이 신속하게 결정을 내리도록 격려한다. 희소성은 쌓아 놓으려는 우리의 경향을 자연스럽게 이겨내는 요소 중의 하나다. 희소성은 희귀한 무엇인가를 원하는데, 그것을 잃게 될 위험 앞에서 더 이상 기다릴 여유가 없게 만든다. 손실 혐오는 희소 가능성이 사람들의 기분을 나쁘게 만들어서 사람들로 하여금 지금 즉시 행동을 취하도록 만들어 준다.

따라서, 희소성의 요소를 당신의 오퍼에 추가하는 일은 사람들로 하여금 행동을 취하도록 격려하는 훌륭한 길이다. 희소성은 사람들로 하여금 그들이 기다려야 한다면 가치 있는 무엇인가를 잃게 될 수 있음을 이해하게 만든다. 그리고 그들이 제안 받은 오퍼를 원한다면 즉시 행동하도록 선택하게 해줄 것이다.

그 가치가 더 희귀할수록, 욕구는 더 강해진다. 1996년에 티클미 엘모Tickle Me Elmo는 크리스마스 시즌의 가장 인기 있는 장난감이었다. 엘모는 이미 인기 있는 캐릭터였다. 그런데 한정된 장난감 수량으로 인해 부모들을 구매 광란으로 내몰았다. 이성적인 사람들이 이베이eBay에서 수백 달러를 지불하고 새로운 물량이 확보된 소매점들을 털기 시작했다.

당신의 오퍼에 희소성의 요소를 추가할 수 있는 몇 가지 방법이 있다.

1. 제한된 수량 – 가망고객에게 당신이 한정된 수량을 제공하고 있다는 것을 알려라.
2. 가격 인상 – 가격이 조만간 오를 것이라는 전망을 알려라.
3. 가격 인하 – 현재의 할인이 조만간 종료될 것이라는 전망을 알려라.
4. 마감 시한 – 오퍼는 제한된 기간 동안만 제공될 것이라는 전망을 알려라.

단, 노골적이고 인위적으로 보이는 희소성은 역효과를 부를 수 있다. 예를 들면, 전자 책, 다운로드 가능한 소프트웨어, 전자 음악 파일을 판매할 때 인위적인 수량의 제한을 가하는 것은 말이 안 된다. 전자 파일은 기본적으로 무비용으로 끝없는 복제가 가능하다는 것을 누구나 알고 있다. 희소성이 조작되었다고 느끼게 되면, 사람들은 당신의 오퍼를 더 적게 구매하게 될 것이다. 반면에 마감 시간을 가지고 가격을 인상하는 전략은 제대로 작용할 것이다. 특정 수량의 주문이 이루어지고 난 후, 또는 특정 기간이 지난 뒤에 가격을 인상하는 것은 합리적인 정책이며, 비합리적이거나 조작하는 행위로 여겨질 가능성이 낮다.

당신의 오퍼에 희소성의 요소를 부가하면, '나중에' 대신 바로 지금 구매하도록 사람들을 격려하게 될 것이다.

참조 링크: https://personalmba.com/scarcity/

참신성
Novelty

"내가 일손을 원할 때 왜 머리 좋은 놈이 따라 붙는 것일까?"

헨리 포드(Henry Ford), 포드 자동차 창립자이자 조립 라인 선구자

2차 세계대전이 한창일 때 노먼 맥워스^{Norman Mackworth} 는 왕실 공군에서 복무 중이었던 레이더 조작병들을 차출해 특수한 임무에 투입하였다. 그것은 한 번에 두 시간 동안 시계를 주시하는 일이었다.

맥워스는 불침번 연구에 특화된 심리학자로서, 장시간 동안 동일한 대상에 대한 주의력을 고수준으로 유지하는 능력을 연구했다. 레이더 조작병들은 자연적으로 조사 대상이 됐는데, 그들의 임무 대부분이 암실에서 몇 시간 동안 레이더 위에서 깜빡이는 신호를 지켜보는 것이었기 때문이다.

대부분의 경우, 레이더 스크린 상에는 큰 변화가 없었다. 그러나 스크린 상에 뭔가 비정상적인 것이 나타나면, 치명적으로 중요한 사안일 수 있었다. 가령 그 신호는 폭탄 투하의 임무를 띠고 영공을 침범하는 적군의 항공기들일 수도 있었다. 레이더 조작병의 임무는 비정상적인 상황을 즉시 알아차리기에 충분할 정도로 주의가 환기되어 있어야 하는 것이었는데, 그 일은 극히 어려웠고 그 지루함은 때때로 생명을 앗아가는 실수로 이어졌다.

이러한 도전적인 환경을 시뮬레이션 하기 위해 그는 '맥워스^{Mackworth} 시계'를 고안했는데, 이것은 사람들이 얼마나 양호하게 주의를 기울일 수 있는지 테스트하기 위해서 고안된 기계였다. 그

'시계'는 보통의 시계처럼 작동하는 약간 꼬아진 초침이 특징이었는데, 비주기적으로 1초를 생략하고 두 눈금을 건너뛰도록 되어 있었다. 테스트 대상자의 임무는 그 생략을 알아차릴 때마다 버튼을 누르는 것이었다.

맥워스는 시계를 응시한 지 십 분이 지나자 대상자의 집중도가 심각하게 떨어졌다는 사실을 발견했다. 성과에 따른 부차적 보너스가 주어졌던 동기 부여가 잘 된 조작병들도 주의를 집중할 수 있었던 최대 시간은 삼십 분이었고, 임무가 그 이상 길어졌을 때는 어쩔 수 없이 집중할 수 있는 범위를 벗어났다.

참신성은 장시간 동안 주의를 끌고 유지시키고자 할 때 극히 중요하다. 참신성은 새로운 감각적인 데이터의 존재이다. 사람들이 게임을 하거나 한 번에 몇 시간씩 인터넷을 뒤지는 데 집중할 수 있는 이유 중의 하나가 참신성이다. 새로 입소문이 난 비디오나 블로그 게시물, 페이스북 업데이트, 트위터 게시물 그리고 뉴스 보도는 주의를 기울이는 우리의 능력을 다시 관여하게 해 준다.

존 메디나John Medina는 저서 《브레인 룰스》에서 한 시간이 넘게 진행되는 수업에서도 학생들의 주의를 효과적으로 유지시킬 수 있는 방법을 소개한다.

그는 10분 이상 지속되지 않도록 모듈 방식으로 수업을 계획한다. 각 모듈은 흥미로운 스토리 또는 일화와 같은 사람의 관심을 끄는 서두로 시작한다. 그런 다음 주요 개념에 대한 간단한 설명이 뒤따른다. 이런 형식을 따르는 것은 청중들로 하여금 더 많은 지식을 잊지 않게 해 주고, 수업의 대상 영역을 벗어나지 않도록 도와준다(이 책을 10분 정도에 읽을 수 있는 짧은 섹션으로 구성한 첫째 이유도 이 때문이다).

심지어 가장 주목을 끄는 관심의 대상도 시간이 흐를수록 지루해진다. 사람의 관심이 계속 유지되기 위해서는 새로운 진기함이 필요하다. 뭔가 새로운 것을 계속 제공하라. 그러면 당신이 제공하는 것에 관해 사람들이 주목하게 될 것이다.

참조 링크: https://personalmba.com/novelty/

7장

자신과 일하기

" 오늘날의 바쁜 비즈니스 환경에서는 모든 것들에 대해 쉽게 스트레
스를 받을 수 있다. 효과적이고 효율적으로 일하는 방법을 배우는
것이 충만한 커리어와 소모적인 커리어의 차이를 만든다. "

> "행동은 어렵다. 생각을 행동으로 옮기는 일은
> 세상에서 가장 어려운 일이다."
>
> **요한 볼프강 폰 괴테**(Johann Wolfgang von Goethe),
> 시인이자 극작가

몸과 마음은 당신이 일을 완료하는 데 사용하는 도구이다. 자신을 효과적으로 사용하는 방법을 배우는 것을 통해 목표를 더 쉽고 더 즐겁게 달성할 수 있다.

오늘날의 바쁜 비즈니스 환경에서는 모든 것들에 대해 쉽게 스트레스를 받을 수 있다. 효과적이고 효율적으로 일하는 방법을 배우는 것이 충만한 커리어와 소모적인 커리어의 차이를 만든다.

이 장에서는 어떻게 무엇을 할지 결정하고, 목표를 설정하고 달성하며, 매일 하루의 작업을 관리하면서 저항을 극복하고, 지속적으로 더 많은 생산적인 작업을 할 수 있을지에 대해 이야기하겠다.

참조 링크: https://personalmba.com/working-with-yourself/

자제력 결핍

Akrasia

"가장 위대한 전투 중 일부는 자신의 영혼 속 침묵의 방 안에서 이루어진다."

에즈라 테프트 벤슨(Ezra Taft Benson), 전 미국 농무부장관

제리 사인펠트^{Jerry Seinfeld}는 가장 유명한 스탠드 업 코미디 루틴의
하나로 취침의 어려움을 다음과 같이 설명한다.

> 나는 항상 잠을 충분히 자지 못한다. 나는 야행성 남자이기
> 때문에 밤늦게까지 잠을 자지 않는다. 야행성 남자는 늦게
> 까지 깨어 있고 싶어 한다. '5시간만 자고 일어나는 건 어떨
> 까?' 그건 아침형 남자의 고민이다. 그건 내 고민이 아니다.
> 나는 야행성 남자다. 나는 내가 원하는 대로 늦게까지 깨어
> 있을 수 있다. 당신은 그렇게 아침에 일어나서 힘없고 비틀
> 거리게 된다. 야행성 남자는 항상 아침형 인간에게 한방 먹
> 일 수 있는 거다. 아침형 남자가 할 수 있는 일은 없다.

이 이야기는 너무 익숙하기 때문에 재미있다. 우리 모두는 우리
에게 최선의 이익이 될 행동을 해야 한다고 알고 있거나 느낀 경
험이 있다. 그 경험과 관련된 용어가 자제력 결핍이다.

자제력 결핍과 늑장 부리기는 서로 관련은 있지만 같은 것은 아
니다. 작업을 완료하기로 결정은 했지만, 그런 후 의식적으로 나중
에 하기로 결정한 것은 아닌데도 계속 일을 하지 않고 미룰 때 늑
장이 발생한다. 해야 할 일 목록에 '이메일 회신'이 있지만 이메일
회신을 전혀 하지 않고 여러 시간 동안 인터넷을 검색하고 있으면

이는 일을 미루면서 늑장을 부리는 것이다.

자제력 결핍은 더 깊은 문제다. 그것은 '꼭 해야지' 하고 결정한 것은 아니지만, 무엇인가를 '해야 한다'고 느끼는 일반적인 느낌이다. 이 '해야 한다'는 느낌이 결정이나 행동으로 귀결되지는 않는다. 그 행동이 당신에게 최선의 이익을 가져다준다고 해도 말이다. 대부분의 사람들은 원치 않는 습관을 바꾸거나('담배를 끊어야 한다'), 새로운 행동을 취하거나('그 비영리기관에 기부해야 한다') 혹은 불편한 주제를 고민할 때('생명보험을 살펴보고 변호사를 통해 유언장을 작성해야 한다') 자제력 결핍을 경험한다. 그 '해야 한다'는 느낌은 남아있지만 전혀 행동으로 이어지지 않고 깊은 좌절감만 생성할 뿐이다.

자제력 결핍은 아주 오래된 문제다. 자제력 결핍의 기원에 대한 토론은 소크라테스와 플라톤, 아리스토텔레스의 시기로 거슬러 올라간다. 이 용어는 '(자신에 대한) 통제 부족'이라는 뜻의 희랍어 아크라시아$^{a'\kappa\rho\alpha\sigma\iota'\alpha}$에서 비롯되었다. 소크라테스와 플라톤은 그것을 도덕적 결함이라고 믿었던 반면 아리스토텔레스는 '사람은 무엇을 해야 한다'라는 잘못된 생각에서 비롯된 것이라고 주장했다. 철학자들이 수세기 동안 이 주제를 토론했지만 치료 방법은 발견하지 못했다.

자제력 결핍은 일을 끝내는 것에 있어 가장 광범위하고 지속적인 장벽 중 하나다. 시간을 더 발전적으로 사용하기 위해서는 의지의 전투 양쪽 진영에서 싸움에 빠지는 대신에 자제력 결핍을 인식하고 퇴치하기 위한 전략을 가지는 것이 유용하다.

내 경험에 의하면, 자제력 결핍에는 네 가지 일반적인 부분이 있다. 그것은 작업, 욕망과 욕구, '해야 한다'와 저항에 대한 감정적 경험이다. 이 프레임에는 저항에 대한 많은 잠재적인 요소들이 있을 수 있다.

- 당신은 당신이 원하는 것을 정의할 수 없다.
- 당신은 그 작업이 원하지 않는 무엇인가에 당신을 더 가깝게 데리고 갈 것이라고 믿는다.
- 당신은 지금 있는 곳에서 당신이 원하는 위치로 갈 수 있는 방법을 알아낼 수 없다.
- 당신은 원하는 최종결과를 이상화한다. 성취의 낮은 확률을 추정하고 손실혐오를 생각할 지경까지 말이다.
- '해야 한다'는 당신이 아니라 다른 누군가에 의해서 정해졌고, 이는 설득 저항을 자극한다.
- 현재 상황에서 경쟁하는 행동은 즉각적인 만족을 약속하는 반면, 해당 과제의 보상은 훨씬 나중에 성취된다(심리학자들은 이를 '쌍곡형 할인'이라고 부른다).
- 행동에 따른 이득은 추상적이고 먼 반면, 다른 가능한 행동은 구체적이고 즉각적인 이득을 제공한다(심리학자들은 이를 '해석 수준 이론' 또는 '근거리/원거리' 사고라고 부른다).

자제력 결핍 상황은 여러 가지 형태를 취할 수 있다. 다이어트에 집착해 '건강해지기' 원하지만 과자를 먹는 것, 운동하려고 하지만 웹 서핑하고 있는 것, 새롭게 관계를 개선하려고 하지만 나쁜 관계를 지속하는 것, 새로운 비즈니스 모델을 실제로 시도해 보려고 하지만 상상만 하고 있는 것 등이 그것이다. 당신이 무엇인가를 해야 할 때마다 막상 그 일을 하는 데 대한 저항이 있다면 당신은 자제력 결핍을 경험하는 셈이다.

자제력 결핍은 어려운 문제이며, 쉽고 보편적인 해결책은 없다. 그러나 자제력 결핍 상황을 방지하고 해결하는 데 유용한 다양한 전략과 기술들이 있다. 이 장에서는 그에 대해 이야기하고자 한다.

참조 링크: https://personalmba.com/akrasia/

모노이데이즘
Monoideism

"Just Do It."

나이키 브랜드 슬로건

생산성이라는 주제에 대해 지난 수년 동안 많은 글들이 쓰여 왔다. 어떻게 더 많은 일을 할 수 있을까? 《끝도 없는 일 깔끔하게 해치우기 Getting Things Done》, 《단순함이 너의 모든 것을 바꾼다 The Power of Less》 그리고 《Master Your Workday Now!》 등의 책들은 모두 작업 흐름의 열반에 도달하는 각기 다른 방법들을 제안한다.

'생산적'이고자 할 때, 우리는 정확히 무엇을 목표로 하는가? 이상적으로 당신은 한 번에 하나의 주제에 모든 에너지와 주의를 집중하고 싶을 것이다.

모노이데이즘(몰입)은 갈등 없이 단 한 가지 일에 에너지와 주의를 집중하는 상태를 말한다. 모노이데이즘은 종종 '플로우^{Flow}' 상태라고 일컬어지는데, 이는 심리학자 미하이 칙센트미하이^{Mihaly} $_{Csikszentmihalyi}$가 만들어낸 용어라고 한다. 모노이데이즘은 가장 생산적일 때의 인간의 관심 상태다. 분명하고, 집중된 관심과 노력이 오직 한 가지(단 한 가지) 주제에 대해서 장시간 동안 집중되는 것이다.

사람들이 더 생산적으로 그들의 정신을 활용할 수 있도록 돕는 전직 컴퓨터 프로그래머 P. J. Eby는 모노이데이즘을 다음과 같이 정의한다.

> 누군가가 "그냥 해 버려"라고 말할 때, 그들은 당신이 다른 작업은 수행하지 않아야 한다고 말하는 것이다. 그것은 심지어 "네가 무슨 일을 하는지에 대해서 아무 생각하지 말고 그냥 해. 사실, 하지도 말고 그냥 네가 하는 모습을 지켜보기만 해. 다른 무엇인가를 하려고 노력하지 마."처럼 더 잘 표현될 수도 있다.

> 제대로 말하자면 '모노이데이즘'은 단순히 갈등 없이 단 한 가지 생각만 하는 상태다. 이는 테크닉이라기보다 정신과 관련된 행동을 취할 때 개인이 자연스럽게 빠져드는 상태다. 특정 생산성 기술이 특정 개인에게 유용할지는 그것이 사람들이 모노이데이즘의 상태에 도달하는 데 있어서 걸림돌을 해결하느냐 여부에 달려있다.

우리가 '그냥 할 때', 우리는 '흐름'의 상태에 있다. 모노이데이즘의 상태 말이다. 산만함, 중단, 자기 판단, 의심 등은 없다. 우리 정신이 100퍼센트 뭔가를 '하는' 모드에 있는 경우, 우리는 필연적으로 많은 일을 하게 될 것이다.

그렇다면 구체적으로 어떻게 모노이데이즘 상태로 빠져들 수 있는가?

첫째, 잠재적인 혼란과 방해를 제거한다. 업무를 수행하기 위해서 필요한 인지 행동의 수준에 따라서 우리 정신이 하는 일에 빠져들기 전까지 10분에서 30분 정도 시간이 걸릴 것이다. 주의를 요하는 전화 통화, '아이디어를 구하기 위해 찾아오는' 동료 직원과 예상치 못한 요청들이 이 모노이데이즘 상태를 깰 것이다. 그러므로 최우선 순위는 집중을 유지할 수 있도록 하는 것이다. 나는 방해를 원하지 않을 때, 종종 귀마개를 사용하거나 배경 잡음을 제거하는 연주 음악을 틀고 전화를 끈다.

나는 글을 쓰고 있는 동안 인터넷 접속을 해제함으로써(의지력 고갈 편 참조) 훨씬 쉽게 모노이데이즘 상태를 유지할 수 있도록 한다.[1] 그렇지 않으면, 나는 힘들어질 때마다 웹 서핑을 하고 있을 가능성이 높다. 비슷한 길잡이 구조 기술을 사용하는 것도 주의가 흐려지는 일을 막는 좋은 방법이다.

둘째, 내부 갈등을 제거한다. 우리 마음속에 존재하는 두 개의 제어 시스템 사이에서 갈등을 경험하고 있기 때문에 때때로 시작을 하기가 어렵다. 일을 시작하기 전에 이러한 갈등을 제거하면 훨씬 더 빨리 모노아이디얼 상태를 달성하는 데 도움이 된다. 시작에 대한 저항을 느끼는 경우, 작업을 계속하기 전에 그 갈등에 대해서 시간과 에너지를 들여 더 깊이 탐구하는 것이 유용하다.

이 책을 쓰는 동안, 나는 좌절감을 주는 저항의 기간들을 경험했다. 그 저항을 무시하거나 밀어버리려고(의지력 고갈을 경험하기 위한 확실한 방법) 시도하기보다 정신적 시뮬레이션이나 재해석을 통해 탐구하는 것이 숨겨진 갈등을 밝히는 데 도움이 되었다.

나는 내 일이 진행되는 모습이 만족스럽지 않았고, 잘 안 되는 일에 매달리는 것은 낭비가 될 뿐이라고 생각했다. 하지만 책의 구조 수정에 시간을 들임으로써 그 갈등을 해결했고, 동시에 더 나은 책을 만들어서 갈등의 근원을 제거할 수 있었다.

<u>셋째, '돌진'을 통해 주의 과정을 시작한다.</u> 원하는 상태에 다다르기까지 10분에서 30분까지 걸릴 수 있으므로 10~30분을 집중된 작업의 빠른 분출을 위해서 젖혀두는 것도 상태에 빨리 빠져들게 돕는다. 만약 돌진 기간이 끝날 때까지도 생산적이지 못하다면, 멈추고 다른 것을 할 수 있는 권한이 생긴다. 이러한 경우는 매우 드물다. 일단 한번 시작하게 되면, 그 상태를 계속하기는 오히려 쉽다.

내가 자주 사용하는 기술 중 하나로 포모도로^{Pomodoro}기술이 있다.[2] 포모도로의 창조자 프란시스코 시릴로$^{Francesco\ Cirillo}$가 작고 재미있는 토마토(이탈리아어로 '포모도로') 모양의 키친 타이머를 따라 이름을 지은 것이다. 방법은 다음과 같다. 키친 타이머를 25분으로 설정한다. 당신의 임무는 그 시간 동안 하나의 작업에만 집중하는 것이다. 문제가 발생할 경우, 그냥 타이머가 꺼질 때까지 집중을 유지한다. 25분의 작업 시간이 끝난 후에는 5분 휴식을 취

할 수 있다. 총 소용 시간은 30분으로 누구나 일정 사이에 끼어 넣을 수 있는 정도의 시간이다.

내가 포모도로 기술을 좋아하는 이유는 한 번에 두 가지 목표를 달성할 수 있기 때문이다. 시작하기에 쉽고, 집중을 방해하는 것들을 무시할 수 있는 권한을 제공하는 것이다. 만일 해야 할 일에 대해 흥미가 없더라도 '25분이면 되잖아'는 초기 저항을 극복하고 시작을 할 수 있는 훌륭한 방법이 된다. 만약 전화가 울리더라도 '포모도로 사이에는 시간을 나눌 수 없다'라고 상기하는 것은 이를 무시할 수 있는 권한을 주어 모노이데이즘 상태를 유지할 수 있도록 효과적으로 돕는다. 돌진을 시작하기 전에 집중을 방해하는 것들과 갈등을 제거하면 자연스럽게 작업을 시작하면서 몇 분 안에 모노이데이즘 상태로 전환할 수 있다.

명상은 모노이데이즘 '저항력 운동Resistance training'의 한 형태이다. 호흡에 집중하고, 의식적으로(그리고 비심판적으로) 모든 집중을 호흡에 맞추는 간단한 명상은 주의가 흩어졌을 때 이를 방해하는 것들에 맞서 모노이데이즘 상태를 유지하는 기술을 의식적으로 연습하는 방법이다. 매일 행하는 10분의 짧고 간단한 명상이 당신의 집중 능력을 극적으로 향상시킬 수 있다.

참조 링크: http://book.personalmba.com/monoidealism/

인지 전환 페널티
Cognitive Switching Penalty

"당신의 마음을 지배하라. 아니면 마음이 당신을 지배할 것이다."

작업하기로 결정한 모든 프로젝트를 완성하기 위해서는 일정량의 주의, 에너지와 집중을 요한다. 질문은 다음과 같다. 어떻게 당신은 해야 하는 모든 작업을 가장 효과적으로 수행할 수 있을까?

많은 사람들은 멀티태스킹에 의존한다. 즉, 동시에 하나 이상의 일을 하려고 한다. 많은 사람들은 이것이 작업을 더 효율적으로 만든다고 생각한다.

모노이데이즘과 멀티태스킹은 정반대다. 신경학적으로 보았을 때, 인간의 두뇌가 멀티태스킹한다는 것은 불가능하다. 우리는 한 번에 하나 이상의 일을 하려고 할 때, 실제로 병렬 처리를 하는 것이 아니다. 하나의 일에서 다른 일로 신속하게 주의를 전환하는 방법으로 처리하고 있는 것이다. 우리가 작업 A에 주의를 기울이는 동안에는 다시 전환하기 전까지 작업 B를 무시하게 된다.

결과적으로 생산적 멀티태스킹은 근거 없는 믿음이다. 최근 여러 신경학적 연구에 따르면,[3] 주어진 시간에 더 많은 일들에 주의를 기울이려고 할수록 모든 일에서 성능이 더 저하된다. 그것은 운전하는 동안 휴대전화를 사용하는 행위가 결코 좋지 않은 이유이기도 하다. 한 번에 두 가지에 집중을 하려고 하면 통화를 하면서 운전하는 사람과 같은 수준으로 반응 시간이 감소된다.[4]

하나의 주제에서 다른 주제로 관심의 초점을 전환할 때마다, 우리는 인식 전환 페널티를 겪게 된다. 작업을 수행하기 위해, 우리 두뇌는 작업 메모리에 현재 하는 일에 대한 맥락을 '로딩'해야 한다. 지속적으로 관심의 초점을 전환한다면, 우리 두뇌로 하여금 시간과 노력을 들여 맥락의 이동, 로딩, 재로딩을 반복하게끔 강요하는 셈이다. 그것이 바로 하루 종일 멀티태스킹을 하고도 아무 성과 없이 피곤함만 느끼게 되는 이유다. 우리는 일을 진행하는 대신에 맥락을 전환하는 데 모든 에너지를 소모한 것이다.

인지 전환 페널티는 마찰 비용이다. 덜 전환할수록, 비용도 덜 든다. 이것은 모노이데이즘이 효율적인 이유이기도 하다. 한 번에 한 가지에 주의를 집중함으로써, 임박한 작업을 실제로 수행하는 데 에너지를 집중할 수 있다. 모노이데이즘은 우리 두뇌가 작업 메모리에 맥락을 한 번에 로딩하도록 허용하는 것이다.

비생산적인 맥락 전환을 방지하는 데는 배치처리 묶음 전략이 최고다. 집중을 방해하는 것들을 제거하는 일은 불필요한 중단을 방지하는 데 도움이 되지만, 하루 종일 시간이 빈다고 하더라도 여러 잡념들로 정신적인 에너지를 낭비할 가능성도 얼마든지 있다. 이때 불필요한 인식 전환을 방지하는 가장 좋은 방법은 유사한 작업을 함께 묶는 것이다.

예를 들어, 나는 고객 방문 사이에 창조적인 작업(글쓰기 또는 교육 비디오 촬영 등)을 진행시키는 것을 힘들어 한다. 두 가지 임무를 동시에 다루기를 시도하기보다, 나는 두 가지를 각각 한꺼번에 묶는다. 나는 주로 중단 없이 아침 시간에 글쓰기에 집중하고, 오후에 내 전화와 회의를 일괄 처리한다. 그 결과, 나는 두 가지 임무 모두에 나의 모든 주의를 집중할 수 있었다.

나는 집안일을 하거나, 재무 보고서를 수정하거나 또는 심부름을 할 때에도 비슷한 전략을 사용한다. 그 작업들을 마무리하기 위해 몇 시간을 전적으로 할애한다. 그 결과, 나는 아주 짧은 시간에 필요한 모든 작업을 수행할 수 있다.

폴 그레이엄^{Paul Graham}(벤처투자가, 프로그래머이자 수필가)은 이러한 배치처리 묶음 전략을 '메이커의 일정/관리자의 일정'[5]이라고 부른다. 무엇인가를 만들려고 하는 경우, 우리가 할 수 있는 최악의 일은 사무적인 작업 사이에 창조적인 작업을 끼워 넣으려고 하는 것이다. 맥락의 전환은 생산성을 죽일 것이다. '메이커의 일정'은 큰 블록의 중단 없는 시간으로 구성되어 있다. '관리자의 일정'은 회의를 위해 여러 개의 작은 조각으로 나누어진다. 두 일정은 서로 다른 목적을 가지고 있다. 당신의 목표가 유용한 작업을 완료하는 데에 있는 경우 이것들을 서로 결합하려고 하지 않는 것이 좋다.

경험의 법칙으로 나는 하루를 3-10-20 방법으로 계획한다. 하루에 나는 세 가지 주요 작업 및 열 가지 작은 작업을 완료할 수 있는 수용력이 있다. 주요 작업은 집중이 20분 이상 필요한 작업이다. 다른 모든 작업은 사소하다. 주요 작업이 중단되면, 다시 시작하는 것을 새로운 작업으로 간주한다.

예를 들어, 하루의 주요 작업은 제안서 작성, 고객 상담, 서평 등일 수 있다. 이러한 주요 작업 사이에 나는 짧은 전화 통화를 하거나, 이메일을 처리하거나, 기사를 몇 개 읽거나, 설거지를 하거나, 사무실 청소를 할 수 있다.

내 주요 작업을 위해 큰 부분의 시간을 따로 둘 수 있는 한, 나는 하루에 모든 일을 수행할 수 있다. 만약 중요한 작업의 중간에 일이 중단된다면, 해당 작업은 그날 할 수 없거나 다른 중요한 작업이 빠져야 한다. 내가 하루에 수행할 수 있는 작업에 한계가 있다는 것을 염두에 두면 쉽게 스트레스와 회복에 균형을 유지할 수 있다.

비생산적인 맥락 스위칭을 제거한다면, 당신은 더 적은 노력으로 더 많은 것들을 할 수 있을 것이다.

참조 링크: https://personalmba.com/cognitive-switching-penalty/

4가지 완성방법
Four Methods of Completion

> "나는 하나의 인간에 불과하나, 그래도 단 하나의 존재다. 나는 모든 것을 할 수 없으나, 그래도 무엇인가는 할 수 있다. 나는 모든 것을 할 수 없으므로 내가 할 수 있는 것을 거부하지 않을 것이다. 내가 할 수 있는 것은 내가 해야 한다. 그리고 내가 해야 하는 것은, 하나님의 은총 속에, 내가 할 것이다."

에드워드 에버렛 헤일(Edward Everett hale),
19세기 유니테리언파 목사이자 작가

무엇인가를 '할 수 있는' 실질적인 방법으로는 단 네 가지 밖에 없다. 완료, 삭제, 위임 및 연기.

<u>완료</u> 즉, 작업을 수행하는 것이 대부분의 사람들이 생각하는 방법이다. 당신이 작업 목록을 유지하는 경우, 이러한 작업 모두가 당신만의 책임임을 가정하고 있다. 하지만 그건 사실이 아니다. 그렇기에 완료는 당신만이 특히 잘 할 수 있는 중요한 작업에 가장

적합하다. 나머지는 다른 방법으로 처리할 수 있다.

삭제 즉, 작업을 제거하는 방법은 중요하지 않거나 불필요한 것들에 효과적이다. 작업 목록에서 무엇인가가 중요하지 않은 경우, 제거에 대해 기분 나빠하지 말라. 이 일이 할 가치가 없다면, 그것에는 굳이 잘 하거나 신속하게 할 가치도 없다. 그것을 제거하는 것에 망설이지 말라.

위임 즉, 다른 사람에게 작업을 할당하는 방법은 다른 사람이 당신이 할 수 있는 수준의 80퍼센트만큼 할 수 있는 일에 효과적이다. 위임을 하기 위해서는, 우선 당신에게 위임을 할 수 있는 사람이 있어야 한다. 직원, 계약직 또는 아웃소싱 사업자 모두 당신을 대신해 작업을 완료함으로써, 당신이 더 많은 일들을 수행할 수 있도록 도울 수 있다.

온라인 개인 MBA 비즈니스 과정을 준비하기 위해,[5] 켈시와 나는 동영상을 직접 촬영하였다. 유별나게 빠른 타이피스트인 켈시 할머니의 도움을 받아 각 동영상의 자막을 만들 수 있었다. 결과적으로 우리는 기록적인 시간 안에 부담 없이 과정 준비를 완료할 수 있었다.

일상적인 작업을 위임할 수 있는 사람이 없는 경우, 가상 비서 회사와 함께 작업하는 것도 매우 유용할 수 있다. 그 회사에서는 100달러 미만으로 일을 수행하는 데 도움이 되는 전문가 팀의 도움을 구할 수 있다. 당신이 위임에 대한 경험이 거의 없다면, 시도해 볼 만하다.[6]

연기 즉, 작업을 나중으로 미루는 것은 중요하지 않거나 시간제한이 없는 작업에 효과적이다. 나중으로 미루는 것에 대해서 기분 나빠하지 말라. 자신을 고착시키는 가장 좋은 방법은 같은 시간에 너무 많은 일을 처리하려고 하는 것이다. 중요하지 않은 작업을 나중을 위해 보관하는 행위는 가장 중요한 것에 주의와 에너지를 집중할 수 있도록 하는 좋은 방법이다.

데이비드 앨런^{David Allen}은 저서《끝도 없는 일 깔끔하게 해치우기 Getting Things Done》에서 지금 중요하지는 않지만 언젠가는 '하고 싶은 것'들을 '언젠가/어쩌면' 목록에 보관하는 것을 추천한다. 창의력 연구원 스캇 벨스키^{Scott Belsky}는《그들의 생각은 어떻게 실현됐을까》에서 비슷한 접근 방식을 권장한다. 결국은 도달하고 싶지만 당장은 우선순위가 아닌 작업들의 '백 버너' 리스트, 즉 가스레인지 뒤쪽 버너로 잠시 옮겨 놓는 것처럼 잠정적 연기 리스트를 만들라고 말이다. 당신이 새롭거나 흥미로운 무엇인가를 찾고 있을 때 정기적으로 이 목록을 검토하는 것은 매우 유용하다.

작업 목록을 처리할 때, 이 네 가지 방법을 모두 사용한다면 당신은 이제까지 생각했던 것보다 더 많은 작업을 수행할 수 있게 될 것이다.

참조 링크: https://personalmba.com/4-methods-of-completion/

가장 중요한 업무들
MIT: Most Important Task

"작은 일을 할 때도 큰 그림을 그리며 실행하라. 그래야 매사에 올바른 방향으로 갈 수 있다."

모든 작업은 평등하지 않다. 일부는 다른 것들보다 더 중요하다.

당신에게는 매일 일을 끝내는 데 쓸 수 있는 유한한 시간과 에너지가 있다. 지금 작업 목록에 있는 모든 것들 중에 일부는 정말 중요하고, 다른 일부는 그리 중요하지 않다. 제한된 시간과 에너지를 최대한 살리기 원한다면, 무엇에 시간과 에너지를 소비하기 전에 먼저 가장 큰 차이를 가져올 작업을 완료하는 일에 집중을 하는 게 도움이 될 것이다.

가장 중요한 업무^{MIT}는 달성하고자 하는 가장 중요한 결과를 가져올 결정적인 작업이다. 당신 앞에 놓인 모든 것들이 결정적으로 중요하지는 않으니 모든 작업을 동일하게 취급하지 말라. 특히 중요한 몇 가지 작업을 선별하는 데 몇 분 정도 시간을 들인다면 먼저 달성하기 위해 집중하는 일이 훨씬 쉬워질 것이다.

매일 하루 시작 전에, 두세 개의 MIT 목록을 만든 다음 이를 가능한 한 빨리 끝내는 것에 초점을 맞춘다. 그 일은 일반적인 작업 목록 또는 작업 관리 시스템에서 별도의 목록을 유지한다. 나는 일반적으로 3×5 인덱스카드나 데이비드 서$^{David Seah}$의 '긴급 작업 플래너$^{Emergent Task Planner}$'[6](무료로 다운로드 할 수 있는 PDF 파일)를 사용한다.

MIT들의 목록을 만들 때는 다음과 같은 질문이 유용하다. "오늘 해야 하는 가장 중요한 것들 두세 가지가 무엇인가? 오늘 끝냈을 때 가장 큰 차이를 만들 것은 무엇들인가?" 이러한 작업들만 당신의 MIT 목록에 넣고 아침에 이들을 끝내려고 노력한다.

임의로 기한을 설정해 이 기술을 '파킨슨^{Parkinson}의 법칙'(나중에 논함)과 결합하는 것은 매우 효과적이다. 모든 MIT를 오전 10시까지 끝내는 목표를 설정한다면, 얼마나 빠르게 하루의 가장 중요한 작업을 완료할 수 있게 되는지에 깜짝 놀라게 될 것이다.

두세 가지 MIT 목록을 갖는 것은 중요하지 않은 중단에 대해 "아니오"라고 할 수 있는 권한을 부여해 모노이데이즘 상태를 유지하는 데 도움이 된다. 당신이 MIT를 수행하고 있을 때 누군가가 전화를 하면, "지금 마감에 맞춰서 일하고 있어서요." 하고 전화를 무시하거나 발신자에게 알릴 수 있을 것이다. 정의에 따라, MIT가 아닌 모든 것들은 중요하지 않기 때문에, 중요하지 않은 중단에 "아니오"라고 하는 것이 더 쉬워진다.

MIT를 가능한 한 빠르게 달성하면 남은 하루 동안 생겨나는 다른 일들을 처리할 수 있게 된다.

참조 링크: https://personalmba.com/most-important-tasks/

목표
Goals

"막연한 목표를 설정하는 것은 음식점으로 가서 '나 배고파, 뭐 좀 먹고 싶어,'라고 말하는 것과 같다. 당신이 뭔가를 주문하기 전까지는 계속 배고플 것이다."

스티브 파블리나(Steve Pavlina), 《똑똑한 사람을 위한 자기계발(Personal Development for Smart People)》 저자이자 Pavlina.com 블로거

목표의 중요성은 비즈니스 서적에서 많이 회자되었다. 올바른 목표는 두 가지를 달성한다. 먼저 목표는 원하는 것을 시각화하고 이를 달성하는 것에 대해서 즐거워할 수 있도록 도움을 준다. 목표는 정확히 무엇을 달성하고 싶은지를 명백히 하는 성명이며, 두뇌로 하여금 정신적 시뮬레이션을 사용해 목표 달성이 어떨지 시각화하는 것을 용이하게 한다. 당신이 찾고 있는 최종 결과가 애매하거나 흐릿할 경우, 마음속의 자동 계획 시스템은 당신이 원하는 것을 얻을 수 있는 방법을 찾기 어려워 한다. 따라서 올바른 목표는 동기 부여에도 중요한 역할을 한다. 더 명확하게 정의된 목표일수록 원하는 것을 얻기 위해 필요한 일들에 즐거워할 수 있도록 도와준다.

'나는 산에 오르고 싶다'와 같은 불분명한 목표는 별 도움이 되지 않는다. 왜냐하면 그런 것들은 두뇌에 작업을 위한 소재를 제공하지 않기 때문이다. 무슨 산? 어디로? 언제? 왜? 이러한 질문들에 대한 답변 없이, 당신은 아무것도 하지 않을 것이다.

잘 수립된 목표는 '에베레스트 테스트'를 통과한다. 유용한 목표는 다음과 같다. "나는 마흔 생일 전에 에베레스트산 정상에 올라 기념으로 내 벽 액자에 담을 파노라마 사진을 촬영하는 것이다." 이 같은 목표는 두뇌가 시뮬레이션 하기에 용이하다. 에베레스트는 네팔에 있으므로 당신은 여행을 준비해야 한다. 당신은 등반 능력도 향상시켜야 하고, 가이드도 찾아야 하며, 장비를 사야 하고, 적절한 파노라마 카메라도 구입해야 한다. 목표를 달성하기 위해 의식적인 결정을 내리면 마음은 자동으로 이를 끝낼 방법을 찾기 시작한다.

목표는 긍정적이고 즉시적이며 확고하고 구체적인 형식으로 프레이밍하는 경우에 가장 유용하다.

- 긍정적이라는 것은 동기 부여를 의미한다. 목표는 당신이 멀어지는 쪽이 아니라 이동하는 쪽이어야 한다. '나는 더 이상 뚱뚱하고 싶지 않아'와 같은 목표는 위협 잠금을 일으킬 수 있다. 개선에 대해 흥분하는 마음의 예측을 변경하는 재해석을 사용함으로써 부정을 강화할 수 있다. 최상의 결과를 얻으려면, 갈등을 먼저 제거하고, 달성하고자 하는 방향으로 이동해야 한다.
- 즉시적이라는 것은 시간 간격을 의미한다. 목표는 '언젠가는' 혹은 '결국'이 아닌 지금 당장 진행하기로 결정한 것이어야 한다. 확고하다는 것은 현실에서 결과를 볼 수 있음을 의미한다.
- 목표는 성취다. 당신은 언제 당신이 성취하기로 한 것을 달성했는지를 알 수 있어야 한다. '나는 행복하고 싶다'는 말은 확고하지 않기 때문에 성립되지 않는다. 언제 이루어냈는지 어떻게 알 것인가? 하지만 에베레스트산 정상에 오르면 현실에 확고한 무엇인가를 달성한 셈이다. 바로 그것이 확고한 것이다.
- 구체적이라는 것은 목표와 관련해 무엇을 언제 어디서 이루어 낼 것인지를 정의할 수 있음을 의미한다. 가까운 특정한

날짜에 에베레스트산에 등반하는 것은 구체적이다. 이는 어떻게 이를 성취할 것인지를 쉽게 계획할 수 있도록 한다.

최고의 효과를 위해 목표는 통제하에 있어야 한다. '살을 9kg 뺀다'와 같은 목표는 우리의 직접적인 통제 아래 있지 않기 때문에 정신을 붕괴시킨다. 살을 빼는 것은 결과이지, 활동이 아니다. 몸무게가 어느 하루에 임의로 몇 kg 올랐다고 했을 때, 이와 관련해서 별 선택권이 없었음에도 불구하고 좌절감을 느끼기 쉽다. 최상의 결과를 위해서는 목표를 통제 위치 안에 있는 행동으로 정하라. 매일 최소 30분 운동을 하거나, 섭취하는 열량을 조절한다든지 말이다.

목표를 잘 관리하려면 간단한 필기장처럼 어디서든지 쉽게 참조할 수 있는 장치가 필요하다. 개인적으로 나는 모든 목표를 간단한 텍스트 파일에 넣고 프린트해 보관한다. 내가 무엇을 해야 할지 생각할 때마다 목표 목록을 쉽게 참고할 수 있어 어떤 작업이 가장 중요한지 결정하기가 쉽다.

목표를 변경하는 것은 전혀 문제없다. 때로는 목표를 달성하는 일을 별로 원하지 않을 때가 있다. 우리가 원했던 것을 나중에 깨닫게 되는 경우다. 이를 나쁘게 생각하지 말라. 자신이 더 이상 좋은 느낌이 없는 목표를 향해 일하고 있다는 것을 알게 되었다면, 그저 다른 일을 하면 된다.

참조 링크: https://personalmba.com/goals/

존재의 상태
States of Being

"내가 가려고 했던 곳에는 도달하지 못했는지도 모른다. 하지만 내가
있으려고 했던 곳에는 결국 있게 된 것 같다."

더글러스 애덤스(Douglas Adams),
유머 작가이자 히치하이커 안내서 시리즈의 저자

사람들이 목표를 정할 때 주로 범하는 실수 중 내가 주로 본 것은 모
든 것이 '성과'라고 가정하는 것이다. '나는 행복하고 싶다', '나는 신
나고 싶다' 혹은 '나는 성공하고 싶다' 등의 문장을 생각해 보자. 하
고자 했던 것을 성취했는지 어떻게 알 수 있는가? 일상의 경험이 변
하는 경우에 정말 행복, 신남 혹은 성공을 성취할 수 있는가?

존재의 상태는 '현재의 경험에 대한 품질'이다. 감정적인 경험은
시간이 지남에 따라 변하기 때문에 성과가 아니다. 지금 당장 행복
할 수 있고 한 시간 뒤에 화가 나 있을 수도 있는 것이다. 따라서 '행
복하다'는 것은 성과가 아니다. 이는 현재의 경험에 대한 품질이다.

존재의 상태는 목표가 아니라 의사결정의 기준이다. '행복'하거
나 '성공'하고 싶어 하는 것은 괜찮지만, 이런 욕망을 목표로 삼는
것은 좌절의 공식이 된다. 이런 상태를 성과로 삼기보다 의사결정
의 기준으로 생각하는 것이 훨씬 낫다. 당신의 행동들이 원하는
결과로 귀결되는지를 이해하는 방법 말이다.

존재의 상태는 '내가 지금 하는 것이 잘 되고 있는가?'라는 질문
에 대한 답을 할 수 있도록 도와준다. 예를 들어 만약 행복을 느끼

고 싶다면 친한 친구나 가족과 시간을 보내는 것이 당신이 원하는 그 경험을 만든다는 사실을 알게 될 것이고, 이를 위해 시간을 만드는 걸 당연히 중요시하게 된다. 만약 안정을 느끼고 싶지만 일이 항상 스트레스를 준다면, 현재 하고 있는 것이 잘 되지 않으니 상황이 바뀌어야 하는 것이 분명하다.

복잡한 존재의 상태를 더 작은 부분으로 분해하는 것은 더욱 유용하다. '스트레스'와 '행복'과 같은 존재의 상태를 의사결정의 기준으로 사용하는 대신에, 이러한 상태가 실제로 어떤 의미인지를 결정하는 것이 훨씬 낫다. 예를 들어 나는 '성공'을 '내가 좋아하는 사람들과 일하는 것', '내가 할 일을 편하게 고를 수 있는 것', 그리고 '재정적 스트레스 없이 살 수 있도록 충분한 돈을 보유하기'로 정의했다. 이러한 존재의 상태들은 성공에 대해서 훨씬 더 유용한 정의를 제공한다. 만약 그런 상태들이 이 세상에서 내가 경험하고 있는 것이라면, 나는 '성공적'인 셈이다.

'행복'도 마찬가지다. 하나의 존재의 상태라기보다 '행복해 하는 것'은 '재미있게 노는 것', '내가 좋아하는 사람들과 시간 보내는 것', '안정을 느끼는 것', '자유로움을 느끼는 것' 등의 조합이다. 이러한 존재의 상태가 현 시점의 내 경험을 설명할 때, 나는 '행복한' 상태다. '행복'을 그 구성 요소로 분해하는 것은 내가 하는 일들에서 더 자주 더 충만하게 경험할 수 있도록 도와준다.

경험하고 싶은 존재의 상태가 무엇인지 결정하라. 그러면 자신의 행동의 결과를 평가하는 데 사용할 수 있는 유용하고도 새로운 의사결정 기준들을 가지게 될 것이다.

참조 링크: https://personalmba.com/states-of-being/

습관
Habits

"우리는 우리가 반복적으로 하는 일로 인해 정의된다. 그러므로 탁월함
은 행동이 아니라 습관에서 나타난다."

윌 듀런트(Will Durant), 역사가, 그리스 철학자 아리스토텔레스의 책을 의역함

운동처럼 매일하고 싶은 것들은 어떠한가? 그것은 목표인가, 존재
의 상태인가? 사실 어느 것도 아니다.

습관은 우리를 지원하는 규칙적인 행동이다. 양치질, 비타민 복
용, 다이어트 혹은 친구 및 가족과 연락을 유지하는 것 등은 우리
를 행복하고 건강하게 하는 습관들의 예다. 축적의 힘으로 인해
작은 습관들은 시간이 지남에 따라 엄청난 결과를 가할 수 있다.

대부분의 습관들은 네 가지의 일반적인 형태 중에 하나를 취한
다. 시작하고 싶은 일들, 중지하고 싶은 일들, 더 많이 하고 싶은
일들 그리고 덜하고 싶은 일들 말이다. 예를 들어, 정기적으로 운
동을 시작하거나 TV 보기를 중지하거나 더 많은 물을 마시거나
더 적은 돈을 지출하는 것 등을 원할 수 있다.

습관이 만들어지기 위해서는 일정량의 의지력이 필요하다. 따라
서 채택하고 싶은 습관을 쉽게 주입할 수 있도록 안내 구조 섹션에
서 설명했던 방법을 사용하는 것이 가장 좋다. 만약에 아침에 일어
나자마자 헬스장에 가고 싶다면 전날 밤에 운동 가방을 싸고 운동

복을 준비해 두면 더 쉽게 갈 수 있게 된다. 이는 행동으로 옮기는 것에 있어 더 적은 노력이 들도록 환경을 구축했기 때문에 그렇다.

습관은 '행동할 시간'이라는 신호를 촉발시키는 요인을 찾으면 더 쉽게 구축할 수 있다. 예를 들어, 비타민을 섭취하고 싶을 때, 다른 습관적인 행동을 그 다음 행동에 대한 방아쇠 요인으로 사용하면 더 쉽게 기억하고 챙길 수 있다. 일과 중에 비타민 섭취를 기억하기 위해 정신에 의존하는 대신에, 아침 혹은 저녁에 양치하는 것을 비타민 섭취를 상기시키는 수단으로 활용할 수 있다.

최상의 결과를 위해 한 번에 하나의 습관을 적용하는 데 집중한다. 매일 사용할 수 있는 의지력에는 한계가 있고, 행동의 기본 모드를 무효로 할수록 빨리 고갈된다는 것을 기억하라. 동시에 너무 많은 습관을 적용하려고 한다면, 아마 이 중 하나도 제대로 채택하지 못할 것이다. 한 가지 습관이 자동적으로 행해진다고 느껴질 때까지 적용하는 것에 집중한 다음에 다음으로 넘어가라.

참조 링크: https://personalmba.com/habits/

프라이밍
Priming

"사물이 가시광선 범위 안에 있다 하더라도 우리의 지능적인 광선 범위 안에 있지 않으면 많은 사물들은 보이지 않는다. 말하자면 우리가 이를 찾고 있지 않다는 것이다. 따라서 큰 의미에서 우리는 우리가 찾고 있는 세상만 볼 수 있다."

헨리 소로(Henry David Thoreau), 미국의 사상가 겸 문학자 특정 유형의 차에 관심을 갖게 되자, 그 차가 갑자기 도처에서 보이기 시작한 적이 있는가? 나는 분명 그런 적이 있다. 꼭 어떤 사람이 갑자기 수백 대의 같은 기종의 차들을 고속도로에 깔아 놓은 것 같은 느낌이었다.

물론 실제로는 아니다. 전 세계가 당신을 대상으로 속임수나 장난을 칠 리도 없다. 그 자동차들은 항상 거기 있었다. 예전에 이를 의식하지 못한 것뿐이다. 특정 유형의 차에 관심을 가지기 전에는 뇌가 의식 밖으로 그 차들을 여과시킨 것이다.

한번 관심을 갖게 되면, 우리 두뇌는 이 정보를 여과하지 않고 그 특정 차들이 지나갈 때마다 의식하게 된다. 어떤 의미에서 주위 환경에 대한 어떤 것들을 주의하라고 자신의 두뇌를 프로그래밍한 것이다. 여과를 제거하기 위해서는 특정한 무엇인가에 관심을 갖기 시작하는 것만으로도 충분하다.

프라이밍은 주위 환경에 특정 정보가 나타났을 때 주의를 주도록 두뇌를 의식적으로 프로그래밍하는 방법이다. 두뇌의 패턴 매칭 기능의 매혹적인 파급 효과 중의 하나는 유용한 정보를 위해 지속적으로 주위 환경을 스캔하는 것이다. 구체적으로 무엇을 찾는지를 마음에게 말한다면, 감각이 이를 알아차렸을 때 주의를 주도록 할 것이다.

프라이밍은 의식적으로 두뇌의 패턴 매칭 기능에 영향을 미칠 수 있는 방법이다. 무엇에 관심을 가질지 의식적으로 결정하기 위해 시간을 가짐으로써 이와 유관한 무엇인가를 알아차렸을 때 주의를 주도록 마음을 프로그래밍할 수 있다. 어떤 사람들은 이를 직관이라고 부른다. 프라이밍은 직관을 어떻게 의식적이면서 생산적으로 사용할 것인가에 관한 것이다.

내가 어떻게 프라이밍을 활용하는지 예를 들어보겠다. 에비 막스 빌Abby Marks-Beale 은 《10일 만의 속독10 Days to Faster Reading》에서 내가 '목적 설정'이라고 부르는 기술을 추천한다. 책을 읽기 시작하기 전에 몇 분을 들여 (1) 왜 이 책을 읽고 싶어 하는지, (2) 어떤 정보를 찾고 있는지를 파악하려고 한다. 책을 보기 전에 메모를 적어두는 것만으로도 정확히 무엇을 찾으려고 하는지를 강화한다.

목적을 정의한 후에는 그 책을 집어 들고 목차, 섹션 제목과 색인에 특별한 주의를 기울이며 빨리 넘긴다. 책이 어떠한 정보를 보유하고 있고 어떻게 구성되어 있는지에 대한 압축된 소스를 살펴보는 것이다. 다음에 나타났을 때 알아차릴 수 있도록 두뇌의 프라이밍에 도움이 될 것 같은 특별히 중요한 용어와 개념을 적어둔다.

이 과정은 단 몇 분밖에 걸리지 않지만 독서 속도에 미치는 영향은 깊다. 중요한 개념을 알아차리도록 마음을 프라이밍한 후에는 빛의 속도로 책 전체를 읽을 수 있다. 읽으면서 당신의 두뇌는 자동으로 중요하지 않은 자료를 여과하고, 특별히 배우는 데 관심 있는 자료들을 저장한다.

그 결과, 거의 모든 논픽션 책에서 유용한 대부분의 내용을 20분 이내에 추출하는 것이 가능해졌다. 나는 도서관이나 서점에 갈 때 이 기술로 한 시간 안에 여러 권의 책을 읽을 수 있다. 내가 이 방법을 사용하지 않았다면 이 책의 작성은 물론이고 지금과 같은 《퍼스널 MBA》 독서 목록을 만드는 것도 불가능했을 것이다.

특정 목표를 향해 일할 때 사람들이 '행운'을 찾는 방법 중 하나는 프라이밍을 통해서이다. 목표 설정이 유용한 이유 중에 하나는, 그것이 원하는 것을 가질 수 있는데 도움이 되는 무언가를 찾을 수 있도록 두뇌를 프라이밍하는 쉬운 방법이기 때문이다. 만약 에베레스트산을 등반하는 것이 목표라면 웹 서핑을 하다가 여행 사이트에서 네팔 행 비행기 티켓 70퍼센트 할인이 떴을 때 알아차릴 확률이 훨씬 높다. 만약 똑같은 내용을 목표 설정하기 전에 보았다면 주의를 기울일 이유가 전혀 없었기 때문에 아마 여과했을 것이다.

당신에게 중요한 무엇인가를 두뇌가 알아차릴 수 있도록 두뇌를 의식적으로 프라이밍하는 데 시간을 가진다면 필연적으로 그것을 찾을 수 있을 것이다.

참조 링크: https://personalmba.com/priming/

의사결정
Decision

"매일 순간마다 나는 다음 순간 무엇을 해야 할지를 결정해야 한다. 그리고 아무도 나를 위해 그 결정을 내리거나 내 자리를 대신할 수 없다."

호세 오르테가 이 가세트(Jose Ortega Y Gasset), 스페인의 철학자이자 수필가

결정은 구체적인 행동 계획에 헌신하는 행위이다. 영어 단어 'decide'는 '차단하다'라는 뜻의 라틴어 'decidere'에서 비롯되었다. 결정을 내릴 때, 다른 가능한 수단을 차단하고 헌신하기로 한 그 길만 남겨 두는 것이다. 만약에 실행 가능한 옵션을 차단하지

않는다면 진정한 결정을 내리는 것이 아니다.

개인 생산성 시스템이 아무리 좋다 하더라도, 당신을 위해 결정을 대신 내릴 수는 없다. 작업 관리 시스템이 아무리 정교하다 하더라도 그것이 특정 순간에 당신이 해야 할 최적의 일을 알려줄 수 없을 것이다. 당신을 위해 대신 결정을 내려줄 수 있는 시스템을 구축하는 것은 헛된 꿈이다. 시스템이 할 수 있는 것은 더 나은 의사결정을 하는 데 사용할 수 있는 정보를 제공하는 것뿐이다. 결정은 항상 당신의 책임일 것이다.

크건 작건 어떠한 결정도 완전한 정보를 바탕으로 이루어지지 않는다. 우리는 미래를 예측할 수 없기 때문에, 종종 정보의 부족으로 우유부단함을 느끼게 된다. 실제로 일어나는 현상은 정신적 채찍질이다. 전뇌의 업무는 불명확함을 해결하고 의사결정을 내리는 것이다. 따라서 이 경우 전뇌가 의사결정을 내릴 때까지 중뇌가 계속 신호를 보내는 것이다. 결정이 내려지면 채찍질이 멈춘다.

결정하기 전에 모든 정보를 가져야 한다고 생각하지 마라. 세상은 정확한 예측을 하기에 너무 복잡하다. 콜린 파월 전 미국 국무장관은 정보가 확실하게 완전하지 않더라도 가용한 정보의 절반이 모아진다면 결정을 내리는 것을 옹호하기로 유명하다. "100퍼센트 확신이 느껴지기 충분한 정보가 모일 때까지 기다리지 마라. 그 때가 되면 이미 너무 늦게 될 것이기 때문이다. 40~70퍼센트의 가용한 정보를 구하면 직감으로 가라."[7]

그것이 삶과 죽음의 전투 결정을 위한 승리 전략이라면, 인생의 일반적인 의사결정에도 충분히 유효할 것이다. 올바른 의사결정을 내릴 수 있는 충분한 정보만 수집하고 결정을 내린 후에 계속 진행하라.

의사결정을 내리지 못하는 것 역시 의사결정이다. 선택을 거부하더라도 삶이 끝나지는 않는다. 세상은 계속되고, 당신은 기본적인 행동을 따르도록 강요받을 수 있다. 의사결정에 대한 책임을 포기하는 것이 의사결정을 하지 않음을 의미하지는 않는다. 당신은 자신이 그 상황의 피해자가 될 수 있도록 허용하는 것이다.

최상의 결과를 위해서는 명확하고 의식적으로 의사결정을 내려라. 내 경험에 의하면, 많은 사람들이 실제로 결정을 주저하기 때문에 무엇을 해야 하는지를 파악하는 것을 어려워한다. 손실 혐오는 '만약을 대비하여' 모든 옵션을 열린 채로 두도록 촉구한다. 하지만 의사결정 없이는 그들이 지금 있는 곳에서 그들이 있고 싶다고 생각하는 곳으로 어떻게 갈지를 생각할 때, 정신적 시뮬레이션을 통해 파악할 수 없다. 그 결과 생산성 없이 정신적 채찍질만 이루어진다.

"나는 지금 당장 그것을 하기로 결정했다"라고 단순히 자신에게 말을 거는 것만으로도 진행이 훨씬 수월해진다. 의사결정이 최종적으로 이루어지면, 두뇌의 정신적 시뮬레이션 계획 회로가 작동해서 다시 움직이기 시작한다.

의사결정을 내리는 데 어려움을 겪는다면, 스티브 파블리나^{Steve} ^{Pavlina}가 《똑똑한 사람을 위한 자기계발^{Personal Development for Smart People}》에서 했던 다음 질문을 승부수로 사용하는 것을 추천한다. '가능한 옵션 중에서 경험이 있는 것은 어떤 것인가?'

특정한 의사결정을 내리는 데 어려움을 겪는다면, 아마 당신의 두뇌가 어떤 것이 최선인지를 파악하는 데 어려움을 겪기 때문일 것이다. 불편한 상황이겠지만, 사실 어떤 것을 선택하더라도 큰 문제가 되지 않는다. 만약에 그게 사실이라면, 단순히 가장 흥미로운 경험을 선택할 수 있을 것이다.

켈시가 뉴욕시에서 매력적인 직업 오퍼를 받았을 때 우리는 신시내티에 머무를지 대도시로 이사할지 몇 주 동안 갈피를 못 잡고 있었다. 이사와 관련해 많은 불확실성이 있었다. 어디에서 살 것인가? 우리가 감당할 수 있을까? 내 직장은 어떻게 할 것인가? 위협 제재의 나쁜 상황에 우리 모두를 빠뜨리기에 충분했다.

결국, 우리는 확실하면서도 더 나은 선택이 없는 것을 깨달았다. 즉, 우리가 어떤 것을 선택해도 큰 상관이 없었을 것이었다. 뉴욕에서 생활하는 것은 우리 모두가 해보고 싶은 경험이었다. 그래서 우리는 이동하기로 결정했다. 거의 즉시, 우리는 명확함과 안도감을 느꼈다. 계속 채찍질하는 대신에 결정은 불확실한 상황에서도 우리가 전진하는 것을 가능케 했다.

참조 링크: https://personalmba.com/decision/

5중의 '왜' 질문
Five-Fold Why

"그 다음 질문을 물어보라. 그 질문 다음에 또 질문이 따르고, 또 다음 질문이 따른다."

시어도어 스터전(Theodore Sturgeon), 《인간을 넘어서》의 작가 매우 자주 우리는 우리가 왜 무엇을 원하는지를 의식적으로 인식하지 못한다. '근본 원인 분석'을 실시하는 것은 우리의 욕망 뒤에 있는 동기를 발견할 수 있는 유용한 방법이다.

5중의 '왜' 질문은 당신이 실제로 원하는 것을 발견할 수 있도록 도와주는 기술이다. 당신의 욕망을 액면가 그대로 받아들이기보다 당신이 원하는 것의 근본 원인을 검사하는 것은 핵심 욕망을 더 정확히 정의할 수 있도록 돕는다.

5중의 '왜' 질문을 적용하는 이유는 간단하다. 목표 또는 목적을 설정할 때마다 그것을 원하는 이유를 스스로에게 물어보아라. 백만장자가 되고 싶은 경우, 백만 달러를 가지고 싶은 이유를 자신에게 물어 보아라.

답변을 강요하지 말라. 자신에게 호기심 차원에서 질문을 하고 마음이 답변을 스스로 생성해낼 때까지 기다려라. 마음이 답을 했을 때 '왜?'라고 다시 물어 보아라. '내가 원하기 때문이야'라는 답을 받기까지 계속 자신에게 물어 보아라. 이는 원래 목표의 근본 원인에 도착했음을 의미한다.

다음은 고전적인 목표 '나는 백만장자가 되고 싶다'에 5중의 '왜' 질문을 적용하는 예이다.

1. 왜 백만 달러를 원하는가? 나는 돈으로 스트레스 받고 싶지 않기 때문이다.
2. 왜 돈으로 스트레스 받고 싶지 않아 하는가? 불안함을 느끼지 않기 위해서다.

3. 왜 불안함을 느끼지 않고 싶은가? 안전함을 느끼기 위해서다.

4. 왜 안전함을 느끼고 싶은가? 자유를 느끼기 위해서다.

5. 왜 자유를 느끼고 싶은가? 왜냐하면 내가 자유를 느끼는 것을 원하기 때문이다.

근본 욕망은 백만 달러를 가지는 것이 아니다. 자유를 느끼는 것이다. 백만 달러 없이도 자유로움을 느끼는 것이 가능할까? 물론이다. 돈과 절대적으로 무관하면서 자유로움을 느낄 수 있는 방법들에는 여러 가지가 있다. 실제 욕구를 해결하는 다른 방법을 적용하면 원래 목표보다 더 효과적일 수 있다. 목표의 뒤에 있는 근본 원인을 발견하면 실제로 원하는 것을 얻을 수 있는 새로운 방법을 발견할 수 있다.

참조 링크: https://personalmba.com/five-fold-why/

5중의 '어떻게' 질문
Five-Fold How

"당신이 볼 수 있는 만큼 최대한 멀리 가라. 그곳에 도달하면, 더 멀리볼 수 있을 것이다."

토머스 칼라일(Thomas Carlyle), 영국의 비평가이자 역사가

5중의 '왜' 질문을 적용한 후, 당신은 아마 당신이 실제로 원하는 것이 그동안 원한다고 생각했던 것과 상당히 다르다는 사실을 발

견할 것이다. 당신의 원래 목표의 근본 원인을 파악했으므로 실제로 원하는 것을 어떻게 가질 수 있는지 파악할 차례이다.

5중의 '어떻게' 질문은 핵심 욕망을 물리적 행동으로 연결하는 방법이다. 이전 예제를 사용하자. 핵심 욕망은 자유를 느끼는 것이다. 어떻게 그렇게 할 것인가?

1. 남은 부채를 갚는다.
2. 작업 시간을 줄이거나 다른 직업을 찾거나 창업을 한다.
3. 새로운 도시 또는 국가로 이사한다.
4. 제약을 가져오는 개인 관계를 끊는다.

좋은 아이디어로 여겨지는 '어떻게'를 찾으면 다시 '어떻게'를 물어보라. 퇴사하고 창업을 하는 일이 가장 큰 의미의 자유를 줄 것이라고 하자. 어떻게 그렇게 할 것인가? 세부 사항을 채워 나가면 처음엔 모호했던 생각들이 점점 더 명확하게 정의될 것이다.

차기 행동에 대한 용어로 계획을 명확히 정의할 때까지 '어떻게'를 계속 물어보라. 5중의 '어떻게' 질문의 목적은 당신의 큰 구상으로부터 당신이 지금 당장 할 수 있는 일들로 내려가기까지의 모든 연쇄 행동들을 완성하는 것이다.

제대로 한다면 모든 행동이 스스로 무엇을 원하는지에 대한 경험을 줄 것이다. 부채를 갚는 것이 자유를 느끼게 한다면, 이러한 방법으로 연관성을 찾은 후에는 대출금을 상환할 때마다 더욱 더 자유를 느낄 것이다. 이를 지속하기도 쉽게 돕는다.

큰 목표들을 지금 취할 수 있는 작은 행동으로 연결시키면 필연적으로 당신이 달성하기로 했던 것을 성취할 것이다.

참조 링크: https://personalmba.com/five-fold-how/

차기 행동
Next Action

"우리가 할 수 있는 작은 일들을 지속적으로, 즉각적으로 돌본다면, 우리는 할 수 없는 것들이 거의 없다는 것에 크게 놀랄 것이다."

새뮤얼 버틀러(Samuel Butler), 19세기 소설가

대개 우리가 달성하고 싶어 하는 것들은 단번에 끝낼 수 없다. 프로젝트는 여러 행동을 통해 완성하는 목표로, 프로젝트가 클수록 그것을 수행하기 위해 꼭 해야 하는 작업들을 모두 예측하기가 힘들다.

에베레스트산 등반은 프로젝트다. 복잡성과 불확실성을 내포한 것이다. 당신을 압도할 정도로 큰 프로젝트를 어떻게 다룰 것인가?

간단하다. 목표를 향해 전진하기 위해 필요한 차기 행동에 집중한다.

차기 행동은 프로젝트를 진전시키기 위해서 당장 할 수 있는 구체적이고 확고한 다음 일이다. 프로젝트를 진행시키기 위해서 꼭 해야 하는 모든 것들을 알 필요는 없다. 당신이 알아야 할 것은 프로젝트를 진전시키기 위해서 바로 다음에 할 수 있는 것뿐이다.

데이비드 앨런^{David Allen} 은 《끝도 없는 일 깔끔하게 해치우기^{Getting Things Done}》에서 자신의 '기본 과정'의 핵심 단계를 설명하기 위해

용어를 만들어냈다.

1. 이 순간에 마음에 가장 많이 떠오르는 프로젝트나 상황을 기록한다.
2. 이제 이 문제나 상황에서 의도적으로 원하는 결과를 한 문장으로 서술한다. 이를 '완료'라고 표시하기 위해서 어떤 일이 이루어져야 하는가?
3. 다음으로 상황을 진전시키기 위해 필요한 바로 다음의 육체적 행동 단계를 적는다.
4. 신뢰할 수 있는 시스템에 그 답을 넣는다.

앨런에 따르면 이 질문들은 내 프로젝트에서 정확히 무엇이 '완료'이고 '진행 중'인 것인지를 분명히 하는 데 도움을 준다. '완료'는 어떤 모양인지 정의를 하면, 모든 주의와 에너지를 '완료'로 갈 수 있는 '진행 중'인 것들에 집중할 수 있도록 한다.

이 책을 쓰는 것은 대규모 작업이었다. 연구 자료를 수집하는 데 수년이 걸렸고, 실질적으로 글을 쓰는 데 1년이 조금 넘게 걸렸다. '집필'은 행동이 아니다. 이는 프로젝트다. 단번에 내가 모든 원고를 완료할 방법은 없었으나 책의 작은 섹션들을 한 시간 안에 쓰는 것은 가능했다. 책을 잘 정의된 섹션들로 나눈 후에는 진행하기가 훨씬 수월해졌다. 개별 작업은 훨씬 덜 부담스러웠기 때문이다.

압도당하는 느낌을 피하기 위해서는 프로젝트와 작업을 따로 관리해야 한다. 나는 다음과 같이 한다. 나는 항상 3x5 인덱스카드를 포함하는 필기장을 가지고 다닌다.[8] 카드는 나의 현역 프로젝트들의 목록을 포함하고 있다. 공책은 할 일 목록을 포함하고 있다. 이제 차기 행동은 나의 프로젝트를 전진시킬 것이다. 나는 마크 포스터[Mark Forster]가 개발한 '오토포커스'라는 시스템을 사용해 처리한다.[9] 이 시스템은 내가 지금 당장 진행을 하기 위해 할 수 있는 것들을 직감으로 파악할 수 있도록 도와준다. 내 프로젝트들이 나의 목표와 연관되어 있고 내가 선호하는 존재의 상태로 정렬되어 있는 한, 이를 모두 완성하는 것은 단지 시간문제다.

다음 작업을 달성하는 것에 집중하면 필연적으로 전체 프로젝트를 완성할 수 있다.

참조 링크: https://personalmba.com/next-action/

외재화

Externalization

"말은 사람의 마음에 집중하기 위한 렌즈이다."

에인 랜드(Ayn Rand), 철학자이자 《아틀라스》의 저자

마음이 작동하는 방법에서 특이한 점 중의 하나는 머리 내부에서 동요하는 생각들보다 외부에서 오는 정보를 더 잘 처리한다는 것이다.

혹시 개인 트레이너 또는 코치로 일한 적이 있다면, 내가 무엇을 말하는지 알 것이다. 혼자서 운동을 할 때는 '정말 힘들다. 그만 멈추지 그래'라고 머리 내부의 작은 목소리를 듣기 쉽다. 운동을 꾸

준히 하여 더 나은 결과를 얻을 수 있다고 해도 말이다.

다른 사람과 함께 할 때에는 격려하는 사람이 주위에 있기 때문에 작은 목소리는 사라진다. 결과적으로 더 나은 운동을 할 수 있다.

우리는 자신의 내부의 생각보다 환경의 자극에 더 쉽게 반응하기 때문에, 생산성을 향상시키는 데 사용할 수 있는 간단한 방법을 활용할 필요가 있다. 내부의 생각들을 외부의 형태로 변형시켜 마음을 더 효율적으로 사용할 수 있도록 하는 것이다.

외재화는 매우 지능적인 방법으로 우리의 지각 능력을 활용한다. 내부의 사고 과정들을 외부의 형태로 변형시킴으로써 외재화는 본질적으로 다른 채널을 통해 우리의 두뇌에 정보를 재입력하는 능력을 준다. 이는 같은 정보를 다른 방법으로 처리할 수 있도록 추가적인 인지 자원을 제공한다.

생각을 외재화하는 방법에는 크게 두 가지가 있다. 쓰기와 말하기다. 쓰기(혹은 선호하는 경우에 따라 그리기)는 아이디어, 계획 혹은 작업을 잡기에 가장 좋은 방법이다. 쓰기는 나중에 참고할 수 있는 형태로 정보를 제공하는 능력을 제공할 뿐만 아니라 마음으로 하여금 알고 있는 것을 다른 관점에서 검토할 수 있는 기회를 제공한다. 전두엽 안에서 돌아다닐 때 극복할 수 없을 정도로 커 보였던 도전과제나 문제라도 종이에 옮겨 적은 후에는 놀라울 정도로 쉽게 풀리는 경우가 종종 있다.

종이에 아이디어를 적는 방법은 나중에 쉽게 참조하거나 검토하기 위해 보관하는 것뿐만 아니라 다른 사람들과의 공유도 더 용이하게 한다. "아무리 흐린 잉크도 가장 훌륭한 기억력보단 낫다"

라는 말이 있듯이 정기적으로 사용하는 공책과 일기장은 그 값어치에 있어서 금에 견줄만하다.

자신이나 타인에게 말하는 것은 외재화를 위한 또 다른 효과적인 방법이다. 음성 외재화는 왜 많은 사람들이 친구나 동료와 이야기하면서 자신의 문제를 해결한 경험이 있는지를 설명한다. 당신이 말을 끝낼 때쯤, 당신은 자신의 문제에 더 많은 통찰력을 가질 확률이 높다. 듣는 사람이 단 한 마디도 하지 않은 경우에도 말이다.

음성 외재화의 핵심은 문제에 대해서 말하는 동안 중단을 삼가고 인내심을 가지고 들어줄 수 있는 사람을 찾는 것이다.

심지어 자기 자신이나 무생물에게 얘기하는 것도 도움이 될 수 있다. 처음의 어색함을 극복할 수만 있다면 책상 위의 고무 오리, 곰 인형, 액션 캐릭터 인형 또는 다른 의인화된 개체에게 문제를 설명하는 것도 가능하다. 대개의 경우 프로그래머가 디버깅 작업을 하기 위해서 '고무 오리'에게 설명하는 것과 같은 과정을 통해서 더 쉽게 해결할 수 있다.

생각을 어떻게 외재화할지 선택했다 하더라도 이를 머릿속에 묶어 두지는 마라. 다른 접근 방법을 시도해 자신에게 가장 잘 맞는 방법을 찾는다. 일과 중에 정신을 맑게 유지하는 것을 돕기 위해 외재화를 위한 작은 전용 시간을 따로 두어라. 이른 아침이나 늦은 저녁은 일반적으로 이러한 목적에 가장 적합하다.

어떻게 하든 간에 더 많이 외재화를 할수록 생각은 더 맑아질 것이고 더 빠르게 목표를 향해서 전진할 수 있을 것이다.

참조 링크: https://personalmba.com/externalization/

자기 유도
Self-Elicitation

"내가 하는 말을 내가 직접 듣기 전까지 내가 무슨 생각하는지 어떻게
알 수 있는가?"

E. M. 포스터(E. M. Forster), 소설가이자 사회 운동가

외재화는 계획, 목표 및 행동을 살펴보는 도구로 사용할 때 가장
유용하다. 하루의 일과를 일기 형태로 적어두는 것은 추후 검토를
위해서 유용하지만, 일기장이나 절친한 친구를 문제 해결 도구로
활용하는 것은 더욱더 유용하다.

자기유도는 자문자답을 하는 행위이다. 자신에게 좋은 질문을
물어보는 것(혹은 좋은 질문을 하는 사람과 함께 일하는 것)을 통
해서 중요한 통찰력을 얻거나 새로운 아이디어를 매우 빠르게 생
성할 수 있다.

5중의 '어떻게' 질문들과 5중의 '왜' 질문들은 자기 유도의 구체
적인 예다. 단순히 자신에게 질문을 함으로써, 이전에 고려하지 않
았던 옵션들을 탐구하고 두뇌가 관련 정보를 알아차릴 수 있도록
프라이밍을 한다.

데이비드 왓슨^{David Watson}과 로널드 타프^{Roland Tharp}는《충동과 자기관
리^{Self-Directed Behavior}》에서 자신에게 도움이 되지 않는 습관들의 이유
를 찾는 데 활용할 수 있는 매우 유용한 자기 심문 방법을 설명한
다. ABC 방법(선행-행동-결과^{Antecedent-Behavior-Consequence})은 바꾸고 싶
은 습관을 알아차렸을 때 자신에게 물어볼 수 있는 질문들이다.

다음 질문들에 대한 답을 일기장에 기록한 후 특정 습관이 발생할 때마다 기입하고 이러한 습관들의 빈도나 기간도 적어둔다. 습관이나 사고 과정의 패턴을 발견하는 것도 가능하다. 한번 그 패턴을 알게 되면 그 습관을 변경하는 것은 더 쉬워진다.

선행(先行)

- 언제 발생했는가?
- 누구와 함께 있었는가?
- 무엇을 하고 있었는가?
- 어디에 있었는가?
- 자신에게 무슨 말을 하고 있었는가?
- 무슨 생각을 하고 있었는가?
- 무슨 감정을 가지고 있었는가?

행동

- 자신에게 무슨 말을 했는가?
- 무슨 생각을 가지고 있었는가?
- 무슨 감정을 가지고 있었는가?
- 무슨 행동을 하고 있었는가?

결과

- 무슨 결과가 발생했는가?
- 만족스러운 결과였나, 불만족스러운 결과였나?

어디서부터 시작해야 할지 모를 때 종종 어떤 질문이 중요한지 확실히 알기가 어렵다. 해결책은 간단하다. 이 변형 질문들은 거의 모든 상황에 적용해서 탐구해야 할 관련 문제의 작업 리스트를 생성할 수 있도록 도울 것이다. 질문으로 구성된 작업 리스트가 있으면 답을 찾는 데 도움이 되는 '누구에게 물어보지?', '나는 무엇을 읽을 수 있나?'와 '내가 시도할 수 있는 것은 무엇인가?'와 같이 관련 질문들을 챙기면 된다.

자신에게 좋은 질문을 하면 좋은 답을 찾는 데 도움이 된다. 지속적으로 자신에게 좋은 질문을 하는 습관을 만들면 직면한 도전들을 얼마나 쉽게 극복할 수 있는지 놀랄 것이다.

참조 링크: https://personalmba.com/self-elicitation/

사고 실험
Thought Experiment

"질문을 명확하게 할 수 있는 것은 답변을 얻는 방법의 3분의 2를 차지한다."

존 러스킨(John Ruskin), 19세기 미술평론가이자 사회이론가

정신적 시뮬레이션 섹션에서 설명한 바와 같이, 마음은 끊임없이 미래를 예측하기 위해 노력하고 있다. 이제 잠재적인 행동 과정을 의도적으로 실험하는 방법에 대해 배워보도록 하자.

조건법적인 '만약에'라는 질문은 두뇌의 시뮬레이션 기능에 직접 접속하는 것을 가능케 한다. '사고 실험'은 응용 상상력이라고

도 생각할 수 있다. '만약에' 또는 '이럴 경우 무슨 일이 일어날지' 등의 질문을 자신에게 의식적으로 물어보면서 편히 앉아서 두뇌에게 가장 잘 하는 일을 맡겨라.

기억 속에 저장된 패턴, 연상 및 해석 등에 의거해 두뇌는 가장 가능성 있다고 여겨지는 결과를 생성할 것이다. 당신은 판단을 유보하고 질문을 한 후 답을 기다리기만 하면 된다.

사고 실험은 우리의 가장 강력한(그리고 덜 사용된) 기능 중 하나다. 사고 실험에서는 두뇌가 잠재적인 행동 과정을 실험하기를 기다리기보다 우리가 원하는 실험을 두뇌가 실행할 수 있도록 '강요'할 수 있다.

사고 실험이 유용한 이유 중 하나는 유연성에 있다. 원하는 무엇이든 뇌에서 실험할 수 있다는 것이다. 실험의 주제는 완전히 임의적일 수 있다. 즉, 실험할 수 있는 것들에 대한 유일한 한계는 상상력뿐이다. 만약에 갑자기 직장을 그만두고 타히티 섬으로 이사하는 것을 실험하고 싶은 경우, 당신을 막을 것은 아무것도 없다. 1만 년 후 미래에서 산다면 혹은 목성에 가게를 차린다면 등을 실험할 수도 있다.

사고 실험은 이전에 불가능하다고 생각했던 숨겨진 기회들을 발견하는 데 도움이 될 수 있다. P&G에서 근무하는 동안, 나는 종종 자신을 위해 일하고 《퍼스널 MBA》 정규 과정을 개발하는 꿈을 꾸었지만 난 항상 '1년 혹은 2년 후'일 것이라고 생각했었다. 나 자신을 위해 일한다는 것은 즐거운 상상이었지만, 실제로 가능성을 검토하지 않고서 현실적이지 않다고만 생각했다.

그랬던 내가 사고 실험을 발견한 후 바로 바뀌었다. 2008년 9월 출장 중, 나는 실험을 실행해 보았다. '내 생일에 P&G에서의 직장을 떠난다면 어떤 것들이 사실일까?'(때는 11월 초이다) 나는 이 질문은 현실적이라고 생각하지 않았다. 하지만 그 질문은 충분히 흥미로울 정도로 야심찬 질문이라서, 난 스스로의 판단을 억제하고 그 질문을 실험해 보았다.

사고 실험을 실행할 때, 당신은 실험하는 사건이나 최종 상태가 이미 사실이라고 가정한다. 마음에 인공적인 목적지를 제공함으로써 A지점과 B지점 사이에 공백을 자동적으로 채워나가기 시작한다. 내가 P&G를 떠나는 사고 실험을 실행했을 때 나는 이것이 분명히 이루어질 것이라고 가정했고 어떻게 가능할지를 파악해나갔다.

내가 실험을 진행하자 머릿속에서 다른 질문들이 자연스럽게 떠올랐다. 매출은 얼마나 들어오는가? 얼마나 많은 고객이 필요한가? 어떤 다른 프로젝트를 수행할 수 있고 재정적으로 충분하기 위해 돈은 얼마나 벌어야 하는가? 이러한 질문들이 떠오르자, 나는 최선을 다해 답을 했고, 공책에 이를 적었다.

실험을 마칠 때쯤, 나는 P&G 직장생활을 '1년 혹은 2년 후'가 아니라 당장 그만두는 것이 가능함을 발견했다. 업무로 복귀한 다음 월요일에 나는 퇴직했다. 나의 대기업 생활의 마지막 날은 28세 생일의 나흘 전날이 되어버렸다.

내 경험에 의하면, 사고 실험을 검토하기 위해 보낸 시간은 결코 낭비가 아니었다. 지금 생각하는 것이 단순히 비현실적이거나 불가능하다고 가정하기보다, 사고 실험을 통해 원하는 것을 현실화하기 위해 어떤 것이 필요한지를 실제로 파악해야 한다. 실험을 마친 후에는, 무엇인가를 하기 위해 필요한 것들 혹은 무엇인가를 가능케 하기 위해 사실이어야 하는 것들에 대한 더 깊은 이해를 할 수 있게 된다.

조건법적 시뮬레이션을 당신의 마음을 적용하면, 단순히 꿈이라고 가정했던 것을 얼마나 쉽게 달성할 수 있는지 진정으로 놀라게 될 것이다.

참조 링크: https://personalmba.com/thought-experiment/

파킨슨 법칙
Parkinson's Law

"이를 '업무 분업 구조(Work Breakdown Structure)'라고 하는데, 일부 구조를 강제하지 않는 한, 작업이 '붕괴'될 때까지 남은 작업이 증가할 것이기 때문이다."

데이비드 아킨(David Akin) 메릴랜드 대학 항공우주공학과 교수

1955년, 파킨슨은 영국 공무원 조직에서의 경험을 바탕으로 한 재미있는 에세이를 〈이코노미스트〉에 기재했다. 그 에세이에서 파킨슨은 자신의 이름으로 명명된 법칙을 제시했다. '완성할 때까지 남아 있는 시간에 맞게 작업이 늘어난다.'

한 해 동안에 꼭 수행되어야 하는 것이 있다면, 그 해 안에 완성이 될 것이다. 다음 주에 꼭 수행되어야 하는 것이 있다면 다음 주에 완성될 것이다. 내일 수행해야 하는 것이 있다면, 내일 완성될 것이다.

우리는 가지고 있는 시간에 따라 계획을 하고, 기한이 다가올 때 그때까지 작업을 완성하기 위해 필요한 선택과 절충을 시작한다.

파킨슨 법칙을 단순히 불합리한 기한을 설정하는 백지 위임장으로 간주해서는 안 된다. 모든 프로젝트는 시간이 걸린다. 하루아침에 마천루를 세우거나 일주일 만에 공장을 만들 수는 없다. 프로젝트가 더 복잡할수록 어느 지점까지 다다르는 데 드는 시간도 더 많다.

파킨슨 법칙은 사고 실험의 질문에 가장 잘 적용된다. 매우 공격적인 시간 척도의 프로젝트를 끝낸다면 어떨까? 하루 동안에 마천루를 만들어야 한다면 어떻게 할 것인가? 사고 실험에서와 같이 질문에 대한 답을 한다면 일을 더 짧은 시간 안에 할 수 있는 방법이나 접근을 발견할 수 있을 것이다.

이케아^{IKEA}의 설립자 잉그바르 캄프라드^{Ingvar Kamprad}는 언젠가 말했다, "당신이 하루를 10분 단위로 나누고 그 중에 최소한만 낭비하도록 노력한다면, 당신이 할 수 있는 것들에 대해서 놀라게 될 것이다."

작은 작업들의 경우, 나는 내가 '잉그바르 법칙'이라고 부르는 것을 적용한다. 각 작업이 10분 이상 걸리지 않을 것이라고 가정하고 시작한다. 미팅이나 전화 통화도 포함된다. 미팅의 기본 시간은 주로 1시간이다. 필요하지 않더라도 말이다. 시간의 기본 단위를 10분으로 가정하면 그만큼 혹은 그 이상의 일을 할 수 있다. 잉그바르의 법칙은 조건법적이다. 무엇인가를 하기 위해 단 10분만 주어진다면 어떻게 하겠는가? 그에 따라 행동한다.

참조 링크: https://personalmba.com/parkinsons-law/

종말의 날 시나리오
Doomsday Scenario

"멀리에서 커 보이는 것도 가까이에서 보면 결코 그렇게 크지 않다."

밥 딜런(Bob Dylan), 싱어송라이터

현재 당신이 위험 제재 상황에 있다면, 아무것도 끝내기 어렵다. 당신의 마음은 위협에 고정되어 있다. 바로 나쁜 공포 영화에 딱 맞는 장면을 상상하면서 말이다.

사업을 시작한다고 생각하자. 하지만 자신의 사업이 실패하는 것을 생각할 때마다 당신은 불안에 잠긴다. 잘 안 된다는 곳에 큰 투자를 했다가 파산하고 노숙자가 되는 그림이 바로 떠오른다. 파산 후에는 절대로 다른 직장을 구할 수 없으며, 모두 당신을 싫어하고 남은 생애를 강 옆에 있는 승합차에서 보내게 될 것이다.

이것이 명확하게 과민 반응이라면 어떻게 당신의 두뇌로 하여금 과잉보호를 멈춰달라고 권유할 수 있을까?

종말의 날 시나리오는 잘못될 수 있는 모든 것들이 잘못된다고 가정하는 사고 실험이다. 프로젝트를 제시간에 완성하지 못한다면? 계획이 제대로 되지 않는다면? 모든 것을 잃게 된다면? 모두가 비웃게 된다면?

종말의 시나리오가 비관적인 것에는 이유가 있다. 그 시나리오는 대부분의 경우에는 결국 괜찮을 거라는 것을 깨닫도록 도와준다.

동굴주거인 증후군은 고대로부터 내려온 우리의 뇌를 과하게 극적으로 만든다. 그래서 모든 잠재적 위협을 생사의 상황으로 가정하게 한다. 우리가 크게 스트레스를 받는 이유는 자산을 잃어버리거나 지위가 내려오거나 거절당하는 것을 두뇌가 생존의 위협으로 처리하기 때문이다. 아주 오래 전에는 사실이었을지 모르지만 이제는 아니다. 우리는 하루에도 수백 번 돈을 잃고 망가지고 거절당할 수 있다. 그리고 살아남아 이야기로 전할 수 있을 것이다.

실제로 최악의 두려움을 살펴보면, 실제 두려워했던 만큼 나쁘지 않다는 사실을 발견할 것이다. 종말의 날 시나리오는 침대 밑의 괴물을 두려워하는 아이에게 손전등을 쥐어주는 것과 같다. 두려움의 대상에 빛을 비추어 더 이상 두려울 것이 없다는 사실을 깨닫게 하는 것이다.

비이성적 과잉 반응이란 의도적으로 최악의 두려움을 외재화하고 정의함으로써, 그 두려움들이 실제로 무엇인지 노출시키는 것이다. 당신은 자주 실제 문제가 되지 않는 것을 두려워하고 있는 자신을 발견하게 될 것이다. 나쁜 일이 더 잘못되었을 경우에도, 그것은 생각하는 만큼 나쁘지 않을 수 있다. 죽을 정도는 아니라는 것을 깨달으면, 예전에 감히 시도해 보려고 했던 것보다 훨씬 더 자유로울 것이다.

일단 종말의 날 시나리오를 상상해 보면, 최악의 경우를 개선하기 위해 일을 시작할 수 있다. 사업을 시작하는 경우, 실제 위험이 무엇인지 정의해 볼 수 있고, 이를 완화시키기 위한 계획을 만들 수 있다. 두려움의 희생자가 되는 대신에, 당신은 그 두려움을 건설적으로 사용할 수 있다.

당신의 종말의 날 시나리오를 구축하라. 그러면 당신에게 대항하는 것이 아닌, 당신을 위한 극적인 두뇌 작업을 진행할 수 있다.

참조 링크: https://personalmba.com/doomsday-scenario/

자존감 과잉 경향

Excessive Self-Regard Tendency

"내가 실수했다고 생각했던 1961년 이후 난 틀린 적이 없다."

밥 허드슨(Bob Hudson), 정치인

몇 개월마다 망상에 빠진 아이돌 프로그램 참가자들이 얼마나 끔찍하게 노래를 부르는지를 시청하면서, 전 세계 텔레비전 시청자들이 움츠리고는 한다.

여기서 가장 흥미로운 점은 놀라울 수준의 음치가 아니다. 그것은 오디션에 지원한 많은 사람들이 자신이 재능 있는 가수라고 생각하고 있다는 사실이다. 대조는 놀라운 것이다. 어떻게 그렇게 분명한 것에 대해서 끔찍이도 잘못 알고 있을까?

자존감 과잉 경향은 맡은 일에 약간의 경험이 있는 경우 자신의 능력을 과대평가하는 자연적인 경향이다. 우리의 능력에 대해 낙관적인 것에는 나름의 혜택이 있다. 그것은 뭔가 새로운 것을 시도할 확률을 높여준다. 이는 종종 초보자들이 큰일을 달성하는 이유다. 그들은 목표가 얼마나 위험하거나 실현이 어려운지를 파악하기 전에 작업을 수행한다.

스티브 잡스^{Steve Jobs}와 함께 애플 컴퓨터를 공동 설립한 스티브 워즈니악^{Steve Wozniak}은 세계 최초의 개인용 컴퓨터를 만들었다. 그 경험에 대해 그는 다음과 같이 말했다. "나는 이러한 것을 한 적이 전혀 없었고, 컴퓨터를 만들어 본 적도 없었으며, 기업을 만들어 본 적도 없었다. 나는 내가 무엇을 하는지도 몰랐다. 하지만 나는 그것을 할 것이었고 그래서 해냈다." 워즈니악은 자신이 무엇을 하는지 몰랐지만 그는 할 수 있다고 생각했고, 해냈다.

불행하게도, 자연적인 자신감에는 비용이 따른다. 위험한 자기 망상에 대한 가능성 말이다.

자신이 맡고 있는 주제에 대해 잘 모르고 있을 때 자존감 과잉 경향은 더욱 두드러진다. 더 무능할수록 자신이 무능한 것에 대해 더 깨닫지 못한다. 실제로 더 많이 알수록 자신의 능력을 더 잘 평가할 수 있으며, 그 주제에 대해서 숙달하기 위해 충분한 경험을 쌓기 전까지 자신의 능력을 의심할 가능성이 높다.

코넬 대학교의 데이비드 더닝^{David Dunning}과 저스틴 크루거^{Justin Kruger}에 따르면, 찰스 다윈의 유명한 경구 "지식보다는 무지가 자신감을 더 자주 불러일으킨다"는 말은 어구 그대로 사실이다. 그들은 '더닝 크루거^{Dunning-Kruger} 효과'를 다음과 같이 설명한다.

1. 무능한 사람들은 자신의 기술 수준을 과대평가하는 경향이 있다.
2. 무능한 사람들은 다른 사람의 진짜 기술을 인식하지 못

한다.

3. 무능한 사람들은 자신의 무능력의 극치를 인식하지 못한다.

4. 자신의 기술 수준을 실질적으로 향상시키기 위해 훈련받을 수 있는 경우, 이러한 사람들도 이전의 부족한 기술을 인식하고 인정하게 될 수 있다.

'무의식적으로 무능한' 사람들은 자신들이 무능한 것을 모른다. 그들은 주제에 대해서 너무 조금 밖에 몰라서 자신이 얼마나 조금 밖에 알지 못하는지를 완전히 인정하지 못한다. 바로 당신이 만나는 모든 이발사와 택시운전사들이 경제와 국제정치에 대한 전문가인 이유다.

새로운 주제에 대해 좀 더 배운 후에는 '의식적으로 무능'하게 된다. 자신이 무엇을 하는지 모른다는 것을 안다. 그 결과, 대부분의 사람들은 주제에 대해서 배운 후에 곧 바로 자신의 능력에 대한 자신감이 줄게 된다. 더 많은 지식은 자신의 지식과 능력의 한계를 인정하게 만든다.

자신이 무엇을 하는지 아는 상태인 '의식적으로 경쟁력 있는' 상태의 개발은 경험, 지식과 연습을 요한다. 의식적으로 경쟁력 있을 때, 자신감을 되찾을 수 있다. 지식의 한계를 알고 자신의 능력을 정확히 평가할 수 있다.

어느 정도의 겸손함은 소중한 자기교정의 자질이다. 과신은 때때로 위대함을 가져오지만, 위험도가 높은 내기이기도 하다. 지침 없이는 훨씬 더 나쁜 상황에 빠질 가능성이 높다. 건강한 수준의 겸손함을 가꾸는 것은 '당신이 알아야 할 모든 것을 알고 있다'고 가정했다가 아니라는 사실을 발견하는 사태를 피할 수 있게 한다.

자존감 과잉 경향은 보편적이다(당신의 첫 번째 충동이 '나는 자존감 과잉과 거리가 멀다'라고 생각하는 것이라면 매우 주의하라). 그러므로 실수를 지적하는 것을 두려워하지 않는 신뢰할 수 있는 조언자들을 갖는 것이 중요하다. 자존감 과잉 경향으로 인해 문제에 처하기 가장 쉬운 방법 중 하나는 마감시간을 추정하는 것이다. 과신은 계획 착오의 주요 원인이다. 나는 이 책을 쓰기로 합의했을 때, 여섯 달이 걸릴 것이라고 생각했다. 그러나 나는 전에 한 번도 책을 쓴 적이 없었다. 그래서 정말 몰랐던 것이다. 몇몇 경험이 많은 친구와 조언자들은 아마도 일 년은 걸릴 것이라고 조언해주었고, 과거의 내가 그 말을 경청했던 사실을 매우 기쁘게 생각한다. 결국 그들은 옳았다.

우리 모두는 자신의 능력을 과대평가하는 경향이 있다. 예스맨들과 팀을 함께하는 것은 치명적이다. 항상 동의하는 사람들은 이러한 성향을 교정하는 데 도움이 되지 못하기 때문이다. 당신의 결정을 항상 지지하는 사람들은 당신이 큰 실수를 저지르는 것을 막지 못한다.

당신이 의심스러운 가정을 만들거나 잘못된 길을 가고 있을 때, 두려움 없이 얘기해줄 수 있는 사람들과 관계를 만들라. 그들은 참으로 소중한 친구이다.

참조 링크: https://personalmba.com/excessive-self-regard-tendency/

확신 편향
Confirmation Bias

"당신이 알지 못하는 것이 당신을 곤경에 처하게 하지는 않는다. 당신을 곤경에 빠뜨리는 것은 단지 사실이 아닌 것을 당신이 확실히 안다고 여기는 것이다."

마크 트웨인(Mark Twain), 위대한 미국 소설가

역설적으로, 자신이 옳은지 여부를 파악하는 가장 좋은 방법 중 하나는 바로 적극적으로 자신이 틀렸다고 증명하는 정보를 확인하는 것이다.

확신 편향(또는 확증 편향)은 사람들이 자신의 결론을 지원하는 정보에만 주의를 기울이고, 그렇지 않은 정보는 무시하는 일반적인 경향이다. 아무도 특히 자신이 나쁜 결정을 했다는 것을 알게 되는 걸 좋아하지 않는다. 그래서 우리는 우리가 주목하고 싶은 정보만 여과시키는 경향이 있다.

더 강하게 자리 잡은 의견이나 신념일수록, 우리는 그에 반하는 정보 원천들을 더 무시하려고 한다. 우리가 진보 성향 뉴스를 읽는 보수주의자들을 찾기 힘들고, 그 반대도 마찬가지인 이유다. 그들은 어차피 동조하지 않을 건데 왜 신경을 쓰겠는가? 불행히도 이는 양측 모두를 더 극단적으로 만든다. 어느 쪽도 자신의 신념

에 반하는 정보를 찾지 않기 때문이다.

부당성을 입증하는 증거에 주의를 기울이는 것은 자연적으로 어렵다. 이는 의도적으로 자신이 틀렸을지 모른다는 이유를 찾는 다는 것을 의미하는데, 우리는 일반적으로 틀렸다는 사실을 인정하기 싫어한다. 부당성을 입증하는 증거를 찾는 일은 방법의 오류를 보여주거나 관점이 왜 사실은 옳았는지에 대한 추가 증거를 제공할 수 있다. 경험으로부터 배울 수 있는 충분한 시간만큼 판단을 보류했을 때 말이다.

'평평한 지구론자'는 이러한 위험성을 극적으로 보여주는 예이다. 세상에는 여러 가지 이유로 지구가 구형이 아니라 평평하다고 믿는 사람들의 커뮤니티가 존재한다. 2018년에 개봉한 다큐멘터리 〈그래도 지구는 평평하다 Behind the Curve〉에서는 지구가 둥글지 않다는 것을 증명하기 위한 실험을 수행하는 두 명의 신실한 평면 지구 신봉자들의 모습을 담았다. 그다지 놀랍지 않게도, 실험 결과는 지구가 실제로 둥글다는 것을 입증했다. 그렇다면 실험 결과를 본 그들의 반응은 어땠을까?

> 와우, 그건 좀 문제가 있네요…. 우리는 분명히 [결과를] 받아들일 생각이 없으므로, 반증할 방법을 찾아볼 생각입니다….[10]

반박 증거를 찾는 것은 불편한 일이지만, 세상이 어떻게 돌아가는지에 대한 이해를 높이려면 꼭 필요한 일이다. 현재 가정이나 신념과 상충하는 정보에 주의를 기울이면 큰 오류를 예방할 수 있다. 아무리 충분한 증거가 있어도 당신의 마음을 바꿀 수 없다면, 당신의 신념을 현실과 엮을 수 있는 것은 아무것도 없다.

참조 링크: https://personalmba.com/confirmation-bias/

사후 판단 편향
Hindsight Bias

"매일 일을 끝내고 잊으라. 당신이 할 수 있는 것은 다 했다. 분명 실수와 어리석은 짓도 있었겠지만 될 수 있는 대로 빨리 잊으라. 내일은 새로운 하루이니 잘 그리고 침착하게 시작하라. 당신의 예전에 가지고 있었던 터무니없는 생각에 지장을 받지 않을 정도로 높은 사기를 가지고 말이다."

랄프 왈도 에머슨(Ralph Waldo Emerson), 미국의 철학자이자 시인

당신이 실수를 한 것을 알게 되었을 때 어떤 기분이 드는가?

사후 판단 편향(또는 사후 확증 편향)은 '알았어야 했던' 것들에 대해서 자책을 하는 자연적인 경향이다. 당신이 직장을 잃었을 경우, 당신은 '그게 일어날 것을 알았어야 했다.' 당신이 보유한 특정 주식의 가격이 하룻밤 80퍼센트 떨어진 경우 '그것을 팔았어야 했다.' 당신이 제품을 출시하고 아무도 그것을 구입하지 않았을 경우, 당신은 '그것이 잘 팔리지 않을 걸 알았어야 했다'라고 자책할 것이다.

말도 안 되는 이야기다. 지금 알고 있는 것을 그때 알고 있었다면, 당신은 그렇게 하지 않았을 것이다.

모든 결정은 불완전한 정보를 기반으로 한다. 우리는 공백을 채우기 위해 해석을 사용한다. 우리는 전지전능하지 않으므로 실제로 결정을 내렸을 때보다 행동의 결과를 평가할 때 항상 더 많은 정보를 가지게 된다.

그 결과, 상황이 예상대로 흘러가지 않으면 바보가 된 기분을 느끼기 매우 쉽다. 이러한 감정이 비이성적인 것을 깨닫는 것이 중요하다. 우리의 결정은 당시에 가지고 있었던 최상의 정보를 기반으로 내려졌고, 지금 와서 이를 바꾸기 위해 할 수 있는 것은 아무것도 없다.

'알아차렸어야 했거나', '했어야 했던' 것들에 대해서 기분 나빠하지 마라. 과거를 바꾸는 일은 우리의 통제 위치 밖이므로 '만약에 어떻게 되었을까?' 하며 자신을 의심하는 데 에너지를 낭비할 필요가 없다. 알 수 없는 일들을 모르는 것에 대해 남이나 자신을 부정적으로 판단하게 되는 사후 판단 편향은 자기파괴적이다.

'지나고 나서 뒤돌아보면 모두 명확히 보인다'는 말이 있듯이 과거 실수를 건설적인 관점에서 재해석하고, 긍정적인 방향으로 이동하기 위해 지금 할 수 있는 일에 당신의 에너지를 집중하라.

참조 링크: https://personalmba.com/hindsight-bias/

성능 하중
Performance Load

"통제되지 않으면, 일은 유능한 사람이 물속에 잠기는 것처럼 될 때까지 그 사람에게로 흘러갈 것이다."

찰스 보일(Charles Boyle), 전 미국항공우주국(NASA) 의회 연락관 바쁜 것이 지루한 것보다 더 낫지만, 너무 바쁘면 자신을 챙기지 못할 수도 있다.

성능 하중은 해야 할 일들이 너무 많을 때 어떤 일이 일어나는지를 설명하는 개념이다. 특정 한계점을 지나면 한 사람이 해야 하는 일이 더 많아지고, 더 많은 일을 할수록 작업에 대한 성능은 더 저하된다.

볼링 핀을 저글링 하는 것을 상상해 보라. 숙련된 경우라면 실수하지 않고 서너 번 저글링을 할 수 있을 것이다. 그러나 한 번에 더 많은 볼링 핀을 저글링 해야 한다면 실수를 하거나 모두 떨어뜨릴 가능성이 높다.

생산성을 높이기 원한다면, 스스로 한계를 설정해야 한다. 여러 프로젝트에 걸쳐 수백 개의 활발한 작업들을 저글링 하는 것은 지속 가능하지 않다. 즉, 실패, 수준 이하의 성과 혹은 소진되는 상황에 대한 위험을 감수하는 것이다. 가용한 시간에 한계를 설정하지 않는다면, 일은 시간을 채우기 위해 더 늘어날 것이다. 어딘가 선을 긋지 않는다면, 일이 우리의 모든 에너지를 소모해서 필연적으로 소진될 것이다.

한계에는 항상 그로 인해 파생되는 결과가 따를 것이다. 그 여파를 맞을 준비가 되어 있지 않다면 그것은 한계가 아니다. 하루에 24시간 일하는 것을 기대하는 매니저를 위해 일한다면, 아니오라고 말해 한계를 설정하는 행위는 직장을 잃는 결과를 초래할 수도 있다. 그 속도로 일하는 것은 완전히 비현실적이지만, 직장을 잃을지 모른다는 가능성을 받아들일 준비가 되어 있지 않다면, 실제로는 한계를 설정한 것이 아니다.

예상치 못한 일을 처리하기 위해서는 새롭게 투입된 것에 대응하기 위한 '계획되지 않은 시간'이 있어야 하다. 많은 현대 비즈니스의 기본 사고방식에서는 '다운타임'은 비효율적이고 낭비적인 것이어서 노동자들은 항상 바빠야 한다고 여긴다. 불행히도 이 철학은 항상 일어나는 예상치 못한 일들을 처리해야 하는 필요성을 무시한다. 모든 사람은 하루에 유한한 시간을 가지고 있으며 만약 당신의 일정이 항상 꽉 차있다면 당신의 시간과 에너지를 새롭거나 예상치 못한 요구에 효과적으로 투입하기 어려울 수 있다.

항상 능력의 110퍼센트 상태로 일을 수행할 수는 없다. 성능 하중에 기여하는 덜 중요한 일들을 완성의 네 가지 방법을 사용해 제거, 연기 혹은 위임하라. 용량의 일부를 따로 비축해 놓으면, 항상 가장 중요한 업무들을 즉시 처리할 준비가 될 것이다.

참조 링크: https://personalmba.com/performance-load/

에너지 사이클
Energy Cycles

"우리 모두에게는 더 효율적으로 생각해야 할 때와 아무 생각도 하지 않아야 할 때가 있다."

다니엘 코헨(Daniel Cohen), 동화 작가

'시간 관리'와 관련된 문제점은 이렇다. 시간은 관리되어야 하는 무엇인가가 아니다. 당신이 무엇을 하겠다고 선택할지라도, 시간

은 필연적으로 지나간다.

시간 관리 시스템에 대한 암묵적 가정은 매 시간이 대체 가능하다는 것으로, 이는 매 시간이 서로 같다는 뜻이다. 이것처럼 진실과 동떨어진 것은 없다. 모든 사람은 평등하게 태어났다, 하지만 모든 시간은 절대로 그렇지 않다.

하루 종일, 우리의 에너지 레벨은 자연스럽게 올라갔다 내려왔다 한다. 우리 몸은 하루 동안 자연스러운 리듬을 탄다. 나는 이를 에너지 사이클이라고 부른다. 대부분의 사람들은 24시간 생물학적 주기의 리듬에 익숙하다. 아침에 우리를 깨우고 밤에 우릴 피곤하게 느끼게 하는 것 말이다. 그런데 90분 주기의 생체 리듬은 덜 알려져 있다. 이는 짐 로허^{Jim Loehr}와 토니 슈워츠^{Tony Schwartz}가 쓴 《몸과 영혼의 에너지 발전소^{The Power of Full Engagement}》에 설명되어 있다.

24시간 기준의 생체 리듬은 온 몸에 걸쳐 호르몬의 흐름을 제어해 신체 시스템에 영향을 미친다. 에너지가 상승세에 있을 때, 더 깊이 집중하여 많은 일을 해낼 수 있다. 하강세에 있을 때는 몸과 마음은 쉬고 회복하기만 원할 뿐이다. 이러한 하루 동안의 에너지 변화는 이상할 것이 하나도 없지만 우리는 종종 하강세에 있는 것을 해결해야 하는 문제처럼 여긴다.

이 사이클에 '해킹'을 시도해 더 적게 쉼으로써 더 많은 일을 하려는 것이 요즘 유행이다. 쉬지 않고 8~12시간 일을 하는 것은 경쟁이 치열한 직장에서 드문 일이 아니다. 우리들 대부분은 설탕과 카페인을 과다 복용해서 우리 두뇌를 마치 CPU 클럭 스피드를 높이는 것처럼 오버 클럭 상태로 만들려고 시도한다. 어떤 사람들은 상승세를 조금 더 길게 혹은 더 빨리 당겨오기 위해 처방을 남용하거나 불법 약물에 빠지기도 한다.

모든 생물 유기체처럼 인간은 최고조의 성과를 내기 위해서 휴식과 회복이 필요하다. 휴식을 취하는 것은 게으름 또는 약점의 표시가 아니다. 그것은 인간의 기본적인 욕구에 대한 인식이다. 자연스러운 에너지 사이클에 주의를 기울이면 오랜 기간 동안 최상으로 지속 수행하는 데 도움이 될 것이다.

당신의 몸과 함께 일하는 네 가지 간단한 방법은 다음과 같다.

1. **패턴을 알아본다.** 하루의 여러 부분 중 얼마나 많은 에너지를 보유하는지 추적하는 필기장이나 달력을 사용한다. 먹고 마시는 것도 포함해 말이다. 이를 며칠 동안 하다 보면 에너지가 어떻게 채워지고 기우는지 패턴을 알아차리게 되어 이에 따라 일을 계획하는 것을 가능케 한다.[11]

2. **최고조 주기를 극대화한다.** 상승 사이클에 있을 때, 많은 것을 달성할 수 있으므로 그 에너지를 활용할 수 있도록 하루를 계획하라. 창조적인 일을 하는 경우, 그것을 달성하기 위해 상승 사이클의 3~4시간을 따로 빼두어라. 많은 회의에 참석하는 일인 경우, 상승 사이클에 가장 중요한 회의들을 계획하라.

3. **휴식을 취한다.** 하강 사이클에 있을 때는 힘을 쓰기보다 휴식을 취하는 것이 좋다. 휴식과 회복은 선택이 아니다. 그때 휴식을 하지 않는다면, 몸은 그 다음에 더 길게 하강 사이클

에 들어가나 아파서 강제로 휴식을 취하도록 할 것이다. 하강 사이클에는 산책, 명상 혹은 20분 낮잠을 취하라. 하강 사이클에서의 휴식은 에너지를 보충해 다음 상승 사이클을 최대한 활용할 수 있도록 한다.

4. **충분한 수면을 취한다.** 수면 부족은 하강 사이클의 연장을 초래한다. 이는 일을 달성하는 데 방해가 된다. 매일 저녁 충분히 잠을 자는 것을 보장하기 위해, 침대에 들기 한 시간 전으로 타이머를 맞춰두어라. 타이머가 켜지면 컴퓨터 혹은 TV를 끄고 저녁 일과를 마치고 카페인이 들어가지 않은 차를 한잔 마시거나 좋아하는 책을 읽는다. 독서가 피로해질 때가 되면, 잘 시간이라는 걸 알게 된다.

일과 중의 에너지 사이클에 주의를 기울이면 가용 시간을 최대한 활용하는 데 도움이 된다. 상승 사이클을 최대한 활용하고 하강 사이클에 휴식을 취하면 하루 안에 어떤 일을 달성할 수 있는지 깨닫고 놀라게 될 것이다.

참조 링크: https://personalmba.com/energy-cycles/

스트레스와 회복
Stress and Recovery

"위험을 무릅쓰고 아주 멀리 가려고 하는 자들만이 얼마나 멀리 갈 수 있는지 알 수 있다."

T. S. 엘리엇(T. S. ELIOT), 시인이자 극작가

《퍼스널 MBA》를 만들었을 때쯤인 대학 마지막 학기 때, 나는 한계점으로 내 자신을 밀어붙였다.

비즈니스 정보 시스템, 부동산, 철학 등 세 가지 과목에 걸쳐 22학점을 따고 있었다. 수강한 모든 수업들에는 기말고사와 함께 배운 것을 총 정리해서 진행하는 캡스톤 프로젝트 과제가 추가로 있었다. 내가 들은 수업 중 두 개는 대학원 수준이었고, 각각 매우 복잡한 주제에 대해 22페이지 이상의 논문을 요구했다. 주어진 시간에 비해 너무 많은 일을 해야 했다.

분기의 마지막 2주째에 이를 때쯤에 나는 완전히 망가졌다. 수면 박탈, 탈진 그리고 믿을 수 없는 지경의 스트레스가 나를 덮쳤다. 시간 내에 모든 것을 완성할 수 있었지만 작업 부하에 따른 비용을 치러야 했다. 아무것도 하지 않으며 완전히 회복하기 위해 졸업 후 몇 주가 걸렸다.

즐거운 일은 아니었지만 나는 나의 한계점을 찾아서 기뻤다. 그 이유는 다음과 같다. 이제 얼마큼 일할 수 있는지 또 얼마나 일해야 몸에 무리가 오는지 알게 되었다. 몸과 마음의 스트레스에 어떻게 대응해야 하는지 더 잘 알게 되었고, 몸이 망가져 상황이 걷잡을 수 없게 되기 전에 주의 신호를 더 잘 알아차릴 수 있게 되었다.

그 결과, 나는 90퍼센트의 한계량에서 자신을 유지하는 법을 알게 되었다. 이는 나를 소진시키지 않고 계속해서 더 많은 일을 하는 것을 가능하게 했다. 어떤 때라도 나는 저술하고, 상담하고, 흥미로운 부가 프로젝트를 진행할 수 있게 되었다. 스트레스와 회복에 주의를 기울이는 것은 내가 너무 많은 일을 처리하지 않도록 하기 위해서다. 나의 한계점을 알게 됨으로써 언제 밀어붙이고 언제 천천히 가야 하는지를 더 쉽게 알게 되었다.

자신이 얼마나 할 수 있는지는 자신을 한계점으로 밀어붙이기 전까지 알기 불가능하다. 자신을 죽이거나 영구적인 손상을 가져오지 않게 실험에 안전한 한계를 두고 한계점을 향해 도전한다면 일하는 것에 대해 많이 배울 수 있다. 이렇게 얻은 지식은 어떤 프로젝트를 택하는 것이 좋은지, 어느 정도가 심한지 알 수 있게 해 미래에 더 나은 선택을 할 수 있도록 도울 것이다.

그렇기는 하지만 우리의 몸은 항상 최대 한계량에서 일할 수 있도록 구성된 기계가 아니다. 하루아침에 로마를 만들고 만리장성을 재미로 짓는 이상적인 당신과 현재 당신의 산출물을 비교하는 함정에 빠지기 매우 쉽다. 만약에 그게 당신이 생각하는 개인적 효율성이라면, 당신은 항상 부족함에 시달리게 될 것이다.

우리는 기계가 아니다. 인간 생산성의 이상은 로봇처럼 행동하는 것이 아니다. 인간은 효과적으로 기능하기 위해서 휴식, 이완, 수면 그리고 놀이 등이 필요하다. 이들 중 너무 부족한 것이 있으면 일을 잘하기 위한 수용력을 심각하게 약화시키고 얼마나 삶을 즐기는가에 영향을 미칠 수 있다.

그렇다면 어떻게 휴식과 복구를 해야 할까? 간단하다. 평소 활동, 책임과는 완전히 다른 무엇인가에 시간을 보낸다. 취미와 일 사이에 겹치는 부분이 적을수록 더 좋다.

세계 2차 대전 동안 윈스턴 처칠은 한 사람이 감당하기에 너무나 큰 스트레스를 받고 있었다. 영국의 수상으로서 그는 1940년부터 1945년 종전까지 영국의 방위를 책임지고 있었다. 5년 동안국가의 운명과 국민의 자유가 그의 의지와 인내력에 달려 있었다.

취미로 그림을 그리면서, 처칠은 그림 그리기에 시간을 쏟는 것이 그가 전쟁과 정치의 요구 속에서 자신을 회복하는 데 얼마나 도움이 되었는지를 설명한다.

장기간에 걸쳐 매우 큰 규모의 특별한 책임과 배출 의무를 부담해야 하는 사람들에게는 걱정과 과도한 긴장을 피하기 위한 많은 처방들이 제안된다. 어떤 이는 여행을 권장하고, 다른 이는 휴양을 권장한다. 어떤 이는 고독을 칭송하고, 다른 이는 유쾌함을 칭송한다. 물론 개인의 기질에 따라 이 모든 것들이 역할을 다하겠지만 가장 꾸준하고 공통적인 요소는 변경이다.

변화가 만능열쇠다. 코트의 팔꿈치 부분이 닳는 것처럼 사람의 정신도 특정 부분을 계속 사용하면 피로하게 닳을 수 있다. 그러나 살아 있는 뇌세포와 무생물인 물품은 다른 점이 있다. 코트의 벗겨진 팔꿈치 부분을 소매나 어깨에 문지른다고 고쳐지지는 않지만 피로해진 정신은 쉬어서 강화될 수 있다. 단순히 휴식으로 인한 것이 아니라 다른 부분을 사용해서 말이다. 주요하고 평범한 관심사에 대한 관심의 불을 단순히 끄는 것만으로 충분하지 않고 새로운 관심사에 불을 켜주어야 한다.

'난 너에게 좋은 휴식을 주겠다', '나는 긴 산책을 가겠다' 혹은 '나는 누워서 아무 생각하지 않고 있겠다' 등의 표현으로 피로해진 정신적 근육에게 말을 걸어봤자 아무 소용없다. 정신은 똑같이 계속 바쁠 것이다. 계량하고 측정하고 있었다면 계속 계량하고 측정할 것이다. 걱정하고 있었다면 계속 걱정하게 될 것이다. 스트레스의 경감, 휴식, 원기 회복의 여유가 생기려면, 새로운 세포가 활성화되고, 새로운 기운이 상승할 수 있도록 해야 한다.

처칠이 세계대전 와중에도 그림 그릴 시간을 찾을 수 있었듯이, 당신도 바쁜 일정 속에서 자신이 즐기는 무엇인가를 하면서 휴식을 취하고 회복을 할 시간을 찾을 수 있다. 죄책감에서 자유로운 전용 시간에 휴식을 취하고 회복하는 것은 동시에 당신의 삶을 더 즐겁고 더 생산적으로 만들 것이다.

참조 링크: https://personalmba.com/stress-recovery/

검사
Testing

"발견은 큰 길에서 벗어난다거나, 시도되지 않은 것을 시도해 보는 등 지침을 따르지 않을 때 종종 만들어진다."

프랭크 타이거(Frank Tyger), 정치 만화가이자 칼럼니스트

나는 적어도 8시간의 수면을 취해야 가장 일이 잘 된다. 일어나서 가족들이 하루를 준비하는 것을 도운 후, 아침을 먹고, 몇 가지 보충제를 먹고, 에스프레소(무설탕)를 즐기고, 아침 산책을 가거나 케

틀벨을 20분 동안 휘두르며 운동한다. 정신을 차리고 일을 시작할 준비가 되면 컴퓨터를 켜고 인터넷 연결을 끄고 가장 중요한 작업을 시작한다. 일단 시작하면 중단되지 않는 한 최대 6시간 동안 멈추지 않고 집중할 수 있다. 더 이상은 작업의 질이 떨어지게 된다.

다양한 접근 방식과 변수를 테스트했다. 이것이 나에게 가장 잘 맞는 것이므로 습관으로 만들었다.

이것이 영원히 내 방법이 될 것인가? 그럴 것 같지는 않다. 나는 결국 내가 업무를 더 잘 할 수 있는 다른 방법들을 찾을 것이다.

검사는 새로운 무엇인가를 시도하는 행동이다. 자신의 삶에 과학적인 방법과 반복주기를 적용하는 방법이다. 가장 행복하고 생산적인 사람들에게는 공통점이 있었다. 그들은 항상 어떤 것이 되든지 새로운 일을 시도하고 있었다. 새로운 것을 시도하지 않으면, 삶을 더 좋게 만드는 긍정적인 발견을 할 수 없다.

검사는 복잡할 필요가 없다. 필요한 것은 초점을 맞출 삶의 일부를 선택하고 원하는 것을 얻을 수 있는 새로운 방법을 시도하는 것뿐이다. 당신은 임의의 방법을 검사하거나 다른 사람에 유효했던 것들을 참조할 수 있다. 그 다음 접근을 직접 검사할 수 있다. 공책에 결과를 외재화하는 것은 무엇을 시도했고, 무엇이 잘 되었고, 무엇이 잘 되지 않았는지 관리하는 데 도움이 될 수 있다.

실험을 계획하고 관리하는 데 도움을 줄 간단한 구조는 다음과 같다.

● **관찰.** 당신은 당신이 향상시키고자 생활이나 비즈니스에서

무엇인가를 관찰하고 있는가?

- 알려진 것들. 당신은 당신의 관찰에 관련이 될 수도 있는 과거 실험에서 무엇을 배웠는가?
- 가설. 당신이 관찰한 내용을 바탕으로, 어떤 상황이나 요인이 당신의 관찰을 일으키거나 이에 기여할 수도 있는가?
- 검사. 당신은 상황을 개선하기 위해 무엇을 시도하거나 변경할 것인가? 이 실험은 어떤 가설을 검사할 것인가?
- 결과. 각각의 검사 후에 어떤 일들이 일어났는가? 가설을 지원 혹은 기각하는가?

검사할 만한 가치가 있는 것들을 발견하는 데 도움이 되는 몇 가지 질문들은 다음과 같다.

- 잘 쉬고 정신을 차린 느낌을 받으려면 당신은 얼마만큼의 잠이 필요한가?
- 어떤 음식들이 식사 후 당신에게 활기찬 느낌을 주는가? 어떤 음식들이 당신을 아프게 하거나 무기력한 느낌을 주는가?
- 당신은 가장 생산적인 작업을 언제 하는가? 당신의 생산성에 어떤 패턴이 있는가?
- 당신은 언제 가장 좋은 아이디어를 얻는가? 그것들이 생겨났을 때 당신은 무엇을 하고 있었는가?
- 스트레스 또는 우려의 가장 큰 원천은 무엇인가? 당신은 언제 걱정을 시작하고 왜 그러는가?

이러한 영역들 중 하나에서 패턴을 발견했다면, 이제 실험을 시작할 시간이다. 의식적으로 당신의 삶의 이러한 영역들 중 하나에 대한 접근 방식을 변경하고 결과를 외재화하라. 변화가 유용한 경우, 지속하라. 그렇지 않은 경우, 그것을 중단하고 다른 것을 시도하라.

검사는 당신의 인생이 시간이 지남에 따라 더 나아지도록 보장하는 가장 좋은 방법이다. 끊임없이 새로운 일을 시도함으로써, 당신은 무엇을 잘 되고 무엇이 잘 되지 않는지 배운다. 시간이 지남에 따라 당신은 당신의 삶을 향상시키는 것들과 악화시키는 것들에 대한 패턴을 발견할 수 있다. 궁극적으로 원하는 결과를 얻을 때까지 실험의 결과는 누적된다. 당신이 시도하기 전까지는 절대 알 수가 없다.

참조 링크: https://personalmba.com/testing/

신비주의
Mystique

> "만약 우리가 돈이나 과학적 지식을 세대에 걸쳐서 전수하는 것처럼 감정적인 경험들도 전수하는 방법을 알았더라면 얼마나 많은 슬픈 일들을 피할 수 있었을까!"
>
> **알랭 드 보통**(Alain de Botton), 철학자이자 수필가

무엇인가를 하거나 무엇인가가 되는 상상을 좋아하는 것, 그리고 실제 무엇인가를 하거나 되는 것을 좋아하는 것 사이에는 큰 차이가 있다. 직업과 함께 오는 시간, 책임, 그리고 압박을 좋아하기는

더 어렵다.

관리자가 되는 상상을 좋아하기는 쉽다. 그러나 임원들의 요구, 부하들의 깜짝 사건들 그리고 정치적 환경에서 자신의 영역을 지켜야 하는 필요성들을 좋아하기는 더 어렵다.

아이비리그 MBA나 법률 학위를 갖는 상상을 좋아하기는 쉽다. 그러나 억대 부채와 투자를 '가치 있게' 하기 위해서 스트레스로 가득 찬 매주 60시간 이상 일하는 직장을 구해야 하는 필요성에 응하는 것을 좋아하기는 더 어렵다.

자영업자가 되는 상상을 좋아하기는 쉽다. 그러나 소득의 100퍼센트가 자신의 노력에서 나오기 때문에, 자신이 망치면 그 결과를 직면하게 될 사람 역시 자신이라는 사실을 좋아하기는 더 어렵다.

수백만 달러 벤처 캐피탈 자금을 모으는 상상을 좋아하기는 쉽다. 그러나 인생을 투자한 프로젝트에 대한 통제를 포기한다는 사실을 좋아하기는 힘들다.

작가가 된다는 상상을 좋아하기는 쉽다. 그러나 꾸준한 글쓰기가 요구하는 고독, 자기 의심 그리고 긴 시간 동안 '의자에 엉덩이 붙이고 키보드에 손을 놓는' 것을 좋아하기는 어렵다.

유명 인사가 되는 상상을 좋아하기는 쉽다. 그러나 피할 수 없는 감시, 개인 정보의 손실 그리고 나의 다음 차례에 등장한 슈퍼 스타에 대중의 시선이 쏠려, 사람들이 당신으로부터 시선을 멀리할 것이라는 항시적인 두려움을 좋아하기는 어렵다.

신비주의는 강력한 힘이다. 조금의 신비로움은 대부분의 것들을 실제보다 훨씬 더 매력적으로 보이게 할 수 있다. 다행히, 신비로운 장밋빛 색안경을 걷어낼 수 있는 쉬운 방법이 있다. 관심 있어하는 것을 실제로 해본 사람과 실질적이고 인간적인 대화를 나누는 것이다.

물어볼 질문은 다음과 같다. "나는 당신이 하고 있는 일을 정말 존경한다. 하지만 나는 그 일에 높은 지점과 낮은 지점이 있을 거라 생각한다. 그것들을 나와 함께 공유해줄 수 있는가? 당신이 지금 알고 있는 것을 그때도 알았다면, 그래도 노력할 만한 가치가 있는가?"

이 대화는 몇 분밖에 걸리지 않을 것이다. 그러나 당신은 긍정과 부정적인 측면 모두에서 배운 것들로 깜짝 놀라게 될 것이다.

어떠한 직업, 프로젝트 또는 지위도 완벽하지는 않다. 모든 행동의 과정에는 어느 것을 얻기 위해서는 다른 것을 희생해야 하는 트레이드오프가 있다. 그것들이 무엇인지 사전에 배우는 것은 당신에게 큰 우위를 제공한다. 다음 선택을 이상적인 것으로 만들지 않고 옵션을 검사할 수 있다. 시작하기 전에 그것이 정말 당신이 하고 싶은 것인지 선택할 수 있다. 이러한 지식은 값어치를 매길 수 없다.

참조 링크: https://personalmba.com/mystique/

쾌락의 쳇바퀴
Hedonic Treadmill

"누군가를 행복하게 해주고 싶다면 그의 재산을 늘려주는 것보다 그의 욕망을 줄여주는 것이 더 낫다."

에피쿠로스(Epicurus), 고대 그리스의 철학자

멋진 새 차를 구입하는 일이 당신을 행복하게 만들 것이라 믿는다고 가정하자. 단기적으로는 그럴 수 있다. 첫 주 정도는 그럴 것이다. 당신은 운전을 하면서 아마 큰 즐거움을 경험할 것이다. 그러나 얼마 지나지 않아 당신의 새 차 역시 주변 환경으로 녹아들고, 당신의 마음은 행복의 탐구를 위한 다른 무엇인가를 추구하게 될 것이다.

이 사이클을 쾌락의 쳇바퀴라고 한다. 우리는 즐거운 것들이 우리를 행복하게 만들 것이라고 생각하고 이들을 추구한다. 하지만 우리가 결국 원하던 것을 달성하거나 구하고 나면, 우리는 성공에 매우 짧은 시간 안에 적응하고, 그 성공은 더 이상 우리에게 즐거움을 주지 않게 된다. 그 결과, 우리는 새로운 무엇인가를 찾기 시작하고 사이클도 반복된다.

재산, 지위, 명성을 달성한 사람들이 여전히 더 많은 것을 계속 추구하는 이유를 쾌락의 쳇바퀴가 설명한다. 우리는 우리가 가지고 있는 것에 대해서 아주 오랫동안 만족하지 않으므로, 다른 무엇인가를 달성하거나 구하기 위해 집착하는 것은 단지 시간문제이다.

오랜 기간 동안 성공과 성취의 느낌을 경험하고 싶은 경우, 쾌락의 쳇바퀴는 중요한 문제이다. 열심히 일하고 투자하고 희생해 분야의 정상으로 자신을 밀어붙인 후, 불안과 낙심만 얻는 결과를 맞이하는 것도 가능할 수 있다. 얼마나 많은 '성공적인' 사람들이 하기로 한 모든 것들을 달성한 후에도, 자신의 삶에 행복하지 않아 하는지 알고 나면 놀라게 될 것이다.

쾌락의 쳇바퀴를 단락短絡시키는 것은 까다롭다. 그것은 동굴주거인 증후군의 부작용이다. 하지만 지속적인 수준의 삶의 만족도로 이어지는 경향이 있는 몇 가지 것들에 집중할 수 있다. 쾌락 적응을 최소화하는 방법으로 장기적인 행복에 기여할 다섯 가지 우선순위는 다음과 같다.

1. <u>'충분한'</u> 돈을 벌기 위해 일하라. 돈은 특정 포인트까지만 행복에 기여한다. 대니얼 카너먼^{Daniel Kahneman}과 안구스 디톤^{Angus Deaton}의 2010년 연구에 따르면, 돈은 미국 가정에서 보고된 행복 지수 레벨과 양의 상관관계가 있었다. 다만 모든 가정에 해당되는 것이 아니고, 2008년 9월 기준으로 미국 전체 3분의 2에 해당하는 연 소득 7만 5천 달러 이하 미국 가정의 행복 지수와 상관관계가 있었다. 이 수입 수준까지 오르려면 노력이 필요하지만, 그래도 어느 정도는 달성 가능한 수준이다. 연구 시점의 평균 미국 가구 소득은 7만 1천 5백 달러였다. 생필품과 일부 사치품을 커버하기에 충분한 돈이 있으면 수확 체감의 지점에 도달한다.

결국 당신이 일정 이상 추가적으로 버는 돈은 동일한 효용을 제공하지 않는다. 수확 체감의 지점을 넘으면 더 많은 돈을 버는 일이 행복을 증가시키지 않고, 실제로 스트레스와 걱정의 근원이 되어 효용을 감소시킬 수 있다.[12] – 돈이 행복을 감소시킬 수 있는 예로는 리처드 와츠^{Richard Watts}의《부의 우화: 부자들이 가지고 있지만 당신은 원하지 않는 것들^{Fables of Fortune: What Rich People Have That You Don't Want}》을 참조하라 – 수확 체감의 금전적인 금액 지점을 아는 것은 유용하다. 의식적으로 특정 지점을 넘는 소비를 제한하고 장기 저축을 확립하면, 한 달도 지속되지 못할 즐거움에 지출하기 위해서 깨어 있는 모든 순간을 일하는 데 사용하지 않고, 재정적 안정성과 회복력의 혜택을 얻을 수 있다.

일반적인 법칙이 있다. 경험은 물질적인 것보다 행복에 더 기여한다. 당신의 필요가 충족되는 지점을 넘어 비싼 사치품을 구입하는 것보다 좋아하는 사람과 함께 여행하는 것을 통해 돈에 대한 더 높은 감정적인 수익을 얻을 수 있다.

2. **건강과 에너지 향상에 초점을 맞추라.** 건강은 행복에 중요한 기여 요인이다. 기분이 좋을 때, 당신은 행복을 느낄 가능성이 더 크다. 반대의 경우도 마찬가지다. 아플 때, 당신은 더 적은 즐거움, 재미, 삶의 만족을 경험하는 경향이 있다. 건강과 에너지의 일반적인 수준을 향상시킬 수 있는 방법을 실험하는 일은 삶의 질을 크게 개선시킬 수 있다. 인간의 몸에는 성과를 위한 요구사항이 있음을 기억하라. 음식, 운동, 휴식은 선택사항이 아니다. 몸이 성장하기 위해 필요한 무엇인가를 제공하는 것을 우선순위로 삼는다면, 그 보상을 앞으로 몇 년 동안 얻을 수 있다.

3. **좋아하는 사람들과 함께 시간을 보내라.** 행복의 가장 큰 예측 인자 중 하나는 자신이 좋아하는 사람들과 함께 보내는 시간의 양이다. 가족, 친구, 같은 생각을 가진 지인 등 말이다. 상황과 환경은 함께 시간을 보내는 사람보다 덜 중요하다. 사

람들은 행복을 느끼기 위해서 각기 다른 수준의 사회적 접촉을 필요로 한다. 외향적인 사람들은 사회적 접촉에 의해 기운이 북돋아지는 느낌을 받고 정기적으로 다른 사람들이 주위에 있어야 한다(나처럼). 내성적인 사람들은 약간의 사회적 접촉으로 며칠이나 몇 주를 지낼 수 있고 혼자 보내는 시간에서 에너지를 얻을 수 있다. 하지만 내성적인 사람들도 좋아하는 사람들과 함께 시간을 보냄으로써 혜택을 받는다. 친구와 함께 하는 일반적인 사회적 시간은 삶의 만족도에 중요한 지속적인 증가와 높은 상관관계가 있다. 친구와 함께 하는 긴 식사와 여행은 시간을 활용하는 좋은 방법이다.

프로젝트 감독인 조지 베일런트^{George Vaillant}에 의하면 하버드 대학교 성인 개발 연구(정신 건강 분야에서 가장 오래 지속된 종단 연구)의 결과의 요점은 다음과 같다. "정말 인생에서 중요한 건 다른 사람들과의 관계뿐이다."[13]

4. <u>만성 불만을 제거하라.</u> 인생에는 당신의 신경을 보호해 줄 많은 것들이 있다. 만성 스트레스나 불만을 줄이거나 제거할 수 있는 방법을 검토하는 일은 삶의 만족도에 상당한 개선을 가져올 수 있다. 현재 직업이 마음에 들지 않는다면 새로운 일거리를 시작하라. 특정 고객과 일하는 것이 성가시다면 쫓아내라. 여행 갈 때 노트북 전원 케이블을 싸는 것을 계속 잊어버린다면 여행 가방에 넣어둘 두 번째 케이블을 사라. 불필요한 스트레스와 좌절을 제거하는 간단한 방법을 찾음으로써, 나쁜 느낌을 줄이고 좋은 느낌에 더 많이 시간과 에너

지를 쓸 수 있다.

5. **새로운 도전을 추구하라.** 대부분의 사람들은 은퇴자들이 몹시 행복할 거라고 생각하지만 일부는 그렇지 않다. 사람들은 주로 자신의 일에서 목적의식과 즐거움을 찾으므로 전 직장이 더 이상 우선순위가 아니게 되면 은퇴자들은 공허함과 손실을 느끼고는 한다. 그냥 방치해두면 이 상실감은 우울증으로 발전될 수 있다. 해결책은 흥미롭고 새로운 도전을 하는 것이다. 이 도전은 무엇이든 될 수 있다. 새로운 기술 숙달하기, 큰 프로젝트를 완성하기 혹은 큰 성취를 추구하기 등. 새로운 언어를 배우는 것이든, 악기를 연주하는 것이든, 무엇인가 새로운 것을 바닥부터 만드는 것이든, 마라톤을 완주하는 것이든 새로운 성취를 위해 노력하는 일은 행복과 성장을 오랫동안 경험하기 위한 가장 좋은 방법이다.

쾌락의 쳇바퀴에서 내리기를 원한다면 물질적 재화보다 경험에 집중하는 것이 오랜 기간 도움이 된다. 찰스 킹슬리 Charles Kingsley, 19세기의 역사가이자 성직자가 남긴 불후의 명언은 다음과 같다. "우리는 안락과 사치가 인생에서 가장 필요한 것처럼 행동한다. 그러나 진정으로 행복하게 살기 위해서는 열중할 무엇인가가 필요할 뿐이다."

참조 링크: https://personalmba.com/hedonic-treadmill/

퍼스널 MBA 10주년 기념 증보판

비교 오류
Comparison Fallacy

"다른 이들의 겉사람과 당신의 속사람을 절대 비교하지 말라."

휴 매클라우드(Hugh MacLeod), 《이그노어!》의 저자

비즈니스와 삶에서 다른 이들과 우리의 상황을 비교하기란 쉽다. 지위 추구는 동료와 비교해 우리의 상대적 위치를 파악하는 데 에너지를 쓰도록 하고, 대부분의 경우 우리의 결론은 유리하지 않다.

인간은 목표를 달성하기 위해 다음에 해야 할 일 대신에 다른 사람들이 성취하는 것에 대해 집착하는 성향이 있다. 우리가 아는 다른 사람들이 큰일을 성취했을 때, 그들의 성취에 축하해 주기보다 우울해지기 쉽다. 그들의 성공이 어떤 의미에서 우리를 초라하게 만드는 것처럼 말이다. 사실은 전혀 그렇지 않다.

비교 오류는 간단한 개념이다. 다른 사람들은 당신이 아니고 당신도 다른 사람들이 아니다. 당신은 독특한 기술, 목표, 우선순위를 가지고 있다. 결국 다른 사람과 자신을 비교하는 것은 바보 같은 짓이고 얻을 수 있는 게 거의 없다.

다음의 예제를 살펴보자. 내 친구 중 하나는 사업에서 매우 성공해 매년 나보다 약 열 배를 번다. 그 자신의 작품은 대중에게 널리 알려졌다. 그의 제품은 잘 팔리고, 그는 자신의 성공을 즐긴다. 부러워할 이유는 많다.

다음은 동전의 다른 면이다. 내 친구는 하루에 12시간, 때로는 더 많이 일한다. 그는 가족이 없다. 그는 지속적인 관심을 필요로

하는 많은 직원을 가지고 있으며, 그의 사업적 간접비용은 나의 열 배 이상이다. 그는 이메일, 전화 통화, 회의에 압도당해 있다. 그는 항상 엄청난 스트레스를 받고 있다.

내 친구 삶의 좋은 점들은 쉽게 볼 수 있다. 하지만 친구가 지불하는 트레이드오프는 간과되기 쉽다. 그는 매우 열심히 일하기 때문에 특정 분야에서 성공적이고, 그는 기꺼이 성공의 대가를 지불할 용의가 있다.

내 친구와 삶을 바꿀 수 있다고 해도, 나는 그러지 않을 것이다. 왜냐하면 비참할 것이기 때문이다. 그의 삶은 나의 우선순위 또는 내가 사는 방식, 일하는 것을 선호하는 것과 조화되지 않는다. 그가 즐기는 혜택들은 매력 있어 보이지만, 그것들을 위해 그가 지불한 대가를 나는 지불할 생각이 없다. 비교 오류를 기억하기 때문에 나는 그가 잘 살길 바라며, 나는 나에게 중요한 목표를 달성하기 위해 집중하는 것이 가능하다. 나는 그의 성공을 진심으로 축복 할 수 있고 의미 없는 부러움에 나의 에너지를 낭비하지 않을 것이다.

부러움과 열등감을 불러일으킬 가능성이 있는 모든 상황에서 이 같은 트릭이 작동한다. 당신이 아는 사람, 동료, 동급생 또는 유명 인사와 자신을 비교하고 싶은 유혹을 받을 때마다. 항상 우리의 목표, 선호 및 우선순위가 완전히 다르다는 사실을 명심하는 것은 도움이 된다. 우리는 서로 다른 삶을 살아왔다. 우리는 자기가 성취한 일에 대해 각자 다른 대가를 지불했다. 당신이 만드는 모든 비교는 그 즉시 무효하기 때문에, 신경 쓸 필요가 없다.

의미 있는 성공의 유일한 지표는 다음과 같다. 재정적으로 충분한 방식으로 당신이 좋아하는 사람들과 당신이 즐거워하는 일을 하는 데 시간을 보내고 있는가? 만약 그렇다면, 다른 사람이 무엇을 하든 걱정하지 마라. 만약에 그렇지 않다면, 당신이 원하는 방향으로 나가기 시작할 수 있도록 당신의 통제 위치 안에서 변화를 가져오는 것에 집중하라. 비교 오류를 명심하고 원하는 방향으로 계속 전진해 나가라.

참조 링크: https://personalmba.com/comparison-fallacy/

통제 위치
Locus of Control

"바꿀 수 없는 것은 받아들이는 평온을, 바꿀 수 있는 것은 바꾸는 용기를, 또한 그 차이를 구별하는 지혜를 주옵소서."

평온을 비는 기도

아무리 특정 직업을 원하더라도, 인터뷰가 끝난 후에 당신이 이 직업을 갖게 될지 여부를 통제할 수는 없다. 당신이 할 수 있는 일을 모두 다했다.

아무리 주식 시장을 열심히 보더라도, 특정 회사의 주식 가격이 오르게 할 수는 없다.

아무리 핵심 직원을 유지하거나 개인 관계를 잘 만들고 싶어 하더라도, 그들이 자발적으로 떠나는 것을 막을 수는 없다.

자신의 통제 위치를 이해한다는 것은 자신이 통제할 수 있는(혹은 강하게 영향을 미칠 수 있는) 것과 그렇지 않은 것들을 구별할 수 있다는 것이다. 자신의 통제 안에 있지 않은 것을 통제하려는 행위는 영원한 좌절감의 원천이다.

우리는 우리에게 일어나는 모든 것들을 우리가 원하는 만큼 통제할 수 없다. 자연 재해가 그 완벽한 예이다. 토네이도나 지진이 집을 파괴했을 때, 우리가 할 수 있는 것은 없다. 상상하기 불편하겠지만 환경은 우리가 통제할 수 없는 많은 것들을 내포하고 있다. 이는 우리가 얼마나 원하든 간에 바꿀 수 없는 삶의 근본적인 측면이다.

노력에 집중하는 것은 제정신을 유지하도록 도와준다. 반면에 자신이 직접 통제하지 못하는 결과를 목표로 변환하는 것은 좌절감의 원천이다. 다이어트가 사람들을 미치게 하는 이유 중에 하나는 그들이 결과를 통제하려고 시도한다는 것이다. 체중은 그들의 직접적인 통제 아래에 있지 않다. 건강한 식품을 섭취하고, 운동을 하고, 질병과 관련하여 관리할 수 있는 일 등과 같은 노력에 집중한다면, 체중은 알아서 조절될 것이다.

영향을 미치거나 통제할 수 없는 것들에 대해 걱정하는 것은 시간과 에너지의 낭비다. 내가 한 일 중에서 가장 좋았던 것은 뉴스에 관심을 끊은 것이다. 신문이나 뉴스 방송에서 찾을 수 있는 정보의 99.9퍼센트는 완전히 당신의 통제 위치 밖에 있다. 결실 없이 '세상이 어떻게 되려나' 하고 걱정하지 않고, 아예 뉴스를 무시한 것은 내가 실제로 해낼 수 있는 일들을 좋게 만드는 데 더 많은 시간을 쓸 수 있도록 도와주었다.

통제할 수 있는 것과 통제할 수 없는 것을 더 잘 구분할수록, 더 행복하고 더 생산적이게 될 것이다. 당신이 영향을 미칠 수 있는 것들에 대부분의 에너지를 집중하고 다른 것들은 풀어 주어라. 당신이 살고 싶은 삶을 만들기 위해 현재 하고 있는 일에 주의를 집중한다면, 거기 도달하는 것은 단지 시간문제다.

참조 링크: https://personalmba.com/locus-of-control/

애착
Attachment

"우리 삶의 중요한 결정을 내릴 때 나팔 소리는 들리지 않는다. 운명은 조용히 알려지게 된다."

애그니스 데밀(Agnes de Mille), 미국의 무용가 겸 안무가

당신이 에베레스트산을 등반하는 길이라고 상상하자. 그 길은 당신의 목표를 달성하는 길이다. 최정상에 오르기로 계획한 전날 밤 거대한 폭풍이 경고 없이 나타났다. 시야가 안 보이고 온도는 점차적으로 내려가고 컨디션은 너무 나빠서 계속 등반을 하면 추락하거나 동사할 위험이 있을 정도다.

당신은 실패했는가?

통제 위치 밖의 무엇인가가 우리의 계획이나 목표에 영향을 미치는 경우, 그것을 개인적인 것으로 받아들이기 쉽다. 당신의 마음이 오늘 에베레스트 최정상에 오르는 것에 고착되어 있다면, 당신은 아마 파멸을 맞이할 가능성이 높다. 그러므로 계획을 바꾸고 다른 날 등반을 하기로 하는 것이 훨씬 낫다.

특정 생각이나 계획에 더 애착을 가질수록, 유연성은 더 많이 제한받기 때문에 더 나은 해결책을 찾을 가능성은 줄어들 것이다. 목표의 추구에 전념하는 것은 좋지만, 그것은 어느 지점까지만 그렇다. 머릿속에 그려진 비전에 너무 애착을 갖게 되면, 피할 수 없는 삶의 꼬임과 반전에 적응하는 데 힘든 시간을 보낼 것이다.

수용은 자신에게 매몰비용의 개념을 적용하는 것을 요구한다. 주식 시장에서 수백만 달러의 손실을 상상해 보라. 끔찍한 상황이다. 아무리 욕심 많은 은행가, 부패한 정치인 또는 인생의 불공평성에 대해서 불평을 하더라도 그 돈을 다시 돌려받을 수는 없다. '더 잘 알거나' 전지전능하지 못했던 것에 대해 우울해하면서 시간을 보내는 일은 상황을 개선시키지 못한다.

애착에 대한 해결책은 생각이나 계획이 더 이상 가능하거나 유용하지 않다는 사실을 받아들이는 것이다. 계획, 목표, 지위와 위상에 대한 애착이 적을수록 필연적인 변화나 예측 못한 상황에 더 쉽게 대응할 수 있을 것이다.

갑자기 실직하게 된 경우, 예전 지위에 대한 애착은 도움은커녕 방해가 된다. 더 많은 소득을 벌어들이기 위해서 해야 하는 일에 에너지를 쓰는 것이 더 낫다.

더 집중하고, 일어난 일들을 받아들이고, 일의 향상을 위해 당신이 할 수 있는 것들을 선택하면 당신은 더 행복해질 것이다.

참조 링크: https://personalmba.com/attachment/

개인적 연구와 개발

Personal Research and Development (R&D)

"지갑을 비워서 머리를 채운다면, 그 머릿속에 있는 것은 누구도 뺏어갈
수 없을 것이다. 지식에 대한 투자는 언제나 가장 높은 이윤을 남긴다."

벤저민 프랭클린(Benjamin Franklin), 미국의 정치가이자 과학자 겸 저술가

모든 성공적인 비즈니스는 자원의 일정량을 새로운 것을 시도하는
데 바친다. 연구와 개발 부서[R&D]는 전 세계의 비즈니스 리더들
이 회사가 다음에 무엇을 해야 하는지 결정하기 위해 신뢰하는 곳
이다. 대기업들은 능력 향상을 위해 새로운 기술과 프로세스를 실
험하는 연구에 매년 수백만(때로는 억 단위) 달러를 쓴다.

R&D는 효과가 있기 때문에 존재한다. 연구와 개발을 우선순위
로 두는 회사들은 고객에게 제공하기 위한 새로운 제품 혹은 공정
개선을 종종 발견한다. 이는 수익에도 의미 있는 기여를 한다. 그
리고 R&D가 그들에게 유효하다면 당신에게도 유효할 수 있다.

개인 연구개발 예산으로 매달 수백 달러를 설정해 두는 것은 어
떨까? 라밋 세티[Ramit Sethi]가 저서《부자 되는 법을 가르쳐 드립니다[I
Will Teach You to Be Rich]》에서 설명한 기술을 사용하면, 월 소득의 일정 금
액을 개인 연구개발 용도로 책정된 계좌에 자동으로 전환하기 매
우 쉽다. 그 돈은 책을 사거나, 수업을 듣거나, 기기를 사거나, 컨
퍼런스에 참여하는 데 죄책감 없이 사용할 수 있다. 당신의 기술
과 능력을 개발할 수 있으면 무엇이든 가능하다.

개인 금융 전문가들은 나의 의견에 동의하지 않을 수도 있지만,

나는 강력한 개인 연구개발 예산을 갖는 일이 저축을 극대화하는 것보다 더 중요하다고 생각한다. 잘 비축된 비상계좌를 가지고 미래의 필요에 충분할 정도의 저축을 하는 것에는 찬성이지만, 저축은 어느 정도까지만 도움이 된다.

기술과 능력을 향상시키는 것에 대한 투자는 인생을 풍요롭게 한다. 동시에 새로운 소득의 원천을 향해 문을 열어줄 수 있다. 새로운 기술은 새로운 기회를 창출하고, 새로운 기회는 종종 더 많은 소득으로 전환된다. 저축할 수 있는 능력은 제한적이지만 돈을 더 벌 수 있는 능력은 그렇지 않다.

자신만의 개인 연구개발 예산을 확보하는 데 도움이 될 간단한 계획 훈련은 다음과 같다. 현재의 소득이 동일하게 유지된다고 가정했을 때, 개인 개발과 실험에 월 소득의 최소 5퍼센트를 바칠 수 있기 위해서는 어떠한 것들이 바뀌어야 하는가?

좋은 개인 금융 서적이나 블로그에서 발견하는 돈을 절약하는 방법과 관련된 그 어떤 비결도 개인 연구개발 계좌에 자금을 적립하기 위해서 활용될 수 있다. 자세한 내용과 관련해서는 비키 로빈^{Vicki Robin} 과 조 도밍후에즈^{Joe Dominguez}의《부의 주인은 누구인가^{Your Money or Your Life}》이라는 책을 읽거나 〈Get Rich Slowly^{getrichslowly.org}〉와 〈The Simple Dollar^{thesimpledollar.com}〉를 온라인으로 검색해 볼 것을 추천한다. 필요한 것은 약간의 창의력과 예산으로, 이를 통해 당신은 자신만의 자기 주도적 연구 및 개발 실험실에 투자할 방법을 잘 찾게 될 것이다.

참조 링크: https://personalmba.com/personal-research-and-development/

제한된 신념
Limiting Belief

"지능형 불만은 문명의 중요한 태엽이다."

유진 데브스(Eugene V. Debs), 노동 조합 활동가

일반적으로 세상을 보는 방법에는 크게 두 가지가 있다. 새로운 경험에 대한 응답에 영향을 미치는 두 가지 사고방식 말이다.

첫 번째 기본적인 사고방식은 기술과 능력은 고정되어 있다는 것이다. 무엇인가를 시도하고 잘 되지 않는 경우에, 그건 당신이 '잘 못하기' 때문이고, 당신은 앞으로도 계속 그럴 것이다. 당신은 천부적인 기술과 능력을 가지고 태어나지 못했고 앞으로도 변함이 없을 것이다.

이러한 사고방식을 사용하면, 도전이나 어려움을 경험했을 때 멈춰버릴 가능성이 높다. 당신은 분명히 잘하지 못할 것인데 왜 신경 쓰겠는가?

두 번째 기본 사고방식은 기술과 능력은 잘 변한다는 것이다. 무엇인가를 시도하고 잘 되지 않는 경우에, 그건 당신이 많이 안 해봤기 때문이고 계속 노력한다면 당신의 능력은 필연적으로 향상될 것이다. 당신의 기술과 능력은 근육과 같다. 사용할 때마다 강화된다. 도전이나 어려움을 경험했을 때, 당신은 계속할 가능성이 높다. 아직 잘하지는 못하겠지만 당신은 항상 나아지고 있다.

이러한 두 가지 사고방식은 당신이 경험하는 세상의 모든 것들 위에 색깔을 입힌다. 캐롤 드웩^{Carol Dweck} 박사는《성공의 새로운 심

리학^{New Psychology of Success} 》에서 이러한 사고방식을 '고착형'과 '성장형' 지능 이론으로 부른다. 당신이 '고착형' 사고방식을 가지고 있으면 도전이란 그저 당신에 가치에 대하여 사람들로부터 달아진 주석 모음집에 불과할 것이다. 당신은 노력해 왔고 부족함을 발견해 왔다. 따라서 새로운 것을 시도하는 일을 위협적으로 느끼게 만든다. 반면 당신이 '성장형' 사고방식을 가지고 있으면 도전은 단순히 더 열심히 해서 극복해야 할 장애물에 불과하게 된다.

고착형 사고방식은 제한적 신념의 다른 모습이다. 세상에서 진실이라고 믿고 있던 것이 당신이 중시하는 목표를 달성하는 것을 저지한다. 고착형 사고방식은 진실이 아니지만, 당신이 믿기로 결정한 이상 당신을 저지할 수 있다.

일부 제한된 신념은 패턴 매칭 안에 있는 오류의 결과다. 일반적인 예는 다음과 같다. 당신이 부유한 사람들이 피상적이고 비윤리적이거나 부패한 존재라고 믿는다면, 당신은 돈을 벌기 힘들다는 사실을 알게 될 것이다. 당신이 지금보다 돈을 더 많이 벌려고 할수록 당신은 '그런 사람들' 중 하나가 될 것이고, 이러한 생각은 돈과 관련된 문제가 있을 때마다 당신을 불편하게 할 것이다.

갈등을 파악하고 해결하지 않는다면 돈 문제는 항상 마음을 불편하게 할 것이다. 마음이 고장 난 것은 아니다. 두뇌의 일부분은 미래를 예측하고 원하는 것으로부터 자신을 보호하려고 노력하지만 고착형 사고방식에 의해 역효과를 내는 방향으로 작동하게 된다. 전진하기 위해서는 저지하는 신념들을 파악하고 제거해야 한다.

모두 사람들은 특정 영역에서 제한된 신념을 가지고 있다. '나는 할 수 없다', '나는 해야 한다' 또는 '나는 잘 모르겠다' 등의 단어들을 사용할 때마다 당신은 잠재적인 제한적 신념을 발견하게 된다. 대부분의 경우, 이를 깨는 데는 의식적으로 질문하기 위한 시간을 가지는 것만으로도 충분하다. '정말 사실인가?', '사실인지 어떻게 알 수 있는가?' 등은 매우 강력하고 다방면에 유효한 자기 유도 질문들이다.

제한된 신념은 새로운 일자리에 지원하거나 신규 고객에게 오퍼를 판매하는 것처럼 불편한 일들을 하려고 할 때 나타날 수 있다. 거부 및 불허의 이미지가 마음속을 빠르게 스쳐가기 시작한다. 이때의 첫 번째 충동은 한번 시도를 해 보거나 실제 피드백을 구하기 전에 '이건 안 될 거야'라고 마무리 짓는 것이다.

이러한 유형의 상황들에 유효한 경험의 법칙은 다음과 같다. 다른 이들이 당신에게 "아니오"라고 말하도록 하는 것이다. 이러한 습관은 길들여 놓을 가치가 있다. 요청이나 제안을 할 때 당신은 거부당할 것이라고 믿겠지만, 그럴 것이라고 가정하는 대신 다른 이들이 직접 말할 수 있도록 유도하는 것이다. 확률이 낮다고 생각했을 때조차, 타인에게서 생각보다 얼마나 자주 원하는 것을 얻을 수 있는지 직접 겪고 나면 놀라게 될 것이다.

도전에 대응하기 위해 선택하는 방법이 궁극적으로 얼마나 성공하게 될 것인지를 결정한다. 자신에게 '근본적인 결함'이 없다는 사실을 깨닫는 것이 중요하다. 근본적으로 배우지 못하거나 하지 못하는 것은 아무것도 없다. 단지 시간과 노력이 걸릴 수 있다. 하지만 노력한다면 결국 개선될 것이다.

당신의 마음을 근육이라고 생각하는 것은 마음이 성장하는 데 도움을 주는 가장 좋은 방법이다.

참조 링크: https://personalmba.com/limiting-belief/

잘못된 투자
Malinvestment

"우리의 실수가 분명 그렇게 끔찍하게 심각한 정도는 아니다. 아무리 주의를 기울여도 실수의 가능성이 아주 높은 세상에서, 과도한 긴장감 보다는 가벼운 마음가짐을 지니는 게 훨씬 건강해 보인다."

윌리엄 제임스(William James), 19세기 의사이자 선구적인 심리학자

불필요한 구매, 잘못된 채용, 잘못된 투자, 에너지 낭비 등 예상과 다른 결과를 초래하는 의사 결정을 내리는 경우가 많다.

이러한 유형의 오류를 '잘못된 투자'라고 하며, 시쳇말로 '나쁜' 또는 '형편없는' 투자라고 한다. '나쁘다'는 의미는 다양하지만, 거의 항상 '멍청한 짓이었다. 정말 아깝다!'와 같은 느낌과 연관되어 있다.

잘못된 투자는 매우 흔하다. 미래를 예측할 수 없기에, 그리고 불확실성 때문에 추격형 투자를 하거나 시간과 에너지를 투자할 때마다 상당한 오류의 위험이 따른다.

실수를 저지르는 것은 결코 즐거운 일이 아니기 때문에, 잘못된 투자에 의해 기분이 나빠지기 쉽다. 하지만 지나치게 자책하는 것은 일종의 후회 편향이기도 하다. 지금 알고 있는 것을 그때 알았

더라면 과연 같은 행동을 했겠는가?

때때로 잘못된 투자는 단순한 실수, 즉 오류처럼 보일 수 있다. 유망하거나 현명하거나 신중한 투자라고 생각했는데 알고 보니 그렇지 않은 경우다. 이는 보통 다음과 같은 형태로 나타난다.

- 사용하지 않는 제품 구매
- 작동하지 않거나 오작동하는 제품 구매
- 선호도, 필요 또는 우선순위의 변화로 인한 과거의 쓸모없어진 투자

이러한 오류는 구매 결정을 내리기 전에 충분한 정보를 얻지 못해 발생하는 경우가 많다. 다음과 같은 방법으로 이러한 유형의 오류를 방지할 수 있다.

- 투자하기 전에 더 많은 정보를 수집한다.
- 투자하기 전에 요구 사항과 우선순위를 평가하는 데 더 부지런하라.
- 명확하고, 실존적이며, 반복적이고, 즉각적이고, 중요한 필요나 문제를 해결하기 위해서만 투자한다.

다른 형태의 잘못된 투자는 비효율성, 즉 불필요한 자원 낭비처럼 보인다. 이는 일반적으로 다음과 같은 형태로 나타난다.

- 사고의 가능성이 없는데 보험료를 납부한다.
- 사용하지 않아도 되는 백업 시스템 및 안전장치 구축 및 유지 관리를 한다.

이러한 유형의 잘못된 투자는 불확실성과 위험을 다룰 때 매우 흔하게 발생할 수 있음을 인식하는 게 중요하다. 일반적으로 보통의 위험 혹은 큰 위험을 스스로 낮출 수 없거나 그러한 의향이 없는 경우, 보험료를 내는 편이 현명하다.

보험금을 청구하지 않는다면 실제 위험을 완화하기 위해 보험료를 냈다는 점에서 보험료가 실제로 '낭비'된 것은 아니다. 미래를 내다볼 수 있었다면 보험료를 절약할 수 있었겠지만 그럴 수는 없는 법이다. 보험료를 과하게 내지 않는 한, 주요 위험을 완화하기 위한 보험료 지출은 좋은 결정이다.

새롭거나 다른 일을 시도하다 보면 몇 가지 실수를 저지르기 마련이다. 기대한 대로 되지 않는 일에 시간, 에너지 또는 노력을 투자하는 일은 거의 확실히 일어난다.

- 특정 방식으로 무언가를 시작했으나, 뜻대로 작동하지 않는다는 것을 알게 된 경우
- 한 가지 방법으로 무언가를 진행하다가, 거의 다 끝났을 때 더 나은 방법을 발견한 경우
- 중요한 것을 망가뜨린 후 고쳐야 하는 경우

이 경우, 잘못된 투자는 일종의 수업료, 즉 관심 있는 주제나 분야에 대해 더 많이 배우기 위해 내는 대가이다. 투자한 금액(수업료)이 지나치게 비싸지 않다면, 어느 정도의 실수를 통해 무엇이 중요하고, 무엇이 효과가 있으며, 앞으로 하지 말아야 할 것이 무엇인지에 대해 많은 것을 배울 수 있다.

때때로 탐색의 한 형태로서, 일정 수준의 적은 투자를 하는 편이 현명하다. 누구도 처음부터 완벽한 정보를 얻을 수는 없으며, 시작하기 전에 '최적' 또는 '완벽한' 전략을 찾을 수도 없다. 만약 무언가를 시작하기 전에 최고의 방법을 찾았다고 100% 확신할 때까지 기다린다면, 그 누구도 결코 시작하지 못할 것이다.

이러한 경향을 극복하는 데 도움이 되는 유용한 질문이 있다. '얼마나 빨리 실수를 시작할 수 있을까?' 따라서 하고 싶은 일을 빨리 시작하고 시도할수록, 오류를 포함한 전부를 더 빨리 배울 수 있다. 의심스럽다면 고민하기보다는 불완전한 실험을 하는 편이 낫다. 비용이 적게 드는 실수는 빨리해볼수록 좋다.

참조 링크: https://personalmba.com/malinvestment/

선택의 필요성
The Necessity of Choice

"오! 사람들이 알 수 있기를 / 오늘 일이 끝나기 전에 / 그렇지만 하루의 끝으로 충분하리 / 그러면 끝이 알려질 테니"

윌리엄 셰익스피어(William Shakespeare), 《줄리어스 시저》

누구나 항상 시간, 주의력, 에너지의 상대적인 경쟁적 요구가 필요한 트레이드오프$^{trade-off}$(상충관계)의 세계에 살고 있다. 비록 한정된 자원을 더 현명하게 사용하는 방법을 배울 수는 있지만, 결국 해야 할 일, 그리고 버려야 할 일을 결정하는 선택의 순간은 개인의 몫이다.

노력 없이, 스트레스 없이, 어려움 없이, 비용 없이 원하는 전부를 성취할 수 있는 마법의 공식이나 완벽한 시스템은 존재하지 않는다. 시간, 에너지, 주의력, 재정적 자원이 한정되어 있고, 자신이 전지전능하지도 않다. 항상 스스로 생각하고 행동할 책임이 있다는 현실을 완전히 받아들이면, 자신에게 중요하고 의미 있는 목표를 향해 꾸준히 나아갈 수 있는 좋은 위치에 서게 된다.

대부분의 시간 관리 및 생산성 관련 질문은 결국 '어떻게 하면 한정된 에너지로 부족한 시간에 아주 많은 작업을 완료할 수 있을까?'로 귀결된다. 선택의 필요성은 이 근본적인 문제에 대한 유용한 사고방식이다. 의식적이고 신중한 방식으로 개인적 상황에 따라 최적의 절충(선택)을 하는 게 가장 좋다.

할 일은 항상 너무 많으며 미완성된 작업 역시 언제까지고 우리 곁에 남아있을 것이다. 만약 당신에게 성공은 '모든 일을 끝냄'을 의미한다면 평생 스트레스와 불만족스러운 업무에 시달리고 말 것이다. 그리고 그보다 더 나쁜 사고방식은 모든 일을 끝마치는 게 휴식과 회복을 위한 전제 조건이라며 스스로 세운 감옥에 갇히는 일이다. 휴식은 중간중간에 필요한 경우에 해야한다.

늘 '해야 할 일'과 '하지 말아야 할 일'을 선택하는 건 현실의 원초적인 특성이며, 어떤 의미 있는 방법으로 해결할 수 있는 문제가 아니다. 우리는 유한한 우주에 살고 있기에, 현실에게 늘 선택을 강요당한다. 만약 해야 할 일과 피해야 할 일에 대하여 적절한 정보에 입각한 명확한 결정을 내리지 않는다면, 인생의 중요한 부분은 우연과 어떤 상황에 의해 결정될 것이다. 그야말로 제어 불가능!

가장 좋은 전략은 신중하고 정보(자료)에 입각한 방식으로 원하는 것들 사이에서 의식적으로 트레이드오프(하나의 선택은 다른 것을 포기해야 함)를 하는 것이다. 자신이 가장 원하는 것을 선택하는 대신에 그다지 중요하지 않은 모두를 과감히 버려라.

참조 링크: https://personalmba.com/necessity-of-choice/

도착 오류
The Arrival Fallacy

"누구나 인생의 산 정상에서 살고 싶어 하지만, 모든 행복과 성장은 산을 오르는 동안 그 과정에서 성취한다."

앤디 루니(Andy Rooney), 저널리스트

비즈니스 소유자, 임원, 기업가들과 이야기를 나누다 보면 공통적인 패턴을 발견할 수 있다. 아무도 자신의 비즈니스나 커리어가 성공했다고 여기거나 성취감을 느끼지 못한다는 사실이다. 그들의 머릿속에는 항상 도달해야 할 또 다른 이정표, 달성해야 할 새로운(그리고 더 큰) 매출 목표, 또는 '진정한 성공'을 나타내는 더 큰 비즈니스에 대한 가치 평가가 있다.

상당한 목표를 설정하고 이를 달성한 많은 전문가를 알고 있다. 하지만 그들은 지속적인 성취감을 느끼기는커녕 불만족이 지속되고 더 어렵고 새로운 목표로 초점이 옮겨가게 된다. '그 새로운 목표를 달성하면 마침내 성공과 행복을 느낄 수 있을 거야'라고 자신에게 되뇐다.

도착 오류는 이러한 인식의 패턴을 인식하고 목표 추구와 관련된 불만족을 제거하는 방법이다. 비즈니스, 커리어, 인생이 영원히 이상적인 상태에 머물러 있지 않으며 의미와 개선을 위한 노력에 끝이 없다는 사실을 인식하면, 지금까지 성취한 것에 감사하고 목표와 이정표가 달성될 때마다 이를 자축하는 일이 훨씬 쉬워진다.

현재 목표를 최종 목적지가 아닌 경유지로 생각하면 주의, 에너지, 노력의 방향을 잡는 데 유용하다. 목표를 달성하면 항상 다른 작업이나 개선해야 할 부분이 생기기 마련이며, 이는 좋은 현상이다. 결과적으로 어떤 일을 선택하더라도 흥미롭고 생산적이며 가치 있는 방법으로 하루를 투자하는 데 전혀 부족함이나 초조감을 느끼지 않을 것이다.

이러한 사고방식은 또한 원하는 것을 향해 일하면서 휴식과 회복, 삶의 즐거움을 더 쉽게 누릴 수 있게 해준다. 스스로를 지치고 방전될 때까지 일로 몰아붙이거나 건강, 취미 또는 인간관계와 극단적인 절충(즉 일만 우선시하는 선택)을 해서는 열반nirvana에 도달할 수 없다. 야망과 추진력은 훌륭한 이점을 가져다줄 수 있지만, 이를 어떻게 적용하는지 충분히 염두에 두지 않으면 자멸적인 행동으로 이어질 수도 있다.

'성공'은 영구적인 존재(실존) 상태가 아니므로, 그것을 추구하기 위해 전부를 포기하는 것은 의미가 없다. 대신 원하는 것을 정의하고 그것을 향해 계속 나아가라. 목표에 도달하면 승리를 축하하고 새로운 목표를 세우고 계속 나아가라. 삶의 의미는 결과보다 과정에 있다.

참조 링크: https://personalmba.com/arrival-fallacy/

8장

다른 사람들과 일하기

66 다른 사람들과 일하는 것은 비즈니스와 삶에서 늘 직면하는 부분이다. 혼자서는 살아갈 수도, 비즈니스를 할 수도 없기 때문이다. 고객, 직원, 계약자 그리고 파트너들은 모두 그들 자신만의 독특한 동기와 욕구를 가진 개인들이다. 만약 하고 있는 일을 더 잘하고 싶다면 어떻게 그들과 함께 하는 것이 좋은지 그리고 그들을 통해서 어떻게 일을 더 잘 할 수 있는가를 이해하는 것이 필요하다. 99

> "회사의 직원들은 데려가되 공장은 남기면, 이내 작업장 마루는 풀들도 가득할 것이다. 공장은 옮겨가되 직원들을 남기면, 우리는 조만간 더 좋은 새 공장을 가지게 될 것이다."
>
> 앤드류 카네기(Andrew Carnegie), 19세기 산업주의 실업가

　　다른 사람들과 일하는 것은 비즈니스와 삶에서 늘 직면하는 부분이다. 혼자서는 살아갈 수도, 비즈니스를 할 수도 없기 때문이다. 고객, 직원, 계약자 그리고 파트너들은 모두 그들 자신만의 독특한 동기와 욕구를 가진 개인들이다. 만약 하고 있는 일을 더 잘하고 싶다면 어떻게 그들과 함께 하는 것이 좋은지, 그리고 그들을 통해서 어떻게 일을 더 잘 할 수 있는가를 이해하는 노력이 필요하다.

　　이 장에서는 다른 사람들과 어떻게 효과적으로 일할 것인가에 관해서 논의할 것이다. 좀 더 효과적인 커뮤니케이션 방법에 대하여, 그리고 어떻게 하면 많은 사람들에게 존경과 신뢰를 얻을 수 있는지, 그룹 상호 작용의 한계와 함정, 시너지를 인식하고, 팀을 이끌거나 관리하는 일들을 잘 하는 방법도 배우게 될 것이다.

　참조 링크: https://personalmba.com/working-with-others/

권력
Power

"힘은 모든 것을 정복한다. 그러나 승리는 일시적이고 덧없다. 거의 모든 남자들은 역경에 맞설 수 있다. 그러나 만약 당신이 한 사람의 성격을 테스트하고 싶다면, 그에게 권력을 쥐어 줘라."

에이브러햄 링컨(Abraham Lincoln), 16대 미국 대통령

모든 사람의 관계는 권력에 기반한다. 권력은 다른 사람의 행동에 영향을 미치는 능력이다. 인지 제어의 장에서 논의했던 것처럼 우리는 결코 다른 사람들을 제어할 수 없다. 사람들이 일을 하게끔 만드는 내적 프로세스로 직접 접근할 수 없기 때문이다. 우리가 실제로 할 수 있는 것은 그들이 맡은 일을 최선을 다해 창의적으로 실행하도록 격려하는 행동뿐이다.

권력의 사용은 전형적으로 두 가지 기본 형태 중의 하나이다. 영향을 끼치는 것과 강요하는 것. 영향력은 자신이 제안하는 것을 다른 사람이 행하게 격려하는 능력이고, 강요는 명령하는 것을 다른 사람이 행하게끔 강제하는 능력이다.

충성심이나 장인 정신이 없는 직원들로 하여금 추가적으로 1마일을 더 가게 격려하는 것이 영향력이다. 직원들로 하여금 주말에도 일하게 강제하는 것, 만약 거절하면 해고하겠다고 위협하는 것이 강요다. 직원들이 취하는 행동은 정확하게 동일해 보인다. 그러나 그들이 느끼고, 받아들이며 행동을 취하기까지의 과정은 매우 다르다.

대개의 경우, 영향력은 강요보다 훨씬 더 효과적이다. 대다수 사람들은 그들의 의지 또는 더 좋은 것으로 여긴 판단에 반하는 일을 하게끔 강요당하게 되면 자연적으로 저항한다. 그래서 계속해서 일이 되게끔 강요하는 방법에만 의존하는 것은 가벼운 전략이다. 보스처럼 다른 사람을 쥐고 흔들면 누구나 그 사람에 대해 반감을 갖게 될 것이다. 또한 기회를 보아 배반하거나 일을 그만 둘 방법을 찾을 것이다. 반면에, 영향력은 지속 가능하다. 원하는 것을 다른 사람들도 공감하게 하여 실행하도록 격려하게 되면 불필요한 나쁜 의지를 불러일으키지 않고도 바라는 좋은 결과를 얻게 해 줄 것이다.

좋든 싫든 간에, 모든 사람은 일을 성취하고자 권력에 의존한다. 로버트 그린Robert Greene은 《인간 욕망의 법칙》에서 누구도 다른 사람을 다루는 일에서 어느 정도의 권력의 행사는 불가피하다고 주장한다. 이처럼 다른 사람을 다루는 데는 필연적으로 권력이 수반된다.

권력은 중립적인 수단이다. 좋은 목적 또는 나쁜 목적을 위해서 사용될 수 있다. 권력은 다른 사람들을 통해서 일을 이루는 능력이다. 더 많은 권력을 가질수록, 더 많은 일들을 할 수 있다.

따라서 다른 사람들의 권리를 존중하는 한, 권력을 키우는 방법을 의식적으로 찾는 일이 도덕적으로 나쁜 것만은 아니다. 더 많은 권력을 가질수록 궁극적으로 더 많은 일을 달성할 수 있다. 그러나 강력한 권한에는 강력한 책임이 따른다.

많은 사람들로 구성된 그룹 내에서 구성원 간의 상호 작용이 필연적으로 정치적으로 되는 이유는 권력의 변함없는 특성 때문이다.

만약 당신이 계획을 가지고 있지 않으면, 당신의 행동은 다른 사람에 의해서 결정될 것이다. 최상이라고 생각하는 방향으로 움직여 가기 위한 노력을 하지 않는다면 계획을 가지고 있는 사람들에게 권력을 양도하게 된다. 권력을 무심하게 보고 행동해 보라. 그러면 영향력이 급격하게 사라지는 것을 발견하게 된다. 이길 수 있는 유일한 방법은 경기에 참가하기로 결정하는 것이다.

자신의 권력을 키울 수 있는 최상의 방법은 자신의 영향력과 명성을 증가시키는 일들을 하는 데 있다. 더 많은 사람들이 당신의 역량을 알고 쌓아 올린 명성을 존경할수록 더 많은 권력을 가지게 될 것이다.

참조 링크: https://personalmba.com/power/

비교 우위
Comparative Advantage

"자신의 일류 버전이 되어라. 누군가 다른 사람의 이류 버전이 되지 말라."

주디 갈랜드(Judy Garland), 여배우, 가수

다른 사람과 일을 잘하는 아이디어의 본질을 꿰뚫는 것은 이러한 질문이다. 첫째로 왜 다른 사람들과 일을 해야 하는가? 만약 당신이 그들을 제어할 수 없고, 항상 원하는 일을 다른 사람이 하게 만들 수 없다면, 왜 그들을 성가시게 하는가?

그 답은 바로 비교 우위에 있다. 우울한 학문으로서의 경제학에서 유래된 개념이다. 리카도^{David Ricardo}의 1817년 저서《정치경제학

과 과세의 원리에 대하여 On the Principles of Political Economy and Taxation 》에서 기원이 유래된 것으로 추정되는 리카도의 '비교 우위 법칙'이 국제 정치학의 질문에 답변을 제공한다. 국가마다 자국에서 필요한 모든 것들을 생산하여 자급자족하는 것이 더 좋은가? 아니면 특정 상품을 만드는 것에 특화하고 나서 나라들이 서로 교역을 하는 것이 더 좋은가?

포르투갈과 영국을 예로 들어서, 리카도는 만약 두 나라가 옷과 와인을 생산할 수 있을지라도, 영국은 옷을 더 적은 노력으로 생산할 수 있고, 포르투갈은 와인 생산을 훨씬 더 잘 할 수 있다는 것을 계산해 내었다. 그 결과, 그들이 잘하지 못하는 일을 하기 위해서 애를 쓰면서 시간과 돈을 낭비하는 대신에, 포르투갈과 영국은 서로 특화하여 생산하고 서로 교역하는 것을 통해서 두 나라 모두 더 잘 살 수도 있다는 것이다.

비교 우위는 약점을 강화하는 것보다 강점을 이용하는 것이 더 낫다는 것을 의미한다. 마커스 버킹엄과 커트 코프만의 《유능한 관리자》와 톰 래스의 《위대한 나의 발견 강점혁명》에서, 저자들은 생산성에 관한 갤럽 여론 조사 기관의 포괄적인 연구 결과를 공유하고 있다. 거기에서 밝혀진 결과에 따르면, 비교 우위는 나라에도 적용할 수 있지만, 개인에게 더욱 잘 적용되는 것으로 나온다. 만약 비즈니스를 운영하는 개인들이 그들이 가장 잘하는 일에 집중한다면, 그리고 그들이 필요로 하는 나머지 일들은 다른 전문가들과 협업을 한다면 사업 결과는 더 나을 것이다. '강점 기반의 관리'야말로 비교 우위를 단순하게 잘 설명해 주는 표현이다.

비교 우위는 왜 기업 스스로 모든 일을 다 하기 위해 노력하는 것보다 종종 계약자 또는 아웃 소싱업체와 일하는 것이 사리에 맞는 일인지를 설명해 준다. 만약 집을 짓고자 한다면, 프로젝트가 매일 요구하는 일들을 할 수 있는 일반 계약직과 전문직을 고용하는 것이 아마도 더 효율적일 수 있다. 물론 혼자서 그 일을 시도할 수도 있다. 그러나 하고자 하는 일을 잘 알지 못한다면, 더 오랜 시간이 걸릴 것이고, 결과는 좋지 않을 가능성이 높다.

비교 우위는 또한 다양하게 구성된 팀이 동일하게 구성된 팀보다 더 좋은 성과를 내는 이유도 설명해 준다. 다른 기술과 배경을 가진 멤버들로 구성된 다양한 팀은 그 자체로 중요한 자산이다. 그것은 팀원들 개인을 여러 상황에서 각자의 능력에 맞는 일에 대응시킬 가능성을 높여준다.

만약 모든 팀원들이 동일한 기술과 배경을 가지고 있다면, 그 팀은 교착상태에 빠지거나, 예방할 수 있는 실수를 하게 될 가능성이 훨씬 높아진다.

자기 신뢰는 시간이 흐를수록 자연스럽게 유연성과 지식을 키워준다. 하지만 자신을 너무 과신하는 것은 원치 않는 결과를 초래하는 실수로 이어진다. 필자는 자기주도 학습의 옹호자이다. 스스로 일하는 방법을 선호한다. 그러나 모든 일을 스스로 하려는 극단적인 접근은 오히려 해가 되는 경우가 많다. 다른 사람들과 일하면 당신으로 하여금 더 많은 일을 할 수 있게 도움을 주며, 최종 결과의 품질을 높여준다. 심지어 세상을 벗어나 월든 호수(미국 매사추세츠 북동부 콩코드 부근 호수) 숲 속 오두막에 들어가 살았던 미국 문학가 헨리 소로^{Henry David Thoreau} 조차도 가끔씩은 도심에 물건들을 사러 나왔다.

다른 사람들과 일할 때 큰 혜택은 무슨 기술이 필요한지 알게 된다는 것이다. upwork.com 사이트를 통해서 어중되게 프로그래머를 고용할 수도 있다. 하지만 스스로 프로그래밍을 해본 적이 없다면, 고용한 프로그래머들이 실제 일을 잘하는지 여부를 파악하는 일이 어려울 것이다. 조금이나마 프로그래밍을 배워두는 건 도움이 된다.

이를 통해 좋은 프로그래머들을 확인할 수 있는 능력이 향상되고, 숙련된 동료들과 파트너들을 파악하는 일도 더 능숙해질 것이다.

존 던^{John Donne}의 불멸의 명언들 중에서 '누구도 섬이 아니다.'라는 말이 있다. 잘 할 수 있는 것에 집중하라. 그리고 그 나머지를 달성할 수 있는 다른 사람들과 함께 일하라.

참조 링크: https://personalmba.com/comparative-advantage/

커뮤니케이션 오버헤드
Communication Overhead

"인류가 가진 최대한의 잠재력을 성공적으로 이끌어내지 못했거나, 앞으로 못 할 이유를 한 마디로 정의해야 한다면, 그 단어는 '회의'가 될 것이다."

데이브 배리(Dave Barry), 코미디언, 신문 칼럼니스트

좋은 성과를 만들어내는 외과 수술 팀, 군 부대, 운동 팀 등이 작

은 일도 일사분란하게 통제에 따라야 하는 이유가 있다. 그것은 커뮤니케이션과 내부 조정 작업에 너무 많은 시간을 쓰는 것이 팀의 효율성을 망칠 수 있기 때문이다.

커뮤니케이션 오버헤드(간접비)는 생산적일 일을 하는 데 사용하는 시간 대비 팀 내부의 멤버들과 커뮤니케이션을 위해 사용하는 시간의 비율이다. 모든 팀원들이 다 같이 같은 생각을 하게 위해서 커뮤니케이션은 절대적으로 필요하다. 더 많은 팀 멤버들과 일을 해야 한다면 활동을 조정하기 위해서 그들과 더 많은 시간 동안 커뮤니케이션해야 한다.

함께 일하는 사람들의 숫자가 늘어날수록, 커뮤니케이션 오버헤드는 각 개인이 그룹 커뮤니케이션에 바쳐야 하는 시간의 총 비율이 100퍼센트에 달할 때까지 기하학적으로 늘어난다. 어떤 한계점을 넘으면, 그 다음부터는 추가로 한 명씩 개인이 늘어날 때마다 커뮤니케이션이 아닌 실제 업무를 감당할 그룹의 전체 용량이 오히려 감소하게 된다.

큰 기업들은 커뮤니케이션 오버헤드로 인해서 어려움을 겪기 때문에 대개 느리다. 만약 5~8명 이상의 그룹과 일을 해야 하는 책임이 있다면, 업무의 최소 80퍼센트는 불가피하게 함께 일하는 사람들과 효과적으로 커뮤니케이션하는 일이다. 목표, 계획, 아이디어들은 관련된 모든 사람들이 잘 이해해야만 가치가 있다. 그래야 그들이 충실하게 실행할 수 있기 때문이다.

필자는 이것을 P&G에서 일할 때 매일 경험하였다. 나의 주요 프로젝트들 중의 하나는 어떤 마케팅 기법들을 측정하기 위한 전사적인 전략을 만드는 것이었다.

그것은 글로벌 프로젝트였기 때문에, 어떤 일이 시행되기 전에 전사적으로 수십 명의 개인들로부터 의견을 듣고 승인을 받는 작업이 요구되었다.

자연스럽게, 관련된 각 개인은 다른 아이디어들을 가지고 있었고, 다양한 접근 방법에 대해서 끝없이 논쟁을 벌였다. 그러면서 그들은 많은 일이나 비용을 부담하는 것을 약속하지는 않고 그들의 신용 평가에 있어서 더 높은 비율을 요구하였다. 나는 단순하게 수행 가능한 제안을 만들기 위해서 석 달 동안 작업해야 했다. 그 도중에 아무런 일도 실제적으로 달성되지 않았다. 내 시간의 99퍼센트는 그룹 내부의 다른 멤버들과 커뮤니케이션하는 데에 쓰였다. 그것이 커뮤니케이션 오버헤드이다.

데렉 쉰Derek Sheane은 그의 저서 《관료체제의 이후Beyond Bureaucracy》에서[1] 커뮤니케이션 오버헤드로 인해서 어려움을 겪는 팀들에서 나타나는 '관료주의 붕괴의 8가지 증상'에 대해서 소개하였다.

1. <u>보이지 않는 의사 결정</u>. 아무도 어디서 어떻게 결정이 이루어지는지 알지 못한다. 의사 결정 프로세스가 투명하지 않다.
2. <u>미완성 비즈니스</u>. 너무 많은 업무들이 시작되었다. 그러나 그 중에서 극소수 일들만 끝까지 수행되고 있다.
3. <u>조정 기능의 마비 상태</u>. 상호 연결된 부서들이 관리자의 점검 없이는 아무 일도 조정, 협력이 이루어지지 않는다.
4. <u>새로운 것이 없다</u>. 혁신적인 아이디어, 발명, 수평적 사고가

없고, 특정 문제 해결이나 새로운 목적 달성을 위한 계획도 미비하다.

5. **허위 문제.** 작은 이슈도 본질에 맞지 않게 확대된다.

6. **교전 중인 중심.** 지방 또는 지역적인 단위에 대하여 중앙에서 자신들의 방식으로 추진하고 제어하기 위해 논쟁과 투쟁으로 시간을 소모한다.

7. **부정적 마감 기한.** 진행되고 있는 일의 품질보다 마감 기한이 더 중요하게 여겨진다.

8. **입력 우위.** 개인들은 입력에 좋지 않은 반응을 보인다. 미결 서류함으로 들어오는 어떠한 유입물도 그들 자신의 주도적 일과는 다르게 생각한다. 그들 자신의 실행 계획을 사용하는 것과는 대조적이다.

만약 이러한 증세들이 매일의 업무 경험을 묘사하는 것이라면, 이런 팀은 아마도 커뮤니케이션 오버헤드 문제로 어려움을 겪고 있을 것이다.

커뮤니케이션 오버헤드를 위한 솔루션은 단순하다. 하지만 쉽지는 않다. 팀을 가능한 작게 만들라. 결과적으로 인원을 축소하고 누군가를 배제해야 할 것이다. 결국 그것이 요점이다.

팀원이 늘어나면 그로 인한 시너지보다 그것으로 인해서 더 많은 일들이 생겨난다. 팀에서 불필요한 인력을 제외하는 것이 팀원들의 시간을 절약하고 더 나은 결과들을 만들어 낼 것이다.

효과적인 팀워크에 관한 연구들은 대개 3~8명으로 구성된 그룹으로 일할 것을 추천한다. 프로젝트 관리자인 톰 드마르코와 티모시 리스터는《피플웨어 Peopleware 》에서 '엘리트 정예 그룹으로, 문제를 해결하는' 팀으로 유지할 것을 권한다. 작은 그룹들은 큰 그룹에 비해서 커뮤니케이션 오버헤드가 줄어들기 때문에 더 효과적인 경향이 있다. 일단 그룹이 8명 이상으로 확대되면, 각각 추가되는 팀 구성원이 업무를 통해서 생산적으로 기여하는 것보다 팀원이 추가되면서 요구되는 커뮤니케이션에 대한 투자가 더 많아지게 된다.

만약 당신의 팀에게 최상의 업무실행을 원한다면 팀들을 가능한 작고 자율적으로 만들어라.

참조 링크: https://personalmba.com/communication-overhead/

중요도
Importance

"모든 사람은 자신이 중요한 사람처럼 느껴지길 바라는 근본적인 욕구를 가지고 있다. 그것은 고객, 직원, 단골 또는 친구 등 누구든 마찬가지이다. 그들을 더 중요한 사람으로 느끼게 만들수록, 그들은 당신과의 관계를 더 가치 있게 여길 것이다."

윌리엄 제임스(William James), 의사, 심리학자

누군가를 가볍게 느끼고 중요하지 않은 관계로 여기게끔 만들어보라. 그러면 기록적인 시간 안에 그들에게 적대감을 얻게 될 것이다. 누군가와 얘기할 때, 상대가 스마트폰 화면을 확인하고 있다

면, 또는 전화를 받기 위해서 대화를 끊는다면 당신은 어떻게 느끼겠는가?

다른 사람에게서 더욱 흥미를 느낄수록, 그들은 자신이 더 중요하게 여겨진다고 느낄 것이다. 싸구려 자동차 영업 사원이 인사할 때, 가치 있게 여겨진다고 느끼지 못하는 이유는 그렇게 인사하는 것이 자신에 대한 진정한 관심을 나타내는 게 아님을 알기 때문이다. 그것은 분명히 거래를 위한 수단일 뿐이다. 심지어 차를 사지 않는 경우, 즉 영업 각본이 실패로 돌아가는 그 상황에서도 사람들은 자신이 중요하게 여겨지기를 바란다.

다행스럽게, 다른 사람들이 스스로 중요히 여겨진다고 느끼게 하는 일은, 다른 사람들을 마음에 두고 그들이 호기심을 갖도록 노력한다면 특별히 어렵지 않다. 그것은 대부분 관심 기울이기, 골똘하게 듣기, 흥미 표시하기, 질문하기 등과 같은 전적인 관심과 관계가 있다. 누군가의 관심을 끌고 집중의 대상이 되는 것은 오늘날 세계에서는 드문 일이다. 그래서 그러한 상황은 아주 오래 기억되고 좋은 영향을 끼친다.

다른 사람에 대해서 진심 어린 관심을 갖게 되면 매우 오랜 관계를 유지하게 한다. 사람들에게 당신이 주변에 있을 때 소중히 여겨준다고 생각하게 할수록, 그들은 당신을 더 좋아하게 되고, 더욱 당신 주변에 있기를 원할 것이다.

참조 링크: https://personalmba.com/importance/

안전
Safety

"평소 여러분의 의견에 동의하지 않는 사람들을 떠올린 뒤, 그들이 완전히 틀린 주제에 얼마나 자신감 있게 구는지 생각해 봐라. 그게 바로 여러분이 그들에게 보이는 모습이다."

스콧 애덤스(Scott Adams), 만화 《딜버트》의 작가

"그것은 지금까지 내가 들은 것 중에 가장 어리석은 짓이다. 심각하게 얘기해서, 이 내용에 대해서 생각해 보지 않았는가?" 이 같은 미팅을 해 본 적이 있는가? 필자는 있다.

불행하게도, 이런 미팅도 있을 수 있다. 임원들을 위한 베테랑 코치인 마셜 골드스미스는 《일 잘하는 당신이 성공을 못하는 20가지 비밀What Got You Here Won't Get You There》에서 고위 임원들이 자신의 능력을 과시하고, 존재감을 드러내기 위해서, 종종 미묘하게 (때로는 뻔뻔스럽게) 동료들과 부하들을 헐뜯는 경우가 있다고 설명하고 있다. 다른 사람들을 깎아 내리고 나서 실제로 얻는 결과는 효과적인 의사소통의 붕괴다.

효과적인 의사소통은 양쪽이 다 안전하다고 느낄 때에만 일어난다. 사람들이 대화에서 자신을 인정받지 못하거나 위협받는다고 느끼기 시작하는 순간, 그들은 의사소통을 멈추고 의사 진행을 방해하기 시작한다. 위협 받는 측이 오히려 계속해서 상호 작용을 방해하려고 할 수도 있다. 그들은 이미 정신적으로, 감정적으로 진정성을 갖고 대화하지 않는다는 것이다.

의사 진행 방해를 막는 유일한 방법은 의사소통하고 있는 상대방을 인정하고 안전하다고 느끼게 하는 것이다. 그래야 마음을 열고 진지한 대화를 하게 된다. 사람들이 중요하게 여겨진다고 느끼고 싶어 하는 근본적인 욕구를 가진 것처럼, 마음속에 있는 생각을 표현하고 그들에게 중요한 것을 말하고 있을 때 자신이 안전하기를 바란다.

그들은 자신의 아이디어나 처한 상황 때문에 판단을 받거나, 평가되거나, 무시된다고 느끼기 시작하는 순간 대화를 멈춘다.

안전 감각을 유지하는 것에 관해 쓰여진 책인 《결정적 순간의 대화Crucial Conversations》에서 케리 패터슨, 조셉 그레니, 론 맥밀런, 앨 스위츨러 등 작가들은 동료와 연인과 관련된 중요한 이슈들을 논의하면서, 분노 또는 방어적인 태도를 불러일으키지 않고 커뮤니케이션하기 위해서 STATE 모델을 사용할 것을 권하고 있다.

1. **당신이 가진 사실을 공유하라.** 그러면 사실은 덜 논란거리가 된다. 그리고 더 설득력을 얻게 된다. 또한 결론을 내리는 것보다 덜 모욕적이다. 그러므로 사실을 가지고 대화를 이끌라.

2. **당신의 스토리를 말하라.** 당신 관점에서 상황을 설명하라. 그 때 모욕을 주거나 비판하는 것을 피하기 위해서 주의하라. 다른 사람들이 덜 안전하다고 느끼게 만든다.

3. **다른 사람의 길을 찾으라.** 특정 상황에서 다른 사람들을 이해하기 위해 노력하라. 그들이 무엇을 의도했고, 무엇을 원하는지 찾으라.

4. **감정적으로 말하지 마라.** 성급한 결론, 비판, 최후 통첩을 피하라.

5. **테스팅하는 것을 권장하라.** 제안을 하고, 의견을 구하고, 생산적이고 상호 만족스러운 실행 과정에 도달할 때까지 의논하라.

어떤 사람들은 다른 사람들보다 더 예민하다. 자신의 말과 행동에 대해서 더 많이 알게 될수록, 그것들이 다른 태도를 가진 사람들에 의해서 어떻게 해석되는지 알게 되면 전쟁의 절반을 이긴 것이다. 만약 누군가와 의사소통을 할 때, 양쪽 다 유익을 얻거나, 일을 잘 처리하는 방식으로 대화를 나누기 원한다면 양쪽 다 안전하게 느끼게 하는 것이 필요하다. 그렇게 되게 만드는 최상의 방법은 서로 비판하는 것을 피하고, 서로 중요하게 느끼게 만드는 것에 집중하는 것이다. 앞에서 살펴 본 《결정적 순간의 대화Crucial Conversations》이나, 데일 카네기가 쓴 《인간관계론How to Win Friends and Influence People》, 다니엘 골먼이 쓴 《EQ 감성지능Emotional Intelligence》과 같은 책들이 도움이 될 것이다.

참조 링크: https://personalmba.com/safety/

황금의 3관왕
Golden Trifecta

"어떤 바보도 비판할 수 있고, 규탄할 수 있고, 불평할 수 있다. 실제 대부분의 바보가 그렇게 한다."

데일 카네기(Dale Carnegie), 《인간관계론》의 저자

만약 사람들의 근본적인 욕구가 자신이 중요하게 여겨지고, 안전하게 느끼는 것이라면, 그렇게 만들기 위해서 어떻게 해야 할 것인가?

황금의 삼관왕은 데일 카네기의 《인간관계론》을 요약하여 만든 것이다. 만약 다른 사람들로 하여금 중요하게 여겨지고, 주위에 있는 것들을 안전하게 느끼게 만들고 싶다면, 항상 '감사', '정중함', '존경'으로 대해야 함을 기억하라.

감사는 다른 사람들이 당신을 위해서 행한 일들에 대해서, 비록 그것이 완전하지 않을지라도 고마운 마음을 표시하는 것이다. 상품을 설계한다고 가정해 보라. 만약 당신이 작동한다고 믿어지지 않는 모형을 디자이너가 보여 줄 때, 직설적으로 "완전히 틀렸어, 다시 설계해."라고 반응하는 것은 당신의 동료가 중요하지 않고, 안전하지 않게 느끼도록 하는 확실한 방법이다. 대신 감사를 표현하라. "고마워. 이 모형을 만들기 위해 노력했구나. 하지만 아직 완성된 단계는 아닌 것 같다. 나에게 이 모형을 개선할 몇 가지 아이디어가 있다…." 전하고자 하는 내용은 같지만, 이렇게 하면 전혀 다른 의미로 전달된다.

정중함은 공손하고, 순수하고, 단순하다. 필자는 언젠가 정중함은 '다른 사람 대신에 작은 불편을 감수하는 것'이라고 정의하는 것을 들은 적이 있다. 나는 그것이 매우 유용한 정의라고 생각한다. 다른 사람을 위해서 문을 열어 주는 친절은 작은 불편을 감수하는 것이다. 하지만 그 작은 불편은 그들이 상대방을 인식하는 방식에 큰 영향을 끼친다. 이러한 작고 아름다운 수고를 큰일로 어렵게 여길 필요는 없다.

존경은 다른 사람의 신분을 존중하는 일이다. 아무리 의사소통이 잘 안 되는 사람이라고 하더라도, 그들을 개인으로서 존중하는 태도는 매우 중요하다. 그들로 하여금 중요하고 안전하다고 느끼게 하고 싶다면, 그 사람들의 사회적 신분이 높고 낮은 것과 상관없이 그들을 존중하라.

특별히 관심 있는 사람들뿐만 아니라 다른 사람과 상호 작용하는 모든 상황에 황금의 삼관왕을 적용하는 것이 중요하다. 만약 음식점에서 종업원들에게 무례하게 굴면서 당신에게만 친절하게 대하는 누군가와 점심 또는 저녁 식사를 하고 있다면, 그것이 무엇을 의미하는지 쉽게 알아챌 것이다. 다른 사람을 형편없이 대하는 행동은 당신이 신뢰 받고 있지 않고 있음에 대한 명확한 신호를 다른 모든 사람에게 보내고 있는 셈이다.

만약 모든 상황에서 다른 사람들을 감사, 정중함, 존경을 가지고 대하는 것을 원칙으로 한다면, 그 누구라도 당신 앞에서는 소중히 여겨진다고 느끼게 될 것이다.

참조 링크: https://personalmba.com/golden-trifecta/

이유
Reason Why

"문명은 생각 없이도 행할 수 있는 활동의 수에 따라 번영하게 된다."

알프레드 노스 화이트헤드(Alfred North Whitehead), 수학자, 철학자

이유에는 사람들이 무엇인가를 하게끔 만드는 매력적인 특성이

있다. 만약 어떠한 것을 요청받은 상대가, 그것을 해야 하는 이유를 알게 한다면, 요청에 더욱 더 잘 따르게 될 것이다. 로버트 치알디니 박사는 저서 《설득의 심리학Influence: The Psychology of Persuasion》에서 이런 원칙이 작동한다는 사실을 입증하는 기발한 실험을 묘사하고 있다.

1970년대에, 하버드 대학의 심리학자인 엘렌 랭어는 명령에 대한 준수 여부, 즉 사람들로 하여금 요청에 동의하게 만드는 것에 대한 유명한 실험들을 실행하였다. 하버드 대학 캠퍼스 안의 분주한 복사기 주위에서 실험이 진행되었다.

랭어의 연구원은 사람들이 복사기 사용을 위해 줄을 섰을 때, 그들에게 먼저 복사를 해도 되냐는 요청을 다양한 방법으로 표현했다. 간단하고 직설적인 요청을 했을 때는 전체의 60퍼센트가 따라 주었다. 그런데 이유를 설명하면 요청에 대한 준수 비율이 95퍼센트까지 비약적으로 증가한다는 사실을 발견하였다. 이는 설명한 이유가 터무니없는 경우에도 효과가 있었다. "왜냐하면 내가 지금 복사를 해야 하기 때문이다."라고 연구원이 이유를 대면, 사람들은 그 이유를 "왜냐하면 내가 수업에 늦었기 때문이다." 또는 "왜냐하면 내가 지금 무척 급하다."라고 해석했다. 이유를 제공하기 위해서 해야 하는 일은 '왜냐하면'에 대해서 설명하는 것이다. 그것만으로도 사람들이 요청에 대해서 동의하게 만들기에 충분했다.

사람들은 행동의 원인들을 찾으려는 성향을 가지고 있다. 만약 이유를 잘 설명한다면 요청에 대해서 더 수용적이 된다. 심지어는 앞선 실험처럼 어떤 이유라도 효과가 있을 것이다.

참조 링크: https://personalmba.com/reason-why/

사령관의 의도

Commander's Intent

"사람들에게 그 일을 어떻게 해야 하는지 절대 말하지 말라. 무엇을 해야 하는지 말하라. 그러면 그들의 기발함으로 당신을 놀라게 할 것이다."

조지 S 패튼(General George S Patton) **장군**,
2차 세계대전 당시 미합중국 육군 대장

거의 보편적으로 사람들은 틀림없이 무슨 일을 하라고 지시받는 것을 싫어한다. 미시적 관리^{Micromanagement}는 다른 노동자와의 관계를 최악의 상황으로 몰고 간다. 만약 유능한 전문직이라면, 어떤 것도 일을 마지막 세부 사항까지 정하고 지시하지는 않을 것이다.

미시적 관리는 단순하게 짜증나게 하는 차원의 문제가 아니다. 그것은 극도로 비효율적이다. 지시자는 모든 하나하나의 세부 사항을 상세하게 설명하지 않으면 자신이 덜 중요하게 여겨진다고 느낀다. 하지만 실제로는 노동자의 관리능력을 손상시킨다. 아무리 상세하다 할지라도 명령만으로는 만일의 사태를 모두 대응할 수 없다. 그 중 무엇인가가 불가피하게 변하게 되면, 미시적 관리는 실패하게 된다.

미시적 관리를 고집하는 CEO가 얼마나 곤경에 처하게 될지를 생각해 보라. 인간은 어림으로 기준화할 수 없음을 기억하라. 회사를 위해서 일하는 사람들이 많을수록, 모든 일이 작동되는 것을 유지하기 위해서 CEO는 더 많은 지시를 해야 한다. 만약 10명의 직원이 있다면, 미시적 관리는 귀찮지만 가능한 일이다. 그러나 당신에게 수십만 명의 직원이 있다면, 그것은 불가능하다.

'사령관의 의도'란 노동자에게 과제를 위임하는 훨씬 더 좋은 방법이다. 이를 위해 과제를 누군가에게 할당할 때마다, 왜 그 일이 이루어져야 하는지 설명하라. 그 과제를 의뢰받은 사람이 당신의 행동 뒤에 있는 목적을 더 이해할수록, 그들은 상황이 바뀌어도 더욱 적절하게 대응할 수 있을 것이다.

사령관의 의도 자체는 전투 현장에서 유래되었다. 만약 장군이 전투 현장의 지휘관에게 고지를 탈취하기 위해서 어떻게 할지를 정확하게 명령한다고 하면, 상황이 바뀔 때마다 현장 지휘관은 새로운 명령을 받기 위해서 장군에게 돌아와야만 한다. 이는 매우 느리고 비효율적이다. 만약 그 장군이 현장 지휘자에게 고지를 차지하는 것이 얼마나 중요하고, 그 전체 전략을 위해 어떻게 지원하게 되는지에 대해서 설명한다면, 현장 지휘자는 목적을 위해서 자신의 지식을 활용하는 자유를 얻게 되고, 원래 의도를 달성하기 위해 새롭고 신선한 통찰력을 사용하게 될 것이다.

사령관의 의도는 커뮤니케이션 오버헤드를 경감시킨다. 어떤 계획 뒤에 있는 의도를 소통하게 되면, 리더는 전체 팀과 성공적인 의사소통을 지속적으로 할 수 있다. 만약 모든 사람이 그 계획의 목적을 이해하면, 각자는 끊임없는 주의가 없이도 의도하는 바를 이루기 위해 노력할 것이다.

계획 뒤에 있는 의도를 의사소통 하면, 함께 일하는 사람들이 상황의 변화에 따라 능동적으로 대응할 수 있게 한다.

참조 링크: https://personalmba.com/commanders-intent/

인맥 형성
Earned Regard

"당신이 미래에 하려는 일로 평판을 쌓을 수는 없다."

헨리 포드(Henry Ford), 포드 자동차 회사의 설립자이자 조립 라인의 선구자

개인 간의 신뢰를 구축하려면 시간과 노력이 필요하다. 대부분 상황에서 다른 사람들은 신뢰와 소통 능력을 입증하기 전까지는 실질적인 권한, 책임, 통제권을 타인에게 부여하지 않는다.

신뢰도는 '시간이 지남에 따라 개인과 얼마나 많은 신뢰를 쌓았는지에 대한 주관적인 추정치'이다. 역량을 입증했을 때, 신뢰성, 올바른 판단력, 기술 또는 긍정적인 결과를 제공할 수 있는 능력을 보여줄 경우, 해당 개인에 대한 호감도가 증가하는 경향이 있다. 물론 반대되는 모습을 보여주면 그에 대한 호감도가 감소한다.

셰인 패리쉬와의 인터뷰에서 〈쇼피파이^{Shopify}〉의 공동 창립자이자 CEO인 토비 뤼트케는 시간이 지남에 따라 상호 작용의 질과 양에 따라 충전되거나 고갈되는 '신뢰 배터리'라는 비유를 통해 이 개념을 설명한다.[2] 이 비유를 사용하면 보다 직접적이고 덜 감정적인 방식으로 적립된 보상에 대해 쉽게 논의할 수 있다.

팀에서 일할 때 가장 중요한 건 함께 일하면서 소통하는 방식, 그리고 서로에게 피드백을 주는 방식이다. "이봐요. 나는 당신

과 함께 일하고, 당신이 하는 일을 좋아해요. 하지만 당신이 팀 회의에 참석하지 않음으로 인해 앞선 두 가지 장점이 상쇄된다는 점을 알아주었으면 좋겠어요. 그 때문에 당신이 매우 훌륭한 일을 하고 있음에도 불구하고 나머지 팀원들의 '신뢰 배터리'가 올라가지 않고 있거든요."라고 말하는 게 적어도 "이봐요! 우리를 무시하는 건가요?"라고 말하는 것보다는 훨씬 더 좋은 대화 방식입니다. (…)

나는 〈쇼피파이〉가 직원들에게 매우 큰 자율성을 부여하는 회사가 되기를 바란다. 하지만 신뢰를 얻기 위해서라도 모든 이에게 그런 자율성을 부여할 수는 없다. 따라서 "이봐요, 당신의 '신뢰 배터리'가 80~90%에 도달하면, 우리는 당신에게 소유할 수 있는 영역(권한)을 줄 거예요. 우린 당신이 그것을 소유할 수 있다고 믿어요."라고 말한다. 사실 이는 직원들이 이미 하는 일이다. 따라서 우리는 어디까지나 사람들이 참고할 수 있는 비유를 제시하며 '나머지 팀원들과 신뢰를 쌓으면 이와 같은 이점을 얻을 수 있다'라는 목표를 제시하는 것이다.

우리는 얼마든지 체계적인 방법으로 인맥을 구축할 수 있다. 스노우볼 시스템에서 베테랑 영업 전문가인 모 버넬은 가장 중요한 전문가 연락처 목록과 함께 새롭거나 더 돈독한 관계를 맺고 싶은 사람들의 목록을 작성할 것을 권장한다. 이 VIP 목록은 두 가지 측면에서 유용하다. 연락을 유지하는 데 사용할 수 있는 실용적인 체크리스트이자, 연락처 중 유용하거나 흥미로운 사람을 발견했을 때 쉽게 알아볼 수 있는 프라이밍^{priming: 마중물} 도구다. 그 결과, 긍정적인 상호 작용 기회를 더 많이 발견하고, 더 자주 연락하며, 미래의 상호 작용을 우연에 맡길 때보다 더 빨리 관계를 강화할 수 있다.

주변 사람들과 더 많은 존중을 쌓을수록 관계가 더욱 돈독해지고, 결과적으로 더 많은 비즈니스 기회를 얻을 수 있다.

참조 링크: https://personalmba.com/earned-regard/

행인 무관심(방관자 효과)
Bystander Apathy

"책임감은 의무를 가지고 있는 한 사람에 관한 것이다. 만약 두 사람이 동일한 결정에 책임감을 가지고 있다면 실제로는 아무도 신뢰할 수 없다."

글린 홀튼(Glyn Holton), 투자 리스크 관리 컨설턴트

어릴 적 나는 보이 스카우트에서 매우 활동적이었다. 표준 보이 스카우트 프로그램은 응급조치, 심폐소생술^{CPR}, 비상사태 관리 등을 포함하는데, 이는 사람들이 직면할 수 있는 가장 일반적인 비상사태를 잘 다룰 수 있도록 하는 기본 훈련 프로그램이다.

특정 테크닉 범위를 넘어서, 이런 훈련 프로그램에서 두 가지 유용한 원리들을 기억하고 있다. (1) 더 경험 있는 전문가에 의해 교대하는 경우가 아니면, 항상 개인적으로 한 걸음 앞으로 나가서 책임을 진다. (2) 한 번에 특정 개인에게 매우 명확하게 명령 또는 요청을 지시한다.

만약 사람들로 붐비는 가게에서 누군가가 심장 마비를 겪는다면, "누군가가 119에 연락을 해 주세요."라고 소리치겠지만, 막상 실제로는 아무도 전화하지 않을 가능성이 높다. 주위에 사람들이 많을수록, 모든 사람은 누군가 다른 사람이 행동할 것이라고 생각하게 된다. 누군가 한 사람을 지목해서, 눈을 마주 보면서, "당신이 119에 연락해 주세요."라고 말하는 편이 훨씬 더 효과적이다. 그러면 지시받은 사람은 행동할 것이다.

행인 무관심은 행동을 할 수 있을만한 사람들의 숫자와 실제로 행동하기로 선택하는 사람들의 숫자 사이의 반비례 관계가 발생하는 상황을 뜻한다. 더 많은 사람이 있을수록, 군중 속의 각 사람이 그 상황에서 무엇인가를 해야 한다고 느끼는 책임감은 줄어든다.

키티 제노비스의 1964년 살인과 페트루 바라디뉴의 2009년 총기 희생 사건은 매우 극적인, 행인 무관심의 대표 사례로 꼽힌다. 두 가지 사건 모두 희생자들은 많은 행인들 앞에서 공격을 당했지만, 행인들 중에 누구도 도움을 제공하지 않았다. 제노비스 살인 사건을 얼마나 많은 사람들이 목격했는지에 대해서는 반론들이 있다. 하지만 바라디뉴의 총기 희생 사건 경우에는 논란의 여지가 없다.

그 상황은 동영상으로 촬영되었다. 바라디뉴가 지하철 역 바닥에 총상을 입고 쓰러져 피를 흘리면서 죽음에 이르는 과정을 수많은 사람들이 목격하며 스쳐 지나갔다.

행인 무관심은 왜 위원회에 할당된 일들이 완수되지 않는지 이유를 설명해 준다. 만약 다른 사람들에 대한 권한이 없는 자리에서 함께 일을 해 봤다면 이 글에서 무엇을 설명하려고 하는지 알 것이다. 누군가 앞으로 나서서 실제 행동을 실행할 개인의 책임을 할당하지 않은 채 위원들을 구성한다면, 위원회는 아무것도 완수하지 않고 몇 년 동안 심사숙고만 하고 있을 수 있다. 위원회의 각 멤버는 단순히 누군가 다른 사람이 일을 하고 있을 것으로 생각하기 때문이다.

프로젝트 관리에서 방관자 효과를 제거할 가장 좋은 방법은 모든 과제들이 명확한 특정 한 사람의 책임자와 마감 기한이 있음을 확정하는 것이다. 팀의 모든 개인들이 각자의 책임과 마감 기한에 대해서 정확하게 알고 있지 않다면, 그들이 실제로 그 일을 할 가능성은 별로 없다.

책임을 위임할 때, 항상 한 사람의 책임자에게 명확한 마감 기한과 함께 과제들을 할당하라. 그래야만 그 일을 완수해야 하는 것에 대한 책임을 느끼게 될 것이다.

참조 링크: https://personalmba.com/bystander-apathy/

계획 오류
Planning Fallacy

"호프스태터의 법칙: 그것은 항상 당신이 기대하는 것보다 오래 걸린다. 심지어 당신이 호프스태터의 법칙을 고려했을지라도…."

더글라스 호프스태터(Douglas Hofstadter), 인지 과학자.
《괴델, 에셔, 바흐(GEDEL, ESCHER, BACH: AN ETERNAL, GOLDEN BRAID)》
저서로 퓰리처상을 수상한 작가

사람들은 계획을 세우는 일을 한결같이 일관되게 잘하지 못한다. 이 말이 불편하게 들리겠지만, 심지어 가장 지능적이고 숙련된 CEO 또는 프로젝트 관리자에 의해서 수립된 어떤 계획도 상당부분 부정확하다. 제이슨 프라이드와 데이비드 하이네마이어 핸슨은 그들의 책《리워크^Rework》에서 "계획은 추측이다."라는 기억할 만한 재담을 남겼다. 우리가 계획을 잘 못 세우는 이유는 인간이 전지전능하지 않기 때문이다. 예견할 수 없는 사건들 또는 주위 여건들은 심지어 가장 구체적 계획에도 심각하게 영향을 미칠 수 있다. 계획을 세울 때, 아무리 공식적인 언어와 화려하게 보이는 차트로 불편한 진실을 은폐하려고 할지라도, 우리는 단순하게 추측하고 공백을 채우기 위해서 해석한다.

계획 오류는 완성 시기를 지속적으로 과소평가하는 경향을 지니고 있음을 가리킨다. 프로젝트가 더 복잡할수록, 프로젝트가 내포하고 있는 상호 의존성은 더 많아진다. 상호 의존성이 더 많을수록, 무엇인가가 계획대로 실행되지 않을 확률이 높아진다.

계획을 세울 때, 우리는 자연스럽게 시나리오 안에 있는 모든 일이 잘 될 것이라고 가정하는 경향이 있다. 그 결과, 계획에 영향을 미칠 수 있는 일들이 발생할 가능성과 만약의 사태가 발생하면 프로젝트에 얼마나 많은 영향을 미칠 것인지에 대해서 과소평가하고 만다. '프로젝트 매니저가 전염성 단핵증^mononucleosis에 걸리면 한 달 동안 병가를 한다'와 같은 만약의 사태를 대비한 프로젝트 계획은 매우 드물다.

대부분의 경우, 우리는 그 계획을 더 정확하게 만들기 위해서 필요로 하는 여유의 양을 심하게 과소평가한다. 만약 당신이 복잡한 프로젝트를 완수할 책임이 있다면, 몇 달간의 여유 기간을 포함하는 것이 적절하다. 예기치 않은 지체, 휴가, 병가 그리고 예견할 수 없는 사건들로 인해 기대했던 것보다 더 오랜 시간이 걸릴 수도 있기 때문이다.

문제는 중요한 여유 시간을 포함하는 것이 거의 수용되지 않고, 적절하게 여겨지지 않는다는 점이다. 만약 석 달 정도의 여유 시간을 포함한 계획을 가지고 CEO, 고객 또는 파트너에게 간다면, 가장 흔한 반응은 "그 계획은 받아들일 수 없어. 더 빨리 일을 처리해."일 것이다. 결국 여유 시간은 없어지고, 그 결과 거의 대부분의 프로젝트 계획은 완전히 잘못될 가능성을 품게 된다.

계획이 부정확하다고 해서 계획하는 작업이 가치 없는 일이 되는 것은 아니다. 계획은 더 정확하게 예측하는 것을 돕기 때문에 유용한 것만이 아니다. 그냥 일을 시작하는 것보다 계획을 수립하는 활동을 통해서 요구 내용, 종속 변수들, 위험 요소들을 더 철저하게 이해할 수 있기 때문에 유용하다. 드와이트 D. 아이젠하워는 "어느 전쟁도 계획에 따라 이긴 적은 없지만, 계획 없이 이긴 전쟁도 없다. 계획은 무용하다. 그러나 계획을 세우는 일 자체가 없어서도 안 된다."라는 불멸의 명언을 남겼다. 계획 수립의 가치는 정신적 시뮬레이션 안에 있다. 그것은 계획 자체를 수립하기 위해서 요구되는 생각의 프로세스이다.

계획을 활용하라. 그러나 의존하지는 마라. 가능한 신속하고 효과적으로 일을 계속하는 한, 프로젝트는 실현 가능한 만큼 조속히 완수될 것이다.

참조 링크: https://personalmba.com/planning-fallacy/

강제 함수
Forcing Function

"고객이 일정을 지키지 않았다는 이유로 당신을 해고(거절)하기 전까지, 당신이 준비한 일정은 완벽하게 작동하는 것처럼 보일 것이다."

데이비드 애킨(David Akin), 메릴랜드 대학교 항공우주공학과 교수

원칙적으로, 누구나 꼭 필요한 상황이 아니라면 트레이드오프(상충관계)를 싫어한다. 의견은 소중하며, 특별한 이유가 없는 한 유연성과 통제력을 유지하는 것이 합리적이다.

강제 함수는 특정 기간 내에 행동, 결정 또는 트레이드오프를 요구하는 프로세스 또는 제약 조건이다. 마감일, 프로젝트 이정표, 시험 기간, 분기별 또는 연간 보고서 등이 강제 함수의 일반적인 예로, 외부의 제약이 없었다면 일어나지 않았을 일의 진행을 장려하거나 강제하는 게 목적이다. 강제 함수는 긴박감을 조성하지만 그만큼 한계가 있다. 프로젝트에 더 많은 리소스를 투입하더라도 인위적인 종료 날짜를 설정하여 일정 시간이 걸리는 창작, 발견 또는 생산 프로세스의 속도를 높일 수는 없다. 《맨먼스 미신The Myrhical Man-Month》의 저자 프레더릭 브룩스는 내재적 한계를 설명하기 위해 기억에 남는 비유를 사용했다. "한 명의 여성은 아홉 달 안에 아기를 낳을 수 있지만, 아홉 명의 여성은 한 달 안에 아기를 낳을 수 없다."

이같이 한계가 뚜렷한 상황에서 긴급성을 아무리 높인다고 하더라도 더 나은 결과를 얻을 수 있는 것은 아니며, 불필요한 스트레스만 늘어날 뿐이다.

강제 함수는 조사에 시간제한을 두거나 불확실한 상황에서 결정을 내릴 때 사용하는 게 가장 좋다. 어떻게 진행해야 할지 잘 모르겠다면 추가 정보를 수집한다는 명목으로 어려운 선택을 미루기 쉽다. 프로젝트의 정보 수집 단계에 인위적인 제한을 두면, 특히 마감일에 맞춰 결과를 내야 하는 경우 프로젝트를 진행하고 결과를 도출하기가 훨씬 쉬워진다.

참조 링크: https:/personalmba.com/forcing-function/

소개
Referrals

"이 세상에서 성공하는 길은 당신을 돕는 일이 사람들에게 유익하다고
믿게 만드는 것이다."

장 드 라브뤼예르(Jean De La Bruyere), 17세기 에세이 작가, 윤리학자

당신의 차가 고장 났을 때, 그 차를 누구에게 맡길 것인가? 친구의 친구인 차량 정비공인가? 아니면 전화번호 책에서 찾을 수 있는 임의의 수리 작업공인가?

선택할 수 있다면, 사람들은 항상 그들이 잘 알고 관계 있는 이들과 일하기를 좋아한다. 추천 소개는 다른 사람들이 잘 모르는 사람과 일할 것인지에 대해 결정할 때 도움이 된다.

추천 소개는 매우 효과적이다. 이는 알고 있는 정도와 선호하는 내용을 전달하게 된다. 친구가 추천한 차량 수리공에게 갈 확률이 높은 이유는 소개하는 사람이 그 친구를 알고 믿는 관계이고, 소개 받은 사람은 친구를 통해 그 차량 수리공에 대해 대략적으로 알 수 있기 때문이다. 전화번호부 책에 나오는 차량 수리 경쟁자가 매우 훌륭한 자격을 갖추고 있을 수도 있지만, 그것은 인맥을 통해 아는 만큼 중요한 사안은 되지 않는다. 추천 소개는 소개 받는 이에게 알고 믿게 하는 효과를 전달해 준다. 전화번호의 수많은 사람들은 모르기 때문에 선택의 위험 요소가 많은 불특정 다수가 되는 대신, 소개 받은 사람은 갑작스럽게 친구처럼 다가오게 된다.

모르는 사람에게 전화를 걸어 상품을 판매하는 것은 별로 효과적이지 않다. 우리의 마음은 모르는 사람과의 상황을 잠재적인 위협으로 여긴다는 점을 기억하라. 그러한 만남은 자연스러운 방어를 불러일으킨다. 만약 누군가가 자신을 알더라도 좋아하지 않는다면, 그들로 하여금 자신이 원하는 일을 하도록 설득하는 데 어려움을 겪게 될 것이다.

심지어 가장 모호한 공통점조차 냉정한 판단을 요구하는 문제들을 잘 풀리게 할 수 있다. 만약 누군가가 자신과 같은 고향에서 왔다고, 또는 같은 대학에 다녔다고, 같은 사람을 안다고 말하면, 비록 서로 간의 관련성이 매우 미약하다고 할지라도 자동적으로 그들에게 친밀감이 갈 것이다.

작년에 키슬리 Kesley 는 맨하탄에서 웨딩 가운을 판매하였다. 그 중에 70퍼센트는 추천 소개를 통해서 판매되었다. 디자이너가 만든 드레스에 만 불 또는 그 이상을 소비한다고 하면, 자신이 알고 있는 친밀감이 가는 누군가에게 사고 싶어 할 것이다. 키슬리의 예전 고객들은 그녀와 일하는 것을 정말 좋아했다. 그들이 가게에 들어오기 전에, 잠재고객들은 이미 키슬리를 벌써 알고 좋아하고 있었다. 그 결과 그녀는 더 많은 판매를 할 수 있었다.

당신을 알고, 좋아하고, 신뢰하는 사람들이 많을수록 당신은 더 좋아질 것이다. 추천 소개는 개인 관계 네트워크를 확장할 수 있는 최상의 방법이다.

참조 링크: https://personalmba.com/referrals/

집단 형성
Clanning

"'나와 같은 삶을 살아온, 그러나 다른 환경에서 자란 이 사람들아' 대신에 '이 사악한 인간 쓰레기!'라고 괴성을 지르는 것이 더 영감을 주는 함성이다."

엘리저 유드코프스키(Elezer Yudkowsky),
인공 지능 연구자, LESSWRONG.COM의 창립자

1954년에 12살 소년들 22명이 오클라호마 주의 로버스 케이브 주립 공원 안에 있는 특별 여름 캠프에 참석하도록 선택되었다. 여름 캠프가 특별했던 이유는 다음과 같다. 그 여름 캠프는 사실 뮤자퍼와 캐럴린 쉐리프 박사들의 지시에 따라 수행된 심리 실험이었다.

소년들 각각은 그룹의 나머지 소년들과 가능한 유사한 아이들로 선택되었다. 심리학자들은 모든 소년들이 비슷한 지능지수, 가족들, 그리고 소년 경험들을 가진 것을 확인하였다. 실험이 시작되기 전에 22명의 그룹은 두 그룹으로 나누어져서, 공원의 각 반대편에 위치하게 하였다. 실험 설계에 따라서 각 그룹은 다른 그룹이 존재하는 것을 모르게 하였다.

원래 계획은 얼마 후에 각 그룹이 합치도록 허용하는 것이었다. 그런 다음 그들로 하여금 다른 그룹이 앞으로 발생할 일들을 보기 위해서 계획되어 있었다는 사실을 알게 할 생각이었다. 캠프의 카운셀러는 심리학을 전공하는 대학원생들이었다. 그들은 앞으로 펼쳐질 사건들을 가까이서 개인적으로 관찰할 예정이었다.

실제로는 다음과 같은 일이 발생했다. 그룹들은 우연히 계획보다 일찍 다른 그룹이 있다는 것을 발견하였다. 그리고 즉시 적개심을 가지기 시작하였다. 소년들은 그들의 캠프에 다른 그룹이 있다는 것을 발견하자마자, 준비와 방어를 위해서 함께 모였다.

사람들은 자연스럽게 구별되는 그룹을 형성하려고 하는 경향이 있다. 그것이 집단 형성 프로세스이다. 한 그룹의 소년들은 그들 스스로를 '독수리들'이라고 부르기 시작했다. 반면 다른 그룹은 그들 스스로를 '수다쟁이들'이라고 불렀다. 구별되는 그룹의 정체성은 멤버들이 '인사이더'와 '아웃사이더'를 구별하게 만들어 주었다. 독수리 팀은 영웅적인 좋은 소년으로서 자신들의 이미지를 형성하였다. 반면 수다쟁이들은 부적응자와 반항자의 개성을 택하였다.

퍼스널 MBA 10주년 기념 증보판

놀라운 속도로 다른 그룹의 깃발을 내려놓거나 훔치는 것과 같은 작은 도발들이 일어나기 시작했고, 금세 캠프장 급습과 저녁 식사 장소에서 주먹다짐과 같은 혼란 속으로 빠져 들었다. 스포츠와 같은 경쟁적인 활동들은 재앙에 가까웠다. 캠핑 야영객의 안전을 위해서라도, 연구자들은 신속하게 갈등을 해소하기 위한 방법을 찾고자 노력하였다.

심리학자들은 두 그룹 모두 협업해야 하는 도전 과제와 목표를 소개하였다. 물 부족 문제 해결하기, 시청할 영화 고르기, 고장 난 트럭을 다시 캠프장으로 밀어두기 등과 같은 일들을 제시하였다. 캠핑 야영객들이 더 큰 그룹의 일원이라는 것을 느끼게 되면서, 갈등은 진정되었다.

집단 형성은 자연스러운 인간의 경향이다. 인간은 주변의 사람들에 의해서 자동적으로 많은 영향을 받는다. 우리 자신을 한 그룹의 일원으로 인식하고, 다른 그룹들과 구분하는 행위는 본능적인 것이다. 이러한 본능은 매일 접하는 뉴스에 나오는 전쟁과 갈등들의 많은 부분을 설명해 준다.

스포츠 팬들을 생각해 보라. 선수, 코치, 심지어 경기장과 유니폼도 변화된다. 그래서 종종 팬들이 정확하게 무엇을 응원하는지 이해하기 어려울 때가 많다. 과격한 뉴욕 양키스 팬들의 삶은 그들의 팀이 이기든 지든 상관없이 바뀌지 않은 채 계속된다. 그럼에도 양키스 팀이 이길 때, 팬들도 스스로를 승리자로 여긴다.

스포츠에서 라이벌 경쟁의식도 같은 이유로 생긴다. 필자는 오하이오 북부에서 자랐다. 그곳은 오하이오 주와 미시간 주의 라이

벌 의식이 생생하게 살아 있는 곳이었다. 1년 중 특정 기간 동안에는 미시간은 오하이오 팬들의 눈에 악으로 보였다. 만약 누군가 멀리서 그 상황을 보았다면, 그들의 행동이 무척 어리석다 생각했을 것이다. 수십만 명의 사람들이 목이 쉬도록 소리 지르는 동안 대학 선수들은 작고 길쭉한 갈색 공을 잡으려고 기어오르고 있었다. 그 순간 두 그룹 사이에 있는 것은 적대감뿐이었다.

그룹은 중요한 이슈, 처한 입장, 사건들 주위로 자연스럽게 형성된다. 그룹의 역학 관계를 이해하라. 그렇지 않으면 그 안에 사로잡혀 버릴 것이다.

참조 링크: https://personalmba.com/clanning/

수렴과 분리
Convergence and Divergence

"개인은 집단에 의해서 압도되는 것을 막기 위해서 항상 투쟁을 해왔다. 그렇게 하면 자주 외로울 것이고, 가끔 겁먹게 될 것이다. 그러나 스스로의 삶을 소유하는 특권을 위해서 치루는 대가는 결코 비싸지 않다."

프리드리히 니체(Friedrich Nietzsche),
철학가이자 《권력에의 의지》, 《차라투스트라는 이렇게 말했다》의 저자)

시간이 흐를수록 누구나 함께 시간을 보내는 사람들과 점점 닮아가게 된다. 그리고 다른 그룹의 사람들과는 점점 멀어지게 된다.

'수렴'이란 시간이 흐를수록 그룹 멤버들이 점점 닮아가는 경향이다. 사업에서는 함께 일하는 사람들이 유사한 특성, 행동 양식,

철학을 가지려고 하는 경향을 보이는 측면에서 회사의 '문화'라고 불리기도 한다.

수렴은 또한 그룹들이 그들 스스로를 감시하는 경향이 있다는 것을 의미한다. 그룹의 규범은 중력처럼 작용한다. 만약 규범을 위반하면, 다른 사람들은 규범이 다시 제 자리로 돌아오도록 반대자들에게 영향을 가하게 될 것이다. '모난 돌이 정 맞는다.'는 속담처럼 말이다.

만약 일에 중독된 문화를 가진 회사에서 일해 왔다면, 수렴이 얼마나 강력한 영향력을 지녔는지 알 것이다. 만약 근로자가 아침 6시에 출근해서 밤 10시 반까지 머물러야 한다면, 근무 시간을 조금 단축하는 것도 어려울 수 있다. 규범을 어기는 것은 그 그룹에 속하지 않겠다는 사회적 신호로 해석된다. 대규모 의학 연구기관에서 일하는 필자의 고객 중의 한 사람은 그가 자기 몫의 일을 다 하지 않는다고 여겼던 동료들과 종종 갈등을 겪었다. 실제로 필자의 고객은 모든 일을 완수하고 훌륭한 결과를 만들었지만, 7시 반에 퇴근하지 않고 5시 반에 퇴근했다는 이유로 그런 오해를 받은 것이다.

합리적인 시간에 귀가하는 것이 '스마트하게 일하는 것'으로 여겨지는 대신 배반의 형태로 간주된 것이다. 슬프지만 흔하게 볼 수 있는 일이다.

반면에 '분리'는 시간이 흐를수록 그룹들이 다른 그룹들과 점점 달라지는 경향이다. 종종 그룹의 행동은, 그 그룹에 속한 멤버들이 다른 그룹과 뚜렷이 다른 모습으로 진화하게 한다. 대부분 그룹의 규범들은 다른 그룹이나 모방 그룹에 의해서 헷갈리게 되는 것을 원하지 않기 때문에 계속 바뀐다.

분리는 뉴욕시의 사교계 명사들 사이에서 유행하는 패션이 그렇게 신속하고도 극적으로 변화하는 이유를 설명한다. 어떤 사회적 단체에서 드레스는 그 사람의 부와 신분을 나타내는 방식이기 때문이다. 최신 패션이 유행하기 시작할 때 사람들은 그 외양을 모방할 수 있다. 그러면 패션은 차이를 두기 위해서 또 변화한다. 이렇게 계속되는 분리는 그룹에 소속된 시그널이 계속 유효하도록 유지해 준다.

시간을 함께 보내는 그룹은 자동적으로 개인의 행동에 상당한 영향을 미친다. 《탁월한 생활의 예술The Art of Exceptional Living》의 저자 짐 론Jim Rohn은 "당신은 대부분의 시간을 함께 보내는 다섯 사람의 삶의 평균이다."라고 기술한다. 매일 상호 소통하는 사람들의 가치와 행동 양식은, 개인으로 하여금 동일한 가치와 행동 양식을 채택하도록 계속되는 압력을 가한다.

수렴은 시간이 흐를수록 닮기를 원하는 사람들과 의식적으로 시간을 보내는 것을 선택할 경우 유용할 수 있다. 덜 수줍어하고 사교적이 되기를 원한다면, 사회적 상황 속에서 사교적인 사람들과 시간을 보냄으로써 사교적인 사람이 되어갈 것이다. 비사교적인 사람이 하룻밤 사이에 날아다니는 나비처럼 사교적인 사람이 될 수는 없다. 그러나 함께 시간을 보내는 사람들의 행동 양식과 규범을 차츰 자연스럽게 받아들일 것이다.

이러한 접근 방식은 어떤 상황에도 적용이 된다. 만약 한동안 생식 위주의 다이어트를 체험해보고 싶다면, 그런 방식으로 먹는 사람들과 더 많은 시간을 보내는 것이 도움이 된다. 의식적으로 사용한다면, 수렴은 습관을 더 쉽게 바꾸는 데 도움이 될 것이다.

자신을 대우하지 않는 그룹으로부터 떨어져 나오는 것은 고통스럽다. 하지만 성장하기 위해서 필요하다. 금연 또는 금주를 원하는 사람들은 그것이 매우 어렵다는 사실을 발견한다. 그것은 사회 네트워크 안에 있는 다수의 사람들이 그런 행동 양식에 빠져 있기 때문이다. 오후 3시에 담배를 피우면서 휴식을 취하는 일, 저녁 6시 해피 아워 시간에 술을 한 잔 하기 위해 모이는 것은 매우 중요한 사회적 이벤트이다. 친구들이 참석하기를 기대하고 있다면 그 유혹에 저항하기는 더 어려워진다. 따라서 중요한 변화를 만들기 위해서는 종종 한 그룹을 떠나서 다른 그룹을 찾는 것이 좋다. 익명의 알코올중독자들 모임처럼 원하는 바를 지원하는 그룹에 참여하는 것은 특정 행동 양식을 바꿀 수 있는 매우 효과적인 방법이다.

일단 수렴과 분리가 얼마나 강력한지 깨닫기만 하면, 각각의 장점을 취해서 이용할 수 있다. 만약 자신이 속한 사회적 단체가 당신의 목표를 지원하지 않는다면 속한 단체를 바꾸어야 한다.

참조 링크: https://personalmba.com/convergence-divergence/

사회적 인증
Social Proof

"만약 오천만 명의 사람들이 어리석다고 하는 것이 있다면, 그것은 어리석은 것이다."

아나톨 프랑스(Anatole France), 노벨상 수상 작가, 시인

길을 건너기 전에 정지등 신호가 바뀌기를 기다리면서 서 있는데, 갑자기 옆에 있던 한 사람이 걷기 시작한 적이 있었는가? 그때 의식적으로 따라 하지 않기 위해서 의지력을 사용하지 않는 한, 아마도 무의식적으로 몸을 움직였을 것이다.

대부분의 경우에, 이런 상황은 다른 사람들에게도 그렇게 행동해도 괜찮다는 매우 강한 암시를 준다. 상황이 모호할 때, 우리는 다른 사람들의 행동을 보고 배운다. 만약 로마에서 어떻게 행동해야 할지 모른다면, 로마 사람들이 하는 것을 보고 따라 하는 것이 안전한 방책이다.

사회적 인증은 그 자체로 중요하게 인정해야 한다. 일시적 유행은 한 사람이 행동을 취하고 다른 사람들이 그것을 사회적 신호로 받아들인 뒤 같은 방식으로 행동해서 사회적 피드백 루프를 만들 때 종종 형성된다. 애완용 돌멩이 펫락Pet Rock, 암을 극복한 사이클 선수 랜스 암스트롱이 설립한 라이브 스트롱Live Strong 재단이 배포한 노란색 팔찌, 입소문 동영상, 주식 시장 버블 등이 모두 사회적 인증을 통해서 힘을 얻게 된다. 만약 그렇게 많은 사람들이 무언가를 따르고 있다면, 그렇게 해봐야겠다는 결론을 내리기가 쉬워진다.

추천서는 더 많은 영업을 하기 위해서 비즈니스에서 흔히 사용되는 사회적 인증의 효과적인 형태이다. 아마존 웹 사이트나 다른 온라인 유통 소매업자들이 사용자 리뷰를 현저히 크게 다루는 이유이다. 구매를 통해서 즐거움을 얻은 사람들의 스토리는 그 상품이 구매하기에 안전하다는 명확한 신호를 보낸다. 그 결과 더 많은 사람들이 구매하게 될 것이다.

최고의 추천서가 반드시 최상급 내용을 포함하고 있어야만 하는 것은 아니다. 놀랍고, 최상이고, 삶을 바꾸며, 혁신적인 등의 표현들은 너무 과도하게 사용되어 왔다. 따라서 그런 표현을 당연하게 기대하게 되어서, 실제로는 그 가치를 에누리해서 듣게 된다. 가장 효과적인 추천은 다음 포맷을 따르는 경향이 있다.

"나는 이 구매 제의에 흥미가 있었지만 회의적이었다. 그러나 결국 구매하기로 결정했다. 지금은 결과에 매우 흡족하다."

이 포맷이 구매 제의에 대하여 과장되게 떠벌리는 사람들의 장황한 이야기보다 더 효과적인 이유는, 그것이 가망고객이 어떻게 느끼는지, 즉 흥미는 있지만 확신을 못하는 상황에 더 가깝게 대응할 수 있기 때문이다. 그 결정이 옳았다는 신호를 보냄으로써, 추천서는 가망고객들에게 그 물건에 대해서 검증되었다고 말해 준다.

구매 제의에 조금의 사회적 인증을 더하라. 그러면 자연스럽게 영업 실적은 솟구치게 될 것이다.

참조 링크: https://personalmba.com/social-proof/

권위
Authority

"모든 사람에게 존경을 표하라. 하지만 아무에게도 굽실거리지는 말라."

테쿰세(Tecumeseh), 18세기 북미 원주민 쇼니족 추장

1970년대, 생커 커피^{Sanka}, 대중에게 사랑받는 유명 커피 브랜드에서 배우인 로버트 영^{Robert Young}을 고용하여 무카페인 커피의 건강효능에 대해 촉진활동을 하였다. 영^{Young}은 유명한 텔레비전 쇼의 진행자인 마르쿠스 웰비^{Marcus Welby} 박사만큼이나 대중에게 잘 알려져 있었다.

비록 영은 카페인의 의학적 효능에 관한 전문가는 아니었지만, 사람들은 그를 드라마 캐릭터처럼 권위 있는 인물로 받아들이고, 생커 커피를 샀다. 이 접근은 매우 효과적이어서 생커는 수십 년 동안 상품을 홍보하기 위해서 'Dr. Welby' 브랜드를 사용하였다.

사람들은 권위 있는 인물을 따르려고 하는 내재적인 경향을 가진다. 이런 경향은 어린 시절에 시작된다. 어린 아이들은 부모에 순종하면서 성장하며, 그들의 말과 행동, 생각을 배우며 닮아간다. 아이들이 자라감에 따라 학교 선생님, 경찰, 공무원, 성직자 등과 같은 다른 권위 있는 인물들을 존경하고 따르도록 사회화된다. 그 결과, 권위 있는 인물이 우리에게 무엇인가를 하도록 요청하면, 우리는 대개 따르는 경향이 있다. 심지어 그 요청이 적절하지 않거나 도리에 맞지 않을 때에도 말이다.

사람들은 설혹 정상적인 환경에서 동일한 행동을 취하기를 거절할지라도, 권위 있는 인물이 하는 일은 따르려고 하는 경향이 있다. 유명한 충격적인 사회 심리학 실험에서, 스탠리 밀그램은 심지어 그 요청이 도덕적으로 잘못된 것으로 드러날지라도, 대부분 권위 있는 인물들을 놀라운 정도로 따른다는 것을 증명하였다.

1961년 시작된 일련의 실험에서, 밀그램은 테스트 피실험자들을 흰색 실험 가운을 입은 과학자와 다른 한 명과 함께 실험실 방에서 지내게 하였다. 피실험자는 이 연구에 참여할 때 체벌의 효과에 대한 실험이라는 설명을 들었다. 참가자 중에서 한 사람이 학습자 역할로 무작위로 뽑혔다. 사실 그는 배우였다. 학습자 역할을 맡은 배우는 옆방으로 이끌려가 의자에 묶여서 전극으로 자극을 받게 되었다.

테스트 피실험자 중에서 선생님 역할을 맡은 사람의 일은 학습자에게 질문을 읽어주고, 만약 답변이 정확하지 않으면 학습자에게 전기 충격을 가하는 것이었다. 전기 충격은 사실 거짓이었다. 하지만 학습자 역할을 맡은 배우는 소리를 지르고, 울며 그 연구에서 풀어달라고 애원하였다. 몇 분 후, 과학자 역할을 맡은 배우가 선생님 역할을 맡은 사람에게 전기 충격의 전압을 올리도록 지시하였다. 이 연구의 의도는 테스트 피실험자가 실험을 계속하는 것을 거절하기 전에 얼마나 오랫동안 과학자의 지시를 따르는지 보기 위한 것이었다.

결과는 놀라웠다. 참석자들의 80퍼센트는 학습자가 멈추라고 애원하는 시점을 넘어서까지 계속하였다. 65퍼센트는 최대치인 450볼트까지 전압을 올렸다. 그것은 죽음에까지 이르게 할 수 있는 수치로, 분명히 표시되어 있었다. 연구 내내, 피실험자들은 분명 불편하고 불확실한 상황에 놓여 있었다. 그러나 과학자는 그들에게 계속하라고 지시했고, 그들은 순종하였다.[3]

권위 있는 인물들은 자동적으로 강한 설득력을 얻게 된다. 권위 있는 인물 앞에서는, 비난받을만한 일들, 또는 처음에는 고려하지 않았을 일들도 수행하게 될 것이다. 그것이 유명하고 유력한 사람들을 포함하는 여러 스캔들의 원천이다.

만약 당신이 권위 있는 자리에 있다면, 그 권위는 다른 사람들과 상호 작용하는 방식을 바꾸게 될 것이다. 단순히 의견을 표현해도 부하들은 당신의 입장을 진리 또는 명령으로 해석하게 될 가능성이 높다. 그 결과, 그들은 당신이 듣고 싶어 하는 것을 염두에 두고 정보를 전달하기 위해서 정보를 여과시키기 시작할 것이다. 그것은 들을 필요가 없는 것일 수도 있다. 이러한 특정 정보를 차단하는 여과 행동은 종종 권위 있는 인물들이 '거품 속에서 사는 삶'을 경험하게 만든다. 권위와 확신 편향의 결합은 의견을 반박하는 정보로부터 그들을 격리시킨다. 그 결과, 권위 있는 인물들이 과도한 자기 주목 경향을 보정하여 객관화하기가 매우 어렵게 된다.

어떤 영역에서 강력한 명성을 얻게 되면 권위의 혜택이 따라온다. 권위는 모든 부분이 서서히 퍼지지 않는다. 만약 사람들이 누군가의 지식과 경험을 존경한다면, 그들은 그가 제안하는 바를 더욱 잘 실행하게 될 것이다. 그 결과 분명한 전문성과 더 강력한 명성을 쌓아갈 수 있는 혜택을 입을 수 있다.

권위는 영향력을 증대시킨다. 제안할 때 자신을 권위자로서의 위치를 확고히 할 수 있도록 하라. 그러면 사람들이 제안하는 것을 더 잘 수용하게 될 것이다.

참조 링크: https://personalmba.com/authority/

약속과 일관성
Commitment and Consistency

"어리석은 일관성은 어린 마음의 홉고블린(유럽 민간전승에 나오는 장
　난꾸러기지만 가사를 돕는 꼬마 도깨비)이다."

랄프 왈도 에머슨(Ralph Waldo Emerson)

몇 달 전에 켈시^{Kelsey}는 모교로부터 기부금을 요청하는 전화를 받았다. 그런데 여기 예기치 않은 뜻밖의 일이 벌어졌다. 그들이 노골적으로 기부금을 요청한 것은 아니었다. 대신 그들은 그녀에게 미래에 대학에 기부금을 낼 의사가 있는지를 물어보았다. 아무 생각 없이 아내는 동의하였다. 그런 후 그 전화에 대해서는 바로 잊어 버렸다.

　뉴욕에서 콜로라도로 이사하기 직전에 그 대학으로부터 공문으로 보이는 150불의 청구서가 우편으로 전달되었다. '이것은 당신이 약속한 150불입니다. 당신은 동봉한 봉투로 수표를 보낼 수 있습니다.'라고 적혀 있었다.

　그때 우리는 이사를 하고, 차를 사고, 새롭게 가구를 구입하기 위해서 지출을 했기 때문에 돈이 부족한 형편이었다. 그러나 아내는 즉시 수표를 발송하였다. 아무튼 결국 아내는 서약을 했기 때문이다. 그렇지 않은가?

　아무도 약속을 지키지 않는 사람으로 여겨지는 것을 원하지 않는다. 서약은 역사적으로 그룹을 함께 묶는 방식으로 사용되어 왔다. 약속이나 서약은 종종 사회적 신분과 명성에 나쁜 영향을 미칠

수도 있다. 그래서 대부분의 사람들은 그들이 예전 입장과 약속들에 일관성 있는 방식으로 실행할 수 있는 것들을 하려고 한다.

심지어 작은 서약일지라도, 장래에 이러한 서약들과 일관된 행동들을 취하도록 만들 가능성이 높다.《준비, 발사, 조준Ready, Fire, Aim》[4]의 저자인 마이클 매스터슨은 필자가 가장 좋아하는 서약과 관련된 이야기를 하였다. 인도 여행 중에 그는 카펫 상점을 방문하였다. 가게에 들어가기 전에 물건을 사려는 생각은 없었고, 단지 좋은 물건이 있을까 궁금하여 구경한 뒤 나오려고 생각했다.

카펫 상인은 뛰어난 영업 수완이 있었다. 그는 두 가지 전략에 의존하였다. 매스터슨의 회의감을 무너뜨리기 위해서, 영업이 시작되기 전에 매스터슨이 그를 좋아하고 신뢰할 수 있도록 과거 영업 스토리를 들려주었다. 그때 그는 서약을 사용하였다. 매스터슨이 카펫을 볼 때마다 그 소유주는 카펫을 가까이서 자세히 볼 수 있도록 직원을 시켜서 받침대에서 바닥으로 내려놓게 하였다. 카펫들은 무거웠다. 판매 직원은 그를 대신해 힘들게 일하는 것이 분명했다. 특정 카펫에 대한 흥미를 표현한 것이 작은 서약을 하는 것처럼 되어서, 결국 매스터슨은 행동으로 연결되는 마음의 동요가 일어나기 시작했다.

몇 분이 지나면서, 매스터슨은 카펫을 사지 않고 가게를 떠나는 것을 상상하기 어렵게 되었다. 그가 나타냈던 흥미와 직원이 그를 위해 했던 것과는 상반된 행동일 수 있었다. 그가 할 수 있는 최소한의 일은 화답하는 것이었다. 그가 그들에게 사지 않는다고 말할 수 있겠는가? 결국 그는 8,200불을 지불하고 카펫을 구입하였고,

행복한 고객이 되어 그 가게를 나왔다.

작은 서약들을 얻게 되면, 사람들로 하여금 나중에 그 서약들과 일관되게 행동하는 것을 선택하게 할 가능성이 높다. 판매 직원들은 가능한 빨리 고객으로 하여금 "예"라고 말하게 할 수 있는 일들을 하라고 가르침을 받는다. '문 안쪽에 발을' 집어넣게 함으로써, 가망고객이 그 다음 행동을 하게 하는 가능성을 높이는 것이다.

그것이 많은 행동주의자들이 진정서에 서명을 모으거나 전화 응답 요청을 할 때, "당신은 아이들의 안전에 대해서 염려하느냐?" 또는 "당신은 환경에 대해서 걱정하느냐?"와 같은 질문으로 대화를 시작하는 이유이다. 대부분의 사람들은 이런 문제들에 대해서 염려한다. 그래서 그 질문에 대한 응답은 자동적이고 신속하다. 그러나 일단 무엇인가에 대해서 염려한다고 말했다면, 그런 다음에 그들의 요청을 거절하기가 쉽지 않을 것이다. 그것은 자신의 답변과 일관되지 않기 때문이다.

작은 서약을 얻으라. 그러면 그들이 당신의 요청을 따르게 될 가능성을 훨씬 높게 만들 것이다.

참조 링크: https://personalmba.com/commitment-consistency/

인센티브로 인한 편향
Incentive-Caused Bias

"신탁을 존경하라."

기원전 4세기, 델포이 신탁 123번째 격언

부동산 중개인 또는 주택 담보 브로커와 일을 하고 있다면, 그들은 아마도 당신이 집을 꼭 사도록 설득하는 일에 일차적인 관심이 있을 것이다. 따라서 대부분의 중개인은 집을 임대하는 것이 최상의 관심사이기를 바란다고 해도,[5] 그렇게 말하지 않을 것이다.

인센티브로 인한 편향은 어떤 것에 기득권을 가진 사람들이 그들이 원하는 방향으로 다른 사람을 이끄는 이유를 설명해 준다. 당신이 이미 커미션을 지불한 중개인과 일하고 있다면, 무언가를 구매하는 건 좋은 생각이 아니라고 당신에게 말하지 않는 것도 무리는 아니다. 이발하는 것이 좋은지를 이발사에게 묻지 말라는 말도 있지 않은가?

인센티브는 어떻게 보상받느냐에 따라 사람들이 행동하는 방식에 자동적으로 영향을 미친다. 그 결과로 주어지는 인센티브의 구조는 행동에 큰 영향을 미친다. 보편적으로 인센티브를 변화시키는 것은 행동을 변화시킬 가능성이 높다.

놈 브로드스키와 보 벌링엄은 《요령 The Knack》에서 그들이 어떻게 영업직원들을 보상하는지 설명한다. 대부분 회사들은 커미션 기반으로 영업직원들을 보상한다. 즉, 더 많은 판매를 하면 더 많은 수익을 얻게 되는 것이다. 이러한 인센티브 구조에서, 영업직원들은 더 많은 판매 계약을 체결하기 위해서 최선을 다한다. 심지어는 그 판매가 수익성이 없거나, 회사의 장기적 관심사가 아닐지라도 영업을 하려고 한다. 월급을 기본으로 하고 장기 성과에 대한 후한 보너스로 직원들을 보상함으로써, 브로드스키와 벌링엄은 직원들로 하여금 어떤 대가를 지불하더라도 영업을 하게 만드는 대신에, 수익성 있는 영업에 더 집중하게끔 격려할 수 있었다.

가끔 인센티브는 의도하지 않은 2차 효과를 만들기도 한다. 스톡 옵션 제도는 회사의 주가에 관심을 가진 임원들이 시간이 흐를수록 주가를 높이는 방식으로 일을 하게 될 것이라는 이론에 기반해서 만들어졌다. 그것은 또한 주주들의 최대 관심사이기도 하다. 그 점은 사실이다. 그러나 어느 정도까지만 사실이다. 실제로 임원들은 그들이 스톡 옵션을 팔려고 시도하기 직전에만 주가가 올라가게 만든다.

일단 스톡 옵션이 팔리고 나면 더 이상 관심을 두지 않는다. 그러면서 단기적 이득을 위해서 장기적 안정성을 희생하는 정책을 만들기도 한다.

인센티브는 우리의 인지 제어 시스템과 불가피하게 상호 작용하기 때문에 다루기가 힘들다. 예를 들면, 무엇인가 좋은 일을 한 직원에게 보너스나 월급을 인상해 주는 것은 의외의 결과를 만들기도 한다. 그러고 나면 보상을 얻게 한 그 일에 대해 더 이상 관심을 갖지 않는 것이다.

이제 인센티브를 받고난 직원은 그 보상을 깨닫기 전까지와는 다르게 행동한다. 원래 그들은 자신이 원했기 때문에 그 일을 했다. 따라서 그 보상은 내면적인 것이었다. 그런데 그들에게 대가를 지불함으로써, 그 행동을 그들이 단순히 업무로써 해야 할 일로 간주해버렸다. 그로 인해, 자신을 위해서 그 일을 완수하려고 했던 내적 동기가 감소될 수 있다. 갈등이 있는 경우에 인지 제어는 매번 인센티브를 자기에게 유리하게 해석한다.

인센티브는 적절하게 사용되면 유용할 수 있다. 그러나 조심스럽게 발을 디뎌라. 만약 함께 일하는 사람들의 인센티브가 당신의 관심사와 조화되지 않으면 문제가 생길 가능성이 높다.

참조 링크: https://personalmba.com/incentive-caused-bias/

방식 편향
Modal Bias

"우리는 자신에게 동조하는 사람들 사이에서 안식을 찾을 수 있다. 그리고 동조하지 않는 사람들 사이에서 성장하게 된다."

프랭크 A 클라크(Frank A. Clark), 목사, 칼럼니스트

몇 년 전에 필자가 바퀴 달린 여행 가방 대신 어깨에 메는 가방을 가지고 온 것에 놀란 한 동료와 출장을 간 적이 있었다. 하룻밤 자는 일정이었다. 따라서 많은 소지품이 필요 없었다. 한 번 갈아입을 옷, 컴퓨터, 그리고 한 권의 책. 나는 필요한 모든 것을 가지고 있었고, 가방은 무겁지 않았다. 그래서 어깨에 메는 가방으로 충분했다.

동료는 그 가방이 불편할 것이라고 생각했다. 그래서 10분 동안 나에게 이야기했다. "바퀴 달린 가방을 끄는 것이 훨씬 낫다. 더 편하고, 무게가 덜 나간다. 너는 항상 바퀴 달린 가방을 끌어야 한다…."

방식 편향은 우리의 생각 또는 방식이 최상이라고 무조건 가정하는 것이다. 대부분은 자신이 모든 것을 잘하고 있다고 가정하기를 좋아한다. 즉, 우리가 이야기하는 것에 대해 잘 알고 있고, 우리

가 하고 있는 것을 알고 있고, 우리가 일을 하는 방식이 최고라고 가정한다. 하지만 매우 자주, 우리의 판단은 잘못 이루어진다.

항상, 무슨 일이 이루어지게 하는 데에는 한 가지 방식 이상이 있다. 좋은 아이디어들은 곳곳에서 구할 수 있다.

그 반대를 보여주는 증거가 없는 경우에, HiPPO 룰이 적용된다. HiPPO는 'Highest Paid Person's Opinion'의 약자이다. 즉 가장 높은 급여를 받는 사람의 의견에 따라 의사 결정이 이루어진다는 것이다. HiPPO 약자는 《실전 웹사이트 분석 A to Z^{Web Analytics: An Hour a Day}》에서 왜 비즈니스 제안과 결정들을 데이터를 이용해서 지원하는 것이 중요한지 설명하기 위해서 아비나쉬 카우쉭^{Avinash Kaushik}이 만든 용어이다. 데이터가 없는 경우에, 보스의 방식으로 일을 하게끔 극단적으로 강요당하게 될 것이다. 방식 편향은 보스들은 상대가 그들이 틀렸다는 것을 증명할 수 없으면 그들의 방식이 최선이라고 생각하게끔 종용한다. 의견이 충돌하면, HiPPO가 항상 이긴다.

방식 편향을 피하는 가장 좋은 방식은 잠시 판단을 보류하는 억제 방법을 사용하는 것이다. 단순하게 인지 편향이 존재하는 것을 안다고 해서 그것들이 덜 영향력을 미치게 만들 수 있는 것은 아니다. 방식 편향은 자동적이다. 우리는 이를 극복하기 위해서 의지력을 사용해야 한다.

만약 리더 또는 매니저라면, 함께 일하는 사람들의 관점이나 제안들을 철저히 고려하기에 충분할 만큼 자신의 판단을 의식적으로 유보시키려고 노력할수록 더 좋은 대가를 얻을 수 있다. 그렇지 않으면, 중요한 정보를 놓칠 가능성이 높다. 계속해서 열린 마음을 유지하도록 자신을 상기시키라. 그러면 지혜로운 결정을 할 수 있는 능력을 향상시키게 될 것이다.

참조 링크: hhttps://personalmba.com/modal-bias/

귀인 오류
Attribution Error

"저울에 자신의 엄지손가락을 올려놓지도 않고서 다른 사람의 잘못의 무게를 잴 수 있는 사람은 드물다."

바이런 J. 랑엔펠드(Byron J. Langenfeld), 제1차 세계대전 중 비행조종사

집을 짓기 위해서 공사 도급 계약자를 고용한다고 가정해 보자. 도급자에게 집을 완성하기 위한 명확한 마감 기한을 제시하였다. 마감 기한이 지나가고 있는데 집이 완성되지 않았다. 그러고서 집이 완성되기까지 석 달이 더 걸렸다.

특별하게 너그럽지 않은 사람은 그 계약자가 비전문적이고 게으르고 경험이 없다고 생각할 가능성이 높다. 그러고는 집을 지으려고 하는 친구들에게 절대로 그 계약자는 고용하지 말라고 말할 것이다. 그는 지킬 수 없는 약속을 했고, 제대로 수행해 내지 못했기 때문이다.

이제 계약자 관점에서 그 상황을 상상해 보자. 원래 계획은 전형적으로 신뢰할 수 있는 특정 공급업자로부터 건축 자재를 사는 것이었다. 그런데 그 공급업자의 트럭 중 한 대가 고장이 나버렸다. 그래서 자재 인도가 지연되었다. 짧은 기간 동안에 다른 공급자를

찾아야 하는 상황이 발생했다. 그런데 자재 공급자들이 드물기 때문에 그것은 어려운 일이었다. 계약자는 가능한 신속하게 일을 마무리하기 위해서 백방으로 노력했다. 계약자의 노력이 없었더라면, 그 프로젝트는 석 달이 아니라 여섯 달이 지연되었을 것이다.

귀인 오류는 다른 사람들이 일을 망칠 때, 그들의 특성을 비난한다는 것을 의미한다. 일이 잘못되면 우리는 그 상황을 주위 환경 탓으로 돌린다. 계약자의 행동이 성격적 결함 때문이라고 가정함으로써 오류를 범한 것이다. 실제로 그 계약자는 주어진 상황에서 계약 의무에 대한 소명을 넘어서 더 높은 범위까지 이행하였다. 다만 그 상황에 대해서 완전히 알지 못했기 때문에 그를 비난한 것이다.

귀인 오류를 피함으로써 함께 일하는 사람들과 다정한 관계를 유지하기가 쉬워진다. 만약 기대치의 달성과 하기로 되어있는 일의 수행에 항상 실패하는 사람과 일한다면 이는 법적으로 풀어야 할 문제다. 반면에 특정한 행동이 확실히 정형화된 형태가 아니라면 사람들의 말을 믿어주는 것이 효과적이다. 사람들의 행동 뒤에 숨어 있는 이유를 이해하게 되면 그들의 행동을 다른 관점으로 볼 수 있게 된다.

무엇인가가 기대한 대로 진행되지 않을 때, 주목하는 행동을 둘러싼 주위 환경에 대해 가능한 많이 알아내기 위해서 노력하라. 그러면 그것이 근본적인 성격 결함 때문이 아니라 주위 환경의 문제라는 것을 종종 발견할 것이다.

참조 링크: https://personalmba.com/attribution-error/

마음 읽기 오류

The Mind-Reading Fallacy

"소통의 가장 큰 문제는 소통이 잘 이루어지고 있다는 착각이다."

조지 버나드 쇼(George Bernard Shaw), 극작가 겸 정치 운동가

많은 이들은 유능한 직원, 계약자, 비즈니스 파트너가 그들의 생각, 욕구, 선호도를 예측할 수 있어야 한다고 생각한다. 하지만 이러한 오해는 불필요한 착각, 혼란, 좌절, 분쟁을 초래하는 원인이 된다.

마음 읽기 오류는 제어의 중심과 지휘자의 의도에 대한 추론이다. 사람들은 내 마음에 직접 접근할 수 없으므로 목표와 우선순위, 선호도를 명확하게 전달해야 한다.

책임이 크고 함께 일하는 사람이 많을수록 자기 생각과 욕구를 보다 명확하고 일관된 방식으로 표현하는 행위가 더욱 중요해진다. 리더십이 요구되는 직책은 특히 시간이 지남에 따라, 그리고 상황이 변화함에 따라 엄청난 양의 소통이 요구된다. 그러므로 만약 팀원이나 회사의 모든 이들이 현재 전략과 우선순위를 알 수 있도록 전달하는 것이 중요하다면, 지속적인 소통이 절대적으로 필요하다.

이 원칙은 일상생활에서도 이로운 법칙이 될 수 있다. 사랑하는 사람과 친구, 지인과의 관계의 질을 근본적으로 향상할 수 있기 때문이다. 자기 생각과 감정을 표현하는 데 전적으로 스스로 책임을 지고, 동시에 자신이 필요로 하고 원하는 바를 타인이 완벽하게 이해할 거라 기대하지 않음으로써, 다른 사람들과 더 생산적이고 유익한 방식으로 상호작용할 수 있게 된다.

참조 링크: https://personalmba.com/mindreading-fallacy/

경계 설정
Boundary Setting

"때때로 자영업자에게 가장 큰 어려움은 일을 하겠다는 의지가 아니라,
일하지 않겠다는 절제력을 발휘하는 것으로 보인다."

가렛 다이먼(Garrett Dimon),
〈시프터 닷컴(sifter.com)〉 및 〈어댑터블(adaptable.org)〉 설립자

경계 설정은 주어진 상황에서 허용되는 행동과 허용되지 않는 행동을 정의하고 다른 사람에게 알린 뒤, 당사자가 해당 영역을 넘어설 때 이를 조치하는 관행이다.

경계가 존재하기 위해서는 우선 경계를 정의할 수 있어야 하며, 이를 기꺼이 시행할 의지가 있어야 한다. 예상 근무 시간은 일반적인 긴장 포인트이다. 회사에서는 직원들에게 특정 시간에 출근하고 특정 시간까지 근무할 것을 요구하는 경우가 대부분이다. 이때 직원이 늦게 출근하거나 일찍 퇴근하면 문제가 된다.

경계 설정은 양방향으로 이루어진다. 많은 고용주가 최소한의 근무 시간을 정하지만, 동시에 직원들에게 무급 추가 근무를 권장한다. 직원은 평일 오전 9시부터 오후 5시까지 근무하고 싶지만 직장에서는 오전 7시부터 오후 10시까지 근무하기를 기대한다. 일주일에 몇 번이라도 이러한 갈등은 발생한다. 따라서 경계를 정하는 건 각자의 몫이다. 그렇지 않다면 경계는 사라지고 말 것이다.

개인 사업자라면 업무 시간에 인위적인 경계를 설정하는 것이 중요하다. 그렇지 않으면 파킨슨 법칙^{Parkinson's law}(업무량이 적더라도 근무자의 태만으로 마감시간 전까지 일이 완료되지 않음을 의미)의 잘못된 편에 서게 되어 업무 개선을 위해 개인 생활을 심각하게 희생하게 된다. 마찬가지로, 상사가 새벽 2시에 보낸 이메일에 즉시 답장을 보낸다면 사무실 밖에서 보내는 시간동안의 주의사항에 대한 경계를 설정하지 않았으며, 모든 시간에 일할 수 있다는 분명한 신호를 보내는 것이다.

윤리 기준, 행동 강령 및 기타 공식적인 행동 정책은 조직 또는 문화 수준에서 경계를 설정하는 예다. 허용되는 행동이나 활동과 허용되지 않는 행동을 미리 정의해 두면 필요할 때 경계를 적용하기가 훨씬 쉬워진다. 이렇게 하면 괴롭힘과 같은 민감한 대인 관계 주제를 다루거나, 초당 수천 번씩 웹사이트에 접속하는 해커를 차단하는 등 어려운 상황을 더 쉽게 처리할 수 있다.

경계 설정은 감독이 필요하지 않은 허용 가능한 행동을 정의하는 데에도 유용하다. 내가 회사에서 근무하던 시절에 가장 기억에 남는 정책 중 하나는 '성인 비즈니스 거래'였다. 이 정책의 핵심은 의사나 치과 예약, 투표, 아픈 아이를 학교에서 데리러 가는 등 일상적인 생활 문제를 처리하기 위해 허가를 받거나 휴가를 신청할 필요가 없다는 것이었다.

회사는 기본적으로 귀하를 책임감 있는 성인으로 간주하며, 그렇지 않았다면 고용하지 않았을 것이다. 업무를 성실히 수행하고 정책을 남용하지 않는 한, 이러한 영역에서 엄격한 감독은 필요 없다는 취지였다. 이 정책은 공식적이고 가시적인 신뢰의 지표였으며, 불필요한 관리 업무를 대폭 줄여주는 기분 좋은 부작용도 있었다.

경계 설정은 중요하다. 기꺼이 받아들일 수 있는 것과 그렇지 않은 것을 정의하지 않으면 불필요한 갈등과 지저분한 해결책을 마련하게 된다. 기대하는 바를 명확히 하고, 받아들일 수 없는 상황이 발생하면 자신의 가치와 우선순위를 옹호할 준비를 해두어야 한다.

참조 링크: https://personalmba.com/boundary-setting/

자선의 원칙
The Principle of Charity

"경청이 어려운 진정한 이유는 경청하지 않는 경우도 그렇게 보이지 않기 때문이다. 단지 상대방이 잘못한 것처럼 느껴진다."

앤드류 배드(Andrew Badr), 프로그래머

다른 사람들과 함께 일하다 보면 종종 의견 차이가 있을 수 있다. 하지만 관련된 모든 사람이 생산적인 방식으로 의견을 달리하는 방법을 배운다면 큰 문제가 되지 않는다.

자선의 원칙은 불쾌한 방식으로 동의하지 않는 경향을 극복하는 방법으로, 싸움을 거는 대신 상대방의 말과 행동에 이유가 있다고 가정하는 유용한 전략이다. 따라서 악의, 무지, 무능력 또는 기타 불만족스러운 자질을 가지고 있다고 가정하기 전에 상대방의 입장을 좀 더 진지하게 이해하는 게 좋다.

상대방의 관점에 반드시 동의해야 한다는 뜻은 아니다. 시간을

들여 상대방을 이해한 다음, 그의 관점이 잘못된 정보에 의한 것이 거나, 부정확하거나, 상대방이 제안한 해결책이 효과가 없다는 결론에 도달할 수도 있다. 물론 이 경우에도, 상대방을 이해한 뒤 표현한다면 상호 작용을 통해 훨씬 쉽게 배울 수 있고, 안전감을 유지하면서 위협 잠금을 일으키지 않는 방식으로 소통할 수 있다.

저명한 철학자이자 인지 과학자인 대니얼 C. 데닛은 수학 심리학자이자 시스템 이론가인 아나톨 라포포트의 연구를 바탕으로 한 저서 《직관펌프, 세상을 열다》에서 이 아이디어에 대한 설득력 있는 해석을 발표했다. 다음은 그가 제시한, 다른 사람의 작업을 비판하기 전에 소통하는 원칙이다.

(1) 상대가 '고마워요, 그렇게 표현할 생각을 했으면 좋았을 텐데'라고 말할 수 있을 정도로 명확하고 생생하며 공정하게 상대방의 입장을 다시 표현해야 한다.
(2) 특히 일반적이거나 광범위한 합의가 필요한 사안이 아닌 경우, 합의 사항을 기재해야 한다.
(3) 상대에게서 배운 바가 있다면 무엇이든 언급해야 한다.
(4) 그래야만 반박이나 비판을 한마디라도 할 수 있다.

이러한 수준의 이해에는 시간과 에너지가 필요하며, 이 둘은 모두 한정된 자원이다. 이상적인 세상이라면 다른 사람이 말하는 모든 이면에 숨어 있는 세부 사항과 동기를 파헤칠 수 있겠지만, 대개 현실적으로는 불가능하다. 자선의 원칙은 긴 대화를 나누거나 심도

있는 조사를 할 능력이 없더라도, 생산적인 대화를 더 수월하게 할
수 있도록 도와주는 유용한 경험 법칙이다.

참조 링크: https://personalmba.com/principle-of-charity/

옵션 지향
Option Orientation

"세상을 앞으로 나가가게 하는 중요한 일은 완벽한 사람들이 행하도록
　기다려 주지 않는다."

조지 엘리엇(George Eliot), 19세기 소설가

무엇인가가 잘못될 때, 위기를 어떻게 다루는지가 중요하다. 실수
와 문제들은 항상 생긴다. 그래서 반응을 미리 예측함으로써 예기
치 않은 일의 충격을 최소화하는 방향으로 일을 진행할 수 있다.

문제점에 집착하면 무엇인가가 잘못될 때 할 수 있는 일을 비생
산적으로 만들 것이다. 그 문제를 알게 될 때까지는 통제 범위 밖
에 있기 때문에 그것을 예방할 수가 없다. 그 이유는 이미 발생하
였다. 그 문제에 대응하기 위해서 어떻게 계획할 것인지가 남아
있는 유일한 질문이다.

전자레인지를 만드는 회사의 CEO에게 보고한다고 가정해 보자.
당신은 전자레인지 중에서 몇 개가 폭발해서 집 몇 채를 태웠다는 보
고서를 방금 받았다. 그것은 심각한 문제이다. "사장님, 문제가 있
습니다. 우리가 무엇을 해야 하나요? 무엇을 해야 할지 지시해 주
세요."라고 한다면, CEO가 어떻게 반응할 것이라고 생각하는가?

CEO가 매우 인내심 깊은 사람이 아니라면, 그 반응은 아마도 "나도 문제를 가지고 있다는 것을 잘 압니다. 그러니 당장 해결책을 가져오시오!"일 것이다. 그때 만약 떨고만 있다면, 당신은 곧 직장을 잃게 될 것이다.

문제 속에 빠져서 사는 대신에, 선택에 집중하라. 그 문제에 대해서 심사숙고한다고 문제가 해결되지 않는다. 그러면 그 문제를 어떻게 하려고 하는가? 에너지를 잠재적인 역량에 집중한다면 문제를 풀어갈 방법을 찾을 가능성이 높아질 것이다.

앞서 전자레인지 회사의 CEO가 더 유용하다고 여길 접근법에 대해 알아보자.

전자레인지에 의해서 야기된 화재들에 대한 몇몇 보고서를 받았습니다. 여기 대안이 있습니다. 성명서를 발표하고 다른 문제들의 위험을 감당하거나 또는 즉각적인 리콜을 발표하기 전에 엔지니어들이 충실하게 진단 작업을 진행하도록 할 수 있습니다. 지금까지의 정보에 기초해서 자사의 전자레인지에 문제가 있는 것으로 드러나고, 그것으로 인해서 고객의 안전에 심각한 위험을 가하게 되었습니다. 우리는 문제를 해결하기 위해 4백만 불의 비용이 추정되는 즉각적인 리콜을 건의했습니다.

문제가 발생하기 전에 잠재적인 문제에 집중하는 것이 훨씬 더 건설적이다. 몇 가지 행동 방침과 그 각각에 대한 비용과 혜택을 제시하라. 그런 다음 가용한 정보에 기초한 솔루션을 추천하라.

CEO(또는 고객)는 제시한 추천안과 옵션들을 검토하고, 그 다음 계속해서 덧붙여 질문을 한 다음 가능한 최상의 결정을 내리게 될 것이다. 이러한 과정을 자주 잘하도록 노력하면, 위기의 해결사로 명석하다는 명성을 얻게 될 것이다.

문제 해결이 아닌, 예방에 집중하라. 그러면 당신의 삶이 당신에게 던지는 어떤 문제도 잘 다룰 수 있게 될 것이다.

참조 링크: https://personalmba.com/option-orientation/

경영 관리
Management

"관리자는 일이 올바르게 되도록 하는 사람이고, 지도자는 올바른 일을 하는 사람이다."

피터 드러커(Peter Ducker), 근대 경영 이론의 아버지

비즈니스 스쿨에서 과학적 관리와 고등 교육을 받고 전문적으로 훈련 받은 관리자들의 필요성에 대해서 많은 연구가 이루어졌다. 실제로는 강의실에서 능숙한 관리자가 되는 법을 배울 수는 없다. 몇몇 단순한 원리들을 넘어서, 그것은 경험을 통해서 가장 잘 배울 수 있는 기술이기 때문이다.

관리는 단순하다. 하지만 아주 단순하지는 않다. 본질적으로 관리는 항상 존재하는 변화와 불확실성에 대해서 책임을 지는 동안에, 특정 목표를 달성하기 위해서 사람들의 그룹을 조직화하는 활동이다. 관리는 폭풍우 치는 바다 위에서 배의 키를 잡는 것과 같

다. 관리자가 할 수 있는 일이라고는 운전 핸들을 앞뒤로 움직이는 게 전부다. 다만 운전을 잘 하기 위해서는 경험과 기술이 필요하다.

우리가 지금까지 배운 내용에 기초해서, 효과적인 현실 세계에서 효과적인 관리를 위한 여섯 가지 단순한 원리들을 제시한다.

1. <u>반드시 수행되어야 하는 일들을 고품질로 신속하게 달성할 수 있는 가장 작은 그룹의 직원을 채용하라.</u> 경쟁 우위는 어떤 사람들이 다른 사람들보다 과제들을 달성할 때 더 낫다는 것을 의미한다. 그래서 그 일을 위한 최상의 팀을 채용하는 데 투자한 시간과 자원에 대한 대가를 지불한다. 그러나 그 팀을 너무 크게 만들지 말라. 3~8명의 핵심 멤버를 넘어서 추가되는 각 팀 멤버는 **커뮤니케이션 오버헤드**로 인해서 성과를 저하시키는 결과를 가져온다. 작은 엘리트 팀이 최고이다.

2. <u>희망하는 최종 결과에 대해 누가 무엇에 책임을 지는지를 분명히 하고, 현재 상태에 대해 명확하게 의사소통하라.</u> 팀의 각 멤버는 프로젝트에 관한 관리자의 의도를 알아야만 한다. 그것이 왜 중요한지와 그 일을 완성하는 데 개인적으로 책임져야 하는 프로젝트의 특정 부분을 명확하게 알아야만 한다. 그렇지 않으면 방관자적 자세나 무관심으로 인한 예상하지 않은 위험을 감수해야 한다.

3. <u>사람들을 존경심으로 대하라.</u> 황금의 3관왕, 즉 감사, 정중함, 존경심을 일관되게 사용하는 것이 팀의 개인들이 중요하

게 여겨지고 있다고 느끼게 하는 최상의 방법이다. 또한 자신을 리더와 관리자로서 존경하게 만드는 최선의 방법이기도 하다. 팀원들이 서로 도와주는 상황에서 함께 일할수록, 더 많은 집단 형성 과정이 자연스럽게 일어나게 될 것이고, 그럴수록 팀 역시 더욱 화합하게 될 것이다.

4. 모든 사람이 생산성을 크게 발휘할 수 있는 환경을 만들고, 그 속에서 팀원들이 일하게 하라. 최고의 작업 환경을 구축하기 위해 안내 구조물을 최대한 이용하라. 가능한 최상의 장비와 도구들을 제공하라. 팀이 하고 있는 일에 도움을 주는 환경을 보장해 주어라. 인지 전환 페널티에 의해서 에너지가 약화되는 것을 피하기 위해서, 비본질적인 관료주의와 불필요한 회의를 포함해서 집중을 방해하는 것으로부터 가능한 팀을 방어하라.

5. 확실성과 예측에 있어 비현실적인 기대치를 가지는 것을 삼가라. 프로젝트를 완수하기 위한 공격적인 계획을 세워라. 그러나 불확실성과 계획 오류가 의미하는 것을 미리 알아야 한다. 초기 계획은 몇몇 중요한 측면에서 거의 확실하게 불완전하고 정확하지 않다. 그러므로 일을 진행하면서 배운 내용을 사용해서 계획을 수정하라. 그 일에 요구되는 절충안이 주어져 있다면, 그 일을 완성하는 가장 짧은 실현 가능한 경로를 찾기 위해서 파킨슨의 법칙을 계속해서 사용하라.

6. 현재 진행하고 있는 일이 잘 되어 가고 있는지 점검하고 측정하라. 측정할 수 없다면 다른 접근 방법을 시도하라. 대부

분 사람들은 초기 계획이 100퍼센트 완전해야 한다고 가정한다. 그런 다음 계획이 활자화되어야 한다고 생각한다. 정확하게 그 반대가 진실이다. 효과적인 관리란 배움에 대하여 계획을 세우는 것을 의미한다. 이를 위해서는 진행 과정에서 꾸준한 조정이 필요하다. 간단한 핵심성과지표^{KPI}를 사용하여 성과를 측정하라. 만약 현재의 하고 있는 일이 제대로 운영되지 않는 것으로 보이면 다른 접근 방법을 가지고 실험하라.

위의 내용을 잘 수행하라. 팀의 생산력이 매우 높아질 것이다. 반면에 위의 내용을 제대로 수행하지 않을 경우, 어떠한 일이 잘되는 데 상당한 운을 필요로 하게 될 것이다.

이러한 방식의 경영관리는, 사실 대부분의 사람들이 관리라는 표현을 들었을 때 떠올리는 명령하고 제어하는 유형의 관리 기법이 아니다. TV 또는 대부분의 경영관리 책에 나오는 관리자의 모습은 다른 사람에게 해야 할 일들을 지시하고, 중요한 결정을 내리는 데 대부분의 시간을 사용하는 고위 임원들과 더 유사하다. 실제로 이런 모습이 눈에 보인다면, 현재 관리가 제대로 이루어지고 있지 않다고 봐도 무방하다.

최고 수준의 관리자들은 권위적인 거물 임원처럼 행동하지는 않는다. 그들은 매우 숙련된 보조자처럼 행동한다. 관리자들의 일차 목적은 직원들이 경제적으로 가치 있는 기술을 계속 유지하도록 돕는 것이다. 이러한 도움을 통해서, 관리자들은 회사의 성취 결과에 직접 영향을 미치는 일을 실행하여 모든 사업의 다섯 가지 기본 요소들을 개선하는 데 집중하도록 유도한다. 중요한 결정들은 거물 임원보다는 논의가 되고 있는 영역에 관하여 가장 직접적인 지식과 경험을 가진 개인들에 의해서 만들어진다.

소프트웨어 기업가인 조엘 스폴스키는 자신의 에세이에서 왜 관리자들이 통제하고 지휘하는 것을 멈추고, 직원들로 하여금 자발적으로 그들의 일을 하게끔 동기부여하는 식의 접근을 시작하는지에 대해 설명하고 있다.

> 현재 조직의 최고 위치에 있는 관리 팀을 우선하는 경영을 멈추어야 한다.
>
> 소프트웨어 개발자, 설계자, 제품 관리자, 일선 영업직원들을 조직의 최상위 팀으로 여기는 것부터 시작하라. '관리 팀'은 '의사 결정' 팀이 아니다. 관리 팀은 지원 기능이 중요하다. 지금의 팀들이 자신의 역할보다 더 큰 일을 하려고 하는 것을 막기 위해서, 그들을 관리 팀 대신에 행정지원 팀으로 부르고 싶을 수도 있다.
>
> 행정지원 팀은 어려운 결정을 하도록 요구되지는 않는다. 그들은 충분히 알지 못한다. 일반적으로 행정 직원은 트리 구조의 최상위에 있는 경영자들이 어려운 결정들을 할 수 있도록 주변에 있는 소소한 일들을 돕는 역할을 한다.
>
> 이는 대개 지식 기반 조직에서 일하는 방식이다. 새로운 회사를 시작할 때 정상에 하나의 거대한 두뇌를 가지고, 그 아래에는 명령에 순종하는 더 작은 두뇌들 다발을 가진 조직을 만들

수는 없다. 많은 사람들이 그들 영역에서 하나의 거대한 두뇌를 가지기 위해서 모든 사람들을 모으려고 노력할 것이다. 그러고 나면 당신은 그들이 콧노래를 부르면서 일을 계속할 수 있도록 최소한의 행정적인 지원만 제공하면 된다.[6]

관리는 함께 일하는 사람들이 불필요하게 방해 받지 않고 일할 수 있도록 해야 한다. 이를 위해 필요한 것은 인내력, 명확한 의사소통, 서약과 관련된 독특한 기술이다. 좋은 팀을 채용하고 마찰은 가급적 제거해야 원하는 결과를 달성하게 된다.

참조 링크: https://personalmba.com/management/

성과중심 채용

Performance-Based Hiring

"모든 것이 언급되고 완수될 때, 실행보다 훨씬 더 많은 말들이 있었다."

로 홀츠(Lou Holtz), 미식축구 프로팀의 코치 및 스포츠 방송 진행자

팀을 만들려면 무엇이 필요한가? 회사가 성장함에 따라 새로운 직원들을 채용하는 책임을 맡고 있다면 무엇을 해야 하는가? 당신이 찾을 수 있는 최고의 직원들을 어떻게 끌어들이고 계속 유지할 것인가?

채용은 까다로운 일이다. 스타 직원과 계약직원들을 찾고, 끌어들이고, 유지하면서 실패할 염려가 없는 방법이란 없다. 채용할 때의 실수들은 거의 항상 비싼 비용을 지불하게 한다. 채용의 실패는 값비

싼 시간과 돈과 팀의 제한된 에너지와 인내심을 대가로 치르게 한다.

좋은 직원과 계약자들이 반드시 화려한 이력서를 가지고 있거나 인터뷰를 화려하게 잘 한 이들은 아니다. 가장 좋은 채용은 일을 완수하고 팀의 다른 동료들과 함께 일을 잘하는 사람들을 뽑는 것이다. 이상적으로는, 가치 있는 일에 기여하고, 기회가 오면 흥분으로 들떠서 일하고, 매일 함께 일하는 것이 즐거운 개인들을 찾아내는 것이다.

여기 채용에 관한 황금률이 있다. 미래 행동에 대한 최고의 예측 방법은 과거 성과를 참조하는 것이다. 앞으로 다가올 몇 달간, 또는 몇 년간 회사의 발전을 위해서 일을 잘 할 수 있는 직원을 채용하려고 한다면, 과거에 일을 잘 수행했던 사람들을 찾을 필요가 있다. 이것은 지원자가 달성했던 내용들을 깊게 들여다보는 것을 의미한다. 그것에 기초해서 장기적 계약에 서약하기 전에 진지하게 그 지원자에게 함께 일을 할 수 있는 단기적 기회를 주는 것이다.

채용할 때 첫째 단계는 사람을 찾고 있다는 것을 알리는 것이다. 대부분의 회사는 흔히 그 업무에 관한 설명을 기술하는 직무 기술서와 함께 필요한 구직광고를 내게 된다. 이는 공공에 발표할 수 있는 포맷으로 나올 수도 있고, 사설 네트워크를 통해서 인재를 찾기 위해 헤드헌팅 업체에 의뢰할 수도 있다. 어느 경우든, 직무 기술서 내용을 광고처럼 작성하지 말라. 지원자가 회사를 위해서 일하게 되었을 때, 매일 실제로 수행해야 하는 업무를 묘사해야 한다. 날마다 수행해야 하는 일들은 가능한 꾸미지 않고 할 수 있는 한 상세하게 설명하는 것이 좋다. 그 일에 마음이 끌리는 사람들을 찾아야 한다. 그 일자리가 내포하고 있는 업무 내용을 정확하게 전달하지 않으면 지원자는 본인이 그 일자리에 잘 맞는지 판단하기가 어려울 것이다.

그 다음에는 지원자들을 걸러내기 위한 기본적인 시금석을 찾아내야 한다. 고용 시장이 어려울 때는, 새로운 일자리에 대한 공고에 너무 많은 지원자들이 몰리는 경향이 있다. 그들 중 상당수는 자격이 불충분한 후보들이다. 그러므로 가능한 신속하게 가장 촉망되는 후보들을 찾아 낼 방법이 필요할 것이다. 대개 학위나 학점 평점으로 걸러내는 것이 일반적이다. 하지만 효과적이지는 않다. 왜냐하면 학위나 학점은 과거에 대한 기준이라 후보들의 현재 기술 수준에 대해서 얘기해 줄 수 없기 때문이다. 지원서 안에 몇 가지 질문들을 포함시켜라. 그 질문에 답변하기 위해서 지원 분야의 특화된 지식이 요구되도록 작성하는 것이 좋다. 그렇게 하면 촉망되는 후보자들을 찾아내기가 더 쉬워질 것이다.

일단 소수의 촉망되는 후보들을 찾았다면, 그들에게 지금까지 주어진 역할을 가장 잘 수행했던 프로젝트 2~3개 사례에 대해서 설명하도록 질문해 보라. 이런 프로젝트가 현재 논의가 되는 일자리와 직접 관련이 있을 필요는 없다. 다만 그 프로젝트는 지원자들이 자랑스럽게 생각하고 본인의 기술을 잘 강조할 수 있다고 믿는 사례이어야 한다. 핵심 아이디어는 지원자들이 지금까지 달성한 성과들의 실제 사례를 참조하는 것이다. 그것은 지원자들의 경험과 업무 윤리의 상대적인 수준을 더 쉽게 측정할 수 있게 해 준다. 만약 지원자가 제품 개발에서 '5년간의 경험'을 가졌다고 주장하면서, 정작 그들이 개발한 제품에 대해서 보여주지 못한다면, 그것은 위험 신호를 나타내는 붉은 깃발이다.

이 시점에서 경력 증명을 참조하는 것은 채용과 관련된 시간을 효율적으로 사용하는 데 도움을 준다. 프로젝트 사례와 함께, 지원자들이 프로젝트에서 함께 일했던 사람들의 이름과 연락 정보를 요청하라. 지원자의 경력을 확인하기 위해 참고인과 접촉할 때의 질문은 매우 단순해야 한다. '당신은 그 지원자와 다시 일하고 싶습니까?' 같이 말이다. 만약 그들이 그 질문에 답변하기를 주저하거나 화제를 돌리려 한다면, 그것은 '아니오'를 뜻한다. 만약 전화를 했을 때 참고인과 연결이 되지 않으면, 그 후보자가 매우 뛰어난 경우에 연락을 해달라고 부탁하는 메시지를 남겨라. 만약 후보자가 매우 뛰어나다면 응답 전화를 받게 될 것이다. 물론 그들이 매우 뛰어나지 않다면 응답 전화는 받지 못 할 것이다.

최종적으로 촉망되는 지원자들에게 매우 짧은 시간 안에 결과가 나오는 프로젝트 또는 시나리오에 대해서 그들이 직접 어떻게 생각하고, 일하고, 의사소통할지에 관해서 질문하고 확인하라. 작은 프로젝트들은 숙련된 기술 전문 직원들에게 가장 잘 어울리는 경향이 있다. 반면에 시나리오들은 제품 생산, 마케팅, 영업, 사업 개발, 재무, 관리 역할에 책임을 질 수 있는 지원자들에게 가장 어울린다. 과제의 결과물은 보고서, 발표 자료, 자산, 프로세스 등과 같이 다른 사람들에게 전달할 수 있는 형태가 되어야 한다.

지원자를 불편한 환경에 두지 말라. 사용하기 편한 도구나 자원들을 자유롭게 사용할 수 있어야 한다. 질문이 생겼을 때, 자유롭게 리더와 접촉할 수 있어야 한다. 프로젝트를 완수하면 그 지원자가 와서 직접 결과를 발표하게 하라. 프로젝트 결과 발표가 인터뷰를 대신할 수 있다.

프로젝트 또는 시나리오의 목적은 실제 환경에서 지원자들의 실제 업무수행 능력을 평가하기 위한 것이다. 지원자가 제일 먼저 무엇에 집중하는가? 주목하는 것은 무엇이고, 놓치는 것은 무엇인가? 그들은 자신의 선택과 추천을 어떻게 설명하는가? 그들은 질문을 받거나 결론에 대해 의견이 일치하지 않을 때 어떻게 반응하는가?

이런 과제들은 짧은 기간에, 심지어는 몇 시간 안에 수행될 수 있어야 한다. 지원자들을 존중하라. 채용 프로세스로 시간을 길게 빼앗을 필요는 없다. 만약 평가하기 위해서 좀 더 긴 기간 동안에 프로젝트를 수행하기를 원한다면, 그들을 파트타임 컨설턴트로 고용할 수 있다. 그런 다음에 그들의 과제 결과에 만족한다면, 그들을 정식으로 채용하면 된다.

일반적인 채용 프로세스는 복잡하지 않다. 다만 어디까지나 장래가 촉망되는 직원 또는 계약 직원들을 찾아내는 효과적인 방법이어야 한다. 이러한 프로세스는 이력서 또는 전통적인 인터뷰에만 의존할 필요가 없음에 주목하라. 이력서나 인터뷰 등은 단지 지원자들이 얼마나 이력서를 잘 썼는지, 또는 인터뷰에 잘 대응했는지에 대해서만 검증하게 해 준다. 만약 후보자들의 과거 성과와 현재 일들을 직접 평가할 수 있다면, 훨씬 더 나은 채용을 기대할 수 있을 것이다.

참조 링크: https://personalmba.com/performance-based-hiring/

9장

시스템의 이해

" 비즈니스는 시장, 산업, 사회와 같은 많은 영역들이 내부에 존재하는 복잡한 시스템이다. 복잡한 시스템은 서로 연결된 부분들의 영속적인 조합이며, 이런 부분들이 상호작용하여 통일된 전체를 구성한다. "

이해하지 못하는데 칭찬하는 것은 나쁘지만
이해하지 못하는데 비난하는 것은 더 나쁘다.

레오나르도 다빈치(Leonardo Da Vinci),
다방면에 박식했던 발명가, 예술가

비즈니스는 시장, 산업, 사회와 같은 많은 영역들이 내부에 존재하는 복잡한 시스템이다. 복잡한 시스템은 서로 연결된 부분들의 영속적인 조합이며, 이런 부분들이 상호작용하여 통일된 전체를 구성한다.

이 장에서는 모든 시스템의 공통 요소들이 작용하는 방법에 대하여 배우게 될 것이다. 특히 환경적인 요인들이 시스템의 기능에 미치는 영향, 항상 존재하는 불확실성과 변화의 특성에 대해서 기술한다.

참조 링크: https://personalmba.com/understanding-systems/

갈의 법칙
Gall's Law

"복잡한 시스템은 예외없이 단순하게 작동하는 시스템으로부터 발전했다는 것을 알게 된다. 그 역명제(逆命題)도 또한 사실이다. 처음부터 복잡하게 설계된 시스템은 결코 작동하지 않고, 작동하도록 만들 수도 없다. 반드시 단순한 시스템으로 다시 시작해야 한다."

존 갈(John Gall), 시스템 이론가

현재 주말 프로젝트가 주어져 있다. 아무것도 없는 상태에서 자동차를 만들어야 한다. 사전에 제작된 부품이나 계획은 허용되지 않는다. 단지 금속 덩어리, 간단한 공구들과 지식과 상상력으로 진행해야 한다. 독자는 프로젝트가 어떻게 결말이 날지 예상되는가?

만약 그 프로젝트가 1년이 걸린다면, 그것은 완전 재앙이 될 것이다. 만약 누군가가 만든 자동차가 제대로 작동한다면(그럴 가능성은 거의 없지만), 그 결과물은 상용 제조업체가 만든 가장 최악의 자동차보다도 훨씬 효율적이지 못하고 신뢰할 수 없을 것이다.

이제 현대적인 컴퓨터를 만들거나, 암 치료제를 개발하거나, 이미 누군가가 발견한 결과물에 의존하지 않고 아무것도 없는 상태에서 인간 복제를 시도하는 것을 가정해 보라. 불가피하게 비싼 대가와 사기(士氣)를 저하시키는 일련의 실패들을 겪으면서 고생하게 될 것이다. 만약 성공한다고 해도 수십 년이 걸릴 것이다.

왜 아무것도 없는 상태에서 복잡한 시스템을 만드는 것이 그렇게 어려운가? 복잡한 시스템에 관한 최초의 주요 이론가 중의 한 명인 존 갈John Gall이 그 답을 제시했다.

여기 갈의 법칙이 있다. 작동하는 모든 복잡한 시스템은 이미 작동되었던 더 간단한 시스템으로부터 진화하였다. 복잡한 시스템들은 작동하기 위해서 바로 배열되어야 하는 변수들과 상호의존성으로 가득 차 있다. 아무것도 없는 상태에서 설계된 복잡한 시스템은 실제 세계에서는 작동하지 못할 것이다. 아무것도 없는 상태에서 그 시스템이 설계되는 동안에는 완전하게 작동할 수도 없으며, 자연히 무용지물이 되고 말 것이다.

불확실성은 이러한 상호의존성과 변수들 모두를 미리 예상하지 못하게 한다. 그래서 아무것도 없는 상태에서 만들어진 복잡한 시스템은 여러 예기치 못한 변수에 의해 계속해서 실패하게 될 것이다.

갈^{Gall}의 법칙은 환경적인 선택검사가 시스템 설계와 만날 때 적용된다. 만약 누군가가 작동하는 시스템을 만들고 싶다면, 최상의 접근법은 환경의 선택에 따른 도태에 관한 테스트를 만족하는 간단한 시스템을 만드는 것이다. 그런 다음 시간에 따라 시스템을 개선해 가야 한다. 시간이 흐르면 결국 작동하는 복잡한 시스템을 만들게 될 것이다.

갈^{Gall}의 법칙은 왜 **초기 원형**을 제작하고 반복하는 것이 가치 창조 방법론처럼 작동하는지에 관한 것이다. 아무것도 없는 상태에서 복잡한 시스템을 만드는 대신, 모형을 만들어 보는 것이 훨씬 더 쉽다. 가능한 가장 단순한 창조는 시스템이 결정적인 선택에 의한 도태 검사를 거쳐서 살아남을 수 있는 시스템이라는 것을 검증하는 데 도움을 줄 것이다.

모형을 최소한으로 실행 가능한 제안으로 확장해 보면 결정적으로 중요한 가정이 유효한지 확인할 수 있다. 그래서 실제 구매자들과 함께 성공할 수 있는 가장 단순한 시스템을 만들 수 있게 해 준다. 마치 자연 환경이 변화하듯이, 시간에 따른 반복과 점진적인 개선을 통해서 실제 작동하는 극도로 복잡한 시스템을 생산하게 될 것이다.

만약 아무것도 없는 상태에서 복잡한 시스템을 만들기를 원한다면, 그것은 위험을 무릅쓰고 갈의 법칙을 위반하는 것이다.

참조 링크: https://personalmba.com/galls-law/

흐름
Flow

"프로세스는 그것을 멈추고서는 이해할 수 없다. 프로세스의 흐름과 함께 이해하고, 흐름에 합류하여 흐름과 함께 흘러야 한다."

프랭크 허버트(Frank Herbert), 과학 픽션 소설가, 《듄 시리즈》의 작가

시스템이 실제로 무슨 일을 하든, 흐름을 가지게 될 것이다. 시스템 안과 밖으로 자원의 움직임이 생기게 된다. 자동차 조립 라인을 가정해 보라. 금속, 플라스틱, 실리콘, 고무, 유리와 같은 원자재들이 흘러 들어가서 완성된 차가 생산되어 나온다.

유입물은 싱크대 안으로 흐르는 물, 은행 구좌로 입금되는 돈, 조립 라인으로 들어오는 원자재, 회사에 입사하는 신입사원 등과 같이 시스템 안으로 움직이는 자원들이다.

유출물은 싱크대 밖으로 배수되는 물, 은행 구좌에서 출금되는 돈, 조립 라인에서 나오는 완제품, 은퇴, 계약 종료, 이직 등으로 회사를 떠나는 직원 등과 같이 시스템 밖으로 흘러나오는 자원들이다

흐름을 따르라. 그러면 시스템이 어떻게 작동하는 이해할 수 있게 될 것이다.

참조 링크: https://personalmba.com/flow/

축척
Stock

"창고에 있는 상품들은 누군가가 꺼내서 원래 의도된 대로 사용하게 될
때까지는 쓸모가 없다. 이는 뇌에 따로 축적해 놓은 지식에도 마찬가
지로 적용된다."

토머스 J. 왓슨(Thomas J. Watson), 전 IBM 회장

시스템의 흐름들을 따르라. 그러면 자원들이 함께 모이게 되는 곳
을 필연적으로 발견하게 될 것이다.

이 장에서 스톡은 사업 소유권 증서, 즉 주식을 의미하는 것은
아니다. 스톡은 자원의 저수지 또는 저장 탱크를 의미한다. 은행
구좌는 스톡의 좋은 예이다. 그것은 사용되기를 기다리는 돈이 저
장된 곳이다. 재고, 차례를 기다리는 고객 행렬, 대기 리스트 등이
스톡의 예들이다.

스톡을 증가하기 위해서는 유입물을 증가시키거나 유출물을 감
소시켜야 한다. 만약 은행 구좌의 크기를 증가시키기를 원한다면,
더 많은 돈을 입금하고 출금은 적게 하라. 만약 자동차를 만드는
데 계속해서 엔진이 바닥이 난다면, 조립 라인의 속도를 늦추거나,
더 많은 엔진을 재고에 추가해야 한다. 스톡을 감소시키기 위해서
는 유입물을 감소시키거나 유출물을 증가시켜야 한다. 만약 대기
리스트가 너무 길면 일정 시간 일의 처리량을 증가시키거나, 대기

라인에 들어오는 사람의 수를 감소시켜야 한다.

시스템의 스톡을 찾으라. 그러면 사용되기 위해서 기다리고 있는 자원의 저장소를 발견하게 될 것이다.

참조 링크: https://personalmba.com/stock/

여유자원

Slack

"잉여 자원의 여유를 가진 자는 상황을 제어할 수 있다. 그러나 여분이 없는 자는 상황의 지배를 받는다. 그리고 종종 분별력을 발휘할 기회를 잃는다."

하비 S. 파이어스톤(Harvey S. Firestone),
FIRESTONE AND RUBBER COMPANY 회사의 창립자

스톡은 자원의 저장소이므로 얼마나 많은 자원을 가지고 일을 해야 하는지 파악하는 것은 효과가 있다. 슬랙은 스톡, 즉 현재 저장되어 있는 자원의 양이다. 저장소에 더 많은 자원을 가지고 있으면 슬랙, 즉 여유와 느슨함을 가질 수 있다.

시스템이 효율적으로 작동하기 위해서, 스톡은 너무 많지도 않고, 너무 적지도 않은 딱 적절한 용량이 갖추어져야 한다. 가상적인 자동차 제조 시스템을 고려해 보자. 그것은 더 작은 시스템들의 조합이다. 각각의 시스템은 저장되어 있는 부품들을 필요로 하게끔 설계된다.

만약 자동차가 조립 라인의 해당 엔진 부품을 필요로 할 때, 설

치되어야 하는 엔진의 스톡이 없으면 심각한 문제이다. 자동차 조립은 엔진이 준비될 때까지 기다려야 한다. 그것은 조립 라인의 모든 작업을 정지시킨다. 이런 문제를 피하기 위해서는 시스템이 계속해서 작동하여 자동차가 지속적으로 생산되도록 충분한 부품 스톡을 확보하는 것이 필요하다.

스톡이 고갈되면 유입물을 통해서 다시 채워야 한다.

매우 큰 용량의 스톡은 그로 인한 슬랙, 즉 여유와 느슨함을 가지게 한다. 하지만 그러한 유연성은 비용을 대가로 지불해서 얻는 것이다. 만약 500대의 엔진이 설치되기를 기다리고 있다면, 그 만한 재고를 유지하기 위한 자금을 가져야 한다. 이는 현금 흐름을 저해시킨다. 또한 재고 엔진들이 분실되거나 손상되는 것을 방지하고 엔진을 보관할 공간에도 비용이 들어간다. 그것은 비용을 증가시키고, 이익을 감소시킨다.

이보다는 적은 스톡을 유지하는 것이 더 효과적이다. 그러면 슬랙, 즉 여유와 느슨함이 사라진다. 만약 2~3개의 엔진만을 스톡으로 가지고 있다면 재고와 관련된 엄청난 자원을 소모하지 않아도 된다. 그러나 조립 라인의 속도를 높여야 할 때, 또는 엔진 제조 시스템에 문제가 있을 때 엔진 재고가 바닥이 나서 생산을 하지 못할 가능성은 매우 높아진다.

이처럼 슬랙의 관리는 까다롭다. 너무 많으면 시간과 돈을 허비하게 된다. 반면, 너무 적으면 시스템이 계속 작동하는 데 필요한 자원이 바닥나는 위험에 직면하게 된다.

참조 링크: https://personalmba.com/slack/

제약
Constraint

"최우선 과제를 해결하게 되면, 다음 문제가 올라온다."

제럴드 와인버그(Gerald Weinberg), 컨설턴트 《컨설팅의 비밀》 저자

시스템의 성능은 언제나 입력하는 내용의 가용성에 의해서 결정적으로 영향을 받는다. 제약 사항을 적게 해야 한다. 그러면 시스템의 성능이 개선될 것이다.

엘리 골드렛Eliyahu Goldratt 은 《더 골In The Goal : A Process of Ongoing Improvement》에서 그가 제약이론Theory of Constraints 이라고 부르는 내용을 설명하고 있다. 모든 관리 가능한 시스템은 최소한 하나 이상의 제약에 의해서 더 많은 목표를 달성하는 데 항상 제한을 받는다. 제약을 파악하고 완화시키면 시스템의 **처리량**을 증가시킬 수 있다.

제약을 고려해서 스톡Stock 의 크기를 만들어 내거나 증가시키면 이슈를 완화시킬 수 있다. 만약 계속해서 엔진 재고가 바닥이 난다면 엔진 재고의 슬랙, 즉 여유 있게 엔진 재고를 확보하는 것이 제약을 완화시키는 최선의 방법이다.

제약으로 인해서 전체 시스템이 정지되지 않도록 한다면, 전체 시스템의 성과를 증가시킬 수 있다.

제약을 발견하고 제거하기 위해서, 골드렛은 '5가지 초점 단계'를 제안한다. 이들은 시스템의 처리량을 증가시키기 위해서 사용할 수 있는 방법이다.

1. **확인: 시스템의 제한 요인을 발견하기 위해서 조사하라.**

   만약 자동차 조립 라인이 항상 엔진이 제공되기를 기다리고 있다면, 엔진이 바로 제약 요인이다.

2. **이용: 제약과 관련된 자원들이 낭비되지 않도록 확인하라.**

   만약 엔진을 만드는 직원들이 자동차 바람막이 유리도 만들고 있다면, 또는 점심 식사시간 동안 엔진 생산이 중단되고 있다면, 제약을 유리하게 이용하기 위한 작업은 엔진 담당 직원들의 가용한 시간과 에너지를 엔진을 생산하는 데 100퍼센트 사용하게 하는 것이다. 그리고 교대조로 근무하게 해서 생산 저하 없이 휴식을 취하게 해야 한다.

3. **예속: 제약을 수용할 수 있도록 전체 시스템을 다시 설계하라.**

   엔진 생산 시스템으로부터 얻을 수 있는 최선의 작업을 다 했다고 가정해 보자. 하지만 여전히 문제가 남아 있다. 그러면 제약을 예속시키는 작업을 해야 한다. 가령 공장의 한쪽 끝에서 재료를 얻는 대신, 엔진을 만들기 위해 필요한 모든 것이 손닿는 가까운 곳에 위치하도록 공장을 재배치해야 한다. 다른 하위 시스템들이 자원을 옮기거나 잃게 되는 작업을 해야 할 수도 있다. 하지만 그것은 심각한 제약은 아니므로 감수할 만한 일이다.

4. **증대: 제약의 수용량을 영구적으로 올려라.**

   공장의 경우에 증대 작업은 다른 엔진 생산 기계를 구입하거나 더 많은 직공을 채용하는 것과 같은 일이다. 증대는 매우 효과적이다. 하지만 비용이 많이 들어가게 된다. 굳이 없어도 되는 장비에 수백만 불을 지불하기를 원하지 않을 것이다. 그래서 제약을 이용하고 예속시키는 작업을 먼저 해야 한다. 더 많은 돈을 투자하지 않고도 종종 제약을 신속하게 완화시킬 수 있을 것이다.

5. 재평가: 변화를 만든 후에 제약이 어디에 위치하는지 시스템을 재평가하라.

관성에 따라 움직이는 것이 문제를 야기한다. 엔진이 항상 제약 사항이었다고 가정하지 말라.

일단 작은 변화라도 만들고 나면, 제한 요인은 바람막이 창문이 될 수도 있다. 그런 경우에 계속해서 엔진 생산을 늘리기 위해서 집중하는 것은 사리에 맞지 않는다. 시스템은 바람막이 창문이 개선의 초점이 되기 전까지는 향상되지 않을 것이다.

'5가지 초점 단계'는 반복 속도와 매우 유사하다. 프로세스를 통해서 더 빨리 움직일수록, 더 많은 사이클을 완수할수록 시스템의 처리량을 더 많이 개선할 수 있다.

참조 링크: https://personalmba.com/constraint/

피드백 루프
Feedback Loop

"정보 피드백 제어 시스템은 모든 생명과 인간의 노력에 있어서 근본적인 것이다. 우리가 개인, 산업 또는 사회에서 행하는 모든 일은 그러한 정보 피드백 시스템의 안에서 이루어진다."

제이 W. 포레스터(Jay W. Forrester), 시스템 이론가, MIT 교수

인과 관계는 충분히 고려하기 쉽다. 하지만 결과 자체가 원인이 되다면 무슨 일이 발생하는가?

피드백 루프는 시스템의 출력이 다음 사이클의 입력이 될 때 발생한다. 피드백은 시스템이 학습하는 방법이다. 만약 시스템이 주변 환경을 지각할 수 있다면 피드백은 시스템이 제어가 되고 있는지, 필요한 선발 검사를 만족하게 하는지의 여부를 이해할 수 있도록 돕는다.

균형 루프는 각 시스템 사이클의 출력을 완충시켜서, 시스템 평형 상태와 변화에 대한 저항으로 이끌어준다. 어깨 높이에서 테니스 볼을 떨어뜨리는 것을 생각해 보라. 테니스 공은 바닥에 튕겨서 바운스 된다. 공이 튕겨지는 높이는 점점 줄어들 것이다. 바닥의 마찰과 공기 저항이 시스템 내부의 에너지가 평형 상태에 이를 때까지 각 바운드 사이클을 완충시킨다. 결국 공은 바닥에 정지 상태로 멈추게 될 것이다.

균형 루프는 진동을 완화시키고, 시스템을 특정 상태로 유지시켜 결국 시스템을 안정화시킨다. 지각할 수 있는 제어 시스템들은 대개 균형 루프로 구성되어 있다. 온도 조절 장치를 예로 들어 보자. 만약 실내 온도가 기준점보다 높다면, 온도를 낮추기 위해서 냉방 시스템이 작동되기 시작한다. 만약 실내 온도가 기준점보다 낮으면, 온도를 높이기 위해서 히터가 작동하게 될 것이다. 그 결과로 시스템은 일정한 온도를 유지하려고 한다. 이러한 조작이 바

로 이 시스템의 목적이다.

보강 루프는 매 시스템 사이클마다 시스템의 출력을 강화시킨다. 보강 루프는 시간이 흐를수록 겉잡을 수 없는 성장이나 쇠퇴로 이어지는 경향이 있다. 두 회사 사이의 가격 전쟁을 생각해 보라. 각 회사는 최저가를 제공하기 위해서 경쟁한다. 한 회사가 가격을 낮추면, 다른 회사는 가격을 더 낮추어서 보복한다. 경쟁사 가격보다 낮은 가격을 제공해야 하는 것이 각 회사의 기준점이라면, 가격은 두 회사의 이익이 없어질 때까지 계속 하락하게 될 것이다.

복리^{Compounding}는 긍정적인 보강 루프의 예이다. 매 사이클마다 이자를 지불 받으면 원금이 더 커지게 된다. 그러면 사이클이 반복될수록 복리에 따라 이자가 더 커지게 된다. 시간이 흐르면 누적된 이자가 거대한 총액을 만들게 된다. 그것이 배가 시스템의 목적이다.

종종 모든 스톡^{Stock}의 크기는 몇 가지 루프에 의해 영향을 받는다. 그 루프들은 모두 제 각각 다른 방향으로 스톡을 잡아당긴다. 은행 구좌 잔고를 생각해 보라. 수입, 월세, 모기지 융자, 식료품, 기타 다른 비용들을 제어하는 피드백 루프들이 있다. 매 사이클마다 너무 과도한 비용을 사용하는지, 비용이 충분하지 않은지 계속 평가하게 된다. 그것은 균형 피드백 루프에 관한 것이다. 너무 과도하거나 충분하지 않은 유입 또는 유출은 다음 행동을 유발시키는 원인을 제공한다. 그 원인이 다음 사이클에 영향을 미친다.

주위를 둘러보라. 곳곳에 피드백 루프들이 있다. 그것들을 주목하게 되면 우리가 살고 있는 시스템이 계속 변화되는 복잡성을 충분히 인식하게 될 것이다.

참조 링크: https://personalmba.com/feedback-loops/

자가촉매
Autocatalysis

"가장 빠르게 진화하게 될 시스템은 혼돈 사이에, 더 정확하게 표현하면 혼돈의 경계에 떨어지게 될 것이다. 그 안에서 질서를 갖추려면 최소한 충분히 쉽게 바뀔 수 있도록 느슨하게 연결된 부분들로 이루어져야 한다."

E. O. 윌슨(E. O. Wilson), 생물학자이자 자연주의자

자가 촉매 반응(반응물 자신이 반응의 촉매가 되는 것)은 화학에서 사용되는 개념이다. 자가 촉매는 반응을 일으킨다. 촉매 반응에서 생성된 물질이 그 다음 동일한 반응에 필요한 생 물질을 만들어 낸다.

시스템에 자가 촉매 반응을 일으키면 이전 사이클의 부산물인, 다음 사이클에 필요한 입력물을 만들어낸다. 자가 촉매 작용은 사이클을 증강시키기 때문에 복합적, 양성적^{Positive}, 자가 보강적인 피드백 루프이다. 시스템은 촉매 작용이 산출물을 적게 만들어 낼 때까지는 계속해서 증강될 것이다.

1950년대부터 1990년대까지의 TV 광고가 자가 촉매 작용의 좋은 예이다. 회사들은 광고에 1불을 소비한다. 그런 다음 증가된 수요와 유통으로 인해서 2불 그 이상을 수익으로 되돌려 받는다. 2불이 광고에 다시 투자가 되면, 4불이 되고, 그것이 8불이 되고, 16불이 되는 사이클을 반복한다. P&G, GE, 크래프트, 네슬레 등과 같은

기업들이 이 사이클을 사용해서 오늘날과 같은 거대 기업이 되었다.

지금은 TV 광고에 1불을 투자하면 운이 좋아야 1.2불 정도를 수익으로 거둘 수 있다. 지금은 더 많은 다양한 광고 채널들이 있다. 결국 광고비용은 점점 더 비싸지게 된다. 사람들은 광고에 의해서 쉽게 움직이지 않는다. 나름의 기준으로 판단하고 걸러내는 기술을 가지고 있기 때문이다. 광고에 투자해서 더 큰 수익을 거두는 루프가 가끔 작동하기도 하지만 예전만큼은 아니다.

자가 촉매 반응이 항상 돈과 관련된 것일 필요는 없다. 네트워크 효과, 입소문과 같은 전염 피드백 루프가 자가 촉매 반응의 적절한 예들이다. 페이스북에 누군가가 가입할 때마다 그 회사는 페이스북에 자연스럽게 더 많은 사용자들을 초대할 수 있게 된다. 유튜브에서 재미있는 동영상을 보는 사람은 몇몇 친구들에게 추천하고 전달하게 된다. 이것 또한 자가 촉매 반응이다.

비즈니스가 자가 촉매 반응 요소들을 포함하고 있다면, 사업은 기대하는 수준보다 더 빨리 성장하게 될 것이다.

참조 링크: https://personalmba.com/autocatalysis/

환경
Environment

"실상이란 그 존재를 믿지 않을 때도 사라지지 않는 것이다."

필립 K. 딕(Philip K. Dick), 과학 픽션 소설가, 단편 소설 작가

고립된 시스템은 없다. 모든 시스템은 필연적으로 시스템을 둘러

싸고 있는 다른 모든 시스템들에 의해 영향을 받는다.

환경은 그 안에서 시스템이 작동되고 있는 구조이다. 환경은 기본적으로 시스템의 흐름 또는 프로세스에 영향과 충격을 미친다. 그래서 시스템의 산출물을 바꿀 수 있다.

몸이 너무 뜨겁거나 너무 차가울 때 어떻게 반응하는지 생각해 보라. 지나치게 높거나 낮은 체온은 치명적일 수 있다. 몸이 계속해서 정상적으로 유지되기 위해서는 환경의 변화에 반응해야 한다. 즉, 과도한 열을 내리기 위해서 땀을 흘리거나, 체온을 유지하기 위해서 적당한 곳을 찾아가야 한다.

환경이 변화할 때 시스템은 계속해서 작동하기 위해 함께 변화해야 한다. 유력한 이론에 따르면, 공룡은 빙하기 또는 태양을 한동안 가리는 먼지를 일으킨 운석의 충돌 등의 환경의 변화 때문에 멸종하였다고 한다. 더 차가워진 온도와 부족한 햇빛은 식량 부족을 야기시켰고, 그 결과 대량의 생물이 멸종하게 되었다.

환경 가운데 존재하는 조건들은 그 환경 속에서 운영되는 시스템에 영향을 미친다. 2005년 오일 쇼크가 발생했을 때 플라스틱 제품을 생산하거나 물품 수송을 석유에 의존하던 많은 기업들이 갑자기 위기에 빠지게 되었다. 변동비의 증가로 많은 기업들의 수익이 예전보다 감소하게 되었고, 증가되는 비용을 감당할 수 없게 된 기업들은 폐업하였다.

만약 공룡의 길을 따르고 싶지 않다면 환경의 조건들이 시스템에 어떻게 영향을 미치게 될 것인지를 항상 고려해야 한다.

참조 링크: https://personalmba.com/environment/

선택 검사
Selection Test

"우주에 반응하는 어떤 것이 아무리 강력하다고 해도 시간과 변화 앞에서 점점 적응하기 어려워진다. 세상의 지배적인 수단 중 하나에 극도로 의존적인 사람들은 점차 미래에 대처할 수 없게 되는 자신을 발견하게 될 것이다."

프랭크 허버트(Frank Herbert), 과학 픽션 소설가, 《듄 시리즈》의 작가

기업이나 유기적 생물체와 같이 스스로 영속하는 시스템들은 존재하기 위해 필수적인 환경 조건들을 충족할 때에만 스스로 영속할 수 있다.

선택 또는 도태 검사는 어느 시스템이 스스로 영속할 수 있는지, 어느 시스템이 사라질지를 결정하는 하나의 환경제약이다. 사람과 같은 포유류는 환경에 의해 선택되어 살아남을지, 도태될지를 다음 조건들에 따라 검사할 수 있다. 충분한 공기를 호흡하는지, 충분한 물을 마실 수 있는지, 체온을 충분히 유지할 수 있는지 등이 그런 검사의 예이다. 사업도 다음과 같이 테스트할 수 있다. 고객에게 충분한 가치를 제공하고 있는지, 비용을 상쇄할 만한 충분한 매출이 발생하는지, 재정적으로 충분한 수익을 거두고 있는지를 테스트해 보면 된다.

많은 사람들은 도태 검사를 적자생존이라고 생각한다. 그러나 적응하지 못하는 것들의 소멸이 더 정확한 표현이다. 스스로 영속하는 시스템이 도태 검사를 통과하지 못한다면, 그 시스템은 존재할 수가

없게 될 것이다. 사람은 충분한 공기를 호흡하지 못하면 살아남을 수 없다. 기업도, 작은 사업체도 사업체를 유지할 수 있는 충분한 매출을 올리지 못한다면 지속해서 경영할 수 없다.

환경이 변화함에 따라 선택 검사의 조건도 바뀌게 된다. 특히 기술 시장에서 이를 관찰해 보면 더욱 흥미롭다. 기술 시장은 가능성에 대한 환경이 계속 변화되는 곳이다. 기술의 주요 변화를 이용하지 못하는 기업들은 급속하게 고객을 끌리도록 하는 상품에 대한 새로운 수요에 대처하지 못하게 될 것이다.

변화하는 환경과 그에 따른 선택 검사는 기업의 최고 아군이다. 작은 기업이 더 크고 참호로 둘러싸인 경쟁사보다 더 나은 성과를 만들 수 있게 해준다. 시장에서 살아남을 수 있는 것을 확인할 수 있는 선택 검사에 대해 파악한다면, 시장에서 훨씬 더 효과적으로 경쟁할 수 있게 된다.

선택 검사는 무자비하다. 그 테스트를 만족시켜라. 그러면 번창하게 된다. 변화하는 조건들에 적응하지 못하면 결국 도태될 것이다.

참조 링크: https://personalmba.com/selection-test/

엔트로피

Entropy

"변화를 핑계로 개선과 정면승부를 외면한다면 개선이라곤 없는 변화와 직면하게 될 것이다."

찰리 멍거(Charlie Munger), 워런 버핏의 억만장자 사업 파트너,
웨스코 파이낸셜의 전 CEO 겸 버크셔 해서웨이 부회장

복잡한 시스템은 내버려 두면 무질서에 빠지게 된다.

엔트로피는 복잡한 시스템이 시간이 지남에 따라 자연적으로 무너지는 경향을 말한다. 오랜 기간 계속 작동하는 시스템에는 적극적인 유지 관리와 개선이 필요하다.

이 현상은 간단하게 설명할 수 있다. 시스템이 작동하는 환경은 시간이 지남에 따라 변화한다. 이러한 변화는 시스템 자체의 작동과 시스템이 계속 작동하기 위해 통과해야 하는 선택 검사에 모두 영향을 미친다. 시스템이 계속 작동할 수 있는 방식으로 변경되지 않으면 성능이 저하되어, 시스템은 결국 작동을 멈추거나 존재하지 않게 된다.

엔트로피는 어디에나 존재한다. 우리의 몸은 적절한 영양, 운동, 산소가 공급되지 않으면 건강이 악화한다. 도로는 몇 년에 한 번씩 재포장해야 하며, 그렇지 않으면 균열, 요철, 움푹 파인 곳이 생기게 된다. 소프트웨어는 업데이트 및 패치를 꾸준히 적용해 주지 않으면, 컴퓨터가 업데이트한 뒤 연결된 시스템이 변경될 때 작동을 멈추게 된다. 주택은 양호한 상태를 유지하기 위해 페인트칠을 다시 하고, 마감재를 교체하고, 새로 단장해야 한다.

엔트로피는 유지보수를 필요하고 이는 가치 있는 활동이다. 대부분 조직에서 새로운 것을 만드는 행위는 사회적 지위가 높은 활동으로 취급되는 반면, 기존 시스템을 유지 관리하는 행위는 상대적으로 지위가 낮은 활동으로 간주하고는 한다. 이는 큰 실수다. 조직은 오직 그 기능을 지속적으로 유지하는 기존 시스템만큼만 강력해질 수 있다. 이러한 시스템을 유지 관리하고 개선하는 데 관심과 자원을 투자하는 행위는 필수적이며, 장기적인 운영과 조직의 가치 보존을 위해서도 매우 중요하다.

참조 링크: https://personalmba.com/entropy/

불확실성
Uncertainty

"수정 구슬로 살아가는 사람은 이내 유리가루를 먹는 법도 배우게 된다."

에드거 피들러(Edgar R. Fiedler), 경제학자

지금부터 10년 후에 이자율이 어떻게 되겠는가? 내년에 오일 가격이 어떻게 될 것으로 예상하는가? 그 회사 주식 가격은 어떤가? 너무 저평가 또는 고평가 되었는가? 지금은 원자재를 비축하는 것이 좋은가? 아니면 몇 달 동안 기다리는 것이 좋은가? 사업에 종사하는 사람은 매일 이 같은 질문들을 다루어야 한다.

여기 모든 질문들에 대한 답이 있다. 그것은 '아무도 모른다'는 것이다. 우리가 살고 있는 이 세상은 극도로 불확실한 곳이다. 이는 축복이기도 하고, 저주이기도 하다. 좋든 나쁘든 무슨 일이 생긴다. 우리는 인생의 굴곡 주위에 무엇이 있는지 알지 못한다.

리스크와 불확실성 사이에는 엄청난 차이가 있다. 전임 미국 국방장관 도널드 럼즈펠드는 다음과 같은 불후의 명언을 남겼다.

"알려진 주지의 사실들이 있다. 이것들은 우리가 알고 있다는 것을 아는 것들이다. 알려진 미지의 사실들이 있다. 다시 말하

면, 이것들은 우리가 모른다는 것을 아는 것들이다. 그러나 알려지지 않은 미지의 사실들이 있다. 이것들은 우리가 모른다는 것을 모르고 있는 것들이다."

리스크는 알려진 미지의 사실들이다. 만약 공항에서 친구를 마중하려고 계획할 때 비행기가 몇 시간 연착할 가능성이 곧 리스크이다. 비행기 도착 시간이 바뀔 수 있다는 것을 미리 안다면 그에 따라 다음 계획을 세울 수 있다.

불확실성은 알려지지 않은 미지의 사실들이다. 공항에 도착하려고 계획했던 한 시간 전에 운석이 자동차를 부수어 버려서 공항에서 친구를 마중할 때에 늦게 도착할 수 있다. 이런 경우를 누가 예측할 수 있겠는가?

불확실하게 일어날 수 있는 것은 과거 사건을 기반으로 미래를 확실하게 예측할 수 없다. 예기치 못한 또는 무작위 사건들은 갑자기 일어날 수 있다. 그것은 목표와 계획에 심각한 충격을 끼칠 수 있다.

전임 헤지 펀드 매니저였던 나심 니콜라스 탈레브는 그의 저서 《블랙 스완The Black Swan》에서 불확실성의 위험을 묘사한다. 일들이 아무리 안정적이고 예측 가능하다 하더라도, 예측할 수 없는 '블랙 스완', 즉 검은 백조 사건은 순식간에 모든 일들을 변화시킬 수 있다.

검은 백조라는 용어는 16세기 런던에서 불가능하거나 존재할 수 없는 것을 가리킬 때 자주 사용된 표현이다. 모든 사람이 백조는 흰색으로 알고 있었다. 그 용어와 관련된 문제는 18세기 철학자 데이비드 흄이 주장한 귀납법의 문제와 관련되어 있다. 세상에 존재하는 모든 백조를 보기 전까지는 결코 모든 백조가 흰색이라는 주장이 사실이라고 가정할 수 없다는 것이다. 즉, 한 마리의 검은 백조가 그 가설을 완전히 무효로 만들어 버린다는 말이다. 실제로 1697년 호주에서 네덜란드 선장 윌리엄 드 브라망이 검은 백조들을 관측했다는 기록이 있다.

그 일이 있기 전에 검은 백조 사건이 발생할 가능성은 거의 제로에 가까운 것으로 여겨졌다. 검은 백조가 발견된 이후에는 그 사건이 발생할 확률이 논쟁점이 된다. 검은 백조 사건은 환경을 변화시킨다. 환경 안에서 시스템이 작동하고 있는데, 이런 변화는 사전 경고 없이 환경의 선택에 의한 선택 검사 조건도 급격하게 변화시킨다. 검은 백조 사건이 일어날 수 있다는 것을 미리 알 수는 없다. 검은 백조가 나타날 때 충분히 적절한 대응을 위해 현재 할 수 있는 모든 일은 유연하게 준비시키고, 탄력성을 갖추는 것이다.

다량의 과거 데이터를 가지고 가장 상세하게 분석을 한다고 해도 불확실성으로부터 완벽하게 안전해질 수는 없다. 대부분의 MBA 프로그램에서 가르치는 재무 모델의 기본 약점은 불확실성과 관련되어 있다. 사업 타당성 분석을 위한 견적 산정, 순 현재 가치^{NPV}, 자본자산가격결정 모델^{CAPM} 등의 재무 모델은 예측의 품질이 뒷받침될 때에 비로소 좋은 방법들이다. 많은 사업들이 결국 잘못 예측된 것으로 판명된 재무 예측에 의해서 실패를 겪어 왔다. 10년의 재무 예측으로 앞으로 일어날 일들을 100퍼센트 정확하게 예측할 수 있는 사람이 있을까? 10년은 고사하고 누가 내일이 오늘 같을 것이라고 말할 수 있을까?

많은 사람들은 예측이나 예언이 필요하지 않는 확실성을 파는 사업을 하고 있다. 여러 형태의 비즈니스 예언은 미래는 알 수 있고, 제어할 수 있다는 환상을 제공하기 때문에 매우 인기가 있다. 예측을 연습하는 것은 그 비용만큼 가치가 있지는 않다. 만약 오일 가격, 이자율, 주식 가격 등을 예측할 수 있는 간단명료한 방법이 있다면, 그 같은 마술과 같은 지식을 가진 사람들은 막대한 부자가 될 것이고, 시장에서 무엇인가를 팔기 위해서 애쓸 필요가 없을 것이다.

항상 존재하는 불확실성의 특성을 받아들이려면 우리가 원하는 방식이 아니라, 세상을 있는 그대로 바라보는 것을 연습해야 한다. 본능적으로, 특히 우리가 얼마나 손실을 혐오하고 위협 요인들에 대해 불안해하는가? 우리 모두는 미래에 발생할 수 있는 일들을 알고 싶어 한다. 불확실성을 심사숙고하다 보면 마음이 무거워진다. 마치 무슨 일이 일어날지 알지 못하는 것이 위협처럼 느껴지기 때문이다. 보이지 않고 알 수 없는 위협들을 예측하는 것에 병적으로 집착하는 것보다, 예기치 않은 일들을 다루는 능력을 향상시키는 쪽으로 에너지의 방향을 바꾸는 것이 더 낫다.

정확한 예측을 하는 것에 의존하지 말라. 환경은 언제라도 변할 수 있다. 시나리오 계획을 통해서 불확실성에 대응할 수 있는 유연성을 갖추는 것이, 보지 못하면서 마치 보는 것처럼 가장하는 것보다 훨씬 더 유용하다.

참조 링크: https://personalmba.com/uncertainty/

변화
Change

"가장 강한 종(種)이 살아남는다고 할 수 없다. 그렇다고 가장 지적인 종이 살아남는 것도 아니다. 오직 변화에 가장 잘 적응하는 종만이 살아남는다"

찰스 다윈(Charles Darwin), 자연학자, 진화론의 창시자

모든 시스템은 변화한다. 정지 상태에 있는 시스템은 없다. 복잡한 시스템들은 일정한 흐름의 상태 가운데 있다.

시간에 따라 시스템이 어떻게 변화할지에 관해서는 상당한 불확실성이 존재한다. 그러나 시스템이 변화할 것이라는 것은 분명하다. 변화를 고려하지 않는 계획은 제한된 가치를 가진다.

변화는 삶의 진실이다. 무작위로 일어나는 일들을 철학적으로 받아들여서 내재화하는 것은 어려운 일이다. 이 세상에 발생하는 일들 가운데에는 까닭도 없고 이유도 없는 것들이 많다. 타고난 패턴 매칭Pattern Matching 능력 때문에 사람들은 아무것도 존재하지 않는 곳에서도 패턴을 찾으려고 한다. 무작위로 일어나는 변화를 대하면서 아주 좋은 일이 생길 것 같다고 여기거나, 나쁜 일이 생길 것 같은 불행을 탓하려는 경향이 있다. 그 결과 우리는 무작위성에 우롱당한다Fooled by Randomness. 이것은 나심 니콜라스 탈레브의 첫 책 제목이기도 하다.

결코 모든 것이 완전하고 변화하지 않는다는 사실에 기초해서 사업을 발전시킬 수는 없다. 많은 사업주와 매니저들은 사업을

《Good to Great(좋은 기업을 넘어 위대한 기업으로)》책 내용처럼 좋은 것을 넘어 위대하게 움직여야 하고, 다가올 10년 동안 계속해서 경쟁자보다 더 성과를 만들면 사업이 《built to last(성공하는 기업들의 8가지 습관)》책의 내용처럼 지속될 것이라는 검증되지 않은 신념을 공유하고 있다. 그것은 좋은 꿈과 같은 생각이다. 야드 측정 막대기로 자신을 측정하려는 것은 비현실적이다. 그렇게 하려면 변하지 않는 세상이 필요하다.

변화에 대해서 우리가 할 수 있는 유일한 일은 변화무쌍한 주위의 상황들을 다룰 수 있는 유연성을 키우는 것이다. 더 유연할수록, 사물들이 불가피하게 변할 때 더 탄력적으로 대응할 수 있을 것이다.

참조 링크: https://personalmba.com/change/

상호의존성
Interdependence

"우리가 어떤 사물을 따로 골라내려고 애를 써보면, 그것은 우주 속의
다른 것들과 서로 얽혀 있음을 발견하게 된다."

존 뮤어(John Muir), 자연 연구자

세상의 아무도 홀로 존재하지 않는다.

복잡한 시스템의 작동은 거의 대부분 다른 시스템에 의존하고 있다. 냉장고의 작동에는 전기가 필요하다. 발전기가 고장나면 냉장고도 작동되지 않는다. 이것이 상호의존성이다.

극도로 상호 의존적인 시스템들은 종종 불가분의 관계^{Tightly coupled}

가 있다고 언급한다. 시스템 내부의 프로세스들이 더욱 밀착 결합될수록, 고장 또는 지체가 시스템의 다른 부분에 영향을 미칠 가능성이 더 커진다.

밀착 결합된 시스템들은 대개 시간에 종속되어 있다. 엄격하게 정돈되어 있어서 슬랙, 즉 여유나 느슨함이 매우 적다. 종종 산출물을 성공적으로 만들어내는 오직 하나의 경로만 있다. 시스템 내부의 한 부분에서 발생하는 고장은 시스템의 나머지 부분들로 폭포처럼 전파될 수 있다.

연쇄 반응에 기반해서 만들어진 루브 골드버그^{Rube Goldberg} 장치를 본 적이 있다면, 또는 아이들의 보드 게임인 마우스트랩을 가지고 놀아 보았다면 밀착 결합된 시스템을 경험한 셈이다. 도미노의 연쇄 반응에서 하나의 도미노가 그 다음 도미노를 쳐서 쓰러뜨리는 것에 실패하면 전체 시스템은 부득이 멈춤 상태로 정지하게 된다.

프로젝트 관리 용어인 '주 경로^{critical path}'에 대해 들어 보았다면, 상호의존성의 중요성에 대해서 알 것이다. 최상 경로는 예정대로 프로젝트를 끝내기 위해서 반드시 완수해야 하는 작업들만 포함한다. 만약 최상 경로 상의 어떤 작업이 변화하게 되면, 그것은 경로 상의 다른 모든 작업에 파급 효과를 미칠 것이다. 최상 경로 상의 작업 중에 하나가 지체되면 전체 프로젝트를 지연되게 할 것이다.

'느슨하게 결합된' 시스템들은 낮은 정도의 상호의존성을 가진다. 느슨한 결합 시스템들은 더 완화된 상태에 있다. 그런 시스템들은 시간에 의존하지 않는다. 한 번에 여러 단계 작업들을 수행하기 위해서 병렬 프로세스들을 수행할 수도 있다. 여기에는 많은 여유와 느슨함이 있다. 이런 시스템은 여러 다른 전략들을 사용해서 목표를 달성할 수도 있다.

지휘자와 많은 연주자로 구성된 오케스트라를 생각해 보라. 만약 제1 바이올린 주자가 실수한다면, 연주의 퀄리티에 영향을 주게 된다. 그러나 그 실수가 오케스트라의 나머지 단원들도 실수하게 만드는 것은 아니다.

의존성을 제거할수록 상호의존성이 적은 시스템을 만들 수 있다. 의존성은 프로세스의 다음 단계가 일어나기 전에 요구되는 입력을 의미한다. 시스템 안에 의존성이 많을수록 시스템의 지체 또는 실패 확률이 높아진다.

의존성을 제거할수록 불가분의 관계가 덜한 시스템을 만들 수 있다. 자동차 조립 라인을 다시 생각해 보라. 만약 바람막이 창문을 설치하기 전에 엔진을 삽입해야 한다면 엔진 문제는 전체 시스템을 지연시킬 것이다. 어느 부품이 먼저 설치되는지 순서가 문제가 되지 않으면, 한 가지가 아닌, 여러 가지 방법으로 완성 차를 조립할 수 있게 된다.

팀 페리스는 1주 4시간 노동 시간에 관한《나는 4시간만 일한다 The 4-Hour Workweek》에서 비즈니스 업무를 더욱 효과적으로 만드는 방법을 공유한다. 초기에 고객 서비스 담당 직원이 고객과 문제가 있을 때 그들은 문제를 해결하기 전에 팀으로부터 승인을 받아야만 했다.

400불 미만의 비용이 드는 문제를 해결할 때에는 서비스 담당 직원이 그의 승인을 받지 않아도 되는 정책을 시행함으로써 사업 시스템이 운영되는 데 자신에 대한 의존 없이도 변화가 가능하도록 했다.

불필요한 의존성을 제거하라. 그러면 실패가 확산되는 위험을 줄일 수 있다.

참조 링크: https://personalmba.com/interdependence/

거래 상대방 위험
Counterparty Risk

"행복으로 이끄는 모든 것을 다른 사람이 아닌 자기 자신이 만들어 간다면, 이는 행복한 삶을 살기 위한 최상의 계획을 채택한 것이다."

플라톤(Plato), 고대 그리스 철학자

만약 시스템 작동을 외부 사람, 다른 회사에 의존하고 있다면, 그것은 시스템의 운영에 있어서 중요한 위험 요인이다.

거래 상대방의 위험은 외부 사람, 다른 회사가 약속한 것을 지키지 않을 가능성과 관련이 있다. 만약 집이 화재로 피해를 입었다면 집주인이 보험을 들었을 때에만 손해 보상 청구를 할 수 있다. 그런데 그것은 보험을 판매한 회사가 여전히 사업을 하고 있을 때 가능하다. 만약 보험 회사가 사업을 계속 하지 못하게 되면 보상 청구를 할 수가 없다.

만약 제조 시스템이 특정 부품을 제3의 회사의 공급에 의존하고 있는데, 그들이 약속을 지키지 못하게 되면 제조 라인은 멈추게 된다.

만약 계약자에게 업무를 아웃소싱을 하는데, 그 계약자가 약속한 대로 이행하지 않으면 프로젝트는 지연될 것이다. 거래 상대방위험이 클수록 파멸적인 시스템 실패의 위험도 증가된다. 2008년월 스트리트가 붕괴되었을 때, 전 세계에서 가장 큰 투자 은행들이 파산의 낭떠러지에 매달려 있었다. 그들은 심각한 금융 문제가발생했을 때 서로 의존적인 구조를 가지고 있었기 때문이다.

골드만 삭스, JP 모건 체이스, 리먼 브라더스와 같은 투자 은행들과 금융 회사들은 '신용 부도 스와프^{credit default swaps}'와 같은 금융 보험 상품을 다른 큰 금융 회사로부터 사는 관행을 가지고 있었다. 만약 금융 레버리지를 매우 높게 이용하는 거래가 가격 하락이 되더라도, 이런 투자 은행들은 그들이 구매한 보험이 수백만 달러의 손실로부터도 지켜줄 수 있을 것이라고 생각했다. 그래서 그들은 더 큰 레버리지 효과를 택했지만, 결국 더 큰 위험에 노출되게 되었다.

주택 시장이 붕괴되고 은행들이 주택 저당 유가증권으로부터 손실을 입기 시작했을 때, 신용 부도 스와프의 도움을 받으려고 애를 썼다. 헉 이것 좀 보라! 그들이 스와프를 구입한 다른 큰 은행들도 또한 주택 저당으로 보증되던 유가 증권으로부터 엄청난 손실을 입었고, 그 결과 스와프 보험의 의무를 지킬 수 없게 되었다. 모든 대형 투자 은행들은 금융 시스템 안에 있는 다른 은행들의 위험에 관여된 거래 상대방들이었다. 그들은 서로 의존하고 있었기 때문에 은행 하나가 부도를 맞이하자 연쇄적으로 타격을 입었다.

거래 상대방 위험은 계획 오류에 의해 증폭된다. 어느 기업 파트너라고 해서 그 기업보다 미래를 더 잘 예측할 수 있는 것은 아니다. 모든 사람들은 계획과 최종 기한에 대해서 '어떻게든 되겠지'라면서 낙천적으로 생각하려는 경향이 있다. 계획과 약속을 세우라. 그러나 항상 프로젝트가 예상대로 진행하지 않을 때를 대비한 계획도 세워야 한다.

시스템이 제어할 수 없는 외부의 성과에 의존적이라면, 할 수 있는 한 그들이 기대한 대로 성과를 만들지 못할 가능성에 대비해야 한다.

참조 링크: https://personalmba.com/counterparty-risk/

2차 효과
Second-Order Effects

"우리의 행동을 선택할 자유가 있다 하더라도, 행동의 결과까지 선택할
수 있는 자유가 있는 것은 아니다."

스티븐 코비(Steven Covey), 《성공하는 사람들의 7가지 습관》 저자

몇 년 전에 켈시와 필자는 바레인 왕궁을 방문할 기회가 있었다. 바레인은 사우디 아라비아 동쪽 해안에서 수마일 떨어진 작은 섬나라이다. 지금은 국제은행 업무 기지, 진주, 다이빙, F1 경주 트랙 등으로 알려졌지만, 바레인이 독특한 생태계로 알려진 것은 오래 전 일이 아니다.

이삼십 년 전에 바레인 내륙은 자연 온실처럼 푸르게 우거졌었다. 오아시스 섬은 에덴동산이 원래 위치한 곳이었다고 전해지기도 한다. 이제 그 섬의 내륙은 삭막한 사막이다. 지역의 식물들은 관개

시설에 의해서 겨우 유지되고 있다. 무슨 변화가 일어난 것일까?

바레인은 지하 담수 샘물의 네트워크로 둘러싸여 있다. 지하 샘물 덕분에 섬의 식물들과 뛰어난 품질의 진주를 생산하는 조개류가 살아갈 수 있었다.

그 나라의 유일한 대도시인 마나마^{Manama} 시가 개발됨에 따라 도시 중심 토지는 황량하게 되었고, 개발자들은 토지 간척이라는 프로세스를 채택하였다. 그것은 섬 내륙의 흙을 파내어서 해안가에 퇴적시켜서 바다를 땅으로 간척하는 작업이었다.

이런 접근은 새로운 땅을 만들어 주었지만, 예상보다 터무니없이 비싼 대가를 치르게 하였다. 섬의 샘물 네트워크가 말라버림으로 인해, 결과적으로 나라를 사막으로 만들어 버렸다.

이렇듯 모든 행위는 결과를 야기시킨다. 그리고 이런 결과는 2차 효과라고 불리는 또 다른 결과를 야기시킨다. 도미노^{Dominoes} 를 생각해 보라. 도미노 조각 하나를 밀면 연쇄적인 반응이 일어난다. 일단 연쇄 반응이 일어나면 원인과 결과가 반복적으로 일어나는 것을 멈출 수 없다.

제2차 세계대전 이후 뉴욕시의 주택 임대 정책은 의도하지 않은 결과를 만든, 정신이 번쩍 들게 하는 또 다른 사례이다. 귀환한 퇴역 장병들에게 주택 임대를 제공하기 위해서 시도된 정책은 도시의 특정 지역의 주택 임대 가격 인상을 제한하였다. 퇴역 장병들이 감당할 수 있는 주택 가격 정책은 숭고하지 않은가?

그런데 도시 정책 계획자들이 예상하지 못한 게 하나 있었다. 매년 계속해서 뉴욕시의 부동산 가격이 올랐다. 그런데 집주인들은 물가 인상을 보상하기 위해서 집세를 올릴 수 없었다. 법에 의해서, 임대인이 이사를 가거나, 주택이 폐기되기 전에는 집세를 올릴 수 없었기 때문에 집주인들은 부동산을 계속 소유하고 싶어 하지 않았다. 그것은 재산의 낭비였다. 임대인이 거주하고 있지만 건물들을 관리하지 않고 방치하는 것이 재정적으로 더 도움이 된다고 판단한 것이다.

시간이 흐르면서 이 정책의 결과로 건물들의 질은 급격히 나빠지게 되었고, 결국 건물들이 폐기됨에 따라 공급이 감소해서 집세가 오히려 더 비싸지게 되었다. 가난한 사람들이 주택 임대를 감당할 수 있도록 만든 정책이 원래 의도와는 반대로 주택 공급을 감소시켜서 임대료를 더 비싸게 만들어 버린 것이다.

복잡한 시스템의 한 국면을 변화시키는 것은 항상 2차 효과를 야기시킨다. 어떤 2차 효과들은 변화를 시도할 때 원래 의도했던 것과 정반대의 결과로 나타난다. 복잡한 시스템의 요소들은 수백만 가지의 방법으로 연결되거나, 서로 의존적이기 때문에 불확실성은 우리로 하여금 어떻게 해야 할지 모르게 만든다. 모든 행위는 결과를 초래한다. 그리고 이런 결과들은 또 다른 결과들을 만든다. 그 결과들은 전혀 알 수 없거나, 전혀 발생하기를 원하지 않는 것들일 수도 있다.

복잡한 시스템에 변화를 만들 때는 극도로 주의하면서 접근하라. 그렇지 않으면 기대한 것과 정 반대의 결과를 만들어 낼 수도 있다.

참조 링크: book.personalmba.com/second-order-effects/

외부성
Externality

"우리가 사는 지구는 우주의 거대한 어둠 속에 있는 외로운 작은 점에 불과하다. 인간의 모호함과 이 모든 광대함 속에서 우리를 구원해 줄 도움의 손길이 다른 곳에서 오리라는 어떤 암시도 없다. 나에게는 서로에게 더 친절하고, 우리가 아는 유일한 집이 있는 '창백한 푸른 점'을 섬기고 소중히 여겨야 할 책임이 강조된다."

칼 세이건(Carl Sagan), 물리학자 겸 《창백한 푸른 점》의 저자

1868년부터 1969년 사이에 미국 오하이오주 클리블랜드를 관통하는 이리 호수의 큰 지류인 쿠야호가Cuyahoga강에서 최소 열세 차례에 걸쳐 화재가 발생했다. 1952년에 발생한 가장 큰 화재로 인해 100만 달러 이상의 재산 피해가 발생했는데, 이는 오늘날 달러로 환산하면 1,000만 달러가 넘는 금액이다.

석유화학, 봉제, 제조 부산물로 인한 오염이 너무 심각해 클리블랜드에서 애크런까지 40마일에 이르는 강이 물고기나 다른 수생 생물이 살 수 없을 정도였다. 강은 쓰레기를 버리기에 저렴하고 편리한 장소였기에, 많은 공장에서 비용을 절감하고자 산업 폐기물을 강으로 운반하는 파이프라인을 건설하는 등 저항이 가장 적은 방법을 택했다. 그 결과 강은 죽어가고 불이 붙었다.

'외부성Externality'은 이러한 사건에 대한 전문 용어로, '주요 공정(프로세스)의 부작용이 주요 수혜자 또는 의사결정권자 이외의 다른 당사자에게 영향을 미치는 것'을 말한다. 클리블랜드와 그 주변의

제조업이 '주요 공정'이라면 공장 소유주와 직원은 '주요 수혜자'였다. 그리고 쿠야호가강의 오염과 그 오염이 다른 사람과 생물에 미치는 '영향'은 '외부성'이었다. 오염에 책임이 있는 기업들이 폐기물 처리 비용을 기업에서 사회 전반으로 전가하고 만 셈이다.

다행히 오늘날 쿠야호가강은 그 당시보다는 훨씬 더 나은 상태가 되었다. 상황을 개선하기 위해서 투기를 방지하고 처벌하는 법률과 정책 및 규제, 위반자를 대상으로 한 소송 및 벌금, 청소 및 복원 노력에 필요한 기금 등 상당한 개입과 시정이 필요했다. 이처럼 외부성을 파악하고 이해한 후에는 문제를 해결하고 재발을 방지하기 위한 사회적 노력을 조율할 수 있다.

오염만이 부정적인 외부성의 유일한 사례는 아니다. 일반적인 예로, 많은 기업이 마케팅, 영업 및 고객 지원 활동의 일환으로 개인 식별 정보(흔히 'PII'로 약칭되는)를 수집한다. 이 데이터는 분석, 세분화 및 도달 범위 확대에 유용하기 때문에, 기업들은 가능한 한 많은 정보를 수집하기 위해 노력한다. 그러나 고려해야 할 중요한 외부성이 있다. 해커와 같이 신원 확인이 되지 않은 사용자가 이러한 개인 정보에 접근함으로 인해 모든 종류의 악의적인 목적으로 사용될 수 있다. 그중 상당수는 기업의 잠재 고객과 고객에게 재정적 및 법적 문제를 일으킬 수 있다는 점이다.

이 같은 데이터를 보호하는 건 중요한 일이지만, 막상 사업 수익에 영향을 주진 않는다. 그렇기에 데이터 보안에 대해 걱정할 직접적인 동기는 거의 없다. 데이터 유출이 발생하면 대가를 치르게 되는 건 기업의 잠재 고객과 고객이다. 따라서 이러한 종류의 데이터를 수집하는 기업은 데이터를 안전하게 유지하고 무단 액세스로부터 시스템을 보호해야 할 책임이 있다.

상당수의 부정적 외부성은 예측을 통해 완전히 피하거나 완화할 수 있다.

참조 링크: https://personalmba.com/externality/

정상적인 사고(事故)
Normal Accidents

"문제가 있다는 것이 문제는 아니다. 문제가 없기를 기대하고, 문제가 있으면 큰일이라고 생각하는 것이 문제이다."

디어도어 루빈(Theodore Rubin), 심리학자, 칼럼니스트

스페이스 셔틀은 극도로 복잡한 시스템이다. 사람을 태우고 지구의 중력 범위 밖으로 나갈 수 있게 해주는 수송 수단이다. 수백만 평방 피트의 폭발성 수소 가스를 실은 3단 로켓을 장착한 고도로 설계된 비행기는 극도로 상호의존적인 시스템의 전형이다. 작은 에러라도 파멸적인 변화를 가져올 수 있다. 스페이스 셔틀이 발사될 때마다 잘못될 수 있는 잠재적 가능성은 수없이 많다.

1986년 스페이스 셔틀인 챌린저^{Challenger}호는 대재앙을 겪었다. 로켓의 봉인 중 하나가 얼어서 극도로 깨어지기 쉬운 상태가 되었다. 이륙 동안에 봉인이 극도로 고온이 되었을 때 봉인은 깨어졌다. 챌린저호는 이륙 후 73초 만에 폭발하였고, 탑승자 전원이 사망하였다.

시스템 내부의 어떤 부품도 고장 나지 않는 시스템을 만드는 것

이 가능하다고 믿고 싶지만, 현실 세계의 시스템은 항상 그렇지 않다는 것이 증명되었다. 그 사실을 믿어야 한다.

정상적인 사고^{事故}에 관한 이론은 만유^{萬有}의 속담을 표현하는 더 공식적인 방법이다. 밀착 결합된 시스템에서 작은 위험들이 누적되어서 결국 에러와 사고를 피할 수 없게 만든다. 시스템이 더 크고 복잡할수록 무엇인가가 결국 잘못될 확률이 더 높아진다.

정상적인 사고에 대해서 과도하게 반응하는 것은 실제로 비생산적이다. 무엇인가가 잘못될 때 우리는 본능적으로 극도로 예민해진다. 그래서 행동을 제재하고 불운한 사고가 다시 발생하지 않도록 더 억제하고 단속한다. 이런 반응은 실제 일을 더 악화시킨다. 제재를 가하게 되면 시스템이 더 밀착 결합되게 만들 뿐이다. 그러면 앞으로 사고가 발생할 위험이 더욱 증가한다.

챌린저호의 비극에 대한 나사^{NASA}의 대응은 매우 교훈적이다. 완전히 폐쇄하거나, 이슈를 증가시킬 더 많은 시스템들을 추가하는 대신에, NASA 엔지니어들은 잠재 위험 요인을 인식하였고, 문제 해결을 위한 다른 솔루션을 찾는 데 집중하였다. 잠재적으로 실패 가능성이 높은 시스템들을 추가하지 않고, 다시 발생할 수 있는 위험 이슈들을 최소화하기 위해 노력하였다.

정상적인 사고가 발생하는 것을 방지하기 위한 최선의 방책은 그 사고들이 생길 때마다 고장 또는 위기일발 상황의 원인을 분석하는 것이다. 장기적으로 더 큰 이슈를 만들 수 있는 위협 제재 방안을 시스템 내부에 끼워 넣기보다, 위기일발 상황의 원인을 관찰하는 것이 숨겨진 상호의존성에 대한 중대한 통찰력을 제공할 수 있다. 이슈를 분석하면 장차 유사한 상황이 발생하는 경우에 우발 사건에 대비한 비상 대책을 수립할 수 있다.

2003년에 스페이스 셔틀 컬럼비아^{Columbia} 호는 또 다른 종류의 재앙을 겪었다. 지구 대기권으로 다시 들어올 때 스페이스 셔틀을 보호하기 위해 설계된 탄소 섬유 열 차단 장치가 고장이 나서 스페이스 셔틀은 붕괴되었다. NASA는 다시 시스템을 더욱 밀착 결합되게 만드는 시스템을 추가하지 않고 문제를 예방하는 방법을 찾기에 집중하였다. 몇 년 후에 스페이스 셔틀 디스커버리^{Discovery} 호가 열 차단 장치 손상으로 어려움을 겪게 되었을 때, NASA 엔지니어들은 대응할 수 있는 준비가 되어 있었고, 승무원들은 무사히 착륙할 수 있었다.

정상적인 사고들은 의존하는 시스템을 가능한 느슨하게 유지하도록 만들어야 하는 강력한 이유이다. 시스템에 긍정적인 효과를 준다고 언급되는 많은 것들이 있다. 하지만 실패가 전혀 없기를 바라는 것은 극도로 비현실적이다. 느슨한 시스템들은 효율적이지 않을 수도 있다. 하지만 그런 시스템들은 더 오래 지속되고 사고가 발생하는 경우에도 덜 치명적인 결과를 만든다.

시스템이 더 복잡하고 오래 작동될수록 심각한 실패를 겪을 가능성이 높아진다. 이는 사고가 생긴다면 어떻게 할 것인가의 문제가 아니라, 언제 사고가 발생할 것인가 하는 문제이다. 시스템의 실패에 대해서 주의하라. 그리고 신속하게 대응할 수 있도록 준비되어 있어야 한다.

참조 링크: https://personalmba.com/normal-accidents/

10장

시스템의 분석

" 시스템을 개선하려고 하기 전에 현재의 운영상태가 얼마나 잘 되고 있는지부터 이해해야 한다. 하지만 비즈니스에서 이러한 과정은 매우 까다롭다. 어떤 것을 신중하게 측정하는 데 필요한 시간만큼 세상을 멈출 수 없기 때문이다. 그래서 시스템 분석은 시스템이 운영되고 있는 동안에 이루어져야 한다. **"**

> 이해하지 못한다면, 변화 시킬 수 없다.
>
> **에릭 에반스**(Eric Evans), 과학기술 전문가

시스템을 개선하려고 하기 전에 현재의 운영상태가 얼마나 잘 되고 있는지부터 이해해야 한다. 하지만 비즈니스에서 이러한 과정은 매우 까다롭다. 어떤 것을 신중하게 측정하는 데 필요한 시간만큼 세상을 멈출 수 없기 때문이다.

그래서 시스템 분석은 시스템이 운영되고 있는 동안에 이루어져야 한다. 운영 중인 시스템을 분석하는 것은 어려운 작업이지만 무엇을 찾아야 할지 알고 있다면 불가능하지는 않다.

이 장에서는 시스템을 이해할 수 있는 작은 요소들로 해체하는 방법을 배우게 된다. 그 중에서 어떤 것이 중요한 것인지 측정하는 방법과 그 부분들이 서로 어떤 작용을 하고 시스템의 기능을 위해 어떤 관계에 있는지에 대해 알게 될 것이다.

참조 링크: https://personalmba.com/analyzing-systems/

해체
Deconstruction

"완벽함에서는 아무것도 이루어질 수 없다. 모든 과정에서 뭔가는 해체

가 있기 마련이다."

조지프 캠벨(Joseph Campbell),

《천의 얼굴을 가진 영웅(The Hero with a Thousand Faces)》저자

위에서 언급했듯이 복잡한 시스템은 많은 상호의존적인 흐름, 재료, 프로세스, 요소들로 이루어진다. 전체적으로 보면 시스템은 한 번에 이해하기에 매우 복잡하다. 7개 혹은 8개의 변수나 종속변수들이 존재한다면 인지 범위가 제한되기 시작해서 혼란스러워질 것이다.

만약 그것이 사실이라면, 누가 이렇게 복잡한 시스템을 분석할 수 있겠는가?

해체는 시스템의 작동원리를 이해하기 위해 이러한 복잡한 시스템을 가능한 한 작은 단위의 하위 시스템으로 분리시키는 것이다. 시스템을 전체적으로 한 번에 이해하려는 대신에 시스템을 많은 부분들로 분리시킴으로써 그 하위 시스템들과 그들 간의 관계를 이해할 수 있다.

해체는 갈^{Gall}의 법칙에서 나온 역설계$^{Reverse-engineering}$ 관점이다. 복잡한 시스템이 작동한다는 것은 하위 시스템들이 잘 작동함으로써 그것에서부터 진화된 것이라고 할 수 있다. 만약 그 간단한 하위 시스템들을 식별하고, 그들이 어떻게 작동되는지, 그리고 그들이 어떻게 합쳐졌는지 이해할 수 있다면, 결국에는 전체 시스템의 작동 원리를 이해할 수 있을 것이다.

만약 자동차가 어떻게 작동하는지 모른다면 차량의 보닛을 열어

내용물들을 검사하는 행위는 혼란만 초래한다. 너무 많은 부품들이 있고 어디서부터 시작해야 될지 알 수 없다. 시스템을 이해하는 것은 불가능하지는 않지만 엔진이나 변속기, 그리고 라디에이터와 같은 중요한 하위 시스템을 식별하는 것은 전체적인 시스템이 어떻게 작동되는지 이해하는 것에 많은 도움을 줄 수 있다.

중요한 하위 시스템들을 식별하고 난 후에 차분하게 생각하여 일시적으로 그들을 분리시켜 놓으면 그들이 어떻게 작동되는지 더 잘 이해할 수 있을 것이다. 자동차의 전체적인 작동원리에 집중하는 대신에 잠시 동안은 엔진에 대해서만 고민해보는 것이다. 하위 시스템은 어떻게 시작될까? 어떤 흐름이 관련되어 있을까? 어떤 프로세스들이 시스템 내부에서 일어나고 있는가? 연관된 피드백 루프가 있는가? 만약 유입이 중단된다면 어떻게 되겠는가? 시스템이 어디에서 끝나는가? 산출물은 무엇일까?

각각 하위 시스템들은 전체 시스템의 일부이기 때문에, 시스템 해체를 위해 분리하는 방법을 사용할 때에는 상호의존성에 대한 시야를 잃어버리지 않는 것이 중요하다.

시발점과 종착점을 식별하는 것과 시스템의 각 부분들이 다른 하위 시스템들과 어떻게 상호작용을 하는지를 아는 것도 상당히 중요하다. 시발점을 연구함으로써 어떤 것이 하위 시스템 작동을 시작하게 하는지 알 수 있고 종착점을 연구함으로써 어떤 것이 시스템을 중단시키는지도 알 수 있게 된다.

추가적으로 시스템에 존재하는 조건들을 이해하는 것이 중요하다. 관계가 성립되기 위한 조건이나 시간적인 제약들은 시스템의 운영에 영향을 끼칠 수 있다.

예를 들어 엔진은 작동되기 위해 가솔린 증기의 유입을 필요로 한다. 만약에 유입이 된다면 스파크 플러그로부터 스파크가 점화될 것이고, 그것은 나머지 시스템들을 작동시키는 피스톤을 밀어낼 에너지를 제공하게 된다. 만약에 유입되지 않는다면 스파크는 만들어지지 않을 것이고 에너지의 부재로 인해 시스템은 중지될 것이다. 가솔린 증기의 유입과 스파크 플러그로부터의 스파크는 시스템 작동에 있어 필수적인 조건들이다.

도표나 흐름도를 작성해 보는 것은 각각의 유입, 프로세스, 시발점, 조건, 종착점, 그리고 산출물들이 어떻게 합쳐지는지에 대한 이해에 도움을 줄 수 있다. 복잡한 시스템을 말로 설명하는 것은 한계가 있다. 최고의 결과를 위해서는 흐름, 재료, 조건, 관련된 프로세스들의 도표를 그려보는 것이 좋다. 잘 작성된 흐름도는 시스템이 작동될 때의 흐름을 이해하는 데 도움을 주고, 더 나아가서 어떤 문제들이 생겼을 때 시스템을 고치는 데까지 도움이 된다.[1]

시스템을 분석하기 위해서는, 복잡한 시스템을 비교적 이해하기 쉬운 하위 시스템들로 해체시키고, 그로부터 각각 하위 시스템에 대한 이해를 쌓아가야 한다.

참조 링크: https://personalmba.com/deconstruction/

측정
Measurement

"모든 것들은 데이터를 가져온다고 믿습니다."

에드워즈 데밍(W. Edwards Deming),
생산관리 전문가, 통계적 프로세스 관리의 개척자

시스템의 요소들과 그들의 상호관계를 이해하고 나면 시스템이
얼마나 잘 운영되고 있는지에 대한 또 다른 의문이 들 것이다.

측정이란 시스템이 운영되는 동안 데이터를 수집하는 과정이다.
시스템의 중요 기능들에 관련된 데이터를 수집함으로써 시스템
스스로가 얼마나 잘 운영되고 있는지 더 쉽게 이해할 수 있다.

또한 측정은 시스템들을 서로 비교할 수 있게 해준다. 예를 들
면, 컴퓨터 한 대를 만들기 위해서 여러 가지 다른 타입의 마이크
로프로세서를 이용할 수 있다. 그중에서 무엇을 사용해야 할 것인
가? 시간, 전력소비, 열 생산 등등 각 프로세서들의 다양한 특징들
을 측정해 봄으로써 자신에게 필요한 최고의 프로세서를 갖춘 컴
퓨터를 고를 수 있을 것이다.

측정은 시스템을 분석할 때 영양결핍으로 인한 실명과 같은 현
상을 피할 수 있게 도와준다. 현재 존재하지 않는 것들을 예측하
는 일이 매우 힘들다는 사실을 기억해야 한다. 시스템의 다른 요
소들을 측정하는 것은 잠재적인 문제들을 사전에 식별할 수 있도
록 한다.

예를 들어, 당뇨병은 신체의 혈당 수치를 제어하는 순환 구조의
문제이다. 너무 많거나 적은 혈당 수치는 생명을 위협할 수 있다.
그래서 만약에 신체가 혈당을 유지하기 위해 너무 많거나 적은 인
슐린을 분비한다면 그것은 큰 문제로 발전한다.

인슐린 레벨이 당뇨병을 가지고 있는 사람들에게 매우 중요함에도 불구하고, 그들을 지켜보는 것만으로는 인슐린 레벨이나 혈당 수치를 알 수는 없다. 측정 없이는 그 사람이 사망하거나 기절하는 등 상태가 좋지 않은 것이 눈에 보일 때까지 결여 맹목성_{Absence Blindness}이 자연스레 적용될 것이다.

이러한 상황을 피하기 위해서 당뇨병 환자들은 그들의 혈당 수치와 인슐린 레벨을 매일매일 측정하는 습관을 들여야 한다.

무언가를 측정하는 것은 그것을 개선하기 위한 첫 번째 단계이다. 피터 드러커는 '측정되는 것만 관리될 수 있다'라는 유명한 말을 하였다. 이것은 사실이다. 만약에 사업으로 얼마의 돈을 벌고 있고 얼마나 사용하고 있는지 모른다면, 어떤 변화를 주어야 그 사업이 실제로 개선이 될 것인지 알기 힘들 것이다. 만약 살을 빼고 싶다면, 먼저 지금의 몸무게가 얼마인지 알아야 하고, 살을 빼려는 노력들이 몸무게를 어떻게 변화시키는지 계속 관찰해야 한다.

데이터 없이는 눈먼 상태와 다를 게 없다. 무엇인가를 개선시키기를 원한다면 측정하는 것이 우선이다.

참조 링크: https://personalmba.com/measurement/

핵심성과지표
Key Performance Indicator

"올바른 질문에 대한 대략적인 답을 갖고 있는 것이 잘못된 질문에 대한 정확한 답을 가지고 있는 것보다 낫다."

측정과 관련된 일차적인 문제점은 다음과 같다. 큰 문제를 해결하기 위해서는 많은 것들을 측정해보아야 한다. 하지만 너무 많은 것을 측정하려고 하면 어쩔 수 없이 인지 범위를 넘어서게 되어 고생하게 될 것이고, 그러다 보면 의미 없는 데이터들 사이에서 허우적거리게 될 것이다.

수많은 요소 중에서 몇 가지 측정 요소들은 다른 것들보다도 중요하다. 그러므로 핵심성과지표^{KPI}는 시스템의 결정적인 요소들을 측정하는 것이다. 시스템을 개선시켜 주지 않는 것들에 대한 측정은 의미가 없으며, 단지 한정된 집중력과 에너지를 낭비하는 것이다. 조사하고 있는 시스템을 개선하고 싶은 의도라면, 모든 것들에 집중력을 기울일 필요가 없다. 단지 실제로 중요한 몇 가지 요소들만 측정하면 되는 것이다.

안타깝게도 실제로 중요한 것들보다는 쉽게 측정할 수 있는 것들에 집중하기가 쉽다. 사업의 매출액을 예로 들 수 있다. 상당히 중요해 보이지 않는가? 하지만 매출액은 단지 수익의 핵심 요소이기에 중요해 보일 뿐이다. 만약에 백만 불의 매출을 낸다고 해도 그것을 위해 이백만 불을 소비한다면 아무 의미가 없다. 창업자이자 인기 있던 BBC 시리즈 드래곤즈 덴$^{Dragon's\ Den}$(BBC의 사업설명 리얼리티 프로그램)의 사회자였던 테오 파피티스$^{Theo\ Pahitis}$는 '수익은 건전하지만 총매출은 허영에 불과하다'라는 인상 깊은 말을 남겼다.

이것은 제조 과정 중의 측정에서도 똑같이 적용된다. 만약 당신이 프로그래머 팀을 관리하고 있다면 그들의 성과를 가시적이고 쉽게 수집해서 측정할 수 있는 소스 코드의 행수로 평가하기 쉽다. 하지만 실제로 현장에서 굳이 많은 행수의 코드가 꼭 필요한 것은 아니라는 것이다. 유능한 프로그래머들은 더 적은 행수의 코드로 더 나은 프로그램을 만들 수 있다. 만약 양에만 초점을 맞춘다면 수만 행수의 코드를 없앰으로써 엄청난 개선을 이루었음에도 불구하고 그것을 안 좋게 평가할 수도 있다.

만약 코드 행수를 기준으로 프로그래머들을 보상한다면 상황은 더 심각해진다. 인센티브로 인해 발생한 편견은 코드를《전쟁과 평화》와 같은 수준의 프로그래밍처럼 보이게 만들 것이다.

일반적으로 비즈니스와 관련된 KPI들은 모든 비즈니스 또는 처리량의 다섯 가지 요소와 직접적으로 관련되어 있다. 비즈니스 KPI를 식별하기 위해 던지는 질문들은 다음과 같다.

- **가치 창조**: 시스템이 얼마나 빠르게 가치를 창조할 수 있는가? 현재 유입 수준은 얼마인가?
- **마케팅**: 얼마나 많은 사람들이 상품 제안에 주의를 기울이는가? 더 많은 정보를 제공할 수 있는 잠재고객을 얼마나 가지고 있는가?
- **영업**: 얼마나 많은 잠재고객들이 실질적인 소비자가 되어가고 있는가? 고객들의 평균 생애 가치는 얼마인가?
- **가치 전달**: 얼마나 빠르게 각각의 고객들에게 서비스를 제공

할 수 있는가? 현재 환불이 되거나 불평이 나오는 비율은 얼마나 되는가?

- <u>재무</u>: 순이익은 얼마나 되는가? 구매력은 얼마나 되는가? 재무 건전성은 충분한가?

이러한 질문과 관련된 측정은 모두가 KPI와 직접적으로 관련이 있다. 주요 비즈니스 프로세스나 시스템의 총처리량과 직접적인 관계가 없는 것들은 아마 KPI가 아닐 것이다.

시스템마다 3~5개의 KPI로 한정시키도록 노력해 보라. 측정 자료들을 수집할 때 스스로 보고 싶어 하는 모든 정보들을 담고 있는 '대시보드'를 만들려고 할 가능성이 높다. 그 유혹에 넘어가지 말라. 너무 과한 데이터를 수집하려고 하면 중요한 변화들을 찾아낼 수 있는 가능성이 떨어진다. 필요하다면 언제든지 데이터를 더 조사하면 그만이다.

시스템의 KPI를 찾아내면 데이터 속에 파묻히지 않고 시스템을 관리할 수 있게 될 것이다.

참조 링크: https://personalmba.com/key-performance-indicator/

쓰레기가 들어오면, 쓰레기가 나간다

Garbage in, Garbage Out

"시작을 잘 지켜보면 결과는 스스로 관리될 것이다."

알렉산더 클락(Alexander Clark), 19세기 미국 대사, 시민 권리 운동가 만약 질이 떨어지는 데이터를 분석하면 그 분석의 결과는 좋아봤자 가치 없는 것이고 손해를 안 끼치면 다행일 것이다.

입력의 품질은 언제나 출력 결과의 품질에 영향을 준다. 질 나쁜 재료로 만든 물건은 매력적이지 않고 신뢰할 수도 없을 것이다. 많은 양의 불량 식품을 먹고, 많이 움직이지 않고 TV만 본다면 에너지가 넘치는 대신 무기력해질 것이다. 만약 숙련되지 못하거나 흥미가 떨어지는 프로젝트를 하려고 하다 보면 결과는 당연히 좋지 않을 것이다.

쓰레기를 넣으면 쓰레기가 나온다는 것은 아주 간단한 원리이다. 시스템에 쓸모없는 입력을 넣는다면 쓸모없는 결과가 나올 수밖에 없다.

시스템을 이해할 수 있는 능력은 그 시스템에서 어떤 일이 벌어지고 있는지 관찰할 수 있는 능력과 직접적으로 관련되어 있다. 시스템에 대해 수집하는 데이터의 질과 양은 시스템이 운영되면서 그 안에서 무슨 일이 일어나고 있는지 얼마나 잘 이해할 수 있는가를 결정한다.

작업을 마쳤을 때 쓰레기 같은 결과물을 원하지 않는다면 시작할 때 쓰레기를 사용하지 말아야 한다. 무엇을 가지고 시작하는지 항상 신경 써야 프로세스의 최종 결과를 기대치에 이르게 할 수 있다.

결과를 개선하기 위해서는 초기에 시작하는 일의 질을 개선시키면 된다.

참조 링크: https://personalmba.com/garbage-in-garbage-out/

허용 수준
Tolerance

"지혜로의 길이란? 간단하게 표현할 수 있다. 끊임없는 실수의 반복, 하
지만 갈수록 실수가 점점 줄어드는 것이다."

피에트 하인(Piet Hein), 수학자, 시인

대다수의 경험이 부족한 사업가들은 완벽함을 추구한다. 작은 실
수나 변화에도 많은 걱정을 한다.

비즈니스 웹 사이트를 예로 들 수 있다. 대부분의 사업가들은 그
들의 웹사이트가 다운되면 경악하고 즉각적으로 시스템 관리자나
그 책임 부서를 소집한다. 그리고 웹사이트가 절대 다운되지 않도
록 하라고 지시한다.

이런 방법은 현실적이지 않다. 완벽함이라는 것은 불가능하다.
백 퍼센트 신뢰성이라는 것은 몽상에 불과하다. 정상적인 사고들
은 삶의 피할 수 없는 진실이기에 그것들을 포함해서 계획을 세우
는 것이 낫다. 더 많은 신뢰성을 요구할수록 시스템의 비용은 높
아질 것이다.

'허용 수준(또는 관용)'은 시스템 내부의 일상적인 에러에 대해
수용할 수 있는 수준을 가리킨다. 측정할 수 있는 범위 내에서 시
스템은 의도한 대로 작동된다. 에러가 심각한 수준을 넘지 않는
한 긴급하게 개입할 필요가 없다. 허용 수준은 흔히 엄격하거나
느슨한 것으로 언급된다. 엄격한 허용 수준은 에러나 변동성에 대
한 여지가 거의 없다. 구성 요소나 시스템이 성과에 결정적이라면

엄격함이 요구된다. 느슨한 관용은 작은 실수들이 중요한 영향을 미치지 않을 때, 에러나 변동성에 대한 여지를 허용한다.

시스템의 신뢰성은 종종 백분율을 이용해서 측정된다. 시스템이 주어진 조건에서 95퍼센트 신뢰할 수 있다면, 그것은 20번 중에 19번의 의도된 관용 내에서 결과를 만들어내는 것을 의미한다. 신뢰도가 높을수록, 백분율 수치도 높아진다.

누군가 '파이브 나인(99.999)' 신뢰도에 대해서 언급하는 것을 들었다면, 그것은 99.999퍼센트 의도된 결과를 만들어내는 것을 의미한다. 이것은 극도로 인상적인 신뢰도 수준이다. 그러므로 이를 달성하기 위해서는 매우 비싼 비용을 지불해야 한다. 시스템 회사들은 관용 관점에서 이런 신뢰도 측정 방법을 사용한다. 그리고 만약 에러가 어떤 기준점을 넘는 경우 보상을 보장받기 위해 서비스 수준 계약을 체결한다.

엄격한 관용은 매우 유용하고, 품질의 긍정적인 지표이다. 이것은 결국 실수나 변동성을 원하지 않는다는 것이다. 시간이 지날수록 시스템의 중요한 요소들에 대해서 더 엄격한 허용 범위를 달성하겠끔 일하라.

참조 링크: https://personalmba.com/tolerance/

분산
Variance

"현재와 앞으로 다가올 것들이 얼마나 빨리 지나가고 사라지는지 명심하라. '무엇'은 끊임없이 변화하고 '왜'는 수천 가지의 변수가 있는 등 존재는 강물처럼 우리를 지나친다. 심지어 지금 여기 있는 것조차도 안정된 것은 없다."

마르쿠스 아우렐리우스(Marcus Aurelius), 기원전 2세기 철학자이자 로마 황제

무작위로 변동하는 측정값은 분석하기 어려운 경우가 많다. 판매량 수치가 좋은 예다. 월요일에 3,017개, 화요일에 2,967개, 수요일에 3,142개를 판매했다면 '정상' 일일 판매량을 어떻게 추정할수 있을까? 더 어려운 문제도 있다. 판매량이 매일 무작위로 증가하거나 감소하는 경우, 새로운 마케팅 또는 판매 전략이 효과가있는지 어떻게 알 수 있을까?

분산은 측정값 또는 데이터 집합의 변동 정도이다. 평균이나 중앙값과 같은 전형성의 평균은 자연스러운 시작점이지만, 발생할수 있는 변동 범위를 포착하지는 못한다. 정상적인 변동 정도를파악하지 않으면 올바른 의사결정을 내릴 수 없다.

《변동 이해: 혼돈 관리의 핵심Understanding Variation: The Key to Managing Chaos》에서 도날드 휠러Donald J. Wheeler 박사는 분산 분석을 가능하게 하는 '통계적 프로세스 제어'라는 접근방식을 설명한다. 평균 또는 중앙값으로 시작하여 데이터 집합에 존재하는 변동의 크기를 정량화하는 것이다. 이를 통해 일반적인 값, 상한 정규 경계 및 하한 정규경계, 즉 예상되는 정규 값의 범위를 얻을 수 있다.

상한선과 하한선을 설정하면 의사결정을 내리는 데 훨씬 유리한 위치에 서게 된다. 상한을 깨는 데이터 요소 또는 하한은 통계적으로 유의미하며, 경계에 가까운 일련의 연속적인 데이터 지점

도 마찬가지다. 일일 판매량 예시로 돌아가서, 일반적인 상한선이 일일 3,500개인 경우 4,000개가 판매된 날을 조사하여 이러한 결과를 초래한 원인을 파악하는 것이 좋다. 마찬가지로 5일 연속으로 3,500개를 초과하는 날이 있다면 새로운 마케팅 계획에 계속 투자해야 하며, 이는 효과가 있음을 의미한다.

분산 측정은 모든 입력과 출력에 직접 액세스하거나 가시성을 확보할 수 없는 경우 기회나 문제를 식별하는 데 유용하다. 제품을 판매하는 경우 모든 유닛을 테스트할 수 없고, 표본으로 사용 중에 발생하는 문제를 포착하지 못할 수도 있다. 고객 지원 요청, 반품 요청 및 보증 요청의 편차를 추적하면 정상적인 편차를 초과하는 증분을 발견하면 즉각적인 조치가 가능하다.

참조 링크: https://personalmba.com/variance/

분석의 정직성
Analytical Honesty

"진리에 의해 파괴될 수 있는 것들은 파괴되어야 한다."

P. C. 하젤(P. C. Hodgell), 《갓 스토커 연대기(The God Stalker Chronicles)》
저자 및 교수

P&G에서 나의 마지막 역할은 온라인 마케팅의 측정 전략을 만들어내는 것이었다. 이는 웹 상에서 P&G 광고의 효과성을 측정하는 방법을 찾아내야 하는 작업이다. P&G는 매년 배너 광고, 검색 엔진 광고, 온라인 동영상 배치 등에 수백만 불을 지불하였다. 내

역할은 그러한 투자가 가치 있었는지를 산정하는 것이었다.

우리의 제안 사항을 모아서 분리하는 동안 팀이 발견한 것 중 하나는, 웹사이트에서 독특한 방문자를 측정하려고 우리가 사용했던 시스템이 잘못되었다는 사실이다. 단순하게 방문자 수를 측정하는 대신에, 검색 엔진 프로그램은 방문하는 것이 사람이 아닌데도 불구하고 방문자 수에 계산되었다. 컴퓨터 프로그램은 세제나 샴푸에 대해 고려하지 않았는데도 그 시스템은 그들을 잠재고객으로 계산했다.

검색 엔진의 스파이더 프로그램이 새로운 정보를 찾기 위해서 매일 동일한 웹 사이트를 여러 번 방문하는 것은 드문 일이 아니다. 그러므로 시스템이 각각의 사이트에 대한 방문자 수를 언급할 때 과장된 경우가 많다. 다시 말해서, 쓰레기를 넣으면 쓰레기가 나오는 상황이 되는 것이다. 그 결과, 웹 사이트에 대한 측정을 쓸모없는 것으로 만들어 버린다.

자연스럽게 방문자 데이터를 모으는 방법을 더 정확하게 추적하는 업그레이드 방법을 제안하였다. 그런 경우 보편적으로 팀은 새로운 방법을 거절한다. 그들은 시시한 데이터를 모으고 있다는 것을 알고 있었다. 그럼에도 불구하고 개의치 않은 듯이 행동했다. 이상하지 않은가?

이것이 마찰을 일으킨다. 새로운 탐지 시스템은 KPI로 여겨지는 각 웹 사이트 고유의 방문자 수 측정 방법을 유효하지 않게 만든다. 새로운 시스템이 분명히 더 정확하지만, 그 시스템을 설치하는 선택이 기존 팀의 방법을 나쁘게 보이게 할 것이기 때문이다. 이슈를 해결하기보다 그들은 거짓된 방식으로 계속할 것을 고집했다. 그 결과, 웹 사이트의 실제 성과를 개선하기 위한 방법이 있음에도 타협하게 된다.

분석적인 정직함은 공평무사하게 데이터를 측정하고 분석하는 것을 가리킨다. 사람은 사회적인 피조물이므로, 다른 사람들이 자신을 어떻게 지각하는지에 대해서 매우 신경을 쓴다. 그러므로 사물이 실제보다 더 좋게 보이면 자연적인 인센티브가 된다.

분석적인 정직함을 유지하는 가장 좋은 방법은 시스템에 개인적으로 관여되지 않은 누군가에게 평가를 맡기는 것이다. 인센티브에 의해 야기되는 편견이나 확신에 의한 편견들은 사회적 지위가 위태로울 때 너무 쉽게 굴복 당한다. 경험 있고 감정에 휩쓸리지 않는 제3자에게 측정과 분석 관행에 대한 감사를 맡기는 것이 이러한 유혹을 피하는 방법이다.

장밋빛 안경을 쓰고 데이터를 바라보지 말라. 성과를 향상시키는 것에 대해서, 데이터가 가리키는 것에 대해서, 항상 스스로에게 정직하기 위해서 애쓰라.

참조 링크: https://personalmba.com/analytical-honesty/

맥락
Context

"어떤 것을 이해할 수가 없다면, 그것은 문맥을 알 수가 없기 때문이다."

리차드 라브킨(Richard Rabkin), 심리학자

당신이 이번 달에 이십만 불의 매출을 올렸다고 가정하자. 좋은

가? 나쁜가?

그것은 상황에 따라 다르다. 만약 지난달에 십만 불의 실적이었다면 좋은 결과이다. 만약 이번 달의 경비가 사십만 불이 들어갔다면 나쁜 결과이다.

문맥은 조사하고 있는 데이터에 대한 추가적인 정보를 제공하기 위해서 연관된 측정을 사용하는 것이다. 앞의 예에서와 같이 추가적인 정보 없이 매출 정보만 아는 것은 유용하지 않다. 지난달 매출과 이번 달 경비 등 추가적인 문맥을 제시해야 현재 상황에 대한 판단이 더 명확해질 것이다.

전체 집합에 대한 측정은 대부분의 경우에 유용한 정보를 제공하지 않는다. 집계적인 측정은 문맥을 결여하고 있기 때문에 실질적으로 개선하는 데에는 유용하지 않다. 이번 달에 웹 사이트에 이백만 명의 사람들이 방문했다는 것을 아는 것은 거의 유용하지 않다. 문맥 정보가 없이는 변화나 효과성에 대해서 측정할 수가 없다. 이것은 시스템을 개선하는 능력을 제한시킨다.

결과를 추적할 때 하나의 매직 넘버에 집착하려는 유혹을 피하라. 하나의 숫자에 의존하는 것은 유용한 단순함처럼 여겨진다. 그러나 그렇지 않다. 문맥을 제거하는 것은 데이터 안에 내재된 중요한 변화에 대해 눈멀게 한다. 총 품질 점수를 아는 것, 매출이 증가하거나 감소했다는 것은 중요하던 중요하지 않던 간에, 그것이 무작위의 오르내림에 의한 것인지, 아니면 시스템 또는 환경의 심각한 변화에 의한 것인지, 왜 그런 일이 발생했는지 이유에 대해서는 설명하지 않는다.

문맥과 분리해서 측정하지 않는 것을 일반 규칙으로 삼아라. 항상 문맥 안에서 측정들을 바라보도록 하라.

참조 링크: https://personalmba.com/context/

표본추출
Sampling

"표본추출 이론을 믿지 않는다면, 다음에 의사에게 가서 혈액 샘플을 채취하게 되는 경우에, 의사에게 혈액 전부를 채취하라고 해야 한다."

지안 펄고니(Gian Fulgoni), 컴스코어 회사 창립자 겸 회장

만약 시스템이 너무 크거나 복잡하다면 매 프로세스마다 데이터를 취합하기 위해서 무엇을 해야 하는가?

때로 전체 시스템의 흐름을 다 측정하는 것은 효율적이지 못하다. 만약 확장 가능한 시스템을 관리한다면, 항상 모든 단위를 테스트하거나 모든 에러를 발견하는 것이 불가능한 경우도 있다. 시스템이 수백만 단위들의 조합으로 만들어지거나 수백만 개의 거래를 실행할 때 어떻게 신속하게 잠재적인 문제를 파악할 수 있겠는가?

표본추출은 전체 출력의 작은 비율 부분을 임의로 선택하는 과정이다. 그런 다음 전체 시스템을 위한 대용물로 사용하는 것이다. 만약 의사가 당신의 혈액 샘플을 채취한다고 하면, 표본추출이 무엇을 의미하는지 잘 알 수 있다. 의사 또는 간호사는 혈액의 일부분을 채취해서 분석을 위해 실험실로 보낸다. 샘플 속에서 이상 현상이 발견되면, 그것은 일반적으로 혈액 순환 속에 현존하는 이

상 현상과 같은 것이다.

표본추출은 시간과 비용이 많이 소요되는 시스템 전수 조사 없이 신속하게 시스템 에러를 발견할 수 있게 돕는다. 만약 휴대폰을 생산하고 있다면, 각각의 휴대폰이 만들어질 때마다 조사를 하지 않아도 된다. 설령 스무 대의 휴대폰 중 한 대를 테스트하는 것만으로도 문제가 생길 때 충분히 빨리 대처할 수 있다. 얼마나 빨리, 얼마나 정확하게 문제를 해결하기를 원하느냐에 따라 표본추출 비율을 늘리거나 줄이면 된다.

무작위 임의 추출 조사Random Spot Check 점검 또한 표본추출의 한 방법이다. 많은 소매 유통점을 갖고 있는 회사들은 주기적으로 고객 서비스를 점검하거나 영업사원들의 능력을 테스트하기 위해서 비밀 요원을 보내 쇼핑하게 한다. 이러한 쇼핑객들은 특정 제품에 대한 흥미를 보이고, 질문을 하고, 반납하기도 하고, 성가시게 하는 역할을 위해 고용된다. 직원들은 고객이 진짜 고객인지 아닌지 알 수가 없기 때문에, 가게의 관리를 위해서 매일 매초 자세히 조사하지 않고도 직원들을 테스트할 수 있는 효과적인 방법이다.

표본추출은 표본이 실제로 무작위적이 아니거나 균일하지 않을 때에는 편견을 일으키기 쉽다.

예를 들어, 맨하탄의 재산 소유가들을 조사해서 미국의 평균 가정 수입을 측정하는 것은 웨스트 버지니아의 재산 소유자들을 조사하는 경우보다 데이터의 결과를 아주 더 높게 왜곡시킬 것이다. 최상의 결과를 위해서는 가능한 가장 큰 무작위 표본을 사용하는 것이 필요하다.

만약 품질을 테스트할 필요가 있을 경우 표본추출은 데이터를 왜곡하는 잠재적 편견을 잘 경계만 한다면, 막대한 비용을 초래하지 않고 좋은 데이터를 수집할 수 있게 해준다.

참조 링크: https://personalmba.com/sampling/

오차 한계
Margin of Error

"사람은 하나의 표본으로 일반화하려는 경향이 있다. 최소한 나는 그렇다."

스티븐 브러스트(Steven Brust), 과학 소설 작가

마술사 가게에서 마술 동전을 구매한다고 가정해 보라. 고객은 그 동전을 던지면 대부분 앞면이 나오는지 확인하기 바랄 것이다.

어떻게 가짜 마술 동전을 사지 않았다고 확신할 수 있는가? 물론 고객은 손가락으로 동전을 튕겨 보기 시작할 것이다.

손가락으로 다섯 번 튕겼을 때, 두 번 앞면이 나오고 세 번 뒷면이 나왔다고 가정해 보라. 당장 환불해 달라고 하지 않겠는가?

마술사의 명성을 위태롭게 하기 전에 정확한 결과를 얻기 위해 확인하는 것은 당연하다. 오차 한계는 표본으로부터 관찰된 결과를 얼마나 신뢰할 수 있느냐에 대한 통계적 예측이다.

단지 동전을 다섯 번 튕겼다면, 그 동전이 가짜라고 절대적으로 확신할 수는 없다. 표본 크기가 너무 작기 때문이다. 매번 동전을 던질 때마다 표본의 크기는 점점 커지게 된다.

만약 동전을 천 번 던졌는데, 뒷면이 세 번 중 두 번 정도 나왔

다면 그 동전이 한쪽으로 편향되어 나온다는 것을 상대적으로 확신하게 될 것이다. 그러나 여전히 기대한 만큼은 아니다. 정상적인 동전은 앞면이 절반 정도 나와야 하므로, 더 커진 표본 크기는 마술사가 실수로 뒷면이 주로 나오는 동전을 당신에게 팔았다는 것을 알려준다.

매번 추가되는 표본은 가용한 데이터를 더 증가시켜서 관측되는 샘플이 연구하는 모집단을 대변하는 것을 확신하게 해준다. 표본의 수가 많을수록 오차 한계는 점점 작아지게 되고, 표본 조사를 통해 얻게 되는 결론에 대해서 더 많이 신뢰할 수 있게 해준다(표본추출에서 편견을 피할 수 없는 것은 오차 한계가 늘어나기 때문이다).

오차 한계를 예측하는 수학적인 방법은 이 책의 범위를 벗어난다. 만약 요령을 터득하기만 하면, 특히 스프레드시트나 데이터베이스를 사용하게 되면 오차 한계 분석은 쉬워진다. 신뢰 구간 또는 신용 구간처럼 오차 한계를 계산해야 하거나 예측해야 한다면, 심층 입문서로서 벌머의 《통계학의 원리 Principles of Statistics》와 같은 통계학 원리 책을 읽어 보기를 권한다.

일반적으로 표본 크기가 작거나 모집단을 대표하지 못하는 표본에서 나온 정상적인 판단을 막게하는 결론은 경계할 필요가 있다. 익숙하지 않은 데이터에 근거한 평균 또는 확률을 접할 때마다 표본 크기와 표본이 어떻게 수집되었는지 조사할 필요가 있다.

참조 링크: https://personalmba.com/margin-of-error/

비율
Ratio

"연산을 거절하는 사람은 애초부터 넌센스를 말하려는 것이다."

존 매카시(John McCarthy), 인공 지능 신조어를 만든 컴퓨터 인지 과학자

비율은 두 가지 측정을 서로 비교하는 방법이다. 결과치를 입력치로 나누면 시스템의 다른 요소들 사이의 유용한 관계를 측정할 수 있다.

예를 들어, 가게에 들어오는 서른 명의 손님들 중에서 열 명이 구매한다고 가정해 보라. 그러면 거래 체결 비율은 10을 30으로 나눈 비율, 즉 1/3이 된다.

영업 직원들의 테크닉을 훈련해서 가게에 들어오는 서른 명의 손님들 중에서 열다섯 명이 구매하게 만든다고 하면, 거래 체결 비율은 15를 30으로 나눈 비율, 즉 1/2이 된다.

백분율도 단지 100으로 나눈 비율이다. 첫 거래 체결 비율을 백분율로 환산하면 33퍼센트이다. 두 번째 체결 비율은 50퍼센트가 된다.

여기 유용한 비율들이 있다.

- **판매 촉진 비용 대비 수익률**: 광고에 1달러를 사용할 때마다 얼마나 많은 수익을 얻게 되는가?
- **직원 한 명당 이익률**: 고용하고 있는 직원 한 명이 사업에서 창출하는 이익은 얼마인가?
- **거래 체결 비율**: 잠재고객 중에서 얼마나 많은 고객이 구매

하는가?

- 반환 또는 불평 비율: 영업 판매를 할 때마다 얼마나 많은 고객이 반환 또는 불평을 하는가?

재무제표를 검토할 때 재무 비율들은 매우 유용하다. 투자 수익률, 총자산 수익률, 재고 회전율, 매출채권 회수율 등과 같은 비율은 사업의 건전성을 확인할 때 매우 유용하다. 일반적인 재무 비율들에 대한 소개 자료로, 카렌 버만$^{Karen\ Berman}$과 조 나이트$^{Joe\ Knight}$의 《기업가를 위한 재무 재능$^{Financial\ Intelligence\ for\ Entrepreneurs}$》과 같은 책을 추천한다.

시간에 따라 비율들을 추적 관측하면 시스템이 어떻게 변화하는지 방향성에 대한 암시를 얻을 수 있다. 거래 체결 비율이나 투자 자본 수익률이 계속 상승한다면 이는 매우 좋은 일이다. 만약 시간이 흐를수록 감소하고 있다면 왜 그런지 알아내기 위해서 조사를 해야 한다.

창조적으로 일하라. 사업을 연구해서 시스템의 가장 중요한 요소들을 잘 나타내주는 비율들을 만들어 보라.

참조 링크: https://personalmba.com/ratio/

전형성
Typicality

"당신에게 고통을 주는 것이 있다는 게 아니다. 그렇지 않다는 것을 당신은 알고 있다."

〈월 스트리트 저널[WSJ]〉잡지 구독자의 가구당 평균 순 가치는 150만 불이다.[2] 〈월 스트리트 저널〉 구독자들은 상당히 부유한 것 같다. 그러나 실제로는 언뜻 생각하는 것보다 적다. 빌 게이츠, 워런 버핏과 같은 부자들도 〈월 스트리트 저널〉을 읽는다. 그들의 재산은 수십억 달러에 이른다. 이는 비즈니스 전문가의 상위 0.01퍼센트의 재산 총액보다 더 많은 금액이다.

빌 게이츠나 워런 버핏 같은 초고소득자들이 평균을 매우 높게 왜곡시킨다. 만약 전형적인 〈월 스트리트 저널〉 구독자들의 소득이 얼마인지 파악할 때 평균만을 참조하게 되면 실수하는 것이다.

많은 형태의 연구들은 중요한 측정을 위한 평균값 또는 전형적인 수치를 파악하는 전형성을 어떻게 정의하느냐에 따라 좌우된다. 전형적인 값을 계산하는데 사용되는 네 가지 방법이 있다. 평균[Mean], 중앙값[Median], 최빈수[Mode], 중심값[Midrange] 이다.

평균[Mean] 은 모든 데이터들의 양을 더한 다음, 가용한 데이터의 전체 수로 나누어서 계산할 수 있다. 평균값들은 계산하기 쉽다. 하지만 빌 게이츠와 워런 버핏 현상을 야기시킬 수 있다. 아웃라이어가 존재하는 경우 평균값을 너무 높거나 낮게 왜곡시킬 수 있다.

중앙값[Median] 은 데이터 값들을 크기 순으로 분류한 다음, 데이터가 분포된 범위에서 중앙에 위치한 값으로 계산된다. 중앙값들은 실제로 백분위[percentile] 라고 불리는 형태의 분석 방법이다. 중앙값은 백분위에서 중앙에 위치한 값이다. 전체 구간에서 50퍼센트의 값들은 중앙값보다 작다. 중앙값을 계산하고 그것을 평균과 비교해 보면, 평균값이 극소수의 데이터에 의해서 심각하게 좌우되는지 여부를 알 수 있다.

최빈수^{Mode}는 데이터 집합에서 가장 빈번하게 나타나는 값이다. 최빈수는 데이터 군을 찾아낼 때 유용하다. 하나의 데이터 집합은 여러 개의 최빈수를 가질 수 있다. 최빈수는 데이터 집합 내의 데이터들의 흥미로운 잠재적인 상호의존성을 발견할 수 있게 해 준다.

중심값^{Midrange}은 데이터 집합 내의 가장 높은 값과 낮은 값의 중간 값이다. 중심값은 가장 높은 값과 낮은 값을 더한 다음, 2로 나누어 구할 수 있다. 중심값은 어림잡아 빨리 예측할 때 쉽게 사용할 수 있는 방법이다. 하지만 중심값도 빌 게이츠나 워런 버핏 같이 비정상적으로 높거나 낮은 값들이 있으면 쉽게 왜곡될 수 있다.

평균, 중앙값, 최빈수, 중심값들은 업무에 맞게 적절히 사용한다면 전형적인 결과 상태를 나타낼 수 있는 유용한 분석 도구들이다.

참조 링크: https://personalmba.com/typicality/

상관관계와 인과관계
Correlation and Causation

"상관관계로 인과관계를 알 수는 없지만, 원인과 결과에 대한 힌트를 얻는다."

에드워드 터프티(Edward Tufte), 통계학자, 정보 설계 전문가, 예일대학 교수

당구 테이블을 가정해 보라. 그 위에 있는 당구볼들의 정확한 위치를 알고, 당구 큐볼(백구)에 가해질 힘(충돌 시 가해지는 벡터, 힘, 위치, 바닥의 마찰, 공기 저항) 등에 대해서 정확하게 안다면, 큐볼이 어떻게 움직여서 다른 볼을 맞추면서 영향을 미칠지에 대해서 정확하게 계산할 수 있다. 프로 당구 선수들은 공의 움직임의 관련성을 머릿속에서 시뮬레이션 하도록 훈련되어 있어서 신속하게 당구 테이블에 있는 공들을 깨끗이 치울 수 있다.

그것이 인과 관계이다. 원인과 결과의 연쇄 사슬이다. 큐볼을 정확하게 치는 것이 원인이 되어 당구대 귀퉁이의 공받이 포켓에 다른 볼을 떨어뜨리는 결과를 야기시키는 것과 같다. 만약 동일한 상황에서 동일한 방법으로 다시 한 번 큐볼을 치게 되면, 매번 동일한 결과를 얻게 될 것이다.

여기 또 가설 데이터를 이용한 다른 실험 사례가 있다. 심장 발작으로 고생하는 사람들은 매년 평균 57개의 베이컨이 들어간 더블 치즈 버거를 먹는다. 더블 치즈 버거를 먹는 것이 심장 발작을 일으킨다고 할 수 있는가? 꼭 그렇다고 할 수는 없다. 심장 발작을 일으키는 사람들은 매년 365일 샤워를 하고, 560만 번 눈을 깜박인다. 샤워하는 것과 눈을 깜박이는 것도 또한 심장 발작을 일으킨다고 할 수 있는가?

상관 관계가 인과 관계는 아니다. 하나의 측정이 다른 측정과 밀접하게 연관되어 있다고 할지라도 그 측정이 원인이 되어 결과를 야기시켰다고 증명한 것은 아니다. 피자 가게를 소유하고 있어서, 지역 TV 방송국에 30초간 광고를 내보냈다고 가정해 보자. 광고가 방송되고 나서 판매가 30퍼센트 증가된 것을 감지하였다. 그렇다면 광고가 판매 증가를 야기시킨 것인가?

꼭 그런 것은 아니다. 여러 요인들이 판매 증가를 야기시킬 수 있다. 만약 그날 컨벤션 행사가 열렸다면 평소보다 더 많은 방문객들로 인해서 판매가 증가했을 수 있다. 졸업을 축하하기 위해서 가족들이 외식하러 나왔기 때문일 수도 있다. TV 광고와 함께 피자 한 판을 사면 두 판을 주는 특별 판촉을 동시에 했고, 그것이 더 많은 사람들을 가게로 끌어들였기 때문일 수도 있다. 동시에 여러 가지 일들이 생길 수 있기 때문에, 이것만이 확실한 원인이라고 단정하기 어렵다.

사실 광고가 실제로는 판매를 감소시켰을 수도 있다. 광고의 호소력이 없거나 불쾌한 반응을 불러일으켰는데, 그로 인한 판매 감소를 희석시키는 다른 요인이 판매 증가를 야기했을 수도 있다.

인과 관계는 항상 상관 관계보다 증명하기가 어렵다. 많은 변수와 상호의존성을 가진 복잡한 시스템을 분석하게 되면, 진정한 인과 관계를 찾아내는 것은 매우 어려워진다. 일정한 시간이 경과하면서 시스템 안에 더 많은 변화가 생길수록, 분석하고 싶은 결과에 영향을 미치는 변화는 여러 개가 될 가능성이 많다.

알려진 변수들을 조정하는 것은 시스템의 변화를 야기시키는 잠재적인 원인들을 분리시킬 수 있다. 예를 들면, 졸업을 축하하기 위해서 외식을 하러 나가는 가족들을 안다면, 또는 연간 컨벤션 행사가 다가오고 있는 것을 안다면 과거 데이터를 이용해서 계절 패턴에 따라 변수를 조정할 수 있다.

시스템 안에서 일어난 변화가 다른 변화에 미치는 영향을 격리 시킬 수 있다면 의도적으로 만든 변화가 실제 관측되는 결과를 야기시켰다고 더욱 확신할 수 있게 된다.

참조 링크: https://personalmba.com/correlation-causation/

규범

Norms

"과거를 기억하지 못하면 반복하게 된다."

조지 산타야나(George Santayana), 철학자, 수필가, 격언 작가

현재 존재하는 대상의 효과성을 비교하고 싶다면, 때로는 과거로부터 배우는 것이 도움이 된다.

규범들은 현재 측정 방법에 사용되는 문맥을 제공하는 도구로서 과거 데이터를 사용하는 도량법이다. 예를 들면, 판매가 일어난 날의 과거 데이터를 분석하면 판매가 일어난 날짜와 관련된 계절별 판매 동향을 발견할 수 있다. 계절 패턴을 파악하는 것은 규범이 유용성을 제공하는 좋은 사례이다. 만약 크리스마스 장식품을 판매하는 사업을 하고 있다면, 사사분기 판매 실적을 삼사분기 실적과 비교하는 것은 별로 유용하지 않다. 8월에 크리스마스 장식품을 사는 경우는 많지 않기 때문이다. 그런 경우 작년 동일한 기간 대비 올해 판매를 분석하기 위해서 올해 사사분기 판매 실적을 작년 사사분기 실적과 비교하는 것이 더 나은 방법이다.

측정 방법이 바뀌게 되면, 예전 측정에 사용되는 규범은 더 이상

유효하지 않다. P&G에서는 광고의 효과성을 평가하는 방법이 있다. 몇 년간 데이터를 분석하면 새로운 광고들이 과거 성공적이었던 광고들 대비 얼마나 효과가 있는지 비교할 수 있다. 만약 새로운 광고가 테스트 되는 동안 규범의 기준을 맞추지 못하면, 그 광고는 사용되지 않았다.

만약 회사가 갑자기 다른 테스트 방법론을 사용하기로 결정한다면, 규범이라는 것은 더 이상 유효하지 않다. 그것은 사과를 오렌지와 비교하는 것과 같기 때문이다. 측정 방법을 바꾸는 것은 기존 규범들을 무효로 만든다. 기존 규범을 계속해서 사용하려면, 과거 정보들의 데이터베이스를 구축해야 한다.

과거 성과가 미래 성과를 보장하지는 않는다. 우리가 다루고 있는 시스템이 복잡하다는 것을 기억하라. 사물들은 시간이 흐름에 따라 계속 변화한다. 과거에 무엇인가가 매우 유용했다고 해서 그것이 영속해서 성과를 만들어 낸다고 할 수는 없다. 최고의 결과를 원한다면 현재 규범들이 유효한지 주기적으로 재조사해야 한다.

참조 링크: https://personalmba.com/norms/

프록시(대용)

Proxy

"꼬리를 다리라고 부르면 개의 다리는 몇 개인가? 여전히 4개이다. 꼬리를 다리라고 부른다고 해서 꼬리가 다리가 될 수는 없다."

애이브러햄 링컨(Abraham Lincoln), 미국 16대 대통령

만약 무엇인가를 직접 측정할 수 없다면 어떻게 해야 하는가?

프록시는 무엇인가를 측정할 때 다른 무엇인가를 대신 측정하는 것이다. 예를 들면, 민주 정치 시스템에서 투표는 사람들의 뜻을 측정하기 위한 대리 수단으로서 사용된다. 사람들의 선호도를 정확하게 드러나게 하기 위해서 한 나라의 모든 시민들의 의견을 조사하는 것은 가능하지 않다. 그래서 투표가 그 다음 차선책으로 사용되는 것이다.

프록시는 과학적 측정 방법에서 항상 사용되고 있다. 과학자들이 태양이 얼마나 뜨거운지, 암석이 얼마나 오래 되었는지 밝혀내는 것은 경이롭다. 과학자들은 전자기 방사선의 파장, 또는 방사선 동위원소의 붕괴 등을 프록시, 즉 대용물로 사용하여 측정한다. 그런 다음 검증된 관계와 방정식을 적용하여 결과를 얻게 된다.

유용한 프록시는 본래 대상과 밀접하게 연관되어 있다. 연관성이 높을수록 더 좋다. 웹 사이트 분석을 고려해 보자. 사람들이 웹 페이지의 어느 부분에 얼마나 오랫동안 주의를 기울이는지 알고 싶을 것이다. 하지만 여전히 웹 사이트에 방문하는 모든 사람들을 일일이 조사할 수는 없다. 그러나 마우스 커서의 움직임을 뒤쫓는 것은 사람들의 관심에 대한 프록시가 될 수 있다. 카네기 멜런 대학 연구자들에 의해 수행된 조사에 의하면,

(…) 마우스 커서에 의해 방문된 웹 사이트 영역의 84퍼센트는 사람의 시선에 의해서도 방문이 되었고, 사람의 시선에 의해 방문되지 않은 웹 사이트 영역의 88퍼센트는 마우스 커서

에 의해서도 방문이 되지 않았다는 것이 밝혀졌다.[3]

 마우스의 움직임과 시선의 고정, 즉 사람의 주의는 밀접하게 관련성이 있기 때문에, 마우스의 움직임은 방문자의 관심을 측정하기 위한 좋은 프록시이다. 상관 관계가 높을수록 더 좋은 프록시이다.
 최상의 결과를 위해서는 프록시가 의도하는 대상과 실제로 연결되어 있다는 것을 확인해야 한다. 프록시가 하나의 대상을 대신해서 측정할 수 있어 보이지만, 실제로는 다른 대상을 측정하는 것이라면 속이거나 판단을 그르치게 한다. 코딩한 라인의 수$^{\text{lines of}}$ ^{code}를 KPI로 측정해서 프로그래머의 생산성을 측정하는 예를 다시 생각해 보라. 앞서 논의한 대로, 코드의 행수는 분명히 프로그램의 효과성을 위한 프록시이다. 하지만 코드 수가 많다는 것은 반대로 생산성의 역신호이기도 하므로 언급된 대상에 대해 측정하는 데는 유용하지 않다. 프록시는 주의를 가지고 사용하기만 한다면 측정할 수 없는 대상들을 측정할 수 있게 해준다. 프록시는 관심의 대상과 직접적이고 고도의 상관 관계가 있다는 것을 확인해야 한다.
 참조 링크: https://personalmba.com/proxy/

세분화
Segmentation

 "분석의 해탈 경지 법칙: 분할 없이 측정치를 결코 보고 하지 마라(신이 선호하는 KPI일지언정). KPI는 그 자체로 매우 통찰력이 있어서 경향을 보여주거나 예측과 다르다는 것을 보여줄지라도, 분할을 적용함으로써 더욱 영향력이 커지게 된다."

아비나쉬 카우쉭(Avnash Kaushik), 웹 분석 작가: 《실전 웹사이트 분석 A to Z》'

집계된 데이터 집합은 숨어 있는 금괴 덩어리를 포함하고 있다. 분할은 추가적인 문맥을 찾기 위해서 데이터 집합을 잘 정의된 부분집합으로 나누는 기술이다. 데이터를 미리 정의된 그룹으로 나누는 것은 예전에 알려지지 않은 관계를 드러나게 해준다. 예를 들면, 이번 달에 주문이 87퍼센트 증가되었다는 사실을 아는 것은 좋은 일이다. 하지만 신규 주문의 90퍼센트가 시애틀에 사는 여성들로부터 왔다는 것을 알게 되면 더 좋다. 무엇이 여성들로 하여금 더 주문하게 만들었는지 알게 된다면, 이러한 정보들을 앞으로의 성공을 위해서 활용할 수 있게 된다.

과거의 성과들은 고객들을 과거에 알려진 행동에 따라 분할하게 해준다. 예를 들면, 예전 판매 데이터를 사용하여, 즉 과거에 구매한 고객들에 대한 판매와 신규 고객에 대한 판매를 비교해서 고객 판매 데이터를 분할할 수 있다. 생애 가치 계산은 과거 성과에 의한 분할 기법의 한 형태이다.

인구 통계학적 특성은 고객들을 표면적인 개인 특성에 따라 고객을 분할하게 해준다. 나이, 성별, 수입, 국적, 거주지와 같은 개인 정보들은 어느 고객이 잠재고객인지 알 수 있게 해준다. 최상의 고객군은 대도시 지역에 살면서 가처분 소득이 매달 2천 불 이상인 23세에서 32세 사이의 남성들이라는 것을 알게 된다면, 마케팅의 노력이 이런 특성을 가진 잠재고객들에게 도달되게끔 집중할 수 있게 된다.

수요 조사 목적으로 소비자의 행동 양식·가치관 등을 심리학적으로 측정하는 기술인 **사이코그래픽스**^{Psychographics}는 내적인 소비자 행동의 심리학적 특성에 따라 고객을 분할할 수 있게 해준다. 표본조사, 평가, 포커스 그룹 등을 통해서 조사된 바에 의하면, 사이코그래픽스는 사람들이 그들 자신과 세상을 어떻게 바라보는지에 영향을 미치는 태도 또는 세계관을 다룬다.

사이코그래픽스는 가치 창조, 마케팅, 영업 전략을 수립하거나 조정할 때에 매우 유용하다. 만약 홈 보안 시스템을 판매하고 있다면, 아마도 잠재 구매자들은 "세상은 위험한 곳이다."라고 믿거나, 집에 있으면서도 뭔가 위험한 느낌을 받는 사람들일 것이다. 생존주의자들이나 자기 방어와 관련된 잡지, 웹 사이트들은 유사한 믿음을 가진 사람들을 고객으로 가지고 있기 때문에, 그곳에서 제품 판촉을 실험해 보는 게 나쁜 아이디어는 아닐 것이다.

데이터를 분할하라. 그러면 조사할 만한 가치가 있는, 많은 유용한 숨겨진 연결 고리들을 찾아낼 것이다.

참조 링크: https://personalmba.com/segmentation/

인간화
Humanization

"사람은 우주의 부산물이 아니라, 중심 그 자체이다."

스토우 보이드(Stowe Boyd), 사회학 과학기술자 데이터를 분석하는 것은 정량적인 사고에 도움이 된다. 그러나 데이터를 적절하게 사용하려면, 데이터가 무엇을 말하고 있는지 이해하기 위해서는 단지 숫자만을 다루는 그 너머까지 가야 한다.

시스템으로부터 나오는 데이터를 분석할 때, 그 데이터들은 실제 인간의 활동에 적용된다는 사실을 잊기가 쉽다. 예를 들면, 전화로 고객 불만에 대응하는 고객 서비스 부서를 고려해 보라. 수치적으로 전화 대기 보류 시간이 10분에서 8분으로 줄어들었다고 하면 20퍼센트나 개선되었다고 여겨질 수 있다.

하지만 샴페인은 잠시 치워둬라. 데이터 중심의 관점이 놓치는 것은 불만이 가득한 고객이 여전히 8분 동안 전화기를 들고 대기하고 있다는 점이다. 대기하면서 매 분이 지나갈 때마다 고객은 더욱 화가 나게 되고, 그것은 회사의 인식에 심각한 영향을 미친다. 화가 난 고객이 그들의 친구와 동료들에게 그 회사와 거래하는 것이 얼마나 끔찍한지 말할 때마다 받게 되는 비즈니스 명성에 대한 야유와 비교하면, 20퍼센트 개선은 큰 의미가 없다.

인간화는 실제 사람의 경험 또는 행동에 대한 서술적인 이야기를 하고 있는 데이터를 사용하는 프로세스이다. 정량적인 측정들은 집계하는 방식에서 도움이 된다. 그러나 종종 실제로 발생하고 있는 일들을 이해하기 위해서는 측정을 실제 행동들 안으로 다시 구조화할 필요가 있다.

많은 사업들은 일련의 등장인물들, 즉 데이터로부터 만들어진 사람들의 허구적인 프로파일들을 개발함으로써 인간화된다. P&G에서 가정 세탁용 제품들을 개발했을 때, 시장 조사 데이터는 두 개의 광범위한 분할이 존재한다는 것을 알려주었다. 즉, 일상적인 세탁을 가치 있게 평가하는 사람들과 빠르고 편리한 세탁을 원하는 사람들이다. 이런 정보를 사용해서 가상 인간의 프로파일을 만들기 위해서 세대 수입, 가족 통계, 취미와 같은 데이터에 앞의 특성들을 결합시켰다. 일단 프로파일이 만들어지고 나면, 의사 결정을 하기 위해서 데이터를 사용하는 것은 더 쉬워진다. 아이디어를 평가하기 위해서 통계에 의존하는 것 대신, '웬디'는 그것을 좋아할지 스스로에게 질문하는 것을 통해서 직관에 의존할 수 있었다.

데이터를 단순하게 제공하지 말라. 사람들로 하여금 무슨 일이 일어나고 있는지 이해하는 것을 돕기 위해서 스토리를 말하라. 그러면 분석을 위한 노력이 더욱 유용해지는 것을 발견하게 될 것이다.

참조 링크: https://personalmba.com/humanization/

11장

시스템의 개선

" 시스템을 만들고 개선시키는 일은 성공적인 비즈니스 관행의 핵심
이다. 시스템을 이해하고 분석하는 목적은 시스템을 개선하기 위한
것이지만 까다로운 경우가 많다. 시스템을 변화시키는 것은 때로 의
도하진 않은 결과를 만들어내곤 한다. "

이론상, 이론과 실제는 차이가 없어야 한다.
하지만 현실에서는 차이가 존재한다.

벤자민 브루스터(Benjamin Brewster), 성공회 주교

시스템을 만들고 개선시키는 일은 성공적인 비즈니스 관행의 핵심이다. 시스템을 이해하고 분석하는 목적은 시스템을 개선하기 위한 것이지만 까다로운 경우가 많다. 시스템을 변화시키는 것은 때로 의도하진 않은 결과를 만들어내곤 한다.

이 장에서 최적화의 비밀, 중요한 프로세스에서 불필요한 마찰을 없애는 방법 그리고 불확실성과 변화를 처리할 수 있는 시스템을 구축하는 방법에 대해서 배우게 된다.

참조 링크: https://personalmba.com/improving-systems/

개입 편향
Intervention Bias

"모든 복잡한 문제에는 명확하고 간단한 답이 존재하지만, 틀린 답이 있는 것도 사실이다."

H. L. 멩켄(H. L . Mencken), 에세이 작가

시스템에 변화를 주기 전에 인간들은 아무것도 하지 않는 것보다는 어떤 것이라도 하려고 하는 성향이 있다는 것을 이해해야만 한다. 앞 장에서 다루었듯이, 결여 맹목성^{Absence blindness} 같은 현상은 우리가 관찰하는 것들에 가치를 매기도록 유도한다. 이 성향은 우리가 시스템을 작동하는 방법에 영향을 끼친다. 개입 편향은 상황을 통제하고 있다는 느낌을 주기 위해 우리를 필요 없는 변화로 이끌어 가곤 한다.

많은 기업정책은 개입 편향에 그 뿌리가 있다. 안 좋은 일이 벌어졌을 때 추가적인 결여 맹목성 제한, 보고, 감사를 통해 이 상황을 해결하려는 유혹이 강해진다. 그 결과는 처리량과 효율성의 개선이 개선이 아니다. 단지 이것은 의사소통의 간접비용, 낭비와 비생산적인 관료 체제를 증가시킬 뿐이다.

개입 편향을 해결할 수 있는 가장 좋은 방법은 과학자들이 귀무가설^{null hypothesis}이라고 부르는 가설을 적용하는 것이다. 즉, 아무것도 하지 않았을 때 또는 상황이 돌발적이거나 에러라고 가정할 때 어떤 일이 발생할지를 조사하는 것이다.

직원들이 별도의 허락 없이 그들이 원하는 모든 책을 구입할 수 있게 해주는 회사가 있다고 상상해 보자. 책은 고급정보를 싸게 얻을 수 있는 자원이기 때문에 직원들이 책들을 쉽게 구할 수 있도록 해주는 것은 합리적인 일이다.

한 직원이 그 특권을 남용해 개인의 즐거움을 위해 대량의 소설을 주문할 때까지는 아무 문제가 없었다. 이제 어떻게 해야 되겠는가?

많은 회사들은 그 정책을 폐지하고 모든 책의 구입에 대하여 매니저의 승인이 필요하도록 만들 것이다. 하지만 이것은 광범위한 문제는 아니기 때문에 이 변화만으로 상황이 해결되지는 않을 것이다. 대신에 그 특권을 책임감 있게 사용하고 있는 직원들을 귀찮게 하거나 화나게 할 것이다. 서류 작업과 관료주의를 증가시켜서 직원들의 시간을 낭비하게 되고, 직원들이 비즈니스를 개선하기 위해 사용하는 정보를 찾는 시간을 증가시켜서 생산성을 저하시킬 것이다.

이 상황에서의 올바른 대처는 아무것도 하지 않는 것이다. 한 명의 직원이 특권을 남용하였으니 이 상황은 정책의 변화 없이 한 번의 토론으로 다루어질 수 있다. 손해는 크지 않은데 한 사람의 잘못된 판단으로 인해 모든 사람을 처벌하는 것은 도리에 맞지 않다. 이것은 단지 일상적인 사고일 뿐이니 과민반응은 역효과를 일으킬 것이다.

개입하기 전에 귀무가설을 검토하는 것은 개입 편향을 방지할 수 있고 최선의 결정을 내릴 수 있도록 해줄 것이다.

참조 링크: https://personalmba.com/intervention-bias/

최적화

Optimization

"시기상조의 최적화는 모든 악의 근원이다."

도널드 커누스(Donald Kunth), 컴퓨터 과학자, 스탠퍼드 대학 교수

최적화는 시스템의 생산량을 최대화하고 시스템을 운영하기 위한 특정한 비용이나 노력을 최소화하는 것이다. 최적화는 주로 시스

템 전체의 중요한 요소를 측정하는 핵심 성과지표^{KPI}를 위해서 시스템과 프로세스 위주로 이루어진다. KPI를 개선하면 시스템도 더 잘 운영될 것이다.

최대화는 보통 시스템의 처리량에 집중한다. 돈을 더 벌고 싶고, 더 많은 판매를 하고 싶고, 더 많은 고객을 지원하고자 한다면, 처리량을 최적화해야 한다. 시스템의 처리량이 증가한다는 것은 시스템이 측정 가능한 특정 방식으로 더 잘 운영된다는 뜻이다.

최소화는 시스템의 운영에 필요한 프로세스의 비용이나 노력에 집중한다. 수익률을 증가시키고자 한다면 비용을 줄여야 한다. 비용을 최소화하면 이익은 증가할 것이다.

정의에 따르면, 한 가지 이상의 일을 최소화 또는 최대화하려고 한다면 이것은 최적화가 아니다. 이것은 단지 트레이드오프(타협)일 뿐이다. 많은 사람들은 최적화라는 단어를 모든 것을 더 좋게 개선한다는 의미로 사용하지만 이러한 정의는 실제로 아무 도움이 되지 않는다.

실용적인 면에서 많은 변수들을 대상으로 한 번에 최적화하려는 시도는 가능하지 않다. 그 변화가 어떻게 전체 시스템에 영향을 주는지 알기 위해서는 한 가지 요소에 한동안 집중해야 한다. 우리의 목적은 상관관계를 찾는 것이 아니라 인과관계를 찾는 것이고, 숨겨진 상호의존성은 어떤 변화가 어떤 결과를 야기하는지 이해하는 것을 어렵게 만든다.

한 번에 여러 변수들을 통해 시스템 성능을 최적화하는 것은 가능하지 않다. 가장 중요한 변수를 선택하고 그것에 노력을 집중하라.

참조 링크: https://personalmba.com/optimization/

리팩토링
Refactoring

"우아함은 비범성이 필수적이므로 상당한 대가를 지불할 때 성취된다. 단순하게 해서 우아해질 수 없다. 하지만 일단 행한 다음, 더 우아해지는 방법을 찾아보고 다시 시도한다면, 수많은 반복 후에 아주 우아한 것을 얻게 될 것이다."

에릭 나굼(Erik Naggum), 컴퓨터 프로그래머

시스템의 모든 변화들이 시스템의 산출 결과에 영향을 주도록 설계되는 것은 아니다. 때로는 최종 결과를 전혀 변화시키지 않고 프로세스를 재설계하는 것이 더 효과적이다.

리팩토링은 시스템 산출물의 변화 없이 효율성을 개선하기 위해 시스템을 변화시키는 프로세스이다. 이 용어는 컴퓨터 프로그래밍으로부터 기원되었다. 프로그래머들은 프로그램을 다시 짜는 데에 많은 시간을 보내고, 만약에 모든 일이 다 잘 되더라도 끝났을 때 똑같은 일을 다시 한다. 왜 그럴까?

리팩토링의 주된 혜택은 산출량을 개선하는 것이 아니다. 시스템 자체를 더 빠르고 더 효율적으로 만드는 것이다. 시스템이 결과를 생산하기 위해 사용하는 프로세스들을 재배열함으로써 프로그램이 더 빠르게 운영되거나 프로그램 운영을 위한 자원을 축소시키는 것이다.

리팩토링은 시스템이나 프로세스의 해체로부터 시작되고, 그 다음에 패턴을 찾게 된다. 원하는 목표를 달성하기 위해 완벽하게 이루어져야 할 중요한 프로세스는 무엇인가? 이런 프로세스들이 특정한 순서로 이루어져야 하는가? 현재 제약이 되는 것은 무엇인가? 특별하게 중요하다고 생각되는 것은 무엇인가? 시스템이 어떻게 작동하는지에 대한 가능한 많은 정보를 모으라. 그런 다음 그 정보들을 검토해 보라.

그러면 대개의 경우 시스템의 뭔가가 이상하거나 문제가 있는 것을 알아차리게 될 것이다. 당시에는 좋은 아이디어인 것 같아서 행해왔던 것들이 지금 보기에는 그 업무를 수행하기 위한 최상의 방법이 아니라는 것을 깨닫게 될 것이다.

일단 패턴들이 보이기 시작하면 유사한 프로세스들이나 입력들을 그룹으로 분류해서 시스템을 재배치할 수 있게 된다. 조립라인을 재배열하는 것을 생각해 보라. 만약에 계속적으로 필요한 부품을 얻기 위해 하던 일을 멈추고 공장까지 가야 한다면, 그 부품이 언제나 사용하기 가까운 위치에 있도록 재배열하는 것이 좋은 아이디어이다.

부품 위치를 옮기더라도 시스템은 여전히 같은 결과물을 생산할 것이다. 하지만 생산성의 막대한 손실로 이어질 수 있는 작은 비효율성을 제거하게 된 것이다.

만약 시스템을 더 빠르고 효율적으로 만드는 것이 목표라면, 리팩토링은 결정적으로 중요하다.

참조 링크: hhttps://personalmba.com/refactoring/

결정적 소수
The Critical Few

"일반적으로 원인이나 입력 그리고 개선 노력들은 대개 두 가지 범주로 분류된다. (1) 거의 영향력이 없는 다수 범주 (2) 중요하고 현저한 영향력을 가진 소수 범주."

리처드 코치(Richard Koch), 《80/20법칙》의 저자

빌프레도 파레토 ^{Vilfredo Pareto}는 토지 소유권과 부의 사회적인 분배에 깊은 관심을 보인 19세기 경제학자이자 사회학자였다. 많은 양의 데이터를 모으고 분석한 결과 그의 흥미로운 패턴을 발견하였다. 이탈리아의 80퍼센트가 넘는 토지를 인구의 20퍼센트도 되지 않는 사람들이 소유하고 있었다. 이탈리아 경제가 균등하게 분배되어 있지 않았던 것이다. 그것은 많은 사람들이 가정하는 종 모양의 정규 분포 그래프를 따르고 있지 않았다. 부는 비교적으로 매우 적은 소수의 개인들에게 집중되어 있었다.

그는 인생의 다른 영역을 공부하면서 계속해서 같은 패턴을 발견하게 된다. 예를 들어 빌프레도 파레토의 정원에서는 20퍼센트의 완두콩 꼬투리에서 전체 완두콩 생산의 80퍼센트가 나왔다. 무슨 일이 벌어지고 있었던 것일까?

어떤 복잡한 시스템에서나 소수의 입력이 다수의 산출량을 생산해 내는 경우가 많다. 이렇게 지속되는 비선형 패턴을 파레토의 법칙 또는 80-20 법칙이라고 부른다. 개인적으로 필자는 결정적 소수라고 부르는 것을 선호한다.

이런 공통 패턴을 이해하게 되면 인생의 많은 영역에서 이런 패턴을 찾아내게 될 것이다.

- 많은 비즈니스에서 20퍼센트도 되지 않는 고객들이 80퍼센트가 넘는 연간 매출에 기여하고 있다.
- 20퍼센트도 되지 않는 직원들이 80퍼센트가 넘는 높은 가치의 일을 하고 있다.
- 옷장 안에 있는 대개 20퍼센트 이하의 옷들을 80퍼센트 이상 입을 것이다.
- 80퍼센트 이상의 시간을 연락처에 있는 20퍼센트 이하의 사람과 소통하는데 보낼 것이다.

결정적 소수의 비선형성은 종종 극단적이 될 수 있다. 예를 들면 세계 인구 3퍼센트 미만의 사람들이 세계 전체 재산의 97퍼센트 이상을 소유하고 있다. 시간이 지날수록 권력도(국가와 회사) 소수의 사람들의 손에 집중되는 경향이 있다. 그로 인해 그 소수 그룹이 수억 명의 사람들의 삶에 직접적으로 영향을 끼칠 수 있는 결정을 내린다. 1퍼센트 미만의 영화들이 블록버스터가 되고 0.1퍼센트 미만의 책들이 베스트 셀러가 된다.

최고의 결과를 위해서는 대부분의 원하는 결과를 생산하는 중요한 입력요소들에게 집중해야 한다.《나는 4시간만 일한다》책에서 팀 페리스는 그의 최고의 고객을 식별하기 위해서 결정적 소수를 사용하였다. 그가 담당하는 120명의 고객 중에서 5명이 95퍼센트 이상의 매출을 차지하고 있었다. 그가 최고 실적의 도매업자들에게 집중하고 나머지들은 항공기 자동조정 장치에 맡기는 것처럼 내버려 두자 월 매출은 두 배로 증가했고 일하는 시간은 일주일에 80시간에서 15시간으로 줄어들었다.

이러한 접근방법은 원하지 않는 결과를 제거하려 할 때 유용하다. 비즈니스 분석을 수행하는 동안 페리스는 두 명의 특정 고객이 대부분의 불만과 갈등으로 인한 화재진압과 같은 활동들을 야기시킨다는 것을 알게 되었다. 그들이 상당한 매출의 근원이었음에도 불구하고 그 소모적인 고객들을 멀리함으로써 시간과 에너지를 아낄 수 있었다. 그 결과로 그는 지속적인 고민 없이 수익을 증대시켜주는 3명의 대량 고객과의 유통을 확보할 수 있었다.

결정적이지 않은 입력들은 심각한 기회비용이다. 예를 들어 비생산적인 미팅에 대부분의 시간을 보내고 있다면 중요한 일을 끝낼 수 있는 시간을 낭비하고 있는 것이다. 결정적으로 중요하지 않는 비용에 대해서도 동일하다. 이 비용은 훨씬 더 큰 효과를 위해서 쓰일 수 있다.

원하는 결과를 얻어낼 수 있는 입력들을 찾아내야 한다. 그리고 대부분의 시간과 노력을 그곳에 집중해야 한다. 나머지는 무자비하게 제거해야 한다.

참조 링크: https://personalmba.com/critical-few/

수확체감

Diminishing Returns

"성과의 마지막 10퍼센트가 1/3의 비용과 2/3의 문제들을 만들어낸다."

노먼 R. 어거스틴(Norman R. Augustine), 미육군성 항공우주 담당 차관

만약에 은행 계좌에 10불밖에 없는데, 어느 날 세탁한 바지 주머니에서 5불을 찾게 되면 매우 축하할 만한 일이 된다. 하지만 은행 계좌에 100만 불을 갖고 있다면 이 동일한 상황은 단지 기분 좋은 작은 일이 될 뿐이다.

비슷한 맥락에서, 쿠키 하나를 먹는 것은 좋다. 두 개의 쿠키를 먹는 것은 더욱 좋다. 하지만 100개를 먹는 것은 싫다. 더 많다는 것이 언제나 더 나은 것은 아니다. (비타민을 섭취하거나 맥주를 마시는 경우에도 같은 관계가 적용된다.)

모든 좋은 것들은 수확체감과 관련되어 있다. 어떤 것을 더 많이 갖는 것이 실제로는 해로울 수도 있다. P&G 마케팅 부서에 있었을 때 우리는 광고의 결과를 분석하는 데에 많은 시간과 노력을 들였다. TV 광고를 실행했던 첫 번째 몇 주 동안은 기대했던 성과가 달성되는 것을 쉽게 볼 수 있었다. 광고의 성과가 좋다면 더 많은 돈을 할당해야 하지만, 그것은 광고 효과가 오랫동안 지속될 때에만 유효한 것이다.

사람들이 그 광고를 얼마나 좋아하던 간에 특정한 시기부터는 질리기 시작할 것이며, 회사는 그 광고를 실행하는 데 쓰인 비용 대비 1불의 매출도 거두지 못하게 될 것이다. 그것이 수확체감의

시점이다. 만약 동일한 광고를 보여주는 데에 더 많은 돈을 쓴다면 회사는 손해를 보기 시작할 것이다. 그 돈으로 같은 상품을 다른 방법으로 광고하는 데에 쓰는 것이 훨씬 나을 것이다.

큰 승리를 얻기 위해 조금의 시간과 노력이라도 투자하는 것이 아무것도 하지 않는 것보다는 항상 더 나은 법이다. 《부자 되는 법을 가르쳐 드립니다》란 책에서 라밋 세티는 그가 일컫는 '85퍼센트 솔루션'을 적용하는 것을 추천한다. 많은 사람들이 완벽한 결정을 내리는 것에 집착함으로써 자기 스스로 압도당해 아무것도 하지 못한다. 몇 가지 단순한 것에 집중함으로써 대부분의 원하는 결과를 얻고 그것으로 하루의 일과를 마칠 수 있다.

모든 것을 완벽에 가깝게 최적화해야 한다고 생각하지 말자. 최적화와 리팩토링은 또한 결정적 소수의 영향을 받는다. 몇 가지 소수의 변화들이 거대한 결과를 생산해낼 수도 있다.

낮게 달려 있어서 열매들을 쉽게 딴 후에도 더 최적화하려는 노력은 그 보상으로 수확할 수 있는 것보다 더 많은 비용을 지불하게 만든다. 그 때가 멈추어야 하는 좋은 시점이다. 완벽주의는 경솔한 자가 빠지는 함정이다.

최적화와 리팩토링은 수확체감을 경험하기 시작하는 시점까지만 진행해야 한다. 그런 다음에는 다른 일을 하는 것에 집중해야 한다.

참조 링크: https://personalmba.com/diminishing-returns/

점진적 부하
Progressive Load

"한 걸음, 한 걸음 조금씩 가는 여행이 멀리 간다."

스페인 속담

러닝화 끈을 처음 묶은 뒤 곧바로 마라톤을 뛰거나, 헬스장에 처음 가자마자 400파운드(180kg)를 들어 올릴 생각을 하는 건 그다지 좋은 생각이 아니다. 가장 효과적이고 위험이 가장 낮은 전략은, 비록 작지만 관리하기 쉬운 도전부터 시작하여 쉬워질 때까지 그 수준에서 운동하고, 시간이 지나면서 몸이 적응함에 따라 도전 수준을 높이는 것이다.

이 전략의 용어는 점진적 부하로, 시스템에 대한 수요를 점진적으로 증가시켜 시스템의 총용량을 늘리고, 시간이 지남에 따라 새로운 수요에 적응하도록 시스템을 변경하도록 유도하는 것이다.

점진적 부하는 피트니스 외에도 다양한 영역에서 효과가 있는 보편적인 접근방식이다. 기업은 특히 영업 및 고객 지원과 같은 분야에서 직원을 추가로 고용하여 문제를 해결하려는 유혹을 받는 경우가 많지만, 신입 직원이 최대 효율을 발휘하려면 상당한 시간과 교육이 필요하다. 너무 성급하게 직원을 채용하면 문제를 해결하기는커녕 새로운 문제를 일으킬 수도 있다.

교육을 받지 않은 영업사원은 업무상 지키지 못할 약속을 할 위험도가 높으며, 교육을 받지 않은 고객 지원부서 직원은 불만 고객을 처리하거나 회사정책을 전달하고 상황에 따라 예외를 인정할 수 있는 능력을 갖추지 못한다.

효과적인 교육을 위해서는 관리자나 숙련된 직원의 교육, 소통, 감독이 필요하므로 현재 직원들의 업무 부담이 증가한다. 이러한 투자는 중장기적으로 성과를 거두는 경우가 많지만, 그만큼 단기적으로 스트레스를 감수해야 한다. 게다가 스트레스가 너무 커지면 기존 직원이 다른 선택지를 찾게 되고, 그 결과 핵심 직원을 잃음으로 인해 중요한 경험과 역량 역시 잃게 될 수 있다.

결국 회사의 처리 수용 능력^{Capacity}을 늘리는 가장 효과적인 방법은 시간이 지남에 따라 일관된 방식으로 업무를 소량 추가하는 것이다. 이럴 때 수요를 추가하지 않고도 처리 수용 능력을 늘릴 수 있다.

종종 현재 시스템에서 처리할 수 있는 범위를 벗어나는 업무가 발생할 수도 있다. 하지만 이 경우에도 한 팀에 한 번에 여러 명의 신규 직원을 채용하는 것보다 1년에 몇 번씩 직원을 추가하는 것이 더 나은 접근방식인 경우가 많다. 지속적인 개선은 큰 개선으로 축적된다. 확실하지 않은 경우, 작은 것부터 시작하여 시간이 지남에 따라 개선하라.

참조 링크: https://personalmba.com/progressive-load/

마찰
Friction

"세상은 넓고, 나는 인생의 가속도를 붙일 수 있을 때 마찰로 인해 내 인생을 낭비하지 않겠다."

프랜시스 E. 윌러드(Frances E. Willard), 교육자,

당신 앞에 하키 공이 땅에 놓여 있다고 생각해 보라. 하키채를 들고 있고, 하키 공을 현재의 장소로부터 1마일 떨어진 골대로 넣는 것이 목표라고 하자.

첫째, 하키 공이 바람에 흔들리는 긴 잔디 구장에 놓여 있다고 가정해 보자. 길게 자란 잔디들이 하키 공의 움직임을 방해하기 때문에 매번 하키채로 세게 쳐도 몇 피트밖에 나가지 않는다. 이런 속도로 목표에 도달하기 위해서는 천 번이 넘게 쳐야할 것이고, 그러면 체력은 금방 고갈될 것이다. 목표에 도달하기 위해서 매우 힘든 시간을 보내야 한다.

이제 잔디를 매우 짧게 깎았다고 가정해 보자. 한번 공을 칠 때마다 20피트 혹은 그 이상 나갈 것이다. 엄청나게 비거리가 늘어난 것이다. 하키 공이 잔디의 저항을 덜 받아서 한번 칠 때마다 더 긴 거리를 날아가는 것이다. 하키 공을 골대에 집어넣기 위해서 운동하는 것은 똑같지만 그 목표를 좀 더 빠르고 적은 노력으로 이룰 수 있다.

마지막으로 필드를 물로 채우고, 지형이 부드러운 얼음 평면이 될 때까지 얼렸다고 가정해 보자. 이제 얼음은 저항이 없기 때문에 하키 공은 칠 때마다 100피트 이상 나아갈 것이다. 이 속도라면 목표에 도달하기 위해 몇 번만 치면 될 것이고, 목표를 이뤘을 때에도 전혀 피곤하지 않을 것이다.

마찰은 시간이 지남에 따라 시스템에서 에너지를 제거하는 힘 또는 프로세스를 가리킨다. 마찰이 존재할 때 시스템을 같은 속도로 유지하기 위해서는 에너지 투입을 계속해야 한다. 추가적인 에너지가 더해지지 않는다면 마찰은 시스템을 느리게 해서 결국에는 멈추게 할 것이다. 마찰을 제거하라. 그러면 시스템의 효율성을 증가시킬 수 있을 것이다.

모든 비즈니스 프로세스는 어느 정도의 마찰을 가지고 있다. 중요한 것은 현재 마찰이 어디에 존재하고 있는지 파악하고 나서, 시스템 안의 마찰을 줄일 수 있는 개선 방안들을 실험해 보는 것이다. 시간이 흘러가는 동안 작은 양의 마찰들을 일관성 있게 제거하게 되어 품질과 효율성 측면에서 큰 개선 효과를 볼 수 있다.

마케팅, 판매, 가치전달 프로세스로부터 소량의 마찰을 제거하는 것만으로도 큰 이익 개선을 이룰 수 있다. 예를 들어 '아마존 닷컴'과 같은 유통업체들은 고객들이 주문하는 데 필요한 노력을 최소화하기 위해 엄청난 노력을 하였다. 한 번의 클릭으로 고객들이 물건을 구매할 수 있게 하는 것(자동으로 요금을 청구하고 고객의 기본 신용카드 주소로 배송해주는 것)으로부터 구매 관련된 물건을 자동으로 추천해주는 기능까지, 아마존은 고객들이 온라인 쇼핑을 가능한 쉽게 즐길 수 있도록 하는 것을 목표로 하고 있다.

고객의 모든 주문을 이틀 배송으로 업그레이드 시켜주는 서비스인 아마존 프라임은 마찰을 줄임으로써 얻을 수 있는 혜택을 단적으로 보여주는 사례이다. 작은 연간 비용으로 프라임 고객들은 소매 매장에서 시간을 낭비할 필요 없이 그들이 구매한 품목들을 이틀 이내에 받을 수 있다.

고객이 아마존 프라임으로 가입했을 때, 그 고객의 연간 주문량은 평균 150퍼센트 늘어나고 82퍼센트의 프라임 멤버들은 심지어 상품이 경쟁 유통업체에서 더 저렴할 때에도 아마존에서 구입하고자 하였다. 그 결과로 아마존 프라임 고객의 총 주문은 미국 내 모든 판매의 20퍼센트에 육박하게 되었다. 이 모든 것이 구입 과정의 마찰을 줄이는 새로운 방법을 발견한 것에서 비롯된 것이다.[1]

때로는 의도적으로 마찰을 야기시키는 것을 통해서 사람들이 특정한 방법으로 행동하게 하거나 특정한 결정을 내리도록 할 수 있다. 예를 들어 환불 프로세스에 고객들이 영수증을 지참하게 하고, 환불을 위한 이유를 설명하게 만드는 등의 소량의 마찰을 더하면 상품을 환불하려는 사람들의 수를 줄일 수 있을 것이다. 명성에 흠이 갈 수도 있으니 너무 많은 마찰을 더하는 것은 추천하지 않지만(환불하는 것을 너무 힘들게 만들면 고객이 화를 낼 수도 있다) 적합한 상황의 작은 마찰은 경솔한 환불을 방지하는 것을 돕게 될 것이다.

비즈니스 시스템의 적절한 곳에서 마찰을 제거하면 적은 노력으로 더 나은 결과를 만들어낼 수 있을 것이다.

참조 링크: https://personalmba.com/friction/

자동화
Automation

"비즈니스에서 사용되는 모든 테크놀로지의 첫 번째 규칙은 효율적인 운영에 자동화를 적용하게 되면 효율성을 극대화시킬 수 있다는 것이다. 둘째 규칙은 비효율적인 운영에 자동화를 적용하면 비효율성을 극대화시킨다는 것이다."

빌 게이츠(Bill Gates), 마이크로소프트 창립자

마찰을 충분히 제거하면 사람이 프로세스에 아예 관여하지 않을 수도 있다.

자동화는 시스템이나 프로세스가 인간의 개입 없이 운영될 수 있는 것을 의미한다. 공장 생산 라인, 유틸리티 네트워크, 컴퓨터 프로그램들이 일을 완료하기 위해, 인간의 개입을 최소화하기 위해 자동화를 이용한다. 시스템을 운영하기 위해 필요한 인간의 노력이 줄어들수록 자동화는 더욱 더 효과적이다.

자동화는 명확하게 정의되어 있고 반복적인 일에 가장 적합하다. 예를 들어 필자가 추천하는 비즈니스 책들의 리스트를 읽어보고 싶다는 편지나 메일에 대해 일일이 손수 다 답장해야 한다면 아마 정신을 차리지 못할 것이다. 그러나 다행스럽게 필자는 그 책들의 리스트를 웹 사이트에 올려놓기만 하면 된다. 누군가가 웹 사이트에서 그 리스트를 요청할 때마다 추가적인 노력 없이 그 리스트는 그들에게 자동으로 보내질 것이다. 추천 책 리스트는 전 세계 수십만 명의 독자들이 조회를 했고, 그것은 모두 자동화가 있었기에 가능한 일이었다.

시스템을 자동화할 수 있는 방법을 찾으라.

더 지불하는 고객에게 가치를 창출하고 전달하는 능력을 개선

시켜주는 복제와 증식을 통하여 규모를 활용하도록 문을 열어라.

참조 링크: https://personalmba.com/automation/

자동화의 역설
The Paradox of Automation

"하나의 기계는 평범한 사람 50명 분량의 일을 할 수 있다. 그러나 어떤 기계도 비범한 한 사람의 일을 감당할 수는 없다."

엘버트 허버드(Elbert Hubbard),
《가르시아 장군에게 보내는 편지(A MESSAGE TO GARCIA)》작가

자동화는 유익할 수 있지만 매우 중요한 단점을 가지고 있다는 것을 이해할 필요가 있다.

단위 구성 당 200불의 컴퓨터 프로세서를 만드는 완벽하게 자동화되어 있는 생산라인을 상상해 보라. 운영자들이 해야 하는 일은 단순히 버튼을 누르는 것이고, 생산 시스템은 1분에 2,400개의 완성된 상품들을 만들어낸다. 인생은 참 쉽다. 그렇지 않은가?

그렇긴 하지만 매우 중요한 주의사항이 있다. 실리콘웨이퍼에 구멍을 뚫기 위해 사용되는 드릴이 오작동을 일으켜 프로세서 코어의 중앙에 미세한 구멍을 뚫기 시작했다고 상상해 보자. 시스템이 운영되고 있는 매 초마다 40개의 칩이 파괴된다.

각 프로세서 원재료 비용이 20불이라고 가정해 보자. 에러를 찾아내지 못한다면 초당 800불을 손실을 입게 된다. 그렇게 계속 운영된다면 회사는 분당 48,000불을 잃게 된다. 이것은 단지 직접적

인 비용일 뿐이다. 프로세서 하나가 200불에 팔릴 것이라고 가정한다면 회사는 분당 528,000불, 즉 48,000불의 직접적인 비용과 480,000불의 기회비용을 잃는 것이다.

억지스럽게 들리는가? 이것을 고려해 보라. 2009년 말에 도요타Toyota는 몇 년 동안 잘 팔렸던 몇몇 인기 차량 모델의 가속 페달에서 큰 문제점을 발견하였다. 이 문제점은 토요타가 생산하는 모든 차량에서 급증하여 오십억 달러 이상의 리콜 비용을 발생시켰다.

리콜 전에 토요타는 세계 최고 자동차 제조업체로 간주되었다. 물론 지금도 많은 측면에서 최고 제조업체이다. 하지만 그들의 명성은 실추되었고 재무상황도 큰 타격을 입었다. 최고 기업들도 비싼 대가를 치러야하는 실수가 배가되는 것을 내버려둔다면 추락할 수 있다.

이것이 자동화의 역설이다. 자동화 시스템이 더욱 효율적일수록 운영자의 기여가 더욱 더 중요해진다. 에러가 발생하면 운영자는 서둘러 그 에러를 식별하고 해결하거나 시스템을 중지시켜야 한다. 그렇지 않으면 자동화 시스템은 에러를 배가시키게 될 것이다.

런던대학의 심리학자인 리잔느 베인브리지 박사는 효율적이고 믿을만한 시스템들의 결과를 면밀하게 공부한 첫 번째 그룹 중 한 명이다.[2] 그녀는 자동화 시스템의 역설을 처음으로 발견하고 표현하기도 했다. 효율적인 자동화 시스템은 인간이 하는 노동을 감소시키지만, 그럴수록 인간의 개입은 더욱 중요해진다.

효율적인 자동화는 인간의 역할을 감소시키는 것이 아니라 더 중요하게 만든다.

참조 링크: https://personalmba.com/paradox-of-automation/

자동화의 모순
The Irony of Automation

"자동화가 처리하도록 설계되지 않았거나, 전혀 예측하지 못했던 상황들은 언제나 있을 수 있다. 시스템의 신뢰도가 증가할수록 에러를 찾아내는 것은 더욱 어려워질 것이고, 그것으로부터 회복하는 것도 어려워질 것이다."

라자 파라수라만 박사(Dr. Raja Parasuraman), 조지 메이슨 대학의 심리학 교수

효율적인 자동화 시스템을 위해서는 에러의 증폭을 방지하기 위한 숙련된 인간의 개입이 중요하다. 그러므로 숙련된 운영자가 항상 관리하는 것이 좋을 것이다. 그렇지 않은가?

말로 하기는 쉽지만 실천하기는 어렵다. 일반적으로 기업은 고도로 숙련된 직원이 방에 앉아서 아무것도 하지 않는 것에 대해 비용을 지불하고 싶어 하지 않는다. 시스템이 신뢰성이 있다고 여겨지는 한 그들은 단지 그러고 있을 것이고, 만약에 문제가 발생하더라도 운영자들은 대부분의 시간을 지루하게 보내야 할 것이다.

이것이 자동화의 아이러니이다. 시스템의 신뢰도가 높을수록 인간 운영자들이 할 일이 줄어들게 되고, 그 결과 시스템이 운영 중일 때 그들은 주의를 덜 기울이게 된다. 앞서 소개한 참신성에 대한 논의에서, 세계 제2차대전에서 영국 레이더 운영자들을 대상으로 했던 맥워스 시계와 불침번에 대한 연구를 기억해 보라. 상황이

똑같이 유지되면 사람들은 극도로 빨리 지루해지는 경향이 있다. 시스템의 신뢰도가 높을수록 더 많은 상황이 동일하게 유지된다.

아이러니하게도 신뢰도가 높은 시스템은 운영자들의 감각을 무뎌지게 만들어서, 문제가 발생할 때에도 그 문제를 알아차리기 힘들게 만든다. 관심이 가장 필요한 순간에 말이다. 그 결과로 시스템의 신뢰도가 높으면 높을수록 무언가 잘못되었을 때 운영자가 알아차릴 확률은 낮아진다. 특히 에러가 작으면 작을수록 더욱 더 그렇다.

작은 에러들이 오랫동안 방치된다면 '새로운 일상'이 될 수 있는데 이것이 토요타가 오십억 달러의 리콜 비용을 부담하게 된 과정이다(하지만 귀인 오류를 범하거나 토요타의 엔지니어들이 경솔하거나 부주의했다고 생각하지는 말라. 자동화 시스템에 의존한다면 어디에서도 쉽게 일어날 수 있는 일이다).

주요 자동화 에러를 방지하기 위한 가장 좋은 접근 방법은 지속적이고 철저한 표본추출과 점검이다. 일상적인 사고들은 일어나고 있고, 또한 앞으로도 일어날 수 있다는 것을 기억하라. 만약 에러가 생길 수 있다고 가정하고 가장 결정적인 에러들을 찾기 위한 일련의 테스트를 계획한다면, 운영자들의 통제 하에 시스템을 유지시킬 수 있고 중요한 에러들을 빠르게 찾아낼 수 있는 확률을 높일 수 있을 것이다.

자동화된 시스템의 운영자들이 계속 관여할 수 있는 정신 상태를 유지한다면 그들이 필연적으로 일어날 수밖에 없는 에러들을 알아차릴 확률이 높아질 것이다.

참조 링크: https://personalmba.com/irony-of-automation/

표준 운영 절차

Standard Operating Procedure

"성공의 척도는 얼마나 해결하기 어려운 문제를 갖고 있느냐가 아니라,
그것이 작년에 갖고 있던 문제와 같은 것이냐에 달려 있다."

존 포스터 덜레스(John Foster Dulles), 전 미국 국무차관

고객이 불만을 토로하거나 환불을 요청한다면 어떻게 대응해야
하는가? 레이저 프린터에 잉크가 떨어지면 무슨 일이 일어나는
가? 매니저가 출장 중일 때 비상사태가 일어나면 누가 지휘를 해
야 하는가?

표준 운영 절차^{SOP}는 작업을 완료하거나 일반적인 문제를 해결
하는 데 있어서 미리 정의된 프로세스이다. 비즈니스 시스템은 종
종 반복적인 작업을 포함하므로 표준 프로세스를 적소에 운영하
면 쓸데없이 낭비하는 시간을 줄이고 더 많은 시간을 생산적인 일
을 하는데 투자할 수 있다.

잘 정의된 표준 운영 절차는 마찰을 줄이고 의지력의 고갈을 최
소화하므로 유용하다. 이전에 이미 많이 해결했던 문제들을 또 해
결하려고 귀중한 시간과 에너지를 낭비하는 대신, 사전에 정의된
표준 운영 절차는 헛수고에 낭비되는 시간을 절약하고, 그 시간을
가치 있는 일에 활용할 수 있게 해준다.

표준 운영 절차는 새로운 직원들이나 파트너들을 빠르게 적응
하게 하는 데에도 효율적인 방법이다. 비공식적인 교육보다 표준
운영 절차의 핵심을 이용하면, 새로운 직원들이나 파트너들이 어

떻게 훨씬 더 효율적으로 일하는지 배울 수 있게 해준다.

　중앙집중적인 전자식 데이터베이스에 표준 운영 절차를 저장해 놓는 것이 좋다. 그러면 모든 사람들이 가장 최신의 사용 가능한 절차들을 즉시 찾아볼 수 있게 된다.

　표준 운영 절차가 관료적인 체계로 변질되지 않게 해야 한다. 표준 운영 절차의 목적은 작업을 완료하고 문제를 효율적으로 해결하기 위한 노력과 시간을 최소화하는 것이라는 점을 기억하라. 표준 운영 절차가 가치를 제공하지 못하고 노력만 요구한다면 그것은 마찰이다.

　최고의 결과를 위해 표준 운영 절차를 정기적으로 검토하라. 두세 달에 한 번씩 하는 것이 가장 이상적이다. 만약에 표준 운영 절차가 구식이거나 낭비적이거나 불필요하다면 바꿔야 한다. 개인이나 조직원, 고객이 형식에 얽매이지 않도록 해야 한다.

　중요한 반복적인 작업을 위한 표준 운영 절차를 만들라. 그러면 생산성이 하늘 높이 솟는 것을 보게 될 것이다.

　참조 링크: https://personalmba.com/standard-operating-procedures/

체크리스트
Checklist

　"당신이 얼마나 숙달된 전문가인지와 상관없이 잘 설계된 체크리스트는 결과를 개선시킬 수 있다."

스티븐 레빗(Steven Levitt), 《괴짜경제학(FREAKONOMICS)》 공동저자

중요한 작업이 매순간 제대로 이루어져가고 있는지 확인하고 싶다면 체크리스트를 만들라.

체크리스트는 특정 작업을 완료하기 위해 구체적으로 표현되고 사전 정의된 표준 운영 절차이다. 체크리스트를 만드는 것은 두 가지 이유 때문에 매우 중요하다. 첫째, 체크리스트를 만드는 것은 아직 공식화되지 않은 프로세스를 위한 시스템을 정의하는 데 도움을 준다. 체크리스트가 만들어지면 시스템을 자동화시키거나 개선시키는 방법이 쉽게 보인다. 둘째, 체크리스트를 일처리의 통상적인 부분으로 사용한다면 바쁠 때 쉽게 간과할 수 있는 중요한 단계를 처리하는 것을 잊지 않도록 해준다.

비행 조종사들은 다음과 같은 이유로 이륙과 착륙을 위한 매우 구체적인 체크리스트를 가지고 있다. 단계를 하나 건너뛰는 것은 간단하지만 기내에 있는 모든 사람들에게 심각한 결과를 가져올 수 있다. 심지어 오랜 비행 경험을 가진 비행 조종사들조차 모든 것이 바로 수행되고 있고 올바른 순서로 진행되고 있는지 확인하기 위해 체크리스트를 사용한다. 그 결과로 비행기 사고는 아주 드물게 일어난다. 통계학적으로 보면 운전하는 것보다 비행기를 타는 것이 안전하다.

간단한 프로세스들은 체계화하고, 체크리스트를 사용함으로써 큰 효과를 볼 수 있다. 2001년에 피터 프로노보스트 박사에 의해 이뤄진 체크리스트 사용의 효과에 대한 연구는 아툴 가완디의 'The Checklist Manifesto'와 〈뉴요커〉에서 발행한 가완디 박사의 논설에서 자세하게 묘사되고 있다.[3] 이 연구는 열흘 동안 정맥요법 감염(비용이 많이 들고 생명을 위협하는 상태) 비율이 가장 높았던 디트로이트의 한 병원에서 이루어졌다. 프로노보스트의 목적은 감염 비율을 줄이기 위해 체크리스트를 사용할지 안 할지 여부를 결정하는 것이었다.

아래가 개입에 대한 전체 내용이다. 의사가 정맥치료요법으로 시술할 때마다 다음과 같은 체크리스트를 사용하도록 지시하였다.

1단계: 비누로 손을 씻는다.

2단계: 클로헥시딘 살균제로 환자의 피부를 닦는다.

3단계: 환자 전체를 멸균천으로 덮는다.

4단계: 살균된 모자, 마스크, 장갑 그리고 가운을 입는다.

5단계: 정맥치료 주입이 되면 소독한 붕대를 튜브형태의 카테터 기구 위에 덮는다.

이 단계들은 특별하게 복잡하지 않다. 그럼에도 실제로 많은 의사들은 그 연구에 저항했다. 고도로 훈련된 전문가들이 그런 간단한 절차를 위해서 체크리스트를 사용하도록 강요받는 것을 모욕으로 느꼈기 때문이다. 더 모욕적인 것은 의사들이 체크리스트를 사용하지 않으면 수석 간호사가 의사의 시술을 멈추게 할 수 있는 권한을 부여 받은 것이었다. 이런 평소와 다른 역할의 반전이 많은 의사들을 노하게 만들었다.

그럼에도 불구하고, 2년 동안의 연구결과는 놀라웠다. 열흘 동안 정맥치료요법 감염 비율은 11퍼센트에서 0퍼센트로 줄었고,

200만 불 이상의 관련 비용을 절약해 주었다. 여기서 밝혀진 것처럼, 바쁘고 스트레스 받는 환경에서는 기본적이고 상식적인 절차도 잊기 쉽다.

체크리스트 사용을 통해 고품질의 일을 할 수 있는 능력과 효율적으로 작업을 위임할 수 있는 능력을 개선시킬 수 있다. 명확하게 절차를 묘사하고 진행 상황을 추적하는 데 시간을 사용함으로써 주요한 에러나 실수를 저지를 확률을 줄일 수 있다. 또한 동일한 작업을 계속 반복해서 완수해야 할 때 발생할 수 있는 의지력의 고갈을 방지할 수 있다. 게다가 일단 체크리스트가 준비되면, 시스템의 완전 또는 부분 자동화를 위한 근거 자료로 활용할 수 있다. 그러면 더 중요한 일을 하는 데에 시간을 사용할 수 있게 해 줄 것이다.

최고의 결과를 위해서 비즈니스의 다섯 개 주요 부분에 대한 명확한 체크리스트를 만들고, 그것이 매 순간 지켜지고 있는지 점검하여야 한다.

참조 링크: https://personalmba.com/checklisting/

프로세스 간접비
Process Overhead

"불필요한 일을 세 배나 빨리하는 것을 큰 발전이라고 생각하지 마라."

피터 드러커(Peter Drucker), 현대 경영 이론의 아버지

좋은 것을 너무 많이 가질 수는 없다.

프로세스는 공짜가 아니다. 시스템의 모든 절차나 체크리스트에

는 시간, 에너지, 주의로 부담해야 하는 비용이 있다. 프로세스 간접비는 다른 가치 창출 활동 대신 내부 프로세스에 소비되는 시스템 용량의 양이다.

비즈니스 시스템에는 현안 회의, 보고서, 규칙, 서류 작업 등 상당한 양의 프로세스 간접비가 있는 경우가 많다. 이러한 관행은 정보를 전달하는 게 중요하고 가치 있는 일이며, 공유 목표를 향한 진행 상황을 추적하고 표준 운영 절차를 준수하여 예방할 수 있는 오류를 제거하는 등 타당한 이유가 있기에 채택된 것이다. 다만 문제는 이러한 개별적인 관행이 모두 누적되어 조직의 역량과 노력의 대부분을 차지할 정도로 커질 때 나타난다.

프로세스에는 반환되는 자원이 감소하는 지점이 있으므로, 더 이상 필요하지 않은 프로세스를 식별하고 제거하는 게 유용하다. 프로세스는 하향식 명령으로 정의하거나, 또는 프로세스가 존재한다는 이유만으로 유지 관리해서는 안 된다. 시간이 지남에 따라 프로세스가 변경되거나 불필요해질 것을 예상하고 유연하게 유지하는 게 가장 좋다. 프로세스가 그 유용성을 상실한 후에는 그 가치를 인정하고 폐기해야 한다.

프로세스를 만들고 간접비를 줄이도록 유지 관리하는 데 가장 적합한 이는 바로 해당 업무에 가장 가까운 사람이다. 이들에게 더 이상 의도한 목적에 부합하지 않는 프로세스를 업데이트하지 않거나 제거하는 데 필요한 유연성과 제어 권한을 부여하라.

참조 링크: https://personalmba.com/process-overhead/

중단
Cessation

"아예 하지 말아야 할 일을 효율적으로 하려는 것보다 더 쓸데없는 것
은 없다."

피터 드러커(Peter Drucker), 근대 경영학 이론의 아버지

때때로 시스템을 개선하는 가장 좋은 방법은 너무 많을 일을 하려
는 것을 중단하는 것이다.

중단이란 비생산적인 무엇인가를 의도적으로 중지하는 선택이다.
결핍으로 인한 실명 증상을 방지하기 위해서 우리는 무슨 일이든
지 해서 시스템을 개선하려고 시도하려는 경향이 있다. 아무것도
하지 않는 것은 잘못됐다고 느낄 때가 많다. 하지만 아무것도 하
지 않는 것이 나쁜 전략을 의미하는 것은 아니다. 때로는 이 전략
이 오히려 더 효율적이다.

후쿠오카 마사노부는 《짚 한 오라기의 혁명The One-Straw Revolution》이
란 책에서 사람의 개입을 가능한 적게 하고 자연 그대로를 유지
하려고 했던 자연주의 농업에 대한 그의 실험에 대해 저술하였다.
대부분의 농장이 화학제품과 기계를 농업에 사용하고 있는 반면
에, 후쿠오카는 의도적으로 아무것도 하지 않았다. 그렇지만 높은
수확량과 점점 기름진 토양이라는 보상을 거둘 수 있었다. 이것이
중단의 미덕이라고 부를 수 있는 것이다.

뭔가 잘못된 것에 대해 참견하려는 사람들은 손해를 복구하지

않고 내버려 두다가, 점점 해로운 결과가 축적이 되면 그것들을 바로 잡기 위해서 힘써 일한다. 이런 시정 조치가 성공적으로 드러날 경우, 사람들은 이 방법들을 훌륭한 성취로 여기게 된다. 그래서 이런 일을 반복하게 된다. 이것은 마치 지붕 위에 올라서서 기왓장을 부수는 것과 마찬가지이다. 그리고 비가 오고 천장이 썩기 시작하면 급하게 지붕 위에 올라가서 손상된 부분을 고친 다음, 어려운 문제를 기적적으로 해결했다고 기뻐한다.

너무 많은 것을 하려고 하는 것 대신에 후쿠오카는 절대적으로 필요한 일만 하였다. 그 결과로 그의 땅은 그 지역에서 일관되게 가장 생산적으로 변했다.

중단은 배짱을 필요로 한다. 실제로는 좋은 솔루션인 경우에도 아무것도 하지 않는 것은 인기 없고 입맛에 맞지 않는다고 받아들여진다. 예를 들어 가격 거품으로 종종 특정 시장에 정부가 개입하기도 한다. 인위적으로 특정 비용을 낮추면 부가적인 2차 효과로 걷잡을 수 없는 투기로 이어져서 가격 거품이 발생하기도 하였다. 2000년에 닷컴 회사들에서, 또 2008년에 부동산 시장에서 그랬던 것처럼 현실에서 거품이 터졌을 때에도 정부가 무슨 일을 한 것이 초기에 그런 상황을 야기시킨 것이었는데, 그런 상황에서 정부가 또 아무것도 하지 않으면 정치적으로 인기가 없어진다. 대개 정부가 행동을 취하면 얼마 후에 또 다른 더 큰 거품을 만들기도 한다.

고객들과의 관계를 끊고, 직장을 사직하고, 제품 생산을 멈추고 혹은 성공할 수 없는 시장에서 발을 빼는 것들 모두 어려운 결정이지만, 이런 결정들이 장기적으로 더 좋은 위치에 올라갈 수 있는 방법일 수도 있다.

뭔가를 하는 것이 언제나 최고의 행동은 아니다. 대신 아무것도 하지 않는 것도 고려해 보아야 한다.

참조 링크: https://personalmba.com/cessation/

회복력
Resilience

"시스템을 불변하게 구속한다면 취약성을 증가시킬 수 있다."

C. S. 홀링(C. S. Holing), 생태학자

동물 왕국에서 거북이는 그렇게 매력적인 동물은 아니다. 거북이는 빠르게 달릴 수도 없고, 날 수도 없다. 날카로운 이빨이나 발톱을 가지고 있지도 않다. 위협적으로 보이기 위해 자신을 부풀리거나 치명적인 독으로 적을 감염시킬 수도 없다.

호랑이나 매의 타고난 힘에 비하면 거북이는 오히려 불구와 같은 상태이다. 거북이가 가지고 있는 것은 다양한 보호 전략이다. 거북은 빠르게 헤엄치거나 위장할 수 있고, 턱으로 물 수도 있다. 만약 그것들이 다 실패한다면 등껍질 속으로 들어가 위험이 지나갈 때까지 기다린다.

동물 왕국에서 다른 동물들은 포식자에게 몰렸을 때 큰 위기에 봉착하게 된다. 거북이는 천연 탱크로 무장되어 있기 때문에 싸워

이길 수 있는 기회가 있다. 또한 온갖 종류의 것들을 먹을 수 있고 어려운 상황에서는 겨울잠을 자기도 한다. 이것이 거북이가 오래 사는 이유이다.

반면에 호랑이는 그들의 먹이를 사냥할 수 있는 힘과 속도에 의존한다. 좋은 시절에는 호랑이가 정글의 왕이다. 만약 먹이가 부족해지거나 나이가 들거나 부상으로 사냥 능력을 잃게 되면 생존하기 힘들고 끝내 죽음이 그들에게 닥칠 것이다. 두 번째 기회는 없다.

비즈니스 세계에서 필요한 것은 더 많은 거북이들과 더 적은 호랑이들이다.

이 세계는 기본적으로 불안정적인 곳이다. 좋은 일이든, 나쁜 일이든 예상치 못한 일들이 일어난다. 대자연이나 행운의 여신 또는 굶주린 포식자들이 오늘은 당신의 날이 아니라고 언제 정해버릴지 모르는 법이다.

회복력은 비즈니스에서 상당히 과소평가된 가치이다. 삶이 던지는 어떤 시련도 이겨낼 수 있는 강인함과 유연성을 가지는 것은 화를 피할 수 있는 중요한 자산이다. 상황이 변함에 따라 전략을 조정할 수 있는 능력은 재앙과 생존의 차이가 될 수 있다.

일의 처리량에만 초점을 맞추어 시스템을 평가한다면 회복력은 절대 최선일 수 없다. 유연성은 언제나 그에 맞는 대가를 치르게 한다. 거북이의 등껍질은 무겁다. 등껍질이 없다면 더 빠르게 움직일 수 있다. 하지만 이것을 포기하면 약간 빠르게 되겠지만 충분히 빠르지는 못하기 때문에 취약하게 될 뿐이다. 많은 기업들이 단기간에 조금 더 벌기 위해 노력하면서 회복력을 포기하면 후에 무거운 비용을 감당하게 될 상황을 맞을 수 있다.

대형 투자은행들이 대표적인 사례이다. 예상치 못한 상황을 대비하기 위해서 현금준비금을 보관하는 것은 극단적으로 보수적이고 비효율적인 것이 되어버렸다. 매 분기 주당 순이익에서 얼마되지 않는 돈을 벌기 위해서 회사 전체를 차입 자본으로 투기를 하는 것이 최고의 관행이 되어가고 있다. 이것은 소소한 매출 감소에도 비즈니스를 매우 취약하게 만든다.

현금준비금이나 보험 없이, 그리고 높은 부채율로 비즈니스를 운영하게 되면 몇 달 혹은 몇 분기 동안 수입을 증가시킬 수 있겠지만, 매출이 조금이라도 감소하거나 누군가가 비즈니스에 소송을 건다면 큰 문제에 직면하게 된다.

레버리지는 로켓의 연료와 같다. 어떻게 사용하느냐에 따라서 비즈니스를 아주 잘 되게 하거나, 또는 아예 망하게 할 수도 있다. 불행하게도 비즈니스 스쿨에서 가르치는 많은 선진 금융관리 기법들이 암묵적으로 회복력을 명목상 수익과 맞바꾸게 하고 있으며, 한때 성공적이었던 기업들은 어려운 상황을 만나면 폐업이라는 극단적 대가를 치루게 될 수 있다.

예상치 못한 상황을 대비하는 것은 회복을 탄력적으로 만들어준다. 개인 수준에서 집에 응급처치함이나 자동차 키트 그리고 여분의 물이나 음식 같은 것을 마련하는 데 투자하는 것은 편집증이 아니다.

이러한 보급품들은 현명하고 값싼 보험이다. 보험을 구매하거나 예상치 못한 일을 대비해 준비금을 마련해 놓는 것도 마찬가지이다. 필요하지 않을 수도 있지만, 만약 필요할 때 그것들이 구비되어 있다면 다행이라고 생각할 것이다.

다음은 비즈니스가 회복 탄력을 가지게 만드는 요소이다.

- 낮은 부채율(부채가 없으면 더 좋다)
- 낮은 간접비용, 고정비용, 운영비용
- 예상치 못한 사태를 위한 굳건한 현금 준비금
- 여러 독립적인 생산품/산업/사업분야
- 많은 책임을 잘 처리할 수 있는 유연한 직원들
- 개별적인 실패요인 없음
- 코어 프로세스를 위한 백업/실패 안전시스템

성과와 함께 회복력을 계획하는 것은 좋은 관리 기법의 특징이다. 회복력을 갖추는 것은 대부분 매력적으로 보이지 않는다. 특히 결여 맹목성으로 그 혜택은 고통받는다. 하지만 어려운 때가 되면 회복력이 안전을 지켜줄 수 있다.

호랑이처럼 생각하지 말고, 거북이처럼 생각하라. 그리하면 당신의 비즈니스는 거의 모든 것을 견뎌낼 수 있을 것이다.

참조 링크: https://personalmba.com/resilience/

페일 세이프
Fail-safe

"'항상(Always)'과 '절대(Never)'는 당신이 '절대' 사용하지 않아야 하는 두 단어로 '항상' 기억해야 한다."

웬델 존슨(Wendell Johnson), 심리학자, 언어 병리학의 선구자

필자가 자란 집에서는 매주 수요일 정오에 밖에서 발전기가 작동되었다. 모든 것이 원활하게 돌아가면 발전기는 10분 동안 작동되고, 그 다음에는 자동으로 꺼져서 대기하고 있다가, 전기 공급이 중단되면 다시 작동하였다.

아버지는 한 때 소방원과 응급구조사로 일한 적이 있어서 준비하는 것을 높은 가치로 여겼다. 발전기는 집의 전기 수요에 원활하게 대처하기 위해서 주 전력이 나갔을 때 자동으로 작동하도록 설계되었다. 발전기는 일주일 동안 발전기를 작동시킬 수 있을 만큼의 충분한 연료를 가진, 차고 뒤에 위치한 프로판 탱크를 통해 작동되었다. 만약에 태풍이 와서 주변의 전기 공급이 중단되면 아버지는 발전기를 대신 사용할 준비를 하고 있었다.

아버지의 준비성은 나에게도 영향을 끼쳤다. 지금은 콜로라도의 산에서 살기에 외진 곳이나 추운 곳에서 차가 고장나거나, 미국의 자동차 서비스 협회에 구조를 의존하지 못하게 되는(혹은 핸드폰 통신망 영역을 벗어나거나) 가능성에 대비해 준비를 해야만 한다.

켈시는 내가 차에 여분의 옷, 침낭, 눈신발 그리고 위성 기반 개인 위치 표지를 구비해놓은 것에 대해 놀리기도 한다. 하지만 나는 상관하지 않는다. 만약 무슨 일이 일어나면 미리 준비해 놓은 것에 대해 기뻐할 것이다. 이 장비들에 대한 투자를 싸고 튼튼한 보험이라고 생각한다.

퍼스널 MBA 10주년 기념 증보판

페일 세이프는 주요 시스템 장애를 방지하고 회복할 수 있게 하는 백업 시스템이다. 주요 시스템에 어떤 식으로든 장애가 발생하면, 잘 설계된 페일 세이프는 시스템이 예기치 않게 붕괴되는 것을 막아준다. 지속적인 실행이 중요한 곳에서는 어디서나 백업 시스템을 찾아볼 수 있을 것이다.

브로드웨이 쇼의 인기 배우들은 대역배우를 가지고 있다. 쇼는 반드시 계속되어야 하므로, 불가피하게 연기할 수 없는 어떤 배우가 생기더라도 대체할 수 있는 배우가 있다는 것을 알면 도움이 될 것이다. 대부분의 쇼들은 심지어 그 순간에 통보 받는 경우에도 어떤 역할이든 할 수 있는 몇 명의 스윙 배우들을 가지고 있다.

외장 하드 디스크 드라이브로 중요한 컴퓨터 데이터를 백업한다. 컴퓨터의 내장 하드 디스크 드라이브가 망가지더라도 백업 디스크 드라이브를 통해 데이터에 접근할 수 있어서 아무것도 잃지 않을 것이다. 어떤 기업들은 심지어 화재나 자연 재해가 있을 경우를 대비하여 백업 드라이브를 멀리 떨어진 곳에 보관하는 예방책을 사용하기도 한다.

비행기는 기내 압력의 오류를 감지하고 산소 탱크에 연결되어 있는 산소마스크를 자동으로 배포하는 시스템을 가지고 있다. 기내 압력의 오류가 발생하더라도 승객들은 의식을 잃지 않을 것이다. 이것은 정말 다행스러운 일이다.

페일 세이프는 절대 사용되지 않았으면 하는 시스템에 시간과 자원을 투자하는 관점에서 보면 효율적이지 않다. 백업 시스템과 보험은 하나의 관점에서 보면 돈을 낭비하는 것이 될 수도 있다.

왜 일어나지 않기를 바라는 일에 귀중한 자원을 낭비해야 하는가?

이유는 다음과 같다. 페일 세이프가 실제로 필요한 시간에 이르면 그 때 개발하기에는 이미 너무 늦다. 페일 세이프는 필요하기 전에 미리 개발되어 있어야 한다.

백업 시스템이 실제로 필요할 때까지 시스템 개발을 미룬다면 차이를 만들기에는 너무 늦다. 주택 소유자 보험에 투자하는 것은 화재로 집이 소실되기 전까지는 돈을 낭비하는 것이라고 느껴질 수 있다. 뭔가 나쁜 일이 일어날 때에야 보험에 가입하고 싶어 한다면 그건 너무 늦은 것이다.

페일 세이프 시스템과 주요 시스템을 최대한 분리하기 위해서 노력하라. 사람들이 은행으로부터 안전금고를 빌리는 이유는 도둑이 들었을 때나 화재가 발생했을 경우로부터 특정한 물건을 보호하기 위해서이다. 만약 집에 무슨 일이 생긴다고 하더라도 안전금고에 들어있는 물건들은 안전할 것이다. 데이터를 멀리 떨어진 부지 밖의 데이터 센터에 백업하는 것도 같은 목적을 가지고 있다. 기업의 주요 컴퓨터에 무슨 일이 일어난다 해도 데이터는 여전히 다른 장소에 안전하게 보관되어 있는 것이다.

주요 시스템과 상당히 상호의존적인 페일 세이프는 실제로 추가적인 위험을 야기할 수도 있다. 최악의 경우 중의 하나는 백업 시스템을 보호하려고 하는 시스템의 일부로 만드는 것이다. 예를 들어 만약에 백업 발전기의 오류가 집의 주요 전력 시스템에 영향을 끼쳐 예상치 못하게 전력 서비스가 중단되게 한다면 좋지 않은 일이다. 자동 컴퓨터 백업 시스템이 만약 모든 원본 파일을 지워

버릴 가능성이 있다면 절대 이롭지 못할 것이다.

가능한 단일 고장점을 가지지 않도록 해야 한다. 만약에 시스템이 작동하기 위해 중요한 입력이나 프로세스에 의존한다면 그 입력이 가용하지 않거나 프로세스들이 지장이 있을 상황을 대비해서 계획을 세워놓는 것이 좋다. 주요 시스템에 오류가 생긴다면 어떻게 할 것인가?

모든 중요한 시스템을 위해 페일 세이프를 개발하는 것을 먼저 계획에 포함하라. 그러면 시스템을 회복 탄력적으로 만들 수 있을 것이다.

참조 링크: https://personalmba.com/fail-safe/

스트레스 검사
Stress Testing

"실수를 하지 않는 것은 사람의 힘으로 가능한 것이 아니다. 하지만 오류와 실수를 통해서 미래를 위한 현명함과 지혜를 배울 수 있다."

플루타르크(Flutarch), 고대 그리스 역사학자

강건하고 탄력적인 시스템을 개발했다고 생각해 보자. 하지만 준비한 것이 실제로 작동되는지 확인해보고 싶다. 어떻게 하면 그것을 테스트해 볼 수 있을까?

스트레스 테스트란 특정한 자연 상황을 시뮬레이션함으로써 시스템의 한계를 식별하는 프로세스이다. 스트레스 테스트는 사고방식을 시스템 엔지니어 모드로 유지하는 대신에 '데몬 모드'로

변환하게 만든다. 이러한 테스트를 위해서 뭐가 필요할까?

이 책을 집필하던 초기에 새로운 버전의 독서 목록을 올리려고 하는 중요한 순간마다[4] 웹 서버가 다운되는 경험을 하였다. 시스템이 웹 사이트를 방문하려는 모든 사람을 감당할 수 없었기 때문이다. 여러 다른 시스템으로 업그레이드를 해보았지만 항상 충분하지 않았다.

스트레스 테스트에 대해 심각하게 고려할 때까지 계속해서 이 문제들을 겪어야 했다. 접속 수의 폭주로 인해 사이트가 다운되는 것을 기다리는 대신에 필자는 의도적으로 시스템에 과부하가 걸리도록 설정하고, 스트레스의 영향 아래에서도 좀 더 회복 탄력적인 시스템을 만들기 위해 여러 다른 접근 방법들을 시도해보았다.

소프트웨어 툴을 사용하여[5] 동시에 엄청난 수의 방문자들이 웹 사이트에 들어오는 것을 시뮬레이션 해보았다. 시뮬레이션 툴은 웹사이트를 요청하는 방문자들의 수를 계속해서 증가시킨 다음 웹사이트가 반응하는 데 얼마나 오래 걸리는지를 추적한다. 요청이 늘어날수록 사이트가 완전히 다운될 때까지 사이트의 반응 성능은 점점 줄어들었다.

스트레스 테스트로부터 수집한 데이터를 이용해서 웹사이트의 인프라와 시스템에 몇몇 중요한 개선 작업을 하였다. 이제는 웹사이트의 수행 성능에 영향을 끼치는 일 없이 동시에 수천 명의 사람들이 사이트를 방문할 수 있게 되었다. 이는 엄청난 개선이다.

스트레스 테스트는 시스템이 어떻게 작동하는가에 대하여 더 배울 수 있도록 도와준다. 만약에 제조업에 종사한다면 수천 개의 주문이 급작스럽게 들어왔다고 시뮬레이션을 해보자. 그것을 계속 유지할 수 있겠는가? 고객지원 업무에 종사한다면 엄청나게 많은 불평과 질문 세례가 들어온다고 시뮬레이션 해보자. 그걸 처리할 수 있겠는가? 테스트를 해 볼 수 있는 능력은 가용한 시간과 상상력에 의해서만 제한된다. 조직 내부에 있는 '데몬'이 거칠게 일하게 해보라. 그래서 고객에게 실제로 영향을 주기 전에 주요 문제들을 찾아내 고쳐야 한다.

참조 링크: https://personalmba.com/stress-testing/

시나리오 플래닝
Scenario Planning

"슬기로운 자는 재앙을 보면 숨어 피하여도 어리석은 자들은 나가다가 해를 받느니라."

잠언서 27:12(Proverbs 27:12)

이 책에서 많이 언급했듯이 십 년은 고사하고 내일 무슨 일이 일어날지도 아무도 예상할 수 없다. 계획과 목표가 완벽하게 통제 밖에 있는 것에 의존적이라면 이것은 큰 문제이다. 이 불확실한 미래를 위해 무엇을 준비할 수 있는가?

시나리오 계획은 일련의 가상 상황들을 조직적으로 구성하고, 만약 그 상황들이 일어나면 무엇을 할 것인지 마음속으로 시뮬레이션하는 프로세스이다. 앞날을 내다볼 수는 없겠지만, 사실과 반대되는 조건법적 시뮬레이션을 해 보면 강력한 능력을 얻을 수 있다. 발생할 수도 있는 일들을 상상하고, 실제로 그런 일이 일어난다면 무엇을 할지 알아낼 수 있다. 시나리오 계획은 본질적으로 자세하고 철저하다. 그리고 중요한 결정에 적용되는 체계적이고 조직적인 시뮬레이션이다.

시나리오 계획은 항상 간단한 질문으로부터 시작된다. "만약에 이렇다면 나는 무슨 일을 할 것인가?^{What if?}" 부분이 사실과 반대되는 조건법적 서술이고, 이것이 뇌가 계획에 대해서 생각하게 하고, 그 때 가능한 반응들을 상상해 볼 수 있게 도와준다. 그 상황에서 가능한 행동 과정들을 적어보면, 상상할 수 있는 특정 상황에 대한 몇 가지 반응들을 개발하는 것이 가능하게 된다.

시나리오 계획은 효과적인 전략의 본질이다. 이자율이나 오일 가격 혹은 주식 가격에 대한 예측을 기준으로 행동을 정하려고 하는 것은 어리석은 짓이다. 100퍼센트 정확도로 미래를 예측하려 하는 것 대신에 시나리오 계획은 다양하게 일어날 수 있는 미래의 일에 대비해 준비할 수 있도록 도와준다. 하나의 옵션에만 완고하게 집중하는 것이 아니라, 변화하는 세상에 맞춰 변화하고 적응할 수 있는 능력을 개선시켜서 더 유연하고 탄력적으로 상황에 대처하게 할 것이다.

대부분의 큰 기업들은 시나리오 계획을 '헤징^{Hedging}'이라 불리는 실행의 기초로 사용한다. 불길한 미래 사건들의 위험성을 줄이기 위해 다양한 형태의 보험을 구매하는 행위가 헤징의 사례이다. 제조업자들은 오일 가격이 원재료 수입과 완제품 수출 관련 비용을 증가시키고 수익률을 갑자기 극단적으로 감소시킬 수 있기 때문에 신경을 많이 쓴다. 오일 가격이 오르면 발생할 수 있는 손실을 상쇄시키기 위해서 '선물^{Futures}'이라는 금융상품을 구입하여, 오일 가격이 오르는 경우에도 기업은 돈을 벌 수도 있다.

시나리오 계획은 생략하기 쉽다. 특히 이미 해야 할 일들이 많을 때 건너뛰기 쉽다. 사업을 구축하기 위해 사용하는 시간 중에서 시나리오 계획을 위해 쓰는 시간은 매우 소중할 수 있지만, 사업을 간신히 꾸려 나가는 힘든 상황에 있다면 시나리오 계획은 간과하기 쉽다. 한걸음 물러나서 미래를 계획할 수 있는 정기적인 시간을 정하는 것은 시간을 현명하게 보내는 방법이다. 그 시간을 건너뛰려고 하지 말라.

알 수 없는 미래를 예측하기 위해 시간을 낭비하지 말라. 일어날 가능성이 높은 시나리오와 그에 따른 계획을 수립하면 무슨 일이 일어나든지 잘 대처할 수 있을 것이다.

참조 링크: https://personalmba.com/scenario-planning/

탐사/개발

Exploration/Exploitation

"추측을 통해 진실을 정복하지 않으면 아무 일도 할 수 없다.

C. S. 피어스(C.S.Peirce), 19세기 철학자이자 수학자

어떠한 변경이나 투자가 최상의 결과를 가져올지 파악하는 것은 확률 이론의 주요 연구 분야로, '멀티 암드 밴딧$^{Multi-\ Armed\ Bandit,\ MAB}$(카

지노에서 어떤 슬롯머신을 당겨야 최대 수익이 날지를 분석하는 강화학습 알고리즘)' 문제를 통해 가장 잘 설명할 수 있다.

카지노에 들어가 레버가 하나인 슬롯머신을 당겨야 한다고 상상해 보라. 레버를 당기면 보상이 지급되는 확률이 각각 다른 슬롯머신이 길게 줄지어 있다. 어떤 슬롯머신은 다른 것보다 더 많은 보상을 지급하지만, 그 슬롯머신이 무엇인지는 알 수 없다.[6]

어떤 슬롯머신의 레버를 당기는 게 가장 좋은지 미리 알고 있다면 항상 그 슬롯머신의 레버만 당기면 되지만, 어떤 슬롯머신의 수익률이 가장 높은지 알 수 없고 또 아무도 알려주지 않는다. 가장 수익률이 높은 슬롯머신을 찾는 유일한 방법은 무작위로 레버를 당겨본 뒤, 무엇이 효과가 있고 무엇이 효과가 없는지 추적한 다음 결과를 분석하는 것이다.

이 접근방식에는 중요한 절충점Trade-off이 내재되어 있다. 이전에 당겨보지 않은 레버를 당기면 특정 옵션에 대한 새로운 정보를 얻을 수 있으며, 이러한 정보는 전체적으로 가장 좋은 기계를 찾는 데 유용하다는 사실이다. 그러나 덜 검증된 레버를 당기면 현재 가장 높은 수익을 낸다고 생각하는 레버를 당기는 것이 아니기 때문에 그만큼의 기회비용이 발생한다. 그 레버를 당기면 현재 최적의 레버를 당겼을 때보다 수익률이 떨어질 위험이 있으며, 이는 매우 실질적인 비용이다.

정보는 소중하지만 대가가 따르기 마련이다. 실험은 때때로 잘못된 투자의 한 형태가 될 수 있다. 이러한 인사이트가 바로 멀티 암드 밴딧 문제를 해결하는 열쇠이다.

이 문제에 대한 해결책은 수학적으로 설명하지 않아도 쉽게 이해할 수 있다. 최적의 전략은 무작위로 레버를 당기고 정보를 수집하는 탐색 기간을 정한 뒤 탐색을 시작하는 것이다. 무엇이 효과가 있고 무엇이 효과가 없는지 더 많은 정보를 얻게 될수록 그만큼 지금까지 발견한 최고의 지렛대(탐사)를 사용할 시간 대부분을 소비하게 되지만, 지금 고른 최고의 선택이 현존하는 최선이 아닐 경우를 대비해 다른 선택지를 계속 탐색하는 것이다.

최적 전략의 마지막 부분인 탐색 단계는 결코 끝이 없다는 점을 명심하라. 최상의 옵션을 찾았다고 확신하더라도 실험을 통해 수집한 정보는 항상 가치가 있기에 실험을 멈추지 말아야 한다. 도적^{Bandit}을 이기는 유일한 방법은 계속해서 새로운 시도를 이어가는 것이다.

현실에서 탐사/개발은 이 사고 실험 상황의 상황보다 큰 이점이 있다. 다른 사람들이 같은 게임을 하고 있기에 그들과 같은 접근 방식을 시도하지 않고도, 다른 사람들이 하는 행동을 관찰하여 무엇이 효과가 있고 무엇이 효과가 없는지에 대한 정보를 수집할 수 있다는 점이다.

다른 사람의 행동을 통해 배우고 그 결과를 관찰하는 것은 유용한 정보를 수집하는 효율적인 방법이다. 이 접근방식을 일상적인 의사결정으로 확장하는 방법은 간단하다. 가능한 다양한 방법으로 최대한 많은 실험을 해보고, 다른 사람들이 하는 실험에 주의를 기울이면 된다. 원하는 결과를 얻을 수 있는 방법을 찾게 된다면, 그 방법에 더 많은 시간과 에너지를 투자하라. 노력한 만큼 결과가 나오고 특정 옵션에 대한 확신이 커지면 해당 선택지에 대한 투자를 늘려라. 실험을 많이 할수록 더 많은 것을 배울 수 있고, 더 많은 정보와 선택지를 마음대로 사용할 수 있으며, 더 좋은 결과를 발견할 가능성도 커진다.

새로운 시도 없이는 상황을 개선하는 긍정적인 발견도 할 수 없다. 실험을 시작하되 멈추지는 말라.

참조 링크: https://personalmba.com/explore-exploit/

지속가능 성장주기
Sustainable Growth Cycle

"승리한 후에 투구의 끈을 더 조여야 한다."

도쿠가와 이에야스(Tokugawa Ieyasu), 17세기 초 쇼군

시스템이 제한 없이 언제까지나 발전할 수 있다고 가정하는 것은 실수이다. 시스템은 자연스러운 크기를 가지는 경향이 있고, 이 크기를 초과하게 되면 많은 문제를 야기시킬 수 있다. 통제할 수 없는 시스템의 요소들은 제거될 필요가 있다.

세포 성장을 예로 들어보자. 인체의 세포들은 어느 정도의 크기로 성장하고 새로운 세포들이 죽은 세포들을 교체하는 것을 보장해 줄 수 있는 비율로 증식하려는 경향이 있다. 이 비율이 균형에 맞는다면 인체는 잘 작동하고 있는 것이다. 세포들이 통제를 벗어나 성장하거나 증식한다면 이것은 시스템의 존재 자체를 위협할 수 있다. 암세포들은 인체의 건강을 보장하기 위해 제거되어야만

한다.

비즈니스와 생물학적 유기체는 많은 공통점을 가지고 있다. 시간이 흐름에 따라 변화하고 성장하는 서로 밀접한 많은 요소들과 시스템으로 이루어져 있다. 만약 모든 비즈니스의 다섯 가지 요소가 통제를 벗어나거나 서로의 비율에 어긋난다면 그 상황은 조직의 건강을 위협할 수 있다.

지속가능한 성장주기는 큰 어려움 없이 매년 성장할 수 있는 비즈니스에서 발견되는 패턴이다. 이 주기는 확장, 유지, 통합의 세 가지 명백한 단계를 가지고 있다. 확장 단계에서 회사는 성장에 집중한다. 새로운 제안들이 만들어지고 테스트된다. 새로운 시장들이 개척된다. 새로운 비즈니스 부서들이 만들어지고 직원들이 배치되고 미래 계획들이 세워진다. 어떤 일에 대한 초기 데이터는 나중에 사용하기 위해 수집된다.

유지 단계에서 회사는 현재 계획을 실행하는 데에 집중한다. 마케팅, 판매, 비즈니스의 가치 전달 요소들이 한창 진행 중이고, 비즈니스 개척의 가능성을 열심히 모색한다. 이것들의 실행을 보장하기 위해서 시스템이 적절히 운영되어야 한다.

통합 단계에서 회사는 분석에 집중한다. 무엇이 잘 운영되고 있고 무엇이 잘 되지 않는가를 판단하기 위해 비즈니스 성과에 대한 정보가 자세하게 조사된다. 잘 운영되고 있지 않은 것들은 중단되거나 제거되어야 하고, 잘 운영되고 있는 것들에는 더 많은 자원이 투자되어야 한다.

식물 재배에 대해 생각해 보라. 최고의 정원사들은 식물이 자라도록 하되, 식물이 자라기 위한 충분한 자원이 있는지 확인하고 잘 자라지 않는 식물들은 잘라버린다. 이 주기는 매 시즌마다 반복된다. 주기적으로 하는 것은 필수이다.

많은 기업가들은 사업이 안정기에 들어서고 성장이 멈춘 것처럼 보이면 좌절하곤 한다. 유지 또는 통합에 시간을 투자하는 것이 낭비 같을 수도 있고, 비즈니스 아이디어 차원에서는 결점으로 여겨질 수도 있다. 하지만 절대 그렇지 않다. 이 단계들은 비즈니스의 성공을 보장하는 데에 꼭 필요하며 실행되어야 한다.

확장에만 초점을 맞추고 유지와 통합을 간과하게 되면 사업은 차후에 암적인 성장을 경험하게 될 것이다. 사업의 요소들이 통제를 벗어나기 시작할 것이고, 사업의 성과에 기여하는 것에 비해 너무 많은 시간, 에너지, 자원을 소모하게 할 것이다. 이미 검증된 기회들을 무시하거나 잊어버리고, 새로운 기회들을 찾아 나설 것이다.

유지와 통합은 시스템의 균형을 맞추는 데에 필수적이다. 일단 시스템이 번창하면 성장주기는 자동적으로 시작된다.

건강한 비즈니스는 확장, 유지 그리고 통합 사이에서 순환한다. 이 주기의 어느 단계에 있던지 간에, 그 주기는 건강한 비즈니스를 위해 필수적이라는 점을 인식해야 한다. 주기의 각 단계에 적절한 시간을 투자하고 주의를 기울임으로써 사업의 장기적인 성공을 보장할 수 있을 것이다.

참조 링크: https://personalmba.com/sustainable-growth-cycle/

중도

The Middle Path

> "예술의 경지에 오른 모든 사람들은 너무 많은 것이나 너무 적은 것을 피한다. 그들은 중간을 찾고 그것을 선택한다."
>
> **아리스토텔레스**(Aristole), 기원전 4세기 그리스 철학자

비즈니스는 절대 쉽지 않다. 과학이라기보다는 예술에 가깝다.

중도는 너무 적은 것과 너무 많은 것 사이에서 계속 변화하는 균형점이다. 중도가 정확히 무엇인지는 그 누구도 얘기해 줄 수 없다. 그 길을 알려면 그 길을 걸어가고 있어야 하는데, 그 길은 계속 변한다. 그 불확실성의 중간에서 균형을 잡는 것이 유능한 비즈니스 전문가와 위대한 비즈니스 전문가의 차이이다.

무엇인가에 접근하는 최고의 방법은 항상 너무 적은 것과 너무 많은 것의 사이에 존재한다. 요리에서 보면 단순히 요리책을 통해서는 어느 정도까지만 배울 수 있다. 재료나 기술, 도구는 알 수 있겠지만 실제로 요리하는 데에는 집중, 노력 그리고 미각이 필요하다. 세계에서 가장 큰 성공을 맛본 사람들은 불확실성을 받아들이고 할 수 있는 한 두려워하며, 그들의 경험으로부터 배우고 새로운 것들을 계속 시도하는 사람들이다.

중도를 찾으려고 노력하고 그곳에 최대한 머물러 있도록 하라. 정확한 균형을 찾으면 어떤 일이든 달성할 수 있다.

참조 링크: https://personalmba.com/middle-path/

실험적인 사고방식
The Experimental Mind-set

"물건들을 뒤집는 것을 배우는 유일한 방법은 단지 뒤집어 보는 것이다."

줄리아 차일드(Julia Child), 세계적 명성을 가진 요리사

누구나 사업을 개선하고자 할 때 어떤 접근이 자신이 의도한 결과를 만들어 낼 것인지 확실히 알 수 없다. 실험적인 사고방식이 유용하게 다가오는 순간이다.

지속적인 실험만이 무엇이 원하는 결과를 실제로 만들어낼 수 있는지 식별할 수 있는 유일한 방법이다. 종종 어떤 것을 배우는 데에 최고의 방법(혹은 유일한 방법)은 뛰어 들어가 시도해보는 것이다. 처음에는 뭐가 뭔지 모르겠지만 그것보다 빠르게 배우는 방법은 없다. 어떤 것을 연구하는 것에 전념할 때, 무서워서 물러나 있는 것보다 훨씬 더 빠르게 배우게 될 것이다.

잘 풀리지 않는 일에서 가장 많은 것을 배울 수 있다. 실수로 인해 죽을 정도의 위기를 맞지 않는 한, 잘 풀리지 않는 일에 집중함으로써 유용한 정보를 얻을 수 있을 것이다. 모든 실패는 일시적이다. 그 과정에서 배우는 것들이 전진하는 데 많은 도움이 될 것이다.

실험은 마치 놀이를 통해 배우는 것과 같다. 사소한 실수를 하게 될까 꽁무니를 빼는 심각한 사업가처럼 스스로를 만들 필요는 없다. 직장인들도 직장에서 수많은 실수를 하게 될 것이지만 그것은 큰 문제가 되지 않는다. 모든 실험은 새로운 무언가를 가르쳐 줄 것이고, 배우는 모든 교훈들은 위대한 일을 성취하기 위한 능력을

향상시켜줄 것이다.

실험은 만족스럽고, 생산적이고, 성취적인 삶의 필수 요소이다. 더 시도하면 할수록 더 많은 것을 배울 것이고 그것은 자신을 성공으로 이끌 것이다.

참조 링크: https://personalmba.com/experimental-mindset/

"정말 좋은 책은 단순히 읽는 것보다 더 좋은 것들을 가르쳐준다. 책을 내려놓음과 동시에 책으로부터 얻은 힌트를 가지고 살아가도록 시작해야 한다. 책을 읽으면서 시작한 일을 실천으로 마무리해야 한다."

에필로그

대다수의 독자들과 고객들이 이렇게 물어보곤 한다.

"이 비즈니스 교육 자료는 훌륭합니다만, 저는 언제쯤 끝낼 수 있을까요?"

잘못된 질문이다. 독학이라는 것은 비즈니스에 관련된 것이든 다른 것에 관련된 것이든 간에 끝나지 않는 과정이다. '그래, 난 다 배워서 이제 더 이상 배울 것이 없어'라고 말할 수 있는 시점이란 존재하지 않는다. 자신이 배워 온 모든 새로운 개념들은 수많은 다른 연구 기회의 통로일 뿐이다.

이것이 독학이 흥미롭고 보람 있는 이유이다. 언제나 새롭게 배울 것들이 존재한다.

동양 철학에서 도라는 것은 '행하고 있는 일의 과정에 존재하는 길'을 의미한다. 도에서 시작과 끝이란 존재하지 않는다. 단지 길일뿐이다. 어떤 것에 관해 독학하는 것은 도와 같다. 그 과정에서 끝이란 없다. 그 과정 자체가 보상이다.

심지어 워런 버핏과 같은 투자의 귀재들도 항상 배워야 하는 새로운 것들을 찾고 있다. 네브라스카 대학 링컨 캠퍼스 학생들과의 인터뷰에서 어떤 초능력을 갖고 싶냐는 질문에 버핏은 더 빨리 읽을 수 있는 능력을 갖고 싶다고 대답하였다. 버핏이 매일하는 대부분의 일은 재무 보고서들을 읽고, 새로운 개념들을 배우고, 자신의 회사의 가치를 높이기 위한 새로운 방법들을 찾아내는 것이다.

심지어 세계 최고 갑부라고 불리는 사람조차 더 개선하고 연구할 것들을 가지고 있다. 계속되는 호기심이 그들을 성공하게 해주는 첫 번째 요소이다.

누구의 길에도 분명히 중요한 단계들이 존재한다. 책을 읽고, 새로운 기술을 익히고, 사업을 시작하고, 판매를 체결한다. 하지만 결국 스스로 택해야 하는 새로운 길이 있다는 것을 발견하게 될 것이고, 그래야만 여행은 계속될 것이다. 얼마나 성장할 수 있는지 가능성에 대한 제한은 없다. 이제 독자는 이 책을 읽었으니 https://personalmba.com 사이트를 방문해보고 퍼스널 MBA ^{The Personal MBA} 이메일 업데이트 구독 신청을 추천한다. 필자는 매년 권장 도서목록을 수정하고 매달 새로운 자료들을 게시한다. 구독 신청은 비용이 들지 않고, 내가 발견한 가장 유용한 최신 비즈니스 정보들을 공유할 수 있다는 것에 대해 기쁘게 생각한다.

포브스 잡지의 창시자이자 1917년에《성공의 핵심^{Keys to Success}》이라는 에세이를 썼던 포브스^{B.C. Forbes}의 몇 가지 지혜로운 말들로 마무리하고자 한다. 나는 종종 이것들을 참조하는데, 이 말들은 비즈니스와 삶이 무엇인가에 대해 항상 다시 한 번 상기시켜 준다.

- 당신의 성공은 당신에게 달려 있다.
- 당신의 행복은 당신에게 달려 있다.

- 당신 자신의 진로를 스스로 조정할 수 있어야 한다.
- 당신 자신의 부를 형성할 수 있어야 한다.
- 당신은 스스로를 교육할 수 있어야 한다.
- 당신 스스로 생각할 줄 알아야 한다.
- 당신 자신의 양심의 기준을 갖고 살아야 한다.
- 당신 마음은 당신 것이고, 오직 당신에 의해서만 쓰일 수 있다.
- 당신은 이 세상에 혼자 왔다.
- 당신은 홀로 무덤에 묻히게 될 것이다.
- 당신의 길에서 홀로 내면의 생각을 해야 한다.
- 당신 스스로 결정해야 한다.
- 당신 행동의 결과에 승복해야 한다.
- 당신만이 자신의 습관을 제어할 수 있고 당신의 건강을 지킬 수 있다.
- 당신 스스로 사물에 대해서 정신적으로 동화되거나 물질적으로 동화될 수 있다.
- 당신은 당신 스스로 삶을 통해 동화되어야만 한다.
- 선생을 통해서 배울 수는 있지만 당신이 지식을 흡수해야 한다. 선생이 당신의 뇌에 주입시켜 줄 수는 없다.
- 당신 스스로만이 당신의 마음과 생각을 제어할 수 있다.

여러 세대의 지혜들을 당신 앞에 펼쳐놓을 수 있을지는 몰라도, 당신이 그것들을 흡수하지 않으면 혜택을 얻을 수 없다. 아무도 그 지혜들을 강제로 당신의 머릿속에 주입하지는 못한다.

- 당신만이 당신의 다리를 움직일 수 있다.
- 당신만이 당신의 팔을 움직일 수 있다.
- 당신만이 당신의 손을 사용할 수 있다.
- 당신만이 당신의 근육을 제어할 수 있다.
- 당신은 신체적으로도, 정신적으로도 당신의 발로 일어서야 한다.
- 당신은 스스로 발걸음을 내디뎌야 한다.
- 당신의 부모님은 당신의 삶에 관여할 수 없다. 정신적으로나 신체적으로 스스로 제어하고, 스스로를 중요하게 만들어야 한다.
- 당신은 자식의 싸움을 대신 싸워줄 수 없다. 자식 스스로 헤쳐 나가야 한다.
- 당신은 당신의 운명을 주도해 나가야 한다.
- 당신은 당신의 눈을 통해서 볼 줄 알아야 한다.
- 당신은 당신의 귀를 통해 들을 줄 알아야 한다.
- 당신은 당신의 재능을 숙달시켜야 한다.
- 당신은 스스로의 문제를 해결해야 한다.
- 당신은 스스로의 이상향을 구축해야 한다.
- 당신은 스스로의 아이디어를 만들어야 한다.
- 당신은 스스로 어떻게 말할지 선택해야 한다.
- 당신은 당신의 혀를 다스릴 수 있어야 한다.
- 당신의 진정한 삶은 당신의 생각이다.
- 당신의 생각은 스스로 만드는 것이다.
- 당신의 성격은 당신이 손수 만들어낸 것이다.
- 당신만이 당신이 하고자 하는 것을 선택할 수 있다.
- 당신만이 당신에게 맞지 않는 것을 거절할 수 있다.

- 당신의 개성은 당신이 만들어 낸 것이다.
- 당신의 치욕은 타인이 아니라, 당신이 스스로 만든 것이다.
- 당신은 타인이 아니라, 당신 스스로에 의해서 높아지고, 그것을 유지할 수 있다.
- 당신은 스스로의 기록을 작성해야 한다.
- 당신은 스스로의 기념탑을 쌓든지, 당신의 구덩이를 파게 될 것이다.
- 당신은 어느 것을 하고 있는가?

여러분들이 이 책을 즐겁게 읽고 유용하다고 생각하기를 바라고, 만약 그랬다면 입소문을 퍼뜨려 주기를 희망한다. 만약 질문이나 의견이 있다면 언제든 연락해 주기를 바란다. 언제든지 josh@personalmba.com으로 연락하기를 기다리고 있다.

이 책을 읽어주셔서 감사합니다. 매력적이고 변화무쌍한 비즈니스 세계에서 여러분들의 길에 행운이 따르길 소망합니다.

경영학 학습을
계속하는 방법

"사람들은 자신이 읽은 책에 비추어 글을 쓴다."

리처드 펙(Richard Peck), 작가

"자신이 아는 것 다음으로 가장 좋은 것은 지식이 있는 곳을
아는 것이다."

새무얼 존슨(Samuel Johnson), 수필가이자 문예가

《퍼스널 MBA》는 광범위한 비즈니스 책들에 대한 높은 수준의 개요이다. 이 책은 비즈니스 연구의 끝이 아니라 시작이다. 이 책이 유용하다고 생각한다면 가장 흥미롭고 도움이 되었던 분야의 추가 책을 읽어 보길 바란다. 시작하기 가장 좋은 곳은 'Personal MBA' 권장 읽기 목록이다.

personalmba.com/best-business-books/

읽기 목록을 업데이트할 때 알림을 받으려면 해당 페이지 또는 다음에서 이메일 업데이트에 가입하기 바란다. (joshkaufman.net)

즐거운 독서가 되시길!

● 영업(SALES)
- The Psychology of Selling by Brian Tracy
- Pitch Anything by Oren Klaff
- The Ultimate Sales Machine by Chet Holmes
- Value-Based Fees by Alan Weiss
- SPIN Selling by Neil Rackham

● 가치전달(VALUE DELIVERY)
- Indispensable by Joe Calloway
- The Goal by Eliyahu M. Goldratt
- Lean Thinking by James P. Womack and Daniel T. Jones

- 재무와 회계(FINANCE AND ACCOUNTING)
  - Financial Intelligence for Entrepreneurs by Karen Berman and Joe Knight with John Case
  - Simple Numbers, Straight Talk, Big Profits! by Greg Crabtree
  - The 1% Windfall by Rafi Mohammed
  - Accounting Made Simple by Mike Piper
  - How to Read a Financial Report by John A. Tracy
  - Venture Deals by Brad Feld and Jason Mendelson

- 인간의 마음(THE HUMAN MIND)
  - Thinking, Fast and Slow by Daniel Kahneman
  - Brain Rules by John Medina
  - Making Sense of Behavior by William T. Powers
  - Driven by Paul R. Lawrence and Nitin Nohria
  - Deep Survival by Laurence Gonzales

- 생산성과 효과성(PRODUCTIVITY AND EFFECTIVENESS)
  - Getting Things Done by David Allen
  - The Power of Full Engagement by Jim Loehr and Tony Schwartz
  - StrengthsFinder 2.0 by Tom Rath
  - Bit Literacy by Mark Hurst

- 10 Days to Faster Reading by Abby Marks-Beale and the Princeton Language Institute

● 문제해결(PROBLEM SOLVING)
- The 80/20 Principle by Richard Koch
- Accidental Genius by Mark Levy
- Learning from the Future edited by Liam Fahey and Robert M. Randall

● 행동변화(BEHAVIORAL CHANGE)
- The Power of Less by Leo Babauta
- The Path of Least Resistance by Robert Fritz
- Re-Create Your Life by Morty Lefkoe
- Self-Directed Behavior by David L. Watson and Roland G. Th arp

● 의사결정(DECISION MAKING)
- Sources of Power by Gary Klein
- Smart Choices by John S. Hammond, Ralph L. Keeney, and Howard Raiff a
- Ethics for the Real World by Ronald A. Howard and Clinton D. Korver

● 의사소통(COMMUNICATION)

- On Writing Well by William Zinsser
- Presentation Zen by Garr Reynolds
- Made to Stick by Chip Heath and Dan Heath
- The Copywriter's Handbook by Robert W. Bly
- Show Me the Numbers by Stephen Few

● 힘과 영향력(POWER AND INFLUENCE)

- Influence by Robert B. Cialdini
- How to Win Friends and Influence People by Dale Carnegie
- Crucial Conversations by Kerry Patterson, Joseph Grenny, Ron McMillan, and Al Switzler
- The 48 Laws of Power by Robert Greene

● 협상(NEGOTIATION)

- Bargaining for Advantage by G. Richard Shell
- 3-D Negotiation by David A. Lax and James K. Sebenius
- The Partnership Charter by David Gage

● 관리(MANAGEMENT)

- First, Break All the Rules by Marcus Buckingham and Curt Coff man
- 12: The Elements of Great Managing by Rodd Wagner

and James K. Harter, PhD

- Growing Great Employees by Erika Andersen
- The Essential Drucker by Peter F. Drucker

● 리더십(LEADERSHIP)

- Tribes by Seth Godin
- Total Leadership by Stewart D. Friedman
- What Got You Here Won't Get You There by Marshall Goldsmith
- The New Leader's 100-Day Action Plan by George B. Bradt, Jayme A. Check, and Jorge E. Pedraza
- The Halo Effect by Phil Rosenzweig

● 프로젝트 관리(PROJECT MANAGEMENT)

- Making Things Happen by Scott Berkun
- Results Without Authority by Tom Kendrick

● 시스템(SYSTEMS)

- Thinking in Systems by Donella H. Meadows
- Work the System by Sam Carpenter

● 분석(ANALYSIS)

- Turning Numbers into Knowledge by Jonathan G.

Koomey, PhD

- Marketing Metrics by Paul W. Farris, Neil T. Bendle, Phillip E. Pfeifer, and David J. Reibstein
- The Economist Numbers Guide by Richard Stutely

● 통계(STATISTICS)

- Thinking Statistically by Uri Bram
- How to Lie with Statistics by Darrell Huff

● 협력 기술(CORPORATE SKILLS)

- The Unwritten Laws of Business by W. J. King
- The Effective Executive by Peter F. Drucker
- The Simplicity Survival Handbook by Bill Jensen
- Hire with Your Head by Lou Adler

● 기업전략(CORPORATE STRATEGY)

- Purpose by Nikos Mourkogiannis
- Competitive Strategy by Michael E. Porter
- Blue Ocean Strategy by W. Chan Kim and Renee Mauborgne
- Seeing What's Next by Clayton M. Christensen, Scott D. Anthony, and Erik A. Roth

● 창의성과 혁신(CREATIVITY AND INNOVATION)

- The Creative Habit by Twyla Tharp
- Myths of Innovation by Scott Berkun
- Innovation and Entrepreneurship by Peter F. Drucker

● 디자인(DESIGN)

- The Design of Everyday Things by Donald A. Norman
- Universal Principles of Design by William Lidwell, Kritina Holden, and Jill Butler

● 컨설팅(CONSULTING)

- Getting Started in Consulting by Alan Weiss
- Secrets of Consulting by Gerald M. Weinberg

● 개인재무(PERSONAL FINANCE)

- Your Money or Your Life by Vicki Robin and Joe Dominguez with Monique Tilford
- The Millionaire Next Door by Thomas J. Stanley, PhD and William D. Danko, PhD
- I Will Teach You to Be Rich by Ramit Sethi
- Fail-Safe Investing by Harry Browne

- 개인의 성장(PERSONAL GROWTH)
  - Lead the Field by Earl Nightingale
  - The Art of Exceptional Living by Jim Rohn
  - A Guide to the Good Life by William B. Irvine

부록 2

성과를 향상시킬
49가지 질문

좋은 질문은 두뇌가 세상을 다른 방식으로 보게 해준다. 여러분 마음속에 있는 질문들에 대해 잠재적인 대답들을 생각해보기만 하면 지금 있는 곳에서 가고 싶은 곳으로 안내할 예기치 못한 경로들을 찾아낼 수 있다.

아래는 필자가 몇 년 전에 스스로를 위해 만들어낸 질문들의 목록이다. 목록 내용은 개인적으로, 그리고 전문가로서 내 삶을 향상시키고 싶은 것들을 알아내기 위한 것이었다. 이 질문들은 일에 관련해서 특별히 힘든 시기를 겪고 있었을 때, 자신이 누구이며 무엇을 원하는지를 알아내는 데 도움을 주었다. 이것들이 필자에게 도움이 된 만큼 여러분에게도 도움이 되었으면 좋겠다.

- **나는 내 신체를 최적으로 사용하는가?**
  - 내 현재 식단의 질은 어떤가?
  - 나는 충분한 수면을 취하는가?
  - 나는 매일 내 에너지를 잘 관리하고 있는가?
  - 나는 매일의 스트레스를 얼마나 잘 관리하고 있는가?
  - 나는 바른 자세를 하고 있는가?
  - 나는 주위 세계를 관찰하는 능력을 향상시키기 위해서 무엇을 할 수 있는가?

- **나는 자신이 원하는 것을 알고 있는가?**
  - 나는 어떤 성과에 진심으로 흥분을 느끼는가?
  - 나는 매일 어떤 '존재의 상태'를 경험하기를 원하는가?
  - 내 우선사항과 가치는 명확히 정의되어 있는가?
  - 나는 결정을 신속하게 그리고 자신 있게 내릴 수 있는가?
  - 나는 원하는 것과 원치 않는 것에 꾸준히 주의력의 초점을 맞추고 있는가?

- **나는 무엇을 두려워하는가?**
  - 나는 떨치지 못하는 두려움에 대한 총체적인 리스트를 정직하게 만들었는가?
  - 나는 그 두려움이 현실로 나타날 경우 어떻게 대처할지 상상하고 각 두려움에 맞서본 적이 있는가?
  - 나는 자신의 한계를 재인식하고 바로잡을 수 있는가?
  - 나는 자신의 한계에 적절하게 도전하고 있는가?

- **내 마음은 맑고 초점이 맞아 있는가?**
  - 나는 체계적으로 생각하는 것을 외면화하는가(글을 쓰거나 기록하는가)?
  - 나는 생각이 떠올랐을 때 그것을 재빨리 포착하는 것이 수월한가?
  - 지금 내가 신경을 쓰고 있는 것은 무엇인가?
  - 나는 정기적으로 자신에게 적절한 지침이 되는 질문들을 묻고 있는가?
  - 나는 시간 대부분을 단일한 업무에 초점을 맞추는 데 쓰고 있는가 아니면 끊임없이 다양한 업무들로 이리저리 헤매고 있는가?
  - 나는 목표, 프로젝트, 그리고 진보를 적극적으로 검토하는 데 충분한 시간을 쏟고 있는가?

- **나는 자신감이 있고 여유가 있으며 생산적인가?**
  - 나는 효과적인 계획 작성 방법을 찾아냈는가?

- 나는 충실히 계획을 잘 짜놓고 있는가?
- 나는 수행해야 할 프로젝트와 진행 중인 업무들에 대해서 최신 목록을 가지고 있는가?
- 나는 약속들을 정기적으로 모두 검토하는가?
- 나는 정기적이고 진정한 휴식을 취하는가?
- 나는 의식적으로 긍정적인 습관들을 만들고 있는가?
- 나는 비생산적인 습관들을 털어내려고 노력하고 있는가?
- 나는 다른 사람들에게 마음 편히 거절할 수 있는가?

- <u>나는 어떻게 하면 일을 가장 잘 할 수 있을까?</u>
  - 내가 특별히 즐기는 것은 무엇인가?
  - 내가 특별히 잘하는 일은 무엇인가?
  - 나는 일을 잘하기 위해 어떤 환경이 가장 도움이 된다고 생각하는가?
  - 나는 가장 효과적으로 학습하는 경향이 있는가?
  - 나는 다른 사람들과 일하고 의사소통하는 것을 어떻게 하면 더 좋아하겠는가?
  - 현재 무엇이 내 발목을 잡고 있는가?

- <u>나는 행복하고 충만한 삶을 살기 위해 진실로 무엇이 필요한가?</u>
  - 나는 현재 어떻게 '성공'을 정의하는가?
  - '성공'을 자신에게 좀 더 충실한 방식으로 정의하는 다른 방식이 존재하는가?

- 나는 자신을 내 눈에 보이는 다른 사람들의 모습과 얼마나 자주 비교하는가?
- 나는 현재 내 수입 한도 내에서 살고 있는가?
- 내가 100가지밖에 갖고 있지 않다면 그것들은 무엇일까?
- 나는 필수와 사치를 구분할 수 있는가?
- 나는 삶과 일에서 무엇에 감사하는가?

노트 한 권을 집어 들고, 한 시간의 짬을 내어 이 질문들에 대답을 해보라. 즐기면서 적어라. 좋아하는 음식점에 가서 맛있는 점심이나 저녁을 스스로에게 접대하면서 적어 보라. 계산서가 나올 즈음, 여러분은 삶이나 비즈니스를 더 낫게 바꾸는 방법에 관해 몇 가지 새로운 생각이 떠오르게 될 것이다.

주석

서문 왜 이 책을 읽어야 하는가?

1. This epigraph was misattributed to Ralph Waldo Emerson in the first and second editions. Special thanks to Garson O'Toole of the blog Quote Investigator for tracing the original source ("The Man Who Tries Methods, Ignoring Principles, Is Sure to Have Trouble," July 17, 2015, https:// quoteinvestigator.com/ 2015/ 07/ 17/ methods/).

2. Seth Godin, "Good News and Bad News," Seth's Blog (blog), March 14, 2005, https://seths.blog/ 2005/ 03/ good_news_and_b/.

3. Josh Kaufman, "The Personal MBA Recommended Reading List: The 99 Best Business Books," The Personal MBA, https:// personalmba.com/best-business- books/.

4. Warren Buffett, "The Superinvestors of Graham-and-Doddsville," Hermes, May 17, 1984, https://www8.gsb.columbia.edu/articles/ columbia-business/ superinvestors.

5. Janet Lowe, Damn Right: Behind the Scenes with Berkshire Hathaway Billionaire Charlie Munger(Hoboken, NJ: John Wiley & Sons, Inc., 2003), 75.

6. Outstanding Investor Digest(New York, NY: Outstanding Investor Digest, Inc.), December 29, 1997.

7. Peter D. Kaufman, ed., Poor Charlie's Almanack: e Wit and Wisdom of Charles T. Munger, 3rd ed. (Virginia Beach, VA: The Donning Company Publishers, 2005), 64.

8. See "College: Big Investment, Paltry Return" by Francesca Di Meglio, Bloomberg Businessweek, June 28, 2010, https://

www.bloomberg.com/news/articles/2010-06-28/ college-big-investment-paltry-returnbusinessweek-business-news-stock-market-and- financial-advice. This is is not just a problem with business schools: it's a problem with college in general. College tuition has increased 7 to 14 percent annually since the 1980s, while salaries have stagnated, so the return on investment of college education has decreased.

9. Bill Gates didn't graduate from college and doesn't have an MBA. Most successful and wealthy individuals didn't go to business school—they started as entrepreneurs and taught themselves.

10. The Institute for College Access & Success, "Student Debt and the Class of 2017: 13th Annual Report," September 2018, https://ticas.org/files/pub_files/classof2017.pdf.

11. National Center for Education Statistics, "Trends in Graduate Student Loan Debt," NCES Blog, August 2, 2018, https://nces.ed.gov/blogs/nces/post/trends-in-graduate-student-loan-debt.

12. "Find the Best Business School," U.S. New, accessed January 29, 2020, https://www.usnews.com/best-graduate-schools/top-business-schools.

13. Marc Ethier, "How Much Does a Top MBA Now Cost? Nine Schools Are in the $200K Club," Poets& Quants, December 24, 2018, https://poetsandquants.com/2018/12/24/cost-of-an-mba-program/.

14. For more on how top universities bias the admissions process in favor of wealthy and well- connected applicants, I suggest reading The Price of Admission by Daniel Golden (New York: Crown, 2006), who was awarded a Pulitzer Prize in 2004 for his reporting on the issue.

15. Shahien Nasiripour, "Top U.S. B-School Students Pile on Debt to Earn MBAs," Bloomberg Businessweek, June 17, 2019, https://www.bloomberg.com/news/articles/2019-06-17/top-u-s-b-school-students-pile-on-debt-to-earn-mbas.

16. Christian Schraga, "A Wharton grad's caveat emptor for prospective MBAs," MBA—Think Carefully Before Taking the Plunge (blog), June 2, 2005, https://web.archive.org/web/20181220151724/http://mbacaveatemptor.blogspot.com/2005/06/wharton-grads-caveat-emptor-for.html.

17. Jeff rey Pfeff er and Christina T. Fong, "The End of Business Schools? Less Success an Meets the Eye," Academy of Management Learning & Education 1, no. 1 (Sep-tember 2002), http://www.aomonline.org/Publications/Articles/BSchools.asp.

18. Dan Rasmussen and Haonan Li, " e MBA Myth and the Cult of the CEO," Institutional Investor, February 27, 2019, https://www.institutionalinvestor.com/article/b1db3jy3201d38/The-MBA-Myth-and-the-Cult-of-the-CEO.

19. See Daniel Pink's book Drive: The Surprising Truth About What Motivates Us (New York: Riverhead, 2009).

20. Including perceptual control theory, which we'll discuss in chapter 6.

21. Noam Scheiber, "Upper Mismanagement," New Republic, December 18, 2009, http://www.tnr.com/article/economy/wagoner-henderson.

22. Leverage is the use of debt to amplify fi nancial return on investment (ROI), which has a side effect of amplifying downside risk if the business doesn't succeed. We'll discuss leverage and ROI in detail in chapter 5.

23. For an example of how this works, read Julie Creswell, "At Simmons, Bought, Drained and Sold, en Sent to Bankruptcy," New York Times, October 4, 2009, http://www.nytimes.com/2009/10/05/business/economy/05simmons.html.

24. "Frequently Asked Questions," US Small Business Administration Office of Advocacy, September, 2019, https://cdn.advocacy.sba.gov/wp-content/uploads/2019/09/24153946/Frequently-Asked-Questions-Small-Business-2019-1.pdf.

25. "Small Businesses Drive Job Growth In United States; They Account For 1.8 Million Net New Jobs, Latest Data Show", US Small Business Administration Office of Advocacy, April 24, 2019, https://advocacy.sba.gov/2019/04/24/small-businesses-drive-job-growth-in-united-states-they-account-for-1-8-million-net-new-jobs-latest-data-show/.

26. "Frequently Asked Questions," US Small Business Administration Offi ce of Ad-vocacy, September, 2019, https://cdn.advocacy.sba.gov/wp-content/uploads/2019/09/24153946/Frequently-Asked-Questions-Small-Business-2019-1.pdf.

27. "Small Businesses Generate 44 Percent Of U.S. Economic Activity," US Small Business Administration Office of Advocacy, January 30, 2019, https://advocacy.sba.gov/2019/01/30/small-businesses-generate-44-percent-of-u- s-economic-activity/.

28. Lavelle, Louis. "Is e MBA Overrated?" Bloomberg Businessweek, March 20, 2006. https://www.bloomberg.com/news/articles/2006-03-19/is-the-mba-overrated.

29. For detailed tips on how to take good notes while you read, see "3 Simple Techniques to Optimize Your Reading Comprehension and Retention" at https://personalmba.coma.com/resources/.

1장 가치 창조

1. For an example of how I do this, see "How to Create a Basic Business Plan" at https://personalmba.com/resources/.

2. A legally binding contract or promise not to share information about a business or business idea with others.

3. Louviere called the approach "MaxDiff" testing. You can fi nd an explanation of how it works here: Sarah Littler, "Maximum Diff erence Scaling (MaxDiff)", Select Statistical Services, accessed December 3, 2019, https://select-statistics.co.uk/blog/maximum-difference-scaling-maxdiff/.

4. For an example of how to conduct Relative Importance Testing for your business idea, see "How to Conduct Relative Importance Testing" at https://personalmba.com/resources/.

5. "Arizona Outdoors Interview: Brief Biography of Patrick Smith," Kifaru International, September 2001, http://www.kifaru.net/radio.htm.

6. Miguel Caballerousa, YouTube channel, http://www.youtube.com/user/miguelcaballerousa.

2장 마케팅

1. Amy Cortese, "Wiggling eir Toes at the Shoe Giants," New York Times, August 30, 2009, https://www.nytimes.com2009/08/30/business/30shoe.html.

2. Jaya Saxena, "130 Years Ago, Elephants Solved Panic on the Brooklyn Bridge," Behind the Scenes (blog), New- York Historical Society Museum and Library, May 29, 2014, http://behindthescenes.nyhistory.org/elephants-panic-brooklyn-bridge-1883/.

3. "The Elephants Cross the Bridge," New York Times, May 18, 1884, https://www.nytimes.com/1884/05/18/archives/the-elephants-cross-the-bridge.html.

4. You can see examples of Billy's commercials at https://www.youtube.com/watch?v=91K8MvN01b4.

5. See https://www.progressive.com.

6. Kevin Kelly, "Amish Hackers," The Technium (blog), February 10, 2009, https://kk.org/thetechnium/amish-hackers-a/.

3장 영업

1. Edon Ophir, "507-Carat Cullinan Heritage Diamond Sells for $35.3 Million," IDEX Online, March 1, 2010, http://www.idexonline.com/FullArticle?id=33728.

2. You can find the formula here: "Discounted Cash Flow (DCF)," Investopedia, June 19, 2019, https://www.investopedia.com/terms/d/dcf.asp.

4장 가치전달

1. For an example of how I do this, see "Diagramming a Value Stream/ Flowcharting a System" at https://personalmba.com/resources/.

2. David A. Garvin, "Competing on the Eight Dimensions of Quality," Harvard Business Review, November 1987, https://hbr.org/1987/11/competing-on-the-eight-dimensions-of-quality.

3. Drew Harwell, "America's Best- Selling Cars and Trucks Are Built on Lies: The Rise of Fake Engine Noise," Washington Post, January 21, 2015, https://www.washingtonpost.com/business/economy/americas-best-selling-cars-and-trucks-are-built-on-

lies-the-rise-of-fake-engine-noise/2015/01/21/6db09a10-a0ba-11e4-b146-577832eafcb4_story.html.

4. It's important to note that not all businesses use satisfaction throughput in the same way. Luxury experiences, like fine dining, often involve much longer periods of time (and cost much more) than a quick meal at a casual restaurant. The lavish amount of time and attention spent on customers in these instances is a Quality Signal designed to increase the customer's satisfaction and tend to promote feelings of importance and Social Status.

5. Before the advent of the printing press, Bibles were copied and illuminated (dec-orated and illustrated) by cloistered monks, who spent years working on a single copy.

6. Kevin Kelly, "Better an Free," e Technium (blog), January 31, 2008, https:// kk.org/ thetechnium/ better- than- fre/.

7. We'll discuss Toyota's recall woes later, in e Paradox of Automation.

8. "2018 – 2019 CMI Annual Report," Can Manufacturers Institute, accessed January 27, 2020, http://www.cancentral.com/sites/ cancentral.com/fi les/public-documents/2018CMIAnnualReport. pdf.

9. Felix Richter, "The Terminal Decline of BlackBerry," Statista, June 26, 2017, https://www.statista.com/chart/8180/blackberrys-smartphone-market-share.

10. Dr. Peter J. Meyers, "How Often Does Google Update Its Algorithm?," Moz (blog), May 14, 2019, https://moz.com/blog/how-often-does-google-update-its-algorithm.

5장 재무와 회계

1. If you're interested in how this works, I recommend Venture Deals by Brad Feld and Jason Mendelson (Hoboken, NJ: John Wiley & Sons, Inc., 2013).

2. James Carland et al, "Fraud: A Concomitant Cause of Small Business Failure," Entrepreneurial Executive 6, 2001, http://citeseerx.ist.psu.edu/viewdoc/download?doi=10.1.1.201.3276&rep=rep1&type=pdf#page= 79.

6장 인간의 마음

1. For details on my approach to strength training, see https://joshkaufman.net/strength-training-for-non-athletes/.

2. I use the Philips GoLITE BLU light-therapy device and highly recommend it. It's small, bright, and easy to travel with, and it works wonders.

3. For more on the neurophysiology of the brain, check out Kluge: The Haphazard Construction of the Human Mind by Gary F. Marcus (New York, NY: Houghton Miffl in Harcourt), 2008.

4. Suzanne McGee, "Go for Gold, Wind Up Broke: Why Olympic Athletes Worry About Money," Guardian, August 7, 2016, https://www.theguardian.com/sport/2016/ aug/07/olympic-games-rio-athletes-personal-finance-struggle; Charles Riley, "Olym pians Face Financial Hardship," CNN Money, July 10, 2012, https://money.cnn.com/2012/07/10/news/economy/olympic-athletes-financial/index.htm.

5. "Pedestrian Counts," Times Square: The Official Website, accessed October 24, 2019, https://www.timessquarenyc.org/do-business/market-research-data/pedestrian-counts.

6. Adam Hayes, "Dutch Tulip Bulb Market Bubble", Investopedia, June 25, 2019, https://www.investopedia.com/terms/d/dutch_tulip_bulb_market_bubble.asp.

7. Adam Hayes, "Dotcom Bubble," Investopedia, June 25, 2019, https://www.in vestopedia.com/terms/d/dotcom-bubble.asp

8. Jim Chappelow, "The Great Recession," Investopedia, July 25, 2019, https://www.investopedia.com/terms/g/great-recession.asp.

7장 자신과 일하기

1. I've used several diff erent internet blocking software applications over the years: some of them block the entire internet, and others can be configured to block specific websites on a predetermined schedule. I'm using Cold Turkey Blocker (https://getcold turkey.com) as I write this.

2. "The Pomodoro Technique," Francesco Cirillo, accessed October 24, 2019, http://www.pomodorotechnique.com/.

3. Karin Foerde, et. al., "Modulation of Competing Memory Systems by Distraction," Proceedings of the National Academy of Sciences of the United States of America 103, no. 31 (August 1, 2006), http://www.pnas.org/content/103/31/11778.abstract.

4. "Drivers on Cell Phones Are as Bad as Drunks," University of Utah, June 29, 2006, https:// archive.unews.utah.edu/news_releases/drivers-on-cell-phones-are-as-bad-as-drunks/.

5. "Maker's Schedule, Manager's Schedule," Paul Graham, July 2009, http://www.paulgraham.com/makersschedule.html.

6. "The Emergent Task Planner," David Seah, July 20, 2015, http://davidseah.com/pceo/etp.

7. Oren Harari, "Quotations from Chairman Powell: A Leadership Primer," Gov Leaders.org, accessed December 1, 2019, http://govleaders.org/powell.htm.

8. For a complete look at my personal productivity system, see "Josh Kaufman's Personal Productivity System," https://personalmba.com/resources/.

9. "The Autofocus Time Management System," Get Everything Done (blog), http://www.markforster.net/autofocus-system/.

10. Andrew Whalen, "'Behind the Curve' Ending: Flat Earthers Disprove em-selves with Own Experiments in Netflix Documentary," Newsweek, February 25, 2019, https://www.newsweek.com/behind-curve-netflix-ending-light-experiment-mark-sargent-documentary-movie-1343362.

11. For an example of how I do this, see "How to Track Your Time and Energy Cycles" at https://personalmba.com/resources/.

12. For examples of how money can decrease happiness, read Fables of Fortune: What Rich People Have at You Don't Want by Richard Watts (Austin, TX: Emerald Book Company, 2012).

13. Joshua Wolf Shenk, "What Makes Us Happy?," Atlantic, June 2009, http://www .theatlantic.com/magazine/archive/2009/06/what-makes-us-happy/7439/3/.

8장 다른 사람들과 일하기

1. Derek Sheane, Beyond Bureaucracy, Organization Research, 1976. The first edition of this book attributed the source of this list to Dr. Michael Sutcliffe of the University of Cambridge. Many thanks to Marina Murray for the correction.

2. Shane Parrish, "THe Trust Battery: My Interview with Shopify

Founder Tobi Lütke," in The Knowledge Project, episode 41, podcast, MP3 audio, 1:45:56, http://fs.blog/tobi-lutke/.

3. For a detailed examination of the context of the Milgram experiment, including audio from the experiments themselves, listen to Jad Abumrad and Robert Krulwich, "The Bad Show," January 9, 2012, in Radiolab, podcast, MP3 audio, 1:07:28, https://www.wnycstudios.org/story/180092-the-bad-show.

4. Mark Morgan Ford, "Lessons From a Persian Rug Merchant in Jaipur," Early to Rise (blog), November 30, 2007, http://www.earlytorise.com/2007/11/30/lessons-f rom-a-persian-rug-merchant-in-jaipur/.

5. Mike Bostock, Shan Carter, and Archie Ise, "Is It Better to Rent or Buy?," New York Times, http://www.nytimes.com/interactive/business/buy-rent-calculator.html.

6. Joel Spolsky, " e Management Team— Guest Post from Joel Spolsky," AVC (blog), February 13, 2012, http://www.avc.com/a_vc/2012/02/the-management-team-guest- post-from-joel-spolsky.html.

10장 시스템의 분석

1. For an example of how I do this, see "Diagramming a Value Stream/ Flowcharting a System" at https://personalmba.com/resources/.

2. "WSJ.com Audience Profi le," Dow Jones & CO, Inc., accessed December 4, 2019, https://images.dowjones.com/wp-content/uploads/sites/183/2018/05/09164150/WSJ.com-Audience-Profile.pdf.

3. Mon Chu Chen, John R. Anderson, and Myeong Ho Sohn, "What

Can a Mouse Cursor Tell Us More?: Correlation of Eye/ Mouse Movements on Web Browsing," CHI EA '01: CHI '01 Extended Abstracts on Human Factors in Computing Systems, March 2001, 281 – 82, http://portal.acm.org/citation.cfm?id=634067.634234.

11장 시스템의 개선

1. Rahul Chadha, "Nearly Half of US Households Are Now Amazon Prime Subscribers," eMarketer, June 26, 2018, https://www.emarketer.com/content/nearly-half-of-us-households-are-now-amazon-prime-subscribers.

2. Lisanne Bainbridge, "Ironies of Automation," Department of Psychology, University College London, 1983, http://www.bainbrdg.demon.co.uk/Papers/Ironies.html.

3. Atul Gawande, "The Checklist," New Yorker, December 2, 2007, http://www.newyorker.com/reporting/2007/12/10/071210fa_fact_gawande.

4. You can see the current version of my recommended reading list at https://personalmba.com/best-business-books/.

5. LoadImpact.com is a load and performance testing service for websites, web or mobile apps, or application programming interfaces. Tools like this make it easy to simulate hundreds (or thousands) of simultaneous users, allowing you to identify bugs and performance issues the system will experience under heavy load.

6. Slot machines are sometimes referred to as "one-armed bandits," which is how the "bandit" problem got its name. I don't recommend playing slot machines, by the way—there's a reason casinos are profitable. Under standard odds and given a long

enough period of time, the house always wins, so the only way to win is to refuse to play. Let's assume, for the sake of this ought Experiment, you're not paying to play—each game only costs you the time it takes to pull the lever and see the result.

주요 용어 찾아보기

"자신이 무엇에 대해 말하는지 제대로 알아라"

교황 요한 바오로 2세(1920년~2005년)

주요 용어 찾아보기

퍼스널 MBA 10주년 기념 증보판

퍼스널 MBA 10주년 기념 증보판

퍼스널 MBA 10주년 기념 증보판

퍼스널 MBA 10주년 기념 증보판

퍼스널 MBA 10주년 기념 증보판

옮긴이 박상진

대학 졸업 후, 10년 직장생활 후에 벤처회사를 창업하여 대표이사로 재직하면서 성공적으로 회사를 경영했다. 혁신형 중소기업과 모범납세자로 선정되었고, 우리나라 혈액진단 의료산업 발전에 기여했다. 한국기업경영학회 부회장, 한국수사학회 부회장을 역임했으며 고려대학교 경영전문 대학원(MBA) 졸업 컨설팅 프로젝트(ELITE) 최우수상, 서울대학교 인문학 최고위과정(AFP) 최우수 논문상을 받았다. 현재 (주)제이에스지인베스트먼트 대표이사, 회장, 사단법인 건강인문학포럼 이사장, 미국 Invent Medical Inc 등기이사 등으로 활약하고 있다. 번역한 책으로는《스마트 싱킹》,《세상에서 가장 짧은 독일사》,《승리의 경영전략》(공역),《퍼스널 MBA》(공역),《스피치 에센스》,《탁월한 전략이 미래를 창조한다》,《생각의 시크릿》,《당신의 경쟁전략은 무엇인가?》(공역),《신제품 개발 바이블》(공역),《커리어 하이어》 등이 있다. 국립암센터 국가 암퇴치 사업과 서울대학교병원 암병동 건립에 기부하는 등 CSR과 ESG에도 적극적으로 동참하고 있다. 오랫동안 미국, 유럽에서의 출장 경험을 바탕으로 차세대 비즈니스맨을 위한《비즈니스 세계 인문 기행》시리즈를 준비하고 있는 그는, 많은 분들이 '건강한 삶' 프로그램을 함께 할 수 있도록 비영리 사회사업인 〈(사)건강인문학포럼〉을 창립하고 7년 째 운영을 주도하고 있다.

옮긴이 이상호

서울대학교 항공우주공학과를 졸업하고 동 대학원에서 전산 수치 해석을 전공하였다. 1991년부터 한국 IBM에서 직장 생활을 시작하여 25년간 근무하면서 영업, 마케팅, 전략, 솔루션, 기술 등 다양한 부분을 거치면서 IT 정보 기술 사업 전반에 대한 경험을 쌓았다. 하드웨어, 소프트웨어, 신규 전략사업, 고객 영업 등 주력 사업 임원과 마케팅 총괄 임원(CMO)을 역임하였다. 특히 2009년에는 IBM 성장 시장 상하이 본사에 파견되어, 140개국 사업 총괄 사장 보좌관으로 근무하면서 글로벌 비즈니스 경영에 대한 경험을 쌓았다. 현재는 디지털 입체 음향 및 영상 기술을 이용하여 소비자에게 최상의 엔터테인먼트 경험을 제공하는 돌비 코리아 지사장을 역임하고 있다. 고려대학교 경영전문대학원(EMBA) 석사 및 숭실대학교 IT 정책경영대학원에서 디지털마케팅 박사 학위를 취득하였다. 서울대학교 최고경영자(AMP 77기) 과정과 와튼 스쿨, 시카고 대학, 홍콩과학기술대학 등의 임원개발과정을 수료하였다. 지금까지의 글로벌 비즈니스 경험을 바탕으로 영성과 전문성을 겸비한 지식경영 전문가로서 한국 산업 발전에 기여하며, 미래 한국을 이끌어 갈 젊은 후배들의 멘토로서 일조할 수 있기를 기대한다.

퍼스널 MBA
10주년 기념 증보판

초판 1쇄 발행 2024년 1월 24일
초판 8쇄 발행 2025년 1월 22일

지은이 조시 카우프만
옮긴이 박상진, 이상호
펴낸이 박상진
편집 김제형, 김민준
관리 황지원
디자인 디자인 지폴리

펴낸곳 진성북스
출판등록 2011년 9월 23일
주소 서울시 강남구 영동대로 85길 38 진성빌딩 10층
전화 (02)3452-7762
팩스 (02)3452-7761
진성북스 네이버 포스트 http://post.naver.com/jinsungbooks

ISBN 978-89-97743-60-5 03320

진성북스는 여러분들의 원고 투고를 환영합니다. 책으로 엮기를 원하는 좋은 아이디어가 있으신 분은 이메일 주소 jinsungbooks@naver.com로 간단한 개요와 취지, 연락처 등을 보내주십시오. 당사의 출판 컨셉에 적합한 원고는 적극적으로 책을 만들어 드리겠습니다!

JINSUNGBOOKS

진성북스
도서목록

사람이 가진 무한한 잠재력을 키워가는 **진성북스**는
지혜로운 삶에 나침반이 되는 양서를 만듭니다.

사람을 움직이는 생각의 본능
마음오프너
최석규 지음 | 268쪽 | 17,000원

마음을 여는 7가지 생각의 본능!

30년 경력의 광고커뮤니케이션 디렉터인 저자는 게으름과 감정, 두 단어가 녹아든 생각의 본능을 크게 7가지 본능, 즉 '절약본능', '직관본능', '감정본능', '편안함추구본능', '일탈본능', '틀짓기본능', 그리고 '자기중심본능'으로 정리한다. 상대의 본능을 이해하고 그 감정에 거스르지 않을 때, 우리는 진정 상대의 마음을 열 수 있는 오프너를 쥘 수 있게 될 것이다.

포스트 코로나 시대의 행복
적정한 삶
김경일 지음 | 360쪽 | 값 16,500원

우리의 삶은 앞으로 어떤 방향으로 나아가게 될까? 인지심리학자인 저자는 이번 팬데믹 사태를 접하면서 수없이 받아온 질문에 대한 답을 이번 저서를 통해 말하고 있다. 앞으로 인류는 '극대화된 삶'에서 '적정한 삶'으로 갈 것이라고. 낙관적인 예측이 아닌 엄숙한 선언이다. 행복의 척도가 바뀔 것이며 개인의 개성이 존중되는 시대가 온다. 타인이 이야기하는 'want'가 아니라 내가 진짜 좋아하는 'like'를 발견하며 만족감이 스마트해지는 사회가 다가온다. 인간의 수명은 길어졌고 적정한 만족감을 느끼지 못하는 인간은 결국 길 잃은 삶을 살게 될 것이라고 말이다.

인문학과 과학으로 떠나는 인체 탐구 여행
신비한 심장의 역사
빈센트 M. 피게레도 지음 | 최경은 옮김
364쪽 | 22,000원

심장 전문의가 펼쳐낸 경이로운 심장의 연대기!

심장에 얽힌 고대의 제의는 물론 실제로는 심장이 감정을 수용할 수 있다는 '심장-뇌 연결Heart-brain Connection' 연구에 이르기까지 수만 년에 걸친 심장의 문학적, 역사적, 의학적 이야기를 한 권에 담았다. 우리는 이 책을 통해 태양의 신 샤마시에게 공물로 바쳐졌던 제의는 물론, 잘 훈련된 운동선수의 심박출량이나 450kg에 달하는 대왕고래의 심장 무게, 그리고 손상된 심장을 복원하는 줄기세포 시술이나 3D 프린팅 기술까지 심장에 관한 모든 역사를 마주하게 될 것이다.

삶의 순간에서 당신을 지탱해 줄 열세 가지 철학
홀로서기 철학
양현길 지음 | 276쪽 | 17,000원

지금, 우리에게 필요한 홀로서기

삶의 고통에서 벗어나기 위해 앞서 고민했던 이들이 있다. 바로 '철학자'들이다. 그들은 더 나은 삶을 살아가기 위해 저마다의 고뇌를 안고 삶과 마주했다. 온전한 자기 자신이 되기 위하여, 나에게 주어진 삶의 의미를 찾기 위하여, 물 흘러가듯 편안하게 살아가는 삶을 위하여, 그리고 스스로 만들어 나가는 삶을 살기 위하여 고민해 왔다. 그렇게 열세 명의 철학자가 마주한 '홀로서기'의 비결을 이 책에 담았다.

누구를 위한 박물관인가?
박물관의 그림자
애덤 쿠퍼 지음 | 김상조 옮김
556쪽 | 값 23,000원

문명과 야만이 공존하는 박물관의 탄생과 발전, 그리고 미래

문명과 야만의 역사와 함께한 박물관의 탄생과 발전을 다루는 도서. 이 책은 그들이 어떻게 타인의 유물을 기반으로 성장해 왔는지, 그리고 어떻게 위기에 봉착하게 되었는지를 가감 없이 드러낸다. 때로는 피해자의 시선으로, 때로는 인류학자의 시선으로 균형감을 유지한 이 책은 독자 여러분에게 여러 논쟁 속에서 실존하는 박물관의 미래를 함께 고민하며 약탈 혹은 환수의 이분법에서 벗어난 제3의 대안을 제시할 것이다.

● 네이처 북 리뷰 추천 도서
● 조선일보, 매일경제 등 주요 언론사 추천

모든 전쟁의 시작과 끝은 어떻게 가능한가
세상에서 가장 짧은 전쟁사
그윈 다이어 지음 | 김상조 옮김
312쪽 | 23,000원

'전쟁의 역사'를 통해 '전쟁의 끝'을 모색하다

전쟁의 기원, 아주 먼 조상이 자연스럽게 벌여온 전쟁의 시작부터 전투의 작동 방식, 냉병기의 발전을 통한 전투의 진화와 고전적인 전쟁을 거쳐 국지전과 대량 전쟁, 총력전과 핵전쟁에 이르기까지 전쟁의 역사를 모두 아우르는 도서. 한편 저자는 비록 인류의 탄생과 함께한 전쟁일지라도 인류가 얼마나 살인을 기피하는지를 가감 없이 소개한다.

● 퍼블리셔스 위클리, BBC 히스토리 매거진 추천 도서
● 매일경제 등 주요 언론사 추천

새로운 리더십을 위한 지혜의 심리학

이끌지 말고 따르게 하라

김경일 지음
328쪽 | 값 15,000원

이 책은 '훌륭한 리더', '존경받는 리더', '사랑받는 리더'가 되고 싶어하는
모든 사람들을 위한 책이다. 요즘 사회에서는 존경보다 질책을 더 많이 받
는 리더들의 모습을 쉽게 볼 수 있다. 저자는 리더십의 원형이 되는 인지
심리학을 바탕으로 바람직한 리더의 모습을 하나씩 밝혀준다. 현재 리더
의 위치에 있는 사람뿐만 아니라, 앞으로 리더가 되기 위해 노력하고 있는
사람이라면 인지심리학의 새로운 접근에 공감하게 될 것이다. 존경받는
리더로서 조직을 성공시키고, 나아가 자신의 삶에서도 승리하기를 원하
는 사람들에게 필독을 권한다.

● OtvN <어쩌다 어른> 특강 출연
● 예스24 리더십 분야 베스트 셀러
● 국립중앙도서관 사서 추천 도서

나의 경력을 빛나게 하는 인지심리학

커리어 하이어

아트 마크먼 지음 | 박상진 옮김 | 340쪽
값 17,000원

이 책은 세계 최초로 인지과학 연구 결과를 곳곳에 배치하여 '취업-업무 성
과-이직'으로 이어지는 경력 경로 전 과정을 새로운 시각에서 조명했다.
또한, 저자인 아트 마크먼 교수가 미국 텍사스 주립대의 '조직의 인재 육
성(HDO)'이라는 석사학위 프로그램을 직접 개설하고 책임자까지 맡으
면서 '경력 관리'에 대한 이론과 실무를 직접 익혔다. 따라서 탄탄한 이
론과 직장에서 바로 적용할 수 있는 실용성까지 갖추고 있다. 특히 2부
에서 소개하는 성공적인 직장생활의 4가지 방법들은 이 책의 백미라
고 볼 수 있다.

나와 당신을 되돌아보는, 지혜의 심리학

어쩌면 우리가
거꾸로 해왔던 것들

김경일 지음 | 272쪽 | 값 15,000원

저자는 이 책에서 수십 년 동안 심리학을 공부해오면서 사람들로부터 가
장 많은 공감을 받은 필자의 말과 글을 모아 엮었다. 수많은 독자와 청중
들이 '아! 맞아. 내가 그랬었지'라며 지지했던 내용들이다. 다양한 사람들
이 공감한 내용들의 방점은 이렇다. 안타깝게도 세상을 살아가는 우리 대
부분은 '거꾸로'하고 있는지도 모른다. 이 책은 지금까지 일상에서 거꾸로
해온 것을 반대로, 즉 우리가 '거꾸로 해왔던 수많은 말과 행동들'을 조금
이라도 제자리로 되돌아보려는 노력의 산물이다. 이런 지혜를 터득하고
심리학을 생활 속에서 실천하길 바란다.

10만 독자가 선택한
국내 최고의 인지심리학 교양서

지혜의 심리학
10주년 기념판

김경일 지음
340쪽 | 값 18,500원

10주년 기념판으로 새롭게 만나는
'인지심리학의 지혜'!

생각에 관해서 인간은 여전히 이기적이고 이중적이다. 깊은 생
각을 외면하면서도 자신의 생각과 인생에 있어서 근본적인 변화
를 애타게 원하기 때문이다. 하지만 과연 몇이나 자기계발서를 읽
고 자신의 생각에 근본적인 변화와 개선을 가질 수 있었을까? 불
편하지만 진실은 '결코 없다'이다. 우리에게 필요한 것은 '어떻게'
그 이상, '왜'이다.

우리는 살아가면서 다양한 어려움에 봉착하게 된다. 이때 우리는
지금까지 살아오면서 쌓았던 다양한 How들만 가지고는 이해할
수도 해결할 수도 없는 어려움들에 자주 직면하게 된다. 따라서
이 How들을 이해하고 연결해 줄 수 있는 Why에 대한 대답을 지
녀야만 한다. 『지혜의 심리학』은 바로 이 점을 우리에게 알려주어
왔다. 이 책은 '이런 이유가 있다'로 우리의 관심을 발전시켜 왔
다. 그리고 그 이유들이 도대체 '왜' 그렇게 자리 잡고 있으며 왜
그렇게 고집스럽게 우리의 생각 깊은 곳에서 힘을 발휘하는지에
대하여 눈을 뜨게 해주었다.

그동안 『지혜의 심리학』은 국내 최고의 인지심리학자인 김경일
교수가 생각의 원리에 대해 직접 연구한 내용을 바탕으로 명쾌한
논리로 수많은 독자를 지혜로운 인지심리학의 세계로 안내해 왔
다. 그리고 앞으로도, 새로운 독자들에게 참된 도전과 성취에 대
한 자신감을 건네주기에 더할 나위 없는 지혜를 선사할 것이다.

● OtvN <어쩌다 어른> 특강 출연
● KBS 1TV <아침마당> 목요특강 '지혜의 심리학' 특강 출연
● 2014년 중국 수출 계약 / 포스코 CEO 추천 도서
● YTN사이언스 <과학, 책을 만나다> '지혜의 심리학' 특강 출연

성공적인 인수합병의 가이드라인
시너지 솔루션

마크 서로워, 제프리 웨이런스 지음 | 김동규 옮김
456쪽 | 값 25,000원

The Synergy Solution

"왜 최고의 기업은 최악의 선택을 하는가?"

유력 경제 주간지 『비즈니스위크Businessweek』의 기사에 따르면 주요 인수합병 거래의 65%가 결국 인수기업의 주가가 무참히 무너지는 결과로 이어졌다. 그럼에도 M&A는 여전히 기업의 가치와 미래 경쟁력을 단기간 내에 끌어올릴 수 있는 매우 유용하며 쉽게 대체할 수 없는 성장 및 발전 수단이다. 그렇다면 수많은 시너지 함정과 실수를 넘어 성공적인 인수합병을 위해서는 과연 무엇이 필요할까? 그 모든 해답이 이 책, 『시너지 솔루션』에 담겨 있다.

한국기업, 글로벌 최강 만들기 프로젝트 1
넥스트 이노베이션

김언수, 김봉선, 조준호 지음 | 396쪽
값 18,000원

넥스트 이노베이션은 혁신의 본질, 혁신의 유형, 각종 혁신의 사례들, 다양한 혁신을 일으키기 위한 약간의 방법론들, 혁신을 위한 조직 환경과 디자인, 혁신과 관련해 개인이 할 수 있는 것들, 향후의 혁신 방향 및 그와 관련된 정부의 정책의 역할까지 폭넓게 논의한다. 이 책을 통해 조직 내에서 혁신에 관한 공통의 언어를 생성하고, 새로운 혁신 프로젝트에 맞는 구체적인 도구와 프로세스를 활용하는 방법을 개발하기 바란다. 나아가 여러 혁신 성공 및 실패 사례를 통해 다양하고 창의적인 혁신 아이디어를 얻고 실행에 옮긴다면 분명 좋은 성과를 얻을 수 있으리라 믿는다.

앞서 가는 사람들의 두뇌 습관
스마트 싱킹

아트 마크먼 지음 | 박상진 옮김
352쪽 | 값 17,000원

숨어 있던 창의성의 비밀을 밝힌다!

인간의 마음이 어떻게 작동하는지 설명하고, 스마트해지는데 필요한 완벽한 종류의 연습을 하도록 도와준다. 고품질 지식의 습득과 문제 해결을 위해 생각의 원리를 제시하는 인지 심리학의 결정판이다! 고등학생이든, 과학자든, 미래의 비즈니스 리더든, 또는 회사의 CEO든 스마트 싱킹을 하고자 하는 누구에게나 이 책은 유용하리라 생각한다.

● 조선일보 등 주요 15개 언론사의 추천
● KBS TV, CBS방영 및 추천

UN 선정, 미래 경영의 17가지 과제
지속가능발전목표란 무엇인가?

딜로이트 컨설팅 엮음 | 배정희, 최동건 옮김
360쪽 | 값 17,500원

지속가능발전목표(SDGs)는 세계 193개국으로 구성된 UN에서 2030년 까지 달성해야 할 사회과제 해결을 목표로 설정됐으며, 2015년 채택 후 순식간에 전 세계로 퍼졌다. SDG팩 큰 특징 중 하나는 공공, 사회, 개인(기업)의 세 부문에 컬쳐 널리 파급되고 있다는 점이다. 그러나 SDGs가 세계를 향해 던지는 근본적인 질문에 대해서는 사실 충분한 이해와 침투가 이뤄지지 않고 있다. SDGs는 단순한 외부 규범이 아니다. 단순한 자본시장의 요구도 아니다. 단지 신규사업이나 혁신의 한종류도 아니다. SDGs는 과거 수십 년에 걸쳐 글로벌 자본주의 속에서 면면이 구축되어온 현대 기업경영 모델의 근간을 뒤흔드는 변화(진화)에 대한 요구다. 이러한 경영 모델의 진화가 바로 이 책의 주요 테마다.

하버드 경영대학원 마이클 포터의 성공전략 지침서
당신의 경쟁전략은 무엇인가?

조안 마그레타 지음 | 김언수, 김주권, 박상진 옮김
368쪽 | 값 22,000원

이 책은 방대하고 주요한 마이클 포터의 이론과 생각을 한 권으로 정리했다. <하버드 비즈니스리뷰> 편집장 출신인 조안 마그레타(Joan Magretta)는 마이클 포터와의 협력으로 포터교수의 아이디어를 업데이트하고, 이론을 증명하기 위해 생생하고 명확한 사례들을 알기 쉽게 설명한다. 전략경영과 경쟁전략의 핵심을 단기간에 마스터하기 위한 사람들의 필독서이다.

● 전략의 대가, 마이클 포터 이론의 결정판
● 아마존 전략분야 베스트 셀러
● 일반인과 대학생을 위한 전략경영 필독서

경쟁을 초월하여 영원한 승자로 가는 지름길
탁월한 전략이 미래를 창조한다

리치 호워드 지음 | 박상진 옮김
300쪽 | 값 17,000원

이 책은 혁신과 영감을 통해 자신들의 경험과 지식을 탁월한 전략으로 바꾸려는 리더들에게 실질적인 프레임워크를 제공해준다. 저자는 탁월한 전략을 위해서는 새로운 통찰을 결합하고 독자적인 경쟁 전략을 세우고 헌신을 이끌어내는 것이 중요하다고 강조한다. 나아가 연구 내용과 실제 사례, 사고 모델, 핵심 개념에 대한 명쾌한 설명을 통해 탁월한 전략가가 되는 데 필요한 핵심 스킬을 만드는 과정을 제시해준다.

● 조선비즈, 매경이코노미 추천도서
● 저자 전략분야 뉴욕타임즈 베스트 셀러

기후의 역사와 인류의 생존
시그널

벤저민 리버만, 엘리자베스 고든 지음
은종환 옮김 | 440쪽 | 값 18,500원

이 책은 인류의 역사를 기후변화의 관점에서 풀어내고 있다. 인류의 발전과 기후의 상호작용을 흥미 있게 조명한다. 인류 문화의 탄생부터 현재에 이르기까지 역사의 중요한 지점을 기후의 망원경으로 관찰하고 해석한다. 당시의 기후조건이 필연적으로 만들어낸 여러 사회적인 변화를 파악한다. 결코 간단하지 않으면서도 흥미진진한, 그리고 현대인들이 심각하게 다뤄야 할 이 주제에 대해 탐구를 시작하고자 하는 독자에게 이 책이 좋은 길잡이가 되리라 기대해본다.

회사를 살리는 영업 AtoZ
세일즈 마스터

이장석 지음 | 396쪽 | 값 17,500원

영업은 모든 비즈니스의 꽃이다. 오늘날 경영학의 눈부신 발전과 성과에도 불구하고, 영업관리는 여전히 비과학적인 분야로 남아있다. 영업이 한 개인의 개인기나 합법과 불법을 넘나드는 묘기의 수준에 남겨두는 한, 기업의 지속적 발전은 한계에 부딪히기 마련이다. 이제 편법이 아닌 정석에 관심을 쏟을 때다. 본질을 망각한 채 결과에 골인하는 영업직원과 눈앞의 성과만으로 모든 것을 평가하려는 기형적인 조직문화는 사라져야 한다. 이 책은 영업의 획기적인 리엔지니어링을 위한 AtoZ를 제시한다. 디지털과 인공지능 시대에 더 인정받는 영업직원과 리더를 위한 필살기다.

대담한 혁신상품은 어떻게 만들어지는가?
신제품 개발 바이블

로버트 쿠퍼 지음 | 류강석, 박상진, 신동영 옮김
648쪽 | 값 28,000원

오늘날 비즈니스 환경에서 진정한 혁신과 신제품개발은 중요한 도전과제이다. 하지만 대부분의 기업들에게 야심적인 혁신은 보이지 않는다. 이 책의 저자는 제품혁신의 핵심성공 요인이자 세계최고의 제품개발 프로세스인 스테이지-게이트(Stage-Gate)에 대해 강조한다. 아울러 올바른 프로젝트 선택 방법과 스테이지-게이트 프로세스를 활용한 신제품개발 성공방법에 대해서도 밝히고 있다. 신제품은 기업번영의 핵심이다. 이러한 방법을 배우고 기업의 실적과 시장 점유율을 높이는 대담한 혁신을 성취하는 것은 담당자, 관리자, 경영자의 마지노선이다.

비즈니스 성공의 불변법칙
경영의 멘탈모델을 배운다!

퍼스널 MBA
10주년 기념 증보판

조시 카우프만 지음
박상진, 이상호 옮김
832쪽 | 값 35,000원

"MASTER THE ART OF BUSINESS"

지속가능한 성공적인 사업은 경영의 어느 한 부분의 탁월성만으로는 불충분하다. 이는 가치창조, 마케팅, 영업, 유통, 재무회계, 인간의 이해, 인적자원 관리, 전략을 포함한 경영관리 시스템 등 모든 부분의 지식과 경험 그리고 통찰력이 갖추어질 때 가능한 일이다. 그렇다고 그 방대한 경영학을 모두 섭렵할 필요는 없다고 이 책의 저자는 강조한다. 단지 각각의 경영원리를 구성하고 있는 멘탈 모델(Mental Model)을 제대로 익힘으로써 가능하다.

세계 최고의 부자인 빌게이츠, 워런버핏과 그의 동업자 찰리 멍거를 비롯한 많은 기업가들이 이 멘탈 모델을 통해서 비즈니스를 시작하고 또 큰 성공을 거두었다. 이 책에서 제시하는 경영의 핵심개념을 통해 독자들은 경영의 멘탈 모델을 습득하게 된다.

필자는 지난 5년간 수천 권이 넘는 경영 서적을 읽고 수백 명의 경영 전문가를 인터뷰하고, 포춘지 선정 세계 500대 기업에서 일을 했으며, 사업도 시작했다. 그 과정에서 배우고 경험한 지식들을 모으고 정제하여 몇 가지 개념으로 정리했다. 이들 경영의 기본 원리를 이해한다면, 현명한 의사결정을 내리는 데 유익하고 신뢰할 수 있는 도구를 얻게 된다. 이러한 개념들의 학습에 시간과 노력을 투자해 마침내 그 지식을 활용할 수 있게 된다면, 독자는 어렵지 않게 전 세계 인구의 상위 1%에 드는 탁월한 사람이 될 것이다.

- 아마존 경영 & 리더십 트레이닝 분야 1위
- 미국, 일본, 중국 베스트셀러
- 전 세계 100만 부 이상 판매

언어를 넘어 문화와 예술을 관통하는 수사학의 힘
현대 수사학

요아힘 크나페 지음
김종영, 홍설영 옮김 | 480쪽 | 값 25,000원

이 책의 목표는 인문학, 문화, 예술, 미디어 등 여러 분야에 수사학을 접목시킬 현대 수사학이론을 개발하는 것이다. 수사학은 본래 언어적 형태의 소통을 연구하는 학문이라서 기초이론의 개발도 이 점에 주력하였다. 그 결과 언어적 소통의 관점에서 수사학의 역사를 개관하고 정치 수사학을 다루는 서적은 꽤 많지만, 수사학 이론을 현대적인 관점에서 새롭고 포괄적으로 다룬 연구는 눈에 띄지 않는다. 이 책은 수사학이 단순히 언어적 행동에만 국한하지 않고, '소통이 있는 모든 곳에 수사학도 있다'는 가정에서 출발한다. 이를 토대로 크나페 교수는 현대 수사학 이론을 체계적으로 개발하고, 문학, 음악, 이미지, 영화 등 실용적인 영역에서 수사학적 분석이 어떻게 가능한지를 총체적으로 보여준다.

백 마디 불통의 말, 한 마디 소통의 말
당신은 어떤 말을
하고 있나요?

김종영 지음
248쪽 | 값 13,500원

리더십의 핵심은 소통능력이다. 소통을 체계적으로 연구하는 학문이 바로 수사학이다. 이 책은 우선 사람을 움직이는 힘, 수사학을 집중 조명한다. 그리고 소통의 능력을 필요로 하는 우리 사회의 리더들에게 꼭 필요한 수사적 리더십의 원리를 제공한다. 더 나아가서 수사학의 원리를 실제 생활에 어떻게 적용할 수 있는지 일러준다. 독자는 행복한 말하기와 아름다운 소통을 체험할 것이다.

- SK텔레콤 사보 <Inside M> 인터뷰
- MBC 라디오 <라디오 북 클럽> 출연
- 매일 경제, 이코노믹리뷰, 경향신문 소개
- 대통령 취임 2주년 기념식 특별연설

세계 초일류 기업이 벤치마킹한 성공전략 5단계
승리의 경영전략

AG 래플리, 로저마틴 지음
김주권, 박광태, 박상진 옮김
352쪽 | 값 18,500원

전략경영의 살아있는 메뉴얼

가장 유명한 경영 사상가 두 사람이 전략이란 무엇을 위한 것이고, 어떻게 생각해야 하며, 왜 필요하고, 어떻게 실천해야 할지 구체적으로 설명한다. 이들은 100년 동안 세계 기업회생역사에서 가장 성공적이라고 평가받고 있을 뿐 아니라, 직접 성취한 P&G의 사례를 들어 전략의 핵심을 강조하고 있다.

- 경영대가 50인(Thinkers 50)이 선정한 2014 최고의 책
- 탁월한 경영자와 최고의 경영 사상가의 역작
- 월스트리스 저널 베스트 셀러

언제까지 질병으로 고통받을 것인가?
난치병 치유의 길

앤서니 윌리엄 지음 | 박용준 옮김
468쪽 | 값 22,000원

이 책은 현대의학으로는 치료가 불가능한 질병으로 고통 받는 수많은 사람들에게 새로운 치료법을 소개한다. 저자는 사람들이 무엇으로 고통 받고, 어떻게 그들의 건강을 관리할 수 있는지에 대한 영성의 목소리를 들었다. 현대 의학으로는 설명할 수 없는 질병이나 몸의 비정상적인 상태의 근본 원인을 밝히고 있다. 당신이 원인불명의 증상으로 고생하고 있다면 이 책은 필요한 해답을 제공해 줄 것이다.

● 아마존 건강분야 베스트 셀러 1위

정신과 의사가 알려주는 감정 컨트롤술
마음을 치유하는
7가지 비결

가바사와 시온 지음 | 송소정 옮김 | 268쪽
값 15,000원

일본의 저명한 정신과 의사이자 베스트셀러 작가, 유튜브 채널 구독자 35만 명을 거느린 유명 유튜버이기도 한 가바사와 시온이 소개하는, 환자와 가족, 간병인을 위한 '병을 낫게 하는 감정 처방전'이다. 이 책에서 저자는 정신의학, 심리학, 뇌과학 등 여러 의학 분야를 망라하여 긍정적인 감정에는 치유의 힘이 있음을 설득력 있게 제시한다.

유능한 리더는 직원의 회복력부터 관리한다
스트레스 받지 않는
사람은 무엇이 다른가

데릭 로저, 닉 페트리 지음
김주리 옮김 | 308쪽 | 값 15,000원

이 책은 흔한 스트레스 관리에 관한 책이 아니다. 휴식을 취하는 방법에 관한 책도 아니다. 인생의 급류에 휩쓸리지 않고 어려움을 헤쳐 나갈 수 있는 능력인 회복력을 강화하여 삶을 주체적으로 사는 법에 관한 명저다. 엄청난 무게의 힘든 상황에서도 감정적 반응을 재설계하도록 하고, 스트레스 증가 외에는 아무런 도움이 되지 않는 자기 패배적 사고 방식을 깨는 방법을 제시한다. 깨어난 순간부터 자신의 태도를 재조정하는 데 도움이 되는 사례별 연구와 극복 기술을 소개한다.

젊음을 오래 유지하는 자율신경건강법

안티에이징 시크릿

정이안 지음
264쪽 | 값 15,800원

자율신경을 지키면 노화를 늦출 수 있다!

25년 넘게 5만 명이 넘는 환자를 진료해 온 정이안 원장이 제안하는, 노화를 늦추고 건강하게 사는 자율신경건강법이 담긴 책. 남녀를 불문하고 체내에 호르몬이 줄어들기 시작하는 35세부터 노화가 시작된다. 저자는 식습관과 생활 습관, 치료법 등 자율신경의 균형을 유지하는 다양한 한의학적 지식을 제공함으로써, 언제라도 '몸속 건강'을 지키며 젊게 살 수 있는 비결을 알려준다.

고혈압, 당뇨, 고지혈증, 골관절염...
큰 병을 차단하는 의사의 특별한 건강관리법

몸의 경고

박제선 지음 | 336쪽 | 값 16,000원

현대의학은 이제 수명 연장을 넘어, 삶의 질도 함께 고려하는 상황으로 바뀌고 있다. 삶의 '길이'는 현대의료시스템에서 잘 챙겨주지만, '삶의 질'까지 보장받기에는 아직 갈 길이 멀다. 삶의 질을 높이려면 개인이 스스로 해야할 일이 있다. 진료현장의 의사가 개인의 세세한 건강을 모두 신경 쓰기에는 역부족이다. 이 책은 아파서 병원을 찾기 전에 스스로 '예방할 수 있는 영양요법과 식이요법에 초점을 맞추고 있다. 병원에 가기 두렵거나 귀찮은 사람, 이미 질환을 앓고 있지만 심각성을 깨닫지 못하는 사람들에게 가정의학과 전문의가 질병 예방 길잡이를 제공하는 좋은 책이다.

"이 검사를 꼭 받아야 합니까?"

과잉 진단

길버트 웰치 지음 | 홍영준 옮김
391쪽 | 값 17,000원

병원에 가기 전 꼭 알아야 할 의학 지식!

과잉진단이라는 말은 아무도 원하지 않는다. 이는 걱정과 과잉진료의 전조일 뿐 개인에게도 아무 혜택도 없다. 하버드대 출신 의사인 저자는, 의사들의 진단욕심에 비롯된 과잉진단의 문제점과 과잉진단의 합리적인 이유를 함께 제시함으로써 질병예방의 올바른 패러다임을 전해준다.

● 한국출판문화산업 진흥원 『이달의 책』 선정도서
● 조선일보, 중앙일보, 동아일보 등 주요 언론사 추천

진성 FOCUS 3

"질병의 근본 원인을 밝히고
남다른 예방법을 제시한다"

의사들의 120세
건강비결은 따로 있다

마이클 그레거 지음
홍영준, 강태진 옮김

❶ 질병원인 치유편 값 22,000원 | 564쪽
❷ 질병예방 음식편 값 15,000원 | 340쪽

우리가 미처 몰랐던 질병의 원인과 해법
질병의 근본 원인을 밝히고
남다른 예방법을 제시한다

건강을 잃으면 모든 것을 잃는다. 의료 과학의 발달로 조만간 120세 시대도 멀지 않았다. 하지만 우리의 미래는 '얼마나 오래 살 것인가?'보다는 '얼마나 건강하게 오래 살 것인가?'를 고민해야하는 시점이다. 이 책은 질병과 관련된 주요 사망 원인에 대한 과학적인 인과관계를 밝히고, 생명에 치명적인 병을 예방하고 건강을 회복시킬 수 있는 방법을 명쾌하게 제시한다. 수천 편의 연구결과에서 얻은 적절한 영양학적 식이요법을 통하여 건강을 획기적으로 증진시킬 수 있는 과학적 증거를 밝히고 있다. 15가지 주요 조기 사망 원인들(심장병, 암, 당뇨병, 고혈압, 뇌질환 등등)은 매년 미국에서만 1백 6십만 명의 생명을 앗아간다. 이는 우리나라에서도 주요 사망원인이다. 이러한 비극의 상황에 동참할 필요는 없다. 강력한 과학적 증거가 뒷받침 된 그레거 박사의 조언으로 치명적 질병의 원인을 정확히 파악하라. 그리고 장기간 효과적인 음식으로 위험인자를 적절히 예방하라. 그러면 비록 유전적인 단명요인이 있다 해도 이를 극복하고 장기간 건강한 삶을 영위할 수 있다. 이제 인간의 생명은 운명이 아니라, 우리의 선택에 달려있다. 기존의 건강서와는 차원이 다른 이 책을 통해서 '더 건강하게, 더 오래 사는' 무병장수의 시대를 활짝 열고, 행복한 미래의 길로 나아갈 수 있을 것이다.

● 아마존 의료건강분야 1위
● 출간 전 8개국 판권계약

프랑스 역사의 숨겨진 진실을 파헤치는 결정판

세상에서 가장 짧은 프랑스사

(2025.2 출판 예정)
제레미 블랙 지음 | 김시경 옮김

프랑스의 풍부하고 복잡한 역사를 쉽고 재미있게 풀어낸 책이다. 프랑스의 동굴 벽화와 고딕 건축의 기원부터 시작해, 모네와 드가 같은 예술가들이 활동한 시대, 1789년 프랑스 혁명, 1968년의 학생 시위, 그리고 최근의 노란 조끼 운동까지 다양한 역사적 사건들을 다룬다. 블랙은 프랑스 역사 속에서 일어난 예기치 못한 사건들과 그로 인한 예기치 않은 결과들을 강조하며, 이를 군사적, 정치적, 문화적 변화와 연결해 설명한다. 또한 프랑스의 철학, 문학, 예술 등이 어떻게 발전했는지, 그 발전을 이끈 배경과 맥락을 잘 보여준다. 색깔 있는 삽화와 함께 프랑스의 역사와 문화를 쉽게 이해할 수 있도록 돕는 이 책은, 프랑스가 어떻게 오늘날의 모습이 되었는지를 알아가는 데 유익한 길잡이가 되어준다.

인생의 고수가 되기 위한 진짜 공부의 힘

김병완의 공부혁명

김병완 지음
236쪽 | 값 13,800원

공부는 20대에게 세상을 살아갈 수 있는 힘과 자신감 그리고 내공을 길러준다. 그래서 20대 때 공부에 미쳐 본 경험이 있는 사람과 그렇지 못한 사람은 알게 모르게 평생 큰 차이가 난다. 진짜 청춘은 공부하는 청춘이다. 공부를 하지 않고 어떻게 100세 시대를 살아가고자 하는가? 공부는 인생의 예의이자 특권이다. 20대 공부는 자신의 내면을 발견할 수 있게 해주고, 그로 인해 진짜 인생을 살아갈 수 있게 해준다. 이 책에서 말하는 20대 청춘이란 생물학적인 나이만을 의미하지 않는다. 60대라도 진짜 공부를 하고 있다면 여전히 20대 청춘이고 이들에게는 미래에 대한 확신과 풍요의 정신이 넘칠 것이다.

감동으로 가득한 스포츠 영웅의 휴먼 스토리

오픈

안드레 애거시 지음 | 김현정 옮김
614쪽 | 값 19,500원

시대의 이단아가 던지는 격정적 삶의 고백!

남자 선수로는 유일하게 골든 슬램을 달성한 안드레 애거시. 테니스 인생의 정상에 오르기까지와 파란만장한 삶의 여정이 서정적 언어로 독자의 마음을 자극한다. 최고의 스타 선수는 무엇으로, 어떻게, 그 자리에 오를 수 있었을까? 또 행복하지만은 않았던 그의 테니스 인생 성장기를 통해 우리는 무엇을 배 울 수 있을까. 안드레 애거시의 가치관과 생각을 읽을 수 있다.

독일의 DNA를 밝히는 단 하나의 책!

세상에서 가장 짧은 독일사

제임스 호즈 지음
박상진 옮김
428쪽 | 값 23,000원

냉철한 역사가의 시선으로 그려낸 '진짜 독일의 역사'를 만나다!

독일을 수식하는 말은 다양하다. 세계적인 경제 대국으로 삶의 질이 세계 최고 수준인 나라, 철학과 문학, 그리고 음악의 나라, 군국주의와 세계대전, 과학, 기술과 의학을 발전시킨 곳, 인구 대비 도서 출판 세계 1위, 게다가 찬연한 고성의 아름다운 풍경까지…. 세계사에서 유래가 없을 정도로 긍정적이고 또 부정적인 성격이 대비되는, 그 역사의 DNA가 궁금해지는 국가가 바로 독일이다.

『세상에서 가장 짧은 독일사』는 야만과 이성, 민주주의와 군국주의, 공존과 배제, 절제와 탐욕까지, 상반된 개념들이 뒤섞인 독일사의 본질을 냉철하게 파헤치고 있다. 고대 유럽을 지배했던 로마제국을 파괴하는 데 일조하면서, 한편으로 그들이 빛나는 그리스, 로마의 지적 유산의 복원에 어떻게 기여했는지 집어준다. 나아가 종교개혁, 프랑스와의 대결, 세계대전, 분단과 통일까지 많은 역사적 주요 이정표를 면밀하게 검증하고 가차 없이 역사가로서의 메스를 가한다.

한국어판에는 책에서 언급되는 주요 인물이나 사건에 대하여 역사적 의미를 되새기고자 상세한 설명을 붙인 「역사 속의 역사」란을 추가하였다. 또한 독일의 유네스코 세계 문화유산과 7대 가도, 여행 추천 도시 등을 담은 「독일 여행자를 위한 핵심 가이드」를 부록으로 서비스했다. 독일을 여행하는 사람이라면 누구나 필히 참조할 수 있는 귀중한 정보를 모아놓았다.

● 영국 선데이 타임즈 논픽션 베스트셀러
● 세계 20개 언어로 번역

면접관의 모든 것을 한 권으로 마스터하다!

면접관 마스터

권혁근 · 김경일 · 김기호 · 신길자 지음
300쪽 | 18,000원

면접관의 철학과 직업관, 심리, 그리고 미래관

『면접관 마스터』는 네 면접관이 직접 저술한 지녀야 할 정의, 직업관, 심리, 그리고 그 시작을 하나로 모았다. 또한 이 책은 부록으로 111인의 면접관에게 물은 전문면접관의 인식, 갖추어야 할 역량, 조직이 가장 선호하는 인재상과 함께 전문면접관으로서 품고 있는 생각들을 정리해 담아보았다.

새로운 시대는 逆(역)으로 시작하라!

콘트래리언

이신영 지음
408쪽 | 값 17,000원

위기극복의 핵심은 역발상에서 나온다!

세계적 거장들의 삶과 경영을 구체적이고 내밀하게 들여다본 저자는 그들의 성공핵심은 많은 사람들이 옳다고 추구하는 흐름에 '거꾸로' 갔다는 데 있음을 발견했다. 모두가 실패를 두려워할 때 도전할 줄 알았고, 모두가 아니라고 말하는 아이디어를 성공적인 아이디어로 발전시켰으며 최근 15년간 3대 악재라 불린 위기 속에서 기회를 찾고 성공을 거두었다.

● 한국출판문화산업 진흥원 '이달의 책' 선정도서
● KBS 1 라디오 <오한진 이정민의 황금사과> 방송

상위 7% 우등생 부부의 9가지 비결

사랑의 완성
결혼을 다시 생각하다

그레고리 팝캑 지음
민지현 옮김 | 396쪽 | 값 16,500원

결혼 상담 치료사인 저자는 특별한 부부들이 서로를 대하는 방식이 다른 모든 부부관계에도 도움이 된다고 알려준다. 이 책은 저자 자신의 결혼생활 이야기를 비롯해 상담치료 사례와 이에 대한 분석, 자가진단용 설문, 훈련 과제 및 지침 등으로 구성되어 있다. 이 내용들은 오랜 결혼 관련 연구 논문으로 지속적으로 뒷받침되고 있으며 효과가 입증된 것들이다. 이 책을 통해 독자들은 무엇이 결혼생활에 부정적으로 작용하며, 긍정적인 변화를 위해 어떤 노력을 해야 하는지 배울 수 있다.

**하버드 경영 대학원 마이클 포터의
성공전략 지침서**

당신의 경쟁전략은
무엇인가?

조안 마그레타 지음
김언수, 김주권, 박상진 옮김
368쪽 | 값 22,000원

마이클 포터(Michael E. Porter)는 전략경영 분야의 세계최고 권위자다. 개별 기업, 산업구조, 국가를 아우르는 연구를 전개해 지금까지 17권의 저서와 125편 이상의 논문을 발표했다. 저서 중 『경쟁전략(Competitive Strategy)』(1980), 『경쟁우위(Competitive Advantage)』(1985), 『국가경쟁우위(The Competitive Advantage of Nations)』(1990) 3부작은 '경쟁전략의 바이블이자 마스터피스'로 공인받고 있다. 경쟁우위, 산업구조 분석, 5가지 경쟁요인, 본원적 전략, 차별화, 전략적 포지셔닝, 가치사슬, 국가경쟁력 등의 화두는 전략 분야를 넘어 경영학 전반에 새로운 지평을 열었고, 사실상 세계 모든 경영 대학원에서 핵심적인 교과목으로 다루고 있다. 이 책은 방대하고 주요한 마이클 포터의 이론과 생각을 한 권으로 정리했다. <하버드 비즈니스리뷰> 편집장 출신인 저자는 폭넓은 경험을 바탕으로 포터 교수의 강력한 통찰력을 경영일선에 효과적으로 적용할 수 있도록 설명한다. 즉, "경쟁은 최고가 아닌 유일무이한 존재가 되고자 하는 것이고, 경쟁자들 간의 싸움이 아니라, 자사의 장기적 투하자본이익률(ROIC)을 높이는 것이다." 등 일반인들이 잘못 이해하고 있는 포터의 이론들을 명백히 한다. 전략경영과 경쟁전략의 핵심을 단기간에 마스터하여 전략의 전문가로 발돋움 하고자 하는 대학생은 물론 전략에 관심이 있는 MBA과정의 학생들을 위한 필독서이다. 나아가 미래의 사업을 주도하여 지속적 성공을 꿈꾸는 기업의 관리자에게는 승리에 대한 영감을 제공해 줄 것이다.

● 전략의 대가, 마이클 포터 이론의 결정판
● 아마존전략 분야 베스트 셀러
● 일반인과 대학생을 위한 전략경영 필독서

사단법인 건강인문학포럼

1. 취지

세상이 빠르게 변화하고 있습니다. 눈부신 기술의 진보 특히, 인공지능, 빅데이터, 메타버스 그리고 유전의
학과 정밀의료의 발전은 인류를 지금까지 없었던 새로운 세상으로 안내하고 있습니다. 앞으로 산업과 직
업, 하는 일과 건강관리의 변혁은 피할 수 없는 상황으로 다가오고 있습니다.

　이러한 변화에 따라 〈사단법인〉 건강인문학포럼은 '건강은 건강할 때 지키자'라는 취지에서 신체적 건강,
정신적 건강, 사회적 건강이 조화를 이루는 "건강한 삶"을 찾는데 의의를 두고 있습니다. 100세 시대를 넘
어서서 인간의 한계수명이 120세로 늘어난 지금, 급격한 고령인구의 증가는 저출산과 연관되어 국가 의료
재정에 큰 부담이 되리라 예측됩니다. 따라서 개인 각자가 자신의 건강을 지키는 것 자체가 사회와 국가에
커다란 기여를 하는 시대가 다가오고 있습니다.

　누구나 겪게 마련인 '제 2의 삶'을 주체적으로 살며, 건강한 삶의 지혜를 함께 모색하기 위해 사단법인 건
강인문학포럼은 2018년 1월 정식으로 출범했습니다. 우리의 목표는 분명합니다. 스스로 자신의 건강을 지
키면서 능동적인 사회활동의 기간을 충분히 연장하여 행복한 삶을 실현하는 것입니다. 전문가로부터 최신
의학의 과학적 내용을 배우고, 5년 동안 불멸의 동서양 고전 100권을 함께 읽으며 '건강한 마음'을 위한 인
문학적 소양을 넓혀 삶의 의미를 찾아볼 것입니다. 의학과 인문학 그리고 경영학의 조화를 통해 건강한 인
간으로 사회에 선한 영향력을 발휘하고, 각자가 주체적인 삶을 살기 위한 지혜를 모색해가고자 합니다.
건강과 인문학을 위한 실천의 장에 여러분을 초대합니다.

2. 비전, 목적, 방법

| 비 전

장수시대에 "건강한 삶"을 위해 신체적, 정신적, 사회적 건강을 돌보고, 함께 잘 사는 행복한 사회
를 만드는 데 필요한 덕목을 솔선수범하면서 존재의 의미를 찾는다.

| 목 적

우리는 5년간 100권의 불멸의 고전을 읽고 자신의 삶을 반추하며, 중년 이후의 미래를 새롭게 설
계해 보는 "자기인생론"을 각자 책으로 발간하여 유산으로 남긴다.

| 방 법

매월 2회 모임에서 인문학 책 읽기와 토론 그리고 특강에 참여한다. 아울러서 의학 전문가의 강의
를 통해서 질병예방과 과학적인 건강 관리 지식을 얻고 실천해 간다.

3. 2025년 프로그램 일정표

- 프로그램 및 일정 -

월	선정도서	의학(건강) 특강	일정
1월	철학의 쓸모 / 로랑스드빌레르	면역	1/8, 1/22
2월	빌헬름텔 / 프리드리히 실러	두뇌	2/12. 2/26
3월	다산선생 지식경영법 / 정민	노화	3/12, 3/26
4월	질병 해방 / 피터 아티아 , 빌 기퍼드	심장병	4/14, 4/28
5월	관계의 미술사 / 서배스천 스미	폐병	5/14, 5/28
6월	파리의 노트르담 1, 2 / 빅토르 위고	위암	6/11, 6/25
7월	한국인의 탄생 / 홍대선	감염	7/9, 7/23
8월	페스트의 밤 / 오르한 파묵	당뇨병	8/13, 8/27
9월	동방견문록 / 마르코 폴로	고혈압	9/10, 9/24
10월	의무론 / 키케로	간질환	10/8, 10/22
11월	예술의 종말 이후 / 아서 단토	백혈병	11/12, 11/26
12월	위대한 유산 상, 하 / 찰스 디킨스	신부전	12/10, 12/24

프로그램 자문위원	▶ 인 문 학 : 김성수 교수, 김종영 교수, 박성창 교수, 이재원 교수, 조현설 교수 ▶ 건강(의학) : 김선희 교수, 김명천 교수, 이은희 원장, 박정배 원장, 정이안 원장 ▶ 경 영 학 : 김동원 교수, 정재호 교수, 김신섭 대표, 전이현 대표, 남석우 회장

4. 독서회원 모집 안내

▌운 영 : 매월 둘째 주, 넷째 주 수요일 월 2회 비영리로 운영됩니다.
  1. 매월 함께 읽은 책에 대해 발제와 토론을 하고, 전문가 특강으로 완성함.
  2. 건강(의학) 프로그램은 매 월 1회 전문가(의사) 특강 매년 2회.
     인문학 기행 진행과 등산 등 운동 프로그램도 진행함.
회 비 : 오프라인 회원(12개월 60만원), 온라인 회원(12개월 36만원)
일 시 : 매월 2, 4주 수요일(18:00~22:00)
장 소 : 서울시 강남구 테헤란로514 삼흥2빌딩 8층

▌문 의 : 기업체 단체 회원(온라인) 독서 프로그램은 별도로 운영합니다(문의 요망)
02-3452-7761 / www.120hnh.co.kr

"책읽기는 충실한 인간을 만들고, 글쓰기는 정확한 인간을 만든다."
프랜시스 베이컨(영국의 경험론 철학자, 1561~1626)

기업체 교육안내 <탁월한 전략의 개발과 실행>

월스트리트 저널(WSJ)이 포춘 500대 기업의 인사 책임자를 조사한 바에 따르면, 관리자에게 가장 중요한 자질은 <전략적 사고>로 밝혀졌다. 750개의 부도기업을 조사한 결과 50%의 기업이 전략적 사고의 부재에서 실패의 원인을 찾을 수 있었다. 시간, 인력, 자본, 기술을 효과적으로 사용하고 이윤과 생산성을 최대로 올리는 방법이자 기업의 미래를 체계적으로 예측하는 수단은 바로 '전략적 사고'에서 시작된다.

<관리자의 필요 자질>

새로운 시대는 새로운 전략!

■ 세계적인 저성장과 치열한 경쟁은 많은 기업들을 어려운 상황으로 내몰고 있다. 산업의 구조적 변화와 급변하는 고객의 취향은 경쟁우위의 지속성을 어렵게 한다. 조직의 리더들에게 사업적 혜안(Acumen)과 지속적 혁신의지가 그 어느 때보다도 필요한 시점이다.

■ 핵심기술의 모방과 기업 가치사슬 과정의 효율성으로 달성해온 품질대비 가격경쟁력이 후발국에게 잠식당할 위기에 처해있다. 산업구조 조정만으로는 불충분하다. 새로운 방향의 모색이 필요할 때이다.

■ 기업의 미래는 전략이 좌우한다. 장기적인 목적을 명확히 설정하고 외부환경과 기술변화를 면밀히 분석하여 필요한 역량과 능력을 개발해야 한다. 탁월한 전략의 입안과 실천으로 차별화를 통한 지속가능한 경쟁우위를 확보해야 한다. 전략적 리더십은 기업의 잠재력을 효과적으로 이끌어 낸다.

<탁월한 전략> 교육의 기대효과

① 통합적 전략교육을 통해서 직원들의 주인의식과 몰입의 수준을 높여 생산성의 상승을 가져올 수 있다.
② 기업의 비전과 개인의 목적을 일치시켜 열정적으로 도전하는 기업문화로 성취동기를 극대화할 수 있다.
③ 차별화로 추가적인 고객가치를 창출하여 장기적인 경쟁우위를 바탕으로 지속적 성공을 가져올 수 있다.

■ 이미 발행된 관련서적을 바탕으로 <탁월한 전략>의 필수적인 3가지 핵심 분야(전략적 사고, 전략의 구축과 실행, 전략적 리더십)를 통합적으로 마스터하는 프로그램이다.

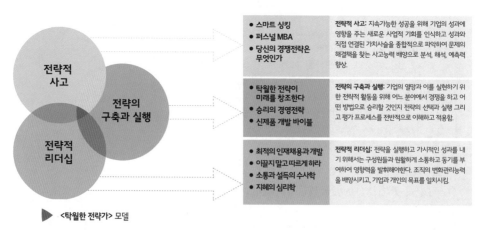

▶ <탁월한 전략가> 모델

특강 및 교육 신청 문의: 진성북스, 02-3452-7761